中文社会科学引文索引（CSSCI）来源集刊

新史学
New History

第二十八辑

主编 陈恒

军事革命与近代早期国家
The Military Revolution and the Early Modern State

本书系国家社科基金重大项目"20世纪的历史学和历史学家"（19ZDA235）阶段性成果

中原出版传媒集团
中原传媒股份公司
大象出版社
·郑州·

图书在版编目（CIP）数据

新史学. 第28辑 / 陈恒主编. — 郑州：大象出版社，2021. 11
ISBN 978-7-5711-1229-5

Ⅰ. ①新… Ⅱ. ①陈… Ⅲ. ①史学-文集 Ⅳ. ①K0-53

中国版本图书馆 CIP 数据核字（2021）第 217666 号

新史学　第二十八辑
XINSHIXUE　DIERSHIBAJI

主　　编　陈　恒

出 版 人	汪林中
责任编辑	郑强胜
责任校对	牛志远　安德华
装帧设计	王　敏

出版发行	大象出版社（郑州市郑东新区祥盛街27号　邮政编码450016）
	发行科 0371-63863551　总编室 0371-65597936
网　　址	www.daxiang.cn
印　　刷	河南文华印务有限公司
经　　销	全国新华书店
开　　本	720 mm×1020 mm　1/16
印　　张	27.75
字　　数	494 千字
版　　次	2021年12月第1版　2021年12月第1次印刷
定　　价	86.00 元

若发现印、装质量问题，影响阅读，请与承印厂联系调换。
印厂地址　新乡市获嘉县亢村镇工业园
邮政编码　453800　　　　电话　0373-5969992　5961789

编委会

主　编　陈　恒

顾　问　(以姓氏笔画和首字母为序)

于　沛(中国社会科学院)

王　旭(厦门大学)

王晴佳(美国罗文大学)

向　荣(武汉大学)

刘北成(清华大学)

刘新成(首都师范大学)

李剑鸣(北京大学)

何兆武(清华大学)

沈　坚(浙江大学)

张广智(复旦大学)

陈启能(中国社会科学院)

侯建新(天津师范大学)

钱乘旦(北京大学)

彭小瑜(北京大学)

Chris Lorenz(荷兰阿姆斯特丹自由大学)

Donald R. Kelley(美国拉特格斯大学)

Frank Ankersmit(荷兰格罗宁根大学)

Gunter Scholtz(德国波鸿大学)

Immanuel Wallerstein(美国纽约州立大学)

Jörn Rüsen(德国埃森人文学科学研究所)

Jürgen Kocka(德国柏林自由大学)

Lucian Hölscher(德国波鸿大学)

Richard T. Vann(美国卫斯理公会大学)

编　　委(以姓氏笔画为序)

王以欣(南开大学)

王海利(北京师范大学)

刘　健(中国社会科学院)

刘文明(首都师范大学)

李隆国(北京大学)

宋立宏(南京大学)

张前进(大象出版社)

陈　雁(复旦大学)

陈　新(浙江大学)

岳秀坤(首都师范大学)

周　兵(复旦大学)

郑强胜(大象出版社)

孟钟捷(华东师范大学)

俞金尧(中国社会科学院)

洪庆明(上海师范大学)

徐松岩(西南大学)

徐晓旭(华中师范大学)

彭　刚(清华大学)

合作杂志 *Chinese Historical Review*(美国)

History and Theory(美国)

Journal of the History of Ideas(美国)

Journal of World History(美国)

Review(美国)

WE ARE GRATEFUL TO THE ABOVE JOURNALS FOR GRANTING US THE COPYRIGHT PERMISSIONS.

目 录 Contents

军事革命与近代早期国家

1	马基雅维利论军事与国家	韩 潮
19	有关15世纪后期至18世纪末瑞士雇佣兵的若干问题	许二斌
34	新军事史的兴起:迈克尔·罗伯茨及其军事革命论	屈伯文
49	后罗马帝国空间与欧洲国家体系的形成	孙兴杰 钟汉威
72	中国是否为"近代早期国家"	
	——以军事变革为视角	段维聪
85	常备陆军与苏格兰国家的解体	廖 平
108	1618年英国海军改革成败考	陈 剑
125	近代早期欧洲军事承包人与下属的关系	廖锦超
143	税收、国债与英国"财政-军事国家"的兴起	张荣苏
162	1560—1660年的"军事革命"——一个神话?	[美]杰弗里·帕克
182	军事优势论与西欧亚在世界体系中的兴起	[美]威廉·R.汤普森
212	"漫长的"18世纪中的财政-军事国家	[英]克里斯托弗·斯托尔斯
239	财政-军事国家的兴起,1500—1700年	[瑞典]扬·格莱特
279	从"军事革命"到"财政-海军国家"	[英]N.A.M.罗杰

史学史与史学理论

292	领悟的模式与知识的统一性	[美]路易斯·明克
299	论张荫麟对"传统历史哲学"的批判与建构	张 翔

327 《黄秉义日记》所见神圣时间的特征：米尔恰·伊利亚德批评 ……………… 侯亚伟

～✦ 光启评论 ✦～

344 古罗马的"自传"：以奥维德《哀怨集》第四卷第十首为例 …………… 刘津瑜
373 罗马帝国早期的皇家被释奴 ……………………………………………… 何立波
388 不列颠或英格兰？詹姆斯一世继位时的国名之争 ……………………… 陈小虎
405 再造"黄种"：美国华裔学人与中国人种智力论的构建（1920—1924）
　　 …………………………………………………………………………… 王佳欣
420 美国城市早期公共卫生管理探析
　　——以纽约市为中心的考察 …………………………………………… 李　晶

军事革命与近代早期国家

马基雅维利论军事与国家

□ 韩 潮

摘要：长期以来，马基雅维利在军事理论方面只被视作一位雇佣军的批判者和公民军的忠实信徒。然而，通过对相关文献与思想家(如圭恰迪尼、博丹)的分析、比较，不难发现，尽管马基雅维利缺少对现代军政关系发展的敏锐洞察，但这并不妨碍其观点深深切中此种关系的某个侧面。其表现主要有二：其一，他对军纪、训练的强调堪称早期现代军纪–训练革命的先声。其二，他揭示了早期现代常备军的一个悖论，即如果一个现代国家不能建立一支常备军，那么它就不可能成为一个现代国家；如果一个现代国家不能驯服它的常备军，那么它同样不可能成为一个现代国家。从这个侧面出发，我们可以对马基雅维利的军事、国家学说进行更深入的认识。

关键词：马基雅维利；军事；国家；早期现代

一

在博丹的《国家六论》一个很少有人关注的章节里，这位从来罕言军事问题的主权思想家却曾有如此一说：

"是否应当在国内建立堡垒，是否应当建立一支公民军队"是所有政治问题中最为重要、最为棘手也最难得到妥善解决的问题。[①]

博丹之所以认为上述问题最为棘手、最难得到妥善解决，这是因为在他看来，无论上述哪一种立场都可能导致不利的后果——在国内建立堡垒，就有制造国中之国的危险，叙拉古的狄奥尼修斯以及佛罗伦萨的科西莫·美第奇就是通过在城内建设堡垒而将共和国转变为君主国的

---

① Jean Bodin, *The Six Bookes of the Commonweale*, trans. Richard Knolles, London: Impensis G. Bishop, 1606, edited with an Introduction by Kenneth Douglas McRae, Cambridge: Harvard University Press, 1962, p.596；以下正文中引用该书，标为《国家六论》。

(《国家六论》,第604页);不建立堡垒,则极容易造成国家的防御形同虚设,往往战争失败就会造成国土尽失,如撒克逊人对不列颠的征服以及兰开斯特家族和约克家族之间的玫瑰战争(《国家六论》,第601页)。同样,建立国民军,就有无法掌控的危险,到处都是游手好闲分子和哗变的士兵(《国家六论》,第602页);不建立国民军,则无法拥有足够的军事防御力。可能正是基于这一两难困境的存在,博丹甚至谦卑地说,他本人只是寻求理论上最佳的方案,具体的决策还是要留给明智的政治家去决断。

暂时撇开博丹所寻求的理论上的解决方案不论,单就他所提出的问题本身来说,博丹此处所言无疑触及了早期现代国家建构中一个决定性的难题,即所谓军政关系问题。如何在一个国家之内组织和设置常设军事力量(军队或堡垒),同时又如何让这支常设的军事力量不足以影响国家政治格局的稳定——这几乎是每个现代国家需要解决的政治难题。对欧洲国家而言,16世纪是这个难题表现最突出的时期。常备军在欧洲的大规模建立要等到下个世纪的三十年战争(1618—1648)之后,而恰恰在博丹著述时代之前的数十年,16世纪的法国刚刚经历过两次不太成功的常备军团建设:首先是1534年弗朗索瓦一世启动了第一次设立七个军团、建立职业军队的规划,其次是20年后亨利四世的类似计划。可能正基于此,博丹认为,这个问题在某种意义上是一种近乎无解的两难选择,似乎在那个时代看不到这个棘手的问题得到妥善解决的希望。

博丹理论的敏感性在那个时代固然是罕见的,但严格说来,博丹并不是这一军政困境的发现者,正如阿兰在《16世纪政治思想史》中的一番评价所指出的那样,博丹此节试图讨论的话题几乎完全是马基雅维利那里的主题重现,"虽然博丹此节一处也没有提及马基雅维利,但他的话基本上是马基雅维利的翻版……似乎除了马基雅维利的战争论述之外,博丹对其他人的相关研究全都一无所知"。[1]

长期以来,马基雅维利在军事理论方面只是被视作一位孜孜不倦的雇佣军批判者和公民军的忠实信徒。从汉斯·巴隆到波考克、斯金纳乃至维罗里以降的公民人文主义视野强化了这一信念,在这种视野下,似乎马基雅维利只是一位脱胎于佛罗伦萨公社传统的爱国主义者和共和主义信徒,对现代军政关系的

---

[1] J. W. Allen, *A History of Political Thought in the Sixteenth Century*, London: Routledge, 2010, p.403.

发展缺少敏锐的洞察。在现代军事革命的前夜,马基雅维利这种坚持业余国民军的态度,就像马基雅维利对火炮的拒斥态度一样,令人感到不可思议。如果说马基雅维利在政治思想方面的确可以算作某种意义上的先知,那么在军事思想方面,马基雅维利却似乎有大大落后于时代的嫌疑,乃至于存在这样一种观点,认为"马基雅维利对军人职业化以及对枪炮和骑兵的作用缺乏远见",甚至有人说:

> 马基雅维利享有军事预言家的盛誉,但不幸的是,16世纪后期战术与编制的实际发展都跟他的实际建议毫无关系。他几乎在每件事上都"赌错了马"。①

马基雅维利或许的确不是一个军事技术上的好赌徒,但是在军政关系方面,马基雅维利的立场并不能被简化为业余的国民军推崇者。上文所引述的博丹对马基雅维利的阅读表明,马基雅维利很可能切中了早期现代军政关系的某个侧面,但对此的进一步解读需要我们尽可能摆脱公民人文主义的视野,如此才能看到马基雅维利被忽视的另一面。

二

事实上,马基雅维利所主张的公民军学说对佛罗伦萨知识界来说并不是多么新鲜的观点。15世纪的公民人文主义者布鲁尼在他的《论军队》里就已力主用罗马式的公民军队取代用金钱供养的职业性雇佣军;对公民军传统的追慕此后在佛罗伦萨也并没有断绝,布鲁尼之后的人文主义者如萨卢塔蒂、比昂多乃至佛罗伦萨城中的豪门如萨尔维亚蒂家族的若干成员都对雇佣军持强烈的排斥态度。② 甚至就在马基雅维利写作《君主论》之前的1512年,时任佛罗伦萨共和国驻西班牙大使的圭恰迪尼在他向共和国进言的《洛格罗尼奥论》里也重新拾起这一佛罗伦萨知识界的思想传统,并且,尤为醒目的是,圭恰迪尼竟然使用了后来马基雅维利一再引申的例证,用威尼斯雇佣军在阿格纳德洛战役之后的溃败来说明公民军队对一个国家的重要。在那里,他再次以与马基雅维利极为相似的口吻说道,如果威尼斯人使用的是公民军队,又怎么可能八天内

---

① [美]尼尔·伍德:《战争的艺术》英译本"导言",[意]马基雅维利:《兵法》,袁坚等译,北京:解放军出版社,2007年,第304页。

② Michael Edward Mallett, *Mercenaries and Their Masters: Warfare in Renaissance Italy*, Barnsley: Pen & Sword Military, 2009.

丢掉威尼斯大陆地区的土地？①

很少有人注意到,即便是政治立场极为犹疑的圭恰迪尼也终其一生保持了对公民军队的推崇。在早期论述如何维系一个平民共和国的《洛格罗尼奥论》里,他夸张地说道:"有无穷多的理由说明,公民军要比雇佣军有用得多。"②在晚期为洛伦佐·美第奇辩护的《论佛罗伦萨政府》里,圭恰迪尼同样对雇佣军的若干缺点(如为谋利而拖延战事等)大加抨击,同样赞颂了罗马公民军队的伟大;③甚至在更晚一些的、与马基雅维利锱铢必较的《关于〈李维史论〉的思考》里,圭恰迪尼一方面批评马基雅维利完全将金钱排除在军事之外的幻觉,但另一方面他却依然承认,对从事征服的国度而言,拥有自己的军队胜过依赖雇佣军。④

人们没有理由认为公民军队只是一个公民人文主义者设定的政治参与的主题。思想史的研究必须排除某种先入为主的理论幻觉,事实上,拥有自己的军队是一种非常朴素的维护国家安全的看法。尤其是考虑到整个意大利战争期间,佛罗伦萨唯一可观的战果就是由一支稍加训练的公民军收复了比萨,因此,对佛罗伦萨的公民而言,主张共和国应当拥有一支属于自己的公民军队,并不是一种多么大胆、新颖,或者具有理论洞见的看法——圭恰迪尼可能在政治立场上更偏向于精英主义,更远离公民人文主义的政治参与态度,但这丝毫不能影响其终其一生推崇公民军队的立场。

马基雅维利自然也不能除外,他的真正理论创见并不在于他提出公民军比雇佣军对国家安全更为有用,而在于他突出强调了公民军可能蕴含与国内政治的特定关联。圭恰迪尼在其《论佛罗伦萨政府》中敏感地觉察到马基雅维利的观点与此前学说的不同,他其实赞同马基雅维利关于罗马军队的评价,在公民军队的使用问题上他也与马基雅维利并没有什么本质的不同。真正令圭恰迪尼感到不可思议的是《李维史论》中关于

---

① Francesco Guicciardini, *Republican realism in Renaissance Florence* (*Francesco Guicciardini's Discorso di Logrogno*), trans. by Athanasios Moulakis, Lanham: Rowman & Littlefield Publishers, 1998, pp. 120-121.

② Francesco Guicciardini, "On the Mode of Reordering the Popular Government", in Mark Jurdjevic (ed.), *Florentine Political Writings from Petrarch to Machiavelli*, Philadelphia: University of Pennsylvania Press, 2019, p. 252.

③ Francesco Guicciardini, *Dialogue on the Government of Florence*, edited by Alison Brown, Cambridge: Cambridge University Press, 1994, p. 63.

④ Francesco Guicciardini, *Francesco Guicciardini: Selected Writings*, edited and introduced by Cecil Grayson, translated by Margaret Grayson, London: Oxford University Press, 1965, p. 432.

共和国的内部政治和外部军政之间关系的奇特立场——军事优势来源于内部的良好法律,而良好的法律又来自城邦内部的纷争,因此,如果需要扩张就必须忍受内部的纷争。①

马基雅维利在公民军和城邦内部纷争之间建立的联系表明,他已经暗自背离了公民人文主义的传统。传统公民人文主义并非没有看到公民军与国内政治的关系,按照他们的看法,公民应当是士兵,士兵也应当是公民,武装和胆量造就的是公民的美德。仅就此而言,波考克所理解的佛罗伦萨公民人文主义和马基雅维利思想之间的连续性是可以成立的,马基雅维利并没有太多理由对此表示异议。但问题在于,按照公民人文主义的一般看法,公民军与共和国的内政之间是一种纯粹的正反馈关系:公民军队的设置必定会促进公民的美德,而公民的美德无论如何也不可能引发共和国的骚乱;相反,由于公民军队直接促进了公民的美德并间接促进了公民的自由渴望,因此,君主一般而言总是倾向于抑制公民的美德,同样,君主国一般而言也总是不倾向建立一支由公民组成的武装。

圭恰迪尼那里保留的一些传统公民人文主义观点可以为我们确证这一点。《论佛罗伦萨政府》中的一位发言者曾经指责美第奇家族像所有封闭的政权那样总是想阻止公民拥有武装,扼杀他们的阳刚之气,使公民变得怯懦和女性化;而同时代的瑞士人却既能在对外作战中表现卓异,也能够在家乡保持安宁,过着自由的生活并处在法治之下。② 而在早期的《洛格罗尼奥论》中,圭恰迪尼还曾从另一面指出,雇佣军才是共和国内部纷争之源。除了常见的为公民军队辩护的理由,圭恰迪尼更敏锐地发现,相较君主国,共和国对雇佣军的掌控要更为脆弱,因为共和国不可能建立君主和雇佣军之间那样紧密的忠诚关系。③ 换言之,传统公民人文主义毋宁暗含了这样

---

① 其时,一般认为代表圭恰迪尼本人立场的本纳多·德·尼罗刚刚表达了他对罗马军队的推崇和对罗马内部政治的不屑,而另一位对话者却说道,他曾经听说过一种不同的说法,由此引出了一段与《李维史论》中的核心论点极为相似的表述。尽管圭恰迪尼没有提到这种说法的来源,但是在后来的《关于〈李维史论〉的思考》里,他提到他已经在此前的著述里对马基雅维利的这一观点加以批评,其所指应当就是此处。最早指出这一点的是德国学者巴克豪森,见 M. Barkhausen, "Francesco Guicciardinis politische Theorien in seinen Opere Inedite" (*Heidelberger Abhandlungen zur Mittleren und Neueren Geschichte*, 22, Heft), Heidelberg, 1908, p.87;并参见 Felix Gilbert, "Machiavelli and Guicciardini", in *Journal of the Warburg Institute*, Vol. 2, No. 3 (Jan., 1939), pp.264-265。

② Francesco Guicciardini, *Dialogue on the Government of Florence*, pp.34-35.

③ Francesco Guicciardini, *Republican realism in Renaissance Florence*, p.120.

一种配置关系:公民军是君主国骚乱的源头,而雇佣军是共和国骚乱的源头。

然而马基雅维利却感受到了极为不同的东西,他毋宁是颠倒了这个配置关系,让公民军与共和国之间的龃龉穿透公民人文主义的意识形态修饰,坦然暴露在世人面前。

马基雅维利的敏感其来有自,因为他曾经切身感受到共和国对组建公民军的猜忌。从1504年开始,马基雅维利与正义旗手皮耶罗·索德里尼的兄弟、红衣主教弗朗西斯科·索德里尼之间共有七次通信,其中五封书信都提到了组建公民军的问题(即书信86、90、94、109、139)。而红衣主教之所以一开始并没有认可马基雅维利的建议,恰恰是因为在他看来,延缓公民军计划,"是为了不让有些人有机可乘,他们总想搬弄是非、制造麻烦,把公益说成私利"。①

马基雅维利主导的在索德里尼治下的佛罗伦萨共和国建立公民军队的计划绝不是一帆风顺,其间遭遇的猜忌和阻力之大往往被忽视了。考虑到马基雅维利和索德里尼的关系,佛罗伦萨城内很多人认为,索德里尼招募这样一支国民军的目的是压制异议人士。② 尤其是索德里尼还任命了曾经以残暴著称的前雇佣军首领唐·米凯莱(Don Michele)为公民军的长官,圭恰迪尼在《意大利史》里曾记载了当时佛罗伦萨政界人心惶惶的局面,"上层公民极为焦虑,他们担心索德里尼任命唐·米凯莱是一个邪恶的征兆。唐·米凯莱这种人会帮助索德里尼成为僭主;即便正义旗手最终不能成功,也会用公民军除掉他的对手"。③ 而就在组建公民军后不久,鲁切拉伊花园的主人本纳多·鲁切拉伊就不辞而别,离开了佛罗伦萨,直到1511年才回归。这是佛罗伦萨共和国历史上的一个谜团。圭恰迪尼说,鲁切拉伊此举是希望提醒佛罗伦萨人,索德里尼招募新军的真正意图是对付城内的异议者。④

因此,我们完全可以猜想,马基雅维利正是充分考虑到了当时存在的疑虑,才在1506年为创立公民军写下的《论佛罗伦萨国民军的组建》(*discorso dello stato di frenze alle armi*)中安排了极为复杂的权力制衡措施,以证明公民军不会为

---

① [意]毛里齐奥·维罗利:《马基雅维利全集·书信集》,段保良译,长春:吉林出版集团,2013年,第215页。
② H. C. Butters, *Governors and Government in Early Sixteenth-Century Florence, 1502-1519*, Oxford: Clarendon Press, 1985. p.106.
③ Francesco Guicciardini, *The History of Florence*, trans. by Mario Domandi, New York: Harper and Row, 1970, p.257.
④ H. C. Butters, *Governors and Government in Early Sixteenth-Century Florence, 1502-1519*, p.108.

某个官员或私人所误导和利用。马基雅维利在此文中声称:

> 如果他们把这几种权威都归在一个人身上肯定是危险的,就应该是由这位新的长官平时管理他们,之后由十人委员会在战时指挥他们,由执政团、顾问团、十人委员会和新的长官向他们发放奖赏和军饷。这样,他们所看到的上级机构就始终是混合的,他们所承认的是公共权威,而不是某个私人权威……必须注意既不能让任何人在其出生地,也不能在他有家居或财产的地方掌管部队……随着时间的推移,人们总会取得权威,所以最好是每年交换管代,让他们到新的地方去,禁止他们在几年内重返原来的岗位。①

马基雅维利提出的防止军队为私人控制的办法几乎全部被采用了:军事长官实行异地管理,并在一年后即轮换其管辖地,并且,日常训练中的军事长官不得在战役中指挥同一支部队。然而,指挥权被分割或轮换得过分破碎的结果很可能制约了这支国民军战斗力的提高,以至于有学者指出:"事实上这支国民军从没有像一支军队那样被训练过。"②这种频繁更换指挥官的办法是不得已而为之,所有军事上的权力制衡都是为了回应共和国内的猜忌,当然也是为了从实际上防备公民军不为共和国所控制——更不用说为了避嫌和防备。当时马基雅维利所招募的军队来源全部是没有公民权的城郊农民,城内公民并不属于被武装之列。

实际政治中的敏感也传递到了马基雅维利的著述里。《战争的技艺》中的对话者科西莫在论及另一个对话者法布里奇奥的国民军计划时说道:"许多明智的人总是责难它[国民军]……要么认为它毫无用处,将我们自己托付给它会使得我们丧失我们的国家;要么认为它妥善有效,但靠着它任何支配它的人都将轻而易举夺取[我们的国家]。罗马人就是因为这样的武装而丧失了它们的自由。"③非但罗马晚期的命运可以归结为公民军最终为私人所控制,威尼斯采用雇佣军的策略也同样可以作如是观。

---

① [意]毛里齐奥·维罗利:《马基雅维利全集·政务与外交集》,王永忠译,长春:吉林出版集团,2013 年,第 908~909 页。

② H. C. Butters, *Governors and Government in Early Sixteenth-Century Florence, 1502–1519*, p.112;并参见维罗里:《尼科洛的微笑:马基雅维利传》,段保良译,上海:上海人民出版社,2008 年,第 79 页。

③ [意]毛里齐奥·维罗利:《马基雅维利全集·用兵之道》,时殷弘译,长春:吉林出版集团,2013 年,第 23 页。

《战争的技艺》里还有一处曾提到——"威尼斯如此行事,只是为了防止他们的某个公民变为僭主。"①

因此,尽管《战争的艺术》中科西莫所持的反公民军立场是马基雅维利所不赞成的,但其中表述的论证策略却足以表明马基雅维利熟悉这一反公民军的论证。更为重要的是,马基雅维利也暗自采纳了这一反公民军论证的前提,事实上他只是不赞同反公民军论证的结论而已。他比任何其他人都要更敏锐地觉察到公民军对于共和国国内政治的潜在危险。如果说公民人文主义的传统配置关系倾向于认为,公民军是君主国骚乱的源头,而雇佣军是共和国骚乱的源头,那么,毋宁说马基雅维利凭借他的政治想象力颠倒了这个配置关系,坦然承认即便在共和国里建立一支公民军队也同样存在着军政问题的困境,只不过他将这一困境推进了一步,大胆地向世人指出——通向困境的道路和走出困境的道路是同一条道路。

三

吉尔伯特曾经指出,马基雅维利之所以在军事思想领域占据着一个独特的地位,是因为"他的思想建立在认识下述两者之间联系的基础上:一边是军事组织中出现的变化,另一边是社会和政治领域发生的革命性进步"。② 给予马基雅维利的军事思想以这样的定位,总体上应当是恰当的,因为,在专业的军事史家眼中,马基雅维利远远算不上一个具有军事远见的预言家,在他生前身后发生的军事革命的一些要素,几乎全都被马基雅维利错过了。马基雅维利对火炮运用的排斥、对骑兵作用的忽视、对步兵大兵团作战的执着以及对长矛作为近战武器的过分贬低,几乎都与后来的军事发展相悖。③ 很难说,马基雅维利的军事思考多大程度切中了军事技术和军事作战方式的发展。但如果仅就"对军事组织在社会结构中的作用"而言,④马基雅维利毫无疑问会占有一个不可取代的位置。

---

① [意]毛里齐奥·维罗利:《马基雅维利全集·用兵之道》,时殷弘译,长春:吉林出版集团,2013年,第25页。
② [美]彼得·帕雷特主编,[美]戈登·A. 克雷格、[美]费利克斯·吉尔伯特编:《现代战略的缔造者:从马基雅维利到核时代》,时殷弘等译,北京:世界知识出版社,2006年,第2页。
③ [美]尼尔·伍德:《战争的艺术》英译本"导言",[意]马基雅维利:《兵法》,第304页。
④ 吉尔伯特指出:"马基雅维利对军事组织在社会结构中的作用的灼见是他的军事思想的基石。"《现代战略的缔造者:从马基雅维利到核时代》,北京:世界知识出版社,2006年,第20页。

的确,撇开马基雅维利的政治关怀,就军事而论军事,在许多方面确乎是不可能的。吉尔伯特曾有这样一种猜测,在他看来,由于当时的雇佣军往往多是重装骑兵,公民军大多是步兵,因此,马基雅维利在军事上更推崇步兵、贬低骑兵作用的立场,其实隐含了他对雇佣军的批评和拒绝。① 如果吉尔伯特的猜测是正确的,那么这等于说,马基雅维利的政治偏好影响了他对某种特定军事组织形式的偏好,而他对军事组织形式的偏好又影响了他的军种偏好。军事只是这个推论环节的末端,而绝不是推论的起点或者一个充分自足的领域。

但是,一旦我们将焦点投向军政关系,正如我们在前文所指出的那样,马基雅维利关于军事和政治关系的论述很大程度上被公民人文主义的视野简化了。当然,在马基雅维利的研究领域,公民人文主义视野的强势并非是没有理由的。马基雅维利身处的佛罗伦萨本身就有源远流长的倡导公民军队的传统,这一点已经被汉斯巴隆、波考克等学者一再重申了。身处其中,马基雅维利不太可能完全不受这一学说的影响。在某些带有公务性质的文书如1511年的《法兰西事务报告》里,马基雅维利对法国军队的评价就流露出一种典型的、属于共和国公民军传统的傲慢。在他看来,"法国的人民最为顺从、听话",这些出身于社会下层和乡村商贩的法国军人,"不光在贵族面前卑躬屈膝,而且行为龌龊,因此也就变得十分卑贱"。所以,国王招募这些"软骨头的懦夫"入伍是无济于事的。马基雅维利就此认为,在法国这个国家,其防卫具有以下一些特点:

> 保卫这个国家花费不需要太多,这里的人民最为驯服,因此,为保障境内平安无事,并不需要建筑堡垒;在边境,有时不免要为此有所花销,但是重骑兵组成的卫戍部队却使国家根本不必花费这份冤枉钱。入侵者要想大规模犯境,必定需要时间为此调兵遣将,这样,法国总是有充足的时间备战。②

马基雅维利加诸法国军人的判词比如顺从、听话、卑躬屈膝,很明显带有公民军传统中对于"公民—士兵"美德的褒扬,他甚至不自觉地采纳了这种佛罗伦萨人独有的傲慢,对等级制笼罩下的士兵战斗力表示极大的怀疑。考虑到这

---

① [美]彼得·帕雷特主编,[美]戈登·A. 克雷格、[美]费利克斯·吉尔伯特编:《现代战略的缔造者:从马基雅维利到核时代》,北京:世界知识出版社,2006年,第14页。

② [意]毛里齐奥·维罗利:《马基雅维利全集·政务与外交集》,第950页。

是一份呈递给佛罗伦萨政府的文书,马基雅维利很可能有意无意地迎合或者采纳了佛罗伦萨的传统意识形态。甚至,马基雅维利很可能在其潜意识中也不乏这样的一种信念——恰如波考克所言——"他相信只有公民军能使公民团体维护它的自由"。①

但是,公民人文主义的视野在许多方面也是具有误导性的,仅仅采取这样的视野,反倒是恰恰错失了马基雅维利在军政关系方面最为锐利的观察。比如,当波考克将公民人文主义的军政关系简化为某种"公民—士兵"的典范时,他就有意无意地误导读者认为,马基雅维利推崇的是某种"业余性质的国民军"。

造成波考克误判的根本原因是,他过于依赖对马基雅维利《战争的技艺》一书的解读。在他看来,马基雅维利提出了这样两组相辅相成的论证:(1)只有公民才能成为好的军人;(2)只有军人能够成为好公民。

针对命题1,波考克概述了《战争的技艺》第一卷中马基雅维利所采取的论证,他认为,在马基雅维利那里,军事生活和公民生活不应当被分开,专职军人对马基雅维利来说是不可接受的。

只有兼职军人,才能相信他会以全部精力投身于征战,献身于战争的目标。公民应招从军,他们有家有"业"(arte),盼望结束战争回到家乡;雇佣军则乐见战争无限拖延,不会为此感到不快,因此他们不会努力取胜。因为公民在政治机体中有自己的地位,他理解打仗是为了维持它;雇佣军没有家而只有兵营,对于把他雇来保护自己的城市,反而可能成为对其施行暴政的工具。②

对于命题2,波考克则引用了一段马基雅维利在《战争的技艺》里的表述以支持其论点:

如果在对城邦或王国的每一种治理中,最当用心之处,是让人们维持忠诚与和平,对神充满畏惧,那么军队的治理就应加倍如此。因为,国家最为需要的,难道不就是那些甘心为祖国捐躯的人的忠诚吗?比起只会受到战争伤害的人,还有何人更加热爱和平?比起经受着无尽的险恶、最需要神的人,还有何人更

---

① [英]波考克:《马基雅维里时刻》,冯克利、傅乾译,南京:译林出版社,2013年,第187页。
② [英]波考克:《马基雅维里时刻》,第212页。

加畏惧神?①

从表面上看,波考克的观点似乎确有其文本依据,在《战争的技艺》中马基雅维利确乎强调了军事生活和公民生活的一体性,对类似于雇佣军那样的专职军人体系,马基雅维利也确乎表达了强烈的抵触。

但是,我们同时也应当注意到,《战争的技艺》是一个极为特殊的文本,以这个文本倒推马基雅维利的公民军思想会导致与马基雅维利总体思想相矛盾的结论。事实上,已经有不少学者注意到《战争的技艺》这一文本相对于马基雅维利其他文本的特殊性。曼斯菲尔德曾指出,《战争的技艺》是马基雅维利生前唯一出版的非文学类作品,可以假定马基雅维利在这部"明显有所克制"的作品中"对于挑战自己祖国的道德和宗教不得不更加小心";②霍恩奎斯特同样认为,与《君主论》和《李维史论》相比,《战争的技艺》"在政治和军事方面,尤其在推行扩张主义外交政策的必要手段方面,采取了更加传统的态度"。③

吉尔伯特也注意到了这点,他甚至怀疑,《战争的技艺》中的某些词句是否表达了马基雅维利的真实思想。

"谁应该比生命受战争威胁的军人更爱和平?"——《君主论》和《论李维》的读者会怀疑这些文句是否反映了马基雅维利的真实思想。《君主论》和《论李维》是谈论政治法则和政治行为、而非军事组织和战争的著作,然而当我们想深入了解马基雅维利关于战争的思想时,我们就必须研究这两部书。我们找不到任何关于和平可贵的论说:在《君主论》和《论李维》当中,战争显得是一种不可规避和令人恐怖的宏大力量,世界则显得处于永久不息的变动之中。马基雅维利并未持有他那个时代的一种广泛信念,即人完全由命运摆布,但他承认命运的力量;只有在人民和国家使得自己尽可能强大有力的时候,他们才能抗拒命运,争取使自己不成为命运的玩偶。因此,各国及其统治者很自然地希望扩张和征服。战争是政治生活的最为本质的活动。④

---

① [意]毛里齐奥·维罗利:《马基雅维利全集·用兵之道》,第2页。
② [美]曼斯菲尔德:《兵法引论》,娄林选编:《君主及其战争技艺》,张培均译,北京:华夏出版社,2019年,第18页。
③ [瑞典]霍恩奎斯特:《马基雅维利的战争技艺及其〈兵法〉》,娄林选编:《君主及其战争技艺》,第178页。
④ [美]彼得·帕雷特主编,[美]戈登·A.克雷格、[美]费利克斯·吉尔伯特编:《现代战略的缔造者:从马基雅维利到核时代》,第15页。

事实上，正如吉尔伯特所指出的那样，《战争的技艺》中所表达的公民军对平民生活的向往以及他们对和平的所谓热爱，无论如何只能支持一种关于防御性军队的论证。因为，在这一论证模式中，公民军和雇佣军的战斗力的对比仅仅在于，后者乐见战争无限拖延，为此不会努力争胜；而前者盼望结束战争回到家乡，为此努力取胜。但是，如果一国致力于扩张，如果战争对于一国来说是不可避免的自然冲动，那么前述对比则瞬间消散于无形。而对于马基雅维利来说，扩张恰恰就是一种政治体出于必然的冲动，《李维史论》中马基雅维利在驳斥威尼斯的封闭共和国取向时已经明确表达了这一观点：

> 由于人类的一切事物都处于运动中，不能保持静止不动，它们必然地要么上升要么下降；许多事情是理性没有促使你去做，而必然性却促使你去做的；因此，即使组建了一个能够不扩张而保存自身的共和国，但必然性会促使它扩张。①

因此，波考克所主张的命题1即"只有公民才能成为好的军人"如果可以成立，也必须给这一结论加上一个限定词——"只有公民才能成为好的防御性军士"。而后一个命题即便能够成立，对马基雅维利来说也是没有意义的。毕竟，马基雅维利从来就不是防御性国家的推崇者，他对早期现代国家军事竞逐的必然性有着极为敏锐的嗅觉。

四

正是在这个意义上，马基雅维利与公民人文主义的地域性城邦经验最终分道扬镳。吉尔伯特尽管注意到马基雅维利思想中的矛盾之处，但是其所见仍旧受制于公民人文主义的视野，他依然主张马基雅维利所想象的征召而来的军队，"是一支城邦国家的民兵，一支仿效古代城邦共和国的榜样组建的、业余服役的部队"。② 事实上，吉尔伯特本可以从他发现的矛盾中得出更为大胆的结论——《战争的技艺》中迎合佛罗伦萨意识形态的论述并不能代表马基雅维利的本意，马基雅维利的真正意旨需要到他的其他著作里去寻找。

在《李维史论》中，马基雅维利的确提供了另一种与《战争的技艺》的公民

---

① [意]毛里齐奥·维罗利：《马基雅维利全集·〈君主论〉〈李维史论〉》，薛军译，长春：吉林出版集团，2013年，第166页。

② [美]彼得·帕雷特主编，[美]戈登·A. 克雷格、[美]费利克斯·吉尔伯特编：《现代战略的缔造者：从马基雅维利到核时代》，第19页。

军论证迥然不同的说明：

> 虽然在别处已经说过，所有国家的基础是好的军队；也说过，如果没有好的军队，就不可能有好的法律以及其他任何好的东西，我认为重申这一点并不多余。因为在阅读这部史书时，可以看到处处都显现出这种必要性；并且很明显，军队如果不加以训练，就不可能成为好的军队；而如果组成军队的士兵不是你自己的臣民，就不可能对它加以训练。因为，人们不是也不可能是总在打仗，因此必须能够让军队在和平时期也保持操练，而由于经费的原因，这种操练不可能施加于除自己臣民之外的其他人(3.31)。①

马基雅维利在这里表述的公民军论证完全不同于公民人文主义的传统视野，他并没有流露出《战争的技艺》中那种军事生活和公民生活一体化的主张，即所谓公民军有利于培养公民的公益精神或者公民的和平渴望更有利于组建一支有战斗力的军队——事实上，他的考量毋宁更加贴近于对早期现代军政关系的某种现实主义洞察。马基雅维利的看法可以表达为这样三个基本推论：(1)良好军队的基础在于训练和纪律；(2)要维持军队的训练和纪律，就必须在和平时期也保持操练；(3)由于财政的原因，和平时期的操练只能施加于自己本国的臣民。在这一意义上，马基雅维利的公民军本质上只能是一支在国家财力支撑的前提下，能够维持和平时期操练的本国军队。由于马基雅维利主张在和平时期持续保持操练，甚至"每天花大量时间全副武装地演练习武"，②因此，这样的一支军队已经近于某种形式的常备军。尽管马基雅维利从没有说，这支军队的组成成员需要放弃自己的职业，但无论如何都不能说马基雅维利的国民军纯粹是"一支城邦国家的民兵，一支仿效古代城邦共和国的榜样组建的、业余服役的部队"。

相反，我们更为同意林奇的判断，即马基雅维利"原则上不反对一支职业常备军"，虽然"它[一支职业常备军]不那么符合甚或丝毫不符合公民人文主义的献身公益精神，却符合一个强制性中央集权的（即使不是非人格的）国家，不管这国家是君主国还是共和国"。③

需要加以解释的是，在马基雅维利

---

① [意]毛里齐奥·维罗利：《马基雅维利全集·〈君主论〉〈李维史论〉》，第545~546页。
② [意]毛里齐奥·维罗利：《马基雅维利全集·用兵之道》，第176页。
③ [美]克里斯托弗·林奇：《解释性论文》，《马基雅维利全集·用兵之道》，第215页。

的时代,还并不存在"常备军"这样的政治语言,也缺乏一种对于现代职业常备军的想象。同时代的军事想象往往只在"职业的雇佣军"和"业余的公民军"之间摇摆,而马基雅维利无疑看到这两种军事组织模式各自的弊端:前者缺乏忠诚,后者缺乏训练。马基雅维利很清楚,他必须走出这种"二择一"的传统道路,在训练和纪律的基础上建立一支"常备的公民军",否则,空有一腔余勇的业余公民军在残酷的军事竞争中是完全没有出路的。某种程度上,我们可以将马基雅维利的"常备公民军"看作通向现代"职业常备军"的一种过渡形式。相对于佛罗伦萨的传统公民军,马基雅维利更为强调纪律和训练对于军队的塑造作用;而相对于现代"职业常备军",马基雅维利则更为强调其非职业化特征。

这一点,我们还可以从另一个角度得到印证。事实上,在我看来,当马基雅维利把纪律和训练当作他的军队组织的首要原则时,他一定程度上已经摆脱了公民军促进公民"尚武精神"的传统公民军表述。正如前文我们曾指出的那样,佛罗伦萨共和主义者往往认为如美第奇家族那样的封闭性政权之所以阻止公民拥有武装,是为了扼杀他们的阳刚之气,使公民变得怯懦和女性化;反之,为了防止公民的怯懦必然引起的精神上的软弱,应当通过公民军锻炼其公民精神。这也是"公民人文主义"军政观念的核心论点之一,直到18世纪的亚当·斯密那里仍有所体现。① 但是,在马基雅维利的军事观念中,纪律要远远超过蛮勇。他主张,"没有这纪律,一丝不苟、极为勤勉被遵守和实施的纪律,一支军队就始终不可能成为一支好的军队"([意]马基雅维利:《李维史论》,2.140)。马基雅维利将军事训练分为三种:身体的训练、使用武器的训练以及军纪(听从军令)的训练([意]马基雅维利:《李维史论》,2.103),而只有最后一种在他看来才是最为关键、最不可或缺的。对马基雅维利而言,军纪是指在行军、作战和驻军扎营等方面能够听从军令、能够令行禁止,同时,能够以军团为单位,形成组织合作式的军团作战。因此,在这个意义上,组织、合作、听从统一中心的军令指挥就远远超过了单个军人的英勇和技巧,"一支锐气十足的军队不是靠有锐气十足的人在内才成为如此的",军队的锐气靠的是"有经过优良组织的列阵"([意]马基雅维利:《李维史论》,2.167)! 甚至,在马基雅维利看来,

---

① [英]唐纳德·温奇:《亚当·斯密的政治学》第四章,储平译,南京:译林出版社,2010年。

"毫无疑问,凶猛而混乱的人比怯懦而有秩序的人弱得多"([意]马基雅维利:《李维史论》,2.141)。

这一断言决定性地表明了马基雅维利与传统公民人文主义立场的差异。当纪律而不是英勇成为军队的首要精神指向时,公民人文主义的尚武性追求一定程度上就瓦解了,因为对于军令的服从、对于组织化作战方式的适应,事实上取代了个体性英勇的位置。马基雅维利毋宁是结束了公民人文主义的尚武传统,而开创了一个军队组织化训练的新传统。组织化的训练和军纪的培养也就此成了区分传统的业余公民军和马基雅维利式的常备公民军的标志。马基雅维利留下的著述《战争的技艺》其真正价值并不在于其表面上为了迎合佛罗伦萨传统意识形态而讲述的公民生活和军事生活一体化的叙事,事实上,单从这部书的影响而言,其真正价值恰恰在于马基雅维利从古代军事作家那里挖掘并恢复了罗马军团的作战方式以及随军团作战而来的对纪律化、规训化、组织化的军事训练方式的突出和强调。①

根据尼尔·伍德的看法,本文最初提及的1534年弗朗索瓦一世开始建立军团体制的规划,"大概就是由弗朗索瓦一世依据马基雅维利的建议"②而实施的——如果这一点能够得到验证,那么博丹对马基雅维利的阅读也就有了真正现实的基础——无论弗朗索瓦一世与马基雅维利之间的联系是否能够得到验证,至少有一点应当是确切无误的,"在马基雅维利之前,人们几乎已没有关于部队编成的系统理念,而在他之后,古代军队操练手册和军事法规被翻译成当代文本。古代的战斗队形、行军队形和宿营队形才重新得到启用"。③

16世纪下半叶以后,军事纪律在物质层面取得了突破:首先是军事法规的出现,其次是战术员额表的出现,以至于到了三十年战争时期,拿骚的莫里斯和瑞典的古斯塔夫二世终于能够在他们各自的军队中建立起军事人际关系的真正变革——亦即某种意义上的"纪律革命"(Disciplinary Revolution)。尼尔·伍德甚至认为,"拿骚的莫里斯在很大程度上实现了马基雅维利的理想"。无论是通过马基雅维利《战争的技艺》的直接

---

① 尼尔·伍德曾指出:"马基雅维利对于近代军事科学的发展所做出的最直接、确实也是最有意义的贡献,也许就在于他重振了罗马军团编成的思想。"收入[美]尼尔·伍德:《战争的艺术》英译本"导言",[意]马基雅维利:《兵法》,第301页。
② [美]尼尔·伍德:《战争的艺术》英译本"导言",[意]马基雅维利:《兵法》,第302页。
③ [美]尼尔·伍德:《战争的艺术》英译本"导言",[意]马基雅维利:《兵法》,第306页。

影响还是利普修斯的间接途径,①总而言之,军事纪律的火花由马基雅维利点燃,经由若干中介终于在拿骚的莫里斯和古斯塔夫二世那里实现了军纪和训练方面的革命,这才使得现代军队有可能发挥枪炮的效能。

五

如果说马基雅维利对军纪和训练的强调是对近代常备军的呼唤,那么马基雅维利更具远见和洞察力的是,他同时也觉察到常备军对于现代国家的另一面意涵。事实上,对任何政治体而言,常备军始终都是难以驯服的力量。当一支军队在国内被招募、训练,成为常设性的组织,随时准备投入战场时,也就是把刀剑交给了这个常规性军队之日。因此,问题并不在于谁掌握了军队,而在于很可能谁也无法掌控军队;而当谁也无法掌控军队时,常规性的军队某种意义上就成了政治的主体。正如前文我们曾指出的那样,马基雅维利首先意识到这个军政问题的存在。如果仅是业余性质的公民军,这个问题可能并不突出,因为,军队并不是常设化的,而一旦军队成为常设性的组织,它对国内宪政结构的影响就会成为一个突出的、不可回避的问题。一个世纪之后发生在英格兰的克伦威尔和新模范军的例子,就是这个问题再鲜明不过的体现。克伦威尔留下的记忆甚至在休谟和亚当·斯密那里仍旧存在,斯密就曾说:"有共和主义思想的人,往往担心常备军会危及自由……恺撒的常备军破坏了罗马共和国;克伦威尔的常备军解散了英国成立已久的国会。"②而马基雅维利的思考无疑出于这一思想线索的起点处。

某种意义上,马基雅维利提出的毋宁是某种军政悖论。一方面,只有当业余的公民军转化为经过日常军事训练、具备军事纪律的常设军事组织时,共和国才能在军事竞逐中获得一线生机;另一方面,一旦常备军成为共和国的军事组织,它就会成为共和国内部宪政结构的一个重大威胁。这几乎是早期现代国家必然要遭遇的一个现象。

本文最初所引述的博丹论点也正是基于这一考虑,只不过博丹选择了威尼斯而不是罗马作为其提供给军政国家的最终解决方案。博丹不主张配置大规模的国民军,建议适当利用结盟解决兵力

---

① [美]尼尔·伍德:《战争的艺术》英译本"导言",[意]马基雅维利:《兵法》,第308~309页。
② [英]亚当·斯密:《国民财富的性质和原因的研究》下册,郭大力、王亚南译,北京:商务印书馆,2003年,第269~270页。

不足的问题，主张在国土边界而不是在国内建设城堡和防御工事（《国家六论》，第 611 页），同时，他还强调军功系统与文官系统的分离（《国家六论》，第 610 页），以解决军队可能对内政的干涉。这个方案很明显是对两种不利方案的折中：招募国民军但不可过多，建设城堡但不可离权力中心过近。

博丹对防御性国家的偏好有其人道主义的一面——比如他讥讽公民人文主义者认为设置堡垒只会让公民变得怯懦和女性化的主张，提醒他们每个国家还有妇孺老幼等非武装的成员——但很大程度上他的防御性国家取向还是基于他对政权颠覆的担心。博丹之所以主张君主应将城堡设置在边境附近，是因为，据他所言，这样既能防御外敌入侵也能防备臣民谋反，而且同时能够让他的臣民认为城堡只有防御外敌之用，从而不会起猜忌之心（《国家六论》，第 604 页）。但是，这样的措施本身就是充满猜忌的，博丹笔下的威尼斯事实上就是一个受猜疑和防备支配的国度。博丹曾指出，无论是君主国还是贵族共和国，都不应当依赖军事首领尤其是自拥城堡的军事首领，在这方面威尼斯人是所有这些国家的典范，因为他们既建设坚固的堡垒以防止其臣民叛乱，同时也每年任命新的军队首领以防止他们将城堡变为私人的

财产（《国家六论》，第 605 页）——也就是说，威尼斯的成功之处在于，它时时刻刻在提防着那些可能的叛乱力量，为此设置了许多防卫措施和防卫者，同时它还防卫着那些防卫者。

此外，博丹还为威尼斯的雇佣军政策做了辩护。在他看来，对威尼斯这样的贵族制国家来说，注定面临着军队招募的难题：如果刀剑掌握在贵族手里，军队的人数会受到限制，战斗力也会受到影响，一旦战败政体就会发生倾覆；而如果刀剑掌握在不具备公民权的平民的手里，平民会试图参与政治决策，政体同样有变革的风险。因此，威尼斯才选择了招募外国雇佣军的策略（《国家六论》，第 605 页）。这一辩护策略表明，博丹考虑的问题的确是军队自身成为主体、介入内政从而颠覆国家的危险。

而这就是博丹从马基雅维利那里读到的东西。一个重要的事实是，博丹在最为充分地理解了马基雅维利设定的问题之后仍然选择了威尼斯，这表明，博丹宁可失去扩张的机会也不愿出现宪政危机，冒政体颠覆之险。但正如我们之前所指出的那样，对马基雅维利来说，这确乎是不可能的，因为，扩张就是国家的命运。马基雅维利以一种悖论的方式提示他的读者：如果一个现代国家不能建立一支常备军，那么它就不可能成为一个

现代国家;更进一步,如果一个现代国家不能驯服它的常备军,那么它同样不可能成为一个现代国家。某种意义上,博丹甚至要比马基雅维利自己还要理解马基雅维利所传达的这个军政悖论,否则他绝不会说:"'是否应当在国内建立堡垒,是否应当建立一支公民军队'是所有政治问题中最为重要、最为棘手也最难得到妥善解决的问题。"

Machiavelli's View on Military Affairs and the State

Abstract: In the field of military theories, Machiavelli has long been considered as a critic of mercenaries and a faithful supporter of citizen army. But, through analyses and comparisons of related references and thinkers (Guicciardini, Bodin, etc.), we can see, in spite of the absence of thorough insights on modern military-political relations, Machiavelli's thought is pertinent in one aspect of these relations. First, his emphasis on discipline and drill can be regarded as anticipation of early modern discipline-drilling revolution. Second, he revealed a paradox of early modern standing armies, that is, if a modern country could not build its standing army, it could not become a modern country; and in the contrary, if a modern country could not tame its standing army, it could not become a modern country either. From this aspect, we can get a deeper understanding of Machiavelli's military and national theories.

Keywords: Machiavelli, military affairs, state, early modern period

作者:韩潮,同济大学人文学院教授、博士生导师

军事革命与近代早期国家

有关15世纪后期至18世纪末瑞士雇佣兵的若干问题

□ 许二斌

摘要：瑞士联邦议会对雇佣兵的招募实行授权制度，规定只有事先获得瑞士当局授权的雇主可以在瑞士境内招募雇佣兵。签订合同后，雇主通常委托有军事经验的瑞士人负责招募并担任队长。队长们需要为士兵购买武器装备，负责为士兵发放工资，往往需要投入自己的资金。瑞士雇佣兵只受部队纪律和瑞士法律的管辖。理论上任何雇主都可以向瑞士当局申请招募雇佣兵，但15—18世纪法国享有招募瑞士雇佣兵事实上的优先权，为此法王每年要支付巨额的年金和贿赂。拖欠军饷和年金在瑞士与雇佣兵使用者之间造成了紧张关系。与来自其他地区的雇佣兵相比，瑞士雇佣兵在战争中对雇主的忠诚性是很突出的，这是他们受到雇主青睐的原因之一。

关键词：瑞士雇佣兵；招募；雇主；忠诚性

瑞士是15—18世纪欧洲最著名的雇佣兵来源地。在15世纪后期至18世纪末这段时间，欧洲发生的几乎每一场战役或多或少都有瑞士雇佣兵参与。根据学者们估算，在15—18世纪，大约有超过100万的瑞士人在欧洲各国充当过雇佣兵。目前关于瑞士雇佣兵的研究主要有以下几部论著：朱赫·牢本（Zur-Lauben）的《瑞士人为法国效力的军事史》，系统讲述了为法国效力的瑞士雇佣兵的历史。[①] 梅·德·罗曼莫捷（May De Romainmotier）的《瑞士军事史以及效力于欧洲各地军队的瑞士人》，考察了为欧洲各国效力的瑞士雇佣兵。[②] 安东尼·牟克乐的《雇佣兵》，用一章的篇幅讨论了14、15世纪及16世纪初瑞士的

---

① M. Le Baron De Zur-Lauben, *Histire Militaire des Suisses au Service De La France (Tome Quatrieme)*, Paris：Desant & Saillant, 1751.

② May De Romainmotier, *Histoire Militaire de la Suisse et celle des Suisses dans les Différens Services de L'Europe*. Lausanne：Jean-Pierre Heubachet Comp., 1788.

军事历史及其雇佣兵的情况。① 约翰·麦考马克的《百万雇佣兵》,则对瑞士雇佣兵五个世纪的发展进行了系统论述。② 既然现有研究都是从纵向考察瑞士雇佣兵的动态历史,本文打算换一个视角,尝试用扫描横切面的方式对瑞士雇佣兵作静态观察,希望对瑞士雇佣兵的招募与管理、瑞士当局与雇佣兵使用者的关系、瑞士雇佣兵的忠诚性等问题进行较为深入的探讨。

一、瑞士雇佣兵的招募与管理

(一)授权制度

在勃艮第战争(1474—1477)中彻底摧毁当时被认为欧洲最强大的陆军后,瑞士长枪方阵的声望达到如日中天的地步。法国、奥地利、教皇、萨伏伊、匈牙利以及意大利与德意志的那些城市国家无不希望雇佣瑞士军人为自己效力。从某种意义上说,优质的士兵已成为瑞士一项非常重要的国内资源,以致当局认为有必要对瑞士人到国外充当雇佣兵的行为加以管控。如果任由国外雇主来瑞士招募士兵而不加管控,可能会导致留在国内的青壮年人数不足以保卫本国安全和维持国内经济运转,而且可能出现受雇于敌对两方的瑞士人在战场上互相杀戮的情形。

瑞士联邦议会一方面禁止国民擅自到国外充当雇佣兵,另一方面要求所有希望在瑞士招募士兵的雇主都应当事先向瑞士联邦议会提出申请,只有在获得瑞士联邦议会授权以后才可以进行招募。然而,上述规定并未得到有效执行,遭到联邦议会拒绝的外国雇主依然派人潜入瑞士各州招募士兵。1494年10月通过的一项法律规定,对私自到国外充当雇佣兵的行为可以判处死刑,同年12月发生的一项实际判决却仅仅是监禁五个星期的处罚。1503年通过的一项新法律把对违反者的惩罚改成了监禁与没收财产。③ 尽管表面看起来议会的态度非常严厉,实际上许多议员接受了贿赂并对未经授权的招募睁一只眼闭一只眼。瑞士青年们厌倦了那些大人物的虚伪和善变,充当雇佣兵对他们来说又是那样具有诱惑力,所以无视政府禁令擅自到国外充当雇佣兵者仍然络绎不绝。

(二)合同内容

在接受了外国雇主招募雇佣兵的请求后,瑞士联邦议会便会与对方商谈具

---

① Ahthony Mockler, *Mercenaries*, London: Macdonald and Company (Publishers) Ltd., 1970, pp.74-104.
② John McCormack, *One Million Mercenaries: Swiss Soldiers in the Armies of the Word*, London: Leo Cooper, 1993.
③ John McCormack, *One Million Mercenaries: Swiss Soldiers in the Armies of the Word*, p.40.

体的条款并签订关于提供雇佣兵服务的合同。1450年瑞士与纽伦堡市签订的关于提供800名雇佣兵的合同是此类文件中现存最早的一份，也代表了这个时期瑞士雇佣兵合同的典型特征。在此有必要概述一下这份合同的主要内容：每名士兵的月薪为五莱茵基尔德，在集合地清点人数时先预付一个月的工资，合同有效期间不满一个月的天数要按整月支付报酬。如果纽伦堡方面提出取消合同，士兵们将得到相当于14天工资的回家路费。如果是瑞士方面提出取消合同，士兵们可以得到相当于8天工资的回家路费。这800人的部队不会被分开使用，他们有参与分享战利品的权利，受伤的士兵将得到照顾并同样能领取报酬。士兵们必须发誓他们不会抢劫或虐待妇女、教士及其他友善的人员，不会把女性带到军队，不会进行赌博，不会焚烧或抢劫教堂，不会追究过去的私人恩怨，要把一切纠纷提交到队长面前解决。违反上述誓言的士兵将被遣返回家。[1]

除了这种单独为了一次招募而签订的雇佣兵合同，瑞士与法王、教皇等盟友签订的同盟条约中也包含许多关于雇佣兵的条款，实际上可以看作是另外一种形式的雇佣兵合同。例如，1521年瑞士与法王弗朗索瓦一世签订的同盟条约中，除了关于政治同盟的内容，还包含以下条款：在弗朗索瓦的任何领地受到进攻时，他有权在瑞士招募不低于6000人不超过16000人的雇佣兵（如果该国王亲自统率则可以突破人数上限），全部招募费用由该国王支付。瑞士雇佣兵在战争期间不能被分开使用，而且只能被用于陆战。雇佣兵的队长和其他军官由弗朗索瓦提名然后由瑞士方面确认。瑞士方面应在接到请求后的十天内放行雇佣兵们离开瑞士。弗朗索瓦如果需要可以一直保留那些雇佣兵，瑞士只有在自身处于战争中的情况下才可以拒绝提供或者召回已经提供的雇佣兵。每名士兵的月薪为4.5弗罗林，工资从他离家之日起算。一旦雇佣兵们离开瑞士国境，弗朗索瓦就应至少支付他们三个月的工资，即使他已经不需要他们效力也应如此。与此前法王与瑞士的条约一样，作为瑞士同意他招募雇佣兵的回报，弗朗索瓦每年应当向瑞士的每个州支付2000里弗赫（livre）的年金，并允许瑞士商人在法国享有各种优惠政策。[2] 需要注意的是，这个条约以法王弗朗索瓦有生之

---

[1] John McCormack, *One Million Mercenaries: Swiss Soldiers in the Armies of the Word*, p.38.

[2] John McCormack, *One Million Mercenaries: Swiss Soldiers in the Armies of the Word*, pp.61-62.

年为期限,1549年法王亨利二世与瑞士签订的条约则将有效期延伸至亨利二世死后五年。根据这些条约,招募的瑞士雇佣兵效力的对象是法王个人而不是法国这个国家,这一差别的重要性在雨格诺战争中法王与其臣民之间的冲突中得到凸显。

1553年,法国常驻瑞士大使与瑞士议会签订的《巴登条约》成为此后一个多世纪瑞士与法王之间关于雇佣兵问题的基础性文件。与1521年的条约相比,《巴登条约》中出现的新内容包括以下几点:由雇佣兵的队长们选举他们的上校,而不是由法王任命;阵亡士兵的工资交给他最近的血亲;为雇佣兵提供体面的住宿条件;用黄金或信用良好的货币支付工资,以避免兑换过程的损失;在招募时至少给每名士兵四克朗,以便招募到优秀的新兵;法王使用瑞士雇佣兵的过程中应尊重瑞士的盟友;瑞士方面承诺会敦促士兵们服务到他们的合同期满,而且会把开小差的雇佣兵逮捕并送回给雇主。①

在这些涉及雇佣兵的长期性条约的框架下,法王在每一次需要招募瑞士士兵的时候,他的大使都要向瑞士联邦议会提出正式请求,瑞士议会照例都会同意。接下来,双方会就本次招募的人数和服务期限等问题签订具体的合同。

(三)招募程序

外国雇主在与瑞士当局签订合同以后,他委派的代理人就会在瑞士各州按照合同展开招募工作。通常是在每个州招募一个连的士兵。后来这种直接由雇主的代理人一个一个地招募士兵的方式逐渐被一种新的方式取代,即由富有军事经验的当地领袖招募起整个连队并担任连队长。在招募工作启动以后,队长会亲自带领随从人员打着旗帜、敲锣打鼓地一个村庄接一个村庄进行招募。在单调乏味的乡村生活中,雇佣兵招募者的到来是一件让人兴奋的事情。在16、17世纪,自愿报名的人数往往多于需求,所以队长们可以进行挑选。被选中的人员需要自己配备刀或剑,队长负责为他们提供长枪和火器等(他通常是从州军火库购买这些武器)。在装备整齐以后,全连士兵要在指定的日期到一个地点(比如州政府所在地)集合,而后从那里向全团的集合地出发。新招募的连队凭借预先安排好的通行证穿越其他州,到达为全团士兵指定的集合地。在那里,雇主委派的官员会对全体士兵进行清点,并检查他们的身体状况、作战能

---

① John McCormack, *One Million Mercenaries: Swiss Soldiers in the Armies of the Word*, pp. 73-74.

力和武器装备,由此形成的花名册将作为合同规定的整个服务期内发放工资的依据。在连队被雇主代表检阅接受以后,全连士兵在领取第一笔工资以前都必须进行一个庄严的口头宣誓。实际上,这个内容详尽而冗长的誓言相当于部队的纪律条例。

图 1　出自一名瑞士雇佣兵之手的素描画①

（四）内部组织与管理

除了那些私自到国外充当雇佣兵的人,经过瑞士当局批准而招募的雇佣兵都是作为一个整体作战单位为雇主效力的。瑞士当局与雇主签订的各种形式的雇佣兵合同中始终都有不得把瑞士部队分开使用这一条款。这一规定其实是有军事上的意义的,因为瑞士长枪方阵军事威力的一个重要来源在于其内部组成方式:在方阵中来自同一个村镇、城市中同一个区域或同一个行会的士兵总被安排在一起,士兵们在军队里的表现很容易被家乡父老知晓,这种来自同伴的压力往往能使他们在战斗中表现得更加英勇,而且对同伴的熟悉和信任使他们在危难时刻仍能坚定地保持队形。

从 16 世纪 40 年代起,为外国效力的瑞士部队开始采用"团"的建制单位。每个团分为若干个大小不等的连。正常情况下,一个团应由十几个连组成,但最少的时候一个团只有 5 个连,最多则可达 20 个。每个连的人数在 100 至 300 人之间。团的指挥官是上校,他不仅对全团整体的军事行动和管理问题负责,同时也担任其中一个连的队长。每个团均以其上校的名字命名。从理论上讲,上校是由队长们从他们当中选举出来的,但实际上雇主对上校人选具有决定性的影响力,因为他掌握着钱袋子。随着时间的推移,上校这一职位越来越具有重

---

① 图片说明:1521 年 5 月,法王弗朗索瓦一世与瑞士联邦签订了同盟条约,瑞士将为法王提供部队,以便用于即将在意大利进行的战争。这是由巴塞尔的年轻银匠乌尔斯·格拉夫(Urs Graf)于 1521 年 6、7 月间画的一幅素描。图中最右端是一名当地小酒馆主人和他妻子在招呼坐着的客人们喝酒。旁边一名法国招募官员(从他袖子上的百合花徽章可以辨认出来)将手伸进自己的钱袋。他身后有个年轻人发出放肆的大笑。一名巴尔干骑兵与一位神职人员相对而坐,似乎在争论什么。在他们左方是一个农民模样的人在展望着自己暗淡的未来。画完这幅名为《招募》的素描后不久,乌尔斯·格拉夫就在 8 月 24 日作为安东尼·迪西特勒(Antoni Dichtler)连队的士兵离开巴塞尔前往米兰参加战斗。引自 John Richards, *Landsknecht Soldier 1486-1560*, Botley:Osprey Publishing, 2009, p. 11.

要性。不过，在16世纪，最重要的职权还是掌握在队长手里。

队长不仅是连队的指挥官，还是连队的主人，他们对于自己招募的连队是要投入资金的，因此这些瑞士雇佣兵队长属于典型的军事承包人。在签订招募合同以后，雇主往往会预付一笔资金给队长，作为发给应征者的入伍费。例如，1567年7月，法国大使为了让两位队长各自招募300名士兵，付给每位队长300埃居(écu)。① 不过，队长在招募过程中需要为士兵们购买武器装备，在为雇主效力期间他们负责为士兵发放工资。雇主通常把整个连队的报酬交给队长，再由队长发放给士兵和其他军官。队长们在这一过程中总能获得可观的利润，但他们同时也要承担被雇主拖欠报酬的风险。在雇主不能按时支付报酬的时候，队长不得不自己筹集资金来给士兵们发放工资。效力于法王的瑞士雇佣兵队长巴尔塔萨·冯·格力萨克（Balthasar von Grissach）就因为雇主的欠薪而破产了。②

瑞士雇佣兵享有一种特殊的地位，他们在国外服务期间只受军队的纪律和瑞士法律的管辖。雇佣兵军官始终坚持要求所在国当局把惹是生非的士兵交给部队，由他们自己进行审判和惩处。在瑞士雇佣兵的每个团中都有一名法官，作为全团的法律顾问，他的一项重要职责是裁定某一事件是否属于可交由一名军官处理的轻微违纪问题。严重的违纪问题需要在法庭进行审判。法庭由全团所有低级军官外加每个连队的一名军士组成，由全团最年轻的队长主持。无论天气如何，法庭的审理都在室外当着全团士兵的面进行。法庭的判决需要提交给一个由全团高级军官组成并由最年长的队长主持的委员会审核。该委员会只能减少而不能增加法庭给出的惩处。常见的惩处包括罚款、增加额外的岗哨职责、夹道鞭笞乃至死刑。判处死刑的情况包括举起武器威胁军官、偷窃同伴的武器、劝说别人当逃兵等。至于在战场上的怯懦行为则不需要提交法庭，因为每名士兵在发现任何同伴试图逃跑时，都有权力将其当场处死。③

---

① M. Le Baron De Zur-Lauben, *Histire Militaire des Suisses au Service De La France* (*Tome Quatrieme*), p. 543.
② John McCormack, *One Million Mercenaries: Swiss Soldiers in the Armies of the Word*, pp. 76-77.
③ M. Le Baron De Zur-Lauben, *Histire Militaire des Suisses au Service De La France* (*Tome Quatrieme*), p. 531.

二、瑞士当局与雇佣兵使用者的关系

（一）与法国的特殊关系

除了在1510年与教皇尤里乌斯二世签订的为期五年的同盟条约，瑞士联邦政府从未在任何形式的雇佣兵合同中向对方承诺不为其他潜在的雇主提供雇佣兵服务。当瑞士将"永久中立"确定为它在国际政治中的基本政策后，任何付得起报酬的君主、诸侯及城市都可以向瑞士联邦议会提出在瑞士招募雇佣兵的请求。然而，15—18世纪，在大约100万的瑞士雇佣兵当中，有超过60万人是效力于法国的（见表1）。很显然，法国是瑞士雇佣兵最主要的雇主。我们甚至可以说，在这三个多世纪的时间里法国与瑞士之间存在一种特殊的关系——从路易十一开始，法国国王与瑞士签订的历次同盟条约虽然没有使法王取得对瑞士雇佣兵的垄断权，但这些条约都包含一项重要内容，即法王每年向瑞士支付数量可观的年金，从而在实践中使法王享有在瑞士招募士兵的优先权。

表1 15—18世纪为法国效力的瑞士雇佣兵人数

时期	人数（万）
路易十一时期（1461—1483）	1.26
查理八世时期（1483—1498）	3.75
路易十二时期（1498—1515）	7
弗朗索瓦一世时期（1515—1547）	16.3
亨利二世时期（1547—1559）	8.11
查理九世时期（1561—1574）	4.09
亨利三世时期（1574—1589）	4.83
亨利四世时期（1589—1610）	1.84
路易十三时期（1610—1643）	5.45
路易十四时期（1643—1715）	4.23
路易十五时期（1715—1774）	3.125
路易十六时期（1774—1792）	1.4362
总数	61.4212

资料来源：May De Romainmotier, *Histoire Militaire de la Suisse et celle des Suissesdans les Différens Services de L'Europe*, Tome VI, p.59。

与瑞士的特殊关系使法国长期拥有一个能够稳定地提供大量优质士兵的资源，因此欧洲其他列强都以妒忌的目光审视着法国这种优越地位。当然，为了维持这种特殊关系，法国每年都要以各种名目向瑞士各州及其有影响的个人支付巨额的资金。

让我们以1632年索洛图恩（Solothurn)州的情况为例,来观察法国为了维持与瑞士的特殊关系所花费资金的种类和规模。

第一项,根据同盟条约法国每年应向瑞士各州支付的年金中,有2000里弗赫是分配给索洛图恩州的,这笔款项直接支付给了州政府的财政部。

第二项是按照一个官方公布的年金清单分发给157位索洛图恩州公民的总数为3000里弗赫的官方年金。其中得到年金最多的是索洛图恩市的市长与其他3位州政府官员。这份清单包含了13名旅馆老板、17名铁匠、13名屠夫和14名皮革匠,原因是这些人能够在招募士兵的过程中发挥重要影响。

第三项是总额为4000里弗赫的用于让索洛图恩州议会每位议员的两个儿子可以免费就读巴黎大学的年金,这项年金既可以讨好当前的决策者,又能在索洛图恩的公民中培养亲法的社会精英。

第四项是秘密分发给183位索洛图恩人——其中有的人同时也是官方年金的领取者——的总额为5000里弗赫的"个人年金"(individual pensions)。

第五项是秘密送给23位最显赫人物的总额为2650里弗赫的"无偿年金"(voluntary pensions)。

第六项是给个别人物的好处费,用于酬谢为法国利益做出特别贡献的人,比如与法国签署雇佣兵合同的具体操作者,或者促使州当局拒绝与法国的对手签署雇佣兵合同,等等。据推测,"好处费"的金额一笔就可以达到数千里弗赫,但这种款项是最为隐秘的,我们并不掌握该年度这项支出的具体金额。

即使不把"好处费"考虑在内,索洛图恩市市长冯·罗尔(von Roll)在这一年从法国得到192.5里弗赫的官方年金、100里弗赫的个人年金、300里弗赫的无偿年金,加起来总数将近600里弗赫。要知道,在当时一名普通瑞士雇佣兵的月薪只有4.5里弗赫。[①] 可以想见,市长冯·罗尔一定是法国利益的积极支持者。

从表面上看来,上述各种"年金"和"好处费"只是表达尊重或感谢的礼金,接受礼金的人并没有义务一定要为法国做什么,但实质上这些都不过是公开或秘密的贿赂而已。从以上例子可以推知

---

① John McCormack, *One Million Mercenaries*: *Swiss Soldiers in the Armies of the Word*, pp. 63-64.

法国每年在整个瑞士联邦花费之巨。①而这仅仅是平时维护与瑞士特殊关系正常运转的开销,在需要雇佣兵时的招募费和军饷则是更大的财政负担。既然与瑞士的特殊关系需要花费如此巨大的财政资源来维持,那么法国为什么一定要这样做呢?

16世纪以后,欧洲陆战中骑兵的作用进一步下降。就像1515年的马里尼亚诺战役所昭示的那样,步兵、炮兵和骑兵协同配合是当时最有效的野战方式,而攻城战在近代早期欧洲的盛行则进一步推高了对于步兵和炮兵的需求。法国从15世纪开始就拥有令人艳羡的火炮,可是在这几个世纪当中法国国内始终没有锻造出精良的步兵。

查理七世和路易十一统治期间创设的民兵性质的自由弓箭手(francs-archers)②训练和装备都很差,并且缺乏战斗意志,并不是一支可信赖的武装。在封建制瓦解以后,有着长久骑士传统的法国贵族仍然愿意在敕令骑士连队(Compagnies d'Ordnance)这种常备性质的骑兵中效力,但是从马背上下来以步兵的方式作战在他们的观念中是降低身份的表现。因此,法国常备性质的步兵组织最先诞生于贵族势力较为弱小的边境地区。形成于1480年的皮卡迪大队(Bandes de Picardie)、1507年的皮埃蒙大队(Bandes de Piemont),再加上后来形成的加斯科尼大队和布列塔尼大队,这几支本国的步兵虽然比自由弓箭手有所改善,但在战争中也都未能发挥重要作用,法王还是不得不依靠外国雇佣兵作为步兵主力。

为了从根本上解决步兵的问题,弗朗索瓦一世在1534年又进行了一次尝试。他下令在全国组建七个常备性质的军团(Legion)。诺曼底、布列塔尼、皮卡迪、朗格多克、吉耶纳这五个省份各提供一个军团,其余省份提供另外两个军团。按照计划,每个军团包含6000名步兵,由国王任命的上校统率;每个军团分为六个大队,大队由队长指挥;军团士兵都由形成该军团的地区的自愿报名者组成,军官则由当地贵族充任。然而,这个雄心勃勃的计划超越了当时法国的行政管理能力和财政资源所能负担的限度,况且很少能够找到数量足够的报名者,

---

① 根据当时的法国驻瑞士大使估计,1668年瑞士商人依据同盟条约在法国享有的免税经营的贸易特权就价值10万埃居,当年度法国付给瑞士的各种年金总额是30万埃居。参见John McCormack, *One Million Mercenaries: Swiss Soldiers in the Armies of the Word*, p.80。

② 这种部队虽然名为"弓箭手",后来也使用其他步兵武器。

因此军团总是处于不满编的状态，并且严重缺乏训练。尽管被乐观地冠以古罗马军团的名字，而且在每个军团的人数上也刻意地效仿古罗马，但法国这些"军团"的作战能力非常令人失望，只能承担挖掘壕堑或驻守防御工事等次要任务，在弗朗索瓦一世死后也就被取消了。

在法国国内缺乏精良步兵的情况下，她的邻国瑞士却拥有大量随时准备为国外雇主效力的最优质的步兵，这就是法国不惜以重金长期维持与瑞士特殊关系的原因。

由以上分析可知，瑞士与法国围绕雇佣兵服务的特殊关系对双方都有一定益处，经济上较为贫困的瑞士通过各种年金、雇佣兵的薪水、贸易特权等形式得到了巨大的资金回报，法国则利用这种关系解决了国内缺乏精良步兵的问题。① 然而，雇佣兵服务的提供方与接收方之间这种看起来"互利共赢"的关系并非总是那样和谐。实际上，双方经常发生纠纷。

（二）拖欠军饷和年金导致的矛盾

由于军事革命导致军队规模和战争费用急剧增加，而近代早期欧洲各国的行政管理水平和财政资源的拓展却显得相对滞后，在激烈竞争的国际环境下，各国君主都抵制不住招募超越其财政资源供养能力的军队这一诱惑，这就使拖欠军饷成为一个普遍存在的、结构性的问题。拖欠军饷是近代早期欧洲在雇佣兵提供者与接受者之间引发纠纷的一个普遍性问题，而在瑞士与法国之间除此之外还有拖欠年金的问题，其矛盾纠纷牵涉的范围更广。

对于那些经过当局批准的雇佣兵，瑞士各州政府常常出面帮助他们讨薪。由于各州政府里许多人物本身就是通过成功的军事生涯而取得高位的，所以各州政府始终把帮助雇佣兵讨薪放在优先考虑的位置。为了讨债，它们常常威胁说要召回本州所有的雇佣兵（实际上从来没有真正实施过）。但债务纠纷导致瑞士与老主顾法国关系恶化却是不可避免的，从而促使瑞士为法国的敌人提供雇佣兵。路德维格·普菲费尔（Ludwig Pfyffer）是16世纪瑞士最著名的雇佣兵首领，他不仅当了卢塞恩的市长，而且在瑞士各州都有很大影响力，甚至被人戏称为"瑞士国王"。由于在前往巴黎为自己讨要薪水和年金期间受到不友好的接待，愤怒的路德维格·普菲费尔从

---

① 17世纪长期担任法国陆军元帅的德意志人朔姆贝格将军曾说："瑞士步兵在法国陆军中的作用就像骨头在人体中的作用一样。"参见 John McCormack, *One Million Mercenaries: Swiss Soldiers in the Armies of the Word*, p.61。

1577 年年底开始秘密与西班牙合作。尽管西班牙方面提出愿意给他两倍的年金并支付他被法国拖欠的 80 万克朗，他在 1582 年还是作为瑞士代表团首领参加了瑞士与法国续签条约的庆典。可到了 1585 年，他开始公开帮助法国国王的敌人在瑞士招募雇佣兵，还正式与马耶讷（Mayenne）公爵签署了招募 8000 名雇佣兵的合同。从此开创了按照当局批准的正式合同招募的瑞士雇佣兵同时效力于战场上敌对双方的先例。

当然，雇主们并非不知道拖欠军饷可能造成的危害。比克卡（Bicocca）战役的失败就是一个深刻的教训。1522 年 4 月，严重的拖欠军饷问题已经使服务于法国的瑞士雇佣兵接近兵变的边缘。他们的队长们向法国方面的将军洛特雷克（Lautrec）发出了最后通牒，要么下令向敌军进攻，以便让他们有机会获得战利品以代替被拖欠的军饷，要么他们就要回家去了。当时敌方军队在比克卡占据着十分有利的位置，在瑞士雇佣兵队长们的胁迫下，法军投入了一场不可能获胜的战役，其结果当然是遭受惨败，战斗中有 3000 名瑞士雇佣兵死于疆场。① 像比克卡战役那样由于拖欠军饷而被雇佣兵胁迫投入一场没有获胜希望的战斗是比较罕见的情况。除此之外，拖欠军饷还可能造成军纪涣散、士兵开小差甚至兵变或者成批地投靠敌军等情况，而且这些问题均有可能导致战争中的不利结局。尽管如此，军费需求与财政资源之间的不匹配注定了拖欠军饷是雇佣兵使用者不可避免之恶，被拖欠的军饷甚至在战争结束后多年都未必能得到偿付。不过，等到下一次需要招募新的雇佣兵的时候，之前拖欠军饷和年金形成的债务问题就会成为拦在雇主面前的一大障碍。1523 年，法国国王为了在瑞士重新招募一批雇佣兵，不得不把王室的珠宝抵押给瑞士的伯尔尼州，作为他能够为计划招募的部队支付军饷的担保。16 世纪 90 年代担任法国驻瑞士大使的哈雷（Harlay）有一次不得不把自己的全部家产抵押给日内瓦，以担保法王能够支付雇佣兵的报酬。

1597 年，法国与瑞士的同盟条约到期时，拖欠的雇佣兵薪水与年金合计达到 3582.3 万里弗赫的债务，成为阻碍续签条约的突出矛盾。经过五年艰苦的谈判，双方才在 1602 年达成偿还债务的方案：立即偿付 100 万里弗赫，以后每年偿付 400 万。深知瑞士雇佣兵重要性的法王亨利四世，感谢他的使者们成功地与

---

① John McCormack, *One Million Mercenaries: Swiss Soldiers in the Armies of the Word*, pp. 64-65.

瑞士达成协议，从而"将朕与朕的继承者的王位置于更加稳固的地位"，为了庆祝同盟条约的续签，由42位瑞士重要人物组成的代表团被邀请参加了1602年在巴黎圣母院举行的盛大庆典。①

（三）宗教问题造成的困扰

除了拖欠军饷、年金等引起的纠纷，宗教问题也会影响瑞士与雇佣兵使用者之间的关系。16世纪的宗教改革不仅使整个欧洲陷入新教与天主教两大阵营的对立冲突，在瑞士联邦内部同样出现过苏黎世、伯尔尼等新教占统治地位的州与信奉天主教的州之间的严重对立。为了能够在信仰新教的各州与信仰天主教各州同样招募雇佣兵，雇佣兵的使用者并不会干涉瑞士雇佣兵的宗教信仰自由。通常情况下，在一个团中既会有一个天主教神父，也会有一个新教牧师。在部队内部宗教争论是受到严格禁止的。② 在宗教信仰自由方面唯一例外的部队是瑞士百人队（Cent Suisses）。作为法国国王的贴身警卫，这一支部队的所有成员都必须是清一色的天主教徒。另外，后来出现的瑞士警卫队（Gardes Suisses）的指挥官也必须是天主教徒。在不干涉士兵宗教信仰的前提下，瑞士为法国国王提供雇佣兵服务的合作关系得以延续。但是，在法国宗教战争期间，当瑞士雇佣兵被法王用于对付法国雨格诺派新教徒时，苏黎世和伯尔尼不仅拒绝签署瑞士联邦与法国之间的同盟条约，而且对于志愿者们自发组建的准备去法国帮助雨格诺派的部队也采取了睁一只眼闭一只眼的态度。

三、瑞士雇佣兵的忠诚性问题

关于瑞士雇佣兵，人们最常引用的一句话是"没有金钱就没有瑞士人"（Point d'argent, point de Suisse），③意思是说瑞士雇佣兵不可靠，一旦雇主没钱支付报酬，他们就会拒绝继续战斗，抛弃雇主投靠敌军或者干脆回家去。然而，这是对瑞士雇佣兵的公正评价吗？

早期的瑞士雇佣兵，尤其是在意大利战争期间，的确经常用拒绝继续战斗的方式逼迫雇主支付拖欠的军饷，从而给雇主造成极大的不便。但我们需要特别注意一个事实：他们索要的都是雇主应当支付却未能按时支付的报酬，从来没有哪一次是要挟雇主支付超过合同规定的报酬。既然雇主不按时支付报酬已

---

① John McCormack, *One Million Mercenaries: Swiss Soldiers in the Armies of the Word*, p.96.
② M. Le Baron De Zur-Lauben, *Histire Militaire des Suisses au Service De La France* (Tome Quatrieme), p.531.
③ 这句话出自17世纪法国剧作家让·拉辛（Jean Racine）的戏剧《讼棍》（*Les Plaideurs*）。

经违背了双方的合同,一味地批评雇佣兵不履行义务恐怕也有失公允。

尽管在战术和组织方面模仿瑞士人的德意志长矛兵在战争中经常出现倒戈投敌的情况,但历史上凡是按照官方批准的合同招募的瑞士雇佣军从未出现过在合同有效期内倒戈投敌的情况。① 也许是因为这些雇佣兵不仅受到与雇主之间合同的约束,他们在外服务期间其实仍旧处于自己出身的那个州的政府权力管辖之下。

客观地说,与其他的人群一样,在充当雇佣兵的瑞士人当中肯定也有许多贪婪和不值得信赖的人。在意大利战争期间,瑞士雇佣兵确曾有过抛弃雇主回家去的记录。尽管他们不曾倒戈进攻自己的雇主,而是选择返回瑞士家乡,但这毕竟是有损荣誉的行为。16 世纪中期以后,瑞士雇佣兵虽然有许多次为了讨要被拖欠的军饷而发出要回家去的威胁(最突出的是在 1571 年和 1650 年),但一次也没有真正实践这一威胁。

即使是在意大利战争期间,瑞士雇佣兵在战争中对雇主事业的忠诚度——也可以称其为"职业操守"——与来自其他地区的雇佣兵相比也是非常突出的。1515 年的马里尼亚诺战役之前,法王弗朗索瓦一世成功地诱使来自弗里堡(Fribourg)和伯尔尼两个州的 5000 名瑞士军人接受法国提出的条件撤出了米兰,余下的 7000—10000 名瑞士军人就是否接受法国 100 万埃居的贿赂发生了争论,有一半出席者主张接受法国给出的条件,来自东部各州的人则争辩说他们的荣誉以及与米兰公爵之间的合同不允许他们那样做。最终,另外 10000 名瑞士军人的到达使忠实履行对米兰的义务的意见占了上风。面对人数上和火炮方面占据压倒性优势的法军,瑞士军人不可能意识不到在即将进行的战役中他们会遭受严重的伤亡。就在发起攻击前那一刻,楚格(Zug)州的队长举行了令人动容的简短仪式,他从第一个方阵前的地上捡起三块土,一面把土扔过士兵的头顶一面说道:"以圣父、圣子和圣灵的名义,杰出的、忠实守信的同胞们,这里将是我们的墓地。"②

在几个世纪的瑞士雇佣兵历史上,

---

① 这里说的是成批部队倒戈投敌的情况,不排除个别军人开小差以后又效力于敌对阵营。例如,拿破仑战争期间表现出色的瑞士人约米尼将军因为在法军中受到极不公正的对待而转投到反法同盟一方。至于那些未经当局批准擅自出国充当雇佣兵的瑞士人,由于文献资料的记载相对缺乏,我们对这些人的情况了解不够充分,也不能排除他们有过成批地倒戈投敌行为。

② David Parrott, *The Business of War: Military Enterprise and Military Revolution in Early Modern Europe*, pp. 27-28.

像这样拒绝敌方重金贿赂、不顾遭受严重伤亡的风险忠实履行职责的事例可谓比比皆是。1709年的马尔普拉凯（Malplaquet）战役显示，瑞士雇佣兵忠于雇主事业的"职业操守"已经达到了这样的境界，甚至在面对效力于敌军的瑞士同胞时同样会毫不留情地展开疯狂杀戮。马尔普拉凯战役中，瑞士雇佣兵遭受了惨重的伤亡，效力于法国的瑞士卫队在掩护法军撤退过程中有好几个连队都彻底消失了。这场战役中敌对双方一共损失了3.4万人，其中8000人是双方阵营中的瑞士雇佣兵。①

长期以来，世人对雇佣兵的评价莫不受到马基雅维利的影响，"雇佣兵毫无原则""谁出价高便为谁效力"等说法几乎成为对雇佣兵的标准认识。然而，许许多多实例证明这些说法是有问题的，至少不适用于瑞士雇佣兵。如果瑞士雇佣兵真是那样善于变节投敌，各国君主以及教皇竞相追捧他们，甚至将贴身警卫的重任托付给他们就难以解释了。

关于雇佣兵是否忠诚可靠，我们其实更应该听听其雇主的看法。1525年的帕维亚战役中，法国国王弗朗索瓦一世遭到失败，自身成为俘虏。当这位充满伤痛的君王经过他的瑞士百人卫队战斗的地点，目睹他们遍地的尸体，眼含热泪对俘获自己的那不勒斯国王说："假如我所有的部队都像这些勇士一般尽忠，我将不会成为你的俘虏，而你将成为我的俘虏。"②在法王弗朗索瓦的一生中，瑞士雇佣兵曾经是他战场上的可敬对手，更多的时候则是用鲜血保卫他的勇士。在这位君王死后，他的墓碑上显赫的位置刻着瑞士雇佣兵的浮雕。1568年，从莫城（Meaux）到巴黎途中险些被雨格诺派俘获的法王查理九世说道："除了上帝以外，我的王国最应感谢的就是瑞士雇佣兵与内穆尔公爵。"③1712年的德南（Denain）战役后，法王路易十四对瑞士卫队的上校雷诺（Reynold）说："雷诺先生，我对瑞士人的表现很满意，非常满意！"④

在瑞士人以雇佣兵的身份效力于欧洲各国的几个世纪中，没有哪位雇主抱怨过其忠诚性的问题，如果雇主对瑞士雇佣兵有怨言，也只是说他们太昂贵了。法国战争大臣卢瓦（Louvois）与瑞士雇佣兵首领斯杜帕（Stuppa）上校在法王路易

---

① John McCormack, *One Million Mercenaries: Swiss Soldiers in the Armies of the Word*, p. 127.
② Emmanuel May, *Histoire Militaire de la Suisse etcelle des Suissesdans les Différens Services de L'Europe*, Tome V, p. 187.
③ Eugène Fieffé, *Histoire des Troupes Étrangères au Service de France*, Paris: Librairie Militaire, 1854, Introduction, III.
④ John McCormack, *One Million Mercenaries: Swiss Soldiers in the Armies of the Word*, p. 128.

十四面前的一次语言交锋生动地体现了瑞士雇佣兵与雇主之间的关系。卢瓦对国王路易十四说："陛下,如果把您以前付给瑞士人的所有钱集中起来,可以铺满一条从巴黎到巴塞尔的道路。"斯杜帕上校马上回应道："陛下,如果把我的同胞为法国流的血集中起来,可以填满一条从巴黎到巴塞尔的运河。"①瑞士雇佣兵的报酬一直高于来自欧洲其他地区的同行,但他们总是受到各国雇主的追捧,处于供不应求的状态。这不仅仅是因为他们突出的战斗能力,他们格外看重荣誉,在危难时刻仍能尽忠职守也是其取得崇高声望的重要原因。

Swiss Mercenaries from the Late 15th Century to the End of the 18th Century

Abstract: The Swiss authority stipulated that only those potential employers authorized by the Swiss government could recruit mercenaries in Switzerland. After signing the contract, the employers usually entrusted Swiss veterans with the task of recruitment and serving as the captains. The captains needed to provide weapons and equipment for the soldiers, and were responsible for their salaries. They often needed to invest their own funds. Swiss mercenaries were only subject to the discipline of their troop and Swiss law. In theory, all employers could apply to the Swiss authority to recruit mercenaries, but French king virtually had the priority to recruit Swiss mercenaries for more than three centuries, for which the French king had to pay a large amount of annuities and bribes each year. The arrears of soldier's pay and annuities led to tension between Switzerland and the mercenary employers. Compared with mercenaries from other regions, Swiss mercenaries were more loyal to their employers during the war, which was one of the reasons why they were favored by employers.

Keywords: Swiss mercenary, recruitment, employer, loyalty

本文系厦门大学中央高校基本科研业务费专项资金资助(项目编号:2072021011)

作者:许二斌,厦门大学历史系教授、博士生导师

---

① John McCormack, *One Million Mercenaries: Swiss Soldiers in the Armies of the Word*, p. 110.

新军事史的兴起：迈克尔·罗伯茨及其军事革命论

军事革命与近代早期国家

□屈伯文

摘要：迈克尔·罗伯茨是西方新军事史的先驱，他最重要的理论贡献在于提出了 1560—1660 年的军事革命论。该论点推行出以战术革命为起点，将战略、制度、社会方面的影响连接起来的因果链条，从而为人们系统性地考察近代早期以来西方兴起及其全球霸权提供了操作性极强的概念建构。罗伯茨的军事革命论虽有拔高军事因素之嫌，却体现了鲜明的问题意识以及打破学科壁垒的宏阔视野与方法，所有这些对我们的军事史研究具有重要的启示作用。

关键词：迈克尔·罗伯茨；近代早期；军事革命；新军事史

中外学者大多认为，在西方，大约从 20 世纪中期开始，传统军事史领域经历了一次重大转向。此次转向的结果，便是"新军事史"（new military history）作为一种新的研究范式的兴起。相比过往的军事史聚焦于战争、军事领域的问题如军事技术、战术、制度之演变，将帅之功过得失，战役过程、结果以及相关原因，军队战斗力与影响因素，等等，受西方"新史学"潮流影响的"新军事史"将战争、军事问题放在更广阔的社会背景下，注重考察它们与其他社会因素之相互影响、制约乃至互动，探索战争、军事领域的变化对社会生活领域产生的影响。[①] 正是在这种意义上，"新军事史"与广义的社会文化史产生了关联，从而融入了当代史学主流并在其中占据了一席之地。那么，从历史渊源的角度来看，"新军事史"到底是从哪里起源的？哪位历

---

① 许二斌：《"新军事史"在西方史学界的兴起》，《国外社会科学》2008 年第 4 期；Joanna Bourke, "New Military History", in M. Hughes and W. J. Philpott (eds.), *Palgrave Advances in Modern Military History*, Basingstoke：Palgrave Macmillan, 2006, pp. 258–280。

史学家对此做出了重要贡献？他有什么样的学术观点？我们能从中得到怎样的启示？凡此种种,对于我们了解"新军事史"的兴起与发展历程具有重要意义。以下,笔者拟以这些问题为探索对象并尝试做出回答。

一、迈克尔·罗伯茨其人其事

翻阅国外学术界有关"新军事史"文献,人们会发现一个出现频率颇高的人名"迈克尔·罗伯茨"（Michael Roberts）,这些著作大多把此人奉为"新军事史"研究的先驱。用当今"新军事史"领军人物之一杰弗里·帕克的话说："人们逐渐把近代早期视作战争、军事组织上的重要变革时期,是一个'军事革命'的时代。此种转变从历史学的角度来说,主要是一个人——迈克尔·罗伯茨——的功劳。"①这段话足以说明罗伯茨对于"新军事史"兴起的重要地位和作用。

迈克尔·罗伯茨何许人也？带着这个问题,我们以"迈克尔·罗伯茨"为主题词,在中国知网上搜索相关文献,结果竟找不到一篇直接以他为主题的论文。只是在涉及近代早期军事革命的少数几篇文献中,②提到了这个人。这说明罗伯茨在中国并未得到多少关注,此种情况与其在"新军事史"领域享有的声誉、地位是极不相称的。

结合笔者手上掌握的信息,我们对罗伯茨的生平③做一概略介绍：迈克尔·罗伯茨（1908—1996）,英国著名历史学家,研究方向为近代早期欧洲史,尤其是瑞典史。④ 他在史学界得享大名,主要是由于他在 1955 年就任贝尔法斯特女王大学近代史教席时发表的演说

---

① Geoffrey Parker, "The 'Military Revolution', 1560-1660—a Myth?", in *Journal of Modern History*, Vol. 48, No. 2, 1976, pp. 195-214. 该文后来被收入 Clifford J. Rogers（ed.）, *The Military Revolution Debate: Readings on the Military Transformation of Early Modern Europe*, Boulder: Westview Press, 1995, pp. 36-53。

② 参见许二斌的几篇论文：《军事变革与社会转型——西方学者对军事革命问题的研究》,《史学理论研究》2002 年第 4 期；《14—17 世纪欧洲的军事革命与社会转型》,东北师范大学 2003 年博士论文；《14—17 世纪欧洲的军事革命与社会变革》,《世界历史》2003 年第 1 期；《14 世纪的步兵革命与西欧封建制的瓦解》,《史学理论研究》2004 年第 4 期。

③ 详细情况,可见杰弗里·帕克为罗伯茨所写的纪念文章：Geoffrey Parker, "Michael Roberts 1908-1996", in *Proceedings of the British Academy*, Volume 115（*Biographical Memoirs of Fellows*）, I, pp. 332-355。

④ 罗伯茨的生平著作有 *Essays in Swedish History*, Minneapolis: University of Minnesota Press, 1967; *The Swedish Imperial Experience 1560-1718*, Cambridge: Cambridge University Press, 1979; *British Diplomacy and Swedish Politics, 1758-1773*, Minneapolis: University of Minnesota Press, 1980; *The Age of Liberty: Sweden 1719-1772*, Cambridge: Cambridge University Press, 1986;等等。

"1560—1660年的军事革命"。① 在该演说中,他提出了近代早期的"军事革命论"(military revolution thesis),并奠定了军事史研究的"罗伯茨范式"(Michael Roberts' Paradigm)。② 自此之后,不仅军事史领域的问题,还有近代民族、主权国家的兴起,西方在全球霸权的建立等广义历史学、政治学领域的问题,亦深受该论点、范式的影响。时至今日,我们仍看不到这种影响的消退迹象,对一个学术命题、论点而言,这是颇不寻常、极为难得的。

人们不禁要问:在《1560—1660年的军事革命》一文中,罗伯茨到底表达了怎样的观点,从而吸引一代又一代的学者围绕其观点,或提供辩护、做出修正,或提出质疑、大加反驳? 以下,让我们回到这篇文献,对其内容做一概述。

二、内容概述

《1560—1660年的军事革命》所探讨的时间段是1560到1660年这100年时间。在以往的历史学家那里,这一时期在军事上是平淡无奇的,没有发生什么引人注目、翻天覆地的大事。查尔斯·奥曼(Charles Oman)爵士曾写道:"16世纪构成了欧洲军事史上最无味的一个阶段。"③然而,正是在这个所谓"最无味的……阶段",罗伯茨追踪到了一次军事革命的踪迹,而这场革命"很奇怪地受到历史学家的忽视"。④ 对罗伯茨来说,这次革命的意义极为重大,它的"完成……对未来的欧洲历史进程产生了极大影响。它俨然是一座大的分水岭,将中世纪社会与现代世界分隔开来"。⑤ 罗伯茨把它提到这样一个高的位置,甚至成了历史分期的标准,其缘由在于,他

---

① "The Military Revolution, 1560-1660",同名论文于1956年发表于贝尔法斯特。后收入M. Roberts, *Essays in Swedish History*, pp. 56-81; Clifford J. Rogers (ed.), *The Military Revolution Debate: Readings on the Military Transformation of Early Modern Europe*, pp. 13-35。

② Steven M. Leonard, "Inevitable Evolution: Punctuated Equilibrium and the Revolution in Military Affairs". 网址: https://pdfs.semanticscholar.org/a00b/397221a33b9baa2f784c0577b44d3c677802.pdf。

③ C. W. C. Oman, *A History of the Art of War in the Sixteenth Century* (London: Methuen and Company, 1937). 转引自Geoffrey Parker, "The 'Military Revolution,' 1560-1660—a Myth?", p. 195。

④ M. Roberts, "The Military Revolution, 1560-1660", in Clifford J. Rogers (ed.), *The Military Revolution Debate: Readings on the Military Transformation of Early Modern Europe*, p. 13。

⑤ M. Roberts, "The Military Revolution, 1560-1660", in Clifford J. Rogers (ed.), *The Military Revolution Debate: Readings on the Military Transformation of Early Modern Europe*, p. 13。

认为这不是一次普通的变革,而是对社会生活方方面面产生影响的革命,用他的话说:"一般而言,纯粹的、严格说来属于技术领域的军事发展,确实对整个社会产生了持续的影响。它们是制度与社会变化的动因和推手,主要在它们的作用下,一个迥异于旧世界的新世界到来了。"①那么,这些"纯粹的、严格说来属于技术领域的军事发展"到底包含什么内容,竟至于产生这么大的历史影响?让我们从几个方面一一道来。

(一)战术革命

在罗伯茨看来,1560—1660 年军事革命的导火索是战术领域发生的一次革命。此次革命的主要实施者是荷兰的奥伦治亲王即拿骚的莫里斯与瑞典国王古斯塔夫二世阿道夫,其动因是解决"如何将投射武器与近距离行动结合起来;如何把打击力量、机动性和防御能力统一起来"②的问题。相关举措如下:恢复线形阵型,将小型作战单位排成两到三列,将各种武器的火力发挥到极致;恢复骑兵在战场上应有的作用;给部队装备可搬运的轻野战炮,为步兵和骑兵提供近距离的炮火支援。乍看起来,这些战术上的更新并没有什么起眼的地方。然而,其真正的重要性在于:在一个因果链条中,它在国家、社会生活的其他方面引发了一连串反应,包括军事战略上的、国家制度上的以及社会文化、经济方面的。这些反应综合起来,产生了堪称革命性的效果。

(二)战略影响

战术革命所要求于士兵的是严格的操练,"操练在近代史上第一次成为决胜战场的先决条件"。③ 这种操练的结果是产生了近代意义上的常备军(无论兵源是来自本国农民,如古斯塔夫治下的瑞典,还是外国雇佣军,如欧洲其他国家),就士兵而言,他不仅要了解火器技术,而且在思想上需更加服从上级的命令。甚至连部队的制服统一都得到重视。因应三十年战争的现实需求,新的军事战略在进行了战术革命的军队的有力支撑下被提出来并付诸实施。三十年战争所涉及的地域甚广,这就要求将帅们对整个战局做通盘考虑。古斯塔夫二

---

① M. Roberts, "The Military Revolution, 1560–1660", in Clifford J. Rogers (ed.), *The Military Revolution Debate: Readings on the Military Transformation of Early Modern Europe*, p. 14.

② M. Roberts, "The Military Revolution, 1560–1660", in Clifford J. Rogers (ed.), *The Military Revolution Debate: Readings on the Military Transformation of Early Modern Europe*, p. 14.

③ M. Roberts, "The Military Revolution, 1560–1660", in Clifford J. Rogers (ed.), *The Military Revolution Debate: Readings on the Military Transformation of Early Modern Europe*, p. 16.

世结合了两种战略:在战役中消灭敌人的进攻战略;占领并巩固一系列根据地,进而征服德意志的渐进式战略。他可以有效地同时指挥多支军队作战,达成其战略目标,而不用担忧士兵临阵脱逃。战略革命所导致的直接后果是伴随战争规模的扩大,军队的人数有了大幅增加。而军队规模的剧增必然产生相应的维持、供应、管理的需求,这就要求对各项国家制度做相应变革,以适应新的军事形势。

(三) 制度影响

规模更大的战争,人数更多的军队,客观上要求国家进行中央集权。理由很简单,只有更为集权的国家,才能"提供大规模战争所需的管理、技术和财政资源";也因此,"中央集权政府对于武装力量的有效控制,成为现代性的一个标志"。① 在国家制度层面,我们看到了以下变化。国家对军事有了新的管理方式和标准,比如,国家设立了负责战争事务的国务秘书岗位,同时,也成立了效率更高的管理机构,处理武器弹药、粮秣、被服和运输等一系列问题。国家还对臣民的生活有了更多的干预,其目的是使后者更多服务于战争、军事,这就不可避免

地使得臣民的生活沾上了军事化色彩。也是在这个时候,人们见到了许多具有军人气质的统治者,如路易十四。财政领域受到的压力颇引人注目,因为随着"海陆军的规模越来越庞大、装备越来越昂贵、受训时间越来越长、管理人员越来越多",国家的开支与日俱增。为了解决这个问题,除了应用货币贬值、卖官鬻爵等各式各样的敛财术,各国政府还努力发展金融机构和信贷体系。各项国家制度因应时势所做的变更,其结果是使军队越来越多地掌握在国家手中,这就为最终的军队国家化铺平了道路。

(四) 社会影响

军事革命对社会的影响是多方面的。以社会流动而言,在经历军事变革的国家,战争为许多雄心勃勃但出身不高的年轻人提供了向上攀升的机会,尤其是中产阶级。战争行当不再如中世纪那样是属于某个阶级的特权,它在这个时代发挥了"社会升降机"的作用。军事革命还将科学首次大规模地应用于战争,粒状火药、便携式望远镜的发明,制图学的发展,新式武器的设计,都对科学与战争的结合起到了推动作用。科学与技术的重要性还终结了"单凭经验或时

---

① M. Roberts, "The Military Revolution, 1560-1660", in Clifford J. Rogers (ed.), *The Military Revolution Debate: Readings on the Military Transformation of Early Modern Europe*, p. 27.

间积累就能学会战争艺术的时代"，①并对指挥官的科学素养等提出了要求。除以上外，军事革命还对欧洲的经济发展造成了影响，尽管人们对这种影响的内容有所争议。比如，作为许多国家经济指导思想的重商主义，便以为战争做预备、提供支持作为自己的一个理论前提，这种"理论中还隐含了新的'战争潜力'概念"；②又如，经济战的概念和实践也越来越清晰地体现出来，处在战争中的国家为了打击敌国，便运用封锁海岸、禁运物品等经济手段达成自己的目标。当然，作为战争最重要支持手段的后勤保障也是值得注意的，古斯塔夫二世在这方面的创新是建立了一个军火库系统，"这是预示了 18 世纪前景的一个进步"。③ 最后，军事革命还促进了战争法律、法规的更新，它们逐步淡化直至消除了宗教、伦理对战争的制约，真正体现了那个时代战争的残酷性，并预示着一条"通往 20 世纪的苦难深渊"④的道路。

需要指出的是，罗伯茨是一个坚定的单因论者，也就是说，在他的叙事、推理中，那些国家、社会生活各个领域的革命性影响并非有着相同的地位，它们在时间、逻辑上是有先后顺序的。在罗伯茨那里，战术领域的变革被摆在最重要的位置，正是它，推动了军事战略、国家制度和社会生活领域的变革。用他自己的话说："这些战术创新的确是那些真正具有革命性的变化的强大导因。"⑤基于此，我们可以认为，其军事革命论的本质就是战术革命论。这一点既是罗伯茨学术的特色所在，也蕴含着一个分歧之源，我们将会看到，正是在这个问题上，杰弗里·帕克对罗伯茨的观点提出了异议并做出了修正。

三、反响与回应

罗伯茨军事革命论的提出，标志着西方传统军事史研究的一次转向，在某

---

① M. Roberts, "The Military Revolution, 1560–1660", in Clifford J. Rogers (ed.), *The Military Revolution Debate: Readings on the Military Transformation of Early Modern Europe*, p. 37.

② M. Roberts, "The Military Revolution, 1560–1660", in Clifford J. Rogers (ed.), *The Military Revolution Debate: Readings on the Military Transformation of Early Modern Europe*, p. 39.

③ M. Roberts, "The Military Revolution, 1560–1660", in Clifford J. Rogers (ed.), *The Military Revolution Debate: Readings on the Military Transformation of Early Modern Europe*, p. 42.

④ M. Roberts, "The Military Revolution, 1560–1660", in Clifford J. Rogers (ed.), *The Military Revolution Debate: Readings on the Military Transformation of Early Modern Europe*, p. 45.

⑤ M. Roberts, "The Military Revolution, 1560–1660", in Clifford J. Rogers (ed.), *The Military Revolution Debate: Readings on the Military Transformation of Early Modern Europe*, pp. 44–45.

种意义上,也确立了一种新正统(new orthodoxy)。① 从那时以来,在传统军事史以外,出现了越来越多新军事史的研究成果。新军事史的兴起与发展过程,是罗伯茨军事革命论得到广泛传播、取得影响的过程,也是质疑与批判、维护与修正并存互动的过程。

(一)质疑与批判

对罗伯茨军事革命论的质疑与批判,主要集中在两个方向上。

其一,从内容上说,罗伯茨所探索的那个时期军事领域所发生的变化,是否真算得上是革命性的,或者说,是否真具有革命性的效应? 之所以有这个疑问,是因为人们发现:罗伯茨所关注、认定的某些关键性武器、技术,比如大炮,或者某些关键性的进展,比如军队规模的激增,其出现要么在 1560—1660 年之前,要么在这一时段之后。以火药武器而论,其被应用于战场不晚于 14 世纪中期,而且,在 14 到 15 世纪的百年战争期间,还发生了一次"火炮革命"(artillery revolution)。人们认为,"近代早期军事革命的某些方面深深根植于中世纪晚期的历史经历",学者们据此提出了"中世纪军事革命"(Medieval Military Revolution)、"百年战争军事革命"(The Military Revolutions of the Hundred Years' War)等概念。② 至于罗伯茨非常看重的军队规模,根据杰里米·布莱克的观察,在 17 世纪后半期,军队人数增长的速度超过了任何一个其他时期。"17 世纪晚期的进展……造就了 18 世纪主要军事强权的力量……进入 17 世纪晚期,战争力量有了引人注目的增长,相比之下,该世纪中期战斗人员的人数要少得多。"③这一论点也成为布莱克把 1660—1760 年定为军事革命时代的理由之一。

其二,从性质上说,罗伯茨所探索的时间段长达 100 年之久,对于发生于这样一个阶段的各种军事变化,我们能否用代表短时间内剧烈变革的"革命"一词去形容? 许多学者认为,军事领域内的许多技术、战术、战略,很难在一夜之

---

① Clifford J. Rogers, "The Military Revolutions of the Hundred Years' War", in Clifford J. Rogers (ed.), *The Military Revolution Debate: Readings on the Military Transformation of Early Modern Europe*, p. 242.

② Andrew Ayton and J. L. Price, "Introduction: The Military Revolution from a Medieval Perspective", in Andrew Ayton and J. L. Price (eds.), *The Medieval Military Revolution: State, Society and Military Change in Medieval and Early Modern Europe*, London and New York: I. B. Tauris, 1995; Clifford J. Rogers, "The Military Revolutions of the Hundred Years' War", in Clifford J. Rogers (ed.), *The Military Revolution Debate: Readings on the Military Transformation of Early Modern Europe*, pp. 55-94.

③ Jeremy Black, *A Military Revolution?: Military Change and European Society 1550-1800*, London: Macmillan Press Ltd, 1991, p. 29.

间发生翻天覆地的变化；哪怕有的国家、军队采用了这些新东西，其发展成熟、扩散开来、产生影响仍需一个过程，而不是一蹴而就的。基于此，用"演化""演进""演变"这些表明一个发展过程的词来代替"革命"，虽然欠缺耸人听闻的效果，却更加准确、贴近真实。① 另外，使用"革命"的概念还隐含着一层意思，被贴上这个标签的时段在各个历史时期中脱颖而出，具有了与众不同的历史意义和地位，而相关地域——欧洲尤其是西北欧的荷兰、瑞典——也被罩上了同样的光环。② 如同上面所说的，许多新事物的兴起、发展乃至成熟都是一个过程，其间，也不排除它们有间歇性的辉煌与沉寂，以此为依据，许多历史时期都可以号称发生过"军事革命"。而新事物在不同地区有不同的发展轨迹，不同地区之间又有着互动、联系，这就意味着在欧洲发生的革命或许同样可以在其他地区（如亚洲中国的明清、日本的战国与德川时代、印度莫卧儿帝国、奥斯曼帝国）发生，欧洲并没有特殊性。

关于罗伯茨军事革命论的质疑与批判，一方面对该论点的说服力、解释力乃至权威性提出了严峻挑战，另一方面则展现了另外的视角、提出了引人深思的问题，从反面促进了后辈学者对它的反思，从而对其做合理的修正、充实。

（二）维护与修正

有质疑、批判就会有维护、修正，两者是不可分割、相辅相成的。有时我们甚至看到这样矛盾的一幕，质疑、批判者也是维护、修正者，前者被当作手段，后者被视为目的。这种情况充分说明了围绕罗伯茨军事革命论展开的学术论争的复杂性。

维护与修正罗伯茨军事革命论的，主要有杰弗里·帕克、杰里米·布莱克、克利福德·J.罗杰斯等人。限于篇幅，以下着重介绍帕克、布莱克二人的观点。

1. 杰弗里·帕克

在罗伯茨的后辈学者中，帕克算得上前者最忠诚的传人兼卫士了。早在罗伯茨发表军事革命论20年之际，帕克即在一篇文章中赞扬了罗伯茨的开创性贡献。他说：

> 罗伯茨教授的演讲仍一次又一次地被教科书、专著与论文引用。据我所知，他的结论从未受到过质疑，从他写作那篇文章以来的近20

---

① Geoff Mortimer, "Introduction: Was There a 'Military Revolution' in the Early Modern Period?", in Geoff Mortimer (ed.), *Early Modern Military History, 1450-1815*, Basingstoke: Palgrave Macmillan, 2004.

② 这很容易造成一种欧洲中心论的偏见。

年里,人们所知的新证据也不能动摇它。

帕克认同罗伯茨的军事革命论。他对罗伯茨的学术观点加以总结,又在不同方向上对其做了修正、扩充。首先,他指出罗伯茨所描述的许多军事成就并非属于近代早期所独有,它们亦见于文艺复兴时期。在此影响下,军事革命的起点需大大提前。其次,帕克指出意大利是近代早期军事革命的先导,而后,除了莫里斯的荷兰、古斯塔夫的瑞典,西班牙(哈布斯堡帝国)在这方面也发挥了重要作用。再次,帕克认为意大利式要塞在引发军事革命上具有关键意义,这种由"又矮又厚的墙"圈围而成的堡垒"革新了战争的攻防模式";①此外,罗伯茨文中没怎么受到关注的海军也进入帕克的视野。最后,帕克在认可军事革命推动中央集权的民族、主权国家形成的前提下,将其与更宏大的历史现象——西方兴起、欧洲在世界范围的霸权——联系起来,从而拓展了军事革命论的解释范围。②

2. 杰里米·布莱克

相比帕克,杰里米·布莱克对罗伯茨的军事革命论更多持保留意见,其修正的幅度也更大。他所做的工作主要体现在以下几方面:其一,对于罗伯茨将1550—1660年定为军事革命时期,布莱克认为,这种判断常与忽视之后一个世纪(1660—1760年)之重要性、认为军事变革在随后的革命时代(18世纪晚期)重启并加速的观点相联系。对此,他是持异议的,因为在他看来,1560—1760年这两百年里的重大军事变革,主要发生在这一时期的后半段,基于此,1660—1760年才是军事革命的时代,尤其是代表变革巅峰的1660—1710年。其二,在军事革命与中央集权国家的关系这一重大问题上,罗伯茨认为前者是后者的导因,如果我们简化他的逻辑,可以得出战术革命→战略革命→军队规模增长→资源需求与供给→中央集权国家的兴起这样的因果链条。而在布莱克那里,由于在1660—1770年这一时期,大多数绝对主义(absolutist)国家确保了更稳定的国内政局,军事变革的发生从而有了更充分的前提条件、更合适的环境。其三,相比罗伯特将军事革命的地域范围局限在欧洲尤其是西北欧,③布莱克的视野更

---

① Geoffrey Parker, "The 'Military Revolution,' 1560-1660—a Myth?", pp. 203-204.
② 参见帕克的以下著作:"The 'Military Revolution,' 1560-1660—a Myth?"; *The Military Revolution: Military Innovation and the Rise of the West, 1500-1800*, Cambridge: Cambridge University Press, 1996 等。
③ 当然,这与罗伯茨主要的研究对象是荷兰、瑞典这些西北欧国家有关。

开阔一些,他呼吁对其他国家、地区的情况做更多研究,其目光所及,不仅扩展到全欧范围,也延伸到欧洲以外、像亚洲这样的域外之地。这其实也是对军事史领域欧洲中心论的一种批判。①

四、反思与启示

时至今日,距离罗伯茨提出军事革命论已有60多年的时间。与诸多引人注目而又昙花一现的学术创新不同,军事革命论在包括(新)军事史在内的多个学术领域内的地位是毋庸置疑的,这一点从不断与之相伴的学术论争之多、之持久便可看出。在某种意义上,无论是对它的质疑与批判,还是维护与修正,都促进着新军事史以及其他相关研究的发展,而这反过来又印证了该学术命题、论点非凡的生命力。站在今天的角度,我们当然可以从细节上继续挖掘罗伯茨论点中的疏漏与欠缺——这也是容易的,毕竟我们拥有更多的材料,更深厚的学术积累,更多样的观察视角。然而,始终盯着这些问题不放,不唯有事后诸葛亮之嫌,更可能让我们在宏观上丧失对

一些更高层次、更广维度、更深层面的问题做出审视与反思的机会,而这些审视和反思或许能给我们的学术研究带来一些重要的启示。基于此,笔者拟从几个方面谈谈自己的看法。

(一)问题意识:挖掘"军事革命"

无论对自然科学还是人文社会科学来说,问题意识都是非常重要的。能否发现问题、提出问题并将问题清楚地表达出来,不仅影响到一个学科的正常发展,也体现出一个学者是否具有学术上的敏感性与创造力。具体到军事史领域,我们看到,从古到今,有那样多的战争、战役,那样多的人物(从将帅到普通士兵),那样多的群体、国家和地区,那样多的武器、工具、工程技术(从青铜、马镫到火药、核弹)。古今中外,无论是"国之大事,在祀与戎"的历史总结,还是"战争造就国家,国家造就战争"②的经典论断,无疑都揭示出战争在国家、社会生活领域的极端重要性。但是,这些如火花一样的智慧之见如何成为学术领域的标准问题,则有赖富有创见的学者去大力挖掘它。罗伯茨之挖掘近代早期的"军

---

① 参见布莱克的以下著作:*A Military Revolution?*;*Military Change and European Society 1550-1800*;*Rethinking Military History*:*War in the Seventeenth Century World*, London and New York:Routledge, 2004;*Beyond the Military Revolution*:*War in the Seventeenth Century World*, London:Red Globe Press, 2011 等。

② "War made the state, and the state made the war". 语出查尔斯·蒂利。参见 Charles Tilly (ed.), *The Formation of Nation States in Western Europe*, Princeton:Princeton University Press, 1975, p.42。

事革命",便属此例。

在《1560—1660 年的军事革命》中,罗伯茨首先表达了自己的一种困惑:把1560—1660 年的军事"变化称为一场'军事革命'或许并不是不恰当的;当这场革命完成时,它对未来的欧洲历史进程产生了深远影响。它俨然是一座大的分水岭,将中世纪社会与现代世界分隔开来。然而,这次革命很奇怪地受到历史学家的忽视。军事史家大多满足于描述已经发生的事情,而不太关注对其更广泛的影响进行追踪;而社会史家不太相信战术上的新花样或武器样式的改进很可能证明:其对他们的研究宗旨而言具有重大意义"。[1]

这段话表达的有三层意思:其一,1560—1660 年发生的军事变革具有重要的、堪称转折性的历史意义,这就表明军事革命的研究有重大学术价值;其二,这一变革却受到忽视,这就表明军事革命论的提出具有迫切性、现实性;其三,这一变革受到忽视的具体表现是军事史与社会史的隔阂,这就暗示了研究军事革命的思路在于打破这一隔阂,沟通两个领域。第一、二点与发现问题有关,通观全文,可以发现,罗伯茨对近代早期欧洲历史做出宏观审视的目的在于:面对那样纷繁复杂的历史现象,梳理出一条打通国家、社会生活各个领域的因果链条。而根据罗伯茨的观察,这一链条作为动力之源的原点即是军事革命。从这个意义上说,军事革命也是盘活整个近代早期欧洲历史的活棋。第三点与解决问题有关。军事革命既然是沟通国家、社会生活的枢纽,对其影响与作用的考察自然需要落脚于军事、国家、社会三者之间的互动,否则,军事革命论就沦为了单纯的军事观点,这就与作者要超越狭隘军事史、社会史的初衷背道而驰了。

综上,既能发现问题,又能点明解决问题的路径与方向,《1560—1660 年的军事革命》体现出来一种鲜明的问题意识。

(二) 研究路径:军事史与社会史的融合

罗伯茨敏锐地观察到,要解决像近代早期的军事革命这样的历史大问题,传统的军事史与社会史都存在自身的局限与缺失。这些局限与缺失,主要体现在过分限缩于自身的领域,对超出这个界限的问题,要么以为与专业无关,不必深究,要么看不到其中的价值和意义,不

---

[1] M. Roberts, "The Military Revolution, 1560-1660", in Clifford J. Rogers (ed.), *The Military Revolution Debate: Readings on the Military Transformation of Early Modern Europe*, p. 13.

予关注和重视。造成这种现象的原因,一是学科本身各有自己的专业性,专业即界限,要打破不同学科之间的畛域本就不是一件容易的事情;二是缺乏宏阔的视野,没有这种视野,便看不到表面不相干的事物之间其实存在着广泛的联系,正是这些联系,能够成为沟通不同学科的桥梁;三是缺乏问题意识的引领,如前所述,问题意识在学术研究中具有某种提纲挈领的作用,没有它,学术方法、路径的创新可能缺乏契机;四是缺乏相应的分析工具,这种工具可以是理论,也可以是概念建构,拥有它们,剖析复杂的大问题便有了强大的凭借。

对于这些局限与缺失,罗伯茨的解决之道是打破军事史与社会史的界限,将它们融合起来,以军事革命论的概念建构①为中心,形成一种以军事问题为核心、连接多个主题、跨越多个学科的研究路径。这种路径与从20世纪初以来兴起的新史学尤其是年鉴学派史学的研究方法若合符节,我们可以在两者之间发现许多相似之处,比如它们都认为单个学术领域在视野和对问题的整体、深度认识上不可避免地存在局限性,因此从总体上(年鉴学派提出了"总体史"②概念)探索所研究的对象便成为必要和必然;认为单纯的叙事容易导致问题导向、意识的缺位(年鉴学派强调"问题史学"③),从而对所研究对象的复杂、深层意涵不能全面而准确地把握;等等。

造成这种相似的原因,我们不能简单地认为是一方受到了另一方的影响,之所以这样说,是因为根据现有材料,我们无法证明罗伯茨与新史学潮流有直接、确切的关联。另外,罗伯茨的视野虽及于1560—1660年这一个百年和整个欧洲,相比年鉴学派青睐的长时段、大范围研究,似乎仍存在某种程度的不足(以后者的标准而论)。虽然如此,在视野、方法论、指导思想等重要问题上,罗伯茨军事革命论确实构成了对传统军事史的突破,并开了将军事史与广义社会文化史结合起来的先河。一方面拓宽了军事

---

① 有学者这样评价罗伯茨的概念建构:"就大端而言,'军事革命'观念并不合于强调枪林弹雨、冲锋陷阵的那种军事史传统。它主要是尝试将人们的目光转向火药武器及其所包含的防卫体系所带来的巨额耗费与金融负担,从而对中央集权的欧洲民族国家的形成做出解释。"换句话说,他认为"军事革命"概念是分析民族国家形成的有力工具。参见 Harold Dorn, "The 'Military Revolution': Military History or History of Europe?", in *Technology and Culture*, Vol. 32, No. 3, 1991, p. 656。

② [法]马克·布洛赫:《历史学家的技艺》,张和声、程郁译,上海:上海社会科学出版社,1992年,第39页。

③ 姚蒙:《法国当代史学主流——从年鉴派到新史学》,香港:生活·读书·新知三联书店(香港)有限公司,1988年,第47~48页。

史的研究范围,从而将国家的形成与发展,社会经济、文化、科学技术的演进等问题也纳入进来,另一方面也让人们对历史上的战争问题(战争的起源、影响因素、作用与后果等)有了更深入而全面的认识。在某种意义上,这也代表了军事史的一个发展方向。所有这些,都是我们在从事中国军事史研究时可以大胆借鉴的。

(三) 正确看待军事因素的作用

对于近代早期以来欧洲与西方在世界范围内的兴起以及获得主导性的地位,人们提供的解释可谓五花八门,有从文化着眼的,[1]有从经济着眼的,[2]有从制度着眼的。[3] 罗伯茨军事革命论所提供的是另一个版本的解释,我们可以称之为"军事决定论"。

当然,军事决定论并不是唯军事论,它是一个笼统的概括,其具体内容表现为以上所述的因果链条:从战术革命一直到中央集权国家的兴起。在这里面,军事领域的进步是罗伯茨立论的中心与根基,但他绝没有轻视其他因素的作用,我们毋宁说,欧洲的兴起是通过以战术革命为起点、其他社会生活领域顺次接受其影响的那一链条实现的。这就将与军事有密切关联的那些制度、财政、社会因素包容了进来。从这个角度来说,军事决定论的纯粹"军事"色彩便不那么浓厚了,反倒体现出一种解释力更强的多因论倾向。考察之后新军事史的发展,我们不能不看到罗伯茨军事决定论及其变种所拥有的强大生命力,威廉·H. 麦尼尔[4]、保罗·肯尼迪[5]、查尔斯·蒂利[6]、帕克……这一连串的名字代表了新军事史研究的繁盛局面,军事决定论作为一条解释路径,拥有自己稳固的学术阵地和影响力。

相比一些西方史家对军事因素的高度重视和强调,应该说,国内学术界在许多时候表现出一种轻视军事因素、反军事决定论的倾向。当然,其中的缘由各

---

[1] 例如,可参见[德]马克斯·韦伯:《新教伦理与资本主义精神》,阎克文译,上海:上海人民出版社,2010年。

[2] 例如,可参见[美]彭慕兰:《大分流:欧洲、中国及现代世界经济的发展》,史建云译,南京:江苏人民出版社,2004年。

[3] 例如,可参见[美]罗伯特·托马斯、道格拉斯·诺思:《西方世界的兴起》,厉以平、蔡磊译,北京:华夏出版社,2009年。

[4] [美]威廉·H. 麦尼尔:《竞逐富强:公元1000年以来的技术、军事与社会》,倪大昕、杨润殿译,上海:上海辞书出版社,2013年。

[5] [美]保罗·肯尼迪:《大国的兴衰:1500—2000年的经济变迁与军事冲突》,陈景彪等译,北京:国际文化出版公司,2006年。

[6] [美]查尔斯·蒂利:《强制、资本和欧洲国家(公元990—1992年)》,魏洪钟译,上海:上海人民出版社,2007年。

有不同:有的人更认同其他形式的决定论;有的人是天然反对任何单因决定论;有的人是认定大谈战争、军事与和平、发展的时代主题相悖故而对此避而不谈;还有的人追溯到中国的传统文化,认为武力、战争在中国人的性格里根本没有立锥之地。笔者无意对各种立场进行评论,因为问题的关键并不在于采取何种立场,而在于我们是否对内容无比丰富的国内外军史材料做过充分、深入的研究,从研究中得出相对理性、客观的认识。比如,我们可以探究,自明末清初以来,中西各自的历史走向出现了大分流,具体到每个时段,军事因素在其中到底有多大影响? 又比如,自清末以来,有100多年屈辱历史的新中国为何能在极短时间里一扫旧日衰弊不振的形象,以勃勃雄姿屹立于世界的东方,这其中,中国共产党在军事斗争、管理、建设上的经验有没有发挥作用,这种作用有多大? 等等。

鼓吹单纯军事因素的决定论固有偏颇之处,但忽略军事因素在历史实际中、在学术研究中的重要地位也是不可取的。从这个方面来说,罗伯茨军事革命论所代表的西方新军事史虽有拔高军事因素之嫌,其融合社会文化史的研究路径、包容多因素的军事决定论,对于我们注重历史演进中军事因素的作用、扭转军事史研究的边缘化局面、丰富军事史的研究方法,具有他山之石的效用。

结 语

罗伯茨是西方新军事史的创始性人物,他的开拓性贡献在于提出了1560—1660年的军事革命论,从而为人们系统性地审视、考察近代早期西方兴起及其全球霸权提供了操作性极强的概念建构。这一建构超越了传统军事史的范畴,沟通了军事史与广义的社会文化史,形成了自己鲜明的跨学科特色,从而拥有强大的学术生命力,至今不衰。另一方面,作为一种单因决定论,罗伯茨的军事革命论不免有拔高军事因素之嫌。此外,由于以欧洲(尤其是西北欧)与西方世界为关注焦点,它还体现了鲜明的欧洲中心论偏见。虽然如此,军事革命论对历史进程中军事因素作用和影响的强调,其广阔的研究视野与打破学科界限的研究方法,都对我们研究国内外军事史有所启示。这也是我们今日重温罗伯茨军事革命论的意义所在。

The Rise of the New Military History: Michael Roberts and His View on Military Revolution

Abstract: Michael Roberts was a pioneer in the field of western "new military history". His most important contribution was the view of "the military revolution, 1560-1660", in which a causal chain was derived by combining tactical revolution as the starting point with strategic, institutional and social influences. This provides people with a practical concept construction to investigate systematically the rise of the west and its global hegemony since the early modern period. Although Roberts' view overemphasized the military factor, it showed his awareness of problems, and his broad vision and approches to break the disciplines barriers. All of these give important inspiration to our study of military history.

Keywords: Michael Roberts, early modern period, military revolution, new military history

本文系广东省哲学社会科学"十三五"规划 2020 年度学科共建项目"全球视野下近代早期军事革命若干前沿问题研究"(项目编号:GD20XWL01)阶段性成果。

作者:屈伯文,湖北理工学院师范学院讲师

后罗马帝国空间与欧洲国家体系的形成

□ 孙兴杰 钟汉威

摘要：世界历史就是一部帝国史，相比于悠久的帝国历史，现代国家以及国际关系是相当晚近的事物。世界历史经验为国际关系研究提供了元叙事，拓展了国际关系研究的历史经验基础。从帝国演进的角度而言，现代国家及其国家体系是帝国演变过程中的"意外"，罗马帝国之后没有实现帝国的重建，而是走向了欧洲国家体系，世界历史由此"大分流"。后罗马帝国空间是欧洲国家体系的基础，也是世界历史进入后帝国时空的肇始。后罗马帝国空间的形成经历了数百年时间，从古典时代向中世纪的过渡是漫长的，帝国和主权国家代表了两种截然不同的政治组织形态，帝国代表着具有广度和密度，但放弃了深度（容纳多样性）的政治秩序；而主权国家体系则是具有密度和深度，但放弃了广度的政治秩序。后罗马帝国空间意味着地中海秩序的崩溃，权力中心从地中海这一"罗马帝国内湖"向曾经的帝国边缘转移，即欧洲大陆和中东地区，从海洋性秩序向大陆性秩序转型。罗马帝国建立起了基于货币、法律为基础的非人格的跨时空秩序，后罗马帝国空间则重归人格化的依附关系，在基督教会、市场和王权之间的复杂博弈过程中，逐渐形成了不同于帝国的国家体系。后罗马帝国空间是欧亚大陆西端的"地方性"事件，基于欧洲国家体系全球扩张而形成的国际关系学掩盖了世界历史的多样性，尤其是帝国经久的历史和普遍意义。后罗马帝国空间是欧洲国家及其国际体系的"前史"，找回"帝国"，才能丰富国际关系研究的世界历史经验，在后罗马帝国空间的废墟中探寻欧洲国家体系的特殊性，从原点上超越欧洲中心主义。

关键词：后罗马帝国；欧洲国家；地中海秩序；中世纪

冷战结束之后，历史终结论曾经流行一时，这一思潮背后的目的论源于西方的线性进化论。历史没有终结,终结的是"历史终结论",倡导这一理论的福山在进入21世纪之后开始关注国家的构建,原因在于欧洲的主权国家或者民族国家在很多地区水土不服,"失败国家"的背后是对主权国家这种政治组织形态合法性和适用性的拷问。从国家的构建到政治秩序的起源的探究,福山的转向代表着世界历史潮流的巨变。当地球上几乎被主权国家这种政治组织覆盖之后,和平、正义、效率等却没有到来,主权国家之下是久远的历史遗产,而当人们忽视或者淡漠历史的时候,历史报复了人们的无知。基于主权国家假定之上的学术研究限制了人们的视野,无法了解过往,更不能预见未来。福山建议:"将理论放在历史之后。"①主权国家源于欧洲,拉长历史的视野,罗马帝国之后,又经过了一段混沌时期之后,主权国家连同国家体系从后罗马帝国空间中逐渐演化出来,形成了政治秩序的"欧洲道路"。罗马帝国秩序瓦解之后,为什么没有实现帝国秩序的重建,而是走向了"欧洲道路"呢?世界其他地区也经历过帝国秩序的形成、瓦解与重建的历史循环,同时,罗马帝国东半部延续了上千年,即便在1453年之后,在拜占庭帝国废墟上,一个新的奥斯曼帝国成为主导者。在世界历史比较的视野下,后罗马帝国空间的形成并不是必然的,而是帝国历史上的"意外",更重要的是,后罗马帝国空间的形成是一个漫长的、非意图的过程。即便欧洲最终走向了后罗马帝国时代,但是罗马帝国的情结一直没有消散,最近20多年来,"帝国史热"悄然兴起,既是全球政治经济秩序深刻变革的产物,也是国际关系研究"历史学转向"的生动体现。

一

帝国,已经远去,当下世界没有哪个国家还自称为"帝国",但是帝国的遗产依然深刻影响着人们的生活。帝国,作为一种政治秩序,构成了人类文明史的主干,研究帝国历史的学者总结了帝国的"一般"定义:"帝国是一种可变的政治形式,并且我们强调了包容与差异被相互结合的多种方式。帝国的长久很大程度上依赖于它们整合和转变策略的能力,从巩固领土到建立飞地,从对中间人的松散监督到紧密的、自上而下的控制,从对帝国权威不加掩饰的宣示到拒绝像一个帝国一样行事。一元的诸王国、城邦、部落和民族国家,则在灵活应对一个

---

① [美]弗朗西斯·福山:《政治秩序的起源》,毛俊杰译,桂林:广西师范大学出版社,2012年,第24页。

变化中的世界时,能力稍逊帝国。"①帝国既是一种政治单元,也是一种体系,帝国容纳、驾驭多样性,形成了自上而下的具有中心—边缘区分的统治结构。帝国包含了双重含义:一是绝对统治或至上权力,形成了一套超越时空的权力网络;二是统治复杂的领土政体,帝国为了规模而不得不接受和容忍多样性。罗马帝国在西方文明史中具有无可企及的影响,罗马帝国几乎构成了帝国的"原型"。"罗马与后世帝国的相似性当然绝非巧合。一个国家能被称为帝国在很大程度上是因为其效仿罗马,这点在西方尤甚。成为帝国意味着成为另一个罗马。"②

帝国是人类政治秩序演化过程中的一次突破,"只有当一定数量的个体渴望归属于同一集体并且与其他成员分享共同的利益时,国家才有可能存在"。③ 国家区别于部落等血缘组织的根本特征在于其领土性,是人类互动水平到了一定程度之后跨越空间而形成的想象的共同体,同时超越了时间而形成了历史和记忆。互动形成网络,互动水平界定边界,由此,我们可以以广度、密度和深度来审视网络,无论帝国还是国家都是这样的网络,广度代表着网络的规模和范围,密度代表着组织化的水平,而深度则代表着身份的认同。帝国是为广度而向深度做出妥协的政治秩序,亚当·沃森提出了"帝国体系模型",帝国是一种政治秩序的光谱,形成了帝国核心、间接统治、宗主国、霸权关系等不同的圈层,我们也可以说帝国权力结构如同洋葱一样,分为不同的层级,人类历史在一次次剥洋葱的过程中见证了帝国的兴衰。罗马帝国就是诸多帝国中的佼佼者,当然,在欧亚大陆东西两端出现了罗马帝国和秦汉帝国,这也成为东西方文明比较的重要参照,尤其是在大历史的框架之下。"罗马人在称为全新世的气候时期中一个特殊的时刻,建立了一个巨大的地中海帝国。这个特殊的时刻悬于自然气候重大变化的边缘。更重要的是,罗马人建立了一个相互联通、城市化的帝国,帝国与热带接壤,触须蔓延到已知世界的各个

---

① [美]简·伯班克、弗雷德里克·库珀:《世界帝国史:权力与差异政治》,柴彬译,北京:商务印书馆,2017年,第19页。
② [美]克里尚·库马尔:《千年帝国史》,石炜译,北京:中信出版社,2019年,第8页。
③ [法]吕西安·费弗尔:《大地与人类演进:地理学视野下的史学引论》,高福进等译,上海:上海三联书店,2012年,第382页。

地方。"①罗马帝国的偶然性在于公元前200年到公元150年是全球气候的稳定期,地中海世界温暖、湿润,为人类活动提供了舒适的环境。而罗马帝国秩序瓦解恰逢小冰期的来临,气候变化、瘟疫等因素挑战着罗马帝国的韧性,逆转了罗马化的进程。罗马帝国向后罗马帝国空间的转型过程中很难找到一个确切的时间点,甚至连西罗马帝国崩溃都是虚构的历史事件。②罗马帝国在世界历史上首次且迄今唯一一次将地中海置于一个帝国统治之下,创造了一个新的帝国空间。

第一,与其他帝国一样,罗马帝国空间的形成依赖于军事征服,依靠罗马军团,罗马实现了领土的扩张,从罗马城到意大利半岛,征服迦太基、高卢等地,到罗马共和国晚期,罗马军团的征服能力已经到了临界点。屋大维成为罗马的"奥古斯都",从共和国进入帝国时期,罗马从征服转向了防御,军事力量和政治手段相结合构建了罗马在边疆的防御体系。美国战略学家爱德华·勒特韦克在《罗马帝国的大战略》中分析道,罗马帝国在三个世纪构建了三个不同的帝国防御战略体系,其中包含了罗马军团、附庸力量、复杂结盟等不同的因素,在相当长的时间里,罗马帝国保持了边疆地区的安全和稳定。

第二,帝国不能仅仅依靠军事征服,而是依靠一种使命和感召力量,也就是"文明"的标准。"罗马教化使命的核心是将文明传播给世界,'文明'就是罗马人心中的'人性'。'文明'是仁慈、理性、有教化的人类理想。"③罗马的文明标准包括拉丁文学的教育,以此作为精英阶层的门槛标准;人的理性,罗马人是理性的,而野蛮人的行为是依靠激情;罗马的法律制度;等等。"文明的标准"背后是自上而下的等级性关系,帝国没有明确的边界线,但是以"文明的标准"划出野蛮与文明两个世界,"蛮族论创造出一条虚构分界线,用以弥补帝国事实上轮廓不清的缺陷"。④帝国边疆是开放和流动的,文明和野蛮也是可以转换的,并不是以种族、肤色等特征来定义"文明"。在基督教成为国教之前,罗马公民权就是文明的标准,公民权随着罗马帝国的扩张而不断扩散,公元212年罗马

---

① [美]凯尔·哈珀:《罗马的命运》,李一帆译,北京:北京联合出版公司,2019年,第7~8页。
② [美]詹姆斯·哈威·鲁滨逊:《新史学》,齐思和等译,北京:商务印书馆,1964年,第149页。
③ [美]克里尚·库马尔:《千年帝国史》,第56页。
④ [德]赫尔弗里德·明克勒:《帝国统治世界的逻辑》,阎振江、孟翰译,北京:中央编译出版社,2008年,第94页。

皇帝卡拉卡拉将公民权扩散到全体人民。

第三,罗马帝国构建了一套成熟、精微的帝国权力装置,也就是基于货币和法律这种非人格的统治体系,货币和法律是超越血缘关系的抽象的信任系统,简化了交流互动的成本。罗马的征服将地中海置于自己的统治之下,支撑这一统治的经济基础是越来越活跃的贸易体系,地中海沿岸的气候多样,各地具有比较优势,在大一统帝国之下,商品交换体系繁荣起来,罗马帝国发行的货币成为交易的媒介,货币经济以体系的密度支撑了体系的广度。与货币经济相适应的是,罗马帝国的征税系统,税收体系背后是一套信息搜集和整理的体系,也就是官僚体系。税收体系建立了以货币为中介的治理体系。"在1至2世纪,一项重大而关键的交易定义了帝国制度,这就是帝国与'各大城市'之间达成默认协议。罗马人通过各大城市和城市中的贵族实行统治,将地中海世界的城市权贵引入帝国的治理方案。通过将税收工作留给当地贵族,并且慷慨地授予这些人公民身份,罗马人将三大洲的精英揽入统治阶层,从而只靠几百名罗马官员,就管理了一个庞大的帝国。"①法律体系是罗马帝国留下的遗产,也是罗马帝国统治的工具,"法律是凝聚社区的有关正义的一组抽象规则",②与罗马法律体系相适应的是公民权的不断扩展,公民权不仅关系到身份认同的问题,而且还具有"文明"的含义。另外,公民权代表着个体所享有的权利,公民权的扩张以体系的深度("罗马人"的认同感)支撑了体系的广度。赋予帝国境内臣民公民权是罗马帝国的创举,"这是一个革命性的决定,一举消除了统治者与被统治者间的法律差异,把已经延续将近千年的过程推向顶峰"。③

第四,罗马帝国前所未有地建立了一个以地中海为中心的统治秩序,罗马帝国具有海洋秩序的特性。"在人类结构所有奇妙的特征之中,罗马帝国所具备的最显著并且也是最本质的特征,就是其地中海的特性。尽管帝国东部地区为希腊语区,西部为拉丁语区,但这种地中海特性却使得整个罗马帝国具有了一种一体性,正是这种一体性将一种整体感赋予帝国的各个行省。"④地中海沿岸

---

① [美]凯尔·哈珀:《罗马的命运》,第16~17页。
② [美]弗朗西斯·福山:《政治秩序的起源》,第241页。
③ [英]玛丽·比尔德:《罗马元老院与人民:一部古罗马史》,北京:民主与建设出版社,2018年,第535页。
④ [比利时]亨利·皮朗:《穆罕默德和查理曼》,王晋新译,上海:上海三联书店,2011年,第3页。

城市构成了罗马帝国的核心地区,高卢等边疆地区也经历了"罗马化"的进程。罗马帝国以莱茵河和多瑙河为界,但东北边疆是一个敞开的扇形区域,罗马帝国屡屡遭到蛮族的入侵,但是依靠核心区的资源和能量,罗马帝国可以应对来自外部冲击的挑战。公元3世纪罗马帝国的王位继承出现了危机,来自东北边疆的将军争夺帝位,打破了帝国的统一性。以地中海为核心的罗马帝国核心是流动性的,依靠货物贸易网络维持了帝国统治,而四帝共治以及君士坦丁堡的建设,意味着罗马帝国的扩张达到了临界点。从世界历史的角度来说,罗马帝国创造了一个奇迹,构建了一个统一的地中海秩序,这是前所未有的创举,此后,没有任何一个帝国能够再次将地中海变成内湖。

帝国依靠军事征服扩大了规模和统治的面积,但是要实现统治的长期化,就需要在一定的规模下停下来,也就是从时间性帝国向空间性帝国的转型,只有依靠相关的制度性建设才能维持和支撑帝国统治的广度。罗马帝国在容纳多样性和差异性的基础上构建和充实了帝国统治的权力装置,从而形成了"罗马化"的推动力和向心力。这是罗马帝国的韧性所在,"帝国可以被理解为一种机体,它拥有大量储存能量和冗余层,能够承受环境的冲击并从中恢复。然而,韧性是有限度的"。[1] 任何组织都面临着内外挑战和冲击,没有组织能够永续存在,尤其是在气候、环境变化的情况下,加之病毒这种在地球上存在几十亿年的微型寄生物的存在,罗马帝国构建起来的统治机器也出现了衰退。"一个复杂社会就算其扩张成功,发展到最后也会达到一个拐点,也就是继续扩张需要过高的边际成本。需要防卫的边界线、管辖地区的规模、行政机构的规模、国内安定所需的成本、首都到边疆的旅行距离、竞争者的出现等,都会联手给经济进一步增长施加压力。"[2]罗马帝国秩序的瓦解的原因很多,但整体而言,帝国最明显的特征,也就是广度出现逆转时,就是帝国走向衰朽的征兆。罗马帝国何时走向后罗马时代,难以判定,更无法给出一个准确的时间点,可以断定的是,从罗马帝国向后罗马帝国空间的过渡是一个漫长且不确定的进程,然而,后罗马帝国空间的形成意味着东西方文明的大分流,开启了一个后帝国的时代。

---

[1] [美]凯尔·哈珀:《罗马的命运》,第30页。
[2] [美]约瑟夫·泰恩特:《复杂社会的崩溃》,邵旭东译,海口:海南出版社,2010年,第174页。

二

476年这一年,罗马帝国皇帝罗慕卢斯被废黜,帝国的徽章被送到了君士坦丁堡,50年后,一位历史学家将这件事情视为西部罗马帝国的终结。但是在当时以及此后并没有引起太大的影响,东哥特人在首领狄奥多里克的率领下,在5世纪末占领了意大利,在拉文纳建立了统治,在507年还出兵干涉法兰克国王克洛维与西哥特人的战争。过了100多年,有人提出,476年意味着西罗马帝国的灭亡,但是从历史的进程来说,476年的历史是被后世学者所赋予的,因此有人质疑罗马帝国崩溃这样的说法,毕竟东罗马帝国延续到了1453年,当时并没有人称这个帝国为拜占庭,而是称为罗马。即便如此,那个以地中海为核心的庞大帝国并没有延续下去,尤其是作为罗马帝国边疆的欧洲大陆,进入了一个混沌时期,但可以肯定的是这一地区进入了"去罗马化"的进程。

后罗马帝国空间的构建与"欧洲"的形成是紧密联系在一起的,从罗马帝国的行省向一个具有共同文化心理的地区转变,可以说,欧洲是在罗马帝国废墟上成长起来的。"欧洲历史恰恰可以根据其边界的变动来书写,也就是不从首都和中心的角度来看欧洲,而是从边界、从边缘地带的角度来观察它。"[1]欧洲是罗马帝国的边疆,当然,后罗马帝国空间实现了权力中心的转移。"罗马帝国的疆域包括地中海周围的领土和西北扇形地区的一部分,但西北扇形地区的东、北两面还被野蛮部落的势力控制着。值得注意的是,欧洲和整个文明世界的后期历史大多与这一事实有关。"[2]

后罗马帝国空间代表着西方文明的转型与过渡,当然,这并不代表一种目的论,而是过程的描述。这一概念的核心关切在于从罗马帝国到现代欧洲之间的"大过渡",罗马帝国之后为什么没有在欧洲地区重建帝国,而是走上了另外一条道路?帝国的兴衰存亡是世界历史的常见现象,帝国崩溃之后会出现重建,世界历史在很大程度上就是帝国兴衰历史。后罗马帝国空间具有两重含义:第一是罗马帝国之后的空间,也就是帝国统治的瓦解。经历了一个去罗马化和去帝国化的过程,帝国最显著的特征是广度,后罗马帝国空间意味着广度的消失,帝国统治的权力装置退化,甚至消失。

---

[1] [德]卡尔·施勒格尔:《铁幕欧洲之新生》,丁娜译,北京:社会科学文献出版社,2016年,第62页。
[2] [美]J. H. 布雷斯特德:《地中海的衰落》,马丽娟译,北京:中国友谊出版公司,2015年,第501页。

第二是罗马帝国的故地难以重建帝国的空间。在罗马帝国衰落之后,重建罗马帝国的努力和尝试一直没有停止过,哥特王国、加洛林王朝以及东罗马帝国都进行过类似的努力。经过加洛林王朝的小复兴结束之后,后罗马帝国空间基本形成,基督教秩序下的欧洲无法重建罗马帝国,当然,罗马帝国的情结依旧,伏尔泰就讽刺当时的神圣罗马帝国,既不神圣,也不罗马。

从时间维度来看,后罗马帝国空间的形成经历了数百年的时间,我们无法断定罗马帝国的崩溃,但是帝国秩序的退化要早于476年这个象征性的时间点。与此同时,后罗马帝国空间也不是在476年就形成了。比利时历史学家亨利·皮朗在一系列论著中提出了"亨利·皮朗命题",他说:"匈奴和日耳曼各个民族对罗马世界的冲击,虽颠覆了西罗马帝国的统治,但是在经济、社会和文化等层面上并不具有以往人们所赋予的那么巨大的意义;作为罗马世界最基本的特性——地中海的统一性——依旧存在着,并仍旧决定着当时西方社会的基本框架结构。而7世纪以后,来自阿拉伯-伊斯兰教狂飙般的扩张则对西方社会历史命运造成了根本性的改变。它彻底地砸碎了各种古典传统,使地中海世界被割裂为两大部分,即穆斯林所掌控的西地中海和由拜占庭所支配的东地中海;正是在这种局势作用下,西方社会首次出现了由地中海向北方地区的转移,并蜗居在一种自给自足的自然经济状态下,其后果就是墨洛温王朝垮台和加洛林国家兴起。"[1]从亨利·皮朗的角度来说,后罗马帝国空间的形成与7世纪伊斯兰教的兴起息息相关。或者说,没有伊斯兰教的扩张,地中海秩序还有可能重建,正是伊斯兰教对地中海沿岸的扩张,使得加洛林王朝以及查理曼无法恢复地中海为核心的帝国秩序。

从空间的维度而言,后罗马帝国空间意味着权力结构更加扁平化,帝国是自上而下的等级性的大一统的体系,帝国中心与边缘地区形成了轮毂结构,后罗马帝国空间意味着广度让位于深度,形成了多中心的体系,难以重建自上而下的大一统秩序。伊斯兰教的崛起和扩张,不仅打破了地中海秩序的统一性,而且迫使权力中心向西北转移,加洛林王朝基本成为一个陆权国家,无法在地中海与伊斯兰军队进行博弈。罗马帝国的行省被"蛮族"占领,后罗马帝国空间融入了日耳曼的传统。另外,基督教在后

---

[1] [比利时]亨利·皮朗:《穆罕默德和查理曼》,中文版序,第3~4页。

罗马帝国空间兴起,借助世俗统治者的剑,基督教扩大了影响力。从罗马帝国故地而言,北非、中东地区一直在帝国的兴衰更迭循环之中,东罗马帝国兴衰沉浮,最终被奥斯曼帝国取代,巴尔干半岛以及黑海沿岸被纳入奥斯曼帝国的统治之下。西罗马故地走上了不同的发展道路,在剑和《圣经》之下,后罗马帝国空间溢出了莱茵河、多瑙河一线,最终将北欧也包括进来。后罗马帝国空间最终演化为欧洲国家体系,这是迥异于帝国的秩序形态。

在后罗马帝国空间的演变过程中,罗马帝国的遗产依然强大,重建罗马的意愿和去罗马化的力量之间形成矛盾,这一矛盾运动带来的结果是漫长的混沌时期,一直到11世纪,罗马帝国已然不可能重建,后罗马帝国空间进入了一个新的演化阶段。后罗马帝国空间的形成伴随着蛮族化、庄园化、军事化、基督教化等因素,离心力压倒了向心力,裂变超过了整合,帝国所包含的广度逐渐消散,边际收益递减、韧性有限,从复杂系统回归到简单组织,这是后罗马帝国空间形成的内在逻辑和动力。

第一,帝国的"蛮族化",文明与野蛮的边界模糊,对帝国的使命感与感召力是重创。罗马帝国疆域稳定下来之后,罗马军团的任务从征服转向防御,军团被分配到帝国边疆进行驻防,罗马军团的构成人员也在发生变化,随着自耕农阶层的缩小,罗马军团的兵源多元化,蛮族士兵被延揽其中。当然,依靠罗马帝国的向心力和整合力,罗马军团依然保持了战斗力。"图拉真和哈德良统治时期,帝国驻守边疆的军队在古代世界是极为罕见的,他们的规模巨大,组织纪律严之有序。帝国的这支军队由全国各地的人组成,是一支由多民族共同组成的军队。"[①]公民兵是罗马帝国的力量源泉,但是帝国征服停止,土地更加集中,自耕农阶层消失,"城市生活的堕落之风也彻底摧毁了昔日独立自主、勤劳勇敢的自耕农,他们不再要求自己自力更生,反而希望自己成为城市贫民大军中的一员,等着政府发放的免费粮食、酒和肉"。[②]为了解决罗马帝国兵员问题,罗马军团逐渐蛮族化。另外,帝国边疆地区是开放和流动的空间,"罗马境外的部落和小部落长期融合,与匈奴人到来引起的外部冲击相互作用,就产生了足以

---

① [美] J. H. 布雷斯特德:《地中海的衰落》,第 522 页。
② [美] J. H. 布雷斯特德:《地中海的衰落》,第 550 页。

粉碎西罗马帝国的超级军团"。① 匈奴人的迁徙，尤其是匈奴王阿提拉掀起的征服风暴，带来了罗马帝国边疆的系统性风险。"匈奴人提供的'火种'引发了一场战略爆炸，将欧洲中北部的大量军事力量推到了罗马的土地上，削弱了西罗马对其领土的控制。"②匈奴人的西进造成了哥特人的内附，请求罗马帝国允许哥特人进入罗马帝国境内，378年罗马皇帝瓦伦斯在阿德里安堡兵败被杀，但哥特人没有成为罗马帝国的死敌，而是选择了和解，哥特人成为罗马帝国境内第一个没有被同化的蛮族"成建制"地进入帝国境内。在君士坦丁堡的东罗马帝国皇帝将蛮族的冲击引向西罗马，由此导致的结果是西罗马帝国加速"蛮族化"，罗马帝国的行省变成了蛮族的王国。公元410年阿拉里克率领西哥特人洗劫了罗马，阿拉里克并没有占领罗马，但这是西罗马帝国瓦解的象征。

在5世纪晚期，西罗马帝国分成了六大区域，法兰克王国、哥特王国、汪达尔王国等，各个行省开始地方化，而哥特人试图重建罗马帝国，哥特国王狄奥多里克曾经作为"质子"，在君士坦丁堡生活过，算是罗马化的蛮族国王。狄奥多里克短暂地重建了罗马帝国的权威，但是随着狄奥多里克的死亡，这个打着罗马帝国旗号的蛮族王国随之瓦解，"狄奥多里克选定的继承人无力维持压倒性的军事力量"。③ 法兰克人克洛维和东罗马皇帝查士丁尼摧毁了哥特人的统治。克洛维及其创建的墨洛温王朝成为后罗马帝国空间形成的转折点，权力的中心—边缘在转换，"高卢北部长期以来一直是军事化的边疆地区，除了4世纪特里尔成为西罗马首都的那段时间外，一直是罗马世界里可有可无的一部分；而现在，这里成了政治心脏地区，也是大量土地财富和政治权力的焦点"。④

第二，具有广度的经济贸易网络的萎缩，经济庄园化，货币经济体系退缩。罗马帝国庄园经济的发展是经济网络的广度对深度和密度的让步，小共同体具有强大的生命力。罗马将公民权授予所有公民，稀释了公民身份的价值和意义，庇护关系大行其道。元老及其少数贵族成为地方性的统治者，其权力的载体就是庄园，"这些大庄园将农场工人、奴隶、

---

① [英]彼得·希瑟：《罗马帝国的陨落：一部新的历史》，向俊译，北京：中信出版社，2016年，第547页。
② [英]彼得·希瑟：《罗马的复辟：帝国陨落之后的欧洲》，马百亮译，北京：中信出版社，2020年，第5页。
③ [英]彼得·希瑟：《罗马的复辟：帝国陨落之后的欧洲》，第113页。
④ [英]克里斯·威克姆：《罗马帝国的遗产》，余乐译，北京：中信出版社，2019年，第121页。

手艺人、卫兵、管家和食客聚集在一起，形成自给自足的社会经济单位，活像小小的独立王国"。①贸易网络萎缩，经济交往的频率也在下降。罗马帝国财税体系的瓦解，财税体系税收和土地租金之间的差别在于，财产税能够支撑起较大规模的交易体系，而地租主要是小规模的封闭性的经济体系。税收其实是国家治理的重要手段，建立在一套财产信息基础之上，税收体系背后是一套征税的机构，尤其是官僚体系。"国家的根基由税收转为对土地的拥有，这一变化再清楚不过地表明，后罗马时代诸王国的领袖们无论多想复制出一个微缩版的罗马帝国，都是心有余而力不足。"②财税体系是一个国家内部资源汲取和分配的体系，从这个角度来说，财税体系决定了国家的性质。"由于税款征不上来，西部帝国便无法找到保卫者，自然也就崩溃了。在影响罗马世界的所有分裂中，这大概是最严重和最危险的分裂。"③罗马帝国依赖的贵金属铸币已经大幅度贬值，货币经济消退，有学者认为，中世纪源于铸币体系的终结，而回到了信用货币体系的周期。"在人类历史上，黄金或白银的锭块(不论是否带有印记)大多扮演了与当代毒品交易商的手提箱里所装满的无标记票据相同的角色。"④铸币可以在广大的时空中进行交易，即便是低度信任甚至无信任的环境中也能进行下去，成为战争和掠夺的对象。因此货币经济网络本身也是广度的体现，而无须过度关注信任关系。随着广度的消散，深度(认同与信任)凸显出来，信用体系首先建立在小型共同体之上，后罗马帝国空间是货币经济萎缩的时代。当然，这并不代表后罗马帝国空间的经济是落后的，而是广度让位于深度，如迈克尔·曼所说："目前的说法是，中世纪欧洲所关注的不是广度而是高度。我们可以接着说，大多数重要的经济革新是在深度方面的。这种说法会使人想到公认的核心技术发明：深耕、轮作、役畜、钉蹄和挽具。"⑤

第三，后罗马帝国空间从海洋性转向大陆性，形成了具有比较明确的边界。西罗马帝国秩序瓦解之后，哥特国王狄奥多里克、东罗马皇帝查士丁尼都曾尝

---

① [英]迈克尔·格兰特：《罗马史》，王乃新、郝际陶译，上海：上海人民出版社，2008年，第334页。
② [英]克里斯·威克姆：《罗马帝国的遗产》，第137页。
③ [英]迈克尔·格兰特：《罗马史》，第332页。
④ [美]大卫·格雷伯：《债：第一个5000年》，孙碳、董子云译，北京：中信出版社，2012年。
⑤ [英]迈克尔·曼：《社会权力的来源》第1卷，刘北成、李少军译，上海：上海人民出版社，2007年，第500页。

试恢复罗马帝国,贝利撒留将军收复了北非和意大利半岛,但是终归没有恢复在这一地区的统治,这其中与瘟疫、东方的战争有关系,查士丁尼大瘟疫以及罗马帝国与波斯帝国之间的战争,大大消耗了帝国的力量。在东罗马帝国和波斯帝国之间长达半个世纪的激烈冲突中,阿拉伯人的帝国崛起,罗马帝国复兴之路就此终结。查士丁尼是最后一位以东罗马帝国中心的资源复兴罗马帝国的统治者。"7世纪的失败使世界性的东罗马沦为东地中海的区域性拜占庭政权,实际上成了伊斯兰世界不情愿的卫星国。7世纪以后拜占庭帝国的所有扩张都是在伊斯兰世界四分五裂的时期实现的。"①伊斯兰教和阿拉伯帝国是在(东)罗马帝国和波斯帝国的边缘兴起,取代了波斯帝国,大大压缩了东罗马帝国的疆域,彻底打碎了地中海秩序的统一性,"在地中海为穆斯林的入侵所关闭之后,再也找不到任何痕迹表明还有经常性的正规商业活动,还有经常性的有组织的商品流通,还有一个专业的商人阶级,还有商人定居在城市,简言之,还有构成一种名副其实的交换经济的要素"。②穆斯林的征服运动不同于蛮族的入侵,它代表着一种异质性的文明,具有自成一体的宗教信仰,"在曾经是罗马文明同一化的地中海沿岸地区,随着一个新的伊斯兰世界建成,一种全面彻底的破裂也形成了,而且这种变革一直持续到我们今天。从此之后,在我们的海的沿岸地区形成了两种全然不同并相互敌对的文明"。③可以说,伊斯兰教的兴起以及征服运动划定了文明的边界,将后罗马帝国空间变成了大陆性空间。与之相适应的是,后罗马帝国空间与基督化的进程并行,基督教延续了罗马帝国时期的组织形式,但是基督教面临着"异教"和"异端"的挑战,基督教没有能够重建具有广度的普世秩序的能力。

第四,从行省到蛮族王国,不只是"蛮族化"的过程,也是政治秩序形态的结构性转折。亨利·皮朗认为,在西罗马帝国政权崩溃之后,其经济社会网络还保持了罗马化的特色,并不存在与罗马帝国时代的决裂。④ 当然,皮朗承认罗马帝国西半部分存在蛮族化的现象,但是这些蛮族王国只是打破了罗马帝国的统一性,"他们所追求的远不是以什么

---

① [英]彼得·希瑟:《罗马的复辟:帝国陨落之后的欧洲》,第225页。
② [比利时]亨利·皮雷纳:《中世纪的城市》,陈国樑译,北京:商务印书馆,1985年,第23页。
③ [比利时]亨利·皮朗:《穆罕默德和查理曼》,第158页。
④ [比利时]亨利·皮朗:《穆罕默德和查理曼》,第103页。

新的事物来取代罗马帝国,而只是使自身能够定居下来"。① 从政治秩序的演化来说,蛮族王国并没有创新,但是蛮族的传统和习俗被融入其中,蛮族开始了民族构建的过程,"制造"民族认同,追溯古老的渊源,"这些民族认同的主要功能不是追溯某个族群的国王,而是将它们与邻近的族群区别开"。② 从国家的权力装置而言,帝国边疆的"蛮族"的政治组织形态与帝国的发展是相辅相成的,虽然占领后罗马帝国空间的蛮族王国声称延续了罗马帝国的正统,但是在蛮族王国形成了一个相互竞争的体系,没有任何一个王国具有压倒性的优势。"各德意志民族做了罗马各行省的主人,就必须把所征服的地区加以组织。但是,他们既不能把大量的罗马人吸收到氏族团体里来,又不能通过氏族团体去统治他们。"③基于血缘的依附关系以及军事民主制度限制了国王的权力,同时由于没有规范化的王位继承制度,蛮族王国的政治制度的演化不具有可持续性。"中古世纪就是'蛮族人'的幼儿园,却是罗马帝国的陵园。罗马帝国已经沦落为一个奇特的混合体,它带着惊魂未定的杂乱、带着它的艺术价值、带着它的魅力与哀婉,安静地躺在那里。"④

后罗马帝国空间的形成意味着在罗马帝国的废墟上难以重建新的罗马帝国,尤其是地中海秩序的统一性被永久性地改变了,划定了伊斯兰教和基督教的"文明"边界。后罗马帝国空间的形成也意味着一种迥异于帝国的新的政治秩序出现了,"进入罗马世界的蛮族并没有成功地重建这个古老的世界,或者创立更好的全新统治制度"。⑤ 古典时代结束了,充满不确定性的混沌的中世纪开始了,至于会出现一种不同于帝国的什么政治秩序,那个时候无人知晓。加洛林王朝是重建罗马帝国的一次失败的尝试,从内在逻辑来看,公元800年查理大帝加冕,与其说是罗马帝国的回归,不如说是后罗马帝国空间的巩固。

三

后罗马帝国空间与欧洲观念的形成紧密相连,西罗马帝国分成了三个具有代表意义的王国,法兰克王国、伦巴第王

---

① [比利时]亨利·皮朗:《穆罕默德和查理曼》,第146页。
② [英]克里斯·威克姆:《罗马帝国的遗产》,第131页。
③ 《马克思恩格斯选集》第4卷,北京:人民出版社,1972年,第148页。
④ [英]爱德华·甄克斯:《中世纪的法律与政治》,屈文生、任海涛译,北京:中国政法大学出版社,2010年,第16页。
⑤ [法]费迪南·罗特:《古代世界的终结》,王春侠、曹明玉译,上海:上海三联书店,2013年,第437页。

国和西哥特王国，汪达尔人占领了北非地区。法兰克王国是最强大的王国，经历了从墨洛温王朝到加洛林王朝的转变。即便如此，法兰克王国也难以重建帝国的权力体系。法兰克人建立的王国提升了昔日罗马帝国边疆地区的发展水平，但是法兰克王国没有逆转"去罗马化"的进程。

关于法兰克人的历史记载主要来自都尔主教格雷戈里的《法兰克人史》，但是对法兰克王国的政治组织的记载并不多，法兰克王国依然是比较简陋的国家制度。"从本质上说，中世纪早期出现了一种新的'较小'的国家结构。由于没有了国家维护的职业化军队，没有了对农业进行的大规模系统性征税，也没有了发达的中央官僚机构，中世纪早期的国家消耗的国内生产总值比例比罗马帝国要小得多。"①法兰克王国的权力装置并足以支撑起具有广度的帝国秩序，克洛维是一位强势的国王，极大地扩大了法兰克王国的疆土，法兰克王国皈依天主教，但是在当时王国的竞争体系中，克洛维没有打败哥特王国。法兰克王国统治的支柱是大贵族，是地方性的力量和组织。墨洛温王朝晚期，宫相是事实上的掌权人，从550年前后到8世纪，墨洛温王朝的权力结构发生了重大变化，对边远地区的控制瓦解，核心地区则持续裂变，权力从国王向区域性的贵族流散。"任何一个墨洛温王朝的人若想主张自己拥有西方皇帝的头衔，都会受到严重阻碍，因为法兰克王国潜在的强大权力基础只是偶尔掌握在同一位统治者手中。"②

750年前后加洛林家族的丕平加冕，取代了墨洛温家族，法兰克王国进入加洛林王朝时期。从墨洛温王朝到加洛林王朝，尤其是在查理曼时期的扩张，加洛林王朝控制的疆土大为扩张，但是它没有能够重建帝国的统治装置。800年查理大帝加冕为帝是罗马复辟的第三次尝试，查理征服伦巴第之后，"皇帝"这个头衔的问题出现在人们的视野之中，查理统治的不只是一个王国，而是罗马故地，是拉丁基督教世界。由此带来一个问题，皇帝的权力来自何处？是上帝还是圣彼得？如果来自上帝的话，皇帝也是教会的权威，由此导致世俗权力和宗教权力的争夺，双方可以说各执一词。在这样的背景下，《君士坦丁赠礼》这一伪造文书变成了解决教俗之间争论的方

---

① ［英］彼得·希瑟:《罗马的复辟：帝国陨落之后的欧洲》，第310页。
② ［英］彼得·希瑟:《罗马的复辟：帝国陨落之后的欧洲》，第240页。

案。"西方根本没有理由拥有皇帝,因为君士坦丁在前往君士坦丁堡时,已经把整个西罗马的统治权交给了教宗西尔维斯特。"①查理被教宗加冕意味着达成了一种妥协,是《圣经》和剑的结合。查理曼被加冕与拜占庭皇帝加冕的区别在于,罗马教皇赋予了查理曼帝国的合法性,并不是被人民拥戴的帝王,查理曼成为基督教世界的保护者,从这个意义来说,查理曼是与罗马帝国的断裂,是地中海秩序的崩塌。亨利·皮朗认为,查理曼所创建的加洛林帝国是伊斯兰教所造成的欧洲平衡破裂的一个关键点,是地中海秩序断裂之后的产物,教皇的权力被束缚在西部地区。另外,伊斯兰教对西班牙和非洲的征服造就了称霸基督教西方世界的法兰克国王。② 然而,由教皇为查理曼加冕,本身意味着世俗国王的剑要服务和服从于教会,"世俗权力一旦以这种方式被包容进统治者的宗教职责之中,他与教权的关系问题就不可避免地变得复杂起来"。③

第一,加洛林王朝没有建立起类似罗马帝国的权力装置,进一步说,帝国的权力体系需要时间,也需要契机,罗马帝国的转型发生在屋大维时期,他长时间在位,实现了帝国的制度转型。加洛林王朝的好运气在于国王继承问题上没有出现波折,从查理·马特到查理曼,恰恰只剩下唯一的王位继承者。王室的稳定使加洛林王朝能够不断扩大疆土,抵御外来入侵,但是没有建立起具有广度的非人格统治体系。

"由于缺乏中央官僚机构,查理曼和虔诚者路易的统治依赖体系的中坚力量——伯爵,可以说是他们促成了这个体系的运转。"④庇护关系是加洛林王朝所依赖的统治工具,国王与地主精英之间的个人忠诚-依附关系构成了统治的纽带。加洛林王朝和罗马帝国的皇帝面临同样的治理问题。按照当时每天40公里的通信速度,要想管理一个疆域广袤的帝国,就意味着在大多数方面,地方实行自治,而中央政府无法参与地方事务。是依靠非人格化的官僚体系,还是依靠依附关系,决定了国家的形态。

第二,加洛林王朝没有建立起一套财税体系,从"财政国家"的视角而言,罗马帝国税制崩溃之后的数百年,后罗马帝国空间称不上有国家(state)的存

---

① [英]彼得·希瑟:《罗马的复辟:帝国陨落之后的欧洲》,第270页。
② [比利时]亨利·皮朗:《穆罕默德和查理曼》,第240页。
③ [法]菲利普·沃尔夫:《欧洲的觉醒》,郑宇健、顾犇译,北京:商务印书馆,2011年,第85页。
④ [英]彼得·希瑟:《罗马的复辟:帝国陨落之后的欧洲》,第285页。

在。国王的收入来自王室土地的收入，国王只是地主中的"老大"，权力集中与分散之间的平衡就显得尤为重要。"因此，在罗马帝国和加洛林的背景下，关键在于如何将权力下放，以免不可避免地将地方自治转变为危险的地方独立，导致帝国瓦解。"①税收收入背后是一套权力体系，信息的搜集与整理、资源的整合与分配，税收体系的持续意味着征税成本要低于征税的收入，在铸币消失、货币经济萎缩、税收体系崩溃之后，实物经济，资源的吸纳和分配是有限的，包括军事义务都是有时限的。

第三，法兰克王国面临外部入侵，除了穆斯林的征服运动，还有斯拉夫人的入侵。加洛林王朝被认为是"欧洲的解放者"，查理曼被称为"欧洲之父"，换句话说，加洛林王朝及其遗产在很大程度上界定了欧洲的含义。"欧洲文明在定居于第勒尼安海、亚得里亚海、易北河和大西洋之间的那些人中间产生、开花结果，最终传遍了世界各地。欧洲文明的故乡正是这些地区。8 世纪一位西班牙的编年史家已朦胧感悟到这一点。这位编年史家在查理·马特领导法兰克容纳取得对伊斯兰教徒的胜利后，称他们为'欧洲人'。"②

第四，查理曼大帝死后不久，加洛林王朝的好运气就用尽了，王位继承的混乱导致王国的分裂。843 年，《凡尔登条约》将查理曼帝国一分为三，虔诚者路易的三个儿子将王室领土一分为三，外加外围王国，这个瓜分方案，看起来三兄弟将帝国看成共同的事业，但是这次分裂却成了一次永久性的分裂。洛泰尔死后，其子将继承的土地改名为"洛泰尔尼亚"，这块土地被"秃头"查理和"日耳曼人"路易瓜分，并入西法兰克和东法兰克。东法兰克只有少部分土地曾经是罗马帝国的旧地，依靠主教和军队，路易维持了在东法兰克的统治力。《凡尔登条约》划定的范围造成了欧洲的分裂，其根源在于加洛林王朝并没有实现国家的整合，而只是不同势力的联合，它不是帝国，更像是一个霸权体系。"加洛林国家的解体产生的结果是，把西部基督教世界的两个普世性的职位交给了地方集团；把教廷交给了罗马贵族集团；把帝国给了意大利贵族内部不断形成又不断瓦解的各个集团。"③

第五，加洛林王朝及其形成的政治

---

① ［英］彼得·希瑟：《罗马的复辟：帝国陨落之后的欧洲》，第 305 页。
② ［法］马克·布洛赫：《封建社会》上卷，张绪山译，北京：商务印书馆，2004 年，第 32 页。
③ ［法］马克·布洛赫：《封建社会》下卷，第 626 页。

文化终结了重建罗马帝国的第三次尝试,后罗马帝国空间走向了新的方向。"英国学派"的重要理论家亚当·沃森就赞叹说:"中世纪的西欧社会,几乎在所有领域都有着非凡的开拓性和原创性。"①日耳曼-罗马世界朝着拉丁-基督教世界转型,"欧洲"的文化心理概念成型,基督教秩序和封建秩序形成了具有一定广度但缺少密度的体系,按照英国学派的观点,这不是以国家为单位的国际社会,而是以个体或者小共同体为基础的"世界社会",地主、国王、骑士、教士、农民以及商人及其各自的组织构成了拉丁-基督教世界的要素。加洛林王朝崩溃之后,政治地方化,地方政治家族化,"加洛林时期的贵族大家族中至少有9个获得了王室头衔",这些被称为"帝国贵族"的大家族开始走向了创建王朝的道路,学习和模仿关于继承权的各种仪式,身份认同的本地化,效忠体系更加碎片化。"封建制度改变了王权的性质,将其降低到了更为简单的大地主角色。除此之外,封建制度所实现的整合是一种多头政治力量间的均衡,但这一均衡通常不是稳定的。在历史上,也可能是逻辑上的,王权的非封建和前封建特性是其为有组织的封建社会所提供的整合原则。"②封建制度内在的不稳定性,国家所具有的等级性的权力装置被"压平"了,支撑"国家"的公共权力空间被以效忠为纽带的依附关系填充。

查理曼加冕仪式是世俗权力与教会权力的结合,"查理曼和他的继承者们首先创造除了一个以带领全体人民走向宗教救赎为目标的完整政治计划,并将这个计划覆盖到了欧洲的大部分地区。加洛林王朝让国家政权和半自治的教会建立起了更为紧密的伙伴关系。这种关系成了之后两个多世纪里西方拉丁世界的常态。直到格列高利七世之后,教皇们才开始尝试与国家政权再度分离,但他们只取得了部分成功"。③ 基督教世界界定了"欧洲"的含义,欧洲的边界随着基督教以及封建制度的扩展而不断变化,以11世纪为起点,欧洲开始向三个方向扩张,这也意味着后罗马帝国进入了新的阶段。从罗马帝国崩溃到11世纪,经历了500年的低迷,欧洲的活力开始积聚和迸发出来。

骑士制度、城堡体系、庄园经济、不断整合和强大起来的教会体系,改变了

---

① [英]亚当·沃森:《国际社会的演进》,周桂银等译,北京:世界知识出版社,2019年,第156页。
② [英]塞缪尔·E. 芬纳:《统治史》第2卷,王震译,上海:华东师范大学出版社,2014年,第305页。
③ [英]克里斯·威克姆:《罗马帝国的遗产》,第760页。

欧洲基督教世界秩序。格列高利改革之后，罗马教廷的权力扩张，甚至朝着教会帝国的方向发展。通过主教任命权和教会的什一税，罗马教廷建立起了具有广度的权力体系。"教皇革命"使得罗马教廷具备了近代国家的大部分特征，强调教皇权力的至高性，建立了一套自上而下的教会管理体制，具有独立的、可持续的财税体系。教会之所以不被称为国家，在于其没有掌握军队，在教皇与皇帝、世俗国王的斗争中，形成了教权与王权之间的持续的矛盾运动，催生了现代欧洲国家及其国家体系。伯尔曼认为，"教皇革命留下了一份遗产，这就是在教会内部、国家内部和一个既不全是教会也不全是国家的社会的内部所存在的那种世俗价值和精神价值之间的紧张关系。然而，它也留下了一份征服制度和法律制度的遗产，这种制度既是教会的又是世俗的，目的在于消除这种紧张关系，保持整个体系的平衡"。①

教皇革命的目标是将世俗权力赶出精神领域，然而教皇权力的扩张也侵占了世俗权力的领域。教皇革命刺激了王权理论，王权不是来自教皇，而是来自上帝，《君士坦丁赠礼》并不代表西罗马帝国被赠给了教皇，只是一些特定的领地转给了教皇，这种赏赐也是不合法的。"在上帝旨意下基督教人类帝国向西方的转移，被化简为法学家们关于领地和法令有效性的争吵。帝国观念已经死亡，国王领导下的世俗主义民族文化王国上升为新的政治中心。"②世俗权力和教会权力之间的斗争与罗马法的复兴紧密相连，"如果没有11世纪末从神学中发展出来的'法学'，那么世俗世界的司法系统化根本就不可能发生。如果没有司法的系统化，就不会有现代国家"。③"王权理论或者世俗权力理论赋予了国王铸币、税收、中央管理和地方行政的权力。"④

教权和王权之间的博弈和对抗，通过《沃尔姆斯宗教协定》达成了基本妥协，实现了属灵权力和世俗权力之间的区别，"一方面教会从此完全独立于德意志的王权或皇权，另一方面世俗权力也借此宣示了自己的管辖范围，并且有机

---

① [美]哈罗德·J.波尔曼:《法律与革命——西方法律传统的形成》，贺卫方等译，北京:中国大百科全书出版社，1993年，第141页。
② [美]沃格林:《政治观念史稿:中世纪晚期》第3卷，段保良译，上海:华东师范大学出版社，2009年，第57页。
③ [德]海因里希·奥古斯特·温克勒:《西方的困局》，童欣译，北京:中信出版社，2019年，第3页。
④ [法]菲利普·内莫:《教会法与神圣帝国的兴衰》，张竝译，上海:华东师范大学出版社，2011年，第235页。

会在今后的岁月里寻机扩大"。① 教会权力建立了一个覆盖欧洲的精神权力网络,但是世俗权力是破碎的,欧洲的王权通过自下而上的权力集中,逐渐成长为权力的容器。"整个物质匮乏时期,王室职务作为公义、法律和秩序的最终来源,其神圣性和公共性仍存在于其他封建社会的契约性纽带之外。在任何制度中,如果要重建一个公共司法和律法、一套公共秩序和公共机构,也就是说如果想要重建一个国家的话,唯一能够实现这一点的制度就是王权。"②欧洲国家与国家体系协同演化,在基督教世界出现了多个权力中心,彼此制衡,战争制造了欧洲国家和欧洲国家体系,却没有形成新的帝国。

第一,在基督教会的号召下,基督教世界向外扩张,包括十字军东征,逐渐确定了基督教世界的边界。"直到13世纪末,当基督教天主教会基本在俄罗斯、乌克兰和巴尔干以外的西方立足时,经传教士的不懈努力,基督教世界已大为扩展。当曾经的阿里乌斯派入侵者,尤其是西哥特人、伦巴第人以及后来7世纪初的盎格鲁-撒克逊人异教徒都皈依基督教时,这种传教活动的前沿已见诸东、北欧,并有与日耳曼人扩张合流的趋势。"③贵族和国王参与扩张并不仅仅是为了宗教的使命,更源于对土地和财富的贪婪,但欧洲的扩张留下了重要的遗产,"政治权力和行政管理依旧四分五裂,但伦理标准和理论却孕育出新的见识。古代世界的帝国传统的相对连贯性,从亚述到哈里法,一时之间轰然断裂,尽管教会组织和罗马帝国记忆依然如故"。④ 1396年,在英法战争的间歇期之际,奥斯曼帝国逼近匈牙利王国之际,基督教国家再次组织了十字军东征的军队,但是在尼科波利斯战役中,基督教的联军大败于奥斯曼苏丹巴耶济德,这场战争之后,奥斯曼帝国击败了基督教世界的联军,保住了尼科波利斯这一战略要地,在欧洲大陆有了立足之地,未来的500年之间,奥斯曼帝国成为欧洲体系面临的最重要的"他者"。奥斯曼帝国界定了欧洲的文明边界,当欧洲体系进入主权国家体系的时候,欧洲大陆的东南部重新帝国化,由此带来一个问题是欧洲东部,尤其是东南部边界一直处于

---

① [德]海因里希·奥古斯特·温克勒:《西方的困局》,第2页。
② [英]塞缪尔·E. 芬纳:《统治史》第2卷,第296页。
③ [法]雅克·勒高夫:《中世纪文明》,徐家玲译,上海:格致出版社,2011年,第150页。
④ [英]亚当·沃森:《国际社会的演进》,第170页。

变动和拉锯之中。勒高夫认为,尽管到14世纪初,大多数基督教国家的边界仍飘忽不定,但基督教欧洲整体上已固定下来。①

第二,战争是塑造欧洲国家体系的核心动力,战争的形态也发生了巨大的变化。英法百年战争改变了战争的形态,职业军队的萌芽出现;战争变成了烧钱的生意,背后是欧洲朝着货币经济的转型,国王难以依靠自己的收入支撑长时间的战争,向银行家借钱变成了常态,为了支撑战争,国王们不得不屈服于金钱的力量。1307年法国国王腓力对圣殿骑士团的袭击,"在这个不幸的世纪,再没有什么因素比国家的壮大与国家财政手段之间的持续脱节更能招致麻烦了。尽管集权政府正在形成,但征税依旧包裹在这样一个概念里:税收代表一种需要征得同意的紧急措施"。② 这是腓力对圣殿骑士团发动袭击的重要原因,这个骑士团更像是欧洲范围内的金融网络,在巴黎圣殿山有全北欧最大的金库。

战争技术和组织发生了巨大变化,骑士军队逐渐被淘汰,长弓强弩成为战争的利器,战争专业化。克雷西战役的规模并不大,但是在英法关系历史上却具有重大的意义,比较专业的英国军队打败了欧洲最强大的欧洲封建领主的军队,这场战争背后的根源是英国和法国两个国家边界的问题,争夺土地的问题,既是王朝战争,也是领土战争,法国不能容忍英国在欧洲大陆上的土地。战争越来越变成了两个国家之间的战争,而不只是两个国王、王朝或者家族的战争。

第三,欧洲自由城市的兴起为国家权力的发展注入了新的能量,欧洲城市与帝国之下的城市存在着本质的区别,依靠商业和手工业的发展,形成了新的市民阶层,这一阶层具有反封建的性质,实际上是反对领主的权力,通过与国王结盟,王权成为城市与领主之间的仲裁者,从而形成了王权与城市的结盟。"集中在城市的流动资本的力量,不仅使城市在经济上具有重大影响,而且有助于使城市参与政治生活。当社会只有从土地的占有中衍生出权力时,就只有教士和贵族参加政府管理。"③城市构建起来具有广度的贸易网络,货币经济再度兴起,尤其是像威尼斯、热那亚等城市已然成为欧洲的财富"容器",意大利的城市

---

① [法]雅克·勒高夫:《中世纪文明》,第107页。
② [美]巴巴拉·W. 塔奇曼:《远方之镜:动荡不安的14世纪》上册,邵文实译,北京:中信出版社,2016年,第44页。
③ [比利时]亨利·皮雷纳:《中世纪的城市》,第141页。

共和国通过商业网络,甚至让地中海重新成为"吾国之海"。①

14世纪基督教欧洲的危机意味着封建制度出现了巨大的裂痕,教皇权力和世俗权力之间的争夺,封建制度和城市兴起之间的矛盾,未来的秩序形式应该是什么呢?城市、王权、教会,没有任何一方的力量取得压倒性优势,多元力量制衡成为欧洲国家体系演化的内在动力,如雅克·勒高夫所说的,"城镇的经济基础从来没有强大到能够建立一流政治力量的程度,乃至于也无法建立一个大规模的经济力量。逐渐地,随着远程贸易不再压倒性地集中于奢侈品,而同样依赖于大宗原料(主要是谷物)的交易,城市中心就再也不足够大了。早在13世纪末,城市就只能在城市联盟的框架内留下自己的印记,这是汉萨同盟的解决方法;或者,在它们周围形成一个庞大的乡村地区,一个不断扩大的区域,这是佛兰德的解决方案(布鲁日和根特从其'法朗'那里获得了和在远程贸易中同样大的力量);还有意大利的解决方案:利古里亚、伦巴第、托斯卡纳、威尼托以及翁布里亚的城镇向他们视为根基的农村延伸,也许它们之中都市化程度最高的锡耶纳(其银行在13世纪是最辉煌的时刻)用艺术明确表现出了这座城市对农村的这种需要"。②塔奇曼将14世纪定义为"生而不幸"的世纪,这个世纪是"小冰期"气候的开始,一直持续到18世纪前后。在这个世纪中爆发了经久的"百年战争",这场战争是英法国家的锻造过程。百年战争,如同发生在同一时期的教会危机一样,瓦解了中世纪的单一性。骑士精神中的兄弟之情断裂了,正如大学倡导的国际主义在战争和教廷分裂的联合影响之下无法生存一样。在英法之间,战争留下了一种相互敌视的遗产,它将一直持续到1914年前夜形成必不可少的联盟之时。③

四

欧洲国家体系是后罗马帝国空间的产物,从罗马帝国崩溃到欧洲现代国家体系确立并不是必然的,而是经过了数百年漫长而曲折的演化。欧洲国家并不是从三十年战争开启的,当然,将三十年战争以及《威斯特伐利亚和约》作为所谓现代国际关系的肇始只是理论上的"神话"。欧洲国家及其国家体系在三

---

① [美]雷蒙·德鲁弗:《美第奇银行的兴衰》上卷,吕吉尔译,上海:格致出版社,2019年,第1页。
② [法]雅克·勒高夫:《中世纪文明》,第106页。
③ [美]巴巴拉·W. 塔奇曼:《远方之镜:动荡不安的14世纪》上册,第630~631页。

十年战争前后发生什么根本变化了吗？从欧洲国家建设角度来说，内部集权早已开始，欧洲的海外扩张在15世纪末揭开序幕。"曾经在十字军东征中寻找发泄口的欧洲能量现在将于航海、发现和对新世界的殖民中去寻找其出口。"①与其说欧洲主权国家诞生于《威斯特伐利亚和约》，不如说其推动了国家现代化的演进，对欧洲国家及其国家体系起源的反思也是在寻找现代国家思维发展的空间。

后罗马帝国空间意味着世界历史的"大分流"，从帝国秩序向另外一种迥然有别的政治秩序的演化。"政治制度模式归根结底只有主权国家和帝国两种选择——如果人们以广义和大度去理解主权国家和帝国这两个概念，而不是为主权国家和帝国的每一个政权特征杜撰一个大概念的话。"②帝国是容纳多样性而具有广度的政治秩序，而欧洲国家则是具有明确权力边界，尤其是具有强烈身份认同而具有深度的政治秩序。欧洲国家及其国家体系的扩张将世界带入了后帝国空间，欧洲经历了数百年时间演化而形成的"现代国家"被"全球化"了，但是世界的多样性并没有因此而消失，未来的世界秩序应该是广度和深度能够兼容的秩序，也基于此，后帝国时代的政治秩序不应该只有后罗马帝国空间形成的欧洲国家一种选择。超越欧洲中心主义，既要追溯欧洲国家产生之前的"大分流"，也要将欧洲之外的其他帝国秩序及其遗产纳入国际关系史的叙事之中。

The Space of the Post-Roman Empire and the Formation of European State System

Abstract: World history is a history of empires. Compared with the long-standing history of empires, the modern state and international relation could be relatively regarded as late-comers. The experience of world history provides a meta-narrative and expands the historical experience basis for the study of international relations. From the perspective of the evolution of empires, modern states and their state system are "unexpected outcomes" in the process. There was no realization of the reconstruction of empire after the Roman Empire, instead it moved to European state system,

---

① [美]巴巴拉·W. 塔奇曼：《远方之镜：动荡不安的14世纪》上册，第631页。
② [德]赫尔弗里德·明克勒：《帝国统治世界的逻辑——从古罗马到美国》，北京：中央编译出版社，2008年，第3页。

which led to the "great divergence" of world history. The space of the post-Roman Empire is the foundation of the European state system as well as the beginning of world history's entering into the post-imperial space and time. It took hundreds of years for the formation of the post-Roman empire space, and the transition from the Classical Era to the Middle Ages was also a long period. The empires and the sovereign states represented two completely different forms of political organization. The former represented a political order that had breadth and density but gave up depth (accommodating to diversity), while the latter had density and depth but gave up breadth. The space of the post-Roman Empire meant the collapse of the Mediterranean order, and the center of power shifted from the "Inner Lake of the Roman Empire", namely Mediterranean, to the edge of the former empire, namely the European continent and the Middle East, and from a maritime order to a continental order. The Roman Empire established an impersonal, trans-spacetime order based on currency and law, while the space of post-Roman Empire returned to the personalized relationship of dependency, and state system that was different from empires was taking shape gradually in the complex gambling among the Christian church, market and the kingship. The space of post-Roman Empire was rather a "local" event at the western end of Eurasia, and the study of international relations based on the global expansion of the European state system concealed the diversity of world history, especially the long-lasting history of the empires and their universal significance. The space of the post-Roman Empire is the "pre-history" of European countries and their international system. Only by retrieving the "empires", can we enrich the experience of world history for international relations studies and explore the peculiarities of the European state system in the ruins of the space of post-Roman Empire, thus transcending the Eurocentrism from its origin.

Keyword: post-Roman Empire, European states, Mediterranean order, Middle Ages

作者：孙兴杰，吉林大学公共外交学院/国际关系研究所副所长、教授、博士生导师；钟汉威，德国科隆大学法学博士

军事革命与近代早期国家

中国是否为『近代早期国家』
——以军事变革为视角

□ 段维聪

摘要：对"近代早期"欧洲国家而言，火药武器的传播及其在战场上的运用引发了一系列深远的国家制度性变革，比如常备军的建立以及与此相伴的财政、官僚管理体系的形成等等。本文通过分析军事技术变革对中国明代政治的影响，说明了在一个军事时代，中国存在着一种不同的"近代早期国家"发展模式。本文主要论证了火器在明代有着两方面的政治影响：一方面通过分析火器在明代战争中的使用状况，以及明初皇帝和内廷对火药武器的制造和掌控情况，论述火器与明代早期以君主为核心的"财政－军事"家产制系统的建立。另一方面，因为官僚政治的实践传统在中国一直存在，明代政治发展并不完全遵循一般的"近代早期"国家演变模式，而是呈现出了两种互为矛盾的权力运作体系。儒家官员在明代国家军事事务中的作用，呈现出一种相对来说独立于个人权力运作的官僚理性的趋势。值得指出的是，由于政治传统及特定的历史环境，明代中后期的中国并没有呈现出像其他主要火药武器国家所表现的以军事统治为主的政治特征，而是更多呈现了一种类似现代国家的"文官主导"的政治特征。尽管这种所谓的官僚机构的独立性依然有很大的局限，但至少反驳了"军事革命"时期君主个人权力运作与国家构建的必然联系的观点，从而表明了现代国家发展的不同路径的可能性。

关键词：近代早期；军事革命；明代早期；兵仗局；财政－军事系统；家产－官僚制

一、"近代早期"国家概念与中国

"近代早期"（early modern）是源自欧洲近代历史的一个概念。它是否适用于中国，即是否适用于明（1368—

1644年)、清(1644—1911年)两个朝代，甚或更早的宋代（960—1279年），学术界并无统一的看法。从欧洲史的角度来说，"近代早期"一般指的是介于中世纪晚期(late Middle ages)与现代(modern age)的一段时期。① 起点大概在1350—1650年之间，结束的时间点最晚至1800年左右。总的来说，"近代早期"这一概念，就其本身字义而言，指的是现代的早期阶段，表明这一时期发生的变化与现代社会与国家关系密切。"近代早期"概念主要涉及的问题与区域集中在欧洲。而由其生发出来的观点与理论，对其他地区有一定的参照作用。但在全球化的当下，这些概念与理论是否适用于同一时期欧洲之外的其他地区，历史学家对此则是仁智之见。就中国而言，在社会史、经济史领域，一些共同性的因素，比如城市化与商业的发展等，为"近代早期"概念的使用提供了一定支持。但在政治、军事史研究中，这一概念并未被广泛接受，相反，许多学者选择用"中华帝国晚期"来表述明清两朝所跨越的时段。② 为何对同一时期中国的不同层面的研究，"近代早期"的接受度有如此大的不同？一直以来，明清时期通常被归入传统政治变化的范畴，而中国现代化的经验则更多地与工业革命之后欧洲的变化连接起来。但这样的论述所面临的问题是：它不仅将中国传统政治文化与现代社会经验分割开来，同时忽视了欧洲"近代早期"本身的历程及其对欧洲特定国家结构的塑造。随着西方"近代早期"国家社会发展的多样化研究，本身带有一元化性质的论述模式也逐渐被打破。在这样的情况下，如何理解包括中国在内的广大地区之历史政治的背景下所经历的"近代早期"的诸般变化，便成为摆在学术界面前的迫切问题。

尽管在"近代早期"各个地区还不能完全像工业革命之后那样建立起密切的联系，但在此期间，技术、知识的传播并未受到过多限制，因此，不同地区的发

---

① 对不同的地区，其"近代早期"的具体开端与结束的时间也不尽相同。关于"近代早期"的时段划分，参见Jonathan Dewald, "The Early Modern Period", in Peter N. Stearns (ed.), Encyclopedia of European Social History, New York and London: Charles Scribner's Sons, 2001, pp. 165-177。

② 需要说明的是，此时期的"帝国"概念，并不同于19世纪及之后的"帝国"概念。"帝国"概念是否比"近代早期"国家的说法更确切，值得人们做进一步的讨论。将中国纳入"近代早期"经济范畴的讨论，参见Kenneth Pomeranz, The Great Divergence: China, Europe, and the Making of the Modern World Economy, Princeton, N. J.: Princeton University Press, 2000。

展都受到了相应的影响。① 其中火药武器知识技术的传播与发展所引发的国家、社会层面的多方面变化也引起了历史学家的注意。对在欧洲产生的重要变化,以迈克尔·罗伯茨为代表的学者称之为一场"军事革命"。② 与传统军事技术史的研究不同的是,"军事革命"的说法不仅关注军事技术和策略的变化,还着眼于由武器及战争策略的变化所带来的一些制度性变革,比如常备军的建立及伴随出现的财政体系和管理上的革新,包括中央集权制的官僚管理体系的形成,等等。③ 这些变化也被认为是欧洲"近代早期国家"形成的重要基础。④ 值得注意的是,军事技术革命对伊斯兰世界的国家的影响也受到了关注。代表性的研究是马歇尔·G. S. 霍奇逊关于"近代早期"伊斯兰世界火药帝国的论述,包括伊斯兰世界的军事帝国如何因掌握火药武器而兴起,以及由此产生的结果,比如中央集权官僚政治体系的建立,等等。⑤ 火药武器对伊斯兰世界火药帝国的具体权力结构的影响不尽相同。这些研究将伊斯兰世界的变化带入"近代早期"国家的比较视角中,拓展了对"近代早期"国家多样化的理

---

① 具体来说,"近代早期"发生了一系列由技术发展带来的广泛变化,比如历史学家提出的"印刷革命"(printing revolution)、"科技革命"(scientific revolution),等等。参见 Johns Adrian, *The Nature of the Book*: *Print and Knowledge in the Making*, Chicago: University of Chicago Press, 1998; H. F. Cohen, *The Scientific Revolution*: *A Historiographical Inquiry*, Chicago: University of Chicago Press, 1994。

② Michael Roberts, "The Military Revolution, 1560-1660", in Clifford J. Rogers (ed.), *The Military Revolution Debate*: *Readings on the Military Transformation of Early Modern Europe*, Boulder: Westview Press, 1995, pp. 13-29; Geoffrey Parker, *The Military Revolution*: *Military Innovation and the Rise of the West*, *1500-1800*, London: Cambridge University Press, 1988; William H. McNeill, *The Pursuit of Power*: *Technology*, *Armed Force*, *and Society Since A. D. 1000*, Chicago: University of Chicago Press, 1982; Carlo M. Cipolla, *Guns*, *Sails*, *and Empires*: *Technological Innovation and the Early Phases of European Expansion*, *1400-1700*, Manhattan, Kansas: Sunflower University Press, 1985; William H. McNeill, *The Age of Gunpowder Empires*, *1450-1800*, Washington, D. C.: American Historical Association, 1989; Johann P. Sommerville, "Early Modern Absolutism in Practice and Theory", in Cesare Cuttica and Glenn Burgess (eds.), *Monarchism and Absolutism in Early Modern Europe*, London and New York: Routledge, 2012, pp. 117-130.

③ 值得注意的是此次近代早期的"军事革命"有别于工业革命之后的"军事革命"。

④ 最早关于"军事革命"的研究主要关注的地区是欧洲,着眼于论述其在这一时期的军事、政治优势,将"军事革命"作为西方兴起的主要推动因素。

⑤ Marshall G. S. Hodgson, *The Venture of Islam*, Volume 3: *The Gunpowder Empires and Modern Times*, Chicago: University of Chicago Press, 1977. 霍奇逊将近代早期伊斯兰地区的主要国家称为"火药帝国"(gunpowder empire),这一概念得到了较为广泛的采用。许多研究将"火药帝国"作为一个适用性名词,用来形容这一时期伊斯兰世界主要帝国的特征。参见 Douglas E. Streusand, *Islamic Gunpowder Empires*: *Ottomans*, *Safavids*, *and Mughals*, Boulder: Westview Press, 2011。

解。① 霍奇逊也从世界史的角度提出了一个新的问题,即如果这些国家都经历了所谓的"军事革命",为何其在东方与西方产生的结果却大不相同? 其问题所涉及的显然不仅仅是军事技术方面的讨论。

如上所述,尽管军事技术的发展与国家构建建立起了一定的联系,但是就具体的变化而言,二者的联系仍需要放在具体的历史与区域框架下展开研究。比如军事技术发展本身不足以说明为什么同一时期的欧洲,有的国家比如英国能够建立有效的财政-军事体系,而另一些国家比如西班牙却明显地走向失败。② 而军事技术发展对国家政治的作用这一问题也包含了多个层面。比如布莱恩·唐宁指出,在"军事革命"过程中,君主权力的极致发展对欧洲政治的影响主要是负面的,而现代欧洲的政治传统应追溯到中世纪的政治实践和法律传统,而非近代早期"军事革命"下的一系列政治权力变化。③ 总的说来,在由火药技术传播而引发的军事变革中,不同地区的国家经历了一些相似的变化,但是也有不同的特点。所谓的"军事革命"对国家的影响显然并不能用简单的因果关系来描述。

那么作为最早发明并利用火药武器的国度,火药武器技术的发展对中国的政治又有何影响? 尽管有学者提出,火药武器技术的变革并没有在中国产生类似于欧洲"军事革命"一样的影响,但是这并不意味着火药武器在中国没有发挥重要的作用。④ 中国如何经历火药时代的变迁也需要放在具体的历史背景下进行探讨。本文以下几个部分将主要就军

---

① "近代早期"伊斯兰国家呈现出许多与欧洲相似的地方,特别突出的是以君主为主导的中央集权的官僚管理模式得以建立和加强。

② 比如西班牙与英国、法国等的显著差异,使得早期关于"军事技术"对国家构建的积极影响的单一论断受到很大质疑。参见 I. A. A. Thompson, "'Money, Money, and Yet More Money!' Finance, the Fiscal-State, and the Military Revolution: Spain 1500-1650", in Clifford J. Rogers (ed.), *The Military Revolution Debate: Readings on the Military Transformation of Early Modern Europe*。

③ Brian M. Downing, *The Military Revolution and Political Change: Origins of Democracy and Autocracy in Early Modern Europe*, Princeton: Princeton University Press, 1992.

④ 关于亚洲的军事革命及其影响,参见 Peter Lorge, *The Asian Military Revolution: From Gunpowder to the Bomb*, London: Cambridge University Press, 2008. 关于军事制度与中国历史的讨论,参见 David Robinson, "Why military Institutions Matter for Chinese History Circa 600—1800", *Journal of Chinese History*, Vol. 1, No. 2(2017), pp. 235-242 以及 Robinson, "Why Military Institutions Matter for Ming History", *Journal of Chinese History*, Vol. 1, No. 2(2017), pp. 297-327. 关于火药技术发展,参见[英]李约瑟:《中国古代科学》,李彦译,香港:香港中文大学出版社,1999年,第49页。

事技术的变化对中国第一个火药帝国即明帝国的两方面复杂影响进行简要分析。①

二、火器与明代早期政治

众所周知,关于火药的制作方法,早在9世纪的中国的炼丹书中就有所记载。② 火药在武器方面的运用,在宋代有了一定发展。随着元末战争的兴起,火器受到了更多重视。现有资料较多的是关于明代开国皇帝朱元璋在其作战中运用火器的记载。比如《明太祖实录》记载,1363年夏,在与陈友谅争夺鄱阳湖地域的决战中,朱元璋部多次利用火器与火攻。当时陈友谅举大军、乘巨舰进攻洪都,朱元璋部守将邓愈等在守城过程中曾以火铳击退敌军。此时朱元璋部掌握一定数量火器的情况,也可从当时南京曾发生的一场火药爆炸事故中得知,即"忠勤楼灾,时炮药藏楼中,遇火怒激如雷"。③ 当洪都被围已久,朱元璋领兵来救时,面对敌人的巨舟和人数上的优势,制定了利用火器进行"火攻"的策略,取得了决定性胜利。实录中数次提及火药武器的使用,特别突出其在焚烧敌舰上的作用。④对火药武器在元末战争中的作用,学者们的意见不一。⑤ 值得注意的是,尽管此时火药武器所产生的作用并不能与之后的枪炮相比,但在具体的军事策略中,火药武器的配合显然发挥了重要作用。关于此时火器战争的情形,从宋濂对当时战争的描述可窥一斑:"矢锋雨集,炮声雷鍧,波涛起立,飞火照耀,百里之内,水色尽赤,焚溺者

---

① 因为火器在明代战争中得到广泛的应用,欧阳泰在其著作中提出明代为中国第一个"火药帝国"的说法。值得指出的是,相比清朝常被列入"火药帝国"之列的情况,明代作为"火药帝国"的说法也开始被更多的学者所接受。Tonio Andrade, *The Gunpowder Age: China, Military Innovation, and the Rise of the West in World History*, Princeton: Princeton University Press, 2016。

② Jack Kelly, *Gunpowder: Alchemy, Bombards, and Pyrotechnics: The History of the Explosive that Changed the World*, New York: Basic Books, 2005, pp. 20-25.

③ 《明太祖实录》卷一二,3a-5a,台北:"中央研究院"历史语言研究所,1962年影印本。亦见[明]宋濂:《宋濂全集》,北京:人民文学出版社,2014年,第330~331页。

④ 《明太祖实录》卷一二,5a-6b。亦见[明]宋濂:《平汉录》卷二八,山阴宋氏忏华盦(光绪九年[1883年])。

⑤ 爱德华·德赖尔提到早期火药武器主要具有投射致燃的功能。参见 Edward Dryer, "1363: Inland Naval Warfare in the Founding of the Ming Dynasty", in Frank A. Kierman, Jr. and John K. Fairbank (eds.), *Chinese Ways in Warfare*, Cambridge, Ma.: Harvard University Press, 1974, pp. 221, 358. 关于朱元璋军队对火器的使用,最近欧阳泰做了详细的探讨。参见 Tonio Anelraele, *The Gunpowder Age: China, Military Innovation, and the Rise of the west in world History*。另参见 Sun Laichen, "Military Technology Transfers from Ming China and the Emergence of Northern Mainland Southeast Asia (c. 1390 - 1527)" *Journal of Southeast Asian Studies*, Vol. 34, No. 3(2003), p. 498。

动一二万,流尸如蚁,满望无际。"①此时战争的规模、范围与火器的运用密切相关。

除了帝王实录、学者文集等少数文献的记载,关于元末明初火器具体情况的描述并不多见。但在之后出现的号称印制于永乐十年(1412年)的《火龙神器阵法》一书,其序言提及焦玉献给朱元璋此书及火器,才使其能够利用其中的火器,在元末战争中胜出。② 对此书是否实为朱元璋所得,或是后人虚构此事,人们不得而知。但是值得注意的是,尽管书中强调朱元璋因获得火器而获胜,朱氏亦非火器的唯一拥有者。如浙江沿海的方国珍也曾于1359年在对抗朱元璋的绍兴之役中使用了火药武器。③元末火器技术的具体传播和扩散的情况并没有多少流传下来的记录,但可以确定的是,火药武器并未被任何一方垄断。随着明朝建立,或是出于对火药武器威力的认识,朱元璋制定了严格的法律禁止私人制造、使用火药武器,同时也对火药武器的制造管理做了很大调整,逐渐将其置于内廷的严格控制之下。其过程及影响简述如下。

在明朝建立之初,火药武器由掌铸钱的宝源局兼制。④ 1376年之后,一个单独的机构——兵仗司设立,之后发展为兵仗局。⑤ 1384年,朱元璋更定内官诸监等品职,重申了包括兵仗局在内的诸监库局等的职责,明确如下:"兵仗局掌造各项军器。宝源局掌铸铜器。每局设大使一人,正九品。副使一人,从九品,皆于流官内选用,隶工部。"⑥这一时期兵仗局掌管各项军器的制造,区别于宝源局。其掌管者包括大使、副使在内,从流官内选取,仍为工部管辖。但这一情形在后来又有进一步的调整。兵仗局发展为专管皇帝御用兵器及宫内造作需求的部门。如1395年规定:"兵仗局掌御用兵器,并提督匠役造作刀甲之类,及宫内所用梳篦刷牙针剪诸物。"⑦兵仗局

---

① 〔明〕宋濂:《宋学士文集》卷一,四部丛刊初编,台北:台湾商务印书馆,1968年,第1页。
② 欧阳泰认为此书成于13世纪,参见 Tonio Andrade, *The Gunpowder Age: China, Military Innovation, and the Rise of the West in World History*, p.52。
③ 有关夏蜀势力抵抗朱元璋时使用火器的情况,见《明太祖实录》卷六三,3b-4a。
④ 明代现存最早的火炮上就标有宝源局及洪武五年(1372年)字样。
⑤ 见《祖训录》,"内官门",根据黄彰健所考,为洪武十四年(1381年)制度。参见黄彰健:《论〈皇明祖训〉记明初宦官制度》,载"中央研究院"历史语言研究所集刊》第32本,1961年,第77~98页。
⑥ 《明太祖实录》卷一六一,6b-8b。
⑦ 《明太祖实录》卷二四一,7b。〔明〕朱国祯:《皇明大政记》卷6,10a。

掌御用兵器遂成定例。据《大明会典》："今兵仗局成造修理摆朝上直围子手、锦衣卫官旗将军及都知监带到长随，兑领盔甲军器。"①

一般的军士使用的武器则由1380年成立的军器局等成造，由工部管辖。除传统兵器如弓、箭、刀、盾等外，军器局只生产两种较小型的火器，具体为每三年成造碗口铜铳3000个、手把铜铳3000个。② 与之相比，兵仗局在内廷的管理下生产大量武器，包括一些大型和新兴的武器。比如永乐时期（1403—1424年）发展与吸收的新火药技术，诸如神机铳炮等更强大的武器，也由兵仗局来制造。③ 如前所述，内廷掌管了主要的火器制造。在永乐时期，包括神机营在内的京营成为明廷的军事主力，同时火器等亦被置于皇帝的严格控制之下。④ 其中少量发往边关的火炮等火器，也主要由监枪等内官掌握。值得指出的是，正是由于对火药武器的监管，明代的内官获得了与前代相比不寻常的参与军事事务的权力。⑤ 许多内官不仅在皇帝亲征时担任了重要的角色，即使在明中期后，皇帝较少亲征，内官也往往作为皇权代表镇守一方，与文武官员一起承担统帅等职责。⑥

值得注意的是，除了在火器及军事方面的转变，内廷的职能变化也伴随着其在财政方面的扩张有所变化。在明代初期，1367年，内府库（1373年改为承运库）同时服务于国库和内廷。1384年，规定内承运库为内廷所掌并区别于由外廷管理的外承运库。⑦ 内府库开始管理一大部分赋税收入，特别是白银和黄金

---

① 《大明会典》卷二九二，5a-b，北京：中华书局，1989年。

② 《大明会典》卷一九三，1a-b。

③ 关于永乐时期的火器情况，参见 Sun Laichen, "Chinese Gunpowder Technology and Dai Viet: ca. 1390-1497", in Nhung Tuyet Tran and Anthony J. S. Reid (eds.), *Viet Nam: Borderless Histories*, Madison: University of Wisconsin Press, 2006, pp. 72-110. 另见 Sun Laichen, "Military Technology Transfers from Ming China and the Emergence of Northern Mainland Southeast Asia (c. 1390-1527)", in *Journal of Southeast Asian Studies*, Vol. 34, No. 3, 2003, pp. 495-517.

④ 关于京营等形成，参见《明太宗实录》卷二七二（台北："中央研究院"历史语言研究所，1962年校印本）；商传：《永乐皇帝》，北京：北京出版社，1989年，第261页。亦见 Edward Farmer, *Early Ming Government: The Evolution of Dual Capitals*, Cambridge, MA: Harvard University Press, 1976.

⑤ 〔明〕王世贞：《弇山堂别集》卷九〇，北京：中华书局，1985年。

⑥ 关于明代宦官，参见 Shi-Shan Henry Tsai, *The Eunuchs in the Ming Dynasty*, Albany: State University of New York Press, 1995. 余华青：《中国宦官制度史》，上海：上海人民出版社，2006年。胡丹：《明代"九边"内官考论》，《中国边疆史地研究》2009年第2期。

⑦ 《明太祖实录》卷一六一，8b。亦见苏新红：《明代洪武时期的内库制度》，《古代文明》2012年第1期。

等形式的折收税银。比如朱元璋曾令来自各省的金、银、玉、象牙,浙江、福建省以及常州、镇江、惠州、宁波和扬州的布,山西省的丝绸等折收赋税等输入内库。① 这一部分由内廷掌握的赋税后被称为"金花银"。内库管理大量的财政事务意味着其开始在中央财政中发挥重要作用。② 同时也意味着中央财政不再统一,这样的分裂对明中后期的政策有着深远影响。③

明代内廷在军事和财政方面的职能转变在一定程度上改变了国家的性质。从王朝本身来说,在权力结构方面,内廷扩张也意味着君主的个人权力得到了加强。④ 达素彬指出,"内外廷二元"格局的形成是明帝国专制权力提升的基础,因为皇帝可以扮演不同的角色,从而维护自己的权力。⑤ 但是需要指出的是,内廷的扩张不仅便于皇帝进行权力操纵,也与其通过内廷来掌握重要的武器、管理军事事务有关。明代皇帝在军事方面的角色变化很大程度上也改变了中国的政治传统。S. A. M. 艾兹赫德在对中华帝国与罗马帝国君主作用之差异的分析中指出:"中国皇帝试图尽可能地非军事化。天子既不是将领,也不是法官,而是纯粹而简单的天之子。"⑥他试图构建东西方两种不同的帝国类型。但其描述显然并不适用于明帝国的情况。或者,换句话说,明帝国的情况并未遵循中国王朝的一般模式。众所周知,明朝前

---

① 《大明会典》卷三〇,1a-b。关于金花银,参见郁维明:《明代周忱对江南地区经济社会的改革》,台北:台湾商务印书馆,1987年,第57页。有关明代的赋税情况,参见 Ray Huang, *Taxation and Governmental Finance in Sixteenth-Century Ming China*, Cambridge: Cambridge University Press, 1974, p.39。梁方仲:《明代赋役制度》,北京:中华书局,2008年。

② 〔明〕郭棐:《广东通志》卷十(1602年)。亦见王春瑜、杜婉言编:《明代宦官与经济资料初探》,北京:中国社会科学出版社,1986年。

③ Ray Huang, *Taxation and Government Finance in Sixteenth-Century Ming China*.

④ 钱穆:《国史大纲》,台北:联经出版事业公司,1994年,第746~750页。F. W. Mote, "The Growth of Chinese Despotism-A Critique of Wittfogel's Theory of Oriental Despotism as Applied to China", *Oriens Extremus*, Vol. 8, No. 1, 1961; Sarah Schneewind, *A Tale of Two Melons: Emperor and Subject in Ming China*, Indianapolis: Hackett, 2006; Jiang Yonglin, "Denouncing the 'Exalted Emperor': Huang Zongxi's use of Zhu Yuanzhang's Legal Legacy in Waiting for the Dawn", in Sarah Scheewind (ed.), *Long Live the Emperor! Uses of the Ming Founder across Six Centuries of East Asian History*, Minneapolis: Society for Ming Studies, 2008, pp. 245-267。

⑤ Sabine Dabringhaus, "The Monarch and Inner-Outer Court Dualism in Late Imperial China", in Jeroen Duindam, Tülay Artan and I. Metin Kunt (eds.), *Royal Courts in Dynastic States and Empires: A Global Perspective*, Boston: Brill Press, 2011, pp. 265-288。

⑥ S. A. M. Adshead, "Dragon and Eagle-a Comparison of the Roman and Chinese Empires", in *Journal of Southeast Asian History*, Vol. 2, No. 3, 1961, pp. 11-22。

期，皇帝经常作为将帅领兵出征；而外廷的文官，对王朝军事的参与程度甚少。① 这一情况直到明代中后期才有所改变。以内廷为中心的财政-军事体系的建立，使得明代早期的中国呈现出与其他财政-军事帝国相类似的特征。②

对明代早期以来帝王作为军事统帅的惯例，一般认为这主要是继承和延续了元代游牧民族的军事传统。③但是这一解释并不能说明为何明代的帝王比元代的帝王拥有更大的个人权力，以及对国家政治有更大的掌控度。④ 个人的因素，比如朱元璋本人对权力的追求，当然有一定的影响，却不足以说明为何之后的许多皇帝也能够保持对军事和财政的掌握。对永乐皇帝将他的军事计划委托给太监和将军而非儒家官员执行的做法，爱德华·德雷尔等主要将其归结为两种相互矛盾的意识形态，即帝国主义的意识形态和儒家保守主义的意识形态。但是皇帝对太监之重要军事职责的委任与儒家官员是否对军事事务有着保守观念似乎没有直接关系，而更多是由于君主要实现如下目的：控制以其为核心的家产制（patrimonial）的军事-财政体系。

三、"近代早期国家"的一般模式与中国的独特性

尽管在明代早期，儒家官员在国家决策尤其是军事决策中扮演着非常有限的角色，但从明代中期开始，越来越多的官员开始在军事和边疆事务中发挥重要的作用。王阳明等许多文官甚至以军功

---

① 参见 David M. Robinson, *Martial Spectacles of the Ming Court*, Cambridge, M. A.: Harvard University Asia Center, 2013, p. 13; Kenneth Swope, *A Dragon's Head and A Serpent's Tail: Ming China and the First Great East Asian War, 1592-1598*, Norman: University of Oklahoma Press, 2009; Peter C. Perdue, *China Marches West: The Qing Conquest of Central Eurasia*, Cambridge, MA: Harvard University Press, p. 507. 关于明帝国的两大管理系统，参见顾诚：《隐匿的疆土》，北京：光明日报出版社，2012 年。

② 关于财政-军事国家的讨论，参见 A. González Enciso, *War, Power and the Economy: Mercantilism and State Formation in 18th-century Europe*, London and New York: Routledge, 2016; John Brewer, *The Sinews of Power: War, Money and the English State, 1688-1783*, Cambridge, MA: Harvard University Press, 1990。

③ Edward L. Dreyer, *Early Ming China: A Political History, 1355-1435*, Palo Alto: Stanford University Press, 1982, pp. 82-83.

④ Hsiao Ch'i-ch'ing, "Mid-Yuan Politics", in Denis Twitchett and Herbert Franke (eds.), *The Cambridge History of China*, Vol. 6, London: Cambridge University Press, 1994, pp. 490-560.

获得封爵或者封赏。① 可见所谓的儒家意识形态不能够决定儒家官员对军事的态度。这里需要强调的一点是，尽管明代内廷的扩张可以被看作是对军事武器之掌握的产物，但是中国政治的发展，并不完全遵循一般的"近代早期"国家的演变模式，而是有着独有的特征。究其原因，正如之前所提到的，西欧和中国继承了两种不同的政治传统。因为罗马帝国的早期衰亡，在西欧，"近代早期"官僚体系的构建得益于"军事革命"中君主绝对权力的扩张——此种扩张主要是为了对抗封建贵族。但是在中国，官僚政治的实践传统一直存在。可能由于这个原因，明代君主权力在军事和财政领域的扩张，并不是依靠官僚运作，而是主要依赖自己的内廷以及利用家产制的延伸方式，即权力源于君主个人，其政治运作依赖君主意志及恩赏等手段而非官僚理性的程序来实现。

就"近代早期"国家的一般模式而言，托马斯·埃特曼总结了四种不同类型的国家，分别是：(1)家产制绝对主义体系(patrimonialist absolutism)，以西班牙、法国、葡萄牙和意大利等为代表；(2)官僚绝对主义(bureaucratic absolutism)，以丹麦、德国诸国等为代表；(3)家产制宪政体系(Patrimonialist constitutionalism)，以匈牙利、波兰为代表；(4)官僚宪政体系(bureaucratic constitutionalism)，以瑞典等为代表。他指出，欧洲社会继承了罗马帝国的政治传统，在其灭亡后，这些地区的不同政治实践和特定的战争背景等给各地带来了不同的政治结果。② 埃特曼的研究指出了"近代早期"国家之形成的多样性模式。但是中国所呈现的政治形态却显然并不同于这四种所谓的普遍模式，而是更多地表现为家产制和官僚制共存的局面。马克斯·韦伯或许是最早观察到这一政治上的矛盾特征的学者。正如其所指出的："我们总是被迫创造像'家产官僚制'(patrimonial bureaucracy)这样的复合词：相关现象的一部分特征属于理性的统治形式，另一部分属于传统主义的……统治形式。"③但对"家产官僚制"这一复合

---

① 〔明〕王世贞：《弇山堂别集》卷四，第60~61页。

② Thomas Ertman, *Birth of the Leviathan: Building States and Regimes in Medieval and Early Modern Europe*, London: Cambridge University Press, 1997, pp. 10, 29.

③ Max Weber, *Die Wirtschaftsethik der Weltreligionen. Konfuzianismus und Taoismus*, Schriften 1915-1920, Tübingen: J. C. B. Mohr (Paul Siebeck), 1991, s. 25. 转引自 Junnan Lai, "'Patrimonial Bureaucracy' and Chinese Law: Max Weber's Legacy and Its Limits", in *Modern China*, Vol. 41, No. 1, 2015, p. 45。

词的使用,韦伯并没有给出理论上的澄清和分析,而是将其笼统地归结于传统政治的模式,这样做也模糊了二者的界限及冲突。① 如果说韦伯将中国未能发展为现代国家归因于儒家思想的影响存在过于片面化的局限,对其理论的突破,则取决于如何重新看待"近代早期"框架下中国的一系列政治变化。换句话说,韦伯所提出的对中国政治内在矛盾的重新理解,关系到对中国现代国家的发展路径及现代官僚制度的思考。

综上,在这场普遍的军事变革中,中国在"近代早期"所呈现出的一些独特性值得特别关注。尽管儒家官僚政治在明初受到了很大限制,但在明代中后期,越来越多的文官开始参与军务、决策,甚至领兵出征。在利用火器来防守、从事战争方面,儒家官员也呈现出非常积极的态度并且产生了明显的效果。由于这些官员的作用,明代中后期的中国并没有呈现出像其他主要的火药武器国家所表现的以军事统治为主的政治特征,而是更多地呈现了一种类似现代国家的文官主导(civilian control)的政治特点。当然,对"以文制武"的影响,人们仍然有着许多复杂的看法和讨论,由于篇幅所限,这里不再展开。② 在这场主要的军事变革中,许多军事帝国的建立对欧亚大陆乃至世界版图产生了深远的影响。一方面,官僚管理体系有助于一个更为有效的财政-军事体系的建立;另一方面,官僚体系服务于"帝国主义",为帝国扩张服务。甚至有学者指出,在世界史的范围内,官僚体系一直是帝国主义扩张的工具。③ 但在中国,或许正是因为君主控制的内廷体系与外廷官僚体系的区分,在明代早期,官僚体系对军事的影响与作用非常有限,而且对君主权力的扩张与军事的扩张,提出了不同的声音。而这一传统,对中国政治特征显然有着一定影响。当然,官僚体系与帝国体系并非完全能够剥离开来,我们也可以看到,二者尽管有许多矛盾但互相合作也很普遍。在明代,君主通过封赏等

---

① Junnan Lai, "'Patrimonial Bureaucracy' and Chinese Law: Max Weber's Legacy and Its limits", p. 40. See also M. Weber, A. M. Henderson and T. Parsons, *The Theory of Social and Economic Organization*, New York: The Free Press, 1964, p. 789.

② 值得特别指出的是明代文官主导的政治特征既对前代传统有所继承,又有其特异之处。对于宋代时期文官主导的政治传统的反思,参见 Peter Loge, "Military Institutions as a Defining Feature of the Song Dynasty", *Journal of Chinese History*, Vol. 1, No. 2(2017), p. 295。

③ Peter Crooks and Timothy Parsonseds, *Empires and Bureaucracy in World History: From Late Antiquity to the Twentieth Century*, London: Cambridge University Press, 2016.

手段,将更多官僚纳入君主个人的恩赏系统中,这也在一定程度上改变了明代官僚的性质。① 总之,在军事变革的影响下,所谓的中国政治特征并非是以前王朝政治的延续,而是经历了非常多的变化。在近代早期国家的塑造过程中,因应作为历史背景的不同地方的政治传统和相关经历,产生出来不同的结果。对"近代早期"的反思,有利于我们对所谓现代政治的不同塑造轨迹产生进一步的认识。

四、结论

在一个更加全球化的时代,如何能够尽量避免从一个地域出发,从而获得更广阔的理解,这不仅仅是全球史,也是不同地区史的研究、阐释所要达到的目标之一。在"近代早期"国家比较的框架下,无论近代早期"军事革命"的结论是否可以套用于中国,中国在同一时期所经历的军事变革所带来的深远而复杂的政治影响都值得进一步讨论。在"近代早期"这一跨度很长的时段里,发生了一系列国家与社会层面上的复杂变化。它们并不容易被囊括到同一个框架下进行解释。不同地区和国家虽然经历了一些共同的变化,却同时有着截然不同的特征。尽管中国并未发生欧洲意义上的所谓"军事革命",但其政治发展与军事技术变化的关系,表现出不同于许多其他近代早期的军事帝国的特征。

如果说中国和其他欧亚地区的主要国家一样,经历了由火药武器所带来的政治变革,在中国,这样的变革似乎要复杂得多:一方面,君主权力增强,带有个人色彩、针对国家财政－军事的"家产制"控制方式形成;另一方面,在明代中后期,儒家官员很快适应此种状况,并发挥他们的优势,从而形成了一种非军事的国家政治的特征,而这种特征完全不同于这一时期主要军事国家的政治传统。如果说在所谓的前现代国家(premodern state),美国由于很早建立了一种不同于同一时期欧洲国家的非军事(civilian control of the military)的政治传统而受到特别的重视,那么明代中国政治发展的相似特征,对现代中国的参照意义可能不亚于前者。② "军事革命"解释的突破与拓展在一定程度上推动了对"近代早期"欧洲和其他地区的进一步

---

① 王世贞:《弇山堂别集》卷六,第 111 页。《明英宗实录》卷 206,2b-3a,台北:"中央研究院"历史语言研究所,1961—1966 年。

② Kenneth W. Kemp and Charles Hudlin, "Civil Supremacy over the Military: Its Nature and Limits", *Armed Forces & Society*, Vol. 19, No. 1, 1992, pp. 7-26.

认识。把更多地区包括中国等纳入"近代早期"的框架下，将有助于我们理解不同国家在具体历史背景下的不同特征。在这一探讨过程中，还有许多问题需要得到进一步的分析，例如"军事革命"对社会权力结构及个人的影响，等等。无论如何，包括中国在内的众多国家进入人们的研究视域，将有利于我们重审"近代早期"这一框架在多方面的发展轨迹。

Is China an Early Modern Country? —From the Perspective of Military Revolution

Abstract: For the "early modern" European states, the spread and use of gunpowder weapons in the battlefield brought a series of far-reaching changes in state institution, such as the establishment of a standing army and formation of its accompanying? fiscal and bureaucratic administrative system. Through the exploration of the impact of military technological changes on the Chinese politics in Ming Dynasty, this paper suggests that China showed a different development model of early modern states in a military era. This paper mainly analyzes the effects of gunpowder weaponry on the politics in two aspects in the Ming Dynasty. On the one hand, the use of firearms in the wars and the manufacture and control of gunpowder weapons by the emperor and the imperial court in the early Ming led to an autocratic financial-military patrimonial system. On the other hand, because of the traditional bureaucratic practice, the political development of the Ming Dynasty did not follow the typical model of the "early modern states", but had its unique features. The change of the role of Confucian officials in the state military and frontier affairs led to the civilian-led situation in the middle and late Ming Dynasty, a common feature of modern states, which stood at odds with other gunpowder weapon states that were primarily dominated by the military. Although the so-called "military revolution" in Europe did not occur in China, the relationship between China's political development and the military technological changes provides a different model of state development in early modern times.

Keywords: early modern times, military revolution, early Ming Dynasty, Bingzhang Ju (Palace Armory), financial-military system, patrimonial-bureaucracy

作者：段维聪，南开大学历史学院博士后

軍事革命
與近代早
期國家

常備陸軍與蘇格蘭國家的解體

□ 廖 平

摘要：常備陸軍是近代早期欧洲国家形成的重要内容。苏格兰凭借在海外从军及内战中积累的军事人才，在17世纪下半叶建立了一支在不少方面领先欧洲的常备陆军，用于执行稳定国内秩序、推行宗教政策和抵御外国入侵等任务。但这支陆军让苏格兰背上了沉重的经济负担，而财政上的匮乏反过来又严重影响了陆军的战斗力，导致其无法有效应付国内外对苏格兰国家的种种挑战。苏格兰在军事上不得不日益依赖邻国英格兰，这成为1707年英格兰与苏格兰联合的重要原因之一。

关键词：常备陆军；国家形成；苏格兰

1680年，为了逃离英格兰"王位排斥危机"的漩涡，英格兰、苏格兰和爱尔兰三国王位继承人、约克公爵詹姆斯奉其兄查理二世的命令来到苏格兰，并于11月造访了苏格兰首都爱丁堡的城堡。不料这次访问期间却发生了一场事故：在城堡鸣放礼炮欢迎时，最大的一门火炮"蒙斯的梅格"意外炸膛，彻底报废了。[1] 当时就有人说这是不祥之兆；果不其然，八年之后，坐上王位还不到四年的詹姆斯就在"光荣革命"中黯然退位。不过这一"凶兆"恐怕也不仅仅是对詹姆斯个人而言的。这门"蒙斯的梅格"是15世纪中叶勃艮第公爵"好人"菲利普铸造后送给苏格兰国王詹姆斯二世的礼物，其重量超过了八吨，可以发射直径50厘米的炮弹，是当时欧洲最大的火炮之一。但就在"蒙斯的梅格"铸造完成后不到30年，曾经盛极一时的勃艮第公国瓦解，其领地被法国国王和神圣罗马皇帝瓜分；而同样在"蒙斯的梅格"炸膛报废后不到30年，苏格兰也作为独

---

[1] Robert Chambers (ed.), *Domestic Annals of Scotland, from the Reformation to the Revolution*, Second Edition, Vol. II, Edinburgh, 1859, pp. 409–410.

立王国退出了历史舞台,被英格兰所"联合"。

中世纪晚期至近代早期的欧洲出现了步兵、火炮、防御工事、战术和海战等方面的一系列重大军事变革,而许多学者认为这些变革影响整个欧洲历史走向,是欧洲从中世纪走向现代的关键阶段。在这个被称为"军事革命"的进程中最显著的变化莫过于现代国家的兴起:欧洲统治者迫于日益增长的军事压力,不断完善财政和行政能力,最终驯服了贵族和城市等与之抗衡的势力,建立了以专业官僚机构和常备职业军队为基础的现代国家。在这一经典论述中,法国、英格兰、瑞典、西班牙、荷兰等近代欧洲列强常常被用来当作"军事革命"与现代国家形成的案例。[1] 然而并不是所有积极参与"军事革命"的欧洲政权都最终演进为现代国家,勃艮第公国就是一例。从14世纪末开始,几代勃艮第公爵凭借对火炮铸造、操作技术的控制,组建了当时欧洲首屈一指的炮兵部队,并以此南征北战,在莱茵河中下游建立了强大的勃艮第国家,包括"蒙斯的梅格"在内的一系列巨型加农炮就是勃艮第火炮水平和国家能力的象征。甚至有学者认为,鼎盛时期的勃艮第有可能发展为欧洲中部的民族国家,进而改写欧洲的政治版图,但这一切随着末代公爵"大胆的"查理在1477年的南锡战役中阵亡而化为泡影。[2]

苏格兰也同样积极参与了中世纪晚期开始的一系列军事变革:"蒙斯的梅格"就被投入对英格兰的战争中,而17世纪在欧洲叱咤风云的苏格兰雇佣兵更是和15世纪的勃艮第炮兵一样,是"军事革命"中绕不开的重要部分。从16世纪下半叶开始,数以万计的苏格兰人出于各种动机背井离乡,到欧洲各国君主麾下效力,参与当时如火如荼的"宗教战争",其中在所服役国家备受重用,甚至

---

[1] Geoffrey Parker, *The Military Revolution: Military Innovation and the Rise of the West, 1500-1800*, 2nd edition, Cambridge: Cambridge University Press, 1996;许二斌:《变动社会中的军事革命:14—17世纪欧洲的军事革新与社会变革》,哈尔滨:黑龙江人民出版社,2008年。

[2] Kelly DeVries, "Gunpowder Weaponry and the Rise of the Early Modern State", in *War in History*, Vol. 5, No. 2, 1998, pp. 133-139; Tonio Andre, *The Gunpowder Age: China, Military Innovation and the Rise of the West in World History*, Princeton: Princeton University Press, 2016, pp. 88-91.

跻身贵族者也不乏其人。① 这样一个在军事上并不落伍的国家为何、又是如何走上最终被邻国兼并的道路呢？奥托·欣策、安东尼·吉登斯、查尔斯·蒂利、布莱恩·唐宁等学者对现代欧洲国家形成、特别是与暴力机器的关系问题已经有了不少经典论述，②但在具体的比较案例研究中，像苏格兰、波西米亚和那不勒斯这样后来消亡或解体的国家往往会被忽视。③ 而在对苏格兰的研究方面，有关近代早期在海外服役的苏格兰军人的成果可谓汗牛充栋，④但对苏格兰本国军事力量、特别是内战之后的发展状况则很少触及。⑤ 朱利安·古戴尔和劳

---

① Gervase Phillips, "Scotland in the Age of the Military Revolution", in Edward M. Spiers, Jeremy A. Crang and Matthew J. Strickland (eds.), *A Military History of Scotland*, Edinburgh: Edinburgh University Press, 2014, pp. 182-203; Allan Carswell, "'Mercenaries': the Scottish Soldier in Foreign Service, 1568-1860", in Edward M. Spiers, Jeremy A. Crang and Matthew J. Strickland (eds.), *A Military History of Scotland*, pp. 248-272.

② Otto Hintze, "Military Organization and the Organization of the State", in Felix Gilbert (ed.) *The Historical Essays of Otto Hintze*, New York: Oxford University Press, 1975, pp. 180-215;安东尼·吉登斯：《民族-国家与暴力》，胡宗泽、赵力涛译，北京：生活·读书·新知三联书店，1998年；Charles Tilly, *Coercion, Capital, and European States, AD 990-1990*, Cambridge: Basil Blackwell, 1990; Samuel E. Finer, "State- and Nation-Building in Europe: The Role of the Military", in Charles Tilly (ed.), *The Formation of National States in Western Europe*, Princeton: Princeton University Press, 1975, pp. 84-163; Brian M. Downing, *The Military Revolution and Political Change: Origins of Democracy and Autocracy in Early Modern Europe*, Princeton: Princeton University Press, 1992; Janice E. Thomson, *Mercenaries, Pirates, and Sovereigns: State-Building and Extraterritorial Violence in Early Modern Europe*, Princeton: Princeton University Press, 1994。

③ Charels Tilly, "Reflections on the History of European State-Making", in Charles Tilly (ed.), *The Formation of National States in Western Europe*, p. 48.

④ 例如 James A. Fallon, "Scottish Mercenaries in the Service of Denmark and Sweden, 1626-1632", unpublished PhD thesis, University of Glasgow, 1972; Andrew MacKillop and Steve Murdoch (eds.), *Military Governors and Imperial Frontiers c. 1600-1800: A Study of Scotland and Empires*, Leiden: Brill, 2003, pp. 1-78, 99-117; Matthew Glozier, *Scottish Soldiers in France in the Reign of the Sun King: Nursery for Men of Honour*, Leiden: Brill, 2004; David Worthington, *Scots in Habsburg Service, 1618-1648*, Leiden: Brill, 2004; Peter Paul Bajer, *Scots in the Polish-Lithuanian Commonwealth, 16th-18th Centuries: The Formation and Disappearance of an Ethnic Group*, Leiden: Brill, 2012, pp. 149-154, 336-339; James Miller, "The Scottish Mercenary as a Migrant Labourer in Europe, 1550-1650", in Erik-Jan Zürcher (ed.), *Fighting for a Living: A Comparative Study of Military Labour, 1500-2000*, Amsterdam: Amsterdam University Press, pp. 169-200; Steve Murdoch and Alexia Grosjean, *Alexander Leslie and the Scottish Generals of the Thirty Years' War, 1618-1648*, London: Pickering & Chatto, 2014. Mary Elizabeth Ailes, *Military Migration and State Formation: The British Military Community in Seventeenth-Century Sweden*, Lincoln: University of Nebraska Press, 2002。虽然也涉及英格兰和爱尔兰军人，但大多数研究对象仍然是苏格兰军人。国内学者的研究有许二斌：《转型时期欧洲的海外从军现象——以詹姆斯六世及查理一世在位期间的苏格兰为例》，《世界历史》2013年第3期。

⑤ 迄今为止，相关专著只带有史料集性质的 Charles Dalton, *The Scots Army, 1661-1688*, London: Eyre & Spottiswoode, 1909。另外还有 S. H. F. Johnston, "The Scots Army in the Reign of Anne", in *Transactions of the Royal Historical Society*, Vol. 3, 1953, pp. 1-21; K. A. J. McLay, "The Restoration and the Glorious Revolution, 1660-1702", in Edward M. Spiers, Jeremy A. Crang and Matthew J. Strickland (eds.), *A Military History of Scotland*, pp. 298-325 等少数几篇论文。

拉·斯图尔特等专门研究苏格兰国家形成的学者的视角往往止于17世纪中叶,对此后的情况着墨不多。① 1707年的《联合条约》作为苏格兰国家解体、被英格兰兼并的标志性事件,一向都是研究热点。② 尽管克里斯托弗·斯托尔斯提醒道,英苏联合发生在西班牙王位继承战争期间,不应忽视战争与军事的背景,但大部分相关研究还是以政治、经济和殖民等因素为主要切入点。③ 因此,本文将依据苏格兰枢密院档案、议会记录、私人信件和回忆录等史料,考察1660年后苏格兰常备陆军的建立与发展以及所面临的困难与挑战,从而探究苏格兰军事发展与国家解体之间的关系。

一、苏格兰常备陆军的建立与发展

三十年战争结束后,欧洲各国逐渐组建职业化的常备陆军。这种武装力量受国家任命的官员和将领管理指挥,依靠国家的财政收入来装备、供养和维持。他们在和平时期也能继续进行操练,因此拥有较强的战斗力。常备陆军与现代国家形成有着密不可分的关系:国家以直接控制的常备陆军取代传统的民兵和军事承包人组织的雇佣军,实现了对暴力的垄断;国家利用常备陆军镇压国内对立势力、参与对外战争,从而巩固了主权和对领土的控制;国家为了供养这样一支常备陆军,必须强化行政官僚和税收等制度,导致行政和财政的合理化。这样的军队以路易十四时期的法国陆军最具代表性,而奥地利、勃兰登堡-普鲁士、英格兰、皮埃蒙特-萨伏伊乃至沙俄等国也从17世纪下半叶开始建立常备

---

① Julian Goodare, *State and Society in Early Modern Scotland*, Oxford: Oxford University Press, 1999; Julian Goodare, *The Government of Scotland, 1560-1625*, Oxford: Oxford University Press, 2004; Laura A. M. Stewart, "Fiscal Revolution and State Formation in Mid Seventeenth-Century Scotland", in *Historical Research*, Vol. 84, No. 225, 2011, pp. 443-469; Laura A. M. Stewart, "The 'Rise' of the State?", in T. M. Devine and Jenny Wormald (eds.), *The Oxford Handbook of Modern Scottish History*, Oxford: Oxford University Press, 2012, pp. 221-235; Laura Stewart, *Rethinking the Scottish Revolution: Covenanted Scotland, 1637-1651*, Oxford: Oxford University Press, 2016.

② 例如John Robertson (ed.), *A Union for Empire: Political Thought and the Union of 1707*, Cambridge: Cambridge University Press, 1995; Christopher A. Whatley, *Scots and the Union*, Edinburgh: Edinburgh University Press, 2006; T. M. Devine (ed.), *Scotland and the Union, 1707-2007*, Edinburgh: Edinburgh University Press, 2008; Allan I. Macinnes, *Union and Empire: The Making of the United Kingdom in 1707*, Cambridge: Cambridge University Press, 2007; Aida Ramos, *Shifting Capital: Mercantilism and the Economics of the Act of Union of 1707*, Basingtoke: Palgrave Macmillan, 2018;以及《苏格兰历史评论》(*Scottish Historical Review*) 2008年第87期的增刊《1707年联合:新的维度》(*The Union of 1707: New Dimensions*)。

③ Christopher Storrs, "The Union of 1707 and the War of the Spanish Succession", in *Scottish Historical Review*, Vol. 87, No. 2 (Supplement), 2008, pp. 31-32.

陆军，为它们日后崛起为奥匈帝国、德国、英国、意大利和俄罗斯帝国等欧洲列强奠定了军事基础。①

1660年，英国内战后建立的共和政权解体，斯图亚特王朝的查理二世复辟，苏格兰恢复了独立王国的地位。和其他国家一样，苏格兰也试图建立自己的常备陆军：到1663年，苏格兰已经拥有了一个近卫骑兵团、一个近卫步兵团以及若干驻守要塞的独立连，总兵力为1000人左右；1678年，为了应对西部低地可能出现的叛乱，苏格兰陆军又增设了几个连的步兵、骑兵和龙骑兵，并最终在17世纪80年代初将这些新增部队扩编为一个步兵团、一个骑兵团和一个龙骑兵团，加上原有的军队，总兵力达到将近3000人。虽然因为"光荣革命"发生了一些变动，但3000人的建制一直维持到了1707年苏格兰与英格兰"联合"。②

斯图亚特王朝时期的英格兰、苏格兰和爱尔兰虽然拥有共同的君主，但彼此的议会、法律、财政和行政基本都是相互独立的，在英格兰和苏格兰之间尤其如此。苏格兰陆军完全依靠苏格兰的财政收入供养，其预算需经过议会的批准。苏格兰陆军效忠斯图亚特王朝的君主，一切人员升迁和任免都以国王的名义签署。由于国王常年远在英格兰的伦敦，苏格兰陆军实际的统帅权由爱丁堡的枢密院代为行使，枢密院可以对总司令下达命令，甚至还可以在总司令不在的情况下直接命令基层官兵。而且苏格兰不像英格兰设有专管军政的战事大臣和战争部，因此军队管理的大小事务也由枢密院最后定夺。③ 苏格兰陆军设有一名由职业军人担任的总司令来统一指挥，而且总司令和其他一些高级将领往往也

---

① 参见 Michael Howard, *War in European History*, Oxford: Oxford University Press, 1979, pp. 62-74; John Childs, *Armies and Warfare in Europe*, 1648-1789, Manchester: Manchester University Press, 1982, pp. 28-45。各国常备陆军的建立与发展，参见 John Lynn, *Giant of the Grand Siècle: The French Army*, 1610-1715, Cambridge: Cambridge University Press, 1997; Carol B. Steven, "Evaluating Peter's Army: The Impact of Internal Organization", in Eric Lohr and Marshall Poe (eds.), *The Military and Society in Russia*, 1450-1917, Leiden: Brill, 2002, pp. 147-171; Margaret Shennan, *The Rise of Brandenburg-Prussia*, London: Routledge, 1995, pp. 29-31; John Childs, *The Army of Charles II*, London: Routledge, 1976; Christopher Storrs, *War Diplomacy and the Rise of Savoy*, 1690-1720, Cambridge: Cambridge University Press, 2004, pp. 20-73; Michael Hochedlinger, *Austria's Wars of Emergence: War, State and Society in the Habsburg Monarchy*, 1683-1797, London: Pearson, 2003, pp. 98-144。

② K. A. J. McLay, "The Restoration and the Glorious Revolution, 1660-1702", in Edward M. Spiers, Jeremy A. Crang and Matthew J. Strickland (eds.), *A Military History of Scotland*, p. 301, pp. 307-308; S. H. F. Johnston, "The Scots Army in the Reign of Anne", pp. 12-14。

③ 参见 *The Register of the Privy Council of Scotland (RPCS)*, 3rd series, Vol. II, pp. 361-363; Vol. VIII, pp. 158-159。有关英格兰战事大臣的发展演变，参见 John Childs, *Army of Charles II*, pp. 93-97。

会被任命为枢密院成员。此外还设有总检阅官、总军需官、总副官长和总军医官等职位来处理各项专门事务。炮兵部队和要塞工事则由相对独立的军械部负责。①

(一)苏格兰常备陆军的职能

苏格兰陆军最重要的职能是维持国内的治安与秩序。在斯图亚特王朝晚期的三个王国里，苏格兰的局势最为动荡，1666年和1679年先后发生两次长老会派起义，1685年有阿盖尔伯爵叛乱，在"光荣革命"后又爆发了詹姆斯党人叛乱，这些叛乱都由陆军进行镇压。除了这些大规模叛乱，陆军还要对地方上的暴动和骚乱进行弹压，例如1682年珀斯郡德龙堂区因牧师人选问题发生骚乱、1685年爱丁堡的反天主教暴动和1706年爱丁堡爆发的反《联合条约》暴动，最后都是当局出动陆军来维持秩序。② 此外，陆军还会承担救火、捕盗等工作。③ 为了保证这些治安任务能够顺利完成，

苏格兰在低地的爱丁堡、斯特灵和邓巴顿设立了长期驻军据点，也会根据需要在布莱克内斯城堡等地设立临时据点。④ 值得一提的是，苏格兰当局也试图通过陆军来加强对高地的控制。苏格兰高地一直被操盖尔语的氏族所盘踞，中央政府的权力很难深入其中。不过从复辟时期开始，当局就以高地氏族目无法纪、拖欠税款为由，打算在高地的一些城堡驻扎小股陆军。但这些驻军都没能长期维持下来，直到1689年政府才在高地大峡谷西南端出海口建立了稳定的据点威廉堡。⑤

苏格兰是一个岛国，并且与唯一拥有陆上边界的邻国英格兰同属一位君主统治，依仗着海洋和英格兰皇家海军的保护，受到外敌入侵的威胁并不大。但苏格兰陆军仍然需要为可能的外敌入侵做准备。从1665年到1667年，苏格兰卷入了第二次英荷战争。为了防止荷兰

---

① Charles Dalton, *The Scots Army, 1661-1688*, Pt. II, pp. 44, 53.

② *RPCS*, 3rd ser., Vol. VII, pp. 449-450; William Law Mathieson, *Politics and Religion: A Study in Scottish History from the Reformation to the Revolution*, Volume II, Glasgow: James MacLehose, 1902, p. 318; George Macaulay Trevelyan, *England under Queen Anne*, Volume II: *Ramillies and the Union with Scotland*, London: Longman Green, 1932, p. 276.

③ *RPCS*, 3rd ser., Vol. I, p. 8; Vol. IX, p. 334.

④ Charles Dalton, *The Scots Army, 1661-1688*, pp. 31-37.

⑤ Allan I. MacInnes, "Repression and Conciliation: The Highland Dimension, 1660-1688", in *Scottish Historical Review*, Vol. 65, No. 180, 1986, pp. 167-195; Allan Kennedy, *Governing Gaeldom: The Scottish Highlands and the Restoration State, 1660-1688*, Leiden: Brill, 2014, pp. 137-141; John L. Roberts, *Clan, King and Covenant: History of the Highland Clans from the Civil War to the Glencoe Massacre*, Edinburgh: Edinburgh University Press, 2000, p. 208.

可能袭取苏格兰北部外海的设得兰群岛并以此为跳板扩大战线,苏格兰政府在设得兰岛上建立了防御工事并维持了一支二三百人的守军。① 在1688年"光荣革命"前夕,詹姆斯七世获悉荷兰执政奥兰治的威廉正在集结兵力准备入侵英格兰,他除纠集英格兰陆军之外,还命令苏格兰陆军几乎倾巢南下,部署在近畿地区,准备共同抗击荷兰的入侵。②

苏格兰在斯图亚特王朝复辟后通过了一系列立法,确立国教会的主教制度,给了国王更多干涉教会事务的权力,而所有不愿服从的牧师都被剥夺教职。③这一政策引起了苏格兰广大地区特别是西南低地各郡的不满,前来履新的国教牧师常常遭到堂区居民的殴打和驱赶。为此,苏格兰枢密院派士兵护送这些牧师赴任,甚至士兵还会在星期天到城乡街道上执勤,监督居民到国教教堂里礼拜。可以说,苏格兰国教会的主教体制需要依靠陆军的支持才得以确立,格拉斯哥大主教亚历山大·伯内特就说:"在陆军被解散的那一天,福音就会从我的教区被驱逐出去。"④许多不肯接受主教制的人会在民居甚至户外参加由长老会派牧师主持的秘密宗教集会,军队也常常奉命前去取缔这些集会。⑤ 值得一提的是,同时期的英格兰虽然也会出动军队打击不从国教者,但他们往往只是充当执法部门,被逮捕的不从国教者都必须交付法庭审判,有的甚至会被同情的陪审团宣判无罪;而在苏格兰,军队被赋予了更大的权力,可以在不从国教者家里白吃白住,直接收取罚金并从中抽成,甚至对胆敢反抗者动用酷刑,当时的苏格兰长老会史学家罗伯特·伍德罗写道:"士兵就是法官,不用传唤证人,不用进行验证,判决粗略地宣布,而士兵执行自己的判决。"就连曾在西南地区指挥镇压不从国教者的詹姆斯·特纳也承认他"没有考虑过任何法律,但奉命用军事手

---

① Ronald G. Ball, "The Shetland Garrison, 1665-1668", in *Journal of the Society for Army Historical Research*, Vol. 43, No. 173, 1965, pp. 5-26.

② John Childs, *The Army, James II, and the Glorious Revolution*, Manchester: Manchester University Press, 1980, p. 182.

③ Tim Harris, *Restoration: Charles II and His Kingdoms, 1660-1685*, London: Allen Lane, 2005, pp. 113-114; I. B. Cowan, *The Scottish Covenanters, 1660-1688*, London: Gollancz, 1976, pp. 48-49.

④ Robert Wodrow, *The History of the Sufferings of the Church of Scotland from the Restauration to the Revolution*, Volume I, Edinburgh, 1721, pp. 159, 177; William Law Mathieson, *Politics and Religion: A Study in Scottish History from the Reformation to the Revolution*, Volume II, p. 232.

⑤ *RPCS*, 3rd ser., Vol. III, pp. 124, 180, pp. 662-664; Vol. IV, p. 47, pp. 93-94, 98, 107, pp. 191-192, 218, pp. 256-257.

段行事"。① 枢密院还命令陆军在苏格兰东部海岸的巴斯岩设立驻军,专门关押被捕的长老会派牧师。伍德罗认为苏格兰当局此举堪比后来路易十四动用龙骑兵逼迫雨格诺派新教徒改宗。② 这种情况一直持续到"光荣革命"恢复苏格兰国教会的长老制度、废除主教制度才结束,复辟时期也因此被苏格兰长老会称为"杀戮时代"(The Killing Time)。

苏格兰陆军还是国家介入经济活动的工具。1668 年,苏格兰枢密院指示总司令林利斯戈伯爵,各项税收的征收官员可以从陆军中抽调不超过 12 名步兵,到欠税人家中白吃白住,直到欠税人不堪压力交清所有税款为止。③ 这样的做法不仅可以强化苏格兰政府的征税能力,还能部分缓解供养陆军的压力。陆军也奉命介入其他经济活动:1664 年,一队士兵被派去协助商人看守押运一批从荷兰进口的货物;1677 年,渔业公会向枢密院申请派兵查扣私自捕捞的鲱鱼,以维护公会的垄断地位。④

另外,苏格兰陆军还承担护送王室高级专员出行、议会开幕时的骑行仪式等仪仗工作。⑤

(二)苏格兰发展常备陆军的优势

苏格兰军队规模较小,因而各级军官基本上都被出身贵族和绅士家庭的人所把持。但这些军官绝非纨绔子弟,相反,他们经受了三十年战争、英国内战和法荷战争等战火的洗礼,具备丰富的军事经验和技能。苏格兰陆军历任总司令绝大多数都有海外从军的经历。首任总司令约翰·米德尔顿伯爵少年时期就曾追随苏格兰著名雇佣兵头子约翰·赫伯恩爵士在法国服役,后来又在英格兰议会军和苏格兰军队中获得少将和中将军衔,在克伦威尔统治时期还多次在苏格兰组织王党起义;在 17 世纪 80 年代担

---

① 参见 Robert Wodrow, *The History of the Sufferings of the Church of Scotland from the Restauration to the Revolution*, Volume I, pp. 214, 185。英格兰用陆军镇压不从国教者的情况,可参见 Andrew Fletcher, "The Enforcement of the Conventicle Acts, 1664-1679", in W. J. Sheils (ed.), *Persecution and Toleration*, Oxford: Blackwell, 1984, pp. 235-246。

② 参见 Robert Wodrow, *The History of the Sufferings of the Church of Scotland from the Restauration to the Revolution*, Volume I, p. 214。法国的"龙骑兵镇压"(dragoonades),参见 Roy L. McCullough, *Coercion, Conversion and Counterinsurgency in Louis XIV's France*, Leiden: Brill, 2007, pp. 125-179。

③ 参见 *RPCS*, 3rd ser., Vol. II, pp. xlv-xlvi, 401。具体案例如 *RPCS*, 3rd ser., Vol. III, pp. 6, 261, 373, 665; Vol. IX, pp. 71, 121; Vol. XI, pp. 132-133 等。

④ *RPCS*, 3rd ser., Vol. I, pp. 621-622; Vol. V, pp. 183-184。

⑤ John Nicoll, *A Diary of Public Transactions and Other Occurrences, Chiefly in Scotland, from January 1650 to June 1667*, Edinburgh, 1836, p. 377, pp. 382-383; *RPCS*, 3rd ser., Vol. VII, p. 167。

任总司令的托马斯·达尔齐尔和威廉·德拉蒙德在英国内战后曾赴沙俄服役，统率外国雇佣军与波兰和土耳其交战；"光荣革命"后的休·麦凯、托马斯·利文斯顿和乔治·拉姆齐都出自荷兰军队中著名的苏格兰旅。有两任总司令甚至还是苏格兰名将之后：从 1674 年到 1677 年任职的乔治·门罗是三十年战争时期瑞典著名苏格兰军官罗伯特·门罗的侄儿，他曾跟随叔叔到德意志作战，参与了吕岑、讷德林根等重大战役；而英苏联合时的总司令大卫·梅尔维尔的外曾祖父更是大名鼎鼎的瑞典陆军元帅、苏格兰大将亚历山大·莱斯利。其他军官也不乏显赫履历者，例如以回忆录记载自己在三十年战争和英国内战经历的詹姆斯·特纳爵士以及因为在法荷战争中表现英勇而受奥兰治亲王保荐的"美邓迪"约翰·格雷厄姆等。①

凭借这些优秀的军事人才，苏格兰陆军在某些方面可以说达到了欧洲先进水平。路易十四时期的法国陆军领先于欧洲其他国家，而早在 1672 年苏格兰陆军就已经可以按照法国的方式进行操练，令查理二世相当满意，而英格兰陆军当时还做不到这一点。② 苏格兰枢密院曾两次下令陆军官兵加强操练，苏格兰将领还在 1693 年将步兵和龙骑兵的操典出版成册，并建议英格兰陆军也采用。③ 1666 年，达尔齐尔还参考了瑞典的军事纪律，起草了管理苏格兰陆军的《战争法律及条例》(Laws and Articles of War)。④ 除拥有步兵、骑兵和龙骑兵这些主要兵种外，苏格兰陆军还从步兵中抽调精壮组建了一个掷弹兵连。⑤ 苏格兰军队也会在装备战术上做出创新。由于苏格兰陆军规模较小，难以及时应付边远地区出现的突发情况。为了提高步兵的机动性，苏格兰枢密院在 1668 年命令总司令在有事时可以让步兵就地征用马匹，骑马出发，事后再原物归还或照价补偿。⑥ 17 世纪欧洲的火枪手普遍装备的是插入式刺刀，必须将刺刀柄插入枪管才能使用，这就导致正在进行射击动作的士兵一旦被敌人近身无法立刻投入

---

① 相关人物参见《牛津国家人物传记辞典》(The Oxford Dictionary of National Biography) 中的相应条目。

② John Childs, Army of Charles II, p. 64.

③ RPCS, 3rd ser., Vol. VI, pp. 30–31; Vol. XII, p. 337; The Exercise of the Foot, Likewise, the Exercise of the Dragoons, Edinburgh, 1693.

④ Charles Dalton, The Scots Army, 1661–1688, Pt. II, pp. 84–94.

⑤ John Childs, Armies and Warfare in Europe, 1648–1789, p. 108; RPCS, 3rd ser., Vol. VII, p. 470.

⑥ RPCS, 3rd ser., Vol. II, pp. 367, 368, 518, 519.

白刃战。针对这一情况,苏格兰陆军总司令休·麦凯在1689年改用两个环将刺刀固定在枪管前端,与法国军事家沃邦元帅大约同时发明了插座式刺刀,这一改进逐渐淘汰了用于保护火枪手的长枪手,并一直沿用到今天。①

苏格兰在复辟后也建立了自己的炮兵部队,首任司令詹姆斯·威姆斯是曾参加三十年战争和英国内战的炮兵专家。他研发了著名的"覆皮炮",即用皮革包裹加固轻薄的铜制炮管。虽然这种轻型野战炮的实战效果不尽如人意,但它仍然是陆战火炮从单纯用于攻城到用于野战这一发展过程中的重要尝试。②1671年,德意志人约翰·斯莱泽被任命为苏格兰军械部的首席工程师,负责苏格兰全国防御工事的建设工作。他从1678年开始对苏格兰大小城镇和战略重地进行测绘,最终于17世纪90年代先后出版了《苏格兰景观》(Theatrum Scotiae)和《苏格兰古今状况》(The Ancient and Present State of Scotland)两部图志,成为最早绘制苏格兰全国地图的

人之一。③苏格兰陆军可能还建立了自己的军事情报工作,达尔齐尔、德拉蒙德和麦凯等将领都曾经向财政部支取50到100镑的经费用于"私人情报"。④

(三)常备陆军与苏格兰的独立国家地位

苏格兰人常常会把常备陆军视为国家独立,特别是独立于英格兰的象征。苏格兰陆军组建的契机就是英格兰残留占领军的问题。克伦威尔在1653年征服苏格兰后,派乔治·蒙克率领一支英格兰军队驻守;1660年,蒙克在率军南下为斯图亚特王朝复辟铺平道路的同时,留下部将托马斯·摩根率余部继续驻守苏格兰。这支英格兰军队在苏格兰恢复独立王国地位后继续赖着不走,被苏格兰人视为"我们奴役的标志"和"两个王国之间的猜忌",引起了很大的民怨。1660年,一批苏格兰贵族、乡绅和市民代表赴伦敦向查理二世请愿,要求将英格兰驻军撤出苏格兰;1661年11月,斯特灵的居民与驻扎当地的英格兰士兵

---

① Hugh MacKay, *Memoirs of the War Carried on in Scotland and Ireland, MDCLXXXIX-MDCXCI*, Edinburgh, 1833, p. 52; John Childs, *Armies and Warfare in Europe, 1648-1789*, p. 107.

② David Stevenson and David H. Caldwell, "Leather Guns and Other Light Artillery in Mid-17th-century Scotland", in *Proceedings of the Society of Antiquaries of Scotland*, Vol. 108, 1979, pp. 307-308.

③ David Laing (ed.), *The Bannatyne Miscellany; Containing Original Papers and Tracts, Chiefly Relating to the History and Literature of Scotland*, Volume II, Edinburgh, 1836, pp. 307-310.

④ *RPCS*, 3rd ser., Vol. IX, p. xix; Vol. XII, p. xx; Vol. XIV, p. 522.

发生冲突,致数人死伤。① 最终查理二世在1662年5月下令让驻苏格兰的英格兰军队全体启程前往葡萄牙,参与对西班牙的战争。而在英格兰军队撤离后不久,苏格兰近卫步兵团建立,加上1661年组建的近卫骑兵团,苏格兰常备陆军的雏形就此诞生。②

此后苏格兰陆军在许多方面都试图与英格兰保持距离,以彰显自己独立的身份。从17世纪下半叶开始,标准化的制服逐渐在欧洲各国陆军中流行开来,不同国家的军队也有各自典型的制服颜色,例如英格兰为红色。③ 当时苏格兰哈丁顿的纽米尔斯刚刚出现纺织工场,但由于生产能力有限,无法为1678年后扩编的苏格兰陆军供应充足的制服,于是苏格兰人只能从英格兰进口红色布匹来制作制服。不少苏格兰军人对自己不得不穿着英格兰典型的红色制服耿耿于怀,例如达尔齐尔就在1684年向查理二世申请从英格兰进口灰色布匹来为自己麾下的龙骑兵团制作制服,该团也因此得名"皇家苏格兰灰色龙骑兵团"(Royal Scots Grey)。苏格兰枢密院也对从英格兰进口制服所用布匹的数量和款式进行了严格限制,如果超量超标将被处以罚款,詹姆斯七世更是在1686年发布公告,为了扶植鼓励本国纺织业,包括陆军官兵在内的一切公职人员今后不得穿着外国销售、购买或生产的服装。④ 苏格兰陆军对英格兰的武器装备也颇为忌讳:在英格兰驻军撤离前夕,苏格兰枢密院就下令各地不得收购英格兰军队的武器弹药;苏格兰财政部有一条1685年的记录显示,一批从英格兰进口的武器弹药被退回,总价值高达6000镑。⑤

"光荣革命"后,苏格兰陆军虽然也和英格兰陆军一样效忠威廉,但苏格兰仍然希望通过陆军来保持自己的独立地位。1704年,有人提议让英格兰财政部出资维持苏格兰境内的陆军,引起了不少苏格兰政治家的反感,他们要求立刻

---

① *RPCS*, 3rd ser., Vol. I, p. 94; Osmund Airy (ed.), *The Lauderdale Papers*, Volume I, London: Camden Society, 1884, pp. 33, 160; John Nicoll, *A Diary of Public Transactions and Other Occurrences, Chiefly in Scotland, from January 1650 to June 1667*, pp. 352-353.

② John Nicoll, *A Diary of Public Transactions and Other Occurrences, Chiefly in Scotland, from January 1650 to June 1667*, p. 367; Charles Dalton, *The Scots Army, 1661-1688*, Pt. I, p. 5.

③ John Childs, *Armies and Warfare in Europe, 1648-1789*, p. 72.

④ *RPCS*, 3rd ser., Vol. VIII, pp. 60, 85-86, 90, 172-173; Vol. IX, pp. 168-169; Vol. XIII, pp. 80-81.

⑤ 参见*RPCS*, 3rd ser., Vol. I, p. 134; Vol. XI, p. xxxix。苏格兰陆军的武器装备主要是从荷兰进口的,参见*RPCS*, 3rd ser., Vol. X, p. 72; Vol. XII, p. xxi。

召开议会筹钱,不愿让自己国家的军队被英格兰供养。① 由于即将继承威廉王位的安妮女王没有活下来的子嗣,英格兰议会在 1701 年通过了《王位继承法》,规定安妮死后由神圣罗马帝国的汉诺威家族来继承王位。作为反制,苏格兰议会在 1704 年通过了《保障法》,宣布为了保障苏格兰的主权"免受英格兰或任何外国的影响",安妮死后苏格兰王位继承将由苏格兰议会自行安排,不受英格兰《王位继承法》的影响,法律还规定一旦安妮驾崩,驻防各地的苏格兰陆军自动进入战备状态,大有不惜与英格兰一战的架势。②

还有人将苏格兰陆军上升到苏格兰国家形象的层面。1693 年,苏格兰安格斯伯爵所部步兵团的随军牧师亚历山大·希尔兹从佛兰德前线上书苏格兰长老会总会,他在信中抱怨目前在欧洲大陆作战的苏格兰士兵道德败坏、言行粗鄙,严重影响了其他国家人民对苏格兰及其国教长老会的观感。他呼吁教会多多鼓励"诚实且勇敢、受过战争艺术训练、完全投身神的利益的军官和士兵"加入他所在的团,能够为这一代人"培养勇敢、忠实且狂热的军官和士兵"。在他看来,苏格兰陆军已经不再是当年的雇佣军了,而是代表了苏格兰国家和教会的形象:他认为苏格兰人在宗教改革以来的事迹已经为其他民族所熟知,现在参军到欧洲大陆作战是他们"兴起、发光,让他们更加为世界所知的机会"。他甚至在信中建议,苏格兰长老会每一个教务评议会都可以组建这样一个能代表国家及教会形象的团。③

二、苏格兰常备陆军的障碍与挑战

然而希尔兹的建议并没有成为现实。这不仅是因为长老会总会对陆军建设的权力和影响有限,还因为苏格兰陆军本身受到许多因素的制约和挑战。

(一)观念阻力

英国内战后出现了近代早期欧洲各大国中唯一的军事独裁政权,而法国国王路易十四又在 17 世纪下半叶凭借强大的常备陆军对内迫害新教徒,对外大肆扩张,令许多欧洲人感到了威胁。本

---

① *A Selection from the Papers of the Earls of Marchmont*, Volume III, London: John Murray, 1831, pp. 263-264.
② Records of the Parliament of Scotland (RPS), 1704/7/68; George Macaulay Trevelyan, *England under Queen Anne*, Volume II: *Ramillies and the Union with Scotland*, pp. 235, 242.
③ Alexander Shields, *A Letter from Mr. Alexander Sheilds, Minister to the Regiment whereof the late Noble Earl of Angus was Colonel, Now in Flanders; Directed to the General Assembly of the Church of Scotland, Which Was to Have Met at Edinburgh in December 1693*, Edinburgh, 1694, pp. 2-4, 7-9.

国的历史加上外部的现实让许多英国人认为常备陆军是暴政的象征,与自由和法治水火不容,坚决反对本国君主发展常备军,主张应该用传统的民兵来保家卫国。这种观念在英国社会长期存在,对斯图亚特王朝常备陆军的建设造成了不小的阻力,国王一直不敢用"陆军"(army)来称呼自己拥有的常备军,而是用"国王陛下的武装"(His Majesty's Force)这种模糊的名称,或者干脆以"皇家卫队"的名义掩人耳目。陆军的规模也受到限制,英格兰在1667年、1674年和1679年都曾迫于议会的压力而解散了一些刚组建的部队,[①] 而在九年战争结束后,英国国内就裁撤陆军问题,更是引发了一场有关常备陆军的大辩论。[②]

这场辩论双方以英格兰政论作家为主,但有一名苏格兰人积极参与其中,他就是索尔顿的安德鲁·弗莱彻。[③] 弗莱彻曾经多次当选苏格兰议会议员,还参加过反对詹姆斯的斗争,是一位德高望重的辉格党政治家和苏格兰爱国者。他在1697年出版了《论民兵与常备陆军》(*A Discourse Concerning Militias and Standing Armies*)一书。他认为自1500年以来,欧洲的社会和战争形态发生了很大变化,常备陆军取代民兵成为许多国家君主所倚重的武装力量。但他指出臣民就此放弃自己的武力,并不能真正地保护国家的和平以及自己的自由;无论在制度上做出怎样的安排,常备陆军最终都会将其颠覆,而且常备陆军会出于一己之私让国家常年陷入战争,给国家背上沉重的负担,常备陆军还会败坏官兵的品德,有百害而无一利。他认为只要加强传统民兵的操练,一样可以有效抵御外敌的入侵。[④] 弗莱彻的著作后

---

① John Childs, *Army of Charles II*, pp. 220-224.

② 有关英国反常备陆军传统及1697年至1700年的辩论,参见 Lois G. Schwoerer, "*No Standing Armies!*": *The Antiarmy Ideology in Seventeenth-Century England*, Baltimore: John Hopkins University Press, 1974; E. Arnold Miller, "Some Argument Used by English Pamphleteers, 1697-1700, Concerning a Standing Army", in *Journal of Modern History*, Vol. 18, No. 4, 1946, pp. 306-313; Lois G. Schwoerer, "The Literature of the Standing Army Controversy, 1607-1699", in *Huntington Library Quarterly*, Vol. 28, 1965, pp. 187-212; Shawn Humphrey and Bradley A. Hansen, "Constraining the State's Ability to Employ Force: the Standing Army Debates, 1697-99", in *Journal of Institutional Economics*, Vol. 6, No. 2, 2010, pp. 243-259; Ashley Walsh, "The Saxon Republic and Ancient Constitution in the Standing Army Controversy, 1697-1699", in *Historical Journal*, Vol. 62, No. 2, 2019, pp. 663-684.

③ 在这场辩论中,反对常备陆军的还有约翰·特伦查德、沃尔特·莫伊尔、塞缪尔·约翰逊和约翰·托兰德,支持常备陆军的主要有丹尼尔·笛福和约翰·萨默斯。参见 Lois G. Schwoerer, "The Literature of the Standing Army Controversy, 1607-1699", pp. 188-189.

④ Andrew Fletcher, *A Discourse Concerning Militias and Standing Armies*, London, 1697, pp. 10-28.

来在18世纪多次再版,影响深远,而且他的观点也得到了不少苏格兰民众的响应。例如在1700年5月,哈丁顿郡、罗克斯堡郡、珀斯郡、斯特灵郡以及若干城镇的居民就向苏格兰议会请愿,为了"王国的主权、自由和独立",要求废除常备陆军。①

(二)财政困难

不过,苏格兰社会反常备陆军的情绪对苏格兰陆军的发展影响有限。虽然苏格兰也曾经在1667年和1679年解散过一些刚刚组建的军队,但原因和英格兰有所不同。英格兰裁减军队往往都是因为选举产生的下议院怀疑国王想扩张陆军、推行专制统治,便利用批准征税的权力逼迫国王将新组建的军队解散;但在复辟时期的苏格兰,国王可以通过安插贵族和教会议员、利用立法委员会设置议程等手段来控制一院制的三级议会,使之沦为"橡皮图章",如果国王真的要扩充陆军,议会不会予以反对。②迫使苏格兰限制陆军规模的主要还是财政和经济方面的原因:例如查理二世在1667年指示苏格兰枢密院解散刚组建的步骑兵,"以尽快缓解国家如此沉重的负担",同年他还根据财政部的建议解散了驻防设得兰群岛的守军。③洛伊斯·施沃雷尔也指出,与反对常备陆军的英格兰作家相比,弗莱彻更多关注常备陆军对经济的影响。的确,弗莱彻就在他的结论中特别强调常备陆军会导致"财产被侵犯,贸易凋敝,国家被沉重的赋税和宿营所压迫,穷人承受极度的痛苦和奴役,贵族和乡绅因为在宫廷和陆军中的开支而破产"。④

财政和经济因素对苏格兰陆军的影响体现在两个方面。一方面,陆军的开支给苏格兰经济带来了沉重的负担。据罗纳德·李统计,陆军军费一直是复辟时期苏格兰各项财政支出中最大的一块,而且比重从1671年的37%上升到1683年的61%。⑤为了应付这一开支,苏格兰在原有的货物税和土地税之外不断增收新的税种:1667年开始征收田赋

---

① David Hume, *A Diary of the Proceedings in the Parliament and Privy Council of Scotland, 1700-1707*, Edinburgh, 1828, p.6; RPS, A1700/10/32.

② Tim Harris, *Restoration: Charles II and His Kingdoms, 1660-1685*, pp.23-25.

③ Ronald Arthur Lee, "Government and Politics in Scotland, 1661-1681", unpublished PhD thesis, University of Glasgow, 1995, p.132; *RPCS*, 3rd ser., II, p.334, pp.366-367.

④ Lois G. Schwoerer, "The Literature of the Standing Army Controversy, 1607-1699", pp.202-203; Andrew Fletcher, *A Discourse Concerning Militias and Standing Armies*, p.29.

⑤ Ronald Arthur Lee, "Government and Politics in Scotland, 1661-1681", p.130.

(cess),1690年开始征收壁炉税,而在17世纪90年代四次征收人头税。① 此外,苏格兰陆军还对社会造成了其他隐性的压力。由于当时普遍缺乏配套的兵营,士兵不得不在民房中住宿,而骑兵有时也会在私人草场上放牧马匹。士兵们按理必须为这些服务支付相应的费用,但在现实中常常会拖欠甚至赖账,无形中加重了苏格兰社会的负担。② 种种负担压得苏格兰人民喘不过气来,许多要求废除常备陆军的请愿书也毫不掩饰"贸易受挫、穷人增多和缺乏金钱"等现实理由,而吉利恩·麦金托什指出,维持陆军是复辟时期苏格兰经济萧条的重要原因。③

另一方面,即便苏格兰国家对社会如此敲骨吸髓,却难以为陆军提供充足的经费。苏格兰本身经济并不发达,税基较小。苏格兰在斯图亚特王朝晚期先后卷入了与荷兰和法国两大贸易伙伴的战争,而且英格兰还在殖民地对苏格兰设置贸易壁垒,进出口贸易一直不景气;17世纪90年代苏格兰遭遇了空前的农业歉收,而举全国之力开展的达连殖民地计划也以失败告终,令国民经济雪上加霜。这就导致苏格兰政府很难从社会汲取充足的资源来发展陆军。例如1693年苏格兰议会为了维持陆军而批准征收人头税,但后来因为实在收不上来,只得将原本有明确指标的包税制改为征收制,议会审计委员会在报告中无奈地承认,此举"对国家是一种解脱,但对陆军却是一项损失"。④

这类"损失"的直接后果就是苏格兰陆军拖欠军饷的情况极其严重。议会不仅收到大量民众要求废除常备陆军的请愿书,还收到了许多现役官兵、退役老兵甚至士兵遗属索要欠饷的请愿书。例如1704年就有大批官兵集体请愿,称他们已经14个月没有领到军饷和被服经费了。⑤ 在这种情况下,很多军官不得不自掏腰包为手下士兵垫付军饷和各项开支。例如一位名叫凯瑟琳·哈密尔顿的寡妇请愿称:"光荣革命"后陆军出现

---

① Allan I. MacInnes, "Repression and Conciliation: The Highland Dimension, 1660–1688", p. 178; Laura A. M. Stewart, "The 'Rise' of the State?", in T. M. Devine and Jenny Wormald (eds.), *The Oxford Handbook of Modern Scottish History*, p. 233.

② *RPCS*, 3rd ser., Vol. XI, p. 15.

③ RPS, A1700/10/32; Gillian H. MacIntosh, *The Scottish Parliament under Charles II, 1660–1685*, Edinburgh: Edinburgh University, 2007, p. 231.

④ RPS, 1695/5/190; 1704/7/97.

⑤ RPS, A1704/7/10.

了严重的欠饷情况,她的身为上尉的先夫散尽家财供养整个连的士兵,甚至还背上了债务;她主张政府要补发550镑的款项,但议会在1704年只同意拨出300镑。① 许多退役或被遣散的官兵生活困顿:1700年,一帮在九年战争后被遣散的苏格兰军官请愿称,他们服役期间的欠饷迟迟没有得到落实,全家老小生活无着;更令他们感到不满的是,英格兰和爱尔兰被遣散的官兵不仅领到了全额的军饷,在被遣散期间甚至还能得到原有军饷的一半,以待将来再次征召。② 的确,英格兰和爱尔兰早在17世纪80年代就模仿法国的荣军院分别建立了切尔西和基尔马纳姆两座皇家军医院,有系统地对部分退伍老兵进行收容赡养,但苏格兰对退伍老兵的照料仍然停留在通过堂区济贫制度、依靠亲属邻里接济的水平。③ 就连一些重要的技术专家也无法幸免。斯莱泽不仅俸禄经常遭到拖欠,还不得不自掏腰包垫钱给手下的炮手置办服装,以免他们"赤身裸体"。斯莱泽宣称政府拖欠他的款项多达2347镑,在他本人及其家属的一再请愿下,相关欠款直到他去世六年后的1723年才结清。④

欠饷和经费不足严重影响了苏格兰陆军的军心和战斗力。1670年,苏格兰近卫步兵团有一个连就因为欠饷导致三分之二的士兵哗变并开小差。⑤ 苏格兰陆军也常常出现武器弹药匮乏的情况。1682年,苏格兰枢密院命令陆军将领严格限制操练时火药的使用量,并要对发射的每一发炮弹做详细记录。而在1705年,总司令梅尔维尔在给财政部的备忘录中称,苏格兰军械库中只有少量捻子和包火药的纸,火药、燧石和子弹所剩无几,各类枪支都十分老旧,不堪使用,甚至还有手枪枪套是用纸糊的;补充更新这些武器弹药要耗费六七千镑,但当时国库里只有1900镑的盈余。⑥ 梅尔维尔的前任拉姆齐更是在给英格兰国务大臣

---

① RPS, 1704/7/99.

② RPS, A1700/10/22.

③ Eric Gruber von Arni, *Hospital Care and the British Standing Army, 1660-1714*, Aldershot: Ashgate, 2006, pp. 38-40; cf. Chris R. Langley, "Caring for Soldiers, Veterans and Families in Scotland, 1638-1651", *History*, Vol. 102, No. 349, 2017, pp. 5-23.

④ A. H. Millar and M. R. Glozier, "Slezer, John", *Oxford Dictionary of National Biography*, https://doi.org/10.1093/ref:odnb/25725 (accessed 28 June 2020).

⑤ Charles Dalton, *The Scots Army, 1661-1688*, Pt. I, p. 30.

⑥ John Childs, *Army of Charles II*, p. 197; S. H. F. Johnston, "The Scots Army in the Reign of Anne", pp. 14-15.

戈多尔芬的信中坦言,苏格兰陆军的状况"极端弱小"。①

(三)对手强大

与苏格兰陆军的"弱小"相比,它的潜在对手却很不好对付。苏格兰陆军3000人的规模与同时期的于利希-贝格这样的小邦国不相上下,而英格兰最多时可以维持七八万陆军。②但即便是在国内,苏格兰陆军也很难轻而易举地镇压住各种反对势力。在复辟时期,受迫害的长老会派有时进行暴力反抗,尽管他们没有得到贵族的支持,没有造成17世纪30年代两次"主教战争"那样的声势,但还是给苏格兰当局带来了不小的麻烦。1666年,詹姆斯·特纳爵士率军进入西南地区,强迫长老会派加入国教会,并取缔他们的秘密宗教集会。11月,一伙不堪忍受的长老会派信徒在邓弗里斯突袭了特纳的住所,并将其劫持。他们随后一路向爱丁堡进发,沿途不断有人加入,起义军人数最多的时候有1000人。当局一方面命令刚从沙俄回来的达尔齐尔率军从格拉斯哥追赶,另一方面动员爱丁堡周边各郡的民兵备战。最后达尔齐尔在爱丁堡附近的鲁恩格林与起义军交战。起义军尽管兵少将寡,而且大部分都是装备低劣的农民,但他们还是在内战老兵詹姆斯·华莱士的指挥下击退了达尔齐尔骑兵的两次冲锋。③

起义最终还是被各方面占优的苏格兰陆军镇压了下去,但苏格兰当局也不得不暂时放松了宗教迫害政策。然而,西南地区长老会派的活动却愈演愈烈:有些户外秘密宗教集会规模达到1万人左右,持续数日,不但有武装人员放哨,壮丁还会在礼拜间隙进行军事操练。④于是苏格兰当局从1678年开始重新加紧对西南地区长老会派的迫害,引发了更大的反抗。1679年5月,一伙长老会派激进分子刺杀了圣安德鲁斯大主教詹姆斯·夏普并逃往西南地区,在各户外秘密宗教集会中煽动人们造反。不久,驻守格拉斯哥的约翰·格雷厄姆便率两个连的龙骑兵前去围剿,双方在德拉姆克洛格遭遇。起义军尽管装备简陋,却彻底击溃了格雷厄姆所部,并乘势攻到

---

① P. Hume Brown (ed.), *Letters Relating to Scotland in the Reign of Queen Anne*, Edinburgh: Edinburgh University Press, p.149.

② John Childs, *Armies and Warfare in Europe, 1648-1789*, p.42.

③ Charles Sanford Terry, *The Pentland Rising and Rullion Green*, Glasgow: James MacLehose, 1905, pp.11-12, 25-26, 63-82.

④ Tim Harris, *Restoration: Charles II and His Kingdoms, 1660-1685*, p.128.

了格拉斯哥城外,令爱丁堡和伦敦方面大为震动。① 在起义失败后,仍然有小股激进分子以游击战的方式继续与军队周旋,直到"光荣革命"后才被平息。

苏格兰陆军在对付高地氏族时也占不到太大的便宜。1689 年,苏格兰非常议会拥立威廉和玛丽为王,忠于詹姆斯的格雷厄姆出走高地,联络部分氏族起兵。当局很快命令休·麦凯率 3000 兵力前去平叛。7 月,两军在布莱尔阿瑟尔附近的基利克兰基遭遇;格雷厄姆手下的高地战士数量虽然只有苏格兰军队的一半,但他们凭借地形优势,手持阔剑、大斧和圆盾迅速向麦凯所部发起冲锋;后者只来得及进行一轮射击,便被来势汹汹的高地战士所击溃。②

三、常备陆军问题与苏格兰国家的解体

由于苏格兰国家无法通过陆军来对国内秩序进行有效控制,政府不得不求助于其他武装力量来维护治安、抵御侵略。由地方势力组织的民兵原本是英伦三岛传统的国防主力,但在斯图亚特王朝复辟后,英格兰统治者出于政治安全考虑,故意任由民兵在训练和装备上不断废弛,削弱其军事价值,而将注意力转到发展常备陆军上。③ 但苏格兰却因为常备陆军的弱小,不得不在一定程度上依赖民兵,甚至寄予厚望。例如苏格兰议会在 1663 年通过法律,授权国王在紧急状况下最多可以下令征召 2.2 万名民兵部队,为期 40 天,并将相应的指标分摊给各郡,由地方贵族负责组建。在随后打击不从国教者和镇压各种叛乱的行动中,也不乏地方民兵的身影。但由于当局无法信任掌控民兵的地方势力,民兵最终在詹姆斯和威廉时期走向衰落。④

苏格兰国家还依靠过高地的氏族武装。1678 年,为了打击西南地区猖獗的长老会派活动,苏格兰政府拉拢一些高地氏族首领,命令他们派五六千名氏族战士南下低地,与部分陆军士兵和民兵组成一支"高地大军"(the Highland

---

① K. A. J. McLay, "The Restoration and the Glorious Revolution, 1660-1702", in Edward M. Spiers, Jeremy A. Crang and Matthew J. Strickland (eds.), *A Military History of Scotland*, pp. 308-309.

② Magnus Linklater and Christian Hesketh, *For King and Conscience: John Graham of Claverhouse, Viscount Dundee*, London: Weidenfeld and Nicolson, 1989, pp. 211-216.

③ John Millier, "The Militia and the Army in the Reign of James II", in *Historical Journal*, Vol. 16, No. 4, 1973, pp. 659-660.

④ Bruce P. Lenman, "Militia, Fencible Men, and Home Defence, 1660-1797", in Norman MacDougall (ed.), *Scotland and War, AD 79-1918*, Edinburgh: John Donald, 1991, pp. 174-185.

Host),驻扎在长老会派活动的区域,逼迫乡绅和佃农作保,不得参与秘密宗教集会。① 就连激进长老会派的武装也在关键时刻救过苏格兰政府一命。在1689年的基利克兰基战役后,詹姆斯党叛军大有南下低地、直驱爱丁堡之势。但一支驻守邓凯尔德的卡梅伦派(一激进长老会派别)志愿武装在曾领导1679年叛乱的威廉·克莱兰指挥下,以不到700人的兵力击退了数倍于己的高地叛军。苏格兰军队获得了重新组织的宝贵时间,最终平息了詹姆斯党叛乱,保住了"光荣革命"的果实。②

不管是地方民兵、氏族战士还是卡梅伦派支援武装,其背后的贵族、氏族首领和不从国教者本来都是国家形成过程中需要予以镇压的势力;但苏格兰政府因为其常备陆军的软弱,非但无法有效压制这些势力,还不得不寻求他们的帮助,这表明17世纪下半叶的苏格兰国家在垄断暴力、控制领土和汲取资源方面都是失败的。

不过苏格兰最后并没有分崩离析,而是与英格兰"联合",这是因为苏格兰在军事上最依赖的还是英格兰。虽然达尔齐尔曾写信给苏格兰国务大臣劳德代尔公爵说"愿全能的神救我们脱离英格兰人的协助",③但在1679年的德拉姆克洛格战役后,苏格兰枢密院方寸大乱,命令所有陆军和民兵先在爱丁堡集结后再出兵,导致贻误战机。查理二世只能派自己的私生子、英格兰陆军总司令蒙茅斯公爵率领部分英格兰军队北上,并临时任命他为苏格兰陆军总司令,统率苏格兰军队及民兵进行平叛,同时英格兰和爱尔兰陆军也分别在纽卡斯尔和贝尔法斯特进入戒备状态,准备随时增援苏格兰。最终蒙茅斯公爵在博斯韦尔桥附近打败起义军,看来苏格兰还是需要"英格兰人的协助"。④ 蒙茅斯公爵有在军事上整合英格兰、苏格兰和爱尔兰的意图。他曾经在蒂雷纳元帅麾下的法军中服役,英格兰陆军在他担任总司令期间印发了《英格兰军事纪律简编》(*An Abridgement of English Military Discipline*,

---

① Allan Kennedy, *Governing Gaeldom: The Scottish Highlands and the Restoration State, 1660-1688*, pp. 124-128.

② John L. Roberts, *Clan, King and Covenant: History of the Highland Clans from the Civil War to the Glencoe Massacre*, pp. 199-200.

③ Charles Dalton, *The Scots Army, 1661-1688*, Pt. I, p. 49.

④ William Law Mathieson, *Politics and Religion: A Study in Scottish History from the Reformation to the Revolution*, Volume II, p. 268; K. A. J. McLay, "The Restoration and the Glorious Revolution, 1660-1702," in Edward M. Spiers, Jeremy A. Crang and Matthew J. Strickland (eds.), *A Military History of Scotland*, pp. 309-311.

简称《简编》,其中的操练制度、口令和战术皆模仿法军。而在他兼任苏格兰总司令后,《简编》也被推广到苏格兰,以统一斯图亚特王朝三个王国陆军的各项制度。①

虽然蒙茅斯公爵很快就因为卷入"王位排斥危机"而失势,但苏格兰在军事上靠拢甚至依附英格兰的趋势越来越明显。"光荣革命"后,英格兰先后加入了反对路易十四的九年战争和西班牙王位继承战争。苏格兰虽然也追随英格兰对法国宣战,但它却没有能力派兵到欧洲大陆参战。于是除少数苏格兰部队被编入荷兰陆军的苏格兰旅外,大部分参战的苏格兰部队都被编入英格兰陆军的序列,由英格兰出资供养、指挥,总人数超过了1万人。② 同时,苏格兰的国内安全也需要英格兰撑腰。苏格兰虽然拥有漫长的海岸线,但其海军仅有3艘巡洋舰,海防基本要靠英格兰皇家海军来保护。③ 而在《联合条约》的谈判和批准期间,苏格兰的政局一直比较动荡,詹姆斯党人蠢蠢欲动。对此,英格兰在北部部署军队,准备在苏格兰出现紧急状况时跨境驰援,同时为了避免刺激苏格兰人,这些军队异动秘不外宣,而且还选在离边境还有一段距离的兰开斯特、利兹、约克和赫尔等城市,梅尔维尔也对英格兰方面的这一支持和保障表示感谢。④ 而在联合前夕,英格兰还根据《联合条约》的规定,向苏格兰支付了一笔将近40万英镑的"等量补偿款"(Equivalent),其中约10万英镑被用来支付拖欠苏格兰陆军官兵的军饷。⑤

到18世纪初,英格兰和苏格兰之间的态势十分明朗:虽然有相当一部分苏格兰人不情愿,但从政治、经济等方面来看,问题已经不是苏格兰是否要与英格兰"联合",而是什么时候、以什么方式进行"联合"。在军事上,联合的必要性就更加明显了。国内的苏格兰陆军欠饷越积越多,军心涣散,1705年拉姆齐还因为饮酒过量死在了总司令任上。而那些在英格兰陆军中服役的苏格兰军人不仅能获得充足的钱粮,还能在沙场上建功立业:反法联军统帅、英格兰名将马尔伯勒公爵在1704年的布莱尼姆战役和

---

① John Childs, *Army of Charles II*, pp. 64-65; *RPCS*, 3rd ser., Vol. VI, pp. 346-347.
② S. H. F. Johnston, "The Scots Army in the Reign of Anne", pp. 2-12.
③ James Grant, *The Old Scots Navy: From 1689 to 1710*, London: Naval Record Society, 1914, pp. 252-257.
④ S. H. F. Johnston, "The Scots Army in the Reign of Anne", pp. 17-18.
⑤ Crawford Spence, "Accounting for the Dissolution of a Nation State: Scotland and the Treaty of Union", in *Accounting, Organization and Society*, Vol. 35, No. 3, 2010, p. 381.

1706年的拉米伊战役中大破法军主力,威震欧洲,而他手下的苏格兰官兵在这两次大捷中独当一面,屡立奇功。这些苏格兰军人不仅充分见识了英格兰国家的强大,也在与英格兰军人并肩作战的过程中形成了"不列颠"身份认同,因而这些军人更为坚决地支持英苏联合。据基思·布朗统计,1707年苏格兰议会贵族议员支持和反对联合的人数为47∶23,但有从军经历的贵族议员人数则为21∶6。[1] 最终《联合条约》在苏格兰议会获得通过:苏格兰解散自己的议会和政府,仅保留自己在宗教、教育和部分私法领域的特色,完全与英格兰联合成为大不列颠王国。[2]

《联合条约》并没有就陆军问题做任何安排,但随后不久的詹姆斯党叛乱对苏格兰陆军的弱化以及在防务上对英格兰的依赖进行了"事后宣判"。路易十四为了在战局上制造新的突破,于1708年3月派遣舰队运载着6000名法军士兵以及詹姆斯七世之子、王位觊觎者詹姆斯·爱德华·斯图亚特,准备在苏格兰登陆。同时法国间谍也在苏格兰活动,联络反对联合、拥护王位觊觎者的势力。阿瑟尔公爵在布莱尔阿瑟尔集结了数千高地战士,在低地也有不少乡绅组织了起来,一旦法军登陆,他们就会纷纷响应,推翻联合政权,拥立王位觊觎者。这场内外勾结的挑战在规模上前所未有,而苏格兰陆军则完全没有一战之力。梅尔维尔能从爱丁堡城堡看见法国舰队的桅杆,但城内只有四发炮弹和40名老弱残兵,他本人已经做好了打算,法军一登陆就弃城逃往英格兰。就在这紧要关头,英格兰皇家海军利用法国舰队与苏格兰国内反叛者沟通不畅而耽误的宝贵时间,对法国舰队进行追击;同时英格兰陆军约十个团从陆路跨过刚刚消失的边界进入苏格兰,马尔伯勒公爵也从佛兰德前线抽调了十个营的英格兰步兵,停泊在爱丁堡外海待命。这些在苏格兰的1万多名英格兰陆军足以打败任何潜在的入侵者和叛乱者;而法国舰队眼看胜利无望,又担心被英格兰皇家海

---

[1] Christopher Storrs, "The Union of 1707 and the War of the Spanish Succession", pp. 38-40; Keith M. Brown, "From Scottish Lords to British Officers: State Building, Elite Integration and the Army in the Seventeenth Century", in Norman MacDougall (ed.), *Scotland and War, AD 79-1918*, Edinburgh: John Donald, 1991, p. 156.

[2] 需要指出的是,英格兰在军事上支持苏格兰、最终与苏格兰"联合"也有自己的目的。英格兰一方面要阻止法国乘虚而入,在后方制造麻烦;另一方面希望能更为方便地利用苏格兰的兵源。参见 Allan I. Macinnes, "Anglo-Scottish Union and the War of the Spanish Succession", in William Mulligan and Brendan Simms (eds.), *The Primacy of Foreign Policy in British History, 1660-2000: How Strategic Concerns Shaped Modern Britain*, Basingstoke: Palgrave Macmillan, 2010, pp. 49-61.

军追上,便沿着当年西班牙"无敌舰队"的路线逃回了法国。① 在1708年的入侵企图后,曾经负责统帅陆军的苏格兰枢密院被撤销,苏格兰陆军也正式并入英格兰的序列,成为英国陆军的一部分。② 苏格兰成了大不列颠王国的"北不列颠",它作为独立国家的历史,连同它的陆军一起,彻底画上了句号。

结　语

古戴尔认为,苏格兰能建立一支3000人的常备陆军这件事本身就是苏格兰国家形成的一大成就。③ 但苏格兰终究没能自己走完演变为现代国家的进程。不过,1707年并不是苏格兰国家形成的结束。新生的英国凭借强大的资源汲取能力和高效的行政体系,一方面征召包括高地人在内的大批苏格兰人到英国陆军中服役,另一方面在苏格兰高地建立了四通八达的军用道路和星罗棋布的要塞兵站,最终在1745年最后一次詹姆斯党叛乱被平定后,桀骜不驯的高地氏族社会在现代国家面前土崩瓦解。

但这一切弗莱彻都看不到了。终生反对常备陆军、维护苏格兰独立的他在英苏联合后退出政坛,并于1716年在落寞中去世。而在整整60年后,他的苏格兰同胞亚当·斯密出版了《国富论》。斯密回顾比较了历史上各国的民兵和常备军两种兵制,并得出结论:"所以,一国要永久保存其文明,甚或要相当长久保存其文明,只有一个方法,那就是编制常备军。有了好纪律的常备军,一个文明国才能抵御外侮;同样,有了好纪律的常备军,一个野蛮国才能突然地而且相当地文明化。"④弗莱彻和斯密对常备陆军看法的差异不仅是学理上,也是经验上的:弗莱彻看到的苏格兰陆军成事不足,对内难以平叛,对外不能御敌,不但扰民有术,更让国家背上了沉重的财政负担,最终葬送了他所钟爱的独立地位;而斯密看到的英国陆军以雄厚的财力和合理的制度安排为基础,不仅牢牢巩固了国内的政治秩序,还在欧洲大陆和海外殖民地战胜了劲敌,将英国的"文明"保存并在全世界发扬光大。

---

① George Macaulay Trevelyan, *England under Queen Anne*, Volume II: *Ramillies and the Union with Scotland*, London: Longmans, Green and Company, 1932, pp. 341-347.

② S. H. F. Johnston, "The Scots Army in the Reign of Anne", p. 20.

③ Julian Goodare, *State and Society in Early Modern Scotland*, p. 324.

④ [英]亚当·斯密:《国民财富的性质和原因的研究》下卷,郭大力、王亚南译,北京:商务印书馆,1983年,第269页。

The Standing Army and the Unmaking of the Scottish State

Abstracts: The standing army was an important feature of the formation of European states in early modern times. With the military talents nurtured in the oversea military service and the civil war, Scotland founded a standing army that achieved excellence in many respects, such as in stabilizing domestic order, enforcing religious policies and defending against foreign invasion.? However, this army became a heavy financial burden for the Scottish state, and the financial scarcity, in turn, affected the strength of the army, rendering it unable to meet a variety of challenges at home and abroad. As a consequence, Scotland had to depend increasingly on England in military affairs, culminating in the Anglo-Scottish Union of 1707.

Keywords: standing army, state formation, Scotland

作者:廖平,上海师范大学世界史系博士后

1618年英国海军改革成败考

军事革命与近代早期国家

□ 陈剑

摘要：1618年英国海军改革是一场重要的海军革新活动。传统研究从军事与腐败的视角探讨这场改革，难以揭示改革的本质及其失败的根本原因。本文从财政视角出发，重新对这场改革进行探究。本文认为，从改革的成因与举措来看，海军改革同时也是一场财政改革，改革的目的是削减海军财政开支，缓和王室财政收支矛盾。1625年至1628年战争时期，海军财政的供需矛盾暴露了改革举措固有的缺陷，即无法根治浪费与腐败造成的资金流失。更为根本的是，由于通货膨胀与战争革新，国王在财政上已经难以"靠自己过活"，但是议会依然坚持传统的财政理念。双方的龃龉使得战争拨款难以到位，海军失利与财政困难形成恶性循环。概而言之，1618年海军改革成败反映了内战前英国财政体系的根本性困境。

关键词：英国；海军；改革；财政

历史上，英国凭借强大的海军力量控制了世界海洋。16、17世纪是英国海军崛起的时代，从1588年的英西海战，到17世纪中叶的第一次英荷战争，英国海军留给后世的是不可战胜的深刻印象。鲜为人知的是，在英西海战与英荷海战之间，英国海军经历了一段腐化堕落的历史，导致17世纪20年代中后期在对西班牙与法国的海外远征中屡战屡败，海军声誉一落千丈。究竟是什么原因导致海军落入困境？1618年的海军改革为我们提供了一条深入探究的线索。

传统观点认为，1618年海军改革先成后败。既然改革取得成功，为何最终招致失败？海军史学者对此不乏论述。奥本海姆认为，"相比于曼舍尔执政时期，委员们的管理足够廉洁；失败是由他们无法克服的因素造成的，如资金匮乏与海员待遇低下"；[1]麦高恩指出，"对海军行政在财政、人员、后勤和船坞等方面面临的后续问题的研究表明，在执行以微薄的预算准备大规模远征这一几乎不可能完成的任务之前，海军组织是称职的"；[2]罗杰也表示，"新委员会……在其海军管理的'不断改革'上似乎取得了相当大的成功……但是，和平时期海军复员后所取得的进步，只有在资金足够的情况下，才能转化为战争行动"。[3] 在他们眼中，改革在海军层面取得了卓著的成效，失败是由财政匮乏所致，财政匮乏无法否认海军层面的成功，这便构成了上述矛盾现象的一般解释。

事实上，海军改革的成败自始至终无法剥离财政问题而单独考察，两者的关系可谓你中有我、我中有你。深入探究海军改革，财政视角不可或缺，但目前的研究视角集中在军事与腐败两个方面。军事视角重在探讨改革与海军建设的关系。例如，麦高恩的研究高度肯定了海军改革发挥的正面作用，并据此论证时任海军大臣的白金汉公爵维利尔斯在行政上颇具效率。[4] 腐败视角则以海军改革作为案例，探究斯图亚特王室的腐败问题。佩克的研究表明，无论改革之前的腐败问题，抑或改革对腐败的整治，都离不开宫廷政治庇护所发挥的作用；[5]国内学者龚敏对1618年海军改革也有所涉及，根据海军调查探讨了贵族官员的腐败行为。[6]

在近代早期的欧洲，财政被视为"国家的神经中枢"，军事支出在国家财政支出构成中占据重要席位。很大程度上，1618年海军改革服务于王室的财政节约计划，由此将之视作一场财政改革亦不为过。因此，本文在既有研究成果的基础上，结合原始材料和相关论著，拟从财政视角切入，对1618年海军改革的成败进行探讨，以期厘清改革中的海军与财政的关系，深化我们对改革成败的认识。

一、海军改革的起源

海军改革始于王室政府官员克兰菲尔德领导的海军调查。1618年6月4日

---

[1] M. Oppenheim, "The Royal Navy under James I", *English Historical Review*, Vol. 7, No. 27(Jul., 1984), p. 481.

[2] A. P. McGowan, "The Royal Navy under the first Duke of Buckingham", PhD Thesis, University of London, 1967, p. 2.

[3] N. A. M. Rodger, *The Safeguard of the Sea: A Naval History of Britain 660-1649*, New York and London: W. W. Norton & Company, 1999, p. 370.

[4] A. P. McGowan, "The Royal Navy under the first Duke of Buckingham", 1967.

[5] Linda Levy Peck, *Court Patronage and Corruption in Early Modern Stuart*, London: Routledge, 2003, pp. 106-133.

[6] 龚敏：《早期斯图亚特英国贵族官员腐败原因初探》，武汉大学博士论文，2005年，第25~29页。

的枢密院档案中出现了有关海军调查最早的记录,枢密院大臣当日讨论了如何"为国王陛下的海军节约资源与整顿秩序"。① 6月18日,枢密院致信总检察长(Attorney General)与副总检察长(Solicitor General)要求筹建调查委员会,以便对海军进行改革。信中提及委员会成员的预备名单,包括莱昂纳尔·克兰菲尔德、托马斯·史密斯、理查德·韦斯顿、约翰·沃斯滕霍姆、尼古拉斯·福特斯鸠、约翰·奥斯本、弗朗西斯·哥夫顿、威廉·皮特、约翰·库克、卡普顿·诺里斯、伯勒尔。② 经过三个月的努力,委员会完成调查,形成了一份调查报告。9月29日,委员会将这份报告提交给枢密院。③ 11月2日,枢密院召开会议,国王出席并听取了委员会的报告,对其工作表示了首肯。④ 由此,以调查报告为基础,海军改革得以展开。

长期存在的浪费现象是海军接受调查与改革的直接原因。报告指出,海军的"开支如此巨大,但是船只的状况却没有值得称道之处",⑤说明海军资金的使用有严重问题。这份报告在措辞上相对温和,用"浪费"(Waste)一词指代海军乱象。其实,早在1608年,北安普顿伯爵就曾对海军展开调查,调查报告在措辞上更为严厉,明确指出海军存在严重的腐败(Corruption)。正因如此,有学者将海军改革作为腐败研究的典型案例。1608年的调查报告没有得到采纳,我们主要依据1618年的调查报告梳理海军存在的问题。

浪费乃至腐败反映了财政资源分配与使用不当,造成海军开支攀升而实力不见增长的怪象。这些问题包括:第一,海军资金在物资的采购与使用过程中遭到滥用。海军部门大量购入劣等而非优质物资,报告指出德特福德海军仓库中积压了大量毫无利用价值的木材,购入的绳索质量不佳且纺制工艺较差。⑥ 桅杆与锚等物资则是按照高于市场的价格购买。⑦ 第二,海军薪金与补贴的滥用造成了资金流失。海军薪金的发放十分

---

① J. V. Lyle, *Acts of the Privy Council of England 1617-1619*, London: His Majesty's Stationery Office, 1929, p.157.

② J. V. Lyle, *Acts of the Privy Council of England 1617-1619*, p.174.

③ J. V. Lyle, *Acts of the Privy Council of England 1617-1619*, p.263.

④ J. V. Lyle, *Acts of the Privy Council of England 1617-1619*, pp.288-289.

⑤ A. P. McGowan, *The Jacobean Commissions of Enquiry, 1608 and 1618*, London, Colchester and Beccles: William Clowes & Sons Limited, p.265.

⑥ A. P. McGowan, *The Jacobean Commissions of Enquiry, 1608 and 1618*, pp.265-266.

⑦ A. P. McGowan, *The Jacobean Commissions of Enquiry, 1608 and 1618*, p.267.

不合理，在 1614 年至 1618 年间，大量造船工人与缝纫工人在工程闲余时间继续领取薪资，产生了高达 17372 英镑的费用，这一费用按照东印度公司的记录可建造 8 艘 800 吨的新船，而与此同时国王的船舶却日渐受到腐蚀；① 新设立的海军中尉、海军中将及其他军官能够领取双倍乃至三倍的薪资，他们不仅从财政署领取每天 10 先令或 20 先令的薪资，同时从海军专用款中领取相同的薪资。② 海军津贴也遭到滥用，有七八名海军上将、海军中将及舰长在一年中领取特殊津贴。③ 第三，海军行政上冗官冗员现象严重。报告认为，所有乱象的主要与内在原因就在于官员数目众多而薪资不足，高级官员将其事务转交给下级官员与办事员执行，其中一些人获得商人的补助维持生计，这些商人在供应海军物资时获得信任。④

海军乱象不足以充分解释改革缘起，海军改革有更为深刻的财政根源。如前所述，克兰菲尔德是海军改革的关键推手，他出身伦敦商人家庭，早年以布料生意发家。商场拼搏锻炼了他的理财能力，后来获得机会为政府治理财政出谋划策，得到北安普顿伯爵的赏识与庇护。1613 年他进入政府部门任职，1614 年北安普顿去世后，他得到白金汉公爵的垂青，继续在财政领域发挥作用。在 17 世纪 10 年代末至 20 年代初，他领导了一场削减王室财政支出的运动，先后针对内府（household）、海军部、军械部等政府部门进行改革。在 1617 年的内府改革中，克兰菲尔德获得成功，有效减少了内府开支。在此激励下，他进一步将目光投向海军，海军的浪费与腐败乱象令克兰菲尔德得以施展拳脚。财政改革的需求与海军长期的乱象推动了海军改革的展开。

克兰菲尔德削减财政支出，目的在于缓和日益激化的财政收支矛盾。在多种因素影响下，16 世纪以来英国王室财政支出日益攀升，伊丽莎白时代宫廷年均支出 111800 英镑至 125800 英镑，詹姆斯一世时代上升至 199000 英镑。⑤ 通货膨胀是推动财政支出的重要因素，整体上拉升了王室的财政支出。据康拉德·罗素（Conrad Russell）估算，如果以

---

① A. P. McGowan, *The Jacobean Commissions of Enquiry, 1608 and 1618*, p.265.
② A. P. McGowan, *The Jacobean Commissions of Enquiry, 1608 and 1618*, p.273.
③ A. P. McGowan, *The Jacobean Commissions of Enquiry, 1608 and 1618*, p.273.
④ A. P. McGowan, *The Jacobean Commissions of Enquiry, 1608 and 1618*, pp.273-274.
⑤ Michael J. Braddick, *The Nerves of State*, Manchester: Manchester University Press, 1996, p.26.

100 标记 1510 年的物价，1588 年物价已上升到了 346，1597 年更达到了 685 的峰值，在此之后物价涨幅不再剧烈，但在 17 世纪早期基本保持在 500 以上。① 这就意味着，和 1510 年相比，即便英国王室政府的消费水平保持不变，它的支出也将增长至少五倍。G. 帕克·L. M. 史密斯就指出，"在 1530 年至 1630 年间，通货膨胀意味着将士兵送上战场的花销增长了五倍"。②

军事上的变化同样助长了王室的财政支出。罗伯茨等学者指出，16、17 世纪欧洲爆发了一场"军事革命"（Military Revolution）。③ 由于海陆军规模扩大，欧洲各国的军事开支显著攀升。以英国海军为例，亨利七世时代王室拥有为数不多的几艘战舰，亨利八世时代舰队规模快速扩大，在其去世时达到 53 艘，此后规模尽管有所减少，但基本维持在 30 艘以上。船坞等海军基础设施数量增加，海军部门逐渐在德特福德、伍尔维奇、查塔姆等地设立海军基地。在此背景下，海员和造船工人等海军雇员的数量随之增多。这样，即便在和平时期，英国海军支出也逐渐攀升。伊丽莎白女王统治早年，海军军费年支出约为 12000 英镑。1606 年和 1607 年，海军财务官得到的海军军费分别达到 22100 英镑和 21000 英镑，海军后勤官的经费为 10000 英镑左右。④ 1608 年至 1618 年间，海军司库的开支上升到每年 31000 英镑至 50000 英镑，海军后勤官的开支为 8000 英镑至 13000 英镑。⑤ 而在战争时期，军队的规模快速扩大，财政支出在短时间内飙升，进一步助推了财政支出的高涨。

除此之外，王室的铺张浪费、管理不善也带来了财政负担。伊丽莎白女王在位时，她勤俭持国，严格控制财政支出；詹姆斯一世继位后，新国王铺张与慷慨的生活习性，令财政备受压力。国库大臣索尔兹伯里认为，财政状况恶化的主

---

① Conrad Russell, "Parliament and the King's Finances", in Conrad Russell ed., *The Origins of the English Civil War*, London: Macmillan, 1973, p. 95.

② Geoffrey Parker and Lesley M. Smith, *The General Crisis of the Seventeenth Century*, London and New York: Routledge, 1997, p. 14.

③ Michael Roberts, "The Military Revolution, 1560-1660", in C. J. Rodgers ed., *The Military Revolution Debate*, Boulder: Westview Press, pp. 13-35; Geoffery Parker, *The Military Revolution: Military Revolution and the Rise of the West, 1500-1800*, Cambridge: Cambridge University Press, 1996.

④ Frederick C. Dietz, *English Government Finance 1485-1558*, London and Edinburgh: Frank Cass & Co. Ltd., 1964, p. 446.

⑤ Frederick C. Dietz, *English Government Finance 1485-1558*, pp. 446-447.

要原因之一就在于国王的过度慷慨。① 以内府开支为例,此项开支在伊丽莎白时代为年均 50000 英镑至 60000 英镑,1603 年为 64000 英镑,到 1607 年已上涨到 90800 英镑。② 王室的铺张浪费影响范围波及海军部门。1613 年,时任海军大臣的诺丁汉伯爵指挥舰队护送新婚的弗雷德里克与伊丽莎白渡过英吉利海峡,他允许自己每日支出 4 英镑,超过他在 1588 年与西班牙无敌舰队作战时的日开支 3 英镑 6 先令 8 便士③,夫妇两人前往欧洲的交通总开支更超过 15000 英镑。④

财政支出上涨激化了财政收支矛盾,詹姆斯一世政府首先着力开发财源。王室经常性收入包括地租收入、关税收入和其他收入,但是它们的上升十分缓慢。例如王室地租租期较长,通常为三代人租期或 99 年租期,因此短时期内无法克服通货膨胀影响;关税收入的税率长期不变,且酒类和纺织品是根据数量而非交易价格课税,价格上涨对提升关税影响有限。因此,变卖地产或大规模举债成为王室政府的选择。詹姆斯一世继位时,英国政府债务达到 40 万英镑,在 1608 年已经上升到 100 万英镑,财政赤字每年为 7 万英镑。⑤ 不过,这类举措无异于饮鸩止渴、拆东墙补西墙,因此王室政府尝试开辟更为有效的财源。1608 年,政府发布了新的税率册(Book of Rates),将 1400 种商品的税率从 30%提高到 40%,王室每年借此可增加 7 万英镑收入,不过招致了诸多反对意见。1610 年议会,时任财政大臣的索尔兹伯里伯爵罗伯特·塞西尔(Robert Cecil)提出一项"大契约"(Great Contract)计划,以王室取消监护权与采买权作为条件,交换议会每年 20 万英镑的财政拨款,但是这项计划由于双方无法谈妥而流产。⑥ 1614 年,王室与议会围绕着扩大财政资源展开激烈辩论,结果双方互不相让,这一计划就此破产。

由于詹姆斯一世时代财政支出增加、收支矛盾尖锐,以及开辟财源困难重重,王室政府开始认识到节约财政资源的重要性。在此背景下,克兰菲尔德开

---

① Frederick C. Dietz, *English Government Finance 1485-1558*, p.105.
② Michael J. Braddick, *The Nerves of State*, p.26.
③ N. A. M. Rodger, *The Safeguard of the Sea: A Naval History of Britain 660-1649*, p.366.
④ Frederick C. Dietz, *English Government Finance 1485-1558*, p.156.
⑤ M. Oppenheim, "The Royal Navy under James I", p.479.
⑥ Christopher Hill, *The Century of Revolution, 1603-1714*, London and New York: Routledge, 1980, p.50.

始以改革作为财政手段,试图削减王室的财政开支。在早期斯图亚特王朝,海军已经发展成为国家第二大机构,仅次于王室内府,①海军的财政开支构成了王室财政开支的重要组成部分。正因如此,缓和财政收支矛盾的需求最终推动了海军改革的施行。

二、海军改革的举措与成效

针对调查中发现的问题,调查委员会在调查报告中提出了一系列改革建议,内容涉及海军组织的方方面面。据此,我们得以窥见改革者为缩减王室开支和提升海军实力所做的努力。

首先,整治海军乱象,恢复组织秩序,降低海军财政支出。一方面,减少物资的滥用与浪费。针对物资购买与使用中的浪费现象,委员会采取措施加以管控。委员会要求,派送给水手长、木匠和工匠的绳索、帆布及所有其他物资应当依照他们的务求和助理与办事员的谨慎考虑来确定;在没有特殊原因且未得到一致同意的情况下,海军物资的购买与使用不得超过一定的限度。②与此同时,调查发现海军中有13艘船腐坏不堪无法正常服役,或是已退出海军但仍照常接受拨款,这一现象也造成了资金流失。委员们下令将这些船只清理出舰队,停止支付拨款。委员会逐一列出处置方案:"伊丽莎白·乔纳斯"号与"胜利"号按照最有利的价格出售给私人,由其自行处置;"花冠"号与"玛丽·罗斯"号在查塔姆船坞拖曳上岸;停止对"特雷蒙塔纳"号与"赦免"号的维修,剩余的木材用于其他用途;"蔑视"号拖曳上岸或安置在其他船上,以免继续产生停泊与看守的费用;停泊在爱尔兰的"报春花"号出售或处置掉;"博纳文图尔"号、"优势"号、"查理"号,以及一艘双桅船,它们早已不在舰队,应该停止为其提供资金;4艘桨帆船停放在附近的一条小溪中。③

另一方面,对海军雇员进行整治。第一,停止继续为无法服役船只上的海员提供资金,尤其是3艘早已不在舰队的船只。"博纳文图尔"号、"优势"号、"查理"号分别已退出舰队7年、5年和2年,然而这3艘船的官员仍继续领受资金,每年领取的资金总额分别为63英镑、104英镑9先令5便士、60英镑16先

---

① Linda Levy Peck, *Court Patronage and Corruption in Early Modern Stuart*, p. 107.
② A. P. McGowan, *The Jacobean Commissions of Enquiry, 1608 and 1618*, p. 284.
③ A. P. McGowan, *The Jacobean Commissions of Enquiry, 1608 and 1618*, p. 274.

令 10 便士,造成了海军财政的流失。①第二,对现役舰船上的人事开支进行管理。削减虚假的薪酬开支,例如委员会发现目前不少海员从未在海上出勤但是仍然领取薪饷,他们要求停止支付资金给这些人员;与此同时,确保海上服役人员维持在合理的范围内,减少不必要的员额,这些员额的存在消耗了过多的薪资与伙食,从而损害了国王的利益。②第三,调整陆上的海军人员数量与薪酬。以厄普诺城堡为例,这座城堡坐落于梅德韦河沿岸,是查塔姆船坞的防御工事,委员会发现这座城堡当前由 1 名军官、20 名士兵和 8 名炮手负责把守,但是每天只有 4 人出勤,人浮于事的情况十分严重。有鉴于此,委员会建议裁去多余的人员,保留 8 名炮手即可,这样每年可为国王节省 273 英镑 6 先令 8 便士。③

其次,重新分配资金,提高财政利用率,改进海军状况。一方面,投入资金提升舰队整体实力。维修可以服役的军舰,这些船有 23 艘战舰、2 艘平底船(hoy)与 1 艘驳船(lighter)。④ 委员会提议在 5 年内逐步对这些船只进行维修,每年预计投入 908 英镑 8 先令的维修费,5 年总计 4542 英镑,以提升这些舰只的性能。⑤ 建造新船以补充海军,委员会为此提出了一项造船计划。他们试图将舰队实力提升至前所未有的程度,同时保证建造费用不超过此前维持旧船的开支。⑥ 据此,委员会决定建造 10 艘新船,包括 650 吨战船 6 艘、450 吨战船 3 艘、350 吨战船 1 艘,将舰队的总吨位提升到 17110 吨;同时规定了不同吨位战舰的造价,650 吨级战舰每吨 8 英镑 10 先令,450 吨级战舰每吨 8 英镑,350 吨级战舰每吨 6 英镑 10 先令,总造价预计 43425 英镑。⑦ 当时海军舰船根据吨位由高到低分为"王室战舰""巨型战舰""中型战舰""小型战舰""轻型战舰"五个等级。上述三类船分别对应中间三类。由此可见,此次造舰主要是增强"巨型战舰"的力量。其主要原因在于,相比"王室战舰","巨型战舰"适宜作战,且造价更加低廉,所需的木材、桅杆、缆绳

---

① A. P. McGowan, *The Jacobean Commissions of Enquiry, 1608 and 1618*, p. 282.
② A. P. McGowan, *The Jacobean Commissions of Enquiry, 1608 and 1618*, pp. 282-283.
③ A. P. McGowan, *The Jacobean Commissions of Enquiry, 1608 and 1618*, p. 283.
④ A. P. McGowan, *The Jacobean Commissions of Enquiry, 1608 and 1618*, p. 274.
⑤ A. P. McGowan, *The Jacobean Commissions of Enquiry, 1608 and 1618*, p. 278.
⑥ A. P. McGowan, *The Jacobean Commissions of Enquiry, 1608 and 1618*, p. 286.
⑦ A. P. McGowan, *The Jacobean Commissions of Enquiry, 1608 and 1618*, p. 290.

等物资也容易获得,①中小型船只则可通过武装商船来补充。此外,委员会将德特福德船坞作为建造新船的地点,②这一举措可能是为了避开伍尔维奇船坞造船师菲尼亚斯·佩特,降低军舰建造过程中的浪费风险。

与此同时,为了提高海军人员的积极性与守法度,委员会要求提高重要岗位的薪资水准。第一,对于那些值得信任并有能力的舰队主管(Principal Master),建议将他们的薪酬提高到每年50英镑,同时提供一定的伙食津贴;第二,将水手长的薪酬从10英镑提高至40马克,以确保他们无须行窃也能够维持生存;第三,为炮手提供津贴,消除他们缺勤、浪费库存的借口,使他们能够尽忠职守而不是在船上惹是生非;第四,出纳员及其他工作人员的薪资提高到与其岗位的服务相匹配的程度,从而确保他们能够诚实工作。③ 为了避免增加国家的财政负担,增加的海军支出将从委员会为海军节省的费用中调配。

最后,革新海军行政组织,作为贯彻改革举措的保障。报告中首先回顾了海军的"古代制度"(ancient institution),将其作为改革的样板。在"古代制度"中,海军大臣接受国王命令,凭借其权威与许可来管理官员与海员;海军的主要官员(Principal Officers)各司其职:财务官管理资金,两名验船官分别管理船舶与后勤,海军书记员负责工程与物资供应,主计官审计所有账目;除此之外,下级官员也有其具体职责,这些官员人数不多但井然有序。④

委员会认为,海军衰败的内在原因是行政上脱离了"古代制度",产生了诸多弊端。为此他们一一罗列出来,主要有四个方面弊端。第一,主要官员拥有过大的权力,他们能够自行制定和执行海军规章,不经许可而能自行处理重大事务,可以随意发放津贴和提高非法的酬劳;⑤第二,主要官员仅对于己有利或重要的事情感兴趣,而不是致力于那些于公有益的事情;⑥第三,他们将职务上的事转交给下级办事员,这些人负责接收、调研、许可、发放、安排、执行所有事

---

① A. P. McGowan, *The Jacobean Commissions of Enquiry, 1608 and 1618*, pp. 287-288.
② A. P. McGowan, *The Jacobean Commissions of Enquiry, 1608 and 1618*, pp. 288-289.
③ A. P. McGowan, *The Jacobean Commissions of Enquiry, 1608 and 1618*, p. 284.
④ A. P. McGowan, *The Jacobean Commissions of Enquiry, 1608 and 1618*, pp. 296-297.
⑤ A. P. McGowan, *The Jacobean Commissions of Enquiry, 1608 and 1618*, p. 297.
⑥ A. P. McGowan, *The Jacobean Commissions of Enquiry, 1608 and 1618*, p. 297.

务,但是这些人不记账,不担责或宣誓,也没有信用或财产来为违规行为负责;①第四,下级官员进一步将事务转包出去,繁衍出更多的行政职位,损害了国王、海军与海军大臣的利益。② 总而言之,既有的行政体系已问题重重,降低了行政效率,更无法推动改革举措的施行。

有鉴于此,委员会要求改革海军行政制度,这方面建议可以分为三类。第一,委员会要求对海军的行政架构进行调整。他们提议暂停新设的、不必要的岗位,恢复海军大臣应有的、古代的职权,使其能够管理和指导下属,还要求扩大当前的调查委员会,赋予委员会成员改革海军的权力。③ 第二,对委员会的职权与运作进行了规划,以便更好地执行改革任务。他们提议实行集体决策制度,成立战舰管控委员会来负责执行海上事务,在财政事务上所有的账簿或付款单据都要由四名或以上的委员评估和签字才能生效,同时派遣两名特别委员监管军舰的建造、维修与查验等事务。④ 第三,规划海军资金的使用,为月度支出确定一定的分配方式。⑤

在此背景下,改革揭开了序幕。1619 年 1 月,白金汉公爵接替诺丁汉伯爵,成为新晋海军大臣。政府成立了海军委员会(Navy Commission),取代海军部执行改革举措。委员会由约翰·库克主导,委员任期五年,对海军大臣负责。曼舍尔在海军调查前夕辞去了海军财务官一职,将之转让给威廉·罗素(William Russell),后者是伦敦城的一名富商。罗素在改革中保留职位,继续为海军服务。

那么海军改革的成效如何? 在委员会的第一个五年任期中,改革取得了显著成效。一方面,改革实现了优化财政的目标,降低了不必要的财政支出,提升了资金的利用效率。1623 年 12 月的一份档案显示,在 1619 年至 1623 年 5 年中,海军年支出分别为 31783 英镑、298396 英镑、29688 英镑 15 先令 4 便士、30765 英镑 10 先令 4 便士、30442 英镑 8 先令 6 便士。⑥ 相比改革之前,这 5 年的

---

① A. P. McGowan, *The Jacobean Commissions of Enquiry, 1608 and 1618*, p. 297.
② A. P. McGowan, *The Jacobean Commissions of Enquiry, 1608 and 1618*, p. 297.
③ A. P. McGowan, *The Jacobean Commissions of Enquiry, 1608 and 1618*, p. 298.
④ A. P. McGowan, *The Jacobean Commissions of Enquiry, 1608 and 1618*, p. 299.
⑤ A. P. McGowan, *The Jacobean Commissions of Enquiry, 1608 and 1618*, p. 299.
⑥ State Papers (SP) 14/156 f. 18, State Papers Online. http://go. gale. com/mss/browse. do? inPS = true&userGroupName=fudanu&prodId=SPOL.

年支出减少了约1至2万英镑。另一方面,改革增强了海军实力。从1619年至1623年,海军如期建造了10艘新船,即"不断改革"号、"欢乐出场"号、"胜利"号、"花冠"号、"敏捷"号、"博纳文图尔"号、"圣乔治"号、"圣安德鲁"号、"成就"号、"玛丽·罗斯"号。① 与此同时,其他军舰也得到了维修。总的来看,1618年海军改革不仅帮助海军节省了财政开支,而且有效地提高了海军的力量。

三、海军改革的失败及成因

尽管改革取得一定成效,却以失败告终。1628年,改革建立的行政体系在战争压力下瓦解。1628年2月,王室政府撤销了海军委员会,重建以海军部为中心的行政体系。1628年8月,白金汉公爵被一名士兵刺杀,这名士兵是因晋升受阻和欠薪等问题而心怀不满,海军大臣的职责在白金汉死后交由一个委员会执行。随之,1618年英国海军改革落下了帷幕。

资金匮乏是导致海军改革失败最重要的原因之一。1625年至1628年,英国先后对西班牙与法国宣战,发动了数次海军远征:加迪斯远征(1625年)、雷岛远征(1627年)与拉罗谢尔远征(1628年)。海军远征皆以失败告终,暴露了改革所面临的根本性困境——财政的结构性制约。1628年8月7日,海军后勤官艾伦·阿普斯利致信国务秘书尼古拉斯称,战争的第一驱动力就是"钱,钱,钱","没有钱,就无法开展任何事务"。②

财政资源短缺从各个方面牵制了海军力量的发挥。第一,导致海军物资供给不足。在1625年远征准备中,詹姆斯·巴格船长致信白金汉称:"船队的补给已经准备到位,但是我发现海员们缺少衣物,这会导致他们生病,并且几乎没有一艘船配有医生。"③1625年10月加迪斯远征期间,加布里埃尔·马什致信尼古拉斯称,他正尽己所能加快远征事务,但是英国舰长们发现风帆、桅杆和缆索等海军物资十分短缺;④1628年4月28日海军委员会声称,按照每艘船200英镑的标准,可将战利品"圣安妮"号和"圣玛丽"号改造成性能优良的战舰,但是改造资金不到位便无法进行。⑤ 第

---

① M. Oppenheim, "The Royal Navy under James I", p.485.
② SP 16/112 f. 60.
③ SP 16/5 f. 10.
④ SP 16/7 f. 129.
⑤ SP 16/25 f. 111.

二,海军官兵士气低落。欠薪导致海员骚动不安:1626年2月4日,海军舰长约翰·彭宁顿指出,许多普通水手因为未领到薪金叫苦连天,"他们都很穷困,如果不付薪金就无法命令他们出海";①1626年10月9日,"快乐出场"号舰长报告称,海员们因被拖欠工资宣称:"宁愿留在岸上,也不愿饿死在海中";②1626年9月8日,海军委员致信白金汉称,海员要求立即支付6000英镑的薪资,他们担心若资金无法到位,生活的窘困将迫使海军谋反,他们发现河道中的海员变得躁动不安,以至于委员们无法正常召开会议商讨海军事务。③受此影响,海军军官不断抱怨:1625年10月12日,军官拉尔夫·霍普顿指出,战争在缺乏资金的情况下开始,正如他所担心的那样,舰队缺乏良好的伙食供应,"我承认,上次远征我们遭受的痛苦,使我害怕在缺少必要的支持手段的情况下领兵打仗";④1626年3月15日,克里夫顿声称:"彭宁顿船长与我不停地受命平息由于海员不满欠薪造成的反抗……除非迅速采取行动纠正这些问题,否则我毫不怀疑所有为国王的事业服务的人都会感到沮丧"。⑤

海军改革旨在削减王室财政开支,但王室财政资源受到制约前提没有改变,给改革的失败埋下了隐患。作为军事部门,海军的财政开支波动幅度高于非军事部门,战争动员造成战时财政需求远远高于和平年代。改革在和平时期进展顺利,但未必足以应对战时的挑战,尤其在资金受制的大背景下。由此观之,海军改革失败有其深刻的财政根源。

海军改革以整治乱象为重点,海军乱象由多方面原因造成。海军大臣诺丁汉伯爵用人不当是重要原因,尤其是委任罗伯特·曼舍尔执掌海军财政。朱利安·S.科贝特(Julian S. Corbett)指出:"正是这个人的崛起,标志着自私与腐败的统治的开始,这让海军在下一位君主统治时期几乎崩溃。"⑥但不可否认的是,资金不足同样构成了海军乱象。海军的薪资长期保持稳定,但是在通货膨胀的背景之下,依靠薪资难以满足生存需要。由于海军买官卖官现象盛行,购

---

① SP 16/20 ff. 86–87.
② SP 16/37 f. 87.
③ SP 16/35 f. 76.
④ SP 16/7 f. 96.
⑤ SP 16/35 f. 76.
⑥ Julian Stafford Corbett, *The Successors of Drake*, London: Longman, Green, and Co., 1916, p.301.

买官职者首先要满足生存需要,"如果不通过偷窃方式补偿购买职务的支出,那么他们及其家人将忍饥挨饿"。① 因此,在改革中,海军委员尤其强调提高海军的工资以减少海军乱象。谈及涨薪的原因时,报告指出:"让他们可以不必通过盗窃来维生","消除他们长期缺勤和浪费军需品的借口","鼓励他们所有人能够为人诚实"。②

在财政紧张背景下,海军改革的举措不具有持续性,浪费与腐败现象在战争时期重新出现。一方面,海军浪费现象加重。由于资金不足,海军物资补给难以立即到位,准备时间延长使得大量物资提前消耗。在加迪斯远征中,海军直到伙食供给到位之后,军械署才获得资金,结果在舰只等待弹药期间,食物就被消耗掉或腐烂掉了;③远征舰队在4月份已经集结,但是到10月8日才真正出航,这期间海军官兵薪资照常发放,因此也损耗了大量资金。另一方面,海军腐败卷土重来。海军军官托马斯·巴顿是一个显著的例子。巴顿是詹姆斯一世时代最为腐败的海军官员之一,他在1608年的调查期间担任"回答"号舰长,他被指控犯有虚构海军名册、倒卖海军物资等罪。④ 在1625年至1628年战争时期,他重新参与到海军的腐败活动中,被指控偷走海军战利品"圣约翰"号上价值310英镑的盐。⑤ 巴顿的腐败动机和他的财务状况可能有密切关系。在海军资金不足时,海军官员会为海军的需要垫付资金。1625年王室欠他3615英镑13先令4便士,这笔资金是伊丽莎白时代他为海军所垫付的。⑥ 资金匮乏与腐败滋生形成恶性循环,侵蚀海军组织。在资金不足的背景下,改革举措不足以打破这一怪圈,实现节约财政开支的目的。

为何海军的财政需求无法得到满足?如前所述,王室财政从伊丽莎白时代以来收不抵支,更为关键的原因是王室难以通过议会获得充足的资金支持,这是传统财政体系与现代军事需求之间的根本性矛盾之处,也是1618年海军改革失败的根源所在。

受各种因素影响,议会税收的实际价值在17世纪前期下降明显。议会税

---

① N. A. M. Rodger, *The Safeguard of the Sea: A Naval History of Britain 660-1649*, p. 364.
② A. P. McGowan, *The Jacobean Commissions of Enquiry, 1608 and 1618*, p. 284.
③ N. A. M. Rodger, *The Safeguard of the Sea: A Naval History of Britain 660-1649*, p. 357.
④ Andrew Derek Thrush, *The Navy under Charles I, 1625-1640*, PhD Thesis, London University College, 1991, p. 159.
⑤ Andrew Derek Thrush, *The Navy under Charles I, 1625-1640*, 1991, p. 159.
⑥ N. A. M. Rodger, *The Safeguard of the Sea: A Naval History of Britain 660-1649*, pp. 366-367.

收主要是 1/10 与 1/15 税（Tenth and Fifteenth）和补助金（Subsidy），它们是为特殊目的拨付给王室的专用资金，如资助对外战争。1/10 与 1/15 税是一种配额税，每次拨款的税额恒定，由地方自行分摊征收。因此，在通货膨胀影响下，其价值到 17 世纪初期已严重缩水。在 17 世纪 20 年代以后的议会拨款中，这项税收已经不再列入征收范围。补助金构成了议会拨款的主要税种。它是政府根据一定比例向土地征收的税款。补助金的评估与征收由地方官员组成的委员会执行，这些官员通常来自地方乡绅。16 世纪中叶后，地方官员在估税工作上逐渐松懈，导致补助金数额与国家财富增长的状况严重不符，实际税额大大缩减。1603 年，国王获得的补助金实际价值已不足 1568 年时的三分之一；在 17 世纪前半叶，补助金的实际价值持续下降，1628 年单笔补助金的实际价值已仅为 16 世纪中叶的六分之一。① 由于补助金税额下降，因此王室通常要求拨付多笔补助金，但实际价值却不一定有所提升。

随着战争开支上升，王室要求议会提供更多的补助金，但遭到议会拒绝。

财政资源匮乏则加速了军事失败，王室与议会之间的矛盾与隔阂由此深化，1625 年至 1626 年的战争与议会历史提供了例证。1625 年加迪斯远征正是在财政资源短缺背景下发起的。1625 年议会为加迪斯远征拨付了两项补助金，王室在同年 8 月召开的牛津议会上希望议会追加拨款，但是未获通过，海军事实上在财政匮乏情况下出海，结果招致巨大的失败。次年，政府获悉西班牙正在准备一支舰队入侵英国，王室因此准备海军抵御入侵，在 2 月份召集议会要求获得拨款。议会召开后，加迪斯远征的失利成为议会热议的话题。2 月 10 日，约翰·艾略特（John Eliot）呼吁全面调查加迪斯远征失败的原因，他问道："难道我们国家的名誉和荣耀没有什么价值吗？""难道我们王国的围墙和船垒不值得尊敬吗？""难道我们失去的无数生命就不值得考虑吗？"②海军大臣白金汉公爵是议员声讨的主要对象。1626 年 3 月 11 日，萨缪尔·特纳（Samuel Turner）对白金汉提出了六项质询，史称"特纳医生的质问"（Doctor Turner's Quires）。首尾两项问题皆涉及海军问题："第一，白金

---

① ［美］杰克·A. 戈德斯通：《早期现代世界的革命与反抗》，章延杰、黄立志、章旋译，上海：上海人民出版社，2013 年，第 93 页。

② Roger Lockyer, *Buckingham: The Life and Political Career of George Villiers, First Duke of Buckingham, 1592–1628*, London and New York: Routledge, 2002, p. 309.

汉公爵身为海军大臣,难道不应该对国王在海峡的失利负责任吗?""第六,作为舰队的司令与陆军统帅,公爵难道不是那次行动无功而返与崩溃瓦解的原因吗?难道他为那次行动指明了正确的方向吗?"①

财政争论的背后是议员围绕财政控制权展开的激烈争夺。在1626年的议会上,王室与议员在财政拨款问题上展开拉锯战。国务秘书约翰·柯克告知议会,战争所需的资金不少于1067221英镑,其中包括支付给加迪斯远征所欠的313000英镑,但是议会只准备拨发不到四分之一的资金。② 由于拨款讨论进程缓慢,王室需要催促尽快拨款,国王在1626年4月声称:"舰队的战款必须现在拨付到位,否则就无法再行供给。"③ 由于上次远征失利,议会认为王室在财政上管理不善,要求对王室财政展开调查。他们怀疑其拨付的财政资金受到挪用,他们不仅要求调查加迪斯远征的失败,而且要求调查王室在财政上的管理不善、资金滥用、听取错误建议。④ 特纳也认为,"拨款现在就好似一勺药汤,它的疗效很快就会消失而疾病依旧没有得到医治"。⑤ 财政控制权的争夺引发了更为广泛的争夺,如对白金汉公爵的弹劾,"如果不对肇事者进行质询就无法对原因展开调查"。⑥ 这使得财政矛盾转移到白金汉个人身上,令问题的解决复杂化。在财政问题上,王室不愿意妥协,议会迄今也从未能够真正对王室财政实现有效控制,双方的焦灼态势不过是助长了猜疑和不信任,进一步加深了王室财政资源获取的困难程度。

更为根本的是,尽管王室面临严峻的财政压力,但议会却未能确立其在财政上的责任观念。议员坚持传统观念,未能意识到近代海战带来的庞大开支,他们坚持国王"靠自己过活"(live on his own)的传统观念,而且很大程度上认为王室的财政足以满足这一点,"考虑王室的财产,可能有充分的手段来支持国王的荣耀,使他能够打击他的敌人"。⑦ 从亨利八世至长期议会召集前,尽管国王

---

① John Rushworth, *Historical Collections of Private Passages of State*, vol. 1, London, 1721, p. 217.
② N. A. M. Rodger, *The Safeguard of the Sea: A Naval History of Britain 660-1649*, pp. 370-371.
③ SP 16/24 f. 112.
④ W. B. Bidwell, *Proceedings in Parliament 1626*, vol. 2, Yale University Press, 1992, p. 13.
⑤ W. B. Bidwell, *Proceedings in Parliament 1626*, vol. 2, p. 129.
⑥ W. B. Bidwell, *Proceedings in Parliament 1626*, vol. 2, p. 155.
⑦ W. B. Bidwell, *Proceedings in Parliament 1626*, vol. 2, p. 13.

有权要求获得财政支持,但实际上议会没有完全支持过任何一场战争,国王不得不通过议会税收之外的财源为战争筹措经费。① 议会倾向于把赋税看作是对在神圣的事业中成功的奖赏,而不是对战争的必要准备。② 因此,到17世纪前半叶,就发动战争而言,议会所发挥的作用越来越有限。康拉德·罗素指出,即便在议会频繁召集的17世纪20年代,议会只是一个事件,而不是一种制度。③ 但是,王室征税离不开议会的支持,英国王室政府没有建立专业的官僚机构与常备军组织,征税有赖于地方政府的合作,因此王室与议员在议会中就征税达成共识尤为关键。由于缺乏这一共识基础,英国的财政体系陷入进退两难的困境,从而为1618年改革的失败埋下了隐患。

综上所述,1618年英国海军改革的成败不仅反映了海军发展所遇到的难题,更折射出早期斯图亚特王朝在财政上面临的结构性困境。在通货膨胀与军事革新的背景下,承袭自中世纪的财政体系受到严重冲击,难以适应近代早期欧洲历史发展的新形势。建立新的财政体系面临重重困难,1618年海军改革同时也是一项财政举措,暴露了王室政府在解决财政难题上的无奈。克兰菲尔德开启海军改革,目的在于为王室节省财政开支,缓和王室财政的收支矛盾。为了解决和平时期海军开支高企的问题,改革大力整治腐败与浪费,削减开支,同时重新配置财政资源,提高财政资源的利用效率。为推行这些举措,改革重组了海军行政组织,建立了以海军委员会为中心的海军行政系统。从短期来看,改革取得了一定的效果;但就长期而言,海军仍然面临财政资源不足的困境,改革在战争时期无法应对战争开支攀升造成的财政流失问题,改革在1625年至1628年海军远征中遭遇失败。改革失败的根本原因就在于,王室与议会之间在财政问题上的分歧日益加深。随着战争开支的激增,王室政府无力应对,自然而然要求议会给予相应的财政支持,这是王室的正常逻辑。议会难以意识到战争费用的增长,以及由议会代表的整个国家对于战争给予支持的重要性,因此反对给王室拨付必要的资金,这也是自然而然的事。在这两种观念难以调和的情况下,1618年海军改革便面临着必然

---

① Frederick C. Dietz, *English Government Finance 1485-1558*, pp. 381-382.
② N. A. M. Rodger, *The Safeguard of the Sea: A Naval History of Britain 660-1649*, p. 357.
③ Conrad Russell, *Parliaments and English Politics, 1621-1629*, Oxford: Clarendon Press, 1979, p. 3.

的失败。1618 年海军改革的成败表明,仅仅依靠治理腐败与改善管理是无法根治财政问题的,英国的财政体系亟须一场根本性的变革。

On the Success and Failure of the English Naval Reformation in 1618

Abstract: The English Naval Reformation in 1618 was an important naval innovation movement. The traditional researches explore this reform from the perspective of military and corruption, but it is difficult to reveal the essence of the reform and the primary causes of its failure. This study explores the reform from the perspective of finance. It holds that from the point of view of the causes and measures of the reform, the naval reform was also a fiscal reform, which aimed to reduce the naval financial expenditure and ease the contradiction between the royal revenue and expenditure. The contradiction between supply and demand of naval finance during the war between 1625 and 1628 exposed the inherent defects of the reform measures—the failure to cure the loss of funds caused by waste and corruption. More fundamentally, because of inflation and military innovation, the king could no longer "live on his own" financially, but the Parliament still adhered to the traditional fiscal philosophy. Discord between the two sides made it difficult to allocate funds for the war, and naval failure and financial difficulties formed a vicious circle. To sum up, the success and failure of the Naval Reformation in 1618 reflected the fundamental dilemma of the English fiscal system before the Civil War.

Keywords: England, navy, reformation, finance

本文为复旦大学历史学系博士生科研基金资助项目研究成果

作者:陈剑,复旦大学 2018 级世界史博士研究生

近代早期欧洲军事承包人与下属的关系

□ 廖锦超

摘要：军事承包人是近代早期欧洲一个重要的社会群体。军事承包人在开展业务活动中，与下属形成了夹杂着企业、军队和家族家庭多种因素在内的关系网络。这个关系网络由军队内部的上下级关系、雇主与雇员关系以及大家庭关系构成。这个关系网络的形成，一方面是近代欧洲军队组织结构发展完善的结果；另一方面则是军事承包人与下属之间雇佣、血缘、亲缘和地缘等社会关系在军队内的体现。

关键词：军事承包人；等级结构；雇主与雇员；大家庭关系

军事承包人是活跃于近代早期欧洲的一个重要的社会群体。在 17 世纪后期欧洲各国陆续建立常备军之前，欧洲战场上的军队大部分是由军事承包人招募、管理和指挥的雇佣兵。三十年战争期间，神圣罗马帝国的军队一度全部由当时欧洲最大的军事承包人阿尔布雷希特·冯·华伦斯坦（Albrecht von Wallenstein, 1583—1634）招募、管理和指挥，并由他提供大部分武器弹药和物资。军事承包人在战场上作为指挥官的作用与一般意义上的军官差不多，其特殊之处在于他们通过招募、供养和管理军队来获取利润。在关于军事承包人的现有研究中，弗里茨·雷德里希从经济学角度系统地讲述了德意志军事承包人及其事业的发展过程，[①]大卫·帕罗特从军事承包人的作战活动和商业活动角度考察了军事承包人的发展过程，[②]许二

---

① Fritz Redlich, *The Germany Military Enterpriser and His Work Force: A Study in European Economic and Social History*, Vol. 1, Vol. 2, Wiesbaden: Franz Steiner Verlag GmbH, 1964–1965.

② David Parrott, *The Business of War: Military Enterprise and Military Revolution in Early Modern Europe*, Cambridge: Cambridge University Press, 2012.

斌和林海鹰着重论述了军事承包人的多重身份和工作模式。① 以上学者对军事承包人的定义、发展过程及工作模式等方面的研究已经非常系统和深入，但对军事承包人与下属间的关系均未给予充分的关注。本文试图对近代早期欧洲军事承包人与下属的关系进行系统考察，期望从这一视角加深关于近代早期欧洲军队和社会的认识。

一、作为军人的军事承包人与下属的关系

关于军事承包人的身份，弗里茨·雷德里希认为，军事承包人就是为了利润而募集军队，并且亲自领导或者由"中尉"来领导部队的人。军事承包人是军官和承包人的统一体。② 大卫·帕罗特提出，军事承包人是受雇于国家军队，给雇主提供雇佣兵、食物、装备、衣服、武器弹药等服务的人。③ 相对来说，雷德里希强调的是军事承包人的商人和军人双重身份，而帕罗特则更加强调军事承包人的商人身份。

军事承包人与下属之间，首要的就是军队内部的上级和下属的等级关系。这样的关系首先通过军队组织结构和军官队伍建立起等级结构，再通过加入军队的集结仪式、宣誓等来进行关系的固化，最后由军令和军法进行日常的规范和约束。

（一）军事承包人与下属的等级结构

军事承包人的团和连配备两级军官负责管理和指挥，并以此来确定军事承包人与下属的上下级等级关系。德意志军事承包人的团和连队有着自己的组织结构和军官队伍。德意志长矛兵部队，连队的管理层一般有22人。④ 其中，尉官3人：上尉、中尉和少尉。士官4人：中士1人、第一下士（voerder）1人、普通下士（gemene weyfels）2人。典型的连队还包括军需中士（fourier）1人、军纪官（provost）1人、文书（clerk）1人、外科医生1人、鼓手2~3人、风笛手1~2名、上尉卫兵2名、男佣人3名，偶尔会有神父1人、厨师1人。至于团一级组织结构，有上校、中校（locumtenens）；军纪官（provost），负责维护部队纪律；军法官（schulthesis），负责战争法令的运用；最高军士长（obersterfeldweibel），负责战场

---

① 许二斌、林海鹰：《中世纪晚期至近代早期欧洲的军事承包人》，《厦门大学学报（哲学社会科学版）》2016年第2期。
② Fritz Redlich, *The Germany Military Enterpriser and His Work Force: A Study in European Economic and Social History*, Vol. 1, p. 3.
③ David Parrott, *The Business of War: Military Enterprise and Military Revolution in Early Modern Europe*, p. 1.
④ Olaf van Nimwegen, "The Transformation of Army Organization in Early-modern Western Europe, c. 1500-1789", in Frank Tallett and D. J. B. Trim (eds.), *European Warfare, 1350-1750*, New York: Cambridge University Press, 2010, p. 165.

方阵秩序；车队军士长（hurenweibel）等。上校也有自己的随从，一般包括神父 1 人、文员 1 人、医生 1 人、侦察官（scout）1 人、个人军需官 1 人、翻译 1 人、厨师 1 人、财务官（pfenningmeister，负责团的资金管理）1 人、团掌旗少尉 1 人、鼓手和笛手，还有自己的卫兵（trabanten）。①

16 世纪，瑞士雇佣兵部队的日常管理者主要是上尉。对于自己的连队，上尉有着无限的权力，他既是连队的所有者，也是连队的军事指挥官。② 上尉负责组建连队、雇佣士兵，给他们提供装备；挑选军官，并在战场上指挥自己的下属。理论上，联邦各州负责挑选上尉，上尉负责选举上校；但是在法国服役的瑞士雇佣兵部队情况不同。派到瑞士去募兵的法国特使，往往收紧钱包的绳子，在挑选上尉和上校时有着决定的一票。瑞士雇佣兵连队的下级军官一般包括中尉 1 名、掌旗手 1 名、每 50 名士兵配备中士 1 名。同时，还会有军乐手分队，包括 3 名鼓手和 1 名风笛手。而上校最初也是由上尉选举出来的，但是到了 16 世纪 60 年代，在法国服役的瑞士部队中，上校都由法国国王通过派往瑞士的大使来提名。③ 上校要为整个团的军事指令、团的管理事务负责。上校负责雇佣团一级的军官和随从，包括牧师、军需官、军法官和军纪官。上校还是下属连队中的一个连的所有者，名称为"连队上校"（Compagnie Colonelle）。在近代早期欧洲，各国军队往往都存在这种情况，团一级军官，尤其是上校往往兼任连队的上尉，同时履行两个职责。

（二）等级关系的固化和规范

军事承包人与雇主签订合同后，就根据授权，负责招募一定数量的部队。部队招募到后，按照约定的地点进行集结，并举行一系列的集结仪式，以检查兵员是否合格，并通过仪式，强化下属和士兵对上级军官和军令的服从。15 世纪到 16 世纪，德意志长矛兵部队就举行这样的仪式，内容包括点录士兵、学习军规和宣誓等内容。集结当天，应征士兵到达集结地点，并加入自己选择加入的连队。在负责集结仪式的军官前，会用长矛和戟为材料竖起一个门，点到名字的新招募的士兵要一个一个地通过这个门。此时上校骑着马，相应连队的上尉一起监督着，士兵在军官面前一个个地通过核查，同时集结官会宣布每个士兵

---

① John Richards & Gerry Embleton, *Landsknecht Soldier 1486-1560*, Botley: Osprey Publishing, 2002, pp. 10-13.
② John McCormack, *One Million Mercenaries: Swiss Soldiers in the Armies of the World*, London: Leo Cooper, 1993, p. 74.
③ John McCormack, *One Million Mercenaries: Swiss Soldiers in the Armies of the World*, p. 74.

装备的状况和相应的薪酬,集结文员负责记录。通过了集结门,新募的士兵就得到自己的单据,上面有工资标准,然后就走向财务官领取第一笔军饷(德语sold)。然后,新募的士兵加入自己的连队,整个团在上校旁边围成一圈,聆听军规文件条款的宣读。军规文件包括高级军官的名单、军事和司法要求、领取薪酬的条件等。基本内容如下:

  从敌人面前逃跑的人将被伙伴刺倒。抛弃同伴的人有损荣誉,要受到身体和生命的惩罚。没有命令,不得放火和劫掠。必须保护妇女、儿童、老人、神父和教堂。在友好的领土上拿任何东西都不能不给钱。没有上校的同意,任何人都不能集会。叛乱的士兵名单应该马上报告给军官。任何形式的拖欠工资都不是士兵脱离职责的理由。在军营里,兄弟情谊就是秩序。赌博和酗酒的罪恶应该控制在合理的范围内。任何人看到斗殴不阻止就等同自己参与斗殴一样有罪。任何人,只要已经发出合适的警告,击倒其他人而引起纷乱,都不应该受到惩罚。不能不敬上帝,士兵应该经常地去教堂。[1]

条款最后声明任何人违反条例和违背军官命令,都视为违背誓言,都会受到惩罚。聆听完军规后,全团就正式宣誓:遵循军规的内容;为雇主服务;不讨论、不拖延,服从军官的命令。在当时的欧洲,宣誓就是维持军纪重要的手段和内容。

集结给士兵和军官以仪式感,固化了军官和士兵之间的上下级等级关系,而当时欧洲军队详细的军规军纪条令对这样的关系进行了规范和约束。1546年在尼德兰的德意志长矛兵的军规里,第三十四条就明确规定,士兵的义务就是执行上级的命令。[2] 如果违反军规,德意志长矛兵有自己的司法审判程序,由上校任命的军事警察长(military sheriff)主导的法庭来审判,团军纪官(regimental provost)就是控方(prosecutor)。对裁决的上诉是不可能的,也就是说,定罪的士兵大部分情况下就移交给行刑者,由行刑者绞死或砍头。当然,军规的

---

[1] John Richards & Gerry Embleton, *Landsknecht Soldier 1486-1560*, p. 14.

[2] Olaf van Nimwegen, "The Transformation of Army Organization in Early-modern Western Europe, c. 1500-1789", in Frank Tallett and D. J. B. Trim (eds.), *European Warfare, 1350-1750*, p. 165.

约束作用也不能夸大。①

二、作为商人的军事承包人与下属的关系

军事承包人的业务活动,体现出商业活动的基本特征。作为商人,军事承包人受雇主委托,负责招募、组织和管理部队,雇主则根据合同给军事承包人及其部队发放薪酬。军事承包人为雇主募集部队,但是这些部队的使用却由雇主决定,因此造成了部队所有权和使用权的分离。军事承包人拥有部队的所有权,雇主对部队行使使用权。而且,军事承包人对部队的所有权也不是完全的、真正的所有权,而是准所有权。实际上,军事承包业务往往是买方市场,雇主享有对部队相当大的支配权。在战时,雇主有权解散或者把军事承包人募集的部队与其他部队进行组合,甚至还可以把这些部队转让给其他雇主。三十年战争期间,神圣罗马帝国皇帝接受和转让了其他雇主至少23个步兵团和26个骑兵团,有些部队甚至反复转让②。军事承包人与自己的下属,包括军官和士兵,存在着事实上的雇佣和被雇佣的劳动关系。军事承包人与自己的下属的雇佣关系主要表现为合同、招募、工资和劳资冲突等方面。

(一)**军事承包人与雇主的合同**

军事承包人扮演着生意人的角色,他们投资招募、供养一定数量的士兵,并通过让这些士兵服务于某个雇主来获取利润。③ 军事承包人首先与雇主签订合同,获得雇主的授权去募集部队,然后再把募兵任务分包给手下,去组建组成战斗团的各个连队。

自13世纪起,意大利城邦就广泛使用合同(condotta)来招募军队。到了15世纪,德意志地区也通过合同(Bestallung)来募集部队。军事承包人和政府(雇主)签订合同,最初就是为了招募军队。部队的规模、服役的时长、报酬的水准,甚至由谁来指挥连队都是合同签订前谈判的内容。这些合同的最初功能就是为了迅速地募集部队,而实际上,军事承包人,尤其是意大利城邦的军事承包

---

① 弗里茨·雷德里希认为,军规很多都只是停留在纸上。具体见 Fritz Redlich, *The Germany Military Enterpriser and His Work Force*: *A Study in European Economic and Social History*, Vol. 1, p. 467。

② Fritz Redlich, *The Germany Military Enterpriser and His Work Force*: *A Study in European Economic and Social History*, Vol. 1, p. 172.

③ 许二斌、林海鹰:《中世纪晚期至近代早期欧洲的军事承包人》,《厦门大学学报(哲学社会科学版)》2016年第2期。

人（condottiere），往往手上就有现成的部队。① 到了15世纪，意大利军事承包人和雇主的合同形式已经有了一定程度的统一。为了拿到双方同意的酬金，意大利军事承包人同意为雇主服役固定的一段时间。雇主会提前支付一笔钱，其他的款项则分期支付。合同还包括给重伤、四肢残废士兵的保险和补偿条款。1446年，在威尼斯服役的军事承包人费南多·达·斯巴那（Ferrando da Spagna）的右手因为战斗而残废，按照合同可以获得每月6里拉的津贴，当时他选择一次性补偿40达克特金币，然后继续服役。② 有时候，合同会有特别的条款，给予作战勇敢的士兵以奖励或者是市民的身份和权利。最后，作为回报，军事承包人在合同里也会同意在为雇主服役结束后一定时间内，不会为雇主的竞争对手服务。军事承包人的其他义务方面，合同也会有相应的规定。军事承包人要提供一定数量的全部武装起来的士兵，部队必须经过良好训练，装备齐全，按照雇主通知的时间，随时做好战斗准备。

16世纪和17世纪，瑞士步兵和德意志长矛兵的招募继续通过合同形式来进行。三十年战争期间，军队是按照企业模式来运营的。③ 交战双方都广泛通过军事承包人来招募部队。在德意志地区，军队的募集首先要得到雇主颁发的许可证，允许军事承包人，一般是贵族，募集一定数量的战斗团。募兵许可给予军事承包人对所募集的部队的所有权，而在战场上部队的使用则由负责指挥的将军决定。募兵许可往往会规定部队的兵员数量、作战和服役的区域、士兵和军官的工资、伤病等待遇。

战争的参战方不断变化。1635年5月，法国加入三十年战争时，自己兵力不足，只能与军事承包人签订类似的合同，以募集部队。萨克森-魏玛的伯纳德（Bernard of Saxe-Weimar，1604—1639）是当时最重要的军事承包人之一。1634年，新教军队在诺林根（Nördlingen）战役中战败后，伯纳德撤退到莱茵兰（Rhineland）重建了军队。路易十三和黎塞留需要伯纳德的军事领导人的经验和名声，伯纳德也需要法国的资金来支持自己重建部队。于是，双方于1635年10月27日签订了一单为期一年、总金额达

---

① Michael Mallett and Christine Shaw, *The Italian Wars 1494-1559*, New York: Routledge, 2014, p. 200.
② David Murphy & Graham Turner, *Condottiere 1300-1500*, Oxford: Osprey Publishing Ltd., 2007, p. 9.
③ John Theibault, "The Material Conditions of War", in Olaf Asbach and Peter Schröder (eds.), *The Ashgate Research Companion to the Thirty Years' War*, Surrey and Burlington: Ashgate Publishing Limited, 2014, p. 249.

400万里弗尔的合同，募集一支包括6000骑兵和12000步兵的部队。① 合同金额涵盖该部队在1636年一年内招募费用、维持经费和所有军人的工资。

（二）军事承包人基于合同的士兵招募活动

签订合同或拿到募兵许可之后，军事承包人就开始具体的招募活动。16世纪，在德意志地区的邦国，负责连队招募的一般是上尉。招募往往是在城市和城镇进行。通常情况下，上尉在小客栈住下来，用啤酒招待潜在的雇员。完成招募后，招募到的士兵就会和上尉协商好集结的地点，并被要求按时到达参加集结点名仪式。直到这个时候，上尉才给手下提供吃食，因为士兵只有在自己名字登记入册后才能领到第一笔工资。上尉招聘花销可以得到部分补偿。1567年，乌勒支邦国（States of Utrecht）就给在本邦和周围其他邦招募士兵的军事承包人700吉尔德以招募600人。② 距离越远，补贴越多。比如，如果从索尔姆郡（County of Solms）招募士兵去低地国家服役，那就是每人3吉尔德。③

1625年，神圣罗马帝国皇帝费迪南德二世和最富有的波西米亚贵族、军事承包人阿尔布雷希特·冯·华伦斯坦签订合同，由后者代表皇帝募集部队，实施军事行动。当时的募兵许可规定了华伦斯坦受权去招募的团和连队的数量，确定从固定区域募集士兵的数量，赋予他任命团级军官（最高可到上校军衔）的权力。华伦斯坦则从有经验的老兵中挑选团级指挥官，给每个团级指挥官颁发十个许可，允许他去募集十个连队。④ 团级指挥官也由此挑选自己的军官，授权他们去开展实际募兵工作。带着乐手和老兵组成的招兵队，招兵军官就在当地巡回宣传，招募士兵。招募到的士兵有工资，工资报酬具体到个人，根据士兵可以使用的武器和作战经验而定。士兵的服役期一般是六个月，或者更常见的是一次战役、一个作战季节（one military

---

① "A Treaty for Raising Troops between Louis XIII and Bernard of Saxe-Weimar", 1635, in Geoffreey Symcox (ed.), *War, Diplomacy, and Imperialism, 1618-1763*, London and Bsingstoke: the Macmilian Press Ltd., 1974, pp. 117-121.

② Olaf van Nimwegen, "The Transformation of Army Organisation in Early-Modern Western Europe, c. 1500-1789", in Frank Tallett and D. J. B. Trim (eds.), *European Warfare, 1350-1750*, pp. 163-164.

③ Olaf van Nimwegen, "The Transformation of Army Organisation in Early-Modern Western Europe, c. 1500-1789", in Frank Tallett and D. J. B. Trim (eds.), *European Warfare, 1350-1750*, pp. 163-164.

④ Vladimir Brnardic & Darko Pavlovic, *Imperial Armies of the Thirty Years' War, 1618-1648* (1): *Infantry and Artillery*, Oxford: Osprey Publishing Midland House, 2009, p. 13.

season)①。报名的士兵用自己的名字进入征兵花名册,如果用的是假名字会受到惩罚甚至死刑。当募集到足够的数量时,部队就会被招兵官带到上校那里,上校会安排他们进行训练。

而瑞士联邦和各州则是一种集体军事承包人模式。联邦与雇主签订了联盟协议,协议规定征召和进入雇主服役的人数,相关各州就变成了集体军事承包人。② 联邦和各州政府把士兵的招募权力掌握在自己手中,只允许根据协定(capitulations)给有联盟关系的国家招兵。之所以叫协定,原因就是这些协议详细规定了部队具体服役的条款、要求的薪酬,甚至细到具体的支付数额和装备。在这个体制下,各州募集连队和团,出租给外国。但是,想到国外去服役的人数远远超过各州与雇主协议所需的人数,这些人就自己单干。很多时候联邦是拒绝和潜在的雇主达成联盟协议的,没有这个联盟,雇主就无权募集部队,而

且有些州,如苏黎世,也拒绝征召。这种情况下,雇主就私下偷偷地和一些知名的佣兵队长签订合同,以报酬或更大的承诺诱惑他们,承担军事承包人的角色。这些承担军事承包人角色的佣兵队长雇佣连队所需的军官,1520年后还雇用了1~3个募兵代理人,根据瑞士文献,这些代理人名叫"Aufwiegler"。③ 代理人本身就是国外雇佣兵,很有名声,他们在各村也有代理人,村里的代理人帮忙宣传国外当兵的好处。他们给应征者足够的钱到点名的地方,如有必要,甚至帮助他们拿到武器和披甲。佣兵队长、代理以及当地的代理,当然会有报酬。队长在真正服役前会得到几个月的收入,这样的收入名叫"候任薪水"(Wartegeld)。④

军事承包人与士兵之间的合同关系,则经历了签订合同、使用宣誓代替合同到最后只剩下军规没有合同三个发展过程。早在中世纪末,雇佣骑士会与雇

---

① 近代早期的欧洲,由于气候因素和补给困难,在冬季,交战双方往往处于实际上的休战状态,所以每年能够作战的时间大概是3~11月,这样一个时间段被称为一个作战季节(one military season)。

② Fritz Redlich, *The Germany Military Enterpriser and His Work Force*: *A Study in European Economic and Social History*, Vol. 1, p. 44. 关于瑞士的集体军事承包人问题,许二斌和林海鹰认为,瑞士雇佣兵是政府垄断,没有个人形式的军事承包人,具体请参考许二斌、林海鹰:《中世纪晚期至近代早期欧洲的军事承包人》,《厦门大学学报(哲学社会科学版)》2016年第2期。

③ Fritz Redlich, *The Germany Military Enterpriser and His Work Force*: *A Study in European Economic and Social History*, Vol. 1, p. 45.

④ Fritz Redlich, *The Germany Military Enterpriser and His Work Force*: *A Study in European Economic and Social History*, Vol. 1, p. 45.

主签订关于自己义务的声明,而雇佣兵步兵则向骑士宣誓。16世纪前半期,军事承包人和手下的雇佣兵会签订一份真正的合同,这样也证明了当时雇佣兵的地位。① 随着越来越多的平民甚至是社会底层加入部队,和成百上千文盲雇佣兵签订和交换合同是不可能的,只能采取替代的方法。16世纪,士兵的宣誓誓言就是最早的战争条款(the articles of war)。这些战争条款就是合同,包含双方商定的条件。作为管理的方法,雇佣兵要把合同列举的义务在宣誓中读出来。到了16世纪后半期,在德意志地区,战争条款失去了合同的作用,变成了军队纪律,也没有规定雇主和军事承包人对士兵的义务,意味着德意志雇佣兵地位和经济权利的丧失。

(三)军事承包人与下属的劳资矛盾

军事承包人在募集好部队后,接着要面临的重大问题就是筹措资金,给自己手下的士兵和军官发放工资(军饷)。关于给军队发放工资,在欧洲,可以追溯到中世纪。中世纪末,战争持续的时间越来越长,每年40天的封建军事义务已经不适应战争的需要。君主希望自己的臣民能够延长服役时间,然后就出现了用钱来作为延期服役的报酬。这种形式最早出现在神圣罗马帝国皇帝弗雷德里克二世(Emperor Frederick II, 1154—1250)统治时的意大利西西里,英国则是与苏格兰和法国的战争期间,法国大概是1300年。② 不管是按照军事义务征召的部队,还是雇佣兵部队,给军官和士兵发放工资就成了近代早期军队通行的规则。

早在15世纪,经过多次与哈布斯堡王朝以及周边国家的战争,瑞士雇佣兵的战斗力在欧洲颇有名声,也受到欧洲雇主们的青睐。由于名声在外,瑞士雇佣兵的工资就比德意志长矛兵要高。当时,德意志长矛兵的工资一般在四到五弗洛林。然而,以瑞士百人队(Cent-Swiss)名义在1479年建立的法国国王精英卫队,瑞士士兵的每月薪水是12里弗尔(livres tournois)。16世纪开始,教皇给雇佣兵的工资是每月4达卡特。同在16世纪,德意志普通步兵的基本工资是每月4吉尔德,这个工资不多,还包含了薪水、装备和武器的保养、损坏费用等。德意志长矛兵的步兵与骑士雇佣兵相比较,骑士雇佣兵的工资较高。他们除了月薪,通常还有马匹的

---

① Fritz Redlich, *The Germany Military Enterpriser and His Work Force: A Study in European Economic and Social History*, Vol. 1, p. 121.

② André Corvisier, translated by Abigail T. Siddall, *Armies and Societies in Europe, 1494-1789*, Bloomington and London: Indiana University Press, 1979, p. 41.

损耗(有时还有披甲和武器损耗)的费用。而且骑士的合同还可能规定如果被俘,雇主要支付赎金。这种事情对于德意志长矛兵来说是不可能的,他们一旦被俘,只能听天由命。不过,作为雇佣兵,他们也有权利为俘虏他们的战胜方服务,转而投入敌方阵营服役。具体而言,如果对比当时德意志地区社会平民阶层的月收入(见表1),德意志长矛兵的收入其实不高。

表1 16世纪德意志地区工人月收入(单位:弗洛林)①

类别	1525年	1550年	1575年
散工、零工	1.66	2.08	2.50
熟练木工	2.50	2.90	3.30
熟练泥水匠	2.50	3.30	5.0

当然,除工资之外也有其他收入,有的是合法的战利品,有的则是不合法的劫掠所得。即使是这么少的军饷,也不一定能够按时支付。军事承包人业务最大的问题也是薪水和债务的不支付或延期支付。在当时的经济条件下,按时支付薪水基本上是不可能的。雇主、军事承包人和普通士兵之间的三角矛盾使得形势更加糟糕。问题首先出现在集结地点。因为薪水是在集结之后才发放的,推迟集结以节省薪水支出就是雇主的利益所在;反过来,及时发放工资就是士兵的利益所在。等待的士兵在集结地点附近徘徊,以至于如有可能,雇主都在自己领地外集结部队。集结往往在士兵将要哗变时才开始。而上尉希望尽快从雇主手上得到连队的军饷,但是接着他也会延期支付给士兵,以把在发薪期间连队中死亡、生病或逃兵的利益带来的现金留给自己。推迟一个或几个月发放薪水是常见的事情,因为没有发钱,军营里往往出现饥饿,甚至导致整个部队瓦解。1493—1495年参加查理八世针对那不勒斯战争的瑞士士兵,直到1498年才拿到薪酬。

拖欠军饷问题导致了军事承包人与手下军官和士兵的劳资冲突。冲突即使没有导致部队瓦解,也经常会引起危机。士兵拒绝离开军营或要塞,除非是支付工资;或者拒绝参加战斗,拒绝对敌人的要塞、军营发动进攻。用现代的话来说,就是他们罢工了。就像现代的工人一样,他们知道什么时候是最好的罢工时间。罢工往往和暴动一起发生,除非军事承包人把口袋里很久之前雇主已经支付给他的钱全部掏空。1526年,为了筹措在意大利的作战资金,德意志长矛兵

---

① Fritz Redlich, *The Germany Military Enterpriser and His Work Force: A Study in European Economic and Social History*, Vol. 1, p. 127.

军事承包人福隆德斯伯格(Georg von Frundsberg, 1473—1528)就被迫用自己的土地和财产做抵押换来30000吉尔德,而这笔钱只够半个月的军饷,然后他手下的士兵就因拖欠军饷发动了哗变。① 拖欠军饷甚至导致士兵产生投敌的想法和做法,1528年神圣罗马帝国在意大利的德意志长矛兵就曾经密谋反叛投敌到法国一边去,他们知道在法国服役的德意志长矛兵指挥官会张开双臂欢迎他们。② 德意志长矛兵甚至会采取人质抵押等方式来讨薪。1527年,神圣罗马帝国的德意志长矛兵部队攻陷了罗马,当时的德意志长矛兵没有拿到工资,就俘虏了教皇克莱门特七世(Clement VII, 1478—1534),把他关在一座城堡里,作为索要工资的筹码。后来,大主教和主教也成为他们的人质。拖欠军饷激化了军事承包人与自己手下军官和士兵的矛盾,也会造成他们之间直接的冲突。1568年开始的西班牙与低地国家的战争中,在西班牙军队服役的一个德意志长矛兵团因为讨要军饷而哗变。拿不到军饷的士兵们极度愤怒,劫持了自己的上校军事承包人莱德内伯爵(Count Laderne)。当时的西班牙统帅阿尔瓦公爵(Duke of Alva, Fernando Alvarez de Toledo, 1507—1582)以武力解决哗变,表面答应补发军饷,然后把这个团召集到野外集合、点名,并预先安排其他部队包围这支部队,要求交出哗变组织者,并处死了其中的200人。③

拖欠军饷的原因很多,其中重要的就是军事承包人对自己部队的企业化经营模式。军事承包人招募士兵的过程是一种商业行为,军事承包人因此而获利。从率领一支部队的将军级军事承包人到负责一个团的上校级军事承包人和一个连队的上尉级军事承包人,实际上,这些团和连队已经成为他们的财产,可以继承也可以买卖。④ 为了赚取更多的利润,不按时发工资,甚至是不发工资就成为军事承包人的常见做法。1628年出版的一本关于战争艺术的书里,从指挥官的角度为军饷问题提出了以下建议:

> 如果有足够的钱,最好提前或者按月给士兵们发放。
>
> (1)如果你的钱不够,那就发周

---

① Douglas Miller & Gaembleton, *The Landsknechts*, London: Reed International Books Ltd., 1976, p. 7.
② Fritz Redlich, *The Germany Military Enterpriser and His Work Force: A Study in European Economic and Social History*, Vol. 1, p. 128.
③ Sir Roger Williams Knight, *A Briefe Discourse of Warre*, London: Thomas Orwin, 1590, pp. 13-14.
④ André Corvisier, translated by Abigail T. Siddall, *Armies and Societies in Europe, 1494-1789*, p. 44.

薪,同时要确保当你缺钱的时候士兵们有足够的价格便宜的粮食,或者是当有连续的劫掠机会时,继续雇佣这些士兵。

(2)如果你的钱甚少,就公开发一部分钱给那些最有可能发动哗变的士兵们。

(3)有些将军,当自己的士兵们准备哗变或暴动时,就会直接把他们带到战场。如果自己一方取胜,将军就把从敌人身上劫掠来的钱支付给士兵;如果自己的部队被打垮了,他们也就没有了贪婪和危险的抱怨。①

三、军事承包人与下属之间的大家庭关系

军事承包人与部下之间,除了雇佣和被雇佣关系,还普遍存在一种大家庭亲缘关系,这种大家庭亲缘关系或许是血缘、姻亲关系,或许是基于地缘的乡亲关系,也可能是基于非血缘的氏族亲朋关系。

(一)血缘和姻亲关系

德意志军事承包人与下属之间存在着基于血缘、姻亲的大家庭亲缘关系。

16世纪到17世纪,德意志军事承包人把业务发展成家庭和大家族产业,家族关系也成为其事业成功的因素。对于大部分贵族家族来说,担任指挥官和从事军事承包就是他们的生存方式,相当多的贵族家族成员参与到军事承包业务中来。军事承包人也利用职权,把自己的直系家族成员拉入军事承包业务中去。有些德意志军事承包人的下属就是自己的儿子。1621年,克里斯蒂安·冯·不伦瑞克-沃芬比特尔(Christian von Braunschweig-Wolfenbüttel, 1599—1626)组建军队的时候,负责部队招募的其中一个军事承包人汉萨联盟军官布拉乌斯·冯·埃肯贝格(Blasius von Ekenberg)在招募一个团的过程中,就任命自己的女婿杰森·冯·欧佛菲斯(Jason von Overfest)为上校。除此之外,还任命自己的一个儿子为上尉。② 军事承包人到了一定年龄,如果有儿子,就会逐步帮助自己的儿子加入到军事承包业务中去,还有一些军事承包人甚至把非婚生的儿子也带入行。1619年,亚当·冯·赫伯多夫男爵(Baron Adam von Herbersdor, 1585—1629)为巴伐利亚的马克西

---

① Edward Cooke, *The Prospective Glasse of War*, London: Printed for Michael Sparke, 1628, pp. 4-5.
② Fritz Redlich, *The Germany Military Enterpriser and His Work Force: A Study in European Economic and Social History*, Vol. 1, p. 297.

米利安公爵招募部队时，就提拔了自己的继子戈特佛理德·海恩里希·冯·帕本海姆（Gottfried Heinrich von Pappenheim, 1594—1632）为上尉连长。① 当时，亚当·冯·赫伯多夫男爵招募了一个团，亲自担任上校团长，而他的继子帕本海姆当时年龄也不比自己小多少。后来，该团撤编了，保留了几个连，其中就有帕本海姆的连队。1621年，赫伯多夫又招募了几个连队，这些部队都由自己的继子指挥。除了自己的儿子，更常见的是军事承包人把自己年轻的亲戚带入自己的部队。神圣罗马帝国的华伦斯坦将军的手下，奥托维奥·皮科洛米尼（Octavio Piccolomini, 1599—1656）手下有好几个团的部队，里面就有自己家族的亲戚。② 他的侄子西维奥（Silvio Piccolomini, 1610—1634）曾在他手下的一团担任上尉，1633年升任中校，1634年西维奥在诺林根战役中战死。后来，皮科洛米尼任命他的外甥卡普拉拉伯爵路德维·希罗尼穆斯（Ludwig Hieronymus, Count of Caprara）为"阿尔特·皮科洛米尼"团的上尉连长；1650年，卡普拉拉成为该团的中校，1656年皮科洛米尼死后，卡普拉拉继承了该团；后来，他把该团遗赠给自己的弟弟伊尼斯·西维奥·卡普拉拉（Aeneas Silvio Caprara, 1631—1701）。还有一些军事承包人把自己的姻亲拉入自己的部队中去。1621年到1622年，为克里斯蒂安·冯·不伦瑞克-沃芬比特尔招募部队的派珀·冯·明登（Piper von Minden）中校就任命自己的一位表亲为军需官。一般说来，一个家族成员如果带有表亲的标签，那就是比较亲近的亲戚关系了。总的说来，血缘和姻亲关系成为德意志军事承包人与下属之间的一种关系。据统计，三十年战争期间的1500名军事承包人，分别属于100个左右的家族或有姻亲关系的大家庭。③ 在16世纪和17世纪的德意志军事承包业务中，这种亲缘关系编织了一张由这些家族或大家庭主导的、关系严密的网络，而普通人很难在这个网络中获得晋升机会。

（二）基于地缘的乡亲关系

近代早期在国外服役的瑞士部队，

---

① Fritz Redlich, *The Germany Military Enterpriser and His Work Force: A Study in European Economic and Social History*, Vol. 1, p. 298.

② Fritz Redlich, *The Germany Military Enterpriser and His Work Force: A Study in European Economic and Social History*, Vol. 1, p. 299.

③ Fritz Redlich, *The Germany Military Enterpriser and His Work Force: A Study in European Economic and Social History*, Vol. 1, p. 304.

军事承包人与下属之间更多的是一种基于地缘的大家庭关系,也就是乡亲关系。这种关系的基础来源于瑞士部队以州为单位征召的募兵方式。瑞士联邦与雇主签订协议后,就以州为单位征召士兵,以州为单位组建基层部队,所以瑞士雇佣兵部队带着强烈的各州身份特征和地缘关系。州作为一种地理区域划分,不仅是部队组成的基础,更是一种精神纽带,把所有的士兵紧密地联结在一起。连队所在的州负责协议的谈判协商,从士兵中挑选连长,连队几乎是全连士兵共同的家。16世纪瑞士的应征士兵并不是社会的弃儿,要隐姓埋名去参军。他们依然是社会成员,只是暂时离开家,依然可以为社会服务,参军期间通过来自同一个地方的战友和军官,战争间歇回到家时通过朋友和亲戚来实现。[①] 同时,瑞士联邦内,尤其是阿尔卑斯山区的几个州,由于多年的战争,形成了一套以乡村、社区为单位的军事训练模式,要求16到60岁的男性都要参加村或者社区组织的军事训练组织。作为队列训练教官,老兵负责训练新一代准士兵的队列和射击能力,可以强化这些未来士兵之间的社区和地缘关系。一有战事或者雇主有需要,这些受过训练的准士兵就自愿或根据各州的要求进入新募集的部队。在部队里,这些士兵作为瑞士市民的民主权利依然可以行使,因而,在连队,每一个士兵都被视为一个独立的个体。上尉和其他军官都在连队内产生,军官穿着和士兵一样的服装,和自己的下属一起生活、一起战斗,军纪通过同伴团体的压力得到执行。部队内部一定程度上的民主和按照地域来进行连队编组和管理,加上长矛方阵等战术的正确使用,使得瑞士雇佣兵在16世纪成为欧洲最具声望的步兵。

然而,到了17世纪后半叶,在法国服役的瑞士部队内军事承包人与下属的关系发生了变化。17世纪60年代,法国雇用了更多的瑞士自由连队[②],这些瑞士自由连队不经过协定(雇主通过与瑞士联邦和各州协商签订协定后再由各州统一招募士兵)直接招募。自由连队的招募不需经过各州颁发许可,为众多的在家的老兵提供了就业机会,报名者蜂

---

① John McCormack, *One Million Mercenaries: Swiss Soldiers in the Armies of the World*, p.74.
② 自由连队(Free company)指的是没有编入战斗团的连队,可能是战斗团在作战季节结束冬天到来时遣散后保留的部队。在战斗团内保留1到2个连队,最初是为了驻守地方以应对潜在的不稳定因素,第二年春天,这些连队会重新编入新的战斗团。自由连队往往是上尉在被遣散准备回家的士兵中招募的,这样的连队可能得到瑞士各州的授权,也可能没有授权。有时候,派驻瑞士的法国大使由于法国债台高筑等原因,也会不与各州商定就直接招募一些自由连队。

拥而至。1671年,法国在准备着与荷兰的战争,亟须招募新的瑞士部队,同时还要避免敌对国荷兰招募到这些瑞士士兵。为此,当时在法国服役的瑞士军事承包人彼得·斯图帕(Peter Stuppa)开始了建立瑞士常备线列步兵的计划。受法国委派,斯图帕回到自己的国家,经过谈判,签订协定,招募了四个新的步兵团。① 这四个团没有按照各州来划分,而是好几个州的士兵混编在一起。这样,各团和各州之间的关系尽管还在,但是已经弱化了。以上改革促使瑞士部队内的军事承包人、军官和士兵关系发生了重大的变化。曾经与士兵关系紧密、衣着相同、吃住作战都在一起的军官,在常备部队里,训练纪律的严格要求,促使他们与士兵之间产生了与之前截然不同的距离。而且,曾经和士兵一起来自一个家乡,每年作战季节结束后就回家的上尉,现在更多时候是待在国外服役,连招募士兵都是通过募兵代理和亲戚回家乡去完成了。新招募的士兵不再认识上尉,上尉也只希望他们是迅速执行命令而不能迟疑的步兵班成员而已。不过,在这样新的招募方式下,上尉依然是连队的所有者,同时也是军事指挥官。

(三)氏族亲朋关系

与瑞士部队类似的是,在欧洲各国服役的苏格兰部队中,军事承包人与下属之间也存在一种地缘关系,不过这种关系更多的是介于地缘和亲缘之间,具体来说,就是苏格兰氏族亲朋关系。

苏格兰人海外从军的历史悠久,他们从军的动机也是多方面的。到了17世纪,影响苏格兰人到海外从军的主要因素有追求社会地位、晋升的机会和亲缘关系等。② 海外从军的苏格兰人延续了苏格兰国内基于社会地位、财富和亲缘而形成特定的社会关系的传统。来自苏格兰的军事承包人和指挥官,依靠苏格兰社会的亲缘网络来维持自己的业务,并从中获取经济利益。在苏格兰,军事承包人有着较高的社会和经济地位,让他们有能力可以招募士兵到自己的部队去欧洲大陆作战,这些士兵很多都是他们自己的亲戚或者手下的附庸。实际上,整个17世纪,在国外服役的苏格兰团高度氏族组织化。苏格兰军事承包人

---

① John McCormack, *One Million Mercenaries: Swiss Soldiers in the Armies of the World*, p. 116.
② Matthew Glozier, *Scottish Soldiers in France In the Reign of The Sun King*, Leiden: Koninklijke Brill NV, 2004, p. 27. 关于苏格兰人海外从军的动机,许二斌教授认为有宗教情感、对斯图亚特王朝的忠诚、谋生、追求财富和社会地位及追求战争荣耀和军事冒险等因素。参见许二斌:《转型时期欧洲的海外从军现象——以詹姆斯六世及查理一世在位期间的苏格兰为例》,《世界历史》2013年第3期。

通常安排和自己有相同家族名字的军官来做自己的下属。例如，在荷兰服役的詹姆士·兰赛上校（Colonel James Ramsay），自己的战斗团里就有六位兰赛家族的成员在一起服役，其中四位是军官，包括中尉大卫·兰赛、少尉约翰·兰赛、装备队长詹姆士·兰赛和下士戈·兰赛，余下的两位家族成员则是普通士兵。同一个团里的上尉亚历山大·汉拿（Alexander Hanna）连队里，包括中尉和少尉都是汉拿家族的成员。[1] 在欧洲大陆服役的苏格兰部队还有很多类似的例子，可见亲缘关系在部队中的影响程度。这些亲缘关系，与苏格兰国内，尤其是苏格兰高地社会的氏族（clans）结构密不可分。[2] 氏族是中世纪末期苏格兰动荡的社会背景下，用于维护财产、人身安全的一种社会组织结构。族长（chief）是氏族的核心，统治整个氏族，负责保护氏族和氏族的土地、行使氏族内的司法权和维护氏族的利益。氏族的核心成员是和族长有血缘关系的，还有一些成员是没有血缘关系通过依附（clientage）方式加入氏族，他们往往都和族长有同样的姓。

16—17世纪来自苏格兰氏族的军事承包人，利用他们在苏格兰氏族的地位，把自己的氏族成员和有紧密关系的其他氏族成员拉入部队，形成一种氏族亲朋（kith and kin）关系。唐纳德·麦凯爵士（Sir Donald Mackay, First Lord Reay, 1591—1649）是苏格兰北部的麦凯氏族族长，1626年，经过当时的英国国王查理一世的批准，唐纳德·麦凯在其舅舅罗伯特·戈登（Robert Gordon）的帮助下，为在德意志作战的曼斯菲尔德募集了一个3000人的苏格兰步兵团。该团的各级军官里，姓麦凯的有3人，同属麦凯氏族的戈登家族有4人（唐纳德的母亲简·戈登来自这个家族）。当然这个团的军官还有来自其他氏族的，其中，门罗氏族（Munro）5人、斯图尔特氏族（Stewart）3人、冈恩氏族（Gun）3人、辛克莱氏族（Sinclair）2人。[3]

结　语

在近代欧洲，军事承包人与下属的关系，是军队上下级关系、雇主与雇员关系和大家庭关系的混合体，是一个夹

---

[1] Matthew Glozier, *Scottish Soldiers in France In the Reign of The Sun King*, p. 28.

[2] 在苏格兰历史上，氏族关系和亲缘关系往往是密不可分的，一个氏族中，亲缘关系是核心组成部分。亲缘关系是氏族关系的一部分，氏族则是一个包含亲缘关系的更大范围的社会组织。参见 Andrew MacKillop, "Clans of the Highlands and Islands: 1610 Onwards", in M. Lynch (ed.), *The Oxford Companion to Scottish History*, Oxford: Oxford University Press, 2011, p. 95.

[3] Robert Mackay, *History of the House and Clan of Mackay*, Edinburgh: Andrew Jack & Co., 1829, p. 220.

杂着企业、军队和家族家庭关系在内的关系网络。组成网络的这些关系在不同的军事承包人与下属之间有不同的体现。

在这个网络中,军队内部的上下级等级关系是最显眼的。随着近代欧洲军队组织结构的逐步发展,军事承包人的连队和战斗团内,逐步确立起从上校到中士再到普通士兵的上下级关系,这些关系通过多种特有的军队仪式进行了固化,最后因逐步完善的军法、军规和军令而得到强化。血缘、姻亲、乡亲和氏族亲朋关系则是军事承包人的社会关系在军队内的体现,其形成的主要原因是部队按照地域和原有的社会关系模式来进行招募和管理。

雇主和雇员关系在这个关系网络中起着主导作用,也是军事承包人与下属关系中最突出的特点。军事承包人大部分是贵族出身,少部分即使是市民出身,也通过军事承包业务成为社会上层。在近代早期欧洲社会的大背景下,具备商人和军人双重身份的军事承包人,在等级分明的社会里,与下层市民出身的下属尤其是普通步兵之间存在着天然的隔阂和阶层差异。认识到自己是可以消耗的阶层,士兵们往往与军事承包人针锋相对,以牙还牙。目前已知,除了少数例子,大部分德意志军事承包人得不到下属的信任。[1] 在这种不信任的氛围下,如果长期拖欠工资,就会导致强烈的劳资冲突。冲突的结果,有时候是血腥的,军事承包人就必须从哗变的士兵中逃离,部分军事承包人被部下扣押,甚至因此丧命。由此可见两者关系的紧张和对立程度。

The Relationship between Military Contractors and Their Subordinates in Early Modern Europe

Abstract: Military contractors were an important social group in early modern Europe, who formed a relationship network with their subordinates during their business, including enterprise, military and family. This relationship network consisted of military hierarchical relationship, employers-employees relationship and extended family relationship. This relationship network, on the one hand, was the result of the development of military organization structure in early modern times; and on the

---

[1] Fritz Redlich, *The Germany Military Enterpriser and His Work Force: A Study in European Economic and Social History*, Vol. 1, p. 135.

other hand, was the reflection of the social relationships in the army in the early modern times, such as the relationship of employment, blood, kinship, geography. etc.

Keywords: military contractor, military hierarchy, employer and employee, extended-family relationship

作者:廖锦超,厦门大学人文学院历史系博士研究生

税收、国债与英国"财政-军事国家"的兴起

□ 张荣苏

摘要:1688 年之后,英国以税收和国债为核心的财政制度发生了革命性的变化。至 18 世纪中期,英国建立了一套高效、集中的国家税收制度,在保证税收收入稳定增长的同时也为国债的发行与运营提供了保障。议会以国家税收作担保,提高了政府的借贷信誉和还债能力,使得英国在国内外资本市场能够以低于欧洲其他国家的利率借到大量的资金。税收和国债制度的变革不仅让英国实现了财政的"自我持续增长",促进其向现代"财政国家"的转变,而且凭借其强大的财政汲取和动员能力,英国逐渐发展成为一个庞大的"财政-军事"国家,为其在 18 世纪赢得与欧洲大陆国家的争霸战争、崛起成为世界强国奠定了基础。

关键词:税收;国债;财政制度;"财政-军事"国家

从财政角度探讨国家形态是西方经济史研究的一个重要课题,熊彼特认为现代国家是领地国家(domain state)向税收国家(tax state)的转变,并指出财政是促成现当代国家产生的直接原因。[①] 自 20 世纪 80 年代,熊彼特的这一观点一直体现在经济学和历史学的研究中,以 W. M. 奥姆罗德、理查德·伯尼为代表的新财政史学者从财政制度的历史变迁来重新解读欧洲的历史,将欧洲的历史看作是从贡赋国家(tribute state)经过领地国家和税收国家,最

---

① J. L. Campbell, "The State and Fiscal Sociology", *Annual Review of Sociology*, Vol. 19, 1993, pp. 163–185.

终转变为财政国家（fiscal state）的过程。① 和文凯则进一步将财政国家区分为传统财政国家和现代财政国家，前者主要通过税收实现短期收支平衡，而后者则是国家与金融体系深度融合，利用国家信用动员金融资金，实现长期的财政收支平衡。② 从历史的发展进程来看，健全的财政制度在西方大国的崛起过程中起着关键作用，在16—18世纪西方各国的竞争中，英、法、西、荷政府相继进行财政制度改革以增强战时的财政动员能力，英国和荷兰凭借其合理的税收制度和良好的公债信用在竞争中胜出，英国更是凭借财政制度的优势在18世纪的争霸战争中战胜法国，获得了国际霸权。③

英国从13世纪晚期开始就已经由领地国家向税收国家转型，但与欧洲其他国家一样，税收只是国王正常收入无法满足其开支时的补充，领地收入和税收收入并存是国家财政体系的常态。16世纪以来，由于国家机构的发展、行政职能的扩大和对外战争的消耗，导致财政开支大幅度增加，特别是在"光荣革命"后英国卷入欧洲大陆的争霸战争，所需经费数额巨大，国家必须强化财政建设，实施强有力的经济管控才能满足其庞大的财政需求。因此，英国财政制度在"光荣革命"后发生了革命性的变化，并最终在18世纪中期完成了从"领地国家"向"财政国家"的转变。P. G. M. 迪克森将这一时期英国在税收、借贷领域发生的变革称为"财政革命"，并对其在英国崛起和扩张中的作用予以高度评价，认为"它对政治、社会和历史发展的影响可以和随后发生的工业革命相匹敌"。④ 约翰·布鲁尔的研究表明，英国在1688年卷入欧洲大陆的军事战争之后，政府

---

① 根据这一理论模型，贡赋国家只有相对简单的财政体系，以军事优势强征剩余农产品和其他财富，罗马帝国属于此列；进入中世纪后领地国家取代了贡赋国家，统治者依靠行使领主和封君等权力来获得财政收入；在11—12世纪，由于战争开支庞大，王室收入无法满足战争需求，需要通过公共权力向所有臣民额外征税，欧洲开始从领地国家向税收国家转型；当国家能够用借贷手段解决巨大支出需求，又能够用未来的税收保证自身偿还债务的能力，实现"自我持续增长"（self-sustained growth）时，国家形态转变为财政国家。参见 W. M. Ormrod, M. Bonney and R. Bonney (eds.), *Crisis Revolutions and Self-sustained Growth: Essays in European Fiscal History, 1130-1830*, Stamdford: Shaun Tyas, 1999; R. Bonney, *The Rise of the Fiscal State in Europe, c. 1200-1815*, Oxford: Clarendon Press, 1999。

② He Wenkai, *Paths toward the Modern Fiscal State*, Cambridge: Harvard University Press, 2013。

③ 黄艳红：《近代早期的国际竞争与财政动员：关于西荷与英法的比较研究》，《史学集刊》2020年第3期；任有权：《18世纪英法两国国家财政问题论析》，《杭州师范大学学报》（社会科学版）2010年第1期。

④ P. G. M. Dickson, *The Financial Revolution in England: A Study in the Development of Public Credit*, London: Macmillan, 1967, p. 10.

的借贷、税收制度也随之发生了变革,并且与英国军事实力的增强有着必然的联系,他将这一变化称为"财政-军事国家"的兴起。①这也成为后来学者们研究英国乃至整个欧洲国家在18世纪发展的常用概念术语。P. K. 奥布莱恩和M. J. 布拉迪克等学者进一步考察了英国财政制度与国家发展转型的关系,认为英国军事力量的崛起和帝国实力的增强都是建立在英国财政制度的变化基础之上的。② 近年来,国内一些学者也开始关注财政制度与国家发展的问题,如熊芳芳探讨了近代早期赋税与法兰西国家职能的发展,杨大勇分析了16—17世纪资本市场对荷兰崛起的作用,王晋新梳理了近代早期英国的税收体系和公共借贷制度。③ 本文即在前人研究的基础上,从整体上分析"光荣革命"至18世纪中期以税收和公债制度为核心的英国财政制度的建设与变革,并进一步探讨国家财政活动与英国财政资源汲取和动员能力,及其在英国崛起成为"财政-军事国家"中的作用。

一、现代国家税收制度的确立

在英国历史上,虽然《大宪章》确立了"议会控制征税权"的宪政传统,但在中世纪,由于国王身兼封君和国君双重身份,当国王作为封建主所得的正常收入无法维持开支时,就经常以国君的身份,以"共同利益"和"共同需要"为由向臣民征税。由此,王权与议会围绕征税权展开了反复的较量与冲突,在斯图亚特王朝时期这一斗争趋于白热化,并成为英国革命爆发的导火索之一。"光荣革命"之后,1689年《权利法案》最终以法令的形式确立了征税权属于议会的原则。此后,随着1690年"财政解决"(Finance Revolution)的实施、王室年金的变革和中央财政管理机构的发展,议会不仅完全控制了国家财政收入,实现了王室收入与国家收入的相分离,而且还通过加强财政管理、控制国王财政支出来强化财政权,议会财政权得到进一步完善和发展。

---

① John Brewer, *The Sinews of Power 1688-1783*, London: Century Hutchinson, 1988.

② P. K. O'Brien and P. A. Hurt, "The Rise of a Fiscal State in England 1485-1815", *Historical Research*, Vol. lxvi, 1993; M. J. Braddick, "The Rise of the Fiscal State", in B. Coward (ed.), *A Companion to Stuart Britain*, Oxford: Blackwell Publishers Ltd., 2003.

③ 熊芳芳:《近代早期法国的赋税与王权——以弗朗索瓦一世时期的财政改革为例》,《历史教学》2018年第22期;杨大勇:《16—17世纪荷兰的崛起与资本市场》,《史学理论研究》2016年第1期;王晋新:《近代早期英国国家财政体制散论》,《史学集刊》2003年第1期。

由于议会对国家财政控制的加强，国家亦开始对税收制度进行改革和统一管理，并在18世纪中期建立了一套现代意义上的国家税收制度。

首先，确立了以土地税(land tax)、消费税(excise tax)和关税(custom)为核心的复合税制。18世纪英国税收分为直接税和间接税，直接税主要指土地税，间接税主要包括消费税和关税。在这三项税收中，关税是最古老的税种，自中世纪以来就是由国王征收的一项间接税。关税不仅包括进出口商品需要交纳的过境税，还包括补助金、吨税、磅税等附加税。在中世纪后期，关税是国王的重要财源之一，由于议会在国王登基伊始就授予其关税的终身课征权，因此"关税越来越成为国王收入中正式的一个组成部分"。① "光荣革命"后，议会通过"财政解决"来限制国王权力，即让国王处于财政短绌状态来保证王权对议会的依赖，关税作为国王常规收入的重要组成部分是议会进行财政规制的重点。1690年，议会仅同意威廉三世和玛丽二世可以课征为期四年的关税(1694年课征期又改

为五年)，不再授予其关税的终身课征权，从而将关税纳入议会财政权的轨道。同时，提高关税税率成为议会在财政困难时期增加财政收入的主要手段，查理一世时期关税收入每年为40万英镑，到了1713年已经增长到了150万英镑，②其增长速度前所未有。在18世纪，出于财政收入和贸易政策的考虑，议会对几乎所有的进口商品都征收关税。关税收入的增长幅度非常惊人，在17世纪70年代中期，关税平均每年收入50万英镑，到了18世纪初这一数字达到了130万英镑。随着伦敦逐渐取代阿姆斯特丹成为国际贸易中心，即使是在战争期间贸易额有所下降，但从1697年到1713年西班牙王位继承战争结束，英国的进口额还是从330万英镑上升到了580万英镑。③ 至此，关税已经成为国家财政收入的重要支柱。

18世纪英国另一项非常重要的税收是消费税，它是1643年新开征的间接税。在1643年7月该年度第一次消费税法案中烟草、葡萄酒和啤酒是需要征税的商品，并详细列出了征税标准。例

---

① [英]M. M. 波斯坦等主编：《剑桥欧洲经济史》第三卷，周荣国、张金秀译，北京：经济科学出版社，2002年，第269页。

② William Kennedy, *English Taxation 1640-1799*, London: G. Bell & Sons Ltd, 1913, p.32.

③ Bruce G. Carruthers, *Capacity of Capital, Politics and Markets in the English Financial Revolution*, Princeton: Princeton University Press, 1996, p.70.

如烟草因产地不同，其税率是每磅2先令或4先令，葡萄酒则根据酒精浓度、售卖方式，税率从每吨3镑或6镑不等。① 此后随着议会中通过消费税法案频率的增加，商品征收范围也在不断扩大。"光荣革命"后，由于战争财政开支扩大，议会又多次通过提高消费税税率，扩大征税商品的范围来增加财政收入。到1783年北美战争结束时，消费税的课征范围几乎囊括了所有的日常生活用品。在1780年，需要交纳消费税的群体包括33000名啤酒制造商和供应商，36000名获得出售烈酒许可证的酒店老板，35500名茶和咖啡零售商，还有数以千计的蜡烛商，以及一些从事印花棉布贸易和造纸业的商人。②

1692年的土地税改革是英国税收制度向现代化进程中迈出的重要一步。土地税可以追溯至1642年内战期间议会向各郡摊派的一项直接税，当时议会对直接税的征收方式进行改革，希望由地方的估税员根据各郡的动产和不动产分配状况来决定实际的课税标准，评估时限也经历了从1643年周评估到1645年按月评估的转变。在1664年，当时议会为了弥补授予国王常规收入的不足，决定对土地征收直接税。从此以后，对土地税按月进行评估成为一种固定的模式。但在"光荣革命"之前，这项直接税只是议会缓解财政压力的一个手段，并不是固定的常规税收，真正使土地税转变成为常规税收的是1692年一项授予威廉和玛丽补助金的法案。在该法案中规定，由于对法战争需要，国王可以每年课征每镑4先令，即20%税率的不动产税。③ 根据当时的土地估价方法，只要价值1英镑的土地交纳1先令的税金，全英国的土地便可征收到50万镑的税款。在1693年每镑征收4先令税率的情况下，总共获得了192万镑的税收收入。④ 1698年，议会废除了每年对财产进行重新估价的做法，而是以1693年的税额作为征税目标，按照固定的数额在全国各地区按土地面积来分配。这样，一种相对现代的"土地税"形成了，它不仅包括对土地征收的税，而且还包括对房屋、窗户、仆人、马车等财产征税。从

---

① C. H. Firth and R. S. Rait, *Acts and Ordinances of the Interregnum*, 1642-1660, London: Wyman and Sons, Limited, 1911, pp. 202-214.

② John Brewer, *The Sinews of Power 1688-1783*, London: Century Hutchinson, 1988, p. 113.

③ *An Act for granting to Their Majesties an Aid of Four Shillings in the Pound for One year for Carrying on a Vigorous War against France*, Will. & Mar. c. 1, 1692.

④ Henry Rosevear, *The Financial Revolution 1660-1760*, New York: Longman, 1991, pp. 33-34.

此，土地税成为政府可靠的收入来源。①汉诺威王朝入主英国后继承了土地税制度，从1713年到1776年，土地税按照每镑1到4先令的税率征收，在和平时期税率一般是10%，战争时期税率则上升到20%。这一时期，由于战争频繁，财政开支庞大，即使在战争结束后土地税也很难降低税率，因此在1763年七年战争结束后很长一段时间内，土地税的税率仍是每镑4先令，随后也仅是降到了3先令，此后就一直维持在这一水平上。②

以关税、消费税和土地税为核心的复合税制的确立是英国税收制度现代化的基础。在复合税制下，社会各阶层都要纳税，土地税主要由土地所有者即贵族承担，每一个阶层都要缴纳消费税，具有广泛性。在1799年小皮特政府实施另一种直接税——所得税之前，这一复合税制在很大程度上体现了社会的公平。更重要的是，复合税制的确立表明之前作为国王财政收入补充的税收收入已经成为国家的常规性收入和主要财政来源，进而强化了议会对税收财政权的控制，便于政府对税收的统一集中管理。

其次，英国在税收领域实现了科层化管理。马克斯·韦伯提出的科层化（Bureaucratization）管理被认为是现代社会理性化的标志，也被看作是最高效、最合理的管理形式。17世纪中期以前，国家税收主要由包税商进行征管，即政府通过招标或其他方式把征收一定税款或特定税款的任务承包给某人或某集团。但由于缺乏中央统一的管理，税收征管体系比较混乱，各地的税收征收情况参差不齐。在复辟时期，英国分别于1671年、1683年和1684年相继废除了关税、消费税和炉灶税的包税制，并在财政部下面成立若干税收委员会对相应税收进行征管。由于关税、消费税和土地税在课征对象、范围以及方式方面存在巨大差异，这三项税收在18世纪的科层化发展程度上也不尽相同，其中科层化管理程度最高的是消费税部门。

在1683年废除消费税包税制后，消费税由国家机构直接进行征管，并开始向科层化管理转变。其管理特点主要是采用专业聘任制度，固定的薪水和职业等级划分以及良好的监督体系。③ 消费税部门相对来说是一个集权化的机构，设在伦敦的中央部门由9名委员组成消费税委员会进行管理。中央办公室的主

---

① 刘雪梅、张歌：《1660—1799英国财政革命所带来的划时代变化》，《现代财经》2010年第7期。

② William Kennedy, *English Taxation 1640-1799*, p. 97.

③ Richard Bonney (ed.), *The Rise of The Fiscal State in Europe*, p. 74.

要工作人员主要做四项工作:从征税员和商人那里接收税款;制定交易账户;审查账目;检查消费税官员的账簿。在地方上则划分若干个税区(最初是36个,后来发展到53个),与英国郡的数量一致。每一个征税员负责一个税区,他每年要在这个税区来回巡视8次(1759年之前是9次),根据收税官的估算从商人那里收取税款,然后将它汇入伦敦办公室的税款总接收人那里。①

在官僚科层化管理体制下,工作人员的薪水与分工及工作强度挂钩。在18世纪初,普通工作人员年收入能达到50镑,监察人员和收款员的年收入分别为90镑和120镑。测量员因为需要进行户外工作,不像其他同事那样可以拿固定的工资,当有新的工作任务时,报酬也会相应增加,可以说是多劳多得。消费税部门的晋升制度也并不完全是论资排辈,虽然工作年限是一个考虑因素,但更看重实际工作经历。例如一个消费税工作人员要想做到中央部门的监察员职位,他不仅要在该部门服务满9年,还必须有3年从事税收基层工作和3年从事户外测量工作的经历,在晋升的每个阶段都需要进行严格考核。② 为防止消费税官员与纳税人相勾结,贿赂成风,政府采取了数项措施。其中一项重要的手段就是消费税官员不可以在其出生地任职,并且不得从事与他们征税商品相关的贸易。另外一个方法就是经常变动官员的驻地,这不仅让他们无法与地方势力相勾结,还可以将最有能力的官员调任到那些税收课征不力的地区赴任,实现优化配置。③ 除此之外,严格的监察制度也有助于统治者了解是工作人员的行为还是某个税区的特殊情况导致税收收入的下降。

消费税部门一直是政府部门科层化管理的典范,布鲁尔认为18世纪英国消费税的管理"比18世纪欧洲其他国家的任何政府机构都更接近马克斯·韦伯的科层理论"。④ 英国政府对这一部门非常重视,当时的首相无论是诺斯勋爵,还是小皮特都将其看作是"公共税收机构中管理得最好的部门",并因其"规范性和警惕性"在1797年受到财政委员会的

---

① Public Record Office, Customs 48/18, ff. 120-125.
② W. Hersee, *The Spirit of the General Letters and Orders Issued by the Honourable Board of Excise from 1700 to 1827*, London: Printed for the Sole Use of the Excise Establishment, 1829, pp. 434-435.
③ Edward Hughes, *Studies in Administration and Finance 1558-1825*, Manchester: Manchester University, 1934, p. 207.
④ John Brewer, *The Sinews of Power 1688-1783*, p. 68.

称赞,被看作是其他财政部门学习的范本。① 到了18世纪70年代,消费税部门官员为自己的科层化管理引以为傲,因为它几乎是唯一一个能够避开公共财政审查委员会责难的财政部门,亦是管理效率的代名词。

最后,税收结构优化,间接税日益成为国家税收的支柱。发达国家的税制结构从古至今总体上经历了以直接税为主体,到以间接税为主体,再到以现代直接税(特别是所得税和社会保障税)为主体的变迁轨迹。② 在18世纪,以关税、消费税和土地税为核心的复合税制确立后,英国的税收收入飞速增长。与此同时,这三项税收在国家税收收入中的比例结构却在发生明显的变化,以社会经济和商品贸易发展为基础的间接税收入比重持续增长,而税基稳定的直接税收入虽然也在增加,但在国家税收收入中的比重却在不断下降。

"光荣革命"之前,间接税是政府财政收入的主要来源,汉诺威王朝入主英国之后也是如此。但在1693—1713年的绝大部分时间里,土地税的收入比任何一种税收的收入都高,土地税和评估税平均每年的税收额都超过了180万英镑。从1688到1697年的九年战争期间,土地税占税收总收入的42%,在西班牙王位继承战争期间又占了37%。在此期间,平均每年土地税在政府总收入中所占比例超过了39%,1696年土地税收入甚至占总税收收入的52%,而相比之下关税和消费税所占比例则分别不到24%和26%。③ 但1713年之后,土地税的重要性开始急剧下降,它对税收收入的贡献很少有超过30%,而消费税在国家税收收入中的比重却在不断上升,其税额逐渐超过其他所有税收收入的总和。1733年,消费税收入已经占国家财政收入的55%左右。这种增长势头一直保持到18世纪50年代,并在七年战争之后又再次急剧增加。到了1760年,仅消费税一项税收收入就已经超过了九年战争期间(1688—1697年)国家每年的税收总收入。到1783年北美战争结束时,每年消费税收入已经接近650万英镑。④ 此后,直到1799年小皮特开始课征个人所得税,消费税一直是国家财政

---

① John Torrance, "Social Class and Bureaucratic Innovation, 1780-1787," *Past and Present*, Vol. 78, No. 1, 1978, pp. 58-64.

② 李林木:《发达国家税制结构的变迁轨迹与未来走向》,《涉外税务》2009年第7期。

③ Henry Rosevear, *The Financial Revolution 1660-1760*, p. 34.

④ John Brewer, *The Sinews of Power 1688-1783*, p. 99.

收入的主要来源,占国家税收总收入的40%以上。

与此同时,另一项间接税关税的增长幅度也很惊人。在17世纪70年代中期,关税平均每年收入50万英镑,到了18世纪初这一数字达到了130万英镑。对外贸易的发展促进了关税收入的提高,从18世纪中期起关税收入就开始稳定增长,到18世纪80年代,关税收入比18世纪中期时的两倍还多。关税和消费税收入的增加说明英国的税收收入已经越来越依靠间接税。到了1750年,直接税仅占28%,间接税则占了72%,其中消费税的比例是60%。①

在18世纪中期,英国建立起了一套现代意义上的国家税收制度。关税、消费税和土地税已经成为国家的常规税收和主要财政来源;税收征管方式也由包税制转为政府直接征收,并逐渐实行科层化管理;税收收入中以消费税和关税为主的间接税比例在不断增加。这一稳健且高效率的现代税收制度对18世纪英国的发展具有重要意义。随着复合税制的出现,之前作为国王财政收入补充的税收已经成为国家的常规性收入和主要财政来源,征税的标准和税收收入则取决于经济的发展状况,并需要获得公众的同意,从而完成了英国向现代税收国家的转型。消费税部门率先实现了科层化管理,在"在财政部的支持下,前所未有的系统化管理让税收官员更加专业和可靠"。② 政府凭借这支庞大的税收官僚队伍有效地进行税收的征管工作,并在财政和税收领域建立了一个在当时欧洲最有效率的文官行政部门,其"唯一的最重要职能就是筹集资金"。③

二、国债制度的发展与完善

除税收制度外,国债制度也是英国财政国家发展的重要标志。英国早期的借款主要是国王借款,从本质上来说属于私债的范畴,并且由于君主的个人信誉较差,财政借款多属强行借贷,债权人出借款项给国王时多数不是出于自愿。"光荣革命"后,由于英国参加欧洲争霸战争,急剧膨胀的战争开支远远超过了国家财政收入,英国不得不大举借债。其传统的借贷办法只适用于短期借贷,如政府通过向债权人发行符契、海军券、军需券来抵押当年的税收收入,当税收收入流入国库后,债权人就可以凭着这

---

① Peter Jupp, *The Governing of Britain 1688-1848*, London: Routledge, 2006, p. 5.
② Andrew Coleby, *Central Government and Localities*, Cambridge: Cambridge University, 1987, p. 170.
③ John Brewer, *The Sinews of Power 1688-1783*, p. 88.

些期票进行兑换,从而获取他们的本金及利息。当收入无法与开支保持同步,两者的差距越来越大时,短期债务就会积压下来。1693年,短期债务的数额已经接近600万英镑,对政府的信用体系构成了严重的威胁。① 由于短期借款已经无法满足庞大的财政开支需求,政府开始对借贷制度进行改革。

首先,通过发行长期债券,议会开始进行长期借款。长期借款并不是英国人的发明,在同一时期的荷兰已经是比较成熟的财政工具,英国人将其称为"荷兰方式的借款"。当威廉入主英国后,他和他的荷兰财政顾问们将这套制度引入英国。为解决当时的财政急需,1692年1月12日,议会第一次考虑以议会税收为担保进行长期借款。议会主要通过两种途径进行长期借贷,一是发行年金和彩票向公众借款,二是向英格兰银行和特许公司借贷。在1693年1月26日通过的法案中,议会从消费税收入中拨出一部分为期99年的税款以唐提式年金(Tontines)的形式②借到了100万英镑,

到1698年时以年金形式总共借到690万英镑③;在安妮统治时期,英国通过各种类型的年金总共获得了10,403,738英镑的借贷收入。④ 政府还通过发行带有赌博性质的彩票来向公众借款,彩票的面额很小(10或100镑),因此非常吸引人。奖金的支付期限可以延续很多年,如在1694年发行百万彩票时就规定,只要购买彩票的人,在接下来的16年里每年都会获得1镑的红利。如果彩票中奖,那么彩票的持有人每年就会获得10英镑,最高的奖金可达100英镑,1694年百万彩票成功地为政府筹得了100万英镑的资金。在西班牙王位继承战争结束时,政府以年金形式借到了12,140,030英镑,通过发行彩票获得了11,500,000英镑的借款。⑤

除此之外,政府还从英格兰银行、东印度公司和南海公司等特许公司那里获取长期借款。由于股份公司享有政府授予的特权和垄断,为了获得这些特许权,公司一般要向政府提供资金作为交换。

---

① D. W. Jones, *War and Economy in the Age of William III and Marborough*, Oxford: Basil Blackwell, 1988, p.11.

② 唐提式年金是向某一群体授予年金,到这些受领年金者全部死亡时,国家才终止此项负担。这类群体人数不等,未死者可以分摊已死者的年金,最后生存者则承受一群人全部的年金。由于人人都自信地认为自己就是活到最后的那位幸运儿,所以基于这种心理,这种年金价格卖得通常高于其票面价值。

③ P. G. M. Dickson, *The Financial Revolution in England*, pp.49-50.

④ Bruce G. Carruthers, *City of Capital, Politics and Markets in the English Financial Revolution*, p.75.

⑤ P. G. M. Dickson, *The Financial Revolution in England*, p.250.

1698年,作为颁发给东印度公司新特许状的报酬,后者向政府提供了200万镑、利息为8%的长期贷款;1709年新、旧东印度公司合并为联合东印度公司时,又向政府提供了120万镑的借款;还有1711年南海公司成立时向政府提供的总计900万镑的借款等。在安妮统治时期,大部分长期债券都被股份公司认购,到了1712年,三个主要股份公司实际上已经为政府提供了1500万镑的贷款,这一数额占政府长期借款的62%,总借款(包括长期和短期)的35%。[1]

与短期借款相比,长期借款有两个重要的特征:一是在借款期限内政府只需每年定期支付利息,不需要偿还本金,从而减轻了还贷压力。二是议会通过法案拨付专门的税收收入来偿还借贷利息,在威廉时期主要从消费税和关税中拨款偿还债务利息,这意味着长期借款与之前的国王个人借款有了本质上的区别,是整个国家而不是君主个人对债务负责,从而提高了政府债权人的信心。所以,在整个18世纪,虽然债务的规模在不断扩大,但利息却在下降。长期债务的利息在17世纪90年代初期是14%,但到90年代末,利息就已经下降了一半,在6%到8%之间浮动。在接下来的20年里,利息持续下降,在1712年降到了6.8%,1720年利息又降到了5.1%。[2] 到了18世纪30年代,利息已经维持在3%。政府可以用较低的利息借到更多的钱。

其次,政府通过组建特许公司进行债务转换,将国债推向市场。政府在经营国债的过程中,逐渐感到利用大公司现有的信贷渠道承担政府的公共借贷业务是一个非常实用、便利的途径。这些公司从政府那里获得的利息加上每年的管理费用,可以为支付持股人的分红提供充足的现金,因而这些公司股份比政府债券更容易转让;另一方面,债权人也更愿意把钱托付给一家商业公司,因为作为特权公司的持股人,他们有望从公司贸易垄断的获益中得到更多的红利,股票价值也会增值。因此,政府逐渐通过特权公司作为财政中间人帮助政府筹集借款,同时将政府的债务转换为特权公司的股票。英格兰银行和南海公司承担了主要的债务转换任务。

英格兰银行的建立是英国乃至世界金融领域的一项重大革命,1694年刚组建时,英格兰银行就为政府筹得了120

---

[1] Bruce G. Carruthers, *City of Capital, Politics and Markets in the English Financial Revolution*, p. 155.
[2] B. R. Mitcjell, *British Historical Statistics*, New York: Cambridge University, 1988, pp. 578, 600.

万的资金,投资者们认购了英格兰银行120万英镑的原始股,银行转手就将这些资金以8%的利息借给了政府,议会则拨出一部分关税和消费税收入来偿还利息。① 1694年之后,由于持续不断的战争,英国的经济形势进一步恶化,再次出现短期债务累积。1697年,英格兰银行通过扩大融资规模帮助政府进行债务转换,政府短期债券持有者可以将他们手中的债券兑换成英格兰银行的股票。在1709年西班牙王位继承战争期间,英格兰银行又给政府提供了40万英镑的长期无息贷款,银行还利用它的资本新增发了2,531,347英镑的股票。1749年,政府欠英格兰银行的借款达到11,168,600镑,到18世纪60年代,英格兰银行持有的国债份额,从最初的不到20%增长到了近70%。②

与政府债务转换相关的另一家公司是组建于1711年的南海公司。1711年,由于西班牙王位继承战争,英国政府债务总额已经超过了900万英镑。在托利党人赢得1710年大选后,财政大臣罗伯特·哈利(Robert Harley)采纳了商人约翰·布伦特(John Blunt)的建议,向议会提出建立南海公司进行债务转换并发行长期国债。根据南海法案,政府组建南海公司并授予其从事南海(即南美洲)贸易的垄断权;将9,471,325英镑的国债转换为南海公司股票,并由政府支付6%的利息;政府以葡萄酒、醋、烟草、东印度公司货物、丝织品、鲸须以及其他商品的关税做担保。③ 在南海公司的运作下,即将到期的短期国债被转换为等额的南海公司股票,每股面值100英镑,在1711年年底,大约97%的政府短期债券被兑换成南海公司的股票。④

近代初期英国政府债务转换的实质是债权关系的转移,即把国家对个人的债务转为公司对个人、国家对公司的债务。通过这种债务转换,国家可以不再对政府债券持有者支付本息,而将其折算为一笔总数,以贸易垄断权为条件,要求某家特许公司在一定期限内垫付这笔数目(实则买断政府债务)。作为补偿,国家将向公司每年支付一定利息,利率一般会低于以前政府直接发行的债券。

---

① Bruce G. Carruthers, *City of Capital*, *Politics and Markets in the English Financial Revolution*, p.77.

② R. Robert & D. Kynaston, *The Bank of England*: *Money, Power and Influence 1649-1994*, Oxford: The Clarendon Press, 1995, p.10.

③ David Macpherson, *Annals of Commerce*, *Manufactures, Fisheries and Navigation*, London: Nichols and Son, 1805, p.19.

④ Ross B. Emmett (ed.), *Great Bubble*, London: Pickering & Chatto, 2000, p.387.

政府债券的经营权转交给这家公司以后，政府债券持有人将与该公司打交道，把手中的债券兑换成公司的股票，使自己成为公司股票的持有人，不再作为国家的债权人存在，这些人需要钱时可以在市场上将股票抛售。公司则以政府每年拨付的税收预留款作为担保发行股票，筹集运作资本，并通过发行股票筹得部分欠款预支给国家，成为政府的长期筹资运作机构。可以说，债务转换是英国政府国债制度取得成功的关键，债务转换的实质是政府将国债推向市场，这种新的融资方法使国家不再需要偿还债务本金，通过把国家对个人的流动债务改造为国家对特权公司的固定债务，政府的债务结构变得更加合理，债务市场也得到了扩大和深化，从而有利于英国国债制度朝着健康方向发展。

最后，组建偿债基金，提高政府的债务偿还能力和借贷信用。借债能力的高低取决于偿债能力的大小，在18世纪初，议会主要通过延长征收新税的时限来加强政府的债务偿还能力。在威廉和安妮时期，大部分新税（如土地税、麦芽税、吨税、磅税等）只限短期征收，一般年限为四年、五年或六年。这种短期税收所得根本不够支付借款的本金及利息，

于是议会通过延长税收年限来弥补此项缺额。1697年，议会将即将到期的税收征收年限延至1706年，以弥补用于偿还债务的税收收入不足，这就是第一次偿债基金，这项基金的总额为5,160,459镑14先令9便士半。1715年，乔治一世又颁布了该年第12号法令，将那些担保英格兰银行年息的各税以及由此次法令定为永久征收的其他若干税收，通通集为一共同基金，成为总基金。此基金不仅用以支付英格兰银行的年金，而且用以支付其他年金及债务。1717年，依据该年第7号法令，又有其他数种税被定为永久征收，构成又一个共同基金，成为一般基金。此基金所支付的年息，总计达724,849镑6先令10便士半。这几次法令的结果，以前只预支短期的各税大部分，全都变成永久性的了，而其用途，不在于支付连续由预支办法所接入款项的本金，而在于支付其利息。①

偿债基金使政府在债务管理方面取得了巨大成就，它不仅有利于偿还旧债，也为筹借新债提供担保。1717年沃波尔利用偿债基金首先偿还了政府分别于1709年和1717年从英格兰银行所借的1,775,028镑和200万镑。财政署从1718年到1727年付清了这两笔借款5%

---

① ［英］亚当·斯密：《国富论》下，郭大力、王亚南译，北京：商务印书馆，1983年，第477~478页。

的利息,并协议将利息降至 4%。有了偿债基金做保证,英格兰银行在 1729 年借给政府 125 万英镑,在 1739 年政府偿还了 100 万英镑。在沃波尔执政时期,他偿还了英格兰银行的 3,275,028 镑的债务,但同时又从英格兰银行那里借出了 300 万镑。从 1721 年到 1742 年,沃波尔还清了南海公司和英格兰银行的所有债务。1721 年,政府债务利息的总额为 2,567,000 镑,到了 1741 年就下降到 1,890,000 镑,减少了近 1/3。① 在沃波尔执掌财政部的 20 多年间,国家债务减少了 6,235,820 镑。② 连沃波尔的反对派都不得不承认偿债基金是"这个国家所创立的最有用的基金之一",它是减少国家沉重的债务负担的唯一办法。③

18 世纪初,英国的国债制度已经基本确立并步入正轨。此后,英国的公共借贷体系逐步完善和发展,国家的信誉空前提高,政府发行的各种证券、公债成为社会大投资者的主要投资渠道。偿债基金的设立不仅清除了 17 世纪 90 年代和马尔博罗战争所遗留下来的债务问题,还提升了人们对政府偿还债务的信心。到了 18 世纪中期,政府的债务总是被超额认购,债券也总是以高于票面的价值被销售一空,国债已经处于政府借贷体系的核心地位。④ 不仅如此,英国的小私人投资者对国家债券也是情有独钟,踊跃认购。"公债的利息准时偿付,不容违约,债券由议会保证还本,这一切确立了英国的信誉,因而借到的款项之大令欧洲惊诧不已。"⑤

三、"财政-军事"国家的兴起

在 1688 年以前,英国每年的公共开支很少超过 200 万英镑,1662 年英国政府的财政支出为 150 万英镑;到了 1672 年,政府的开支猛增到 250 万英镑;在詹姆斯二世统治时期(1685—1688),英国政府的年均财政支出仅为 216.8 万英镑;威廉三世时期(1688—1702)年平均支出猛增至 600 万英镑左右,其中 1689 年甚至达到了 799.8 万英镑;安妮女王时期(1702—1714)年均支出达 760 万英镑,其中 1711 年为 1514.5 万英镑;奥地利王位继承战争时期(1740—1748)这一

---

① P. G. M. Dickson, *The Financial Revolution in England*, p. 209.
② John Brewer, *The Sinews of Power 1688-1783*, p. 123.
③ P. G. M. Dickson, *The Financial Revolution in England*, p. 212.
④ Henry Roseveare, *The Financial Revolution 1660-1760*, p. 61.
⑤ [法]布罗代尔:《15 至 18 世纪的物质文明、经济和资本主义》第三卷,顾良、施康强译,北京:生活·读书·新知三联书店,1993 年,第 433 页。

数字达到了 900 万英镑,其中仅 1748 年就达到 1194.3 万英镑;七年战争时期(1756—1763)这一数字已经增至 1450 万英镑左右,其中 1761 年即达 2111.2 万英镑。①

国家财政收入主要用于三个方面:军事、内政支出以及偿还债务利息。总体上来说,在 1688—1760 年这段时间,内政开支主要由王室年金来承担,平均每年王室年金不超过 100 万英镑,一般占国家财政支出的 10%~15% 左右。②导致国家财政开支大幅度增长的真正原因是战争。从 1688 至 1763 年,英国总共卷入了大大小小 72 场战争,③其中九年战争、西班牙王位继承战争、奥地利王位继承战争和七年战争不仅规模大,而且持续时间长。每发动一次战争,政府的财政开支就会急剧增长。在 18 世纪,英国每年大约有 75%~85% 的财政开支用于陆军、海军和武器装备的花费,或者用于偿还之前战争所欠下的债务。即使不将后者归入战争开支范围之内,那么常规性的军费支出在主要战争期间也要占到公共开支的 61%~74% 左右。④例如,在九年战争期间,英国总共花费了 49,320,145 英镑;在西班牙王位战争和奥地利王位继承战争期间,英国又为这两次战争分别支出了 93,644,560 英镑和 95,628,159 英镑;到了七年战争时期,这一数字猛增至 160,573,366 英镑。⑤布鲁尔将这一时期英国财政与军事的发展称为"财政-军事"国家的兴起。⑥

这一时期庞大的军事开支对欧洲任何一个国家的财政来说都是严峻的考验,正常的税收收入根本无法满足战争带来的巨大财政需求,必须通过借贷才能弥补财政赤字。实际上,在 18 世纪大多数冲突中,为维护战时追加费用而筹措的额外资金几乎有 3/4 来自贷款。⑦当时欧洲大国均采取各项措施进行财政动员,增加税收收入和公债借款,以期在近代早期的国际竞争中获得优势。⑧然而,无论是绝对专制主义的西班牙和法

---

① B. R. Mitchell, *British Historical Statistics*, New York: Cambridge University, 1988, pp.578-579.
② John Brewer, *The Sinews of Power 1688-1783*, London: Century Hutchinson, 1988, p.40.
③ Peter Jupp, *The Governing of Britain 1688-1848*, London: Routledge, 2006, p.4.
④ John Brewer, *The Sinews of Power 1688-1783*, London: Century Hutchinson, 1988, p.40.
⑤ [美]保罗·肯尼迪:《大国的兴衰》,蒋葆英等译,北京:中国经济出版社,1989 年,第 100 页。
⑥ John Brewer, *The Sinews of Power 1688-1783*, London: Century Hutchinson, 1988, p.xvii.
⑦ [美]保罗·肯尼迪:《大国的兴衰》,蒋葆英等译,北京:中国经济出版社,1989 年,第 99 页。
⑧ 黄艳红:《近代早期的国际竞争与财政动员:关于西荷与英法的比较研究》,《史学集刊》2020 年第 3 期。

国,还是共和寡头政体的荷兰,都无法维持财政状况的正常运转,难逃债台高筑、国内财政破产,最终丧失强国地位的宿命,只有英国取得了最终的胜利。究其原因,"光荣革命"以来英国确立的国家税收和国债制度在英国"财政-军事"国家的兴起过程中发挥了重要的作用。

一方面,稳健高效的税收制度为英国在战争期间筹到了大量税款。在九年战争期间,平均每年的税收收入是3,640,000英镑,这大约是"光荣革命"前国家税收收入的2倍;在随后的西班牙王位继承战争时期,平均每年的税收收入就增加到了5,355,583英镑;到了奥地利王位继承战争时,平均每年的税收收入已经达到6,422,800英镑;而七年战争又进一步增加到了8,641,125英镑。① 虽然"光荣革命"后英国的税收收入在不断增加,但相较于欧洲大陆的法国来说,英国普通民众的税收负担较小。根据维尔(Weir)的统计,在法国大革命爆发时,英法两国的税收分别占本国GNP的12.4%和6.8%,②英国的税收比例是法国的近两倍,但是,在威廉三世和安妮女王时期,主要的税收负担落到了土地所有者身上,而此后税收主要来源于以关税和消费税为主的间接税,这对社会大部分成员来说是"无形的"。③ 特别是消费税,理论上来说它是由全体消费者本着自愿原则,根据自己的消费水平而承担相应的税收负担,纳税对象涵盖一切社会阶层。因此,普通英国民众并没有明显感受到来自税收的压力,他们不会对政府的对外战争有太大的抵触,这对维持英国的社会政治稳定也极有帮助,使英国政府得以在无须顾忌国内动荡的条件下全心追求其对外政策目标。

另一方面,英国的国债制度"使它的战争支出规模,能够远远超出它的税收规模,从而使它在同法国及其盟国的战争中,始终保持军舰和人力上的绝对优势"。④ 随着战争投入资金和政府财政赤字的增加,国债的数额也在不断攀升。1700年时,英国国债的数额为1420万英

---

① B. R. Mitchell and P. Deane (eds.), *Abstract of British Historical Statistics*, Cambridge: Cambridge University Press, 1962, pp.401-402.

② David R. Weir, Tontines, "Public Finance, and Revolution in France and England, 1688-1789", *The Journal of Economic History*, Vol. 49, 1989, pp. 95-124.

③ [美]保罗·肯尼迪:《大国的兴衰》,蒋葆英等译,北京:中国经济出版社,1989年,第98页。

④ P. G. M. Dickson, *The Financial Revolution*, p. 9.

镑,1763 年就增至 1.326 亿英镑。① 英国政府通过国债获得了大量资金,使它得以大大提高国家支出,正如布罗代尔所说的那样,"公债正是英国胜利的重要原因。当英国需要用钱的时刻,公债筹集巨款归它调拨",它"有效地动员了英国的有生力量,提供了可怕的作战武器"。②

巨大的债务无疑已经超出了英国政府的实际偿还能力,当时很多人对此表示担忧,认为它将使英国陷入困境。但实际上,英国大规模发行债务的危险性并不像人们想象的那样大,议会的担保和一个稳健的税收体系不仅提升了政府的债务信誉,而且保证了国债制度的正常运行。在 18 世纪,英国国债约 4%的利息远低于欧洲其他国家,只是同时期法国国债利息的一半;而政府通过税收来支付债务利息的做法,等于把纳税人的钱转到了国债债主身上,这种财富的转换固然是损害了一部分人利益而让另一部分人得利,但就英国整体而言,这种转换并未产生任何影响,"就如同一个人的钱从一个口袋转到另一个口袋一样"。③

从上述可以看出,"光荣革命"至 18 世纪中期,税收和国债制度的变革对英国取得争霸战争的胜利具有重要的贡献,它极大地提高了英国的财政资源汲取和动员能力,不仅加强了英国的战时力量,而且还保证了英国在和平时期政治的稳定和经济的发展。在整个 18 世纪,英国并没有因为大规模持续的战争而出现财政危机,这与 17 世纪斯图亚特王朝时期形成了鲜明的对比。在 1672 年,当时第三次对荷战争导致政府开支猛增到 250 万英镑,这完全超出了国家的财政能力范围(其中 120 万是军事开支),结果就出现了"国库止付"事件,④使国家和政府的信誉跌至谷底;而在 1712 年的开支已经达到了 790 万英镑(其中军事开支约为 480 万镑),却并未

---

① B. R. Mitchell, *British Historical Statistics*, pp.600-601.
② [法]布罗代尔:《15 至 18 世纪的物质文明、经济和资本主义》第三卷,顾良、施康强译,北京:生活·读书·新知三联书店,1993 年,第 433 页。
③ John W. Hill and E. A. Fellowes, *The Finance of Government*, London: Philip Allan, 1932, p.152.
④ 丹佛条约签订后,1671 年查理二世与法国结盟筹备第三次对荷战争,由于第二次对荷战争的债务尚未还清,国王的财政状况非常紧张。为了获得战争所需的资金,查理二世在 1672 年 1 月 2 日宣布推迟偿还已到期的债务,将原本用于偿还债务的 120 万英镑用作战争经费。"国库止付"事件带来了极其消极的影响,不仅导致伦敦城的金匠和银行家破产,查理二世也彻底地破坏了国王及其政府的债务信用。

再次发生止付事件和财政恐慌。① 因此,英国的税收和国债制度的发展为英国崛起成为一个"财政-军事"国家提供了支持和保障。

四、结语

在近代早期的欧洲,军事扩张和征服是确立并维持大国地位的主要手段,对当时任何一个国家来说,其税收都不足以维持一支与大国地位相称的军事力量,更遑论频繁地参加战争。于是,各国统治者不得不在征收重税之外另辟财源,借贷就是统治者常用的手段。在1688年"光荣革命"后,随着议会对国家财政控制的加强,英国开始对财政制度进行改革。至18世纪中期,英国实现了税收的国有化,之前作为国王财政收入补充的税收收入已经成为国家的常规性收入和主要财政来源,税收不仅由国家进行直接征管,而且在税收部门实现了科层化管理,从而建立了一套高效、集中的税收征管制度。稳健的税收制度则为国债制度的发展奠定了基础,由于税收收入稳定增长,市场愿意接受长期、低利率的政府债务,使得议会不仅能够通过发行国债解决战争时期巨大的财政需求,而且还可以保证自身的债务偿还能力。随着政府借贷信誉和还债能力的提高,英国在国内外资本市场上能够以低于欧洲其他国家的利率借到大规模的资金。稳健的税收制度和运营良好的国债制度让英国实现了财政的"自我持续增长",基于此,英国已经转变成为一个现代意义上的"财政国家"。同时,凭借强大的财政汲取和动员能力,英国逐渐崛起成为一个庞大的"财政-军事"国家,为其在18世纪赢得与欧洲大陆国家的争霸战争、崛起成为世界强国奠定了基础。

Tax, Public Debt and the Rise of British "Fiscal-military State"

Abstract: There had been a significant reform in British financial system that was centered on taxation and public debt since 1688. In the middle of 18th century, an efficient and centralized tax system was set up in Britain, which not only ensured the steady increase of tax revenue, but also provided a guarantee for the development and circulation of public debt. With the steady tax revenue, the Parliament improved the government's credibility and solvency, enabling the Britain to borrow a

---

① Bruce G. Carruthers, *City of Capital, Politics and Markets in the English Financial Revolution*, p. 54.

large sum of funds in domestic and foreign capital market at lower interest rates. The reform of tax and public debt system not only helped the Britain achieve the fiscal "self-sustained growth", promoting its transformation into a modern "fiscal state", but also helped it gradually become a strong "fiscal-military state" with its strong fiscal absorption and mobilization ability, laying the foundation for Britain to win the war with continental European countries and to rise as a world power in the 18th century.

Keywords: tax, public debt, financial system, fiscal-military state

本文系教育部人文社科青年项目"大众媒体对十八世纪上半叶英国外交决策的影响研究"（18YJC770018）成果之一。

作者：张荣苏，南京大学博士，江苏师范大学历史文化与旅游学院副教授

1560—1660年的"军事革命"——一个神话?[①]

军事革命与近代早期国家

[美]杰弗里·帕克(Geoffrey Parker)

1939年,查尔斯·奥曼(Charles Oman)爵士写道:"16世纪构成了欧洲军事史上最无趣的一个阶段。"那时,无人敢与其意见相左。虽然如此,但今日很少有历史学家同意此一论断。人们逐渐将近代早期视作战争与军事组织发生重大变革的时代,是"军事革命"的时代。从历史学的角度来看,这一转变主要是一个人的功劳,他就是直到晚近仍担任贝尔法斯特女王大学历史学教授的迈克尔·罗伯茨(Michael Roberts)。他的就职演讲名为"1560—1660年的军事革命",在1955年1月发表于贝尔法斯特。该演讲是一份毫无遮掩的宣言,它表明了文艺复兴之后欧洲战争艺术某些成就的原创性、重要性以及在历史上的独特性。时至今日,无论是好是坏,大多数就职演讲似乎已遁入毫无缝隙的历史之网中,没有留下一丝踪迹;相比之下,罗伯特教授的演说仍不时被人们在教材、专著和论文中引用。据我所知,人们从未用自他写作以来近20年里出现的新证据质疑其结论或妄加评论。本文的主旨正是要对其观点做这样的考察。[②]

罗伯茨的"军事革命"于1560—1660年之间发生在四

---

① 本文的基础是1974年在伦敦大学国王学院发表的一篇演讲,它是布莱恩·邦德(Brian Bond)先生、伊恩·罗伊(Ian Roy)博士组织的"战争与社会"系列讲座当中的一个。除了他们,彼得·伯克博士、安吉拉·帕克(Angela Parker)女士、约翰·黑尔(John Hale)教授、柯尼希斯贝格尔(H. G. Koenigsberger)和约翰·夏伊(John Shy)都为本文撰写提供了有益意见。在此向所有人致谢。最后,同样重要的是,我要感谢迈克尔·罗伯茨教授多年的帮助,还有他对我发表本文的鼓励。

② M. Roberts, *The Military Revolution, 1560-1660* (Belfast, 1956). 该文略经修改,重印于 *Essays in Swedish History* (London, 1967, pp. 195-225)。该书第56~81页添加了一些材料。关于"军事革命"如何被其他学者接受,参见如下著作:G. N. Clark, *War and Society in the Seventeenth Century* (Cambridge, 1958);另见 *New Cambridge Modern History*, Vol. 5, *The Ascendancy of France; 1648-1688*, ed. F. L. Carsten (Cambridge, 1964), chap. 8。可与如下著作的研究方法对照:C. W. C. Oman, *A History of the Art of War in the Sixteenth Century* (London, 1937)。

个不同领域。首先也是最重要的是"战术革命"。某些看似微小的战术创新是"真正具有革命意义的变革的直接原因"。① 他认为,发生在步兵身上的重要创新表现为一衰一兴:衰者,即此前占据主导地位的长矛方阵互掷长矛的战术;兴者,即线式阵型(由统一的小型作战单元[units]组成)相互射击的战术。骑兵的革新一如步兵,小跑冲向敌人、射箭、再小跑回来的做法(也就是"caracole")被取代,人们要求的是冲锋,手持马刀,准备杀敌。据罗伯茨说,这些新的战斗程序产生了深远的后勤影响。它们要求部队受训良好、军纪严整,好似机器当中的齿轮;这些"齿轮"要学习如何步调一致,如何万众如一地展开行动,他们甚至还要统一着装。② 军队不再需要勇冠三军、武艺超群的孤胆英雄。当然,所有的训练都需要钱;而由于军队需要政府开支才能获得专业技能,故此,罗伯茨主张,在军事行动结束时解散军队是一件并不经济的事情。受过训练的军人不得不以常备编制保留下来。由此,他认为,新战术强韧地推动了常备军的兴起,而在欧洲率先推行这些战术改革,由此创建了欧洲最早之常备军的,当数荷兰共和国军队的统帅——拿骚的莫里斯。③

"战略革命"构成了罗伯茨论点的第二个重要方面。事实证明,有了新的军队,尝试更雄心勃勃的战略成为可能:同时调动数支军队,毫不畏惧地寻求决战,没有经验的军队胆战心惊,望风逃窜。瑞典的古斯塔夫·阿道夫是布莱登菲尔德(Breitenfeld)的胜利者和德意志的征服者,确定无疑的是,这些新的战略

---

① M. Roberts, *Essays in Swedish History*, p. 217.

② 整体而言,直到17世纪晚期,大多数军队才出现兵士统一着装的现象。英国与瑞典军队实行制服统一是在17世纪50年代之后,法国军队如此施为则要等到17世纪60年代。在之前,部队着装是随心所欲的(或者,随统帅的意思),他们仅仅配上醒目的标志物,如同样颜色的羽毛、头巾或带子之类,区分敌我。并不奇怪的是,在混战中有许多同一阵营的作战小队自相攻击的案例。有关统一制服的引进,参见 C. Nordmann, "L'Armee suedoise au XVIIe siecle", in *Revue du nord*, Vol. 54, No. 213, 1972, pp. 133-147 (esp. p. 137); L. Andre, *Michel le Tellier et ltorganisation de l'armee monarchique* (Paris, 1906), pp. 339-342; and G. Parker, *The Army of Flanders and the Spanish Road, 1567-1659: The Logistics of Spanish Victory and Defeat in the Low Countries' Wars* (Cambridge, 1972), pp. 164-165。(原注3——译者注)

③ 关于莫里斯亲王和他的近亲威廉·路易对荷兰军队的重组,参见 W. Hahlweg, "Aspekte und Probleme der Reform des niederlandischen Kriegswesen unter Prinz Moritz von Oranien", in *Bijdragen en Mededelingen betreffende de Geschiedenis der Nederlanden*, Vol. 86, 1971, pp. 161-177; and M. D. Feld, "Middle-Class Society and the Rise of Military Professionalism: The Dutch Army, 1589-1609", in *Armed Forces and Society*, Vol. 1, No. 4, August 1975, pp. 419-442。这两位作者都强调,尽管拿骚的这两位近亲仔细地钻研了经典战例(尤其是像公元前216年坎尼之战这样的耀眼胜利),它们与尼德兰军事状况的关联亦得到了认真评估。(原注4——译者注)

概念被他付诸实践。按照罗伯茨的说法，他是这样做的第一人。

军事革命论的第三个方面是1560到1660年之间"欧洲战争规模的急剧扩大"。罗伯茨指出，新战略如要成功地付诸实施，就需要多得多的军队：按照一个复杂的作战计划，五支军队要同时协调行动；相比旧秩序之下的单支军队，其人数之增加不知凡几。

第四个也是最后一个方面，此种人数的剧增极大促进了战争对社会的影响。规模膨胀的军队带来了更大的破坏性，更大的经济成本，更大的管理挑战。相比从前，所有这些使得战争对民众及其统治者来说越来越成为一个负担和问题。

以上四点构成了军事革命论的核心内容。当然，还有多得多的内容，比如军事教育和军事院校的发展，①成文"战争法"得到清晰表述，②有关战争与战争研究的作品大量出现，③等等。但是，军事革命论的四个基本要素是战术、战略、军队规模和总体影响。近来的研究可有对这些论点的修正？

首先，有一件事情变得明朗起来，将1560年这个年份选作军事革命的时间起点可有些不妙。罗伯茨描述的许多军事成就同样是文艺复兴时期意大利战争的特点：拥有职业常备军，军队经常集结，依照标准规模组织成小单元，携带统一武器，有时着装亦保持统一，军队不时在特别建造的兵营驻扎。15世纪许多意大利国家都保持着这些特点。关于雇佣军（*condottieri*）的军事行动，马基雅维利发过常被人们引用的嘲弄之语，说他们"无险境才出战，无危险才坚持，到战争结束时，却毫发无伤"。实则文艺复兴时期意大利的军队是有能力、有效率的，无论是攻还是守，法国、德意志、瑞士和西班牙入侵者都不得不采用雇佣军的作战方法，直到他们可以取得真正的进展。如下文所见，近代早期欧洲战

---

① 我们可以看到一些教育重镇，比如位于锡根（Siegen）、属于拿骚的约翰的军事院校（1617—1623年）；明显有着军事用途的课程，比如数学和击剑，添加到许多大学、学校的课程表中。不过，如果人们还记得战争在17世纪社会中的中心地位的话，更为正规的军事教育的匮乏仍会让人们感到有些吃惊。

② 罗伯茨评论了17世纪有关"战争法"研究大量涌现的现象（M. Roberts, *Essays in Swedish History*, pp. 216-217）。虽然如此，早在中世纪，战争法的基本原则便已对战争行为产生影响。参见 M. H. Keen, *The Laws of War in the Late Middle Ages*（London and Toronto, 1965）。

③ 仅在英格兰，在1470到1642年之间，总计至少有164部英文著作、460本外文著作出版。参见 M. J. D. Cockle, *A Bibliography of Military Books up to 1642*（London, 1900; reprint ed., 1957）; and H. J. Webb, *Elizabethan Military Science: The Books and the Practice*（Madison, Wis., 1965）。

争的特点(甚至下沉到词汇层面)在很大程度上直接来源于文艺复兴时期的意大利。①

虽然如此,毫无疑问,拿骚的莫里斯和他的近亲威廉·路易确实对荷兰共和国的军队做过某些重要的战术创新。他们缩减了战术单元的规模,显著增加了官员与下属人员的数量;增加了每个战术单元中火枪手、火绳枪手(合称"shot")的人数;引进了"反向行进"的古典战术。据此,一排排的火枪手按序列前进、射击、退回重新装弹。最后一点是确定无疑的新事物,不过,直到射击更精确且重新装弹很迅速的火枪被引入之前,其实用价值一直是有限的。② 另外,罗伯茨笔下莫里斯的其他战术创新,其"革命性"特征至少有一部分来自对16世纪早期"前革命阶段"战争所做的相当不公平的描绘。尤其是西班牙军队,罗伯茨用它来为拿骚的莫里斯的战术改革作陪衬,实则有着令人印象深刻的军事效能。到16世纪50年代,现役西班牙步兵通常由小型、统一、人数介于120至150人之间的小队(companies)组成,它又被编入人数介于1200至1500人之间的团(tercios)。③ 西班牙步兵通常包含人头集中的枪手,16世纪50年代,正是阿尔瓦(Alva)公爵率先把火枪手引入每个小队,到70年代,每个现役团至

---

① 关于意大利战争对欧洲军事史的影响,参见 P. Pieri, *Il Rinascimento e la crisi militare italiana*, 2d ed. (Turin, 1952); and M. E. Mallett, *Mercenaries and Their Masters: Warfare in Renaissance Italy*(London, 1974), especially chaps 7 and 9. 有关欧洲"军事革命"往往追从意大利先例的那些点,以下注释会逐次呈现。关于语言方面的遗产,参见注释20。(原注8——译者注)

② 反向行进战术是拿骚的威廉·路易设计的。1594年12月8日,一份演示相关情况的图解被送交莫里斯伯爵。该图解的摹本见 J. B. 基斯特(J. B. Kist)给 J. 德·盖恩(J. de Gheyn)的《军队操典》(*The Exercise of Armies*, facsimile ed., New York, 1974)所作注解的第6页。费尔德(Feld)认为反向行进将军队变为"连续生产的单位",士兵则变为某种类型的装配线工人,而这构成了一项重大的战术进步。从理论上说,这是正确的。不过,如上文所指出的,实际上,它们有着严重的缺陷(参见上文注释4。这篇重要而有趣的文章是达特茅斯学院的 P. D. 拉戈马西诺[P. D. Lagomarsino]善意带来从而吸引了我的注意)。

③ "一支12000人的西班牙军队会有四个单元"的说法是不正确的(M. Roberts, *Military Revolution, 1560-1660*, p. 7)。尽管罗伯茨在该文修订版中略掉了这一段,他还是高估了现役西班牙作战单元的规模(M. Roberts, *Essays in Swedish History*, pp. 59-60, 62)。现在,我们所知道的瑞典军队似乎也没有规模统一的团(C. Nordmann, "L'Armee suedoise au XVIIe siecle", p. 137, n. 23)。在古斯塔夫·阿道夫军中没有固定比例用来投射的长矛,这个问题完全依赖于征兵时可以获得多少武器。

少有两个纯由枪手组成的小队。① 和别的地方一样,在整个西班牙军队中,基本的战术、管理单元是小队:人员是按小队而非团和个体招募起来、受训、支薪的。尽管西班牙军队没有更大规模的战术单元,比如瑞典军队的旅(brigades)或营(battalions),它却有因应特殊任务将诸多久经战阵的小队组聚起来,形成一支特遣部队(名叫"escuadrón")的习惯,无论在什么地方,其人数总是在600到3000人之间,具体视执行何种任务而定。② 事实证明,这一针对步兵的弹性、非正式安排取得了相当令人满意的效果。同样,西班牙骑兵在行动中给人留下了深刻印象。它主要由一队队的轻骑兵组成,每队人数在60至100名之间,其中一些是持矛骑兵,一些是马上火枪手(arcabuceros a caballo)。在战斗中,比如1578年在让布卢(Gembloux),他们的介入便具有决定性作用。在其他时候,他们以冷酷无情的高效率维持着乡村地区的治安。和土耳其轻骑兵一样,他们也戴头巾,而且成功地效法了前者的战术。西班牙骑兵和步兵团一样令人恐惧、令人害怕。

西班牙更具常备色彩的军队同样以大量复杂的军制、附带任务而引人注目。在尼德兰和伦巴底,至少在1570年之后,便有以下事物存在了:一个特殊的军队宝库,一个有着精细分层、拥有自主权的法庭体系,一个发达的医护体系(包括固定的军事教学医院,流动的野战手术单元,每个团的常驻医生,覆盖全军、在一位大牧师统领下的随军牧师网络)。③ 就这套上层管理结构而言,人们至少能发现其中的部分安排(如果不能说全部

---

① 举一个例子,1571年5月12日,尼德兰有四个西班牙团举行了和平时期的集结,包含50个小队(平均每团12个队),7509人(每队150人,其中9人是官员)。在7509人中,596人(9%)是火枪手,1577人是火绳枪手,"枪手"人数占到了30%的比例。参见"Relacion sumaria de los soldados que se pagaron", *legajo* 547, fol. 99 bis, Estado, Archivo General, Simancas。

② 特遣部队同样是荷兰军队中的一种普通战术单元(*eo nomine*),参见 J. W. Wijn, *Het Krijgswezen in den tijd van prins Maurits* (Utrecht, 1934), p.424。关于对应的瑞典战术单元,参见 A. Aberg, "The Swedish Army, from Lutzen to Narva", in *Sweden's Age of Greatness, 1632-1718*, ed. M. Roberts (London, 1972), p.282。

③ 参见 Geoffrey Parker, *The Army of Flanders and the Spanish Road, 1567-1659; The Logistics of Spanish Victory and Defeat in the Low Countries' War*, pp.167-172 及其引用的材料。在为部队提供宗教关怀方面,西班牙和瑞典看似远远领先于他国。1623年后,甚至有耶稣会神父身在敦刻尔克的私掠民船中(参见 E. Hambye, *L'Aumônerie de la flotte de Flandre au XVIIe siecle* [Louvain, 1967])。此外,1588年西班牙无敌舰队中的每个士兵都会收到有圣母玛丽亚像的铅章,在爱尔兰离岸的舰队沉海处,船舶考古学家还发掘出一些铅章。德意志的瑞典军队则有在一位随军大牧师统领下的"宗教聚会",每个士兵都分发一本路德宗的祈祷书(C. Nordmann, "L'Armee suedoise au XVIIe siecle", p.136)。

的话）与那不勒斯、西西里的西班牙常备军是有着紧密联系的。16 世纪的西班牙还有针对士兵的复杂训练计划。用一位眼红的英国观察者在 1590 年的话来说："他们接到的命令是，无论战事出现在何处，来自菲利普二世属下各领地、各行省的守备部队须为行动中的步兵团提供补给。在他们开拔之前，由 besonios（也就是我们所说的新兵）顶替其位置。通过这些方法，菲利普二世训练自己的新兵，为部队供应训练有素的士卒"。① 至少从 16 世纪 30 年代起，西班牙入伍新兵一开始被派赴的地方便不是前线，而是意大利或北非的守备部队处。在那里，他们学习步兵团的武器技能和战斗纪律，时长一到两年。之后，才投入现役。顶替其位置的是又一批新兵。② 这是一个效力非凡的体系，它有助于解释西班牙步兵团引人注目的军事水准、声誉与战绩。毕竟，他们于 1634 年在诺德林根（Nordlingen）击溃了瑞典的"新模范"军。

为免有人说这看似是一个流于幻想的西班牙史学者特别恳请（人们注意西班牙步兵团的成就），我们可以同样有力地指出：在 16 世纪 70 年代，奥地利哈布斯堡王朝几乎原封不动地将这套体系引入其驻守克罗地亚、匈牙利边疆的常备军。③ 即便这一点犹嫌不足，我们还可以举 15 世纪法国、英国和意大利诸邦的军事组织为例：他们都发展出训练精良的常备军；在奔赴前线之前积累了丰富的守备部队经验；除了摆出方阵，还可按线式阵型作战；化作小型、独立的战术单元；受控于特别的军事管理部门。④ 一个简单的事实是，哪里有长期或暂时的战争状况（无论是中世纪后期的百年战争还是 17 世纪的三十年战争），人们都

---

① Roger Williams, *The Works of Sir Roger Williams*, ed. J. X. Evans (Oxford, 1972), p. 15. 亦参见弗朗西斯·培根爵士 1624 年对该说法的确认，他说："西班牙力量的大秘密……将大白于世，与其说这种力量存在于各王室领地和行省，不如说取决于老兵队伍。比如，有好多次，在基督教世界的不同地域，他们将我们的军队踏于脚下，从那时以至于今，差不多过去了 120 年。"参见 *Certaine Miscellany Works* (London, 1629), quoted in Williams, p. cxli.

② Geoffrey Parker, *The Army of Flanders and the Spanish Road, 1567-1659: The Logistics of Spanish Victory and Defeat in the Low Countries' War*, pp. 32-35.

③ G. E. Rothenburg, *The Altstrian Military Border in Croatia, 1522-1747* (Urbana, Ill., 1960), Chaps. 3-5; and E. Heischmann, *Die Anfange des stehenden Heeres in Oesterreich* (Vienna, 1925), passim.

④ R. A. Newhall, *Muster and Review: A Problem of English Military Administration, 1420-1440* (Cambridge, Mass., 1940); P. Contamine, *Guerre, état et société à la fin du moyen âge: Etudes sur les armées du roi de France, 1337-1494* (Paris and The Hague, 1972); C. T. Allmand, *Society at War: The Experience of England and France during the Hundred Years' War* (Edinburgh, 1973); and M. E. Mallett.

可以发现以下不足为怪的现象:常备军;军队更大程度的职业化;军事组织的改进和某些战术创新。17世纪20年代的古斯塔夫·阿道夫、16世纪90年代的拿骚的莫里斯,为应对前人在先前所遭受的灾难性失败,都被迫大刀阔斧地改革自己的军队。就灵感而言,诚然他们在一定程度上是以弗朗蒂努斯(Frontinus)、韦格提乌斯(Vegetius)、埃利安(Aelian)为师的。不过,和其他君王一样,他们学习的对象还有其他一些更成功的军事实干家,特别是西班牙的将军们。伊丽莎白统治时期最优秀的三位英国军事作家是威廉·加勒德(William Garrard)、汉弗莱·巴威克(Humphrey Barwick)和罗杰·威廉斯爵士。他们均有在法兰德斯西班牙军中服役数年的经历。他们力赞西班牙军队的做法,将其树为其他军队的榜样。① 低地国家的战争好比一个培训班,德意志三十年战争和英国内战中的伟大统帅就是这里培养出来的。② 北欧很大一部分军事词汇应该来源于西班牙,此事绝非凑巧。③

不过,荷兰人做出了自己的杰出贡献。拿骚的莫里斯和他的那位近亲确信有必要推动部队的标准化和齐一性。

---

① 加勒德在尼德兰服役于雪弗贺(de Chevreux)男爵的勃艮第步兵团达14年之久。从1574直至1578年,威廉斯在胡利安·罗梅罗(Julian Romero)的西班牙步兵团服役。巴威克提起过自己曾服役于西班牙军中,但没有指明服役期有多长。他们都将自身经历很好地融入自己的著作中。参见 H. J. Webb, *Elizabethan Military Science: The Books and the Practice*, pp. 44–50。当然,在16世纪的大部分时间里,"崇古派"(他们相信希腊、罗马已在除了宗教的所有领域提供了可供复制的样板)与"尚今派"(与崇古派对立,上面提到的三位作家即属该阵营)之间存在着激烈争论。亦参见 W. Hahlweg(上文注释4)。

② 关于实例,参见 F. Redlich, *The German Militarw Enterpriser and His Workforce*, 2 vols. (Wiesbaden, 1964), Vol. 1, pp. 157–162。(原注19——译者注)

③ 罗杰·威廉斯爵士为自己《论战争》(*Discourse of Warre*, 1590)一书的读者点明了如下一点并做了强调:"有些人会因书中给出的一些奇怪的堡垒名而责备我,我实属无辜:在我而言,我只知道外国人给出的那些名字,因为这类名字在我们的语言中要么很少,要么没有。"(Roger Williams, *The Works of Sir Roger Williams*, p. 41) 在尼德兰,西门·斯特万(Simon Stevin)的《堡垒指南》(*Sterckebouwing*, Leiden, 1594) 在书中页边列出外国军事术语,并加以解释。埃马努埃尔·范·梅特仑(Emanuel van Meteren)的《低地国家史》(*History of the Low Countries*, The Hague, 1612) 是一本讲述荷兰起义的大众著作,其中包含特别的外国军事词语 ("Vreemde krijghs-vocabulen")。在每一支现代军队中,许多流行的头衔("captain" "sergeant",等等),还有某些现已弃用的头衔(比如"reformado",即没有所辖作战单元的临时官员) 似乎都来自西班牙或意大利,再传到法国、尼德兰和英格兰(参见 J. Herbillon, *Elements espagnols en wallon et dans le frant ais des anciens Pays-Bas* [Liege, 1961])。尽管如此,最初时,这些军事术语有许多似乎是从意大利语转为西班牙语的(J. Terlingen, *Los Italianismos en español desde la formación del idioma hasta principios del siglo XVII* [Amsterdam, 1943])。关于法兰德斯语、荷兰语对西班牙语词汇的借用,未见有人做过全面分析,不过,有一篇概略性的介绍,参见 C. F. A. van Dam, "De Spaanse woorden in het Nederlandsche", in *Bundel... aangeboden aan Prof. Dr. C. G. N. de Vooys* (Groningen, 1940), pp. 86–103。

1599年,他们从议会获得资金,为共和国整个野战部队装备同样尺寸、规格的武器。大约与此同时,拿骚的约翰二世开始从事与新的军事训练方法有关的工作,即编制图解指南。他分析了掌控主要步战武器所必需的各种不同动作,给其标上数字,并准备了一系列相应的解析图。配给长矛的有15幅图;火绳枪,25幅;滑膛枪,32幅。1606—1607年,整个工作方案被推倒重来,此时,长矛对应32种体位。每种火器对应42种体位,在约翰伯爵的监督下,一连串标上数字的图画被镌刻出来,公开发行,即雅各布·德·盖恩(Jacob de Gheyn)的《武器操典:火绳枪、滑膛枪与长矛》(Wapenhandelinghe van roers, musquetten ende spiessen, Amsterdam, 1607)。该书迅速传播,有荷兰语、法语、德语、英语甚至丹麦语等多种版本。盗印、抄袭的版本层出不穷。之后,不断有人大显身手,推出竞争性的手册,其中卓尔不群者当数约翰·雅各布·冯·瓦尔豪森(Johan Jakob von Wallhausen)的《步战艺术》(Kriegskunst zu Fusz, 1615)、亨利·赫克斯哈姆(Henry Hexham)的《军事艺术要理》(Principles of the Art Militarie, 1637),以及让·德·洛斯特诺(Jean de Lostelneau)的《战斗的统帅》(Mareschal de bataille, 1647)。新风格的军事教材突然风行起来,能对此提供解释的是16世纪的战术变革。单一的大型长矛方阵演变为长矛-射击融而为一的阵型,更细致的军阶等级体系由此成为必要,这就给初级、下级官员增添了越来越多的负担。他们成为沟通军队指挥官与小型战术单元的关键环节。他们不得不管控、约束、训练自己的部下。正是为了回应他们的需求,德·盖恩和其他人创作了自己的操典。W. 范·登·法尔克特(W. van den Valckert)在1625年给阿姆斯特丹的民兵队绘制了一幅画,其中所表现的情形应具有极为典型的意义:我们看到,德·盖恩的《武器操典》事实上翻开了摆在站立的队长面前,后者试图弄明白接下来做什么! 荷兰人或许没有战术"革命"上的开创之功,但他们确实创造了利用革命性效应的最佳方法。①

---

① 范·登·法尔克特给伯格(Burgh)队长属下民兵队画的画悬挂在阿姆斯特丹的荷兰国立博物馆。该画与伦勃朗更著名的一幅画相似。伦勃朗画的是汉斯·班宁·科克(Hans Banning Cocq)属下的小队,完成于1642年。在基斯特评论德·盖恩的著作中有复制的部分(第37页),它清晰展现了德·盖恩的著作。基斯特毋庸置疑确立了拿骚的约翰二世对《武器操典》创作的影响(第14~15页),他还提到了1599年荷兰军中采取的装备标准化措施。关于德·盖恩著作首部英文版的更多信息,参见 Anna E. C. Simoni, "A Present for a Prince", in *Ten Studies in Anglo-Dutch Relations*, ed. J. A. van Dorsten (Leiden and London, 1974), pp. 51–71。

由此,对于莫里斯亲王和古斯塔夫国王所引入的战术和常备军的新奇性,我们有理由加以质疑。古斯塔夫战略的原创性亦有可商榷的空间。罗伯茨又一次以贬损性的评论起头,其矛头直指16世纪将军们的做法:"在莫里斯亲王的时代,欧洲战争的了无新意堪为当时战略思维的精确标尺。"在另一段话中,罗伯茨说:"战略思维处在衰败状态;战争让自己永垂不朽。"①此时,对16世纪战略思维之演化具有关键影响的是全新种类的防御堡垒的出现,即意大利式要塞(trace italienne)。此种要塞由又低又厚的墙圈围起来,拐角处是四边形的箭堡(bastions)。15世纪,人们逐渐明白,火炮铸造技术与火炮的改进让中世纪又高又薄的城墙变得不堪一击,一次短时间的"炮弹"连续轰击便让城墙轰然倒塌。格拉纳达王国在15世纪80年代为何如此轻易地落在基督徒手中(要知道,它先前进行了长达七个世纪之久的成功抵抗),其原因便在于如下事实:斐迪南和伊莎贝拉可以拉来一连串的攻城炮,其数约180门,用来轰击摩尔人的堡垒。②15世纪三四十年代,英国在法国的领地很大程度上也是被查理七世的火炮重新征服的。1453年,在卡斯蒂永(Castillon),大炮甚至赢得了一场战役。战争主动权开始掌握在进攻方手中,由此,并不令人惊奇的是,到1500年,所有欧洲大国都拥有一支强大的炮兵队伍,用来对抗邻国或压服不驯臣民。意大利是围城战最盛行的地方,那里的军事建筑师最先试验可以承受炮击的新型堡垒战术。约翰·黑尔教授对这种防御工事在意大利的演化进行溯源,约在1450年(其时,此种堡垒首次亮相)到16世纪20年代(此种堡垒遍地开花)之间。这一成就"革新了战争的防守-进攻模式",因为有一件事情很快变得显而易见:由意大利式要塞护卫的城镇不会陷落于传统的炮击、进攻方式。以往必须得将城镇围困,断其粮道才能让其屈服。③法国军事作家富尔凯沃(Fourque-

---

① M. Roberts, *Military Revolution, 1560-1660*, p. 7, and *Essays in Swedish History*, p. 202.

② M. A. Ladero Quesada, *Castilla y la conquista del reino de Granada* (Valladolid, 1967), p. 127. 有关火炮对欧洲重要性的总体评估,参见 C. M. Cipolla, *Guns and Sails in the Early Phase of European Expansion, 1400-1700* (London, 1965)。虽然如此,旧式城堡的消失并不是在一夜之间发生的。在许多不易引入火炮的地区,中世纪堡垒仍保有自己的价值。参见 H. M. Colvin, "Castles and Government in Tudor England," in *English Historical Review*, Vol. 83, No. 327, 1968, pp. 225-234。

③ J. R. Hale, "The Early Development of the Bastion: An Italian Chronology, c. 1450-c. 1534," in *Europe in the Later Middle Ages*, ed. Hale, J. R. L. Highfield, and B. Smalley (London, 1965), pp. 466-494.

vaux)在1548年宣称,超过50年(也就是说,在箭堡时代之前建的)的堡垒几乎配不上"堡垒"的称号。罗杰·威廉斯爵士亦附和道:"我们必须得承认,亚历山大、恺撒、西庇阿和汉尼拔是尊荣无比、赫赫有名的勇士;尽管如此,你得搞清楚……他们绝不能……如此轻易地征服这样的国家——如果其防卫做得像德国、法国和低地国家那样,自他们的时代以来,亦无人有此本领。"①由此,只要有被攻打的危险,各大强国便争先恐后地建造这些堪称"奇迹"的新型防卫设施,比如伦巴底、匈牙利、低地国家、英格兰南海岸沿线地带,以及其他地方。

碰巧的是,这些区域都是大平原,用费尔南德·布罗代尔的话说,是少数大城镇统领乡村地带的"大陆岛"。得城镇者得乡村。由此,在所有这些区域,战争成为堡垒争夺战和一系列旷日持久的战争。在这些区域发生的战斗通常互不相干,除非它们有助于决定围攻战的结果。哪怕在野战中获得全胜,也并不必然迫使守卫森严的城镇投降:它们可能继续抵抗,在1577年那场著名战斗之后,圣昆廷城就是这样做的,采取同样办法的还有1572年之后的荷兰、泽兰城镇。最后,要么这些城镇因粮草不济开门请降,要么敌人因精疲力竭撤围而去。② 自然而然地,由于意大利式要塞被引入最有可能发生战事的那些地区,也由于16世纪的大多数战争确实发生在这些地方,我们可以得出一个和罗伯茨一样的正确结论:如同拿骚的莫里斯,大多数将军"绝无任何驰骋疆场的雄心壮志"。这仅仅证明他们对战略现实有着清醒把握。不过,无论何时发生战争,碰巧的是,它们发生在没有意大利式要塞的地区:1529年前的意大利;宗教战争期间的法国中部;而后,在战事既频繁且重要的时期,是不列颠群岛或德意志。例如,1525年的帕维亚,1547年的米尔伯格(Mulhberg),1590年的伊夫里(Ivry),等等。在这些地区,人们甚至有可能执行有意识的毁灭战略(Vernich-

---

① G. Dickinson, ed., *The "Instructions sur le faict de la guerre" of Rawmond de Baccarie de Pavie, Sieur de Fourquevaux* (London? 1954), p. 85; and Roger Williams, *The Works of Sir Roger Williams*, p. 33.

② Geoffrey Parker, *The Army of Flanders and the Spanish Road, 1567-1659; The Logistics of Spanish Victory and Defeat in the Low Countries' War*, pp. 7-11 and nn. thereto. 中世纪的许多战争亦合此理。根据最近的一项研究,百年战争的"特征更多表现为围攻而不是其他形式的战争行动"(C. T. Allmand, *Society at War: The Experience of England and France during the Hundred Years' War*, p. 7; see also pp. 6-9, 104-122)。

tungsstrategie)。① 还有一点同样是正确的：在没有堡垒、战事更为频繁的地方，骑兵占据了更显眼的位置。比如在欧洲的大草原边疆，有哥萨克和巴尔干骑兵（stradiots）；在德意志、英格兰内战期间，有帕彭海姆（Pappenheim）、鲁珀特（Rupert）亲王以及克伦威尔铁骑军的奋勇冲锋。不过，甚至在这些冲突的舞台，战役都鲜少"具有决定性"——这是在它们将战争很快带向终点的意义上说的。无论是布莱登菲尔德战役，还是洛肯（Lutzen）战役、威次托克（Wittstock）以及扬科（Jankow）战役，瑞典"新模范"军的这四场大胜都没有终止三十年战争。在这场战争中，有两场战役（1620年的白山战役与1634年的诺德林根战役）最接近获得"全"胜，不过凑巧的是，赢得胜利的是西班牙的"老式"军队。

17世纪的将军们和他们的前辈一样，被迫听凭军事地理的摆布。1632年，华勒斯坦统率的帝国军队退至为他们特别准备的、靠近纽伦堡的旧堡（Alte Veste）要塞。古斯塔夫·阿道夫被迫花费了大把时间，大量人力、金钱，试图饿死他们。最后，他失败了。在法国，沃邦不辞劳苦地修建了一连串新式防卫设施，全部围绕着该国暴露在敌人面前的敏感边疆地带。库霍尔恩在联省共和国做的是同样的事情。17世纪晚期的这些堡垒是巨型的星状建筑群，使攻城火炮英雄无用武之地。它们在19世纪60年代之前一直保持了战略上的重要地位。无论哪里有它们，战役都变得无关紧要，这实在是一件非比寻常的事情。整个近代一如中世纪，战略的形塑者是

---

① 汉弗莱·吉尔伯特（Humphrey Gilbert）爵士的政策可以为证。此人是伊丽莎白女王派往爱尔兰军队的指挥官（1579年），也是经历过低地国家战争的老兵。"他更进一步，残酷地执行命令：无论何时行军，或深入敌人的地方，男女孩童，尽皆屠戮，地上的东西，尽可能地破坏、毁损、焚烧；自己可以糟蹋、享用的，不留一点完好无损地给敌人……对付那些常常因逃避而避开刀剑之口的兵士，可以用饥饿之法夺其性命，其威力仿若手刀"。参见 Thomas Churchyard, *Generall Rehearsall of Warres*, London, 1579. 引自 J. T. Johnson, *Ideology, Reason, and the Limitation of War: Religions and Secular Concepts, 1200-1740*, Princeton, N.J., 1975, pp.141-142. 约翰逊指出，这是如下反革命规条的一个早期应用案例："如果革命活在人群当中，如同鱼儿活在水中，那么，竭泽便可杀鱼。"

军事地理。① 明了军队规模的膨胀(此一状况同时见于海军),战斗人员的增长数量也是显而易见的,只要比较以下两类战役就知道了:一类,帕维亚之战(1525年)、纽波特(Nieuwpoort)战役,双方各有10 000人参战;一类,德南(Denain)之战(1710年),双方各有10万人参战。

由此,关于罗伯茨军事革命战术、战略方面的意义,人们便可提出一些怀疑了。不过,绝无可疑的是罗伯茨军事革命的第三个要素:军队规模的增长。1530到1710年间,无论是欧洲强国领薪军队的总人数,还是参与欧洲重大战役的军队总人数,都有十倍增长。表1证

表1 军队人数的增长,1470—1710年

日期	西班牙君主国	荷兰共和国	法国	英国	瑞典	俄国
15世纪70年代	20 000		40 000	25 000		
16世纪50年代	150 000		50 000	20 000		
16世纪90年代	200 000	20 000	80 000	30 000	15 000	
17世纪30年代	300 000	50 000	150 000		45 000	35 000
17世纪50年代	100 000		100 000	70 000	70 000	
17世纪70年代	70 000	110 000	120 000		63 000	130 000
18世纪10年代	50 000	100 000	400 000	87 000	100 000	170 000

材料来源:关于西班牙的数据,参见 M. A. Ladero Quesada, *Castilla y la conquista del reino de Granada*, p.159; Geoffrey Parker, *The Army of Flanders and the Spanish Road, 1567-1659: The Logistics of Spanish Victory and Defeat in the Low Countries' War*, p.6; and H. Kamen. *The War of Succession in Spain, 1700-1715* (London. 1969), pp.59-60(只限于西班牙本土信息)。关于荷

---

① 军事地理同样影响了军事理论。诚然,隆多诺(Londono)、巴尔德斯(Valdes)、埃斯卡兰特(Escalante)和其他同时代的西班牙战争作家很少谈论战役。不过,其原因是1559年之后,在西班牙打的战争中,战役几乎就失去了必要性。至少,西班牙参与的两场战争与扩展版的游击行动无甚差别,无论是在加利西亚(Galicia)和智利都是如此。由此,并不令人感到惊奇的是,我们发现欧洲最早的游击战手册出自一个西班牙人贝尔纳多·德·巴尔加斯·马丘卡(Bernardo de Vargas Machuca)之手,他有在智利多年战斗的经验。他写于1599年的著作《印第安行军记》(*Milicia de las Indias*)描述了丛林作战的状况。20或30人组成的行动队由队长(*caudillo*)率领,此人不仅通晓领兵作战,也知道如何医治森林深处所受创伤(其疗法多数与使用烟草作止痛剂有关),在行军途中要带上哪些蔬菜种,冬种春收,等等。据巴尔加斯·马丘卡观察,智利的印第安人从不打战,因为惨痛的经验告诉他们:他们总是输掉战斗! 有关西属美洲北部边疆类似的游击战描述,参见 P. W. Powell, *Soldiers, Indians and Silver: The Northward Advance of New Spains 1550-1600* (Berkeley, 1969)。

兰共和国的数据,参见 F. J. G. Ten Raa and F. de Bas, *Het Staatsche leger*, *1568-1795*, 6 vols. (Breda, 1911-1918), Vol. 1, passim。关于法国的数据,参见 P. Contamine, *Guerre, état et société à la fin du moyen âge: Etudes sur les armées du roi de France, 1337-1494*, pp. 313-318; F. Lot, *Recherches sur les effectifs des armées francaises des guerres d'ltalie aux gurres de religion (1494-1562)* (Paris, l962), pp. 135-188; L. Andre, *Michel le Tellier et ltorganisation de l'armee monarchique*, pp. 271-328; and H. Méthivier, *Le Siècle de Louis XlV* (Paris, 1962). p. 68。关于英国的数据,参见 C. G. Cruickshank, *Elizabeth's Army* (Oxford 1966), passim; C. Firth, *Cromwell's Army* (I, ondon. 1962). pp. 34-35; and R. E. Scouller, *The Armies of Queen Anne* (Oxford, 1966), chap(a). 3。关于瑞典的数据,参见 M. Roberts, *The Early Vasas: A History of Sweden. 1523-1611* (Cambridge, 1968), pp. 399-404; and C. Nordmann, "L'Armee suedoise au XVIIe siecle", pp. 133-147。关于俄国的数据,参见 *New Cambridge Modern History* (Cambridge, 1964), Vol. 5, p. 577。R. Bean, "War and the Birth of the Nation-State", in *Journal of Economic History*, Vol. 33, No. 1, 1973, pp. 203-221 一文提供了一些更进一步的数据。

不过,如果我们接受罗伯茨有关军队人数增长的论点,由因及果,我们却不能接受他的相关解释。这不能如他所认为的那样从拿骚的莫里斯、古斯塔夫·阿道夫的战术、战略创新推导出来:首先,是因为这些创新并不那么新;其次,也是更重要的,是因为军队规模的快速、持续增长在时间上先于它们。1552年,在围攻梅斯(Metz)时,查理五世皇帝便拥有55000人的大军,过了很长一段时间,莫里斯才来到这个世界上;1574年,法兰德斯的西班牙军队已达到86000之数,那时的莫里斯亲王还是一个六岁的孩子。事实上,军队规模"剧增"是其他一些战术变化促成的。

就中世纪大部分时间而言,任何一支军队的主要组成部分都是重装骑兵,他们由全副武装骑在马背上的骑士组成,每匹马都包上重达3英担①的金属配件,快速奔行。这样的骑兵很笨重,却是昂贵、稀有之物。不过,他们却能赢得重大胜利,比如1098年的安条克(Antioch)之战、1214年的布汶(Bouvines)之战、1382年的罗斯贝克(Roosbeke)之战。不过,尤其是在14、15世纪,他们也遭受了一些灾难性惨败。因为人们发现,重装骑兵冲锋常常是可以阻挡的,无论弓箭

① 1英担约为50.8千克。——译者注

群射还是长矛之林均有此功效。后来，人们还发现，一旦重装骑兵被长矛刺透、消灭，长矛兵还可以作为有力的工具，向其他的长矛兵团发起猛攻。瑞士步兵在15世纪70年代便获得了对勃艮第"大胆"查理的多次胜利，其中的教训不可谓不重。在意大利战争中，每支军队中的步兵以稳固之势成为人数更众、更具决定性的力量。1494年，查理八世的军队由约18000人组成，半数是骑兵；1525年，弗朗西斯一世的军队有约3万人众，五分之一是骑兵。骑兵数量无论从绝对还是相对意义来说都衰减了。① 从骑兵到步卒的重心转换对军队规模来说具有关键意义。有能力自备武装、战马用于冲锋的骑士数量是有限的，然而，可以征召入伍，领取长矛、刀剑和头盔的平民数量却是不受限的。长矛兵基本装备的耗费比他一个星期的军饷多不了多少，在某些情况下，甚至这样一笔少得可怜的费用都可以从军饷中扣除。

由此，拜长矛兵的胜利所赐，政府有了征召、武装、训练无限制数量的人众的可能。通往不受限制的军力增长的道路敞开了。不过也仅仅是"敞开"了。究其缘由，没有任何积极的力量**促动**一支军队去扩充自己的人数。事实上，在"大胆"查理最终战败与军队规模发生首次大规模增长（16世纪30年代）之间，有50多年的时长。此一增长成为必要，乃因要给有意式要塞护卫之城镇断粮，需要巨大的军队。继这一增长期而来的是长达40年的停滞期，直到16世纪80年代之后，军队规模才有进一步的增长。集中更大规模的军队投入战场对任何一个政府来说都是黄粱美梦，原因很简单，没有人拥有必需的组织力量，可以动员、负担、供应这样一支军队。到16世纪中期，整个欧洲只有区区十个城市的人口超过6万。在瑞士人丰功伟业的前景全面实现之前，在跨越中世纪军队规模的门槛之前，欧洲国家的财政、行政资源必须做出重大改变。②

军队人数增长所仰赖的不仅是战术之类的内因，也包括大量与战争艺术本

---

① 参见 F. Lot, *Recherches sur les effectifs des armées francaises des guerres d' ltalie aux gurres de religion* (1494-1562), pp. 21, 56（表1材料来源征引了此人的著作）。甚至在骑兵持续扮演战斗中的决定性角色的地方（比如在法国宗教战争中），（除了战术）骑兵的性质与组成亦与15世纪的骑兵（*gendarmerie*）全然有别。参见 R. Puddu, *Eserciti e monarchie nazionali nei secoli XV-XVI* (Florence, 1975), pp.35-36。

② R. 比恩（表1材料来源征引了他的著作：R. Bean, "War and the Birth of the Nation-State"）提出了一个相似的看法，但未能提供令人信服的证据。参见以下对比恩一文发人深省的讨论：D. Ringrose and R. Roehl, "Comment on Papers by Reed, deVries, and Bean", in *Journal of Economic History*, Vol. 33, No. 1, 1973, pp.222-231。

身毫不相关的外因。我们可以确认四个关键因素。首先,很显然,必须要有能够组织并控制大量军队的政府。我们可以注意到一个有趣的现象,在16世纪30、80年代和17世纪末,西欧发生了几波重要的行政改革浪潮,它们恰好与军队规模增长的几个重要阶段吻合。① 一方面,官僚组织的成长对更大规模军队的创建来说是必需的;另一方面,同样有必要的是控制官僚组织。17世纪早期官僚组织快速的数量扩张推动了一定程度的分权化:政府借助企业家(entrepreneurs)招募军队、水手,在地中海国家,招募对象还包括舰队。据估计,在1631—1634年之间,单单在德意志便有约300个招募军队的军事企业家。从弗里德兰(Friedland)公爵、帝国军队统帅阿尔布雷希特·冯·华勒斯坦(Albrecht von Wallenstein,他征召的是签署合同的整支军队),从瑞士到蒂罗尔(Tyrol)的小贵族(征召单支队伍甚至是一小队人马),都在企业家之列。此种情况见于欧洲大部分地区,甚至见于西班牙(在16世纪,它的军队征召曾是令人艳羡、专为王室保留的垄断权利)②这样的国家。尽管如此,我们要注意一件重要的事情:就全欧洲而言,只有克伦威尔成功模仿了罗马将军或意大利雇佣军首领,他从自己的平民雇主(civilian employers)那里夺取了政治权力。在别的地方,如果排除奥斯曼帝国连同其禁卫军,我们总是可以看到,政府对自己的军队首领保持严密控制并将其军队置于连续不断的监控之下。战争部门的数量在每个国家都在猛增,军事企业家和其他中间商存在的空间消失了,他们与军队中的每个士兵建立了直接联系。军队的具体数据开始得到记录,如此,近代早期无数人的军饷单就成为他们唯一流传下来的历史

---

① J. Vicens Vives, "Estructura administrativa estatal en los siglos XVI y XVII", in *Xle congrès international des sciences historiques*: *Rapports*, Vol. 4 (Stockholm, 1960), pp. 1-24; 1. A. A. Thompson, "The Armada and Administrative Reform", in *English Historical Review*, Vol. 82, No. 325, 1967, pp. 698-725; G. N. Clark, *The Seventeenth Century*, 2nd ed. (Oxford, 1961), chaps. 6, 7; and J. A. Maravall, *Estado moderna y mentalidad social*, 2 vols. (Madrid, 1972), passim, especially Vol. 2, pp. 513-585. 有关军事中间商(military middlemen)组织战争的经典描述,参见 F. Redlich, *The German Militarw Enterpriser and His Workforce*(上文注释19)。

② 关于16世纪西班牙的军事承包,参见 I. A. A. Thompson, *War and Administrative Devolution*: *The Military Government of Spain in the Reign of Philip II* (London, in press)。

印记。①

军队人数的扩张还有赖某些基础性的技术改进。为了供应5万人(以及随军杂役)行军途中的补给,必须要满足的条件是:集中足够数量的炉灶,每日产出5万个面包;至于喝的,要集中足够的水、葡萄酒和啤酒;还要有足够的马车、马匹驮行李(折算起来相当于每人半吨物资),足够的帐篷、床褥或简易住所,至少能让将官安顿休息。② 直到16世纪后期,这样大规模的基本人类需求才能得到满足。另一个必须克服的基础性技术问题是关于道路的。17世纪以前,集聚起来的大量军队无法做到快速行军,因为在意大利以外,可以让大型军队、补给车队和火炮通行自如的道路是付诸阙如的。16世纪,每次大军远征,甚至在军队频繁使用的路线上,比如从伦巴底到卢森堡的"西班牙大道",人们都必须在山区、沼泽湿地修建新的堤道,逢河遇水搭建特殊的桥梁。施工频率一般是两年一次,因为在大军通过之后,一切又会恢复原状。③ 直至17世纪晚期,各国政府看到了建造、维护永久性军事要道的需要,并且掌握了相关手段:瑞典的查理十一和法国的路易十四在17世纪80年代引领了风潮。进入18世纪,道路甚至开始被用作帝国主义的工具,一如罗马帝国、中华帝国和印加帝国曾经的作为。韦德(Wade)将军的军事道路网便主要是在1726—1767年之间铺设的,为的是驯服苏格兰高地。

尽管如此,为了达成这个目标,人们需要金钱。到这里,两个其他的(或许也是更重要的)约束军力增长的因素摆在我们面前。首先,社会必须达到一定的财富水平,为旷日持久的军事开支提供支持。其次,必须要有征调财富的手段。在1450到1600年之间,欧洲人口看起

---

① 如此大量的军事记录(比如16世纪的)可以派上什么用场,参见 Geoffrey Parker, *The Army of Flanders and the Spanish Road, 1567-1659: The Logistics of Spanish Victory and Defeat in the Low Countries' War*(上文注释3);关于18世纪,参见 A. Corvisier, *L'Armée française de la fin du XVIIe siecle au ministère de Choiseul: Le Soldat*, 2 vols. (Paris, 1964);关于19世纪,参见 E. Le Roy Ladurie and P. Dumont, "Quantitative and Cartographical Exploitation of French Military Archives, 1819-1826", in *Daedalus*, Vol. 100, No. 2, 1971, pp. 397-441。

② 来自法兰德斯军队的某些案例,参见 Geoffrey Parker, *The Army of Flanders and the Spanish Road, 1567-1659: The Logistics of Spanish Victory and Defeat in the Low Countries' Wars*, Chaps. 2, 3。

③ Ibid., Chap. 3. 尽管如此,读者需注意的是:道路并非军队行军的唯一限制因素。参见 J. Milot, "Un Problème opérationnel du XVIIe siècle illustré par un cas régional", in *Revue du nord*, Vol. 53, No. 209, 1971, pp. 269-290。米洛(Milot)认为,至少在1700年之前,战术因素决定了现役军队不得不以单一阵型(人数可达5万之众)行进。没有任何既有的道路网可以应付这么多人行军,大部分军队必须得清理树木、灌木丛,开出路来,正如前几百年前人所做的。

来几乎翻了一番,在某些地区,甚至还不止;毫无疑问,在相同的时期,欧洲总财富也出现了显著增长。1660 年之后,无论人口还是财富都开启了再度增长之势。此种新的繁荣局面在各地为税收提供了大好机遇,其手段要么是间接的(给消费品课税),要么是直接的(通过名目繁多的土地税、资产税和极为罕见的所得税)。在 16 世纪,政府收入增加是一个遍地开花的现象,政府的手从未像现在这样往纳税人的口袋、钱包里伸得这么深。尽管如此,没有任何一个政府纯靠当下税收便能负担一场耗时长久的战争。事实证明,足够支撑平时军队规模的收入绝对无法与大战的耗费相提并论,后者虽无法测度,其数目必巨大无疑。由此,国家不得不将每次战争的耗费分摊到许多和平年份:或提前积攒钱财(1585 年伊丽莎白女王决定对西班牙开战前的做法),或倚仗银行家和商人的贷款,提前支用来年的收入。如果军队规模小,或许就没有那么大的问题。就 1494 年至 1529 年的意大利战争而言,法国的融资工作似乎并未产生什么不良后

果。① 不过,进入 16 世纪,情况就大不一样了。因为除了战争次数增多、时间变长(总体耗费肯定增加了),还有所谓的"价格革命",后者意味着相比 1500 年,在 1600 年把一个士兵送入战场的花费要多得多。此一事实自然未逃过当时人的注意:"如果有人将菲利普二世国王麾下陆海军当前的花费,与其父查理五世皇帝麾下军队的花费做一对比,他会发现,同样数量的人,今日所需的用度三倍于昔。"②这段话写于 1596 年,真要说起来,它还算是低估了实情。无论如何,无可争议的是,战争的耗费比以前更多了;对卷入那么多迁延日月的冲突之中的西班牙来说,此一情况尤为令人触目惊心(参见图 1)。

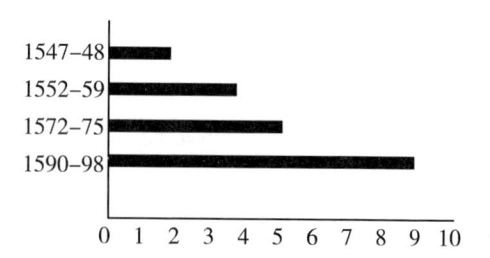

时期	支出
1547—48	▇▇
1552—59	▇▇▇▇
1572—75	▇▇▇▇▇
1590—98	▇▇▇▇▇▇▇▇▇

0 1 2 3 4 5 6 7 8 9 10

图 1 西班牙年均对外战争支出(单位:百万弗罗林③)。数据来源:Geoffrey Parker,

---

① P. Contamine, "Consommation et demande militaires en France et en Angleterre, XIIIe-XVe siècles" (paper delivered at the Sesta Settimana di Studio, Istituto Internazionale di Storia Economica, Prato, May 3, 1974), pp. 26-27.

② Esteban de Ibarra, Spanish secretary of war, memorandum dated December 15, 1596, Additional Manuscript 28. 373, fols. 129-130, British Museum, London(本人翻译)。

③ 一种金币,起源于中世纪晚期的佛罗伦萨,后一度成为欧洲通行货币。该金币的重量、含金量随时代、国别不同而有所差异。佛罗伦萨 1 弗罗林的重量是 3.54 克,含金量为 98%。——译者注

The Army of Flanders and the Spanish Road, 1567-1659: The Logistics of Spanish Victory and Defeat in the Low Countries' Wars, pp. 134, n. 2; 287。

对哈布斯堡王朝的帝国主义来说，幸运的是，西班牙王室可以倚仗一个相对有效的财政体系，这让其能够提前借用（或"预支"）多达十年的收入，并且通过粗暴对待债主，把利率降至7%甚至更低。不过，甚至这样都不能筹措到所需的全部战费，许多军队领不到军饷，有时是几个月，有时甚至长达数年。结果，西班牙军队常常因此哗变，这几乎成为军队生活的一个常例。① 尽管如此，此一常例并不仅见于西班牙。16世纪80年代，荷兰军队周期性地因哗变而瘫痪，英国内战期间的议会军也是如此，尤其是在1644、1647年。德意志瑞典军队的许多作战单位在1633年哗变，驱散了布莱登菲尔德、吕岑胜利所带来的荣耀；1635年，复又哗变，迫使德意志清教徒与哈布斯堡王朝议和。1635年的哗变被叫作"alteration"（这是西班牙哗变者一贯用来描述自身行动的词语），此一事实在无形中反映了此种做法源自何处。② 对瑞典、西班牙，事实上还有战时的所有政府来说，历久不变的一个问题便是金钱。用一位英国建言者在荷西战争期间对荷兰共和国所讲的话说："[战争中]最困难的事情……是在战费、供养的人头与国家税赋、进项之间保持平衡。"③ 归根结底，一国之财政资源限制了其武装力量的规模。如果招募太多军队，或者从军的时间太长，哗变与财政破产便必不

---

① G. Parker, "Mutiny and Discontent in the Spanish Army of Flanders, 1572-1607", in *Past and Present*, No. 58, 1972, pp. 38-52.

② 关于17世纪40年代议会军的哗变，参见 C. Firth, *Cromwell's Army*, chaps 12, 14（表1引用了他的著作）; J. S. Morrill, "Mutiny and Discontent in English Provincial Armies 1645-1647", in *Past and Present*, No. 56, 1972, pp. 49-74。关于17世纪30年代瑞典军队的哗变，参见 *Rikskansleren Axel Oxenstiernas skrifter och Brevǟaxling, förra avdelningen* (Stockholm, 1894), Vol. 8, Nos. 169, 170, 244, 293-295 (letters of Oxenstierna to field commanders, March 6, April 22, and May 15, 1633), and pp. 682-683 (memorandum sent by Oxenstierna to the Swedish råd, May 13, 1633, about the "confoederatio" of the army); and *Senare avdelningen* (Stockholm, 1893), Vol. 6, Nos. 145, 146, and 149 (letters of Marshall Johan Banér to Oxenstierna, October 29 and 30 and November 5, 1635, about the "alteration" organized and led by "der sämptlichen officieren von der gantzen armée")。当然，在古斯塔夫·阿道夫之前，瑞典军队也有许多哗变，参见 M. Roberts, *The Early Vasas: A History of Sweden. 1523-1611*, p. 258; and C. Nordmann, "L'Armee suedoise au XVIIe siecle", p. 135。

③ Thomas Wilkes, "Declaration" (July 22, 1587), in *Correspondentie lan Robert Dudley, graaf van Leicester*, ed. H. Brugmans, 3 vols. (Utrecht, 1931), 2: 402.

可免。①

　　荷兰人首先完善了为战争筹款的种种技巧,几乎可以无限制地为一支庞大军队提供支持。从 1621 至 1648 年,对西班牙战争的耗费稳步增长(从 17 世纪 20 年代年均 1300 万弗罗林增至 40 年代的年均 1900 万弗罗林)。不过,哗变或财政危机一次都没有发生过。相反,在一次突发事件中,荷兰共和国竟然在两天时间里筹到 100 万弗罗林,利息低至 3%。② 此种毫不费力的筹款能力,其关键在一定程度上取决于阿姆斯特丹的巨额财富,到 1650 年,该城已是欧洲无可争议的商业、金融之都。不过,同样重要的是荷兰政府的良好信用,它总是按时还本付息。两相结合,让荷兰人可以集结军队,持续作战,而不管花费几何,直到达到自己的目标。这可是以前的政府从未做到的事情。③ 未几,便有人依样画葫芦。就在奥伦治的威廉登位(1689 年)之后不久,英格兰便采用了"荷兰财政"。英格兰银行的创建,所有政府债务由议会担保,在伦敦成立一个复杂的货币市场,凡此种种,令规模前所未有的英国军队——9 万人——在海外作战多年成为可能。而在法国,塞缪尔·伯纳德和其他瑞士银行家的信用网络为路易十四后来的战争提供了资金支持。

　　拜所有这些进步所赐,到 18 世纪头十年,欧洲数次大战敌对双方均有约 40 万人卷入,主要战役双方投入人数均超过 10 万。④ 由此,当我们发现 18 世纪 60、80 年代的大战并未让更多的人卷入,直到法国革命战争之后,军队规模才有进一步的增长时,心中不免生出疑惑。进入 18 世纪,一如 15 世纪的情形,不同欧洲国家的军事力量都遇到了门槛。直到 18 世纪 90 年代,新的门槛才被迈过,

---

① 关于这一时期欧洲国家的财政组织,参见以下概略性考察:G. Parker, *The Emergence of Modern Finance in Europe, 1500-1730* (London, 1974), pp. 38-67。

② "Raad van staat", bundels 1499, 1500 ("Stadt van oorloghe"), Algemeen Rijksarchief, The Hague. 以下著作注意到了 1664 年的借款:V. Barbour, *Capitalism in Amsterdam in the Seventeenth Century* (Baltimore, 1950), p. 81。

③ 当时的人意识到了这一点:"就长达 80 年或以上的时间里发生于欧洲的战争而言……我们发现联省共和国给军队的饷银胜过任何其他君王或国家。这让雇佣军趋之若鹜为他们效力,也让后者能在极短的时间里收集大量赋税。"参见 Sir James Turner, *Pallas Armata* (London, 1687), p. 198。

④ 就法国而言,在西班牙王位继承战争期间,该国每六个人当中似乎便有一人应征入伍。参见 A. Corvisier, *L' Armée française de la fin du XVIIe siecle au ministère de Choiseul: Le Soldat*, Vol. 1, p. 65。1700 年以前"入伍率"的计算是极不可靠的,因为无论是军队的精确规模,还是总人口数,都无法确知。同样,在"国民"军中服役的"外籍"军队也是个问题。基于这些原因,比恩文中(参见表 1 材料来源,即 R. Bean, "War and the Birth of the Nation-State", p. 211)给出的数据是不可信的。

而要达此目标,经济、政治、技术和财政都要有进一步的发展才行。

尽管如此,1530 与 1710 年之间军事领域的人力革命是极为重要的。它的确产生了罗伯茨归于它的所有引人注目的后果:它让战争对社会产生更多的影响;它增强了国家的权威(部分是以公民的牺牲为代价);它推动了社会的流动。此外,毫无疑问,它还减缓了大多数参与者的经济发展(尽管它对许多中立者的经济发展有促进作用)。① 此外,它的确在大量的政府—民众对峙(通常被称作 17 世纪的"总危机")中起到了推动作用。单单"战争规模剧增"这一点便可荣膺罗伯茨在 20 年前赋予它的"军事革命"称号。

有人提出,主要的历史理论走完一半的生命旅程大概要十年。特雷弗-罗珀(Trevor-Roper)的"总危机"、埃尔顿(Elton)的"都铎革命"、波尔什涅夫(Porshnev)的"民众起义"——这些概念的命运似乎为此作了注脚。以此为标准,罗伯茨"军事革命"概念的生命力可谓长久。到现在为止,它还未曾遭遇挑战,哪怕本文对其做了牵涉广泛的审视,亦未有损于其基本论点:近代早期欧洲的战争规模发生了革命性变化,而这产生了重要而广泛的后果。唯愿该理论及其作者的史学生命之光毫无减损,常年闪耀,谨以此结束本文。

译自 Geoffrey Parker, "The 'Military Revolution', 1560 - 1660—a Myth?", in *Journal of Modern History*, Vol. 48, No. 2, 1976, pp. 195-214。

作者:杰弗里·帕克,俄亥俄州立大学欧洲史系教授

译者:屈伯文,湖北理工学院讲师

---

① G. Parker, "The Costs of the Dutch Revolt", in *War and Economic Development*, ed. J. M. Winter (Cambridge, 1975), pp. 49-71.

军事革命与近代早期国家

军事优势论与西欧亚在世界体系中的兴起[*]

□ [美]威廉·R. 汤普森（William R. Thompson）

人们常认为（无论是对是错），像西欧亚这样的地区是地处边缘的落后地带，它何以能在1500—1900年之间蹿升至主宰世界剩余地区的地位？这是最迷人的历史与理论问题之一。对此，杰弗里·帕克给出了一个简明扼要的回答："欧洲列国在陆上海上彼此混战，他们对此持续不断的投入最终收获了滚滚红利。最重要的是拜他们的军事优势所赐，在16、17世纪军事革命的基础上，西方国家成功地创建了历史上最早的全球霸权。"[①]该答案省略到了极致：主要由于军事技术上的优势，西方有能力征服世界其余部分。该区域内强烈的混战倾向使得这种优势早在16世纪时便初露端倪。这样一个显然不费脑筋的解释具有无可抵挡的魔力，即便从实际上看，帕克的解释并不似初看上去那样简单。另外，考虑到西方国家确实常常对非欧洲对手享有多种多样的军事优势（事实证明，有时前者采取了极具戏剧性的手段），此一显而易见的魔力愈发增强了。不过，问题在很大程度上并不在于确定哪一方具有军事优势。真正的问题在于，在解释西方兴起时，军事技术优势到底发挥了多少作用？军事优势论将解释重心放在一方的武力优势上。诚然，此种优势绝不能忽略，令人疑惑的是：在多大程度上，它能解释此论的拥护者让我们相信的东西？充其量，军事优势只是数个重要因素当中的一个。人们反过来同样可以主张：在这些其他的因素当中，有一些对西欧亚的崛起事实上具有更为关键的作用。

在这些因素当中，至关重要的是：征服目标的相对脆

---

[*] 笔者感谢杰里米·布莱克（Jeremy Black）、乔治·莫德斯基（George Modelski）与两位匿名评论人的批判性评论。

① Geoffrey Parker, *The Military Revolution: Military Innovation and the Rise of the West, 1500–1800*, 2nd ed. (Cambridge: Cambridge University Press, 1996), p. 154.

弱性,以及与此相关联的对当地盟友的需求(这让陆地上的军事胜利成为可能),还有全球政治-经济结构的演变日益有利于欧洲的利益。各个地域在政治上必须是脆弱的,盟友亦不可缺,没有这些,欧洲军事优势在1500—1800年这个时期不足以定鼎乾坤。武力优势的发挥有赖辅助性的前提条件,而上述因素对于这些条件的确立具有关键性作用。至少,它们和军事优势同样重要,如果不是更重要的话。同样,人们还可以证明:在某些情况下,欧洲人展现的军事优势并非源于近代早期的军事技术革命,故此,军事优势的解释还要再打折扣。最后,强调一方在夺取土地控制权上的武力优势往往忽略了全球政治-经济(一些西欧国家日益在其中占据主导地位)的宏观演变。归根结底,相比军事优势,此种宏观演变对欧洲地区在世界经济中的崛起(有限度的)是一个更为重要的因素。

在阐明军事优势论(尤其是杰弗里·帕克版本的军事优势论)的本质之后,我们要评论五个重要的案例,即14—17世纪的葡萄牙帝国扩张、西班牙对阿兹特克人与印加人的征服、荷兰侵略印度尼西亚、英国侵略印度。我们要关注以下要素各自扮演了什么角色,发挥了什么作用,并做出相应评估:欧洲的军事优势;目标的脆弱性;地方盟友;全球政治-经济的演变。快速回顾这些案例之后,人们会得出一个总体印象:在对欧洲在世界体系中兴起,掌握军事、政治、经济与文化主导权做出解释时,欧洲军事优势很显然是不能作为一个关键变量的。军事优势充其量只是相互影响的数个因素当中的一个,就其本身而言,解释力相当有限。另外,对军事优势做过分强调,也会使人们力不从心,对有助于西欧在世界体系中崛起(以及潜在的,其他地区在世界体系中崛起)的多个因素做系统梳理。

一、帕克的军事优势论

关于近代早期欧洲的军事革命,已有多位贤达的著述面世。此处既不对这些材料加以评论,质疑其"革命"概念的有效性,也不对各种各样的分期、有关不同武器体系的表述进行挑战。我们只需点明一点就够了:关于军事技术的变化是否以及如何影响近代早期欧洲,学者们仍在争论不已。① 尽管如此,某些论点延伸到欧洲人相对于非欧洲人的兴起,人们对此展开的争论却惊人地少。一个原因是,有关该论点的厚重阐述直到相当晚近的时候才出现,其体现形式是杰弗里·帕克的《军事革命:军事变革与西方兴起,1500—1800 年》(初版于 1988 年;修订于 1996 年)。到目前为止,把关注点集中在欧洲的材料上似乎让帕克的大多数评论者更觉安适。该论点易受认可的另一个理由是,"军事优势"观念从直觉上很好理解。否则,人们怎么解释人数少的欧洲人击败人数多的非欧洲人呢? 前者肯定是拥有先进的军事力量才能获胜,要不然,就是人数上胜出的对手征服他们了。欧洲人必定是拥有更好的武器,正如近期《新闻周刊》的一篇文章所描述的(内容不正确):"1532 年,168 名西班牙人在弗朗西斯科·皮萨罗的统领下屠杀了 8 万印加大军……[因为]欧洲人有钢剑、马匹、舰船、书写,他们还携带了像天花这样的病菌。"②

以上引文无意中以夸张形式呈现了军事优势论的极端版本(即便承认了某些非军事优势)。8 万印加人并未在 1532 年遭到屠灭。168 名西班牙人用自

---

① 有关欧洲军事革命的看法,参见以下著作:Jeremy Black, *A Military Revolution? Military Change and European Society, 1550-1800* (Atlantic Highlands, N. J.: Humanities Press International, 1991); Jeremy Black, *European Warfare, 1660-1815* (New Haven: Yale University Press, 1994); Clifford J. Rogers (ed.), *The Military Revolution Debate: Readings on the Military Transformation of Early Modern Europe* (Boulder, Colo.: Westview Press, 1995); and William R. Thompson and Karen Rasler, "War, the Military Revolution(s) Controversy, and Army Expansion: A Test of Two Explanations of Historical Influences on European State Making", in *Comparative Political Studies* (forthcoming, 1999)。有关这些欧洲军事革命被应用于欧洲以外地区的看法,除了帕克的著作(*The Military Revolution: Military Innovation and the Rise of the West, 1500-1800*; and "In Defense of the Military Revolution", in Clifford J. Rogers(ed.), *The Military Revolution Debate: Readings on the Military Transformation of Early Modern Europe*),还可参见以下材料:John F. Guilmartin Jr., "The Cutting Edge: An Analysis of the Spanish Invasion and Overthrow of the Inca Empire, 1532-1539", in Kenneth J. Andrien and Relena Adorno (eds.), *Transatlantic Encounters: Europeans and Andeans in the Sixteenth Century* (Berkeley: University of California Press, 1991); and John F. Guilmartin Jr., "The Military Revolution: Origins and First Tests Abroad", in Clifford J. Rogers [ed.], *The Military Revolution Debate: Readings on the Military Transformation of Early Modern Europe*; Stephen Morillo, "Guns and Government: A Comparative Study of Europe and Japan", in *Journal of World History*, Vol. 6, No. 1, 1995, pp. 75-106; Jeremy Black, "Technology, Military Innovation, and Warfare", First Annual Center for the Study of Force and Diplomacy Lecture, Department of History, Temple University, Philadelphia, March 1996; Jeremy Black, *War and the World, 1450-2000* (New Haven: Yale University Press, 1998); and Thomas M. Barker, Jeremy Black, Weston F. Cook, and Geoffrey Parker, "Geoffrey Parker's Military Revolution: Three Reviews of the Second Edition", in *Journal of Military History*, Vol. 61, No. 2, 1997, pp. 347-354。

② Sharon Begley, "Location, Location... A Real-Estate View of History's Winners and Losers", in *Newsweek*, 16 June 1997, p. 47.

身所携武器一次性杀掉人数甚众的印加人是不可信的。他们可以屠杀成千上万没有武器的印加人，其余的印加军队却袖手旁观？此处有一个饶有兴味的分析型问题摆在我们面前。在一个密闭空间里，一些全副武装的人可以出其不意杀掉大量手无寸铁的人，这一点并不让人感到疑惑。真正的问题在于，在大量手持武器的敌军面前，他们能在大举屠刀之后安然离开吗？下文认为：答案与16世纪西班牙征服者的武力优势关系不大，更多取决于印加在政治上的脆弱性。

当然，帕克并不认为168名西班牙人屠杀了8万印加人。在提出反驳意见之前，我们应对帕克的真实观点做一勾勒。以下四点概括了帕克论点中与欧洲兴起之军事优势解释最有干系的那部分内容。

（1）16世纪，西欧人革命化了从事战争的方式。在陆地，以火药为基础的武器及其一个衍生品意大利式要塞（*trace italienne*，火炮堡垒）日益决定了野战、围城战的方式以及谁能获得胜利。另一个衍生品是大型常备军以组织化的技能训练为特征，其演化同样于欧洲军事力量是有益的。在海上，大型帆船远距离炮击对手的能力日渐提高，这让其

能够控制具有战略意义的海上航线。

（2）西欧人利用这些军事优势对付非西欧人，弥补其在相对人口规模、自然资源上的劣势。他们成功地扛住了奥斯曼的扩张（16、17世纪）。欧洲的控制范围逐渐扩展至美洲（16到18世纪）、西伯利亚、印度尼西亚[①]大多数地区（17世纪）、印度大部、非洲海岸部分地区（18世纪）。尽管小股欧洲人可以在16世纪上半期让两个强有力的帝国轰然倒塌，直到18世纪40年代之后，西欧人才对印度产生微弱影响，这还是拜军事之道的快速改进所赐。

（3）19世纪的武器进步（速射炮与铁甲舰，这种进步得益于工业革命）以及印度人力资源的获得让欧洲人征服了东亚最后的有效抵抗。中国、日本与非欧洲世界剩余的大部分地区不同，在欧洲人最初到来时，他们特别关注并乐于接受欧洲的军事创新。此种心甘乐意源于（中、日）国内大乱四起、军事能力的改进受到重视。一待定鼎山河，军事创新便被边缘化，从而中日抵抗欧洲19世纪入侵的能力遭到削弱。

（4）而后，欧洲的主导地位主要是西方军事技术创新与非西方人的失败所产生的结果。非西方人未能以足够快的速

---

① 以下简称"印尼"。——译者注

度采用这些技术,以抵消由西方创新产生的军事失衡。

显然,帕克的军事优势论并非全无亮点。他并未认为西欧人在1500年左右与之后发明了新武器,而后大杀四方,征服了剩余的世界。同样,帕克甚至并不认为欧洲人特别对征服感兴趣;由于另有看法,他以年代错乱来形容此种观点。① 他承认,欧洲人在自己的地中海后院要应对奥斯曼人带来的大麻烦。在15至17世纪,人们可以把欧洲-奥斯曼的对峙叫作一场势均力敌的游戏。帕克还敏锐地意识到,欧洲扩张是一个渐进过程,总体来说,在长达数百年的时间里,欧洲人被限制在非洲-欧亚大陆海岸有堡垒护卫的小块飞地。墨西哥、秘鲁令人炫目的快速胜利并未在别的地方得到复制,甚至是在美洲,欧洲人引发的疾病在使美洲印第安人大量死亡一事上都扮演了一个极为重要的角色。欧洲在非洲、印度和印尼的领土控制耗时数百年方才完成。事实证明,东亚是军事上最难啃下的硬骨头,征服有赖工业革命介入发挥作用。

帕克列出了这么多的细致条件,虑及于此,人们会提出一个很好的问题:这样一个细致入微的论点有可能遭受挑战吗?回答是:军事优势论的问题,其关键与西方占有某些形式的军事优势无涉,亦无关于西方扩张的时间如何确定,而在于军事优势在解释的天平中占有多大分量。大多数分析者(如果不是全部的话)当然承认其他因素同样重要。军事优势论的主要问题在于,其支持者认为军事技术、组织的优势是最重要的因素。② 相比欧洲人享有某些军事优势,有时将这种优势与其他因素一道加以利用,以上看法所引起的争议要大得多。

不同解释因素孰轻孰重,在关于这类问题的各门社会科学中,存在一个标准的方法论。理想状况下,分析者针对案例收集信息。这些信息不仅在结果上有差异,将哪些解释因素融合进去(在每个案例中,相对而言,它们或存在,或不

---

① Geoffrey Parker, *The Military Revolution*: *Military Innovation and the Rise of the West*, 1500-1800, p.132. 不过,对于一个以欧洲兴起为基础的论点(通过军事优势进行论证)来说,承认欧洲对征服缺乏兴趣似乎是成问题的。(帕克的原话是:"最近的研究强调了,认为西方从达伽马航行以来便一心追求世界主宰地位的看法是错乱年代之举。事实上,欧洲人最初来到亚洲是为了贸易,而不是征服……"——译者注)

② 比如,帕克明确说道:"由于在很大程度上,'西方兴起'有赖武力施展,有赖欧洲人与其海外对手之间的军事平衡稳固地朝着有利于前者的方向倾斜这一事实,故此,本书认为,西方人在1500—1750年之间成功创建最初一批真正具有全球性的帝国,其关键正是取决于发动战争能力的改善,我们把这些改善称为'军事革命'。"参见 Geoffrey Parker, *The Military Revolution*: *Military Innovation and the Rise of the West*, 1500-1800, pp.3-4.

存在)亦不确定。如此,它才能成为一个简单明了的问题,通过某些形式的数据分析决定每个解释因素的权重。当然,前提是案例足够多,分析者能力充分,可以衡量被认为是重要的各个因素。

解释西欧亚主导地位的逐渐扩展,其困难在于:y 变量(也就是要解释的结果)没什么变化;军事优势变量变化不大。欧洲人与非欧洲人群的遭遇并不总是立刻导向欧洲的胜利。不过,最后,结果往往以压倒性态势有利于欧洲人。如此,问题在于确定合适的分析单元。我们要考察每一次战斗,尝试考虑地形、关联的特定武器、策略失误、自负、胆怯、运气,诸如此类的因素吗?或者,在一定年份里,取特定地区或区域,比如说南亚,作为分析对象,给该时期末尾的结果编码?

这些方法论问题的答案并不是不言自明的。再者,哪怕是不言自明的,我们仍有理由斟酌一番,再展开大胆分析。假定某人可以处理结局变量缺乏变化幅度的问题,有一个问题仍然存在:怎样给军事优势编码?任何军事优势都包括进去吗?如果欧洲人常常拥有无可争议的海军优势,这足以解释他们如何有能力击败陆地上规模更大的军队吗?如果欧洲钢剑在战斗中击败了非欧洲人的木棍,它能支持近代早期欧洲军事革命导致西方兴起这一论点吗?或者,我们需要在近代早期军事革命与在非欧洲舞台的胜利之间寻找某些特别的联系吗?

最后,哪怕我们能解决 x 变量和 y 变量的编码问题,理论的问题仍然存在。军事优势论实际上是一个假设,它假定某个变量在解释方程中应享有主导地位。军事优势论没有做的一件事情是,它并未详细阐明在那些竞争性的解释因素中,有哪些是值得注目的,尽管它们不那么重要。我们还可以换一种说法来表达这个问题:军事优势论并非关于某些地区兴起,对其他地区享有政治、经济、文化或军事主导地位的综合理论。毋宁说,该论点认为,无论牵涉什么东西,军事优势都是最重要的;或者,至少在 1500—1800 年这一时期是最重要的。

所有这些方法论的讨论表明,在应给予军事优势多大分量的问题上,确切的答案有待于更好的理论和更适当的材料(相比目前我们所掌握的理论、材料来说)。虽然如此,在此期间,我们或许能更进一步,以一些合乎目的的案例作为样本(时间坐标落在 1500—1800 年之间),依靠它们来探索军事优势所扮演的角色这一实质性问题。如果更细致地考察某些最重要的案例(使用极为宽松的"案例"定义),我们首先要提出的问题是:在每个案例中,我们是否要寻找确切无疑的证据,表明与近代早期军事革命有关的欧洲军事优势对欧洲的胜利有影响。还有,军事优势看似拥有的最重要因素的地位是否同样明确。

或许有人会提议将这项工作当作一种开放式的探索来做。与此相反,也有人会提出如下对立意见:还有两个不仅有相互作用而且与军事优势形成互动的因素,在西欧亚(或者,更精确地说,西欧亚某些边缘地区)相对于世界其余部分的短暂兴起中扮演了不亚于军事优势的重要角色。在这两个因素缺席的情况下,仅仅有军事优势不足以产生西欧地区的主导地位。这两个另外的因素分别是欧洲人培植地方盟友的能力,以及他们利用各地政治结构的缺点、脆弱性对付非欧洲人的能力。特别是在1500—1800年这一时期,没有地方盟友,欧洲人的军事优势很难弥补欧洲人的人数劣势。无法利用敌对政治组织的脆弱性,欧洲人更可能陷入这样一种境况,也就是需要全力动员各种资源对付敌人。幸运的是,欧洲人几乎没有竭尽全力应对敌人的经历。相反,他们要么利用经典的分而治之策略,要么避免与显然更为强大的对手一决胜负。培植地方盟友以及从战略上利用政治结构的弱点构成了一对密不可分的条件。在此背景下,欧洲人能够最大限度利用所掌握的各种军事优势。下文将表明,避免与更强大对手的交锋是欧洲兴起耗时如此之长的主要原因。

地方盟友与政治结构的弱点并未穷尽与欧洲在世界范围内兴起有干系的所有可能性要素。不过,如同军事"优势",它们都在某些方面发挥了作用,甚至是更大的作用。如此,与其喋喋不休讨论哪个因素比另一个因素更关键,或许,最合理的路径是提出以下观点:地方盟友、政治结构的弱点、军事优势之间的相互作用为欧洲在1500—1800年(以及后来在世界史上的"哥伦布时代")的领土扩张提供了最佳解释。单独举出三个因素当中的任何一个都无法提供令人满意的解释。不过,在将它们视作相互作用的三位一体时,一种更具说服力的解释浮现出来了。

比如,军事优势论(就16、17世纪而言)当中最强有力的要素是对海军优势之发展的强调。没有这个有利条件,一些西欧人将无法抵达美洲和欧亚大陆南部/东部。没有海上主导地位,哪怕到达这些地区,他们也无法存活下来。不过,海上主导地位仅仅是必要条件,对欧洲兴起而言并非充分条件。在19世纪以前,海上主导地位为其生存提供了保障。直到欧洲的发展借非欧洲的资源得以增强之际,与远在天边的欧洲资源相连接的生命线才建立起来。① 毫无疑问,我们同样可以公正地说:海军优势为发展地方盟友提供了助力。存在于非洲-欧亚大陆的某些飞地构成了欧洲海上网络的关节,它们同样得到了意大利式要塞的护卫。

欧洲领土征服很早在美洲出现,这主要是由于相比非洲-欧亚大陆,欧洲人遭遇的抵抗更少。就此而言,地理形态、人口密度、原始技术、土著易染疾病、该地区的帝国易遭背叛等因素都发挥了作用。② 要列举所有因素的话,还可将地方盟友、对敌手脆弱性的明智利用这两个因素纳入进来。军事技术优势是显而易见的,不过其重要性不应夸大。

欧洲领土征服出现在非洲、欧亚大陆南部/东部要晚得多。在这些地方,抵抗的潜力更大,尽管非洲-欧亚大陆所有地区的情况并不整齐划一。一些地方更难渗透,人口密度更大,技术上并不那么落后。在非洲-欧亚大陆,对欧洲人来说,疾病的易感性与其说是一股助力,还不如说是一个问题。进入18世纪,体现为组织化火力的军事技术优势的确变得越来越重要,正如稍晚一点的19世纪技术创新在赫德里克那里得到了强调,包括炮舰、医学、速射武器、交通与通信系统。③ 不过,地方盟友和对手各种各样的脆弱性同样重要,尽管它们并不必然以独立过程(independent processes)的面貌出现。各种形式的军事优势让地方盟友的获得有了更多可能性,毫无疑问,这有利于削弱非洲-欧亚大陆的陆上力量。④

即便如此,某些相当重要的东西仍然被忽略了。聚焦欧洲在欧洲以外地区的领土扩张不能完全说明欧洲的兴起,因为领土扩张本身并不能解释西方的兴起。相反,领土扩张常常是欧洲控制东西海上贸易路线之尝试的伴生物。这种副产品既非欧洲人所求,亦非欧洲人所谋划。⑤ 在解释欧洲兴起的问题上,控制欧亚海上贸易路线的行动,随之而来的海上贸易路线地位的提升(相对于陆

---

① William H. McNeill, *The Pursuit of Power*, Chicago: University of Chicago Press, 1982, p.143.

② Carlo M. Cipolla, *Guns, Sails, and Empires: Technological Innovation and the Early Phases of European Expansion, 1400-1700*, New York: Minerva Press, 1965.

③ Daniel R. Headrick, *The Tools of Empire: Technology and European Imperialism in the Nineteenth Century*, New York: Oxford University Press, 1981.

④ 在这点上,我要感谢一位匿名的评论者。

⑤ William R. Thompson and Gary Zuk, "World Power and the Strategic Trap of Territorial Commitments", in *International Studies Quarterly*, Vol.30, No.3, 1986, pp.249-267.

地贸易路线),以及作为结果的欧亚大陆政治-经济全球化的加速,无一不比征服过程所产生的那些非出本愿的结果重要。西欧亚从边缘到主宰的兴起并不取决于对长途贸易的控制,不过没有这种控制,在我们手上与欧洲"近代化"、区域主导地位相联系的那种发展顺序便是难以想象的。

要对这些想法做进一步的探索,有五个案例值得我们回顾。① 作为案例,它们所提供的结构重心并不属于同一类型。两个案例(阿兹特克、印加的案例)重在突发事件,其他三个(葡萄牙、荷兰和英国的扩张)突出更缓慢的推进过程。葡萄牙的案例有更广阔的聚焦范围(在西非和马六甲之间),而其他四个案例受限于更具体的地区(现为墨西哥、秘鲁、印尼和印度)。就所有五个案例而言,我们所讨论的信息都是经过精挑细选的,故此,在最理想的情况下,它们也只能为处境危险的一些观点提供支持。不过,这五个案例却处理了帕克所讨论的1500—1800年欧洲扩张的大多数主要舞台,此举绝非凑巧。② 我们要密切关注的一个因素是:在多大程度上,军事优势看起来是必要条件,或充分条件,或仅仅是辅助条件。我们亦须评估其他因素的相对重要性,包括地方盟友的作用、欧洲对手的政治脆弱性,以及为欧洲影响的扩张提供支撑的战略动机。

读者们应牢记在心,这些扩张案例并未穷尽欧洲(作为一个整体区域)之影响力扩张的全貌。毋宁说,这些案例所牵涉的是只有一些欧洲人参与、一波又一波反复发生的扩张。几乎没有例外,这些人均来自欧洲的西海岸。扩张推行者的身份需要满足苛刻的条件,这一点同样在军事优势之于扩张过程的作用问题上予人启发。除了"欧洲"扩张的参与者所具有的无可争议的海军优势,扩张的推行者并不必然是欧洲军事革新的主要源头和主要受惠者,至少在欧洲是这样。如果是,他们或许不那么情愿打造与美洲、非洲-东欧亚的新联系了。

---

① 对这些案例的处理不会推出新的历史材料。笔者的想法是,对看起来与以下因素有关并且可以获得的信息做简明扼要的聚集工作:军事优势的评价;地方盟友;对手的脆弱性;欧洲人的策略。

② 至于更大范围的地区(西伯利亚、北美),此处就略过不提了。西伯利亚的案例寡然无味,因为征服所遭遇的抵抗很有限。北美的案例情形复杂,不过,它绝未构成因应其他地理背景而产生的那些论点的例外。可参见 Ian K. Steele, *Warpaths: Invasions of North America*, New York: Oxford University Press, 1994。该作者并未强调欧洲军事优势在北美所起的作用。

二、葡萄牙的案例

坦白说,第一个案例与其他四个有所不同。它并未牵涉一场特别的对峙或一连串的对峙——这种对峙出现在世界的某个角落,在一群欧洲人与另一群非欧洲人之间展开。毋宁说,它聚焦的是葡萄牙在世界范围内的扩张,尤其是在15—17世纪这一时间范围内。把它当作一个案例处理并不算唐突,因为葡萄牙人在那个时代的作为无甚起伏,这一点就其本身而言便包含了最丰富的信息。葡萄牙人所遭遇的种种限制与后继的荷兰人、英国人亦无大的不同。最重要的是,葡萄牙人、荷兰人、英国人的目标是相似的,即便他们所取的策略并非总是保持一致。由此,以葡萄牙的案例作为开端,有助于为某些欧洲人之后冲出西欧亚的行动搭建平台。除此之外,它还给予我们一个良机,引入威尼斯模式。如笔者所言,该模式充当了欧洲在非洲-欧亚大陆(不是美洲)扩张的共同基础。

葡萄牙扩张的另一个引人入胜的维度是:一方面,它确切无疑地有赖于并且在部分程度上导致了欧洲在舰船、航海技术上的进步;另一方面,当扩张开始时,近代早期在火药、意大利式要塞、步兵战术操练和培训,或者至少在帕克最在意的那些方面所发生的军事革命并未全面出现。1415年攻打摩洛哥是一次更传统的军事入侵,其发起部分是为了让贵族后代在战斗中建功立业。不过,在接下来300年以至更长的时间里,葡萄牙人在非洲-欧亚大陆的入侵(以及欧洲人的其他入侵)是以获得初步战果作为特征的。葡萄牙人可以攻取城池,有时还将其掌握在自己手上。但是,在往自己感兴趣的那些地区的腹地推进时,他们往往不能得偿所愿。简而言之,他们欠缺这样做的军事能力。

更一般地说,葡萄牙人逐渐以或许可以"威尼斯"冠名的那种模式作为自己的主要手段,创建一系列的堡垒飞地,集中关注东非(索法拉)、波斯(霍尔木兹)、印度(果阿)、马来(马六甲)海岸之间的区域。[①] 研究威尼斯的权威历史学家莱恩(Frederic Lane)对其所感知的威尼斯模式的本质做了如下总结:"威尼斯人追求的是海权,而不是从中抽取贡赋

---

① 将这种典型行为本身称作"威尼斯模式"很可能是不正确的,至少具有误导性。在迪尔蒙(Dilmun)商人、克里特人、腓尼基人、迦太基人、某程度上还有雅典人的行为中,我们能够找到更早的版本。所有这些人在不同程度上都受到年代更早的前辈的影响。波罗的海、朱罗(Chola)、三佛齐的做法亦与此相似。不过,威尼斯人完善了通过商贸之利运转起来的国家模式,其目的是扩展、保护长途贸易所带来的利益。

的领土。他们发动战争的目的是缔结不利于其海上对手的政治协定,它要确保威尼斯既有的贸易在黎凡特水域变得更安全,还要为其争得贸易特权,从而能将商业扩张到新的地域。"①

莱恩非常客气地指出,通过不利的政治协定、更大程度的安全和种种贸易特权,以一个长于海上商业的政治-经济单元的身份运作的威尼斯寻求排除所有的竞争者。只要有可能,不管在什么时候,其目的都是将与远离大本营的商业活动有关的不确定性降至最低。同样重要的是,从长途贸易获得的利益要最大化,如果不是获益更多的话。有时使用武力常常是为满足从某个国外政治当局那里获得贸易特权/垄断权之需。此举还会产生一个更直接的后果,即减少在某个特定市场或区域活动的竞争者的数量。考虑到与此相关的一些操作是在很远的海上展开的,海军从而在武力投射方面成为不可或缺的力量。

威尼斯模式还有其他两个特点。其一,垄断原则在国内的变异。其二,贸易飞地网络的发展。国外竞争者缺位的状况大大推动了热门商品以可预测的高价出售。由于政府鼓励形成买方卡特尔,

相同的原则同样应用于威尼斯商贸群体内部,从而威尼斯买家不太可能与其他威尼斯人竞争。政府管制在 14 世纪由于官方护航的做法而得到推动。某些在中东购买的高利润商品,尤其是香料,只能通过所有权属于国家的租赁船只,才能运至威尼斯。这些船只在规划好的日期,以得到护卫的船组的形式驶向威尼斯。威尼斯商人通过这种方式获得国家保护,其付出的代价是出让自身在运输成本、路线、时间方面讨价还价的自主权。事实证明,在管制企业家行为的问题上,禁止获得运输渠道的权力同样发挥了作用。

贸易飞地网络将以下两者融合起来:其一,在母港与最重要的贸易中心之间建立海上联系;其二,选择性地将贸易网络中的某些节点军事化。在地方政治当局有相当强大力量的地方,商人们别无选择,只有接受别人提出的协定。这常常等同于走出为外国人指定的飞地,服从当地统治者的法律,缴纳赋税,屈膝在后者的生杀予夺之下。虽然如此,与这些海外进取活动有关的风险、不确定性是可以降低的,只要能够将商业飞地转变为得到护卫的自主之地,以及(或

---

① Frederic C. Lane, "Recent Studies in the Economic History of Venice", in B. G. Kohl and K. C. Mueller (eds.), *Studies in Venetian Social and Economic History*, London: Variorum Reprints, 1987, p. 27.

者)将其打造为多功能综合体(作为海军基地)。

一旦可以借重贸易网络中的某些节点,商业活动的开展就更可预测也更安全了。一系列地理位置优越的海军基地同样发挥了作用,保护贸易免受海盗和其他类型竞争的伤害。同样的基地也可以被用来将商业机遇扩展到遭遇贸易阻力的地方。几乎没有例外,在领土控制范围逐渐扩展,从最初的海岸堡垒延伸到周边乡村的情况下,一些海军基地特别有可能变为成熟的殖民领地。

如此,威尼斯模式融合了长途贸易专长、海上力量、武力、国民内部竞争的管控、贸易飞地/基地网络(在当地遭遇多大阻力决定了网络节点的类型)等要素。太大的阻力意味着网络节点移向某个地方困难更少。阻力极小但东道主强势意味着在理想状况下,外来者不得不接受仰赖当地统治者手下留情的处境。阻力极小(或阻力适宜)与东道主弱点

的结合使得最初的基地更有可能演变为殖民地。

葡萄牙人一开始并未心怀这种威尼斯模式的概念。[1] 15 世纪他们在摩洛哥的军事行动类似于伊比利亚半岛旧式的陆地征服。其渗透能力无法超出一些海岸城市的范围,此种状况使得他们用试错法寻找其他策略。最终,威尼斯模式被他们率先引入印度洋。穆斯林对这一入侵的抵抗确保了对武力的需求。不过,一连串环印度洋岸以及以外地区的葡萄牙基地发展起来,这在很大程度上取决于发现可资利用的薄弱环节,一如葡萄牙舰队的攻击性火力同样在这方面发挥了作用。理查兹对欧洲扩张的这个方面把握得非常好,他指出,一般而言,"无论当地强大的国家力量在何时产生缝隙,欧洲贸易公司都会乘机在沿岸地带建立类似于葡属果阿的自治城邦"。[2]

我们还可以从另一路径看待这个问题。葡萄牙人及其后继者在更小的

---

[1] 论及葡萄牙人的经历的材料包括:Douglas L. Wheeler and Rene Pelissier, *Angola*, New York: Praeger, 1971; Bailey W. Diffie and George D. Winius, *Foundations of the Portuguese Empire*, *1415-1580*, Minneapolis: University of Minnesota Press, 1977; Andrew C. Hess, *The Forgotten Frontier: A History of the Sixteenth-Century Ibero-African Frontier*, Chicago: University of Chicago Press, 1978; Mordechai Abir, *Ethiopia and the Red Sea*, London: Frank Cass, 1980; Lyle N. McAlister, *Spain and Portugal in the New World*, *1492-1700*, Minneapolis: University of Minnesota Press, 1984; M. N. Pearson, *The New Cambridge History of India: The Portuguese in India*, Cambridge: Cambridge University Press, 1987; and Sanjay Subrahmanyam, *The Portuguese Empire in Asia*, *1500-1700: A Political and Economic History*, London: Longman, 1993。

[2] John F. Richards, *The New Cambridge History of India: The Mughal Empire*, Cambridge: Cambridge University Press, 1993, p. 239.

规模上复制了他们自身在西欧亚所打造的模式，即小型飞地以长途贸易为导向，与相邻的规模更大、力量更强的大型陆地强权周旋。其主要目标是更好地控制东西海上商贸路线以及使用这些路线的长途贸易。重大利益系于长途商贸的现象并非独见于欧洲，不过，只有在欧洲海岸地带（地中海、波罗的海、大西洋沿岸），一些小国携推动与保护商业（这是它们存活甚久，将来要产生引人注目的长期影响的主要原因）之力脱颖而出。

最终，欧洲违反这一规则的大多数例外都遭遇了整个欧亚大陆以商业或海洋为导向的城邦国家所面临的传统结局：被邻近的陆上帝国吞并。不过，在欧洲，有着海洋或商业导向的小城邦的策略以及威尼斯模式相继被更大规模的民族-国家采用，首先是葡萄牙，而后是尼德兰，再后来是英国。这些国家都位于西欧亚向海的边缘地带。反过来，这些国家引领了西欧亚作为世界体系中的主导区域的兴起。

它们或许承担了引领者的角色，不过，其拳脚施展仍受制于军事能力严重受限的大环境。非西方在海上与之展开真正竞争的情况是它们几乎没有遇到过的，因为它们的船只是蓝水大船（并非划桨船），拥有足够强大的力量携带、装备越来越多、为数甚众的火炮。此种海军优势让其拥有者可以攻取一些海岸城市（"无论当地强大的国家力量在哪里产生缝隙"），并且只要他们能阻止同时来自海陆的攻击，这些城市就会掌握在其手中。对葡萄牙之类的小国来说，此种流动的海上网络策略具有关键作用，要做比掌控一系列海岸基地多得多的事情，葡萄牙缺乏人力资源。如果某个网络节点遭遇攻击，作为应对，哪怕腾挪极为费事，也要将资源从网络中的其他地方调往遭受攻击的那个点。

虽然如此，这个网络中的索法拉—霍尔木兹—果阿—马六甲核心的防护由于以下事实而获得了很大的助力：该区域某些最强大的陆上强权常常对葡萄牙人以及后来欧洲人对海岸的入侵漠不关心。当然，这一概括并不那么适用于奥斯曼人，更多地指向莫卧儿帝国与印度其他的大型陆上强权。如皮尔逊所认为的，只要在贸易中断或税收看似受到损害（或遭受明显的威胁）时，印度统治者才更有可能对贸易变得更加关切。① 只要或多或少安守本分,贸易商的身份问题对统治者来说就并非心头大事,后者最感兴趣的是广开农业财源,投身传统的陆战。同样是这批统治者,其中有许多从未去过与其领土交界的大洋附近的任何地方。如此,葡萄牙人(后来还有其他欧洲人)的贸易飞地虽不时遭遇当地和欧洲对手的攻击,但并未被南亚周围广大区域内最强有力的陆上强权一直不断地围攻。如果这些强权这样做了,看似有可能的是:欧洲人或许无法掌控其在印度的贸易飞地了。

四、印加的案例

1531年,弗朗西斯科·皮萨罗带着200人不到的队伍以及少量战马(起初是27匹,经增援后达到62匹)入侵印加帝国。② 欧洲人选择了一个非常幸运的时刻。该帝国刚好在一代人之前达致其最大规模,此时正处在围绕王位继承权而展开的残酷内战的收尾阶段。这场内战最终造成了南北对立的格局。西班牙利用了这一状况,除了向意图摆脱帝国控制的不同部落提供援助,还相机在帝国南北阵营之间两边下注。在征服者到来之前,欧洲人引入的天花已然引发了一定程度的灾难。

皮萨罗一行在印加境内蜿蜒前行,并未遭到一支大型军队的攻击。数月之后,他们受邀在卡哈马卡(Cajamarca)与印加人相会。据史料记载,令西班牙人感到惊惧的是,他们发现印加王有8万强大的军队护卫。记载此次遭遇的西班牙编年史家明白无误地强调了他们最初

---

① M. N. Pearson, "Merchants and States", in James D. Tracy (ed.), *The Political Economy of Merchant Empires: State Power and World Trade, 1350-1750*, Cambridge: Cambridge University Press, 1991.

② 印加的案例所用材料包括 John Hemming, *The Conquest of the Incas*, London: Macmillan, 1970; J. H. Elliott, "The Spanish Conquest and Settlement of America", in Leslie Bethell (ed.), *Cambridge History of Latin America*, Vol. 1: *Colonial Latin America*, Cambridge: Cambridge University, 1984; Nathan Wachtel, "The Indian and the Spanish Conquest", in Leslie Bethell (ed.), *Cambridge History of Latin America*, Vol. 1: *Colonial Latin America*; John V. Murra, "The Expansion of the Inka State: Armies, War and Rebellions", in John V. Murra, Nathan Wachtel, and Jacques Revel (eds.), *Anthropological History of the Andean Polities*, Cambridge: Cambridge University Press, 1986; Ian Cameron, *Kingdom of the Sun God: A History of the Andes and Their People*, New York: Facts on File, 1990; John F. Guilmartin Jr., "The Cutting Edge: An Analysis of the Spanish Invasion and Overthrow of the Inca Empire, 1532-1539", in Kenneth J. Andrien and Relena Adorno (eds.), *Transatlantic Encounters: Europeans and Andeans in the Sixteenth Century*; and Nigel Davies, *The Incas*, Niwot: University Press of Colorado, 1995。

的恐惧与担忧。① 虽然如此,皮萨罗很快成功地欺骗了印加王,在 7000 名不带武器的士兵护卫下,参观西班牙人的营地。而后,虽然得到一些火炮之助,主要通过骑兵冲锋与短兵相接(在武装起来的士兵与身陷围城、手无寸铁的士兵之间展开),西班牙人展开了对护卫队的屠杀。印加王沦为阶下囚,而后命令手下所剩的大量军队既不要做进一步的进攻,也不要做进一步的抵抗。

如此,皮萨罗控制了在一个高度专制的政治体系中享有绝对地位的印加王。不过,大屠杀同样在印加军队方面造就了皮萨罗的结构性优势,后者常常是以小股印加军队作为坚强核心组建起来的。可以料想,被屠杀军队当中的大多数或许都是印加人。当时,这支军队剩下的应是从各部落征调来的,他们代表了印加人不久前征服的部族,在回应这次危机是否对自己有利的问题上,这些部族或许是犹豫不决的。② 另一支印加大军仍在南边较远的地方,受困于内战。接下来的战斗让人数或多或少的印加军队卷入进来,西班牙一方的人数亦起伏不定,在很大程度上,他们似乎是靠以下手段获得胜利的:出其不意的行动、更好的装甲,最重要的,还有西班牙骑兵的钢剑和长矛。在秘鲁和智利地区,对阵西班牙人的美洲印第安人最终发展出了对付骑兵的武器和战术,但还不足以迅速赶走西班牙人。

阿兹特克、印加两个案例都有一个引人注目的地方:西班牙人展开行动,除了西班牙征服者无力准确地感知自身的相对不足,其运气可谓出奇的好,时机选得也出奇的准。而在能够威胁到自己的敌手时,阿兹特克、印加帝国也不可谓不尽心竭力。③ 以"后见之明"来看,我们很容易得出如下论断:在邀请西班牙人

---

① 参见几个参与征服的西班牙人的证词(Ian Cameron, *Kingdom of the Sun God: A History of the Andes and Their People*, pp. 83-84)。小约翰·F. 吉尔马丁(John F. Guilmartin Jr. , "The Cutting Edge: An Analysis of the Spanish Invasion and Overthrow of the Inca Empire, 1532-1539", in Kenneth J. Andrien and Relena Adorno [eds.], *Transatlantic Encounters: Europeans and Andeans in the Sixteenth Century*; and "The Military Revolution: Origins and First Tests Abroad", in Clifford J. Rogers [ed.], *The Military Revolution Debate: Readings on the Military Transformation of Early Modern Europe*)强调了西班牙小型团体在墨西哥、秘鲁表现出来的战术凝聚力,这是他们在欧洲战场习得的一个特点,由此而将这一点与近代早期欧洲军事革命联系起来。不过,有一个更有说服力的反面假设。由于大多数征服者并非职业军人,面对大量敌手,他们会陷入全然恐惧和绝望的状态。这就解释了团队为什么有凝聚力。在并未遭逢巨大困境时,西班牙小团队的凝聚力要弱得多。

② 不幸的是,我们无法得到印加的材料,用以探究印加军队在卡哈马卡的真实态度。

③ 比如,理查德·E. W. 亚当斯(Richard E. W. Adams, *Prehistoric Mesoamerica*, rev. ed. [Norman: University of Oklahoma Press, 1991], p. 401)指出,阿兹特克统治者甚至邀请敌方统治者观摩庆典当中献祭敌俘的活动。

到特诺奇蒂特兰和卡哈马卡的事情上，美洲印第安人统治者都犯下了滔天大错。他们应该即刻采取打了就跑的策略，即便只是步步蚕食，也可能挫败侵略者。不过，我们同样很容易看到他们所取策略是有针对性的，而且在先前的不同情况下，这些策略确实发挥了作用。在暴露于阿兹特克人、印加人各自的力量之下时，西班牙探险者本该受到更大威胁的。这两个群体都无法给西班牙侵略者及其盟友造成足够的威胁，从而极大地便利了西班牙人，令其有能力推翻美洲这两个最强大的帝国。

同样，西班牙人成功地利用了帝国政权的结构弱点为己牟利。就阿兹特克的案例而言，西班牙人在野战、围攻战术、避免与拼尽全力的敌军交锋等方面获得了成功。这又推动了反叛现象的发生，从而强化了西班牙人起初与特拉斯卡拉人（Tlaxcaltecs）订立的极为重要的同盟关系。至于印加的案例，在西班牙人到来之前展开的惨烈内战，令到来者可以更容易地获得盟友，从而避免了与势头最盛的印加军队交战。无论是哪个案例，武器和装甲无疑都促进了西班牙的军事胜利。不过，分量最重的武器既非基于火药亦非基于堡垒。钢剑和骑兵是在 15 世纪晚期、16 世纪的欧洲军事技术革命之前很久便存在的事物。另一项非技术要素，即由欧洲人引入的各种疾病，同样是西班牙人胜利确定无疑的助力，尽管它们有可能没有武器的作用那样大。讽刺的是，阿兹特克、印加帝国的人众在集权统治上拥有一定的经验，这一事实或许还帮助了西班牙人的征服。在两个高度集权（至少在某些方面如此）的帝国之外，仍有大量美洲印第安人群体，西班牙人要统治他们便困难重重。

五、荷属东印度的案例

葡萄牙人曾试图取代马六甲 15 世纪在东南亚海域的商业统治地位。他们有能力在 1511 年占领马六甲，不过，复制马六甲在他们到来之前所享有的那种程度的商业影响力却成为一件极无可能的事情。整个 16 世纪，亚齐（Aceh）、柔佛（Johor）控制的替代性转口港与马六甲持续展开了激烈竞争。荷兰人闯进这个市场早在 16 世纪早期的一个计划里便被预测到了（或者，是以此为起点被预测的），该计划的愿景是获得在亚洲海域所有贸易的商业霸权。通常而言，领土控制是力求避免的，因为这会分散不必要的资源。荷兰人最多有一个基地网络，控制一些关键小岛，便足以构筑商业帝国的基础。①

这一效法威尼斯人构建网络的策略在早期便被稀里糊涂地破坏掉了,因为荷兰人决定在巴达维亚(雅加达)构建网络的中心基地,此处位于爪哇大岛,靠近香料的主要产地。荷兰人需要从当地人那里获得各种资源,还有最低限度的安全,以此建立其在香料上的垄断权。如若荷兰东印度公司(简称"VOC")将自己局限在起初所设想的那些小岛上,或者,如果印尼群岛与菲律宾群岛有着更细密的相似之处,事情或许是另外一个局面了。② 不过,爪哇和群岛别处各路主要的土著海陆力量,其兴起、衰落、暴烈竞争无不迫使荷兰人在这些竞争者当中选择盟友。他们别无选择,因为即便拥有先进武器和受过更好训练的军队,对手的人数优势可是他们从未有足够军事力量加以克服的。他们别妄想在没有当地盟友的情况下击败或抵挡住一支主要的爪哇军队的攻击。荷兰人计划的部分内容与获得在印尼香料运输上的垄断地位有关,欲达此目标,需要选择性地使用武力,压服不受控制的势力,并且

惩罚干涉者。如果荷兰人没有介入当地政治,是不可能平稳获得此种垄断地位,也不可能指望得到食物、造船材料以及安全(这是他们在遭到攻击时所热望的)的。同样,要制住自己的欧洲竞争者,荷兰人也要有可观的军事实力。

由此而兴起的基本征服模式需要荷兰干涉地方继承斗争或竞争。荷兰会用自己的军事能力换取政治服从、贸易让步、一次性付款。不过,而后荷兰人要面对的是这样一个前景:孜孜不倦地捍卫那些脆弱的君主。同样一批弱势君主就其自身而言,有时还缺乏能力获得自己的王国,因为他们所属的体系要求其反复证明自己有确保其位的军事能力。由此或许会产生三个结果。第一,荷兰东印度公司发现自己不断卷入军事冲突,由此需要发展自己的军事能力,哪怕付出高额代价,而原本他们只需做出商业上的努力就行了。第二,与此同时,就荷兰军队可以在多大程度上渗入爪哇腹地而言,限制总是无处不在的。敌人可以退到山区,待自己力量恢复再回来。第

---

① 有关荷兰在印尼的经历的材料,包括 John F. Cady, *Southeast Asia*: *Its Historical Development*, New York: McGraw-Hill, 1964; D. G. E. Hall, *A History of South-East Asia*, London: Macmillan, 1964; Anthony Reid, *Southeast Asia in the Age of Commerce*, Vol. 2: *Expansion and Crisis*, New Haven: Yale University Press, 1993; and M. C. Ricklefs, *A History of Modern Indonesia since c. 1300*, 2nd ed. , Stanford: Stanford University Press, 1993。

② 西班牙人在菲律宾群岛并未遭遇实行集权的对手,他们往往尽可能将那里最强大的敌人摩洛族(Moros)抛在一边,不予理会。

三，干涉生出更多的干涉，当地统治者愈益与荷兰人捆绑在一起寻求保护。到18世纪中期，荷兰决策者已经意识到，除了隐居幕后，他们或许也要亲身上场统治印尼领地。通过这种方式，最初的商业网络设想演变出（也落实为）一个更老式的领土帝国——在荷兰官方抵制该设想长达一个半世纪之后。

荷兰所取的策略产生了许多令人意想不到的重要后果，其中之一是：由于与经营方式有关的军事开销，在18世纪将追求目标集中在香料垄断权上的荷兰东印度公司破产了。不唯如此，到荷兰人在印尼群岛接近获得这一垄断地位时，欧洲消费者的需求重点却转向了纺织品和茶叶，而这些东西的主要产地不在此处。历经拿破仑战争，借助英国军队，荷兰在爪哇的统治才得以恢复，与此相伴，"香料群岛"（此时主要转向生产咖啡和茶叶）的全部领土主权也落入荷兰之手。

六、英国在南亚的案例

15世纪90年代，欧洲人的脚步最早迈入南亚。不久之后，从1526年开始，莫卧儿帝国开始了扩张。大体上，南亚统治者对商品贸易的态度分为两种：其一，漠然以对；其二，态度复杂，因为商品持续进出次大陆，他们也捞到了一部分好处。由此产生的部分结果是：印度长途贸易主要是由非印度人从事的。葡萄牙人的到来遭到穆斯林商人的抵制，这在有的时候转化为葡萄牙人与当地印度统治者之间的冲突。不过，如果一个统治者反对葡萄牙人的存在，后者沿着海岸航行，总有可能找到另一个更为热情、可能与前一个统治者不一样的王公。葡萄牙海军被用来交朋友，为设在印度领土上的堡垒飞地提供支持。葡萄牙人或许渴望更大的领土控制权，但是，哪怕是尝试实现此一愿望，他们都缺乏各方面的资源。同样，在17世纪，他们也做不了什么来阻止荷兰人、英国人和法国人建立飞地，所有这些都推动他们与地方统治者进行协商、做出安排。

在17世纪，这一过程是如何展开的？英国东印度公司的大体遭遇可以为此提供很好的例证。[①] 1686年，公司在孟加拉与一个莫卧儿地方统治者产生摩

[①] 以下著作牵涉英国卷入印度事务的情况：Alfred Lyall, *The Rise and Expansion of the British Dominion in India*, 5th ed., London: J. Murray, 1910; James P. Lawford, *Britain's Army in India: From Its Origins to the Conquest of Bengal*, London: George Allen and Unwin, 1978; Penderel Moon, *The British Conquest and Dominion of India*, London: Duckworth, 1989; T. A. Heathcote, *The Military in British India: The Development of British Land Forces in South Asia, 1600–1947*, Manchester: Manchester University Press, 1995; and Stanley Wolpert, *A New History of India*, 5th ed., New York: Oxford University Press, 1995。

擦,受此刺激,公司决策者尝试联合几个引入进来的步兵团队,拿下吉大港。英国人在当地拥有海军优势,但缺乏陆上盟友,因此被大量莫卧儿军队迫退。由于帝国同样忙于在别处的征战,故此,在其眼中,孟加拉的军事行动分散了帝国的注意力。尾随而来的是一系列谈判,在谈判进行的时候,英国人尝试以更多军队,辅以海军炮击,展开第二次进攻。帝国的应对极其狂暴,1688年,皇帝下令铲除印度的所有英国人。英国人对此几无阻止之力,只要这一问题在帝国政策中占据优先地位。不过,此一情势并未延续太久。莫卧儿人仍全神贯注于与长期的敌人马拉塔人作战。到1690年,英国人通过沟通,重新获得帝国的美善恩赐。他们的贸易特权得到恢复,条件是交付罚款。在接下来长达50年的时间里,英国东印度公司一直避免触怒帝国。

进入18世纪,两个重要方面的情况有所改变。1707年后,帝国达至顶峰,随后走向衰落。最后一位强有力的君主奥朗则布在该年驾崩,随后的许多年里,出现了八位后继之君。随着帝国走向崩解,行省总督成为名义上宣告独立的各邦的统治者,哪怕他们维持了莫卧儿虚幻的领导地位。分裂招来了波斯人、阿富汗人,他们从西北成功外侵;在帝国内部,马拉塔人和野心勃勃的贵族也趁势作乱,意图扩张自己的地方性(localized)帝国。

英国人与法国人之间的战争于18世纪40年代在欧洲爆发,当此之时,双方商业公司在印度的代理人最初是试图和平共处的。不过,1747年,法国军队攻击了马德拉斯的英国领地。这支军队包括装备燧发枪(与更老式的火绳枪相对)的印度步卒,他们按照欧洲的前进队形受训。这些创新是半个世纪前在欧洲发展起来的,不过,直到奥地利王位继承战争之末,才作为欧洲列强相争的一种表现形式出现在印度。英国人做出了以牙还牙的反应,他们引入了更多的欧洲军队,并训练自己的印度步卒。

阿尔乔特(Arcot)认为法国人应将其占领的马德拉斯交到其合法的主人也就是他本人手里。虽然如此,他手下主要由传统骑兵组成的军队被法国人的步炮混合部队轻松击败。此事首次表明欧洲军队可以获得对规模更大的印度军队的耀眼胜利。无论是否准确,越来越多的人产生了这样的印象:新的欧洲战法可能被证明是印度内部战争中的决定性因素。①

1748年，英法战争结束。之后，欧洲公司军队（此时已壮大规模）基本上作为雇佣军被地方上的印度统治者租用，其目的一是赚钱，二是获得特许权。七年战争期间，英法战事再起，印度的欧洲军队进一步得到扩展。1757年，在普拉西（Plassey）的又一场步炮混合部队对决骑兵的战斗中，一支3000人的英国军队击败了一支5万人的孟加拉军队。不过，此次英国的胜利得到了一份协议的助力，协议商定孟加拉总督手下的一个将领带着四分之三的孟加拉军队反水，回报是将其擢升为新总督。

接下来，此人就任新职。这位新总督将加尔各答地区的征税权赋予其英国盟友，由此，英国人获得了最早一块具有实质意义的领地。与更早时印尼群岛的荷兰模式一样，在一系列的事件中，这位总督遭到马拉塔和莫卧儿帝国的军事攻击。他不得不购买英国进一步的军事保护，代价是出让更多的征税权，直至这一发挥作用的协议走向终结。1763年，一支约有8000人的英国军队对阵另一支5万人的印度军队，他们由马拉塔、莫卧儿帝国与新近被推翻的孟加拉总督的军队混合而成。英国在布克萨尔（Buxar）的胜利导致莫卧儿帝国出让孟加拉、比哈尔（Bihar）和奥里萨（Orissa）的征税权。

这一基本过程持续贯穿了18世纪剩余的时段，拿破仑战争，直至19世纪上半期。最初，英国人不过是南亚区域内强大而独立的势力当中的一股。他们要么可以干涉威胁到其利益的权力继承斗争，要么可以与印度的其他势力结盟，抵御来自另一个正在扩张的印度邦国的共同威胁。凡此种种，产生的结果便是规模扩大的英国领地。作为莫卧儿帝国的最终继承者，与法国人及其盟友的持续冲突同样推动了英国人的逐步扩张及其军事能力的提升。

无论是印尼还是南亚的案例，欧洲人的策略和能力大略是与不断变动的亚洲政治局势同步演化的。事实证明，海军力量和堡垒飞地并不足以维持亚洲市场的入场权，也不足以获得商业财富和他们所求的那种程度的市场控制权。在论及荷兰东印度公司的策略时，霍尔还抓住了发生在南亚的事件当中的一个要素："公司管理者将自己的商业帝国转变为一个领土帝国，在他们而言，既无有意识加以变化的规划，也无勃勃雄心。然

---

① T. A. Heathcote, *The Military in British India*: *The Development of British Land Forces in South Asia, 1600-1947*, p. 26 指出这或许是一个心理学现象。

而,这样一种转变是不可避免的……如果他们要维持和巩固因击败欧洲对手而为自己赢得的那种地位的话。若非如此,摆在他们面前的命运便是衰落,很可能还有灭绝。"①

欧洲人的竞争当然是一个重要因素。一个欧洲胜利者是没有时间喘气的,因为很快便有其他欧洲对手兴起,不断将竞争持续下去。起初,在旧大陆,葡萄牙人击败过卡斯蒂利亚人(Castilians),后者当时被西班牙帝国吞并仅约60年。荷兰人挫败了葡萄牙人、西班牙人和英国人的竞争,唯独他们的英国盟友所获得的收益让他们自愧不如。然而,在很大程度上,这个过程的"不可避免性"取决于在欧洲公司的运作环境里发生了什么事情。尽管荷兰的军事优势让土著爪哇人的霸权变得不太可能,我们也很难断言爪哇岛上的主要陆上力量不会以胜利姿态崛起,完全掌控(与部分掌控相对)爪哇岛。同样,莫卧儿帝国在1707年以后开始走向崩溃也并非不可避免。莫卧儿帝国的失败与英国的军事优势无甚干系。英国军事力量在人数上一直不多,在能力上并不算强,在奥朗则布死后约40年的时间里,他们大多被用在维安、守备、看库房等场合。欧洲人的竞争改变了这种状况,而后,接踵而至的军事能力变革与敌对力量的分权特性相互影响,最终(并非不可避免)导致英国在南亚大部分地区加速获得了广泛的领土控制权。

七、评价

在五个案例中,我们都看到了以不同形式体现出来的军事优势。无论哪个案例,海军优势对欧洲人来说都是至关重要的,他们以此抵达世界其他地区,一旦到达那里,面对潜在的巨大风险也能站住脚跟。在葡萄牙人、荷属印尼、英属南亚的案例中,海军优势尤为重要,尽管在一定程度上,就阿兹特克人、印加人的案例而言,海军优势的重要程度稍逊。此一论断大体适用于意大利式要塞。在守住非洲-欧亚大陆的某些滩头阵地这一方面,此种要塞发挥了最重要的作用,直到海军的救援赶到,击退当地的攻击部队。就军事优势而言,在美洲的两个案例中,从马上挥舞钢剑对付美洲印第安徒步武士似乎也是一种关键能力。在陆上,火炮、火绳枪(或燧发枪)以及纪律严明的步兵战术应该也发挥了一定作用,但迟至18世纪40年代后期(在印度),它们似乎一直没有呈现出遍地开花

---

① D. G. E. Hall, *A History of South-East Asia*, p. 301.

的场景，也算不得举足轻重的角色。它们最初起到关键作用，得益于欧洲的内争以及迟来的战术转移(欧洲战术被转移到印度战场)。正如早先在欧洲所发生的情形，新战术的引入催生了以下领域的变化:操练、战力维持、火力、花销(指印度步兵)。

当然，在所有五个案例中，我们都可以说:某种类型的军事优势构成了必要条件。虽然如此，就这些案例而言，我们不能妄下定论，说它们对欧洲人突然或逐步兴起来说是充分或最重要的条件。在所有五个案例中，当地盟友都是至关重要的。没有他们，欧洲的军事优势无法阻止欧洲人败于大型军队之手，与欧洲军队一样，后者也是作为军事扩张和征服的工具被发展起来的。另外，在每个案例中都很重要的是欧洲人的一种能力:发现并利用敌对政治组织的弱点。在美洲的两个案例中，西班牙征服者利用了高度集权但组织松散的两个帝国的缺陷:帝国开疆拓土有赖力量的展示，一如依赖直接的军事胜利。力量展示虽说并非对西班牙人毫无作用，但的确未让后者留下本该非常深刻的印象。他们由此可以利用这种心理优势，快速抓获帝国的首领。西班牙在墨西哥和秘鲁的胜利和柔道运动有些相似，在运动中，一个体型更小的选手通过使诈、技巧而不是蛮力打倒一个体型大得多的选手。虽然各有取胜之道，科尔特斯、皮萨罗的策略确有相似之处，且在清除敌军指挥链的首脑、使其走向混乱这一方面产生了相似效果。①

荷兰东印度公司试图靠控制香料来源实现对欧洲香料市场的垄断，它在此过程中把自己折腾得精疲力竭。携海军力量和当地盟友之力，荷兰人击败了当地的竞争者，并在爪哇岛压制陆上的霸权竞争者。虽然如此，荷兰人欠缺平定爪哇内陆的军事能力。在此过程中，荷兰人越来越致力于为依附其下却力量弱小的统治者提供支持，最终的结果是荷兰人承担起了领土责任，而这是他们一开始并不认为值得追求、有利可图的。

18世纪中期，葡萄牙人、荷兰人、英国人和法国人在印度幸存下来(只要他

---

① 西班牙在美洲的这些胜利绝不是不可避免的。将近16世纪末的时候，他们在东南亚做了类似的尝试，但遭遇了悲惨的失败(参见 John F. Cady, *Southeast Asia: Its Historical Development*, p.240)。1596年，40个西班牙探险者连同一支被派往马尼拉的远征队设法抓获并杀害了柬埔寨王，谁承想，远征队首领与大部队脱离了关系，他以溜回马尼拉之举表明了自己行事谨慎的态度。若干年前(1583年)，西班牙人曾谋划派遣一支800人的对华远征队，其意图之一是获得天主教传教许可权。如若该计划付诸实施，那便对军事优势论做了绝佳验证。或许正是出于对筹划中的远征军有可能"命不长久"的忧虑，马德里当局拒绝了这一计划。

们避免惹怒莫卧儿帝国)。帝国衰落后,欧洲列强跻身后帝国时代逐鹿天下的群雄之列,各方争夺着各块地盘的控制权。虽说并非完全出自有意,英国人终究从脆弱不堪、完全依赖帝国善意的境地中崛起了,成为实力更雄厚的地方势力之一。最终,他们成功地站在了帝国的中心位置。在数十年错综复杂的继承权斗争之后,英国之治取代了莫卧儿之治。引自欧洲的步兵战术和火炮是实现这一地位之变化的关键所在,不过,没有印度步兵和盟友,它们也不会发挥这样重要的作用;在莫卧儿帝国走向崩解的背景下,如果没有英法竞争,它们是否或者何时被当作克敌制胜的法宝被引进来还是未知数。

在18世纪晚期的工业革命之后,欧洲的技术、军事优势变得更为强大。虽然如此,对19世纪的中国和日本,我们仍不易将欧洲人的进攻优势与这两个国家的防御弱点截然分开。无论清王朝还是德川政权,在被欧洲和美国人强行"打开大门"时都已衰落了一段时间。[①] 表1提供了一些有关这一维度的客观信息。以军事征服为基础的政权在组织上的健康程度或生命力,指标之一便是持续性的领土扩张。领土收缩表明军事征服机器正丧失其效力,而且/或者以持续扩张为基础的政治经济在走下坡路。[②]

表1说明,印加、阿兹特克帝国在西班牙人到来时并未表现出明显的衰落迹象,但是,他们的帝国功业并不属于天长地久的那一种。莫卧儿和奥斯曼帝国在17世纪的某个时候达至巅峰,从而便利了18世纪下半期欧洲人抢夺南亚的领土控制权,也推动了19世纪各种"东方问题"的出现,其中便牵涉奥斯曼这个"欧洲病夫"。至于中国,表1让我们看

[①] 传统上,人们倾向于认为欧洲人的行动有将亚洲部分地区融入世界经济之功。此一印象完全是错误的,带有鲜明的欧洲中心主义色彩,因为亚洲在千年之久的时间里(到1500—1900年),已然是欧亚世界经济中一个非常重要的组成部分。毋宁说"融入"牵扯到强迫议定更优条款,让非亚洲代理商很轻松地进入亚洲市场。其他学者通过多种方式说明了这一点。例如,参见 Janet L. Abu-Lughod, *Before European Hegemony*: *The World System*, *A. D. 1250-1350*, New York: Oxford University Press, 1989; K. N. Chaudhuri, *Trade and Civilisation in the Indian Ocean*: *An Economic History from the Rise of Islam to 1750*, Cambridge: Cambridge University Press, 1985; K. N. Chaudhuri, *Asia before Europe*: *Economy and Civilisation of the Indian Ocean from the Rise of Islam to 1750*, Cambridge: Cambridge University Press, 1990; Jerry H. Bentley, *Old World Encounters*: *Cross-Cultural Contacts and Exchanges in Pre-Modern Times*, New York: Oxford University Press, 1993; Christopher Chase-Dunn and Thomas D. Hall, *Rise and Demise*: *Comparing World Systems*, Boulder, Colo.: Westview Press, 1997; and Andre Gunder Frank, *ReOrient*: *Global Economy in the Asian Age*, Berkeley: University of California Press, 1998。

[②] 一个有趣的例证是由基思·霍普金斯提供的(Keith Hopkins, *Conquerors and Slaves* [Cambridge: Cambridge University Press, 1978])。他分析了罗马帝国的扩张放缓所遭遇的政治经济问题。

到了始自17世纪、几乎迄于18世纪末,或多或少一直在持续的领土扩张。与其相互关联的,是中国人在18世纪最后25年里首次清楚表达出来的衰落感。这个指标并不能很好地用在日本人身上,早在16世纪末、17世纪初,他们便在朝鲜遭受驱逐。不过,托特曼认为,德川政权衰落的分期应从约1710年开始算起,为此说提供支持的数据与日益增多的农民起义有关,后者是另一个表征衰落现象的指标。①

表1 帝国扩张与收缩的时点
（单位:百万平方公里）

帝国\年份	印加	阿兹特克	莫卧儿	奥斯曼	明/清
1250	0.005				
1307				0.025	
1359				0.07	
1368					3.1
1382				0.3	
1400					3.9
1438	0.05				
1440		0.015			
1450					6.5
1451				0.69	
1463	0.2				
1468		0.08			
1471	0.45				

续表

帝国\年份	印加	阿兹特克	莫卧儿	奥斯曼	明/清
1481		0.10		1.22	
1493	1.9				
1502		0.17			
1513					3.9
1519			0.03		
1520		0.22			
1521				3.4	
1525			0.8		
1527	2.0				
1560			0.8		
1571				4.7	
1580			1.7		
1600			4.0		
1635					3.9
1645					4.9
1650					6.5
1660					7.2
1683				5.2	
1690			4.0		
1700					8.8
1710			2.5		
1725					10.6
1730				4.5	
1760					13.2

---

① Conrad Totman, *Early Modern Japan*, Berkeley: University of California Press, 1993.

续表

帝国 年份	印加	阿兹特克	莫卧儿	奥斯曼	明/清
1770			0.2		13.7
1790					14.7
1817				4.25	
1840					14.2

材料来源：Rein Taagepera, "Expansion and Contraction Patterns of Large Polities: Context for Russia", in *International Studies Quarterly*, Vol. 41, No. 3, 1997, pp. 475-504。

跳出表1数据的局限,该表所给出的信息,似乎并未与如下判断相左:中日两国政权发生了由各种因由导致的衰落。① 在部分程度上,两个社会都是更早时帝国所取得的成功(就强力推行秩序与和平而言)的牺牲品。随后的日本(17世纪)、中国(18世纪)人口翻倍超出了当地政治-经济满足新增人口需求的能力。拿中国来说,人口增长导致大规模的内部人口流动和人群冲突,而以下情况的发生又激化了矛盾:实际税率激增(其部分原因是由购买鸦片所导致的白银外流),农民无力承担赋税,官僚体系过分伸展且无效率。镇压苗民、三合会、白莲教、太平天国和穆斯林的叛乱(往往发生在内部移民压力最大的地方)成为清王朝的第一要务。英国人,随后还有法国人,证明19世纪中期,在应对人数相对不多的中国军队时,他们是享有军事优势的。中国军队将帅无能,食物供应不足,战意不坚,其组织架构是过时且日趋败坏的满洲八旗体系(到19世纪中叶不得不放弃)。与此同时,中国政治领袖发现,只要内乱和动荡的前景看似对清王朝的存亡更具威胁性,他们便很难备极严肃地对待欧洲人的威胁。②

相比之下,德川政权所经历的内外压力不如中国那么大。不过,德川政权已衰落了一段时间,相比与其对应的清

---

① Hans J. van de Ven ("War in the Making of Modern China", in *Modern Asian Studies*, Vol. 30, No. 4, 1996, pp. 737-756)和 Peter C. Perdue ("Military Mobilization in Seventeenth- and Eighteenth-Century China, Russia, and Mongolia", in *Modern Asian Studies*, Vol. 30, No. 4, 1996, pp. 757-793)构成了这一总体概括的例外。虽然主要关注点在别的问题上,但他们认为,我们有关19世纪中国衰落的看法或许免不了要做一些实质性的修正。事实或许最终会证明情况确如其所言,但就19世纪上半程而言,我们仍可提出相反的论点。

② Jean Chesneaux, Marianne Bastid, and Marie-Claire Bergere, *China from the Opium Wars to the 1911 Revolution*, trans. Anne Destenay, New York: Pantheon, 1976; Susan M. Jones and Philip A. Kuhn, "Dynastic Decline and the Roots of Rebellion", in John K. Fairbank (ed.), *The Cambridge History of China*, Vol. 10: *Late Ch'ing, 1800-1911*, pt. 1, Cambridge: Cambridge University Press, 1978; Frederic Wakeman Jr., "The Canton Trade and the Opium War", in John K. Fairbank (ed.), *The Cambridge History of China*, Vol. 10: *Late Ch'ing, 1800-1911*, pt. 1; and John K. Fairbank, "The Creation of the Treaty System", in John K. Fairbank (ed.), *The Cambridge History of China*, Vol. 10: *Late Ch'ing, 1800-1911*, pt. 1.

政权,其经济状况不再有能力应付人口压力。同样,与清人相似,日本政治精英低估了外部威胁的程度。当黑船最终抵达日本时,德川政权没有经受住政治体系的震荡。曾经被抑制的内战爆发了,最终导向了明治维新。虽然人们仍普遍认为,进入19世纪,西方军事优势是无可否认的,但是,在对阵相比一个世纪前或许已大为衰落且缺乏有效抵抗能力的亚洲政权时,此种优势派上用场的途径是相当有限的。西方列强不必要那么领先便能击败亚洲对手:由于后者忙于处理内外交困的社会危机,将其彻底击败已是水到渠成之事。

面对世界经济和各式非亚洲代理商令人不安的入侵,中日政府无力继续将其挡在国门之外。显然,对此种"无力"状态,人们不能将其因由单单归结为帝国的衰落、腐朽与危机。人们只能说,在19世纪,中日政权的显著衰落和欧洲军事优势是并存不悖的;另外,内部、外部的一系列现象是相互影响的,从而确保了中日对西方的威胁无力实行有效抵抗。到此时(19世纪中叶),地方盟友不再如先前那样是欧洲人成功的必要条件。① 虽然如此,在东亚,领土征服显然不像美洲、印尼群岛或南亚的情况那样,是一个主要目标,这是由行动舞台的地域情形决定的。② 欧洲人的入侵和扩张行动在15世纪晚期和20世纪早期马不停蹄地持续进行着,在很大程度上,这是不断变化的外部力量和内部缺陷的相互作用效应产生的结果。欧洲的武力优势发挥了一定作用,或者说得更精准一点,在这个过程中扮演了不同角色。但是这些优势不是充分条件,亦非足够重要,甚至也不能说,它们在世界不同地区属于同样类型,可以充当欧洲霸权兴起之关键的优势。

由此,军事优势论既夸大了欧洲军事优势的作用,也在此种优势的起源问题上夸大其词:它认为,军事优势是在一个竞争性多极区域中顺次发生的多次军事革命中形成的。在部分程度上,此种说法是有吸引力的,因为它深度契合这样一个古老的过程:来自边缘地带、装备精良的精悍战士成功地在战斗中攻击并

---

① 当然,考虑到由西方组织起来的联盟体追求战争伤亡上的不对称性,有人会认为发生在朝鲜、印度支那的冷战冲突让对地方盟友的需求再度出现,如果西方人期盼介入东欧亚的军事行动的话。

② 当然,具体情况要具体分析,有的外部角色就对占领中国领土感兴趣。相比英国人,俄国人和日本人似乎对领土更感兴趣。

击败了中心地区。① 世界历史的编年记录充满了边缘蛮族携各种物质性助力（铁剑、战车、方阵、复合弓和轻骑兵）展开攻击的图景。1500年之后的欧洲人群体看似在一个非常古老的过程中扮演了另一波浪潮的角色。虽然如此，此种分析漏掉了两个要点。其一，它将重点几乎完全放在外部攻击者的优势上，有一点对更久远的、1500年以前的案例是同样适用的，即外部攻击无一例外地存在于内部崩解、衰落甚或失序之后。强大的中心常常遭受边地袭扰而非全方位攻击的折磨；当然，如果是全方位的攻击，则中心更大的弱点（超出袭扰者的期望）必须要暴露出来。② 的确，就某些更古老的案例而言，考古证据并未表明攻击者是不是在作为组织性实体的攻击目标已然消失之后才"获得胜利"的。③ 在这方面，16世纪西班牙征服者的例外性只体现在如下一点上：相比过去的情况，他们不得不更加用力，放大（敌人）那些已然存在的缺陷。虽然如此，我们还是要说：对外部有利条件的明显夸大扭曲了同样重要的内部不利条件所起的作用。④

其二，对军事征服的强调掩盖了其基础性的政治-经济动机和策略。正如我们认为往日边缘地带战士的攻击实际上是争夺贸易路线的控制权，而非仅仅是粗暴地证明军事力量，或者对城市战利品的掠夺欲望。同样，欧洲人（在海上）的兴起——其关注点尤其集中在连接欧亚大陆东西的贸易路线的控制权上——并不能单从暴力上去阐述。由于没有这种军事优势以亚历山大大帝的方

---

① 这在根本上是14世纪伊本·赫勒敦模型的一个变种。富有凝聚力、来自山区的强悍战士夺取骄傲自满的定居城镇。不过，伊本·赫勒敦强调的不仅是进攻方的优势，也包括受攻击者的弱点。因为定居城镇的统治者亦曾是来自山区的战士，只不过统治城市的过程腐蚀了他们。由此，一个循环动力机制建立起来。

② 蒙古的扩张看似证明了这一原则的一个重要变种。托马斯·J. 巴菲尔德（Thomas J. Barfield, *The Perilous Frontier: Nomadic Empires and China, 221 B. C. to A. D. 1757* [Cambridge, Mass.: Blackwell, 1989], p. 198）认为，成吉思汗麾下的蒙古人并未有意征服中国。毋宁说，他们的传统扰边劫掠战略推动了烈度不断上升的对女真金朝的战争，而这背离了实施有限抵抗/安抚的典型东亚战略。最后，女真金朝毁灭了自己，蒙古人发现自己首次控制了北部中国。就这样一个案例来说，仅仅强调蒙古军事优势的解释或许忽略了女真人的战略及其给"中国"防御弱点所带来的后果这一关键要素。

③ 印欧人约在哈拉帕文明衰落之时（公元前2千纪早期）进入印度。这很好地说明了边缘人群入侵/流动很可能是在哈拉帕文明中心已然崩溃之后才发生的。多利安人进入南部希腊（公元前2千纪晚期）是另一个案例。

④ 在一定程度上，只强调欧洲的优势可能被认为是政治不正确的，即便此种优势仅仅是先进的杀戮能力。虽然如此，本文观点并无欧洲中心性（Eurocentricity）或牵涉任何一方的政治不正确性的意味，而只是想指出对区域兴起要做更平衡的解释。拥有军事优势的攻击者的成功在防卫者不具有政治优势的背景下可以得到更好的理解，特别是在引人注目的政治缺陷并未出现、军事优势不足以定乾坤的时候。

式完成这项功业(也就是说在陆地上),地处最西部的欧洲人只能寻求海上路线的控制权,并竭尽所能让这些路线获得商流(commercial flow)。与其说他们是在发明新的交易形式,不如说他们是通过绕道红海-埃及路线的方式,努力消除15世纪威尼斯-马穆鲁克对东西贸易的垄断权。在各种动机当中,正是这一点使得葡萄牙人逐渐沿着并环绕非洲海岸进入印度洋;也正是这一点促使西班牙人在无意中闯入新大陆,还想着这是去往亚洲的捷径。

结果,在16世纪50年代以后,来自美洲矿场的西班牙白银极大地便利了欧洲与欧亚大陆剩余地区的贸易,其作用途径有二:其一,通过阿卡普尔科(Acapulco)与菲律宾的联系;①其二,通过一个更为间接的过滤器,即哈布斯堡王朝在欧洲的政治-军事野心。但是,对南美、中美洲的军事征服并非欧洲兴起的主旨,它只是一个非出本心的早期后果罢了。15世纪90年代以后,欧洲人的主要行动一直聚焦在一个点上:在欧亚大陆海上贸易中确立具有竞争力的地位。在很大程度上,作为欧洲人在不确定环境中参与强制性长途贸易的结果,对印尼群岛、南亚的渐进军事征服更属意外。由此,从某些方面看,尽管有某些形式的军事优势,欧洲的兴起让我们看到的往往是:为了商业主导地位,他们可以灵活转换策略。换句话说,就非洲-欧亚大陆的领土征服而言,一些欧洲人刚好有足够的军事优势在外围待上足够长的时间,裹足不前,为的是保护他们的海岸飞地和商业地位。但总的来说,由于没有足够的军事优势,他们力避承担广泛的领土责任。

欧洲在世界体系中的兴起不应只从以下方面加以阐明:欧洲逐渐掌握了东西海上贸易的控制权。② 不过,夺取此一控制权的尝试确实是引爆欧洲经济增长的重要推力。在欧洲区域内,它有助于海洋国家在经济上凌越欧洲更大型、更传统的农业国家;它还为一些海洋国家的存续提供了莫大助力,这些国家与陆地强权为邻,有遭受吞并之虞。葡萄牙沿着这条演化道路发生了变革,但未能阻止被更传统、有固有农业根基的西班牙帝国吞并。荷兰人、英国人在与法国人的交锋中表现更优,英国人的表现甚至胜过其在20世纪与德国对抗当中

---

① 此种联系沟通的是美洲西班牙殖民地与菲律宾之间的贸易。——译者注
② 其他因素包括人口增长、城市化、食物过剩、一定程度的孤离状态(免受攻击)、适应这些社会变化的充分经济创新。

的表现。虽然如此,作为同样的演化道路的一个组成部分,海上领导者的地位是会发生逐步转换的——由新的、更有能力、更具创新性的海上强权代替,他们一个个都有更大规模的人口。葡萄牙人让位给荷兰人,荷兰人反过来被英国人取代,英国人则被迫让贤于美国。

由此,欧洲区域的兴起至少牵涉三种不同的结构性动力机制。第一种机制涉及海上强权的兴衰,直至19世纪末,欧洲往往是海上强权汇聚的中心舞台。第二种机制与欧洲区域内海权、陆权之间的相互作用有关。包含在这个故事中的一个奇异之处是,近代早期欧洲军事革命在武力上对陆海力量俱有提升作用。可以相信,如若在早先时反复发生的冲突中,欧洲陆上力量有能力决定性地击败海上力量,那么,欧洲一度崛起为占据主导地位的区域便绝无可能发生了。第三种机制关涉欧洲人主要针对欧洲区域以外的非洲-欧亚大陆人实施的商业、领土侵略。在每一种机制内部,都存在着领导角色兴起、相对衰落,而以前的非领导角色取代当权力量的趋势。要解释为什么欧洲成为主导者,最终我们需要解释这些分散而重叠的机制怎样发挥作用,以及在常常受到限定的某些时段,为什么某些地方比其他地方更有创新性,也更有能力。[①]

结　论

就过去500年里不同地区所获成功的演化过程而言,以下观点并没有足够的解释力:一个地区在军事上优越于其他地区,而后,它更进一步在300—400年的时期里证明了此种优势。此种观点的存在是毋庸置疑的,尽管是以一种不那么直白的方式表达出来的。虽然如此,作为解释密钥的军事优势论漏掉了太多差异化的情况(发生了什么别的事情,它们是怎么发生的),对其未做解释。对历史学家来说,情况极为复杂,以至于

[①] 对这些动力机制的建模尝试参见如下著作:George Modelski, *Long Cycles in World Politics*, London: Macmillan, 1987; George Modelski, "Evolutionary Paradigm for Global Politics", in *International Studies Quarterly*, Vol. 40, No. 3, 1996, pp. 321-342; George Modelski and William R. Thompson, *Seapower and Global Politics, 1494-1993*, London: Macmillan, 1988; George Modelski and William R. Thompson, *Leading Sectors and World Powers: The Coevolution of Global Economics and Politics*, Columbia: University of South Carolina Press, 1996; William R. Thompson, *On Global War*, Columbia: University of South Carolina Press, 1988; William R. Thompson, *The Emergence of the Global Political Economy*, London: UCL Press, forthcoming; Karen Rasler and William R. Thompson, *War and State Making: The Shaping of the Global Powers*, Boston: Unwin Hyman, 1989; Karen Rasler and William R. Thompson, *The Great Powers and Global Struggle, 1490-1990*, Lexington: University Press of Kentucky, 1994。

他们不能太过依赖一种单因素的解释。此种解释聚焦于胜利者充分利用的某个有利条件,而不在最低限度上考量不同形式的军事优势能被成功利用起来的背景。最后,战场上的成功是一回事,另一个错综复杂的问题,即在整个非洲-欧亚大陆和美洲战场的最终成功如何反哺了欧洲的技术、经济发展,却往往被忽略或无视。至少,欧洲以外的领土征服是否(如果是,其程度如何)以及通过何种方式直接导致了欧洲内部的经济、技术创新,是一个值得争论的问题。本文在这里并不认为非欧洲人的征服与欧洲的兴起毫无干系,相反,我们尚未理清各类联系的理论后果与经验细节。一些方面是显而易见的,其他方面则模糊得多。作为一个分析型问题,它很需要我们做进一步研究,也就是追踪共同演化的多种结构性动力机制(它们在一个日趋复杂、相互依赖的世界体系中运作)中的相互联系。

译自 William R. Thompson,"The Military Superiority Thesis and the Ascendancy of Western Eurasia in the World System", in *Journal of World History*, Vol. 10, No. 1, pp. 143–178。

作者:威廉·R. 汤普森,印第安纳大学政治学教授

译者:屈伯文,湖北理工学院讲师

军事革命与近代早期国家

"漫长的"18世纪中的财政–军事国家[①]

□ [英]克里斯托弗·斯托尔斯（Christapher Storrs）

一

历史学家很早便承认财政在现代国家发展中具有关键性的作用。的确，公共（和私人）财政已在许多历史学家的研究中占据中心位置，包括本论文集要纪念的迪克森（P. G. M. Dickson）教授（下文将更全面地探讨他的成就）。不过，在近几十年里，部分是由于被贴上"新财政史"标签的研究领域的兴起，关于国家的新概念被人们创制出来，它们更明确地承认了以上事实。历史学家追踪了跨越一个长时段的转变：从所谓"贡赋国家"变为"领地国家"（在这种国家，大多数王室收入来自私家领地和君王的权利），又从"领地国家"转变为"税收国家"或"财政国家"（在这种国家，王室收入之类的大部分来自税收[②]），再从后者转变为所谓的"财政–军事国家"（尽管"财政国家"一词的许多使用者只是隐约想到了这个问题[③]），此种国家可以被认作是"税收国家"/"财政国家"的终极改进版本。

[①] 我要感谢我在邓迪大学的同事马丁内·范·伊特叙（Martine van Ittersum）博士，还有哈米什·斯科特（Hamish Scott）教授，他们评论了本文更早的一个版本。虽然如此，任何错误仍应由本人负责。

[②] E. Ladewig Petersen, "From Domain State to Tax State. Synthesis and Interpretation", in *Scandinavian Economic History Review*, 1975, pp. 115–148. 约瑟夫·熊彼特在1918年写了一篇论文，当时的背景是轴心国集团在一战中战败。许多人公认该文确认了"税收国家"概念以及以此种国家为方向的转变。参见 R. Bonney, ed., *The Rise of The Fiscal State in Europe, c. 1200–1815* (Oxford, 1999), p. 13; J. Glete, *War and the State in Early Modern Europe. Spain, the Dutch Republic and Sweden as Fiscal-Military States, 1500–1660* (London, 2002), p. 225。

[③] P. K. O'Brien and P. A. Hunt, "Excises and the Rise of a Fiscal State in England, 1586–1688", in M. Ormrod et. al., *Crises, Revolutions and Self-Sustained Growth: Essays in European Fiscal History, 1130–1830* (Stanford, 1999); J. Collins, *The State in Early Modern France* (Cambridge, 1995), p. 145.

在《大国的肌腱》(1989年)一书①中,布鲁尔将"财政-军事国家"的表述用在了18世纪的英国身上。作为一本里程碑式的著作,该书既受到了迪克森观点的推动,又是对它的反驳。迪克森认为,大不列颠的成功奠基于长期国债的设立,此种债务得到议会支持,常规税收则为其提供了支撑。相比之下,布鲁尔注意到,跨越漫长的18世纪,借债在战争支出中只占30%—40%的比例(迪克森的数据),他指出税收具有更重要的作用。②布鲁尔的研究具有重要意义,其开创性著作的地位很快便得到了其他历史学家的认可。③从那时以来,"军事-财政国家"成为历史学家广泛使用的一个词语,其描述对象不仅包括英国,还有18世纪、④17世纪⑤的欧洲大陆国家,其表述形式要么是"财政-军事国家",要么是"军事-财政国家"。⑥尽管后一种表述对某些历史学家来说有着相当不同的意味(下文会对此做更全面的讨论),它还被用来分析那些国家卷入的国际斗争。⑦显然,布鲁尔的财政-军事国家满足了研究18世纪英国、欧洲(事实上还有作为一个整体的近代早期欧洲)的许多历史学家的迫切需求。他们所求的是一个标签,凭借它便能指明那些国家所拥有的某些与众不同甚至是决定性的特征;还有,在它的启示下,类似的标签按

---

① J. Brewer, *The Sinews of Power: War, Money and the English State, 1688–1783* (London, 1989).

② P. G. M. Dickson, *The Financial Revolution in England: A Study in the Development of Public Credit 1688–1756* (London, 1967).

③ J. Hoppit, "Review of Brewer, *Sinews of Power*, and of D. W. Jones, *War and Economy in the Age of William III and Marlborough* (Oxford, 1988)", in *Historical Journal* 33 (1990), pp. 248–250.

④ 总体状况,参见 C. Jones, *The Great Nation. France from Louis XIV to Napoleon* (London, 2003), p. xxi;关于法国,参见 J. Swann, "The State and Political Culture", in W. Doyle, ed., *Old Regime France* (Oxford, 2001), pp. 151ff。R. Bonney, *Rise of the Fiscal State*, p. 10 注意到财政-军事国家的兴起在今日已成为历史编撰中的一个自明之理,用于说明欧洲国家一般的演化状况。

⑤ M. Braddick, *State Formation in Early Modern England c. 1550–1700* (Cambridge, 2000), pp. lll, 270, 278ff.; J. Glete, *War and the State in Early Modern Europe. Spain, the Dutch Republic and Sweden as Fiscal-Military States, 1500–1660*.

⑥ 就大多数情况而言,精确表述的问题并不重要,也不会引起根本性的歧义。比如 M. Braddick, *State Formation in Early Modern England c. 1550–1700*, p. 7 提到了"军事-财政国家",在其他地方则使用"财政-军事国家"的说法。类似的,C. A. Bayly, "The British Military-Fiscal State and Indigenous Resistance: India 1750—1820", in L. Stone, ed., *An Imperial State at War. Britain from 1689 to 1815* (London, 1994), p. 32 很显然是以财政-军事国家作为讨论对象的。

⑦ 在 M. Kwass, "A Kingdom of Taxpayers: State Formation, Privilege and Political Culture in Eighteenth Century France", in *Journal of Modern History*, 70 (1998), p. 301 中,法国是以一个投身该时期"财政-军事"国际斗争的国家的形象出现的。

照某种方式应用于20世纪后期的国家,比如那些工业-军事复合体国家。①

很显然,通过发展与应用"财政-军事国家"概念,人们是要将被如此命名的某个国家或一些国家及其财政体系(或者,"财政大法"[fiscal constitutions],按照人们在某些时候的命名)的演化,与如下事实联系起来:在战争发生变革(或处在一个不断变化的过程中)的一个时代,正是战争需求在很大程度上形塑了这些国家及其财政体系。历史学家很早便承认了从15世纪晚期起战争方式所发生的诸多变化,尽管他们并不完全确定是否可以把它们叫作"军事革命"(这是半个世纪以前迈克尔·罗伯茨对此种现象的命名)。另外,假定"革命"一词适合描述一个或多个其展开要耗时数十年甚至几百年的过程,不唯如此,在这些变化到底发生于何时的问题上,人们亦未达成一致意见。对罗伯茨和其他人来说,

"军事革命"发生在1560—1660年之间。而对杰里米·布莱克来说,军事革命被定位在1660—1720年这几十年里。不过,尽管有这些分歧,所有人都同意:1700年不同国家所坚持的欧洲战争方式和军事编制与1500年有着天壤之别。军队规模庞大得多,在组成、结构上更为复杂,其常备性也增强了。其花费亦远超以往,尤其是军队需要覆盖广泛的大量服务:武器、给养和其他供应。② 所有这些需要细致的、更复杂的管理结构,当然,还有军队饷银以及付给供应商的款项。并不令人感到惊奇的是,这些发展还对更大范围的经济、社会产生了影响。军队冲突以及参与其中所需的各种资源在财政-军事国家的兴起当中起到了推动作用,或者可以说,它就是那个推动性要素。③ 而对布鲁尔来说,这算不得一个特别具有创新性的洞见。长期以来,历史学家承认战争方式及其需求对近代

---

① J. Black, "Britain as a Military Power 1688-1815", in *Journal of Military History*, 64 (2000), pp. 159ff (at p. 160).

② D. Parrott, "War and International Relations", in J. Bergin, ed., *The Seventeenth Century* (Oxford, 2001), pp. 125-127.

③ M. Roberts, *The Military Revolution* (Belfast, 1956), reprinted in idem, *Essays in Swedish History* (London, 1967); G. Parker, "The Military Revolution 1560-1660-A Myth?", in *Journal of Modern History* (1976), reprinted in idem., *Spain and the Netherlands 1559-1659* (London, 1979); J. Black, *A Military Revolution? Military Change and European Society 1550-1800* (Basingstoke, 1991).罗伯茨和帕克的论文还重印在下书中:C. J. Rogers, ed., *The Military Revolution Debate. Readings on the Military Transformation of Early Modern Europe* (Boulder, CO and Oxford, 1995)。

(早期)国家(尤其是对其财政结构[1])的形塑作用,[2]他们一直是这样做的。虽然如此,通过对财政-军事国家的确认,布鲁尔讨论了一种特殊的18世纪国家的经历,并对此种国家的成功做了同样特殊的解释。

二

布鲁尔对财政-军事国家做了概念化的处理。他宣称,在都铎改革与19世纪的改革之间,英国国家治理所发生的最重要的变革便与此种国家有关。[3] 很显然,他是有意用此概念来解释英国为何在"漫长18世纪"(1689—1815年)的种种冲突中取得了异乎寻常的成功。这个时代被称作对抗法国的"第二百年战争时期",英国从对抗中崛起为全球性强权。布鲁尔的英国财政-军事国家包含以下若干要素:(1)庞大军事机构(最重要的是海军机构)的发展,陆海军总人数从九年战争(1688—1697年)时的年均11.6万多人增至美国独立战争时期的19万多人。[4] (2)战争支出剧增,年均费用从九年战争时的约550万英镑升至美国独立战争时2000多万英镑,并且和平时期还保留了规模庞大的战争机器。(3)政府借债具有重要作用,也就是获得借款,以为短期(特别是战时)支出提供资金支持,债务从九年战争之末的1670万英镑剧增至美国独立战争之末的略低于2.43亿英镑。(4)赋税收入的扩张(这一点为政府借债提供了支撑),其总额从九年战争时360多万英镑增至

---

[1] G. Parker, "The Emergence of Modern Finance in Europe, 1500-1750", in C. M. Cipolla, ed., *The Fontana Economic History of Europe*, 2 (London, 1974); W. Reinhard, "Kriegsstaat-Steuerstaat-Machtstaat", in R. G. Asch and H. Duchhardt, eds, *Der Absolutismus- ein Mythos? Strukturwadel monarchischer Herrschaft in West- und Mitteleuropa ca. 1550-1700* (Cologne, 1996), pp. 277-310.

[2] J. Vicens Vives, "The Administrative Structure of the State in the Sixteenth and Seventeenth Centuries", in H. J. Cohn, ed., *Government in Reformation Europe 1520-1560* (London, 1971), pp. 58-87; G. Ardant, "Financial Policy and Economic Infrastructure of Modern States and Nations", in C. Tilly, ed., *The Formation of National States in Western Europe* (Princeton, NJ, 1975), pp. 164-220; C. Tilly, "War Making and State Making as Organised Crime", in P. B. Evans et al., *Bringing the State Back in* (Cambridge, 1985), pp. 169-191; M. Mann, *Sources of Social Power*, I: *A History of Power from the Beginning to AD 1760* (Cambridge, 1986).

[3] J. Brewer, *The Sinews of Power: War, Money and the English State, 1688-1783*, p. xvii.

[4] 关于接下来的数据,参见 J. Brewer, *The Sinews of Power. War, Money and the English State, 1688-1783*, pp. 30, 66。亦见 R. Porter, *English Society in the Eighteenth Century* (revised ed., London, 1991), pp. 116-117; E. Hellmuth, "The British State", in H. T. Dickinson, ed., *A Companion to Eighteenth Century Britain* (Oxford, 2002), pp. 19ff.; P. K O'Brien, "Finance and Taxation", in H. T. Dickinson, ed., *A Companion to Eighteenth Century Britain*, pp. 30ff.

美国独立战争时1200多万英镑,从而取代了越来越无法满足上述花费的其他收入渠道。(5)税收起初是直接税(典型如土地税),但经政府之手,税负朝间接税的方向转变(引人注目的是消费税,由此,在约翰·布鲁尔的研究中,税务部门发挥了极为重要的作用),此种情况一直延续到18世纪八九十年代。其时,皮特的第一次联合内阁削弱了财政体系,导致所得税的引入。(6)完善非常有效的新型管理结构,以监督日益扩张的军事机构与财政机构,财政官僚体系中的全职雇员数量从1690年的2524人增至1782—1783年的8292人,而税务部门雇用了4908人(也就是说,占一半还多),这样的国家便是围绕军事以及税务官员演变而来的财政-军事国家。最后,这些发展在很大程度上有赖于政治稳定所取得的成就(从1688年以来),以及一种新型社会-国家关系的兴起,此种关系确保了不断发展的财政与国家结构被全体人民所接受。①

关于通往现代性的两条不同路径,存在着历史悠久、根基深厚的宏大叙事。布鲁尔对大不列颠在18世纪的兴起所做的解释有意对此提出了挑战。此种叙事认定英国是一个实行宪政、崇尚个人自由并由议会掌权的国家,在这样的国度,当局之手掀不起风浪;而大陆或曰欧洲模式,则被认定是绝对主义、官僚主义的,在此种模式中,国家之手给民众带来的伤害要多得多。布鲁尔的研究证明恰恰相反,相比18世纪的"绝对主义(国家)"法国,实行宪政的英国有着更有效的官僚政治,更沉重的赋税。而在先前的历史学家(始自奥托·欣策[Otto Hintze],他或许是约100年前最老资格的比较宪法历史学家了)心中,英国是这样一个国家:被认定属于绝对主义欧洲国家之特征的官僚制度在这里几乎是不存在的。与此相异,布鲁尔认为,英国国家事实上拥有非常高效的(征税)机器,它主要以税收管理的形式体现出来。正如布鲁尔以煽动性的口气说:"相比18世纪欧洲任何其他的政府,英国税务部门与马克斯·韦伯的官僚制理念更接近。"②

三

一般而言,布鲁尔对财政-军事国家的构想获得了人们的积极认同,产生了

---

① J. Black, "Britain as a Military Power 1688–1815", p. 159.

② J. Brewer, *The Sinews of Power: War, Money and the English State, 1688–1783*, p. 68. 参见 E. Hellmuth, "The British State". 关于欣策,参见 P. Wilson, *War, State and Society in Wurttemberg, 1677–1793* (Cambridge, 1995), p. xx。

积极影响。尽管如此，就此种构想试图对18世纪的英国国家做出概括而言，它引发了人们的一些争议。① 比如，奥布莱恩(他更喜欢"财政国家"的表述)明确贬低了1688年"光荣革命"在18世纪英国所取得成就方面的基础性作用，反之，他以17世纪中间的数十年作为具有关键意义的奠基时代。② 在很大程度上，布拉迪克、惠勒与他是同道中人。③ 有人还提出，布鲁尔夸大了税务部门的效率；④对更古老、更缺乏效率的某些管理部门的持续存在描述不够。⑤ 同样值得注意的是如下事实：英格兰在布鲁尔的视野中具有压倒性的地位，是他的关注焦点，在很大程度上，他忽略了苏格兰是如何在1707年合并之后被融入正在兴起的英国财政-军事国家的。尽管苏格兰在财政方面的贡献相对微小，其并入却具有关键性的战略意义，因为此举让国家可以重新调整关注重心和自身的能量，跳出英国一域，放眼整个欧洲和海外。⑥ 不过，布鲁尔对英国与其欧洲邻国、对手的成就展开了分析，并做了或隐晦或直白的比较。此项工作的重要意义吸引的关注要小得多。⑦ 这是很遗憾的，因为从许多方面来说，布鲁尔在比较(英国与大陆那些竞争对手)方面所做的有益工作在一定程度上扭曲了后者的经历。如果布鲁尔对英国国家的概念化处理有意要解释英国独特、例外的处境与成功(并不令人惊奇的是，这个大有问题的主题持续吸引了人们的关注⑧)，那么，我们要做的便是对有关这个国家的其他替代性"学说"做更仔细的考察。一些大陆政治家眼中的英国及其制度堪称可以效仿的模范。例如，1786年，主管奥地利宫廷审计院(Hofrechnenkammex)

---

① L. Stone, ed., *An Imperial State at War. Britain from 1689 to 1815*.

② P. K. O'Brien, "Finance and Taxation".

③ M. J. Braddick, *The Nerves of State: Taxation and the Financing of the English State, 1558-1714* (Manchester, 1996); J. S. Wheeler, *The Making of a World Power. War and the Military Revolution in Seventeenth-Century England* (Stroud, 1999).

④ J. Hoppit, "Review of Brewer, *Sinews of Power*, and of D. W. Jones, *War and Economy in the Age of William III and Marlborough* (Oxford, 1988)"; and J. Black, "Review of Brewer, *Sinews of Power*", in *English Historical Review*, 105 (1990), pp. 695-697.

⑤ E. Hellmuth, "The British State".

⑥ C. A. Whatley and D. J. Patrick, *The Scots and the Union* (Edinburgh, 2006), pp. 322ff.

⑦ 虽然如此，我们可以参见J. Brewer and E. Hellmuth, eds, *Rethinking Leviathan: The Eighteenth Century State in Britain and Germany* (New York, 1999)。

⑧ 参见在此问题上有所贡献的如下著作：L. Prados de la Escosura, ed., *Exceptionalism and Industrialisation. Britain and its European Rivals, 1688-1815* (Cambridge, 2004)。

的青岑多夫伯爵催促约瑟夫二世引入偿债基金。该基金便是以新近由小威廉·皮特引入英国的基金为模板的,为的是减少国家负债。① 青岑多夫的提议如石沉大海,最重要的原因是奥地利哈布斯堡君主国的情况不同于英国,由此,在这个国家适合采取不一样的措施。同样,对大多数其他欧洲国家来说,英国样板是不合适的。② 基于此,人们有必要对"漫长18世纪"欧洲财政-军事国家的多样性做范围更广、贴近当下的比较研究。

四

针对卷入近代早期国际冲突中的许多国家的财政体系,已有人做过比较研究。虽然这些工作值得钦佩,却也有诸多缺陷。一方面,有太多的比较在地理上聚焦范围过窄,因此,得到考察的只有少数国家,比如扬·格莱特对西班牙、荷兰共和国以及瑞典所做的富有洞察力的比较研究,它们是16世纪中期与17世纪中期之间财政-军事国家的三个变种。③ 还有一些同样狭窄的研究只以英国、德国(最重要的是普鲁士)作为考察对象,很多时候这些研究是在前面提到的两极对立框架中展开的。④ 最后,展开得最频繁的或许就是对英法的比较研究了,究其缘由,是因为二者的竞争贯穿了整个18世纪,而英国在这一斗争中获胜。尽管有人会认为从国土面积和自然资源来看,胜出的应该是法国,人们普遍接受的假设是:这对竞争者相去甚远的经历与政治体系的不同有莫大干系。⑤ 另一方面,也有一些研究是覆盖长时段的大范围考察,其典型便是经理查德·伯尼的协调而产生的多卷本著作。他在超过十年的时间里,为一个以书写从中

---

① P. G. M. Dickson, "Count Karl von Zinzendorf's 'New Accountancy': The Structure of Austrian Government Finance in Peace and War", in *International History Review*, 29 (2007), pp. 22-56.

② 更早的荷兰财政-军事国家的做法提供了另一个样板。参见 R. Bonney, "The Eighteenth Century, II. The Struggle for Great Power Status and the End of the Old Fiscal Regime", in R. Bonney, ed., *Economic Systems and State Finance* (Oxford, 1995), p. 324(关于路易十四在1710年征收的什一税)。

③ J. Glete, *War and the State in Early Modern Europe. Spain, the Dutch Republic and Sweden as Fiscal-Military States, 1500-1660*.

④ G. R. Elton, "Review of Tilly, *The Formation of National States*", in *Journal of Modern History*, 49 (1977), pp. 294-298; and H. M. Scott, "Review of Brewer and Hellmuth", *Rethinking Leviathan*, in *American Historical Review*, 106 (2001), pp. 243-245.

⑤ R. Bonney, "Towards the Comparative Fiscal History of Britain and France during the 'Long' Eighteenth Century", in L. Prados de la Escosura, ed., *Exceptionalism and Industrialisation. Britain and its European Rivals, 1688-1815*, pp. 191ff.

世纪到现代的欧洲新财政史为目标的项目提供指导。① 这一项目产出了令人印象深刻的成果,不过从某些方面来说存在系统性不足的问题。由此,《欧洲财政国家的兴起,约 1200—1815 年》(1999年)一书包含了对大约 12 个国家或地区(包括英格兰、法国、卡斯提尔、神圣罗马帝国、低地国家、瑞士、意大利、俄国和波兰-立陶宛)的案例研究,但欠缺一致性。虽然覆盖的年代、地理范围给人以深刻印象,有关某些重要国家的叙述欠缺深度实属一件遗憾之事。同样遗憾的还有如下事实:独立的各章缺乏共同的路径或曰模板、标准,用以分别作为研究对象的各国有所不同的财政体系。由此产生的结果是,人们很难对收入和支出进行比较。② 其他论文集的价值也因各种严重的疏略而受损,就是因为这个原因,近来有一项从其他方面来说具有重要意义、有关近代早期欧洲财政危机的研究漏掉了意大利(更确切地说是不同的意大利邦国)、奥地利和德意志诸邦。③ 最后,在许多这样的比较研究中,军队、战争和关键性的国际关系背景出现了不同寻常的缺位(更准确地说,缺乏严格以事实为依据的研究),在财政-军事国家的相关现象中,它们本是占有核心位置的。布莱恩·唐宁试图将财政体系及其政治-宪政意涵的发展与战争需求联系起来,由此,其覆盖范围相对来说较为广泛。④ 不过,在很大程度上,他同样忽略了财政-军事国家的一项关键活动。本书力求弥补这些不足,提供一部在时间上更聚焦、对"漫长 18 世纪"里数目有限的一些关键国家(主要玩家)展

---

① R. Bonney, ed., *The Rise of The Fiscal State in Europe, c. 1200-1815*. 亦见 G. Lewis, "'Fiscal States': Taxes, War, Privilege and the Emergence of the European 'Nation State' c. 1200-1800", in *French Historical Studies*, 15 (2001), pp. 51-63。

② P. T. Hoffman, "Review of Bonney, *Rise of the Fiscal State*", in *Journal of Interdisciplinary History*, 32 (2001), pp. 282-283。

③ T. F. Mayer, "Review of P. T. Hoffman and K. T. Norberg, eds, *Fiscal Crises, Liberty, and Representative Government 1450-1789* (Stanford, CA, 1994)", in *Sixteenth Century Journal*, 26 (1995), pp. 497-498。

④ 参见 B. M. Downing, *The Military Revolution and Political Change. Origins of Democracy and Autocracy in Early Modern Europe* (Princeton, NJ, 1992)。布莱克也指出(本论文集中持此观点的是哈米什·斯科特[参见 Hamish Scott, "The Fiscal-Military State and International Rivalry during the Long Eighteenth Century", in Christopher Storrs, ed., *The Fiscal-Military State in Eighteenth-Century Europe: Essays in Honour of P. G. M. Dickson*, Farnham, 2009, pp.23-54。——译者注]),布鲁尔的著作鲜少涉及战争。

开深入探索的论文集。①

五

为什么我们探讨的是"漫长的 18 世纪"？一方面，这是一个不断发生战争（更确切地说，是严峻考验参战国的一种或多种能力②、强力推动财政-军事国家兴起的战争，尽管对于以下问题，人们还有所争议：此种"推动"最初是否来自终结于 1659—1660 年的一系列战争？）的时代。③ 这些战争包括：九年战争（1688—1697 年）、西班牙王位继承战争（1701—1713/1714 年）、波兰王位继承战争（1733—1735/1738 年）、奥地利王位继承战争（1740—1748 年）、七年战争（1756—1763 年），以及其他许多覆盖地域不广或延续时间不长或未达到如此高要求的战争，其中引人注目的是 1718—1720 年的四国同盟战争（或许令人惊讶的是，此次战争并未引爆更大范围的欧洲大战）以及 1778—1779 年的巴伐利亚王位继承战争。在 1713/1721 至 1792 年（法国革命战争爆发）之间，某些战争的规模或许有所缩减，不过，战争（甚至是相当受忽略的波兰王位继承战争）与和平时期的防卫处在一个新的最高需求点上。④ 与这些冲突相关联的一个事实是，正如有人所认为的，这个时代见证了一小撮强权（数目只有五六个）的出现或兴起。⑤ 如果说有什么国家是符合财政-军事国家要求的，那就是这些强权。事实上，这是它们存活下去、获得成功所必需的。18 世纪是这样一个时代：至少在起初，有许多二流国家（例如，包括萨伏伊公国）发挥了重要作用（这就为其在本论文集中的地位提供了合理的依据），尽管随着时间推移，那些强权将剩余国家远远甩在后面。另外，尽管现有证据存在许多缺漏、不足，相关记录确实是比较全面的，它们在部分程度上反映了如下事实：至少在某些国家，财政-军

---

① L. Neal, "The Monetary, Financial and Political Architecture of Europe, 1648-1815", in L. Prados de la Escosura, ed., *Exceptionalism and Industrialisation. Britain and its European Rivals, 1688-1815*, pp. 173-190. 该文代表了以此为方向迈出的非常有益的一步，但它只讨论了少数几个相关国家且不够深入。

② J. Beckett and M. Turner, "Taxation and Economic Growth in Eighteenth Century England", in *English Historical Review*, 43 (1990), p. 378.

③ D. Parrott, "War and International Relations", pp. 126-127.

④ J. R. Western, "War on a New Scale: Professionalisation in Annies, Navies and Diplomacy", in A. Cobban, ed., *The Eighteenth Century: Europe in the Age of Enlightenment* (London, 1969).

⑤ D. McKay and H. M. Scott, *The Rise of the Great Powers 1648-1815* (Harlow, 1983), passim; H. M. Scott, *The Birth of a Great Power System 1740-1815* (Harlow, 2006), pp. 1ff.

事结构、体系相比以前发展得更为全面、成熟。有人还认为,18世纪在中央集权、权力集中方面见证了一次决定性的"突破",与此相伴并为此提供支撑的据说是政治思想领域的一次革命。此革命优先处理的是主权问题,主权的代表是国家,国家则恰好需要受过教育的(有文化的)各种代理人。①

对于另外一个问题,人们亦有争议,即在财政-军事问题上,相比先前的那些世纪,18世纪的人是否有着更明显、更自觉的兴趣。相应的时间范围以更早时兴盛于17世纪晚期(1700年之后仍是如此)英格兰的政治算术家(如洛克、戴夫南特[Davenant]和金[King])为起点,②迄于七年战争结束后不同欧洲国家开展的大调查、上马的大项目,这些"调查""项目"在一定程度上塑造了我们所称的欧洲大陆"开明专制"现象,另外还推动了新英格兰殖民地反抗英国统治的叛乱。③ 的确,在参与并推动了公共舆论场(哈贝马斯的"公共领域")的那些问题当中,正好有与财政和新的财政负担有关的问题。④ 不过,在法国财政吸引了历史学家大量关注(他们把这看作引爆1789年革命剧变的一个关键因素)的时候,大多数其他欧洲国家的财政直到晚近仍被历史学家所忽略,有些国家至今亦然。最后,正如1688年之后见证了财政-军事国家的兴起(依据是此种国家在18世纪成形了),故此,1789—1815年发生的战争亦见证了那种模式的巅峰以及(人们有所争议的)另一种模式的兴起。

---

① T. C. W. Blanning, *The Culture of Power and the Power of Culture. Old Regime Europe 1660-1789* (Oxford, 2002), pp. 116-118.

② J. Hoppit, 'Political Arithmetic in Eighteenth Century England', in *Economic History Review*, 49 (1996), pp. 516-540.

③ P. C. Hartmann, *Das Steuersystem der europaischen Staaten am Ende des Ancien Regime. Eine offizielle franzosische Enquete (1763-1768). Dokumente, Analyse und Auswertung: England und die Staaten Nord-und Mitteleuropas* (Zurich and Munich, 1979); A. Alimento, *Riforme fiscali e crisi politiche nella Fremcia di Luigi XV. Dalla taille tarijfee al catasto generale* (Firenze, 1995)。关于此时英国人的类似兴趣,参见 George Pitt to Egremont, 5 Feb. 1763, Turin, SP 92/70, and Dutens to Halifax, 6 Feb. 1765, Turin, SP 92/71。在这个世纪剩余的时间里,英国外交家继续将这类信息从都灵发送出去。相关的总体状况,亦见 H. Klueting, *Die Lehre von der Macht der Staaten. Das aussenpolitische Machtproblem in derpolitischen Wissenschaft und in derpraktischen Politik im 18. Ja. hrhund. ert* (Berlin, 1986)。关于一位有数据癖好的奥地利大臣卡尔·冯·青岑多夫伯爵,参见 P. G. M. Dickson, "Count Karl von Zinzendorf's 'New Accountancy': The Structure of Austrian Government Finance in Peace and War, 1781—1791"。

④ W. Doyle, *Origins of the French Revolution* (3rd. edn, Oxford, 1999), pp. 45ff; T. J. Le Goff, "How to Finance an Eighteenth-century War", in M. Ormrod et. al., *Crises, Revolutions and Self-Sustained Growth: Essays in European Fiscal History, 1130-1830*, pp. 385-386.

六

本论文集以不同的个体国家为研究对象,意图在财政-军事国家的探讨上有所建树。第一篇文章出自哈米什·斯科特之手,它为我们展现了一幅入门式的概览图景,将财政-军事国家置于广阔的国际背景下来考察。而后是一篇涵盖大范围时段与主题的论文,它挑战了某些关于奥地利哈布斯堡君主国的军事威力与可靠性的成见。该文作者米夏埃尔·奥舍林格(Michael Hochedlinger)探讨了如下现象:到18世纪末,奥地利复合君主国转变为一个引人注目的军事强权;在18世纪,伴随其对财政-军事国家一些要素的吸收,该国出现了矛盾的"普鲁士化"。在同样覆盖广泛的一篇论文中(第三章),彼得·威尔逊对该世纪继英国之后很有可能最成功的一个故事做了研究。他认为,就将军事义务或税收强加于其臣民头上而言,普鲁士表现得并不那么专制或强硬。伴随他所做的颇显矛盾的观察,其结论如下:普鲁士作为财政-军事国家的成功有赖于其对战争的避免。威尔逊有力地阐发了斯科特有关财政力量如何决定战争时长、结果的观点,他观察到:普鲁士其他资源(尤其是信用)的匮乏有时决定性地塑造了该国在战争时期的战略。威尔逊一文还论及其他一些德意志邦国,有助于人们确认前后几位神圣罗马帝国皇帝在处理与普鲁士、其他一些国家的关系时可以动用的"非物质"资源。

在第四章,珍妮特·哈特利(Janet Hartley)探讨了该时代另一个力行扩张的国家——俄国。俄国是不是一个财政-军事国家,这是一个存在争议的问题。在展开讨论的过程中,哈特利提出了许多问题,它们与俄国崛起为一个重要强国对更广阔的社会所产生的影响(国家的军事化等)有关。而后,乔尔·费利克斯(Joel Felix)、弗朗克·塔莱(Frank Tallett)合作的一篇论文研究了法国的经历:从路易十四治下财政-军事国家——一个与众不同、获得极大成功的版本——的建立,到它在18世纪晚期的终结,以及在1789年之后穿上新装,再度兴起。而后,在一篇从某些方面来说接续了布鲁尔没有讲完的英国财政-军事国家故事(美国独立战争之末)的论文中,帕特里克·奥布莱恩(有关英国历史的写作,他所做的工作不在任何人之下①)考察了在与革命-拿破仑时代的法国长达20年的斗争中,英国是如何作战的,或者更准确地说,是怎样融资的。这项在主题上更集中的研究在旧制度政权所面临的问题(收入的预测与征集)上给予人们许多有趣的启发。更重要的或许是该文所提出的如下看法:在该文所探讨的时期里,英国财政-军事国家的根基发生了重大转移,从战时借债转向税收。另外,以税收为方向(1799年的所得税)也以一种焕然一新的方式影响了精英阶层。

最后,让我们将目光转向一个仅有的与小国有关的案例。这个国家虽小,就其本身而言仍可算得上是财政-军事国家。在第七章中,克里斯托弗·斯托尔斯讨论了萨伏伊公国的经历,这个国家的成功持续至1748年,在很大程度上,财政-军事国家上层建筑的改善为此种成功提供了助力。② 尽管如此,同样很清楚的是,和其他一些小国(甚至是某些规模更大的国家)一样,来自其他许多财政-军事国家的援助对萨伏伊公国起到了支撑作用。③ 对这类国家来说,高效的外交或许是财政-军事国家上层建筑中的一件关键武器。

七

18世纪欧洲国家并不都是财政-军事国家。不过,所有的顶级强权都是,其中大多数都在本论文集中得到了处理。不可避免地,并非所有国家都在讨论范围之内,有些国家要遗漏掉,包括18世纪之前两个一流的财政-军事国家——瑞典与荷兰共和国。后者作为一个财

---

① P. K. O'Brien, "The Political Economy of British Taxation, 1660–1815", in *Economic History Review*, New Series, 41 (1988), pp. 1–32; idem, "Public Finance in the Wars with France 1793–1815", in H. T. Dickinson, ed., *Britain and the French Revolution 1789–1815* (Basingstoke, 1989), pp. 165–187; idem, "The Rise of the Fiscal State in England, 1485–1815", in *Historical Research*, 66 (1993), pp. 129–176; idem, "Inseparable Connections: Trade, Economy, Fiscal State and the Expansion of Empire, 1688–1815", in P. J. Marshall, ed., *The Oxford History of the British Empire: The Eighteenth Century* (Oxford, 1998), pp. 53–77; idem., "Fiscal and Financial Preconditions for the Rise of British Naval Hegemony 1485–1815", LSE Department of Economic History Working Papers in Economic History, 91/5 (2005).

② 有关对小国给予更多关注的必要性,参见 P. Wilson, *War, State and Society in Wurttemberg, 1677—1793* (Cambridge, 1995), pp. 1ff.(有关此一现象的一个德意志案例,参见该书的多个地方)。

③ 关于维特尔斯巴赫家族,参见 P. C. Hartmann, *Geld als Instrument Europaischer Machtpolitik im Zeitalter des Merkantilismus* (Munich, 1978); A. Schmid, *Max III. Joseph und die europaischen Mackte. Die Aussenpolitik des Kurfurstentums Bayern von 1745—1765* (Munich, 1987)。

政-军事国家的崛起,旨在赢得反西班牙统治的起义的胜利。① 在 18 世纪的头几十年里,这两个国家事实上都放弃了成为财政-军事国家的任何雄心壮志。就瑞典而言,这是其在大北方战争中遭受羞辱性失败,帝国损失惨重的后果。而在荷兰共和国(有人认为它是第一个财政-军事国家)一方,这是参与虽在很大程度上取得胜利但所耗不菲的西班牙王位继承战争所带来的影响。此后,虽然荷兰投资者在维持其他财政-军事国家的信用上发挥了重要作用,荷兰共和国本身却不再是财政-军事国家,尽管其强大的经济地位一直保持到约 1740 年。②

葡萄牙或许值得作为一个次要的财政-军事国家加以考虑。③ 该国在伊比利亚半岛的邻国西班牙(照格莱特的看法,它是第一个财政-军事国家,格莱特也把它当作 1700 年以前独一无二的财政-军事国家衰落的案例)④亦不可忽略。在西班牙王位继承战争中,尽管在欧洲范围内损失惨重,西班牙在整个这一时期仍是最强大的帝国主义强权。在 1713 年之后一代人的时间里,它或许也对欧洲和平构成了最严重的威胁。由此,忽略掉在 18 世纪毫无疑问是一个财政-军事国家的西班牙是一件很遗憾的事情,尽管按原初的意图来说,我们是要

---

① M. van't Hait, *The Making of a Bourgeois State: War, Politics, and Finance during the Dutch Revolt* (Manchester, 1993); J. Glete, *War and the State in Early Modern Europe. Spain, the Dutch Republic and Sweden as Fiscal-Military States, 1500-1660*, pp. 140ff.

② J. Aalbers, *De Republiek en de Vrede van Europe*, 1: *Achtergronden en algemeene aspecten* (Groningen, 1980); idem, "Holland's Financial Problems (1713-1733) and Wars against Louis XIV", in *Britain and the Netherlands*, 6 (1977), pp. 79-93; A. J. Veenendaal, "Fiscal Crises and Constitutional Freedom in the Netherlands, 1450-1795", in P. T. Hoffman and K. T. Norberg, *Fiscal Crises, Liberty, and Representative Government 1450-1789*, pp. 96ff; J. I. Israel, *The Dutch Republic. Its Rise, Greatness, and Fall 1477-1806* (Oxford, 1995), pp. 959 ff; J. De Vries, "The Netherlands in the New World", in M. D. Bordo and R. Cortes-Conde, eds, *Transferring Wealth and Power from the Old to the New World. Monetary and Fiscal Institutions in the 17th through the 19th Centuries* (Cambridge, 2001), pp. 132-133; J. C. Riley, "Dutch Investment in France, 1781-1787", in *Journal of Economic History*, 33 (1973), pp. 732-760.

③ J. Braga de Macedo, A. Ferreira da Silva and R Martins de Sousa, "War, Taxes, and Gold. The Inheritance of the Real", in M. D. Bordo and R. Cortes-Conde, eds., *Transferring Wealth and Power from the Old to the New World. Monetary and Fiscal Institutions in the 17th through the 19th Centuries*, pp. 187-228; and J. M. Pedreira, "Costs and Financial Trends in the Portuguese Empire, 1415-1822", in F. Bethencourt and D. Ramada Curto, eds, *Portuguese Oceanic Expansion, 1400-1800* (Cambridge, 2007), pp. 49-87.

④ J. Glete, *War and the State in Early Modern Europe. Spain, the Dutch Republic and Sweden as Fiscal-Military States, 1500-1660*, pp. 29, 67.

在西班牙王位继承战争期间虽然损失了宝贵的海外(欧洲)领地,这却为削减防卫开支提供了机遇。不过,腓力五世和他的第二任妻子伊莎贝尔·法尔内塞(Isabel Famese)决心从总体上重建西班牙在包括非洲在内的地中海西部(最重要的是意大利)的势力。为了达到这些目标,他们力推西班牙陆军(与1700年以前的情况不同,此时的陆军从某个方面看就是"西班牙人的"陆军,1734年新的行省军团的产生为其提供了支撑)、海军规模的更新与扩展,海军的变化在很大程度上是何塞·帕蒂诺(Jose Patino)的功劳。开支亦随之增长。在部分程度上,防卫负担通过从阿拉贡王室领地抽取更多收入得到了解决,这些领地在1700年前未曾贡献过什么东西。而在王位继承战争中,该地忠诚于腓力的对手查理大公(皇帝查理六世),这让波旁王朝的第一位君主在光复这些领地后立马确认了征服带来的权力,并且仿效瓦伦西亚的"equivalente",借用不同名目(在阿拉贡以"imica contribution"的形式,在加泰罗尼亚以"catastro"的形式)增加税负,这是腓力的哈布斯堡前辈们所望尘莫及的一项成就。尽管如此,和过去一样,财政负担的主要承担者是卡斯提尔。还有一部分负担通过更有效的管理(在部分程度上,这是由于引入法式监督官[intendants]所致)得到解决。不

① 有关接下来的内容,参见 H. Kamen, *War of Succession in Spain 1700-1715* (London, 1969), pp. 200-330, 354-360; Gelabert, p. 230; P. Fernandez Albaladejo, "El decreto de suspension de pagos de 1739", in *Moneda y Credito*, 142 (1977), pp. 51-85; M. Artola, *La Hacienda del Antiguo Regimen* (Madrid, 1982), pp. 224ff; J. A. Barbier and H. S. Klein, "Revolutionary Wars and Public Finance: The Madrid Treasury, 1784-1807", in *Journal of Economic History*, 41 (1981), pp. 315-339; and idem, "Las Prioridades de un Monarca Ilustrado: El Gasto Publico bajo el Reinado de Carlos III", *Revista de Historia Economica*, 3 (1985), pp. 473-495; P. Bakewell, *A History of Latin America* (Oxford, 1997), pp. 256ff; A. J. Kuethe and G. D. Inglis, "Absolutism and Enlightened Reform: Charles III, the Establishment of the Alcabala and Commercial Reorganization in Cuba", in *Past and Present*, 109 (1985), pp. 118-143; C. Marichal and M. Carmagnani, "Mexico. From Colonial Fiscal Regime to Liberal Financial Order, 1750-1912", in M. D. Bordo and R. Cortes-Conde, eds., *Transferring Wealth and Power from the Old to the New World. Monetary and Fiscal Institutions in the 17th through the 19th Centuries*, pp. 284ff.; C. Marichal, *Bankruptcy of Empire. Mexican Silver and the Wars between Spain, Britain and France, 1760-1810* (Cambridge, 2007)。亦见 G. Tortella and F. Comin, "Fiscal and Monetary Institutions in Spain (1600-1900)", in M. D. Bordo and R. Cortes-Conde, eds., *Transferring Wealth and Power from the Old to the New World. Monetary and Fiscal Institutions in the 17th through the 19th Centuries*, pp. 140-186; R. Torres Sanchez, "Possibilities and Limits: Testing the Fiscal Military State in the Anglo-Spanish War of 1779-1783", in idem, ed., *War, State and Development: Fiscal-Military States in the Eighteenth Century* (Pamplona, 2007), pp. 437-460。

基于此,我们必须在这里多说几句。

过，仍然具有关键性重要意义的是来自西属美洲或印度群岛、并未在西班牙王位继承战争中丧失的收入。这是西班牙财政-军事国家最引人注目（事实上也是独一无二的）收入来源，尽管18世纪见证了秘鲁的贡献被新西班牙（墨西哥）的贡献所遮盖。这两个总督辖区的贡献总量大大超过了它们在17世纪的白银产出。

在参与波兰王位继承战争之后的1739年，伴随与英国在加勒比海的争端开启，西班牙王室被迫宣布破产，尽管它坐拥所有这些资源以及可在战时动用的各种非常手段。在此之后，尤其是在1748年之后，该国做了许多努力，力图收回到那时为止已外包出去的收入控制权并改革复杂的财政结构，尽管事实证明，引入更简单的财政举措的努力（所谓"单一税"）毫无成效。虽然如此，和本论文集探讨的许多其他国家一样，七年战争的经历推动了财政-军事国家的关键要素——常备军和通过新税融资——向西属美洲的扩展。

一如本书所讨论的大多数其他国家，信用对西班牙君主国同样是重要的。在18世纪之初，这在很大程度上意味着从哈布斯堡王室继承而来的"juro"义务，不过此种义务已被腓力五世及其继承者们极大削弱了。尽管如此，从18世纪80年代以来，最主要是受到参与美国独立战争的促动，查理三世政府引入了所谓"vales reales"，也就是国债。不过决定西班牙财政命运与成为强权之雄心壮志的真正因素是其攫取印度群岛财富的能力。从18世纪90年代以来，两者之间的联系被英国海军切断，西班牙随即被迫面临两难抉择：要么动员西班牙半岛的财富，求助于日显激进的举措；要么在事实上放弃追逐权力的任何企图。到1825年左右，西属美洲独立事业所取得的成就削弱了西班牙保持其强权地位的雄心，由此暴露了一个事实：尽管它是一个财政-军事国家，其所依赖的太过偏重于殖民地的财富，无论在税收还是信用方面，它都未能充分利用国内的资源。

八

和英法（不包括本书讨论的其他国家）一样，西班牙的案例告诉我们：将财政-军事国家的讨论与当代历史编纂所关心的一些其他问题（包括帝国与全球化）联系起来具有重要意义。本书当中的不同文章还就财政-军事国家与围绕它展开的论争推出了许多评论。一方面，虽然1700年左右许多国家的财政体系被认定是成熟的，但我们仍然缺乏基本的、可靠的材料，从中可以得出有关收入、支出的坚实、可信的结论。对于这个问题,人们常以如下理由来做简单解释:战争、革命、天灾的毁灭效应,还有就是一种纯粹的漠不关心的态度(对关键记录)。① 另一方面,矛盾的是,留存下来的文献记录多得惊人,它们来自复杂得有些令人惊奇的财政结构(可以有效地避开中央会计、登记部门)的不同组成部分。这些记录会产生令人困惑的大量数据,这些数据不仅是不同的,有时还相互冲突。此一情况也让我们难以得出可靠的结论并加以解释。② 另外,那个时代还不时有人故意混淆人们的视听,在财政状况和(或)前人做了哪些举动的问题上误导君王或公众,此一现象尤其发生在公众对此种信息趋之若鹜的地方,比如在更为复杂的西欧社会。无论出于何种原因,我们必须承认:构成18世纪政府或公共财政的那些数据和之前(事实上还有之后)几百年的数据一样,是不能照单全收的。③

上文提到,军队相比以往规模更大,更具常备色彩。这就对规模空前的长久供应和资金支持提出了要求。为满足这些需求,政府开支和收入在漫长的18世纪有了确定无疑的扩张。哪怕将通货膨胀的现实考虑在内,大多数国家(撒丁尼亚王国可以为证)的收入也是增长的。这是一个世俗化的趋势,达致目标的道路却有很多条;不过,一般说来,最引人注目的是战时扩张——事实上是急剧扩张——现象。(的确,无论开支还是收入通常在冲突之末急剧跌落,不过,日益扩张的陆海军机构往往使这两样保持着高水平。)基于两个基本理由,战争对财政-军事国家起到了推动作用。其一,它导致了开支的增加,尤其是起初那些年非常耗钱的动员过程。其二,虽然如此,历史悠久的一个惯例是:战时作为一个紧急事态,可以让君主或国家合法地呼吁臣民做出更大的财政贡献,为保卫国家提供资金支持。④ 同样,必须承认的是,虽然战争一般而言促进了财政-军事

---

① 关于法国,参见 J. C. Riley, "French Finances, 1727-1768", *Journal of Modern History*, 59 (1987), pp. 209-243 at pp. 215-216;关于奥地利,参见 P. G. M. Dickson, "Count Karl von Zinzendorf's 'New Accountancy': The Structure of Austrian Government Finance in Peace and War, 1781-1791", p. 24。

② 1783年,青岑多夫伯爵抱怨奥地利会计体系的混乱。参见 P. G. M. Dickson, "Count Karl von Zinzendorf's 'New Accountancy': The Structure of Austrian Government Finance in Peace and War, 1781-1791", p. 29。

③ R. Bonney, "The Eighteenth Century, II. The Struggle for Great Power Status and the End of the Old Fiscal Regime", p. 325.

④ J. Lindegren, "Men, Money and Means", in P. Contamine, ed., *War and Competition between States* (Oxford, 1995), p. 130.

国家的发展,在这方面它亦可起到阻碍作用,比如,当君主或国家转让(或出售)基本的税收收入,为信用业务提供资金支持之时。① 类似的,财政-军事国家绝非某一项创新的产物,毋宁说,这是一个持续适应不断变化的情况的过程。② 在这个意义上,不同的财政-军事国家都处在连续不断的发展过程中。

布鲁尔的"财政-军事国家"概念极为强调组织的重要性,在组织的作用下,公共收入有时会以超过总体经济增长的速度增长。在这样的情况下,国家会对经济施加更大压力。这是一个有益的洞见,与其相关联的不仅是18世纪的英国。③ 程序经过改进之后,各地收入有所增加,这在部分程度上是通过根除逃税、渎职和其他形式的损耗实现的。④ 在此过程中,甚至出现了一般民众真实财政负担减轻的情况。并不令人惊奇的是,研究(财政-军事)国家的其他历史学家同样承认组织在不同类型社会中的重要性,包括中东欧不够商业化的社会,以及西欧更多以贸易为导向也更富有的社会。⑤ 虽然如此,我们不会夸大18世纪财政-军事国家在组织上的成功,也不会忽略低效、腐败和浪费(所有这些推高了管理成本:据青岑多夫伯爵说,1782年,奥地利哈布斯堡君主国总收入的26%要么是冲抵了征收成本,要么是被

---

① G. Lewis, "'Fiscal States': Taxes, War, Privilege and the Emergence of the European 'Nation State' c. 1200 - 1800", p. 54; Daryl Dee, "Wartime Government in Franche-Comte and the Demodernisation of the French State, 1704-1715", in *French Historical Studies*, 30 (2007), pp. 21ff(该文特别聚焦于路易十四君主国在西班牙王位继承战争时的财政管理,它看到了该国的倒退现象)。

② R. Bonney, "The Eighteenth Century, II. The Struggle for Great Power Status and the End of the Old Fiscal Regime", p. 388.

③ 在《近代早期欧洲的战争和国家:1500—1660年作为财政-军事国家的西班牙、荷兰共和国与瑞典》(*War and the State in Early Modern Europe. Spain, the Dutch Republic and Sweden as Fiscal-Military States, 1500-1660*,该书在时间上聚焦16、17世纪,就国家而言,集中关注西班牙、瑞典与荷兰共和国)一书中,扬·格莱特力图另辟蹊径,解释早期版本的"财政-军事国家"的起源、作用与成功。他对强制(coertion)与同意(consent)的重要性都未做强调,反而突出了组织,以及利益聚合、财政-军事国家作为一个售卖"保护"(protection)者的作用。

④ 关于奥地利会计体系,参见 P. G. M. Dickson, "Count Karl von Zinzendorf's 'New Accountancy': The Structure of Austrian Government Finance in Peace and War, 1781-1791", p. 24。

⑤ 参见 C. Tilly, *Coercion, Capital and European states AD 990-1992* (Oxford, 1992), passim; R. G. Asch, "Kriegsfinanzierung, Staatsbildungund standische Ordnung im Westeuropa im 17. und 18. Jahrhundert", in *Historische Zeitschrift*, 268 (1999), pp. 635-671。

省议会截留下来)的持续存在。① 再者,尽管我们避免以简单经济增长为强权兴衰提供过分简单化的解释,②我们还是要小心,不要忽略了如下事实:在许多国家,收入与供应军队的能力不仅有赖于每年的收成,还取决于更广阔的经济环境、经济繁荣与增长。如果没有在18世纪异乎寻常的经济成功,英国是不可能取得种种成就的。最成功的财政-军事国家是经济增长的受益者,或者说,她们努力推动经济增长。以普鲁士为例,她是一个真正的穷(而且小)国,是不可能取得突破,获得财政-军事国家地位的。即便如愿以偿,保住此一地位也会艰难异常。

同样重要的是领土增长。这一类型的扩张是要付出成本的:新领土常常让既有的防卫网络变得多余,这些设施在过去可是花了大价钱的;一般而言,又让在新的防卫布局上的新支出成为必要。尽管如此,新领土常常意味着额外的税收和其他的收入。就此而言,最引人注目的案例或许是普鲁士对西里西亚的吞并了。丧失这块领土对玛利亚·特蕾莎和她的大臣们来说可谓雷霆之击,他们对此深感不忿。在接近一代人的时间里,他们光复这块资源丰富领土的决心推动了其中欧政策的形成。不过,就18世纪欧洲的这类事件而言,西里西亚绝非孤例。③

如布鲁尔与其他人所构想的,财政-军事国家的一个关键方面是其利用信用的能力。事实上,有人认为,成功的关键与其说是引入了新税(常常具有创造性)和其他便利的财富攫取手段,还不如说是发展了动用信用的新技能。④ 此言甚是! 这个世纪见证了信用和债务在整个欧洲的显著扩张。尽管如此,信用并不是一个简单的问题,政府债务扩张的许多方面需要做进一步的研究。例如,在可累积项目只限于养老金、工资和逾期欠款与支付利息的正规长期负债之

---

① P. G. M. Dickson, "Count Karl von Zinzendorf's 'New Accountancy': The Structure of Austrian Government Finance in Peace and War, 1781-1791", p. 24.

② 宽泛地讲,这是如下著作的要旨:Paul Kennedy, *The Rise and Fall of the Great Powers. Economic Change and Military Conflict from 1500 to 2000* (London, 1988)。

③ R. Bonney, "The Eighteenth Century, II. The Struggle for Great Power Status and the End of the Old Fiscal Regime", p. 333.

④ G. Parker, "Introduction: The Western Way of War", in idem, ed., *The Cambridge History of Warfare* (Cambridge, 2005), pp. 8-9. 以瑞典作为强国所走过的道路为例,可参见如下分析:Jan Lindegren, "The Swedish 'Military State' 1560-1720", in *Scandinavian Journal of History*, 10 (1985), p. 319。

间,便有很大不同。不同国家利用不同的信用来源,尽管我们不应夸大这种多样性。另外,人们大多认为信用对军事成就起到了支持作用,相比之下,却少有人关注军事胜利和(或)失败在多大程度上同样可以影响一位君主或国家获得信用。①

大量关注转而给予了如下广受争议的问题:在多大程度上,某些类型的政体或多或少是可以获得贷款的?几乎成为老生常谈的一种看法认为:立宪的代议制政体(最重要的是1688年革命后在英国发展起来的政治体系,身处该体系中的君主被迫建立与议会的工作关系),对信用是有利的。有一个看似同样根深蒂固的观点认为,被认定具有绝对性质(absolute)的政体(尤其是法国波旁君主国)很不容易获得信用,因为它们的君主可以用英国君主无法采用的方式,干脆利落地毁约,违背自己对债主的义务。这类观点②泛泛地说都是对的,③但太过简单化。由此,马克·波特(Mark Potter)和朱利安·斯旺(Julian Swann)所提出的富有说服力的观点认为:路易十四及其继承者们能够利用法人团体(包括省议会和贪赃的官员、机构)的信用,这些团体的存在有特权加持,这一点构成了波旁绝对君主国的一个基本的、决定性的特征。④

为信用提供支撑的是日益扩张的收入(这是18世纪财政-军事国家的基础),尤其是税收。不过税收覆盖了诸多不同类型的税种,当然,最重要的分类莫过于直接税(土地税或人头税)与间接税(消费税,即对消费品的征税)之分。如何课税、征收、管理(尤其是征收是否应该外包)是另一个关键变量。对某种类型的财政体系、某种类型的金融基础结构的偏好胜过另一种,此即我们所谓的某个既定政体或国家的"财政大法",从中,我们可以了解到与我们所探讨的

---

① K. F. Helleiner, *The Imperial Loans. A Study in Financial and Diplomatic History*, as reviewed by P. G. M. Dickson, in *Economic History Review*, New Ser., 1 (1966), pp. 209-210; and J. F. Bosher, "Review of Bonney, *Rise of the Fiscal State*", in *American Historical Review*, 105 (2000), pp. 1372-1374。

② T. C. W. Blanning, *The Culture of Power and the Power of Culture. Old Regime Europe 1660-1789*, p. 309.

③ 参见恩塞纳达(Ensenada)侯爵写给西班牙费迪南六世的信(1748年),转引自 M. Artola, *La Hacienda del Antiguo Regimen*, p. 316。

④ M. Potter, "Good Offices: Intermediation by Corporate Bodies in Early Modern French Public Finance", in *Journal of Economic History*, 60 (2000), pp. 599-626; J. Swann, *Provincial Power and Absolute Monarchy. The Estates of Burgundy*, 1661-1790 (Cambridge, 2003). 亦见 T. E. Kaiser, "Money, Despotism, and Public Opinion in Early Eighteenth-Century France: John Law and the Debate on Royal Credit", in *Journal of Modern History*, 63 (1991), pp. 1ff.

"那个国家"①的特点以及该国真实的权力分配有关的诸多信息。② 我们再次看到,尽管布鲁尔和其他人强调了英国纳税人是如何受到强制缴税的(相比之下,在欧洲大陆,绝对主义所付出的代价是财政特权受到认可),有一点还是变得越来越清楚:以法国为例,伴随按人头征收的 dixieme (什一税)与 vingtieme (廿一税③)的推出,免税权逐渐受到财政-军事国家的侵蚀(更准确地说,是被后者逐步破坏),如此,财政负担在法国一如在别的地方也在逐渐增长。④

财政-军事国家的兴起所引发的最引人注目的疑问之一是:为什么它提出的越来越多的要求没有激发更多的反抗,包括对服役于陆上、海上的人力的需求,义务劳动力需求(与防御工事的修建有关)所需要的资金以及隐含的成本,劳役的赎买与役畜的强制征用,等等。一定程度的抵抗当然是存在的(它们偶尔会突然演变成更严重的动乱,皮埃蒙特蒙多维[Mondovi]的盐税起义便是一个例子),不过,抵抗强度比人们所预期的要低很多。个中玄奥或许存在于以下事实中:财政-军事国家并未试图总揽一切,而是下放了许多任务。这些任务包括许多方面,例如,地方社会有义务为军队供应新兵,但它们有挑选之权,通过这种方式,地方社会(或其中的精英)便能获得机会,甩掉那些不讨喜的人。从这个意义上说,正如格莱特所主张的,作为财政-军事国家的一个明显特征,组织的改善意味着广大臣民在某些方面负担更轻了。⑤

上文提到过一个事实,即某些历史学家更喜欢"军事-财政"国家的表达,并且认为此种国家迥异于"财政-军事"国家。在他们看来,"军事-财政"国家指的是这样一种国家:就支持大型军队所需的财政资源而言,它是相对贫乏的,虽然如此,它却可以有效地出租自己的军队给另一个国家,此举意味着这些军

---

① 指英国。——译者注

② J. V. Beckett, "Land Tax or Excise: the Levying of Taxation in Seventeenth-and Eighteenth-century England", in *English Historical Review*, 100 (1985), pp. 285-308; C. Brooks, "Public Finance and Political Stability: The Administration of the Land Tax, 1688-1720", in *Historical Journal*, 17 (1974), pp. 281-300.

③ 又称二十分之一税。——译者注

④ 参见 M. Kwass, "A Kingdom of Taxpayers: State Formation, Privilege and Political Culture in Eighteenth Century France", passim. 当然,整体税负的绝对大头仍是由无特权者承担的。

⑤ J. Glete, *War and the State in Early Modern Europe. Spain, the Dutch Republic and Sweden as Fiscal-Military States, 1500-1660*, pp. 29-30.

队因此而成为一个收入来源,事实上可以自给自足。① 这一概念在很大程度上以黑森-卡塞尔(Hesse-Kassel)这个小的德意志邦国为基础得到详细阐述。在整个18世纪,该邦伯爵都为英国政府供应军队,英国财政-军事国家由此为该国的纳税人提供补助。② 不过,从这个方面下定义的话,人们也可以说维滕堡是符合军事-财政国家的要求的。③ 同样,这一术语还可以合理地应用在大量其他的德意志邦国身上,甚至是萨伏伊公国。正如哈米什·斯科特所认为的,它还可以用来描述经济上不那么发达的东欧国家。对西欧国家(英国,在一定程度上,还有法国、西班牙)来说,海军的重要性暗示着人们最好将它们称为"财政-海军国家"。④

九

到目前为止,我们的目光聚焦于财政-军事(或军事-财政)国家的组成要素,对这种国家的重要意义,我们并未提出真正的挑战。尽管如此,我们需要有更具批判性的态度。财政-军事国家所获得的成就常常不是轻而易举的。此一论断毫无疑问适用于17世纪90年代(可以认为,这是英格兰/不列颠财政-军事国家兴起的一个重要阶段)的英国。⑤ 我们把视野拓宽,以漫长的18世纪作为一个整体,从这个角度来思考,正如杰里米·布莱克所评论的,"财政-军事"国家的各种利器的改进并不能确保在战争中、在陆地或海洋的胜利。⑥ 布莱克或许是"财政-军事国家"概念最有

---

① P. K. Taylor, *Indentured to Liberty. Peasant Life and the Hessian Military State* (Ithaca, NY and London, 1994), p. 5.

② C. Ingrao, *The Hessian Mercenary State* (Cambridge, 1987).

③ P. Wilson, *War, State and Society in Wurttemberg, 1677-1793*, passim.

④ 参见 J. Glete, *War and the State in Early Modern Europe. Spain, the Dutch Republic and Sweden as Fiscal-Military States, 1500-1660*, p. 40。由此,海上强国的头衔被用在了英国身上(先前也被用在荷兰共和国身上),法国人很显然对此心怀妒忌,参见 Villettes to Essex, 29 May 1735 Turin SP 92/39。

⑤ D. W. Jones, *War and Economy in the Age of William III and Marlborough*; J. Hoppit, "Attitudes to Credit in Britain, 1680-1790", in *Historical Journal*, 33 (1990), p. 308.

⑥ J. Black, *Britain as a Military Power 1688-1815* (London, 1999); idem, "Britain as a Military Power 1688-1815", in *British Journal for Eighteenth-Century Studies*, 26 (2003), pp. 189-202; idem, "Empire-Building and the Problems of Analysis: The Case of Britain", in *British Journal for Eighteenth-Century Studies*, 27 (2004), pp. 157-171.

分量的批评者,①这尤其是因为他的言论涉猎广泛,具有系统性。其对财政-军事国家论点的评论在很大程度上聚焦于一点——此种理论被用来解释英国的成功,但人们同样把它用在欧洲大陆国家身上。金钱诚然不是一切。② 单单拥有一支庞大舰队也不足以定鼎乾坤。战争胜利有赖于舰队的有效使用,而这反过来要求优秀的战略思想与领导。财政-军事国家观念的应有之义是:结构性基础是重要的。但人们不应容许此种重要性遮蔽个体人物的重要性,即在不同的财政-军事国家决定政策方向、使各部门(陆军、海军、国库,等等)运行起来的个体王公、大臣。就积极面来说,18 世纪个人的关键作用或许以普鲁士的腓特烈大帝为最佳范例,他的果决对普鲁士的兴起与存续厥功至伟。不过,二等国家也可以发现很多的例子。萨伏伊公国的兴起(一直到约 1748 年)极大地受惠于撒丁尼亚的维克托·阿马德乌斯二世(Victor Amadeus II),包括他的旺盛精力、智慧和遗产。该国在该世纪后半期的衰落与某些后继之君的软弱领导有着不可分割的关系。同样,巴伐利亚的"崛起"、失败在很大程度上应归咎于前后几位维滕巴赫统治者的糟糕决策。

除了个体君王的素质,作为其渊源的各个王朝继续保持着如下地位:它是忠诚汇聚的焦点,是统一与凝聚的中心所在。在王朝之下,破碎严重的国家、政治组织仍然大量存在,这与我们对一个国家应该是什么或应该怎么样的极为抽象的理解是相去甚远的。最后但绝非最不重要的一点是,在强调基础性的管理、金融结构的重要作用时,我们不应低估微小的可能性事件的重要性,这正是布莱克再一次强烈提出的看法。

布莱克在一些事件上投入了自己的许多心力(或许是投入过多了),其中自有不足之处。但他的批评提醒我们不应夸大财政-军事国家的成功,其中许多国家在战时或战后不久经历了严重的金融危机。③ 上文已提到英国在九年战争时

---

① J. Black, "Review of West, *Gunpowder, Government and War in the Mid-Eighteenth Century* (Woodbridge, 1991)", in *English Historical Review*, 110 (1995), p. 206。

② D. Baugh, "Naval Power: What Gave the British Navy Superiority?", in L. Prados de la Escosura, ed., *Exceptionalism and Industrialisation. Britain and its European Rivals, 1688-1815*, pp. 235ff. 该文同样指出,英国海军在 18 世纪的成功在一定程度上归功于金钱,但也受其他因素的影响。

③ J. Hoppit, "Financial Crises in Eighteenth-Century England", in *Economic History Review*, 39 (1986), pp. 39ff. 它们并不总是公共金融的危机。亦见 P. T. Hoffman and K. T. Norberg, *Fiscal Crises, Liberty, and Representative Government 1450-1789*。

面临的种种困难。就在这场战争期间，路易十四发现自己无力同时维持一支庞大的陆军和一支庞大的海军，遂在事实上放弃从 1660 年以来发展起来的庞大舰队，转而依赖武装民船在海上作战。① 此事在 18 世纪中期再度发生。② 武装民船由国家颁发执照，从其他方面来说却有很大程度的独立性。求助于武装民船在许多时候是海洋强国的专利，虽然如此，这也证明了一种矛盾的状况，即战争可以严重损害财政-军事国家的结构，使其临近崩溃点。③ 英国在新英格兰推行财政-军事举措的努力引起了美国独立战争，而在这场战争中的失败使得许多人相信：英国作为一个强权的生涯终结了，布鲁尔和其他人视作其"兴起"根基的债务与其说是值得欣羡的一项显赫成就，还不如说是一个潜在的灾难性负担。西班牙查理三世在西属美洲所做的类似努力也激发了抵抗，虽然从短期来看并未产生严重后果。臣民或许对新的负担心怀怨恨，尽管如此，我们应该把重点放在极少数财政-军事国家未能成功应对或克服挑战所遭遇的问题上。

对本书所讨论的财政-军事国家来说，法国大革命带来了真正的考验。新的法国国家及其继承者拿破仑帝国是一种新型的财政-军事国家（可以认为，借助事实上的全民动员［1793 年所谓的全国总动员］，她更多地成为了一个"军事-财政国家"），在许多方面，战争的构思、操作方式都变得焕然一新。对实行旧制度的某些财政-军事国家来说，法国所面临的挑战、取得的成功（弗朗克·塔莱、乔尔·费利克斯在第五章对此有充分证明）令重大质变成为必要。在此意义上，尽管旧的财政-军事国家战胜了新的财政-军事国家，我们还是可以认为：从 18 世纪 90 年代开始的第一个 25 年见证了旧式财政-军事国家的衰落以及新式财政-军事国家的兴起。后者更明显也更严格地以人力与经济资源的动员为基础。④ 正如财政-军事国家的诞生常常是一个痛苦异常的过程，其消亡或者在后来的转变亦复如是。

最后，还有一个问题值得我们注意。有人尝试给 18 世纪的国家贴上一个无所不包的定义性标签，从好的方面来说，

---

① G. Symcox, *The Crisis of French Sea Power 1688-1697* (The Hague, 1974).

② J. R. Dull, *The French Navy and the Seven Years War* (Lincoln and London, 2005).

③ P. G. M. Dickson, "Count Karl von Zinzendorf's 'New Accountancy': The Structure of Austrian Government Finance in Peace and War, 1781-1791", pp.46-47.

④ H. M. Scott, *The Birth of a Great Power System 1740-1815*, p.6.

此举推动了人们对那些国家在财政上的经历产生兴趣;①另一方面,也必然产生如下效应:不但扭曲事实,而且会生出一个风险,即在夸大近代早期国家的某个方面或某种功能的同时,忘却或忽略其他方面或功能,而这些方面或功能至少是同样重要的。② 在聚焦财政、军事要素所发挥的作用时,我们应有所警觉,不要将18世纪国家看作单纯的或仅仅是财政-军事国家。③

我们不应忽略其他因素的重要性,它们一方面包括某些历史学家所谓的"警察国家",另一方面包括其他人所确认的国家形成或发展中的文化动力。④ 以蒂姆·布兰宁为例,他强调了权威与权力的"文化"方面,以及让臣民认可纳税义务的重要性。相比法国,无论英国还是普鲁士在这方面显然都取得了更大的成功,而按照人们的说法,法国未能在18世纪从路易十四所创造的宫廷文化往前迈进。⑤ 至于托尼·克莱登,他的看法是:英格兰(或不列颠)的清教文化在1688年重振雄风,从那时以后为该国在欧洲作为一个主要强权兴起提供了支撑。⑥ 怎样定义18世纪的国家?提出这个复杂难解而又争议纷纭的问题并非我们所愿,⑦虽然如此,我们必须承认:围绕18世纪的国家,许多问题值得做更全面的探讨。例如,我们需要更多了解财政-军事国家兴起对社会、文化的影响。⑧ 一方面,除了财政-军事国家创造

---

① P. T. Hoffman and K. T. Norberg, *Fiscal Crises, Liberty, and Representative Government 1450–1789*.

② A. L. Fell, *Origins of Legislative Sovereignty and the Legislative State*, Vol. 5: *Modern Origins, Developments, and Perspectives against the Background of Machiavellism. Book 11: Modern Major "Isms" (17th–18th Centuries)* (Westport, CT, 1996).

③ E. Le Roy Ladurie, *The Ancien Regime. A History of France 1610–1774* (Oxford, 1996), p. 439 说科尔贝以牺牲"正义国家"为代价,"推动"了"金融国家"的发展。但是,J. Collins, *The State in Early Modern France*, p. 145 认为,作为一个有用的术语,"金融国家"一词诚然可以用来描述法国国家,条件是:我们是用它来表明这个国家侧重于哪一方面,而不是将其当作一个排他性的范畴或标签。

④ H. M. Scott, *The Birth of a Great Power System 1740–1815*, p. 6.

⑤ T. C. W. Blanning, *The Culture of Power and the Power of Culture. Old Regime Europe 1660–1789*, pp. 3–5, 354(英国对法国的胜利), 419(法国)and passim.

⑥ T. Claydon, *Europe and the Making of England, 1660–1760* (Cambridge, 2007).

⑦ 冈恩(Gunn)、布鲁尔与赫尔穆特的贡献,参见 J. Brewer and E. Hellmuth, eds., *Rethinking Leviathan: The Eighteenth Century State in Britain and Germany* 与 L. Stone, ed., *An Imperial State at War. Britain from 1689 to 1815* 当中布鲁尔、英尼斯(Innes)的文章。

⑧ Speck, "Review of C. Nicholson, *Writing and the Rise of Finance. Capital Satires of the Early Eighteenth Century* (Cambridge, 1994)", in *English Historical Review*, 112 (1997), pp. 207–208; and J. Hoppit, "Attitudes to Credit in Britain, 1680–1790", passim.

出来的新财富,还存在着上文提到的各种新需求所产生的社会与政治张力;[1]另一方面,举例来说,还有征兵对家庭结构、婚姻模式的影响,不断变化的财政需求对商业化、消费、货币化等方面的影响(帕特里克·奥布莱恩在第六章触及该主题)。

十

如前所述,按照构思,本论文集是作为贺礼敬献给 P. G. M. 迪克森的学术研究的。因为没有其在 18 世纪有关战争、和平的国家金融方面所做的开拓性工作,财政-军事国家的概念是难以站住脚的。[2]迪克森教授对金融史的研究既年深日久,又覆盖广泛。其研究起点是太阳火险行(Sun Fire Insurance Office),[3]该组织的早期历史被迪克森定位在英国保险业的形成阶段,也就是1680—1750年的繁荣期。不过,迪克森的第一部主要著作(或许也是最重要的著作)是其关于 1688 年以后几个世代英格兰"金融革命"的开拓性专著。[4]这项研究成果对我们理解 18 世纪的英国公债与金融而言仍是最重要的一本著作。另外,按照典型的迪克森风格,该书是以对关键部门(英格兰银行、国库、财政部,等等)记录的细心、深入研究为基础的。[5]它在当时便广受认可,被认为是权威之作。[6]其后不久,他又与别人合著了一篇富有洞察力的论文,主题是 17、18 世纪之交的战时金融概况。[7]在英国公共金融与九年战争、西班牙王位继承战争中某些顶级参战国的战时财政政策方面,迪克森确立了自己头号权威的地位,而后,他将注意力转向 18 世纪的奥地利哈布斯堡君主国。他在这方面的开篇之作是有关该世纪中期英奥贸易协议

---

[1] J. Hoppit, "Attitudes to Credit in Britain, 1680-1790", pp. 305ff.

[2] 在对 L. Stone, ed., *An Imperial State at War. Britain from 1689 to 1815* 一书的评论(*English Historical Review*, 111 [1996], pp. 753-754)中,布莱克提出:斯通的介绍忽略了迪克森在史学上对布鲁尔财政-军事国家概念的推动之功。

[3] P. G. M. Dickson, *The Sun Insurance Office 1710-1960. The History of Two and a Half Centuries of British Insurance* (Oxford, 1960).

[4] P. G. M. Dickson, *The Financial Revolution in England: A Study in the Development of Public Credit 1688-1756*.

[5] 参见 H. Roseveare, *The Financial Revolution 1660-1760* (Harlow, 1991), p. vi 的评论。

[6] 参见如下评论:review by Charles Wilson, *Economic History Review*, NS, 20 (1967), pp. 396-398。

[7] P. G. M. Dickson and J. Sperling, "War Finance 1689-1714", in J. S. Bromley, ed., *The New Cambridge Modern History*, Vol. 6: *The Rise of Great Britain and Russia 1688-1725* (Cambridge, 1971), pp. 284-315。

的一篇论文。① 而后，他出版了引人注目的两卷本著作（在1987年推出），是有关1740—1780年间玛利亚·特蕾莎治下奥地利哈布斯堡君主国金融状况的开创性研究。② 和迪克森先前的著作一样，这两本富有学识的书不仅灌注了作者的大量心力，而且被尊为关于该主题的权威研究（本书许多作者的评论便可为证）。除了继续探索这个主题，③迪克森教授还开始钻研玛利亚·特蕾莎之子约瑟夫二世统治时期的金融（以及相关领域）并让其为人所知，包括教会、④土地改革、⑤官僚体制。⑥ 其更晚近的工作与18世纪80年代奥地利政府的金融结构有关。⑦

迪克森对于自己工作的谦逊态度堪称典范。他的历史学家同行认可并承认他的卓越成就及其非凡意义。⑧ 值得注意的是，在革新我们对一个主题即18世纪上半期英国公共信用的认识之后，这位历史学家再续辉煌，令我们对一个迥然相异的主题——18世纪晚期奥地利哈布斯堡王朝的金融——的了解发生了翻天覆地的变化。在这两个不同的领域，大规模的档案研究堪称那些令人印象深刻的学术成果的中流砥柱。这对于今日的历史学家来说是极不寻常的。18世纪的金融记录对后世来说是极难理解的：正常预算的出现是很晚的事情了，所以这位历史学家不得不从大量（海量）的碎片信息中拼凑出数据。通过提供可靠的数据，迪克森为后来的学者们（尤其

---

① P. G. M. Dickson, "English Commercial Negotiations with Austria, 1737-1752", in A. Whiteman, J. S. Bromley and P. G. M. Dickson, eds., *Statesmen, Scholars and Merchants: Essays in Eighteenth Century History Presented to Dame Lucy Sutherland* (Oxford, 1973), pp. 81-112.

② P. G. M. Dickson, *Finance and Government under Maria Theresia, 1740-1780*, 2 vols (Oxford, 1987).

③ P. G. M. Dickson, "Baron Bartenstein on Count Haugwitz's 'New System' of Government", in T. C. W. Blanning and D. Cannadine, eds., *History and Biography: Essays in Honour of Derek Beales* (Cambridge, 1996), pp. 5-20.

④ P. G. M. Dickson, "Joseph II's Reshaping of the Austrian Church", in *Historical Journal*, 36 (1993), pp. 89-114.

⑤ P. G. M. Dickson, "Joseph II's Hungarian Land Survey", in *English Historical Review*, 106 (1991), pp. 611-634.

⑥ P. G. M. Dickson, "Monarchy and Bureaucracy in Late Eighteenth Century Austria", in *English Historical Review*, 110 (1995), pp. 323-367.

⑦ P. G. M. Dickson, "Count Karl von Zinzendorf's 'New Accountancy': The Structure of Austrian Government Finance in Peace and War, 1781—1791".

⑧ 参见 G. Klingenstein, "Revisions of Enlightened Absolutism: 'The Austrian Monarchy is Like No Other'", in *Historical Journal*, 33 (1990), pp. 155ff。此外，有关迪克森所做研究的意义的典型评论，参见 H. M. Scott, ed., *Enlightened Absolutism. Reform and Reformers in Later Eighteenth Century Europe* (Basingstoke, 1990), pp. 325, 329; and of T. C. W. Blanning, *Joseph II* (Harlow, 1994), p. 209。

是约翰·布鲁尔）留下了关键的原始材料，从更一般的角度去书写公共金融。简单地说，没有彼得·迪克森辛勤的开拓工作，18世纪欧洲金融史（以及不那么明显的更广阔的政治史）的许多内容或许仍保持着未知领域（terra incognita）的状态。① 在其职业生涯的大多数时光里，作为牛津圣凯瑟琳学院的一位研究员，迪克森在该校肩负起通常非常繁重的教学负担，为一代又一代学习近代史的学生授业。对这样一位历史学家来说，他可以说是成就非凡了。与此同时，他还为该领域的其他学者提供了慷慨、广泛的帮助，这对相关主题的进一步研究而言具有极为重要的意义。

本书的作者们希望，这部论文集可以成为一份献给迪克森教授的合适礼物，致敬其作为18世纪欧洲公共财政历史学家所取得的卓越成就。

译自 Christopher Storrs, "Introduction: The Fiscal-Military State in the 'Long' Eighteenth Century", in Christopher Storrs (ed.), *The Fiscal-Military State in Eighteenth-Century Europe: Essays in Honour of P. G. M. Dickson*, Farnham: Ashgate, 2009, pp. 1-22。

作者：克里斯托弗·斯托尔斯，邓迪大学人文学院准教授（Reader）

译者：屈伯文，湖北理工学院讲师

---

① 在 *The Sinews of Power. War, Money and the English State, 1688-1783* 一书前言中，布鲁尔慷慨地承认了迪克森的贡献对他的帮助。

财政—军事国家的兴起，1500—1700年

[瑞典] 扬·格莱特（Jan Glete）

一、两个同步进行的变革进程

在15世纪，参与欧洲战争的角色不仅有主权国家，也包含各式各样享有自主权的政治实体。从事战争的社会组织只有很少一部分是掌握在国家手上的常设机构。既有的组织都很简单，不怎么需要专业管理人员。一些国家拥有一些战舰，一些国家拥有小型的常备作战单位（骑兵或步兵），大多数国家开始获得火炮。统治者拥有武装起来的、属王室私有的御林军，守卫王城。不过，大多数强大的封建领主和许多主教同样有成群的武装护卫。拥有足够财富承担相应费用的人或组织（如君王、大地主、主教和城市）建造城堡、城墙保护自己不受内外敌人和地方动乱的伤害。①

军事力量是分散的，是作为以地方性为主导的不同社会制度的组成部分存在的。在战时，这些由地方控制的团体主导了实际的战斗，只有满足一定条件它们才与统治者发生关系，其对国家的忠诚有赖于它们在战争胜利中能获得多少利益。如果它们不与统治者合作，后者的权威便堕

---

① 中世纪战争：J. F. Verbruggen, *The Art of Warfare in Western Europe during the Middle Ages: From the Eighth Century to 1340*, Woodbridge: Boydell & Brewer, 1997 (1954); P. Contamine, *War in the Middle Ages*, Oxford: Basil Blackwell, 1984; K. DeVries, *Medieval Military Technology*, Peterborough: Braodview, 1992; I. A. Corfis and M. Wolfe, *The Medieval City Under Siege*, Woodbridge: Boydell & Brewer, 1995; M. Prestwich, *Armies and Warfare in the Middle Ages: The English Experience*, New Haven, Conn.: Yale University Press, 1996; and B. S. Hall, *Weapons and Warfare in Renaissance Europe: Gunpowder, Technology and Tactics*, Baltimore: Johns Hopkins University Press, 1997. 中世纪海战：A. R. Lewis and T. J. Runyan, *European Naval and Maritime History, 300-1500*, Bloomington: Indiana University Press, 1985; and J. B. Hattendorf and R. Unger (eds.), *Power and Domination: Europe and Armed Forces at Sea during the Middle Ages and the Renaissance*, Woodbridge: Boydell & Brewer (forthcoming).

入无足轻重的境地;如果它们采取敌对态度,就可以推翻他;如果双方意见不一,它们可以发动内战。中世纪的地方掌权者通常相信自己有权在有关权力、经济资源的争端中使用暴力,而不被看作乱党、叛徒或罪犯。以暴力进行强制以及保护自己不受此类强制的影响是这些团体在地方社会的力量的核心组成部分。

在动员起来奔赴战场时,中世纪晚期欧洲军队的构成包含三个部分:骑兵、步兵与炮兵。从表面看,此一构成让他们与直至现代的陆军相似,不过从组织上说,这一构成带有混杂、不协调的性质。通常欧洲社会并未将供应战争的各种资源的控制权交给国家,它们是在国家的协调下动员自己的资源用于战争的。作为富有声望的兵种,重骑兵的补给主要是由土地贵族征集的封建税收承担。步兵兵源可以由地主从仆从、农民中抽调,也可以由城市、行会和农民群体(他们组成民兵,通常由地方精英领导)提供。职业骑兵、步兵还可以在战时受雇,他们常常来自其他国家。这类雇佣军常常受过良好训练,不过其忠诚度与军饷呈现出一种正向关系。火炮尤其是重型攻城炮常常由国家提供,不过原始火药武器在中世纪晚期社会分布很广。海军通常只是临时的,由受雇或紧急征召的人员组成,海商负责补给,战舰或桨帆船则在动员期间仓促造成。在地中海,带船员的桨帆船常常是从雇佣兵企业家(mercenary entrepreneurs)那里租来的。实际发生的大部分海战是由多多少少得到法律授权(这为劫掠或在贸易中实施针对竞争者的武装强制罩上了一层伪装)的武装民船发动的。有能力保卫自己的船只、货物的商人拥有自己的武装力量,他们是长途贸易的主宰者。①

这些临时拼凑的武装力量的指挥结构是复杂的,因为封建领主所供应的武装仆从队伍常常规模不均,队伍中的成员更喜欢在他们认为是地方精英者的领导下战斗。由军官指挥且规模相同的军团、连队并不常见且绝非定例。② 军队首领是任命的,就军事领导权而言,社会-经济地位和职务任免、分配(褒奖与惩罚的能力)通常比效率更重要。在人们更倾向于追随社会地位高的人(而不是与邻人为伴)去打斗、作战的社会,这

---

① 从中世纪晚期到近代早期的海战变化,参见 J. Glete, *Warfare at Sea, 1500-1650: Maritime Conflicts and the Transformation of Europe*, London: Routledge, 2000。

② C. G. Cruickshank, *Army Royal: Henry VIII's Invasion of France*, Oxford: Clarendon Press, 1969, pp. 108-112; and M. A. Ladero Quesada, *Castilla y la conquista del reino de Granada*, Grannada: Comares, 1993, pp. 163-180 and 327-400.

是一个理性现象,人们可不喜欢被安置到军官率领下的毫无特色的陆军单位中,担任各级职务,他们以前与这些军官可是素昧平生。从战略上说,数百年来对石制堡垒的投资主导了大部分的陆上实战。全欧范围内有许多私人或地方控制的城堡、城墙得到维护,此举通常没有任何国家防卫的战略计划作为依据。这些城堡、城墙连同骑兵、步兵从属于地方的社会控制等级体系,地方掌权者因此在武装力量可以充当最终仲裁者的问题上占据了强势地位。对国家来说,中央军事权威几乎不存在,而享有自治权的政治组织和强大权贵的暴力、强制和武装保护大行其道。

国家在战争中并非毫无力量或处在边缘状态,在中世纪欧洲,战争实际上是国家的主要事务之一。没有国家作为各种社会力量的协调者,国与国之间的大战是不可能的。中世纪国家的统治者可以执行政治领导和战略指挥,他们可以在战术上获得一支大军(由各种社会-经济力量汇聚而成)无可争议的控制权;他们还可以暂时组织起自己的武装力量,用领地收入、赋税、关税、贷款和劫掠所得来支付军饷。作为优秀的军事领导人,中世纪统治者和贵族有时凭借封建军队获得了惊人的战术、战略成就,中世纪城邦在海洋力量的使用上亦常常表现得轻车熟路。不过,每场新的战争开始的时候都不可避免带有相当程度的随意性,因为国家并未提供组织结构,正是通过这一结构,大量军队的征召、武装、训练和动员才能实现。

这一结构嵌入社会制度之中,一如在地方社会有凝聚人心、稳定秩序之效的那些事物。在作战中使用军队的能力是随地方权力一道授予地主、城市、地方民团甚至是教会不同部门的。没有控制地方社会权力结构的精英们的积极合作,国家便缺乏用于作战的军事能力。中世纪国家的情况各有不同,正如20世纪晚期联合国与北约之间的差异。联合国没有自己的执行力量,从而不得不依赖其成员执行决议的自愿行动。相比之下,作为一个控制成员国部分武装力量的组织,北约如果要在其掌控下使用这些力量展开军事行动,则不得不依赖广泛的政治协定。中世纪军队或舰队是由不同社会力量提供补给的,士兵在积极性、训练、装备上互有差异,复杂的战略或先进的战术极少能用在这样的军队身上。在种种约束下,重要的作战行动常常限于短暂的行军季节,因为市民社会动员得太过厉害便会对生产、贸易产生严重的中断效应。名义上的大型军队进行战略动员通常由于后勤约束而受到极大限制。

在很大程度上，中世纪国家的军队动员公开呈现了在国家背后的社会中累聚起来的政治利益。封建领主、主教、城市、行会和其他地方团体派出骑兵、步兵或武装船只，它们构成了被动员起来的军队和舰队的主体。社会要人常常亲自出马，以指挥官的面貌出现。如果国家背后的各个利益集团彼此相争，这些与战争有关的分权社会组织便酝酿了武力（也就是说，通过内战或强制）解决问题的理想环境。以此而言，国家、社会与战争组织之间的联系在数百年的时间里几乎没有改变过。在中世纪晚期的欧洲，步兵、雇佣军的重要性有所增加，封建重骑兵的重要性因此而开始减弱，不过，这并不必然提升国家中枢的权力。农民群体或城市征召起来的民兵步兵（militia infantry），城邦租来的雇佣军，既可用来对付封建领主，也可用来反制力行中央集权的统治者。长期血雨腥风的国内政治冲突在大多数中世纪欧洲国家可谓司空见惯的现象。

在前工业社会，只有能有效从农业生产和贸易中汲取资源的制度方可为国家提供财富，租用大量士兵，或保有属于自己的若干战舰。这类制度仅仅以胚胎形式存在。在15世纪的欧洲，最引人注目的例外是意大利北半部，在这里，一些以城邦为核心的地域实体在13、14世纪崛起。在那时的欧洲，这些国家的经济、管理与文化可以说是最复杂的，它们常与雇佣军企业家牵扯在一起，后者至少让它们拥有了一支职业军队的核心要素。威尼斯还拥有一支由国家管理的大型常备海军，1500年，就常备武装力量而言，该国或许在欧洲排名第一。①

两个世纪以后，进入17世纪晚期，西欧、中欧为战争服务的社会制度发生了剧烈变化。此时的战场主角是在国家有效掌控下的各种组织，这些组织的力量决定了欧洲权力政治的大部分内容。这些组织、陆军和海军在和平与战时都具有了常备性质，其人员由国家任用，防御工事、武器、战舰的投资由国家承担。这些军事组织的人力在总人口中占有相当比例，供养这些人头的支出（甚至在和平时期）所消耗的社会产出实为不菲。武装力量根据中央政府确定的思路进行组建，包括武器的标准化、训练，以及管理与作战单位的细分（团、营、连，等等）。

---

① M. E. Mallett, *Mercenaries and their Masters: Warfare in Renaissance Italy*, London: Bodley Head, 1974; J. R. Hale, *Renaissance War Studies*, London: Hambledon, 1983; M. E. Mallett and J. R. Hale, *The Military Organization of a Renaissance State: Venice c. 1400 to 1617*, Cambridge: Cambridge University Press, 1984; and J. Glete, *Navies and Nations: Navies, Warships and State Building in Europe and America*, 2 vols., Stockholm: AWI, 1993, pp. 114-116, 139-146, 501-521.

最重要的是，进入17世纪下半期，各国引入了将官、士卒的制服，此举标示了其作为国家仆从的地位、军队的凝聚力和等级制的指挥链（搭配不同徽章）。经动员为战争服务的社会人力资源经过转化，变为整合成一体、标准化、具有凝聚力、通常带有常备性的作战单位，之后，他们才被送上战场。[①]

被整合起来的常备性组织会产生凝聚力，这将军队变为中央集权政治体的有用作战工具。陆海军成为穿着制服的官僚组织，按照正规等级体系组织起来，由职业军官率领。军官级别由国家的任命而非他们的社会出身决定。军官由此成为国家的仆役，其对统治者的忠诚尽管直到晚近才出现，却是毋庸置疑的。士卒、海员向来习惯了听命于这些军官而不是拥有社会-经济力量的人。此一指挥链不仅提供了战略、战术指挥权，也确保军队按照国家政策行动。近代防御工事很早以来便集中于具有战略意义的边境地带，火炮和其他军事装备储存于军械库，由大型专门战舰组成的舰队在国家控制下的船坞建造、维护。

土地权贵、城市和其他地方利益集团不再掌控属于自己的重要武装力量或防御工事。地方社会或许仍会组织防御性的民团，装载价值不菲的货物航行海上的商人常常武装起来，防备海盗和小型战舰。但是，这类力量不再对国家构成任何威胁。武装民船依旧存在，不过此时它们被置于法律的有效控制之下，与海盗行径严格区分开来。海上劫掠先前在欧洲许多地区是一种半合法的活动，很早时新型领土国家便凭借其对暴力的有效垄断，使此一活动近于销声匿迹。如果地方利益集团希望对军队施加任何影响，它们不得不加入其中，成为军官或管理人员，或者影响统治者、政治

[①] J. F. Guilmartin, *Gunpowder and Galleys: Changing Technology and Mediterranean Warfare in the Sixteenth Century*, Cambridge: Cambridge University Press, 1974; G. Teitler, *The Genesis of the Modern Officer Corps*, London: Sage, 1977; A. Corvisier, *Armies and Societies in Europe, 1494-1789*, Bloomington: Indiana University Press, 1979; C. Duffy, *Siege Warfare*, Vol. 1: *The Fortress in the Early Modern World, 1494-1660*; Vol. 2: *The Fortress in the Age of Vauban and Frederick the Great, 1660-1789*, London: Routledge, 1979-1985; G. Parker, *The Military Revolution: Military Innovation and the Rise of the West, 1500-1800*, Cambridge: Cambridge University Press, 1988; F. Tallett, *War and Society in Early Modern Europe, 1495-1715*, London: Routledge, 1992; J. Glete, *Navies and Nations: Navies, Warships and State Building in Europe and America*; J. Balck, *European Warfare, 1660-1815*, London: UCL Press, 1994; C. J. Rogers (ed.), *The Military Revolution Debate: Readings on the Military Transformation of Early Modern Europe*, Boulder, Colo.: Westview Press, 1995; R. Harding, *Seapower and Naval Warfare, 1650-1850*, London: UCL Press, 1999; J. Glete, *Warfare at Sea, 1500-1650: Maritime Conflicts and the Transformation of Europe*; and P. Contamine (ed.), *War and Competition between States*, Oxford: Clarendon Press, 2000.

机构和掌控这些机构的宫廷。地方精英在这方面常有成功之举，但他们不得不适应职业化和忠诚方面的新规则，如果他们想在财政-军事国家当中取得成功的话。

从1500到1700年，陆海军技术、战术和战略同样经历了重大变化。基于火药技术的武器成为陆地和海洋的主宰，步兵在战场上变得比骑兵更重要，由于重炮和新式防御工事的普遍引入，围攻战也发生了变革。航行海上、装备火炮的战舰成为主导海上的武器系统。不仅如此，远程航行与战斗的能力还让欧洲人得以在大西洋所属的那个半球、印度洋为贸易和殖民地发动战争，并向亚洲的海上贸易网络渗透。掌握先进的陆海军技术成为国家权力根基不可或缺的组成部分。欧洲社会最明显的变化之一是：职业军队长期任用的人员数量急剧上升，从和平时期（1500年）的数万人到1700年的数十万人。进入18世纪早期，在大战期间，超过100万士兵、海员在欧洲军队中连续任职。

为了承担这些巨型组织的花费，国家通过增加的税收和关税极大拓展了自己的财政根基。[①] 令此成为可能的，是国家日益增长的管理和政治能力，也就是集中各种社会资源，将其引入为暴力控制服务的新组织结构。税收和关税的征收由国家任命的地方官员和与国家合作的地方精英团体承担。这些精英团体可以经常从国家那里获取支持，捍卫其在地方社会的权威地位，作为交换，他们需真心实意为国家提供帮助，汲取地方社会的资源。无论是对社会的管理、政治渗透，还是有所增长的一种国家能力——集中资源并将其转移到常备军的建设中，它们都是以新形式的利益聚合为基础的。按照此种利益聚合，大量社会成员把国家看作唯一可靠的武装保护的提供者，以及应对内外威胁的强制性力量。国家确认并达到了对暴力（既与外国势力又与本国社会有关的暴力）的垄断。地方权贵和团体不再相信它们有能力组建自身的防卫力量，也不再相信自己有能力依靠暴力强制国家或精英阶层中的其他成员。军队、强制与地方权威等级体系之间在传统上的直接关联已然消失，或者不再具有重要意义。通过组建常备职业军队，国家创造了各种社会角色，在这里面，我们不再能找到个人、家族或社会-经济权力结构中的其他成员的身影。他们是在一个组织结构中扮演各种角色，占据各种位置，个人要想

---

① R. Bonney (ed.), *The Rise of The Fiscal State in Europe*, c. 1200-1815, Oxford: Oxford University Press, 1999.

被征召、提升到这样的角色、地位上去，便需展现自己对中央政府统治者所行政策的忠诚。

从 1500 到 1700 年这一时期还见证了欧洲政治权力结构的另一个变化。欧洲国家变得更为中央集权化，地方利益集团在政治、军事上的作用减弱，许多自治或独立的城市、地区被并入主权国家的控制区域。中央当局实施了一致程度更高的管辖、税收和经济政策，武装起义和内战的频率从 17 世纪中期起急剧下降。伴随中央政府影响的增长，国与国之间的领土在自然、经济层面的区隔变得更加明显。人们有意识地做出种种努力，意图打造出整块整块的在某个统治者控制下的领土。相比先前根据王朝利益获得或分割领土的做法，这样的努力变得更加重要。欧洲有一个古老的观念认为：执掌大权的王公应将部分疆土赐给更小的儿子们，作为或多或少拥有主权的公国、侯国。此种观念到 1500 年仍然存在，尤其是在德意志和北欧诸国。不过，到 1700 年，它已完全销声匿迹。此时，国家全部领土的长子继承权在世袭君主国得到普遍执行，有些君主急于收复先辈们在早前数百年分配出去的领土。统治者们不得不面对如下事实：如果他们希望通过创建一个中央集权国家变得强大，那么，在王室内部分裂国家权威便是绝不可行的。

在国家构建上成功运用了此种财政-军事观念的国家获得了国际性的权力，而那些失败者只能眼看着自己的显赫地位下降、领土缩减。列国之间的松散联合或等级体系要么或多或少步入解散境地，比如北欧联盟（Nordic Union）和德意志帝国，要么得到极大加强（卡斯提尔-阿拉贡、英格兰-苏格兰、尼德兰北部诸省，以及德意志境内由同一王朝统治的一些地区，如哈布斯堡王朝、霍亨佐伦王朝，等等），以适应新的形势。天主教会的跨国权力是中世纪时期的一个重要现象，此时却遭到了决定性的削弱。自治地方团体之间的网络和联盟，比如德意志汉萨同盟，则走向消亡。欧洲从一个各种政治单位（享有主权的、拥有宗主权的、拥有自治权的，它们在各自领土范围内对暴力实现了不同程度的垄断）的集合体，转变为一个国家体系，大国、中等国家、小国都对暴力拥有同样的正式垄断权，而且这种垄断在它们之间是相互认可的。列国还宣称，只有它们才能授权在海上使用暴力，此一声明是独见于欧洲国家的历史现象。到 1700 年，欧洲人甚至欧洲以外的人之间的关系都因此而发生快速变革。①

二、政治变革的三个阶段

从时间顺序来看,欧洲财政-军事国家的兴起或许可以划分为三个阶段。此处分析的"兴起"主要是就一种国家能力——确保国内和平以及动员资源用于战争或积极对外政策——来说的。在很大程度上,这与能够在多大程度上维持对暴力的有效垄断是一回事。接下来的部分对此项发展做了简要勾勒。从有关近代早期历史的文献中,人们对相关内容可谓耳熟能详。其中唯一可以宣称带有原创性的地方是,它将1560—1660年视作财政-军事国家发展史上的关键时期。在这一时期,若干统治者和精英团体竭尽全力创建此种国家,其中一些取得了成功。②

---

① 国家控制海上暴力(国家强制执行暴力垄断)现象的兴起是海军发展的一个结果。参见 J. Glete, *Navies and Nations*: *Navies, Warships and State Building in Europe and America*, esp. pp. 6-13, 102-123, 196-197, 239-244, 418-421。国家垄断暴力在国际层面产生的后果,参见 J. E. Thomson, *Mercenaries, Pirates and Sovereigns*: *State-building and Extraterritorial Violence in Early Modern Europe*, Princeton: Princeton University Press, 1994。汤姆森表明,国际背景下的这类垄断还意味着国家所能掌控的不仅是与本国领土有关的暴力,还有从这些领土投射到其他领土或海洋的暴力。前现代国家常常不得不接受如下事实:由于无力强制执行这种垄断,它们不得不任其臣民在海外为了自身利益打打杀杀。

② 中世纪背景:*The New Cambridge University Medieval History*: Vol. VII: *c. 1415-c. 1500*, Cambridge: Cambridge University Press, 1998。约1500—1700年的欧洲史概览:T. A. Brady, H. Oberman, and J. D. Tracy (eds.), *Handbook of European History, 1400-1600: Late Middle Ages, Renaissance and Reformation*: Vol. 1: *Structures and Assertions* 与 Vol. 2: *Visions, Programs and Outcomes*, Leiden: Brill, 1994-1995; J. H. Elliot, *Europe Divided, 1559-1598*, New York: Harper & Row, 1968; G. Parker, *Europe in Crisis, 1598-1648*, London: Fontana, 1979; R. Mackenney, *Sixteenth Century Europe*: *Expansion and Conflict*, New York: St Martin's Press, 1993; T. Munck, *Seventeenth Century Europe*: *State, Conflict and the Social Order in Europe, 1598-1700*, New York: St Martin's Press, 1990; 和 R. Bonney, *The European Dynastic States, 1494-1660*, Oxford: Oxford University Press, 1991。身处一个更广阔世界的欧洲:J. D. Tracy (ed.), *The Rise of Merchant Empires*: *Long Distance Trade in the Early Modern World, 1350-1750*, Cambridge: Cambridge University Press, 1990; and J. D. Tracy (ed.), *The Political Economy of Merchant Empires*: *State Power and World Trade, 1350-1750*, Cambridge: Cambridge University Press, 1991。国际政治:M. S. Anderson, *The Origins of the Modern European State System, 1494-1618*, London: Longman, 1998; and D. McKay and H. M. Scott, *The Rise of the Great Powers, 1648-1815*, London: Longman, 1983。欧洲国家形成在一部得到欧洲科学基金(European Science Foundation)支持的七卷本著作(以及一些预备性质的研究)中得到了探讨。这套书的总名目是《欧洲近代国家的起源,13—18世纪》,由布洛克曼斯(W. Blockmans)与吉尼特(J. -P. Genet)担任总编辑,尤其可参见 R. Bonney (ed.), *Economic Systems and State Finance*, 1995; W. Reinhard (ed.), *Power Elites and State Building*, 1996; and P. Blickle (ed.), *Resistance, Representation and Community*, 1997。小论文、研究论文的合集:H. G. Koenigsberger, *Estates and Revolutions*: *Essays in Early Modern European History*, Ithaca, NY: Cornell University Press, 1971; H. G. Koenigsberger, *Politicians and Virtuosi*: *Essays in Early Modern History*, London: Hambledon, 1986; G. Oestreich, *Neostoicism and the Early Modern State*, Cambridge: Cambridge University Press, 1982; R. G. Asch and A. M. Birke (eds.), *Princes, Patronage, and the Nobility*: *The Court at the Beginning of the Modern Age c. 1450-1650*, Oxford: Oxford University Press, 1991; R. J. W. Evans and T. V. Thomas (eds.), *Crown, Church and Estates*: *Central European Politics in the Sixteenth and Seventeenth Centuries*, New York: St Martin's Press, 1991; and M. Greengrass (ed.), *Conquest and Coalescence*: *The Shaping of the State in Early Modern Europe*, London: Edward Arnold, 1991。一篇影响深远的文章:J. Vicens Vives, "The Administrative Structure of the State in the Sixteenth and Seventeenth Centuries", in H. J. Cohn (ed.), *Government in Reformation Europe, 1520-1560*, London: Macmillan, 1971 (1960), pp. 58-87.

（一）传统国家内部的合作，1480—1560年

从15世纪最后几十年直至16世纪60年代的欧洲历史上，西欧、西南欧和北欧一个引人注目的现象是：各国国内政治普遍波澜不惊。从欧洲这些地区（特别是西班牙、葡萄牙、法国、英国、丹麦、挪威和瑞典）的历史撰述来看，该时期还被贴上"民族或领土国家的兴起""新君主制国家的诞生""财政或税收国家的奠基"之类的标签。对西班牙和葡萄牙来说，这还是在帝国海外扩张的伟大时代。就德意志帝国而言，这是中央集权失败、内战连绵的时代。不过，帝国的失败也是帝国境内实行中央集权、具有中等规模的主权单位形成的开端。在北部、中部意大利，聚合许多零碎土地的若干中等规模国家早在14世纪后期—15世纪中期便已形成。意大利半岛在很大程度上仍是欧洲经济和文化的中心，在这一时期（1494—1559）的大部分时间里，也是两个帝国构建者即法国与西班牙之间的斗争舞台。西班牙胜出后，西部地中海成为西班牙帝国的势力范围。再往东，奥斯曼人、莫斯科公国统治者和印度的莫卧儿人创建了被称为"火药帝国"的大型政治联合体。

就西欧和南欧而言，更多的国内和平在很大程度上是通过传统政治手段获得的。作为利益表达与聚合的政治活动平台，国家的运作状况胜过以往，统治者与各社会等级、议会、教会、贵族、城市和其他地方精英团体的互动常常取得丰硕成果。从理论上说，统治者负责防卫和国家管理事项，中央权威便是以此种地位为基础的。在地方精英团体中间，中央权威得到了更广泛的认可，不过，它们仍期望在权力结构中享有尊荣地位。与过去一刀两断的事情主要发生在北欧国家、德意志大部分地区、英格兰与苏格兰（16世纪二三十年代），其缘由在于新教的引入。新教国家常常没收教会的许多财产，并让新的民族教会变为新的国家结构的组成部分。尽管如此，甚至是天主教国家都从教会获取资金，用于增加对社会的政治控制。教会的权威与资源越来越多地被用来支持国家。

由于中央当局有能力长期对社会实施一定程度的资源抽取，16世纪还普遍被认为是欧洲税收或财政国家的形成时期。[①] 这一时期见证了显而易见的经济勃发、人口增长，这就增加了关税，扩大

[①] W. Schulze, "The Emergence and Consolidation of the 'Tax State': The Sixteenth Century", in R. Bonney (ed.), *Economic Systems*, pp. 261-279.

了税基。这或许让加大资源汲取的力度变得更为容易,尽管经济发展或许为更强大的城市和封建领主提供了基础,正如中世纪盛期在北部意大利或近代早期在波兰-立陶宛所发生的事情。尼德兰反抗世袭统治者的起义获得了成功,这同样可以视为对如下观点的重要反驳:强劲经济增长让统治者更容易扩大中央集权。如若国家形成受到经济增长的推动,这一定是因为中央集权国家在这种发展中为社会提供了某些东西。

传统史学常常强调王朝和有作为的统治者在强大民族国家创建中的重要作用。对国家形成来说,王朝大事和意外事件在打造地理框架(geographical framework)上的重要性是显而易见的,因此必须予以严肃对待。该时期最为人熟知的案例是1477年勃艮第公爵家族的男嗣断绝,以及1516年的王朝合并(尽管起初并无此意)——哈布斯堡在西欧、中欧的领土与西班牙联合国家的合并。这两个历史事件在政治上显著改变了欧洲的未来;富裕、经济上有活力的勃艮第领土被法国和哈布斯堡王朝瓜分,而西班牙与尼德兰、奥地利的合并形塑了两百年的欧洲权力斗争格局。毫无疑问,就该时期而言,我们还应突出常被视作有作为的国家缔造者的统治者,如卡斯提尔-阿拉贡的费迪南(1479—1516年在位)和伊莎贝尔(1474—1504年在位),葡萄牙的若昂二世(Joao II,1481—1495年在位)和曼努埃尔(1495—1521年在位),法国的路易十一(1461—1483年在位),英格兰的亨利七世(1485—1509年在位)和亨利八世(1509—1547年在位),丹麦-挪威的汉斯(1481—1513年在位)和克里斯蒂安三世(1533/1535—1559年在位),瑞典的古斯塔夫一世(1523—1560年)。在东方,有一个时期接连出了四位开疆拓土的奥斯曼苏丹:穆罕默德二世、巴耶济德二世(Bayezid II)、塞里姆一世(Selim I)和苏莱曼一世。他们亲自领导创建了一个庞大的帝国,堪与1000年前的东罗马帝国相提并论。莫斯科公国(俄国)和波兰也出现了一连串统治者,有能力管理在许多方面自成一体的政治体系,并拓展自己的领土。

王朝意外事件同样起到了重要作用:接连产生贤明君主的反常现象不可忽视,大量不智、平庸或疯狂的统治者会给自己的国家造成更多的问题,因为君王必须是娴熟的政治管理者和利益集团之间的仲裁者,1485年(英格兰理查三世)与1567—1568年(苏格兰的玛丽·斯图亚特和瑞典的埃里克十四[Erik XIV])之间西方主要国家中唯一一个被废黜的国王丹麦-瑞典-挪威的克里斯蒂安二世（1513—1523年在位）即属此例。他是一个雄心勃勃、几乎具有革命性的人物,对国家创建有着极大热忱。不过,在他试图统治的各国精英团体中间,他在树立其信心方面表现得一塌糊涂,声名狼藉。他一度削弱了由其父汉斯国王创建的强大的丹麦-挪威国家。不过,这些统治者当中的大多数无法用出类拔萃或独一无二来形容。他们要获得成功,更为一般的其他力量发挥作用是不可或缺的,尤其是就国家对暴力达致极其有效的垄断而言。这些统治者让君王之位相比从前变得更为强大,其中必定存在某个或若干因素的推动作用,正因如此,在没有来自叛乱贵族和怀有异心的城市的严重挑战的情况下,他们可以更容易地征收赋税,管理政治权力体系。君王提供的好处一定变得更重要了,而给中央集权设置阻碍带来的好处却越来越没有吸引力。

早在17、18世纪,政治哲学家们便认定火药武器的出现是新君主国兴起背后的重要因素。王家火炮部队的重型攻城炮能够穿透封建城堡和自治城市的城墙,由此让传统的地方权力变得过时。在战场上,炮兵和装备火药武器的步兵削弱了封建重骑兵的作用。在很长时间内,这一技术层面的解释是很常见的,不过,研究文艺复兴战争的专家们已对此提出挑战。[1] 人们不确定的是,相比长弓、十字弓或长矛,该时期的步兵武器是否对重骑兵构成了更严重的挑战,此种质疑削弱了火药武器的重要性。训练有素的步兵方阵的扩散似乎起到了更重要的作用,他们使用的是长矛或长矛+投射武器的组合。这一事实让如下研究变得饶有兴味:这样的方阵是怎么样的,又是被什么人组建起来的？

我们更不可忽略一点:只要中世纪城墙并未被近代的意大利式要塞普遍取代,重炮就会产生重要的政治后果。这一变革耗费了数十年时间,在时长上与让国家对暴力的垄断成为普遍现象的那个变革过程一样(在某种解释中,这是很重要的)。地方掌权者能够站在中世纪堡垒背后,顽强地抵抗统治者,这一能力急剧地衰落了。能对此加以量度的不仅有成功围攻战和被镇压叛乱的数量,也包括地方掌权者的一个有所增强的倾

---

[1] J. R. Hale, *War and Society in Renaissance Europe*, 1450-1620, Leicester: Leicester University Press, 1985, pp. 245-249 否认火炮在国家形成中的任何重要作用。相比之下,B. S. Hall, *Weapons and Warfare*, esp. pp. 1-8, 114-123 and 158-164 虽认为文艺复兴时期的火药武器不应被高估,不过,它们在如下事件或事物中发挥了重要作用:法国在百年战争中的胜利(1450—1453年),格拉纳达战争(1481—1492年),莫卧儿、奥斯曼、俄罗斯帝国的形成以及海战。

向——与君王合作（这是该时期很容易观察到的一个现象）。

相比先前以及往后的时期，以上对欧洲海陆战争的考察让人们看到了（本文所探讨的时期与它们之间的）显著差异。数百年在防御工事上的投入普遍而快速地沦为过时之物，由此产生的新的战略环境令机动战变得更重要——无论是进攻还是防御。数十年后，能够抵挡炮火的新式堡垒流行起来。与此同时，围攻和堡垒的防御力量对战争的影响力减弱。意大利战争（1494—1559年）以重大会战的重要作用而为人所熟知。相比往昔，为了有效防守或征服领土，训练精良、富有凝聚力的野战部队变得更为重要。在地中海地区，从1500到1570年，兴起了若干常备性的大型桨帆船舰队。至少在部分程度上，其产生原因可归为诸多堡垒很快步入废弃无用的境地，先前它们是为海岸地区提供保护的。装备火炮的桨帆船由此获得拆毁城墙的机遇，在堡垒不再坚不可摧的情况下，机动舰队作为防御力量扮演了更加吃重的角色。英吉利海峡地区与波罗的海常备海军的兴起同样与重炮在控制海上交通线路上所扮演的重要的新角色有很大关系。君主们发展海军有两大目的：一是让自己作为国家的保护者发挥更大作用；二是切断外国势力与国内反对派集团之间的联系。[1]

本研究的一个假设是，高效的野战军队与常备海军发挥了更大的作用，这将统治者置于政治平台上一个更靠近中心、更具影响力的位置。他们是最合乎情理的管理者和领导者，统率着组织更严密、机动性更强的军队，这些军队是保护社会所必需的。高效的机动部队需要更好的、更为集中的后勤保障和管理，他们与地方社会联系的重要性减弱了。由此，威力强大的重炮的兴起或许打开了一扇机会之窗，让雄心勃勃、追求中央集权的君王获得对更广阔领土的控制权，而不仅仅是名义上的控制。[2]

无论如何解释，在西欧，领土巩固与国家对暴力的垄断增加都是一个显而易见的现象。进入15世纪50年代早期，法国国王已有能力征服先前由英国国王控制的大片法国领土，即诺曼底和吉耶

---

[1] J. Glete, *Navies and Nations: Navies, Warships and State Building in Europe and America*, pp. 114-116; and J. Glete, *Warfare at Sea, 1500-1650: Maritime Conflicts and the Transformation of Europe*, esp. pp. 93-144.

[2] 在这些看法当中，有几点被用在了如下著作中：R. Bean, "War and the Birth of the Nation State", *Journal of Economic History*, Vol. 33, 1981, pp. 203-221。1500年前后，野战的重要性有所增强，如下著作对这一点做了强调：B. S. Hall, *Weapons and Warfare*, pp. 164-176。

纳(Gyyenne)。在这些胜利中,威力强大的围城火炮发挥了重要作用。法国国王与其亲属、勃艮第建国公爵们之间的冲突可谓历史悠久,1477年,伴随最后一位勃艮第公爵在与瑞士步兵作战时被杀,两者之间的冲突遂告结束,法国国王进一步重获大片领土,即勃艮第与皮卡迪(Picardy)。普罗旺斯由法国国王在1480年和平继承下来,从15世纪90年代早期开始,通过战争和王朝联姻,布列塔尼亦与法国统一。从15世纪80年代至16世纪60年代,法国鲜见叛乱之事。国王可以在贵族的合作下施行统治,后者作为行省总督、陆海军指挥官(在多次战争中)发挥了重要作用。法国国王有能力凭借规模庞大的陆军和舰队发动数次战争,尽管许多军队、舰船仅仅是暂时租来作战的。[1]

更引人注目的是强大的新君主国在西班牙的兴起。在伊比利亚半岛,桀骜不驯的贵族集团和特拉斯塔马尔(Trastámara)王朝内部的武装冲突(该王朝的不同分支统治着卡斯提尔和阿拉贡)令政局在数十年间动荡不安。卡斯提尔是最大的西班牙王国,其危机尤其严重。(阿拉贡的)费迪南和(卡斯提尔的)伊莎贝尔联姻并共治天下,由此产生的不仅是影响深远的联合,也包括一个强大的君主国。这个君主国控制了强大的宗教团体、大片领土以及先前或多或少享有自主权的城市。对伊斯兰国家格拉纳达的征服(1482—1492年)是又一场围城火炮大出风头的战争,它展示了统一西班牙君主国的力量。帝国政策持续得到推行并取得如下硕果:从1495年起对意大利的成功干涉(征服那不勒斯,后来,征服了米兰),在北非的扩张,1513—1514年对纳瓦拉的征服。进入16世纪早期,西班牙有能力在西地中海组建一个广阔的帝国,直面日益壮大的奥斯曼帝国;与此同时,还可以针对美洲发动一次重要的跨洋殖民探险。就王权由弱到强而言,这是欧洲任何地区在数十年时间里所见到的最令人惊叹的变化。组织严密的步兵、桨帆舰队和炮兵在西班牙的权力扩张中起到了关键性的作用。葡萄牙有着类似经历。从15世纪70年代起,该国从内战、王权衰弱时期转向中央集权和国家控制下的海外扩张(凭借舰载火炮)时期。如同在法国,在伊比利亚半岛,王室权力增长是在未发生任何激进宪制变化或地方精英未遭

---

[1] E. Le Roy Ladurie, *The Royal French State, 1460-1610*, Oxford: Basil Blackwell, 1994; and D. Potter, *A History of France, 1460-1560: The Emergence of a Nation State*, London: Macmillan, 1995.

受决定性失败的情况下达到的。①

尼德兰是德意志帝国西部边沿荷兰语、法语诸省的聚合体,包括法兰德斯、布拉邦特、荷兰,等等。到1477年,勃艮第公爵逐渐统一了尼德兰,这是公爵们建国大业的组成部分。通过联姻承袭这些领地的哈布斯堡王室继承了公爵们的未竟事业。以德意志皇帝之尊,查理五世得以在1548年强行将哈布斯堡属下的尼德兰与帝国其余部分实际分割开来。他和自己的儿子腓力二世的做派很像那个时代典型的建国君主,因为他们逐渐增强自己对勃艮第这一经济要地的控制权。直到16世纪60年代,哈布斯堡王朝的这一政策表现出成功迹象。同样是在这个地区,通过与现有精英的合作,伴随统治者在军事事务中扮演核心角色(这是君主权力增长的有力证据),中央集权达致相当高的程度。②

在数百年时间里,英格兰都是欧洲中央集权程度最高、军力最强的国家之一。从15世纪50至80年代,该国陷入深重的政治危机。红白玫瑰战争以新都铎王朝的胜利告终,该王朝在100多年的时间里成功地稳定了国家的政治生活。就北欧国家而言,人们在15世纪大部分时光里看到的是如下景象:君主权力虚弱,甚至不存在。贵族集团在丹麦实力强横,相比之下,统治瑞典的则是贵族与农民团体的联盟。北欧联盟的最终危机和崩溃(1501—1536年)成为两个强大君主国即丹麦-挪威和瑞典诞生的起点。有趣的是,北欧联盟的解体增强了北欧的力量,因为相比统治东波罗的海的汉萨同盟城市、德意志各邦诸侯和德意志骑士团,从北欧联盟分出的两个国家在波罗的海显然更为强大。英格兰和两个北欧强国成为新教国家,教会财产被没收,作为王室的权力工具,专门的战舰和重炮具有重要意义。在德意志,新教改革和皇帝、诸侯、城市之间的冲突引发了多次战争,不过,它们都不具有构成三十年战争的特征的那种毁灭性。③大多数冲突伴随1555年的和解协议走向终结,协议规定掌权诸侯有权决定自

---

① J. N. Hillgarth, *The Spanish Kingdoms, 1250-1516*: Vol. II: *1410-1516, Castillian Hegemony*, Oxford: Clarendon Press, 1978.

② J. I. Israel, *The Dutch Republic: Its Rise, Greatness, and Fall, 1477-1806*, Oxford: Clarendon Press, 1995, pp. 9-154.

③ 有人对德意志历史做了重新解释,参见 T. A. Brady, Jr., *Turning Swiss: Cities and Empires, 1450-1550*, Cambridge: Cambridge University Press, 1985. 该书聚焦于城市寡头以及16世纪一个德意志帝国的形成机遇(这些机遇被人们忽视了)。

己领土上的宗教,在若干德意志主权国家兴起的过程中,这是很重要的一步。尽管如此,没有一个德意志诸侯或城市在 16 世纪发展出常备陆军或海军。

在本书第二章所讨论的那些理论看来,该时期见证了一个现象的显著兴起:将保护作为商品出售给所辖领土的臣民。出售人是统治者,由于身处要害地位,在暴力的控制上,他们可以使用近代具有机动性的战争工具(高效的野战军队、重炮、专门战舰)。组织这类力量并让人们相信依靠能力建立在以下两个基础之上:其一,统治者作为军事组织者的能力;其二,他们作为政治博弈者的技能,机动力量重要性的提升创造了更有利的行情,从而为博弈提供了助力。财政-军事国家开始形成,不过,它在很大程度上只具雏形,因为税收、关税只够供养常备军当中的核心部队。通常而言,欧洲君主会与精英、各社会等级发展契约关系,后者向君主献上各种资源与忠诚,换来君主的主要产品——保护。财政机构与军事组织都服从于此一商品的供给,如若与保护有关的市场行情发生改变,这些机构、组织便会陷入危机。尽管如此,大多数统治者在该时期都获得了可喜的成功,在战争期间对暴力施行了强力垄断,让自己的军队更好地协调起来,这在部分程度上得益于他们手下常备军的帮助。这或许让欧洲社会的态度和习俗开始发生转变:财政-军事国家看起来或许是有吸引力的,至少,对社会中的某些群体是能宽容以待的。接下来的 100 年将会证明以下两点:其一,复杂组织和为其提供支持的新的社会习俗,有很大潜力获得进一步发展;其二,不经历权力斗争和武装冲突,不断发展的习俗、组织会面临很大困难。

(二)危机与变化:财政-军事国家模式的兴起,1560—1660 年

强大领土国家兴起的第二个阶段是从 16 世纪 60 年代至 17 世纪 50 年代。该时期见证了横扫欧洲大多数地区的国内政治危机,包括东欧和奥斯曼帝国。冲突比共识更具有普遍性。除了丹麦-挪威这个例外(在不久前的 1523—1526、1533—1536 年,该国已饱受危机和内战之苦),所有这些在早先获得相当程度国内安宁的国家至少有一次被内战或大叛乱所摇动。这些国家的统治者要么丧失

了对广阔领土的控制权,要么惨遭废黜。①

法国是人口最多的欧洲国家,常被看作民族国家的典型。在西欧范围内,它是国家权力遭到削弱最显而易见、影响最持久的案例。从1562至1598年,内战连绵不断,国家权力以及国家军队的力量急剧衰落。战争以妥协告终。其时,新教徒领袖、纳瓦拉的亨利四世继承王位并皈依天主教。先前的胡格诺起义军则得到享有广泛自治权,从军事上控制许多城镇和要塞的保证。国王属下常备军的规模极小。进入17世纪头10年,在路易十三未达法定成人年龄时,王室的衰弱再次引发内战。战事以中央政府的胜利告终,直到1629年,中央政府才全面控制全国领土。在长达20年的时间里,在红衣主教黎塞留(死于1642年)、马扎然(Mazarin)的政治领导下,法国在国际政治中恢复了重要作用,并以平等地位与西班牙打交道。尽管如此,自上而下的控制是不稳固的,叛乱屡有发生。从1648至1653年,该国再次卷入不同集团之间的政治争夺中。在部分程度上,军队走向瓦解。直到1661年,从那时开始,法国才迅速增强自身权威,创建一个更理性的财政-军事国家。②

从16世纪60年代起的英格兰政治史在数十年时间里是一个持续展开的王权巩固过程。这是起自15世纪80年代的一条发展主线。此种情况或许反映出一位贤明君主的重要性。伊丽莎白一世(1558—1603年在位)展现出杰出才能,控制住国内的政治力量和潜在的麻烦制造者,从而为将以下三点结合起来的对外政策服务:审慎求稳的心态、风险算计

---

① 从20世纪50至70年代,在有关该时期的学术争论中占据主导地位的是"欧洲的危机"这一主题。对该争论做出重要贡献的论文收录在以下著作中:T. Aston (ed.), *Crisis in Europe, 1560-1660*, London: Routledge, 1965; and G. Parker and L. M. Smith (eds.), *The General Crisis of the Seventeenth Century*, London: Routledge, 2nd edn., 1997. 亦见T. K. Rabb, *The Struggle for Stability in Early Modern Europe*, Oxford: Oxford University Press, 1975; and H. G. Koenigsberger, "The Crisis of the 17th Century: A Farewell?", in H. G. Koenigsberger, *Politicians and Virtuosi*, pp. 149-168. 本人有关该时期的看法无疑受这次争论的影响,尽管我发现以下看法是一个更有用的解释:许多该时期的国内政治冲突是财政-军事国家诞生时的阵痛。

② 有关法国这个危机百年的诸多方面,已有许多专著做出论述。更晚近的著作大多用英文写成,不过综合性的研究依然欠缺。参见E. Le Roy Ladurie, *The Royal*; E. Le Roy Ladurie, *The Ancient Régime: A History of France, 1610-1774*, Oxford: Basil Blackwell, 1996; M. P. Holt, *The French Wars of Religion*, Cambridge: Cambridge University Press, 1995; R. Bonney, *Political Change in France under Richelieu and Mazarin, 1624-1661*, Oxford: Oxford University Press, 1978; A. D. Lublinskaya, *French Absolutism: The Crucial Phase, 1620-1629*, Cambridge: Cambridge University Press, 1968; and O. Ranum, *The Fronde: A French Revolution 1648-1652*, New York: Norton, 1993.

以及对大陆、大西洋战争的有限参与。进入17世纪,发生了若干政治冲突,其顶点便是在苏格兰、英格兰和爱尔兰展开的内战,相关的关键问题是如何为军队提供资金支持,以及怎样控制军队。议会获胜所产生的一个重要结果是:17世纪50年代的英格兰共和国是欧洲装备最精良的强国之一,拥有一支竞逐国际政治权力、堪称精锐的庞大海军,以及一支全新而久经战阵的陆军。在欧洲未来最强大、效率最高的财政-军事国家之一形成的过程中,不列颠群岛的政治危机是一个关键阶段。[1]

德意志帝国从未经历过一个阶段——在该阶段,中央权威拥有对暴力的垄断权,并且能够增加税收。不过,到17世纪,帝国仍被视作一个国家。皇帝、诸侯(主要是七大选帝侯)与城市对四境防卫、对外政策与国内和平负集体责任。1618至1648年是漫长的德意志战争时期。这些战争集宗教冲突与集权-分权力量之间的冲突于一身,它们反映了德国诸侯在外国势力介入战争时无力一致对外的状态。哈布斯堡王朝无法在德意志增强自己的帝国权力,不过,作为各邦诸侯中享有最重要地位的统治者,他们巩固了自己在奥地利、波希米亚和西里西亚的地位。其他德意志统治者也加强了对本邦的统治。[2]

奥斯曼帝国在16世纪最后几十年里饱受日益增多的国内动乱之苦,此种乱局到17世纪20年代发展到顶点。行省总督和部分常备军(禁卫军)反复作乱,对抗中央政府。帝国的进攻能力遭到削弱,这在与威尼斯的长期战争(1644—1669年)中展露无遗。在很长一段时间,奥斯曼帝国无力以胜利为战争画上句号。俄国同样在17世纪早期的几十年经历了一个内战时期,这为瑞典和波兰的干涉打开方便之门。从理论上说,奥斯曼帝国与俄国都是拥有强大

---

[1] R. Brenner, *Marchants and Revolution: Commercial Change, Political Conflict, and London's Overseas Traders, 1550-1653*, Cambridge: Cambridge University Press, 1993(一个新国家的利益基础). J. S. Wheeler, *The Making of a World Power: War and the Military Revolution in Seventeenth Century England*, Phonix Mill: Sutton, 1999(一个财政-军事国家的形成). 还有 M. J. Braddick, *State Formation in Early Modern England, c. 1550-1700*, Cambridge: Cambridge University Press, 2000, esp. pp.187-285(从更广阔的国家形成视角看待财政-军事国家)。1650年前后的几十年对英格兰财政-军事国家的形成来说具有决定性意义,本人对这一观点的简要解释参见 J. Glete, *Navis and Nations*, pp.178-180。

[2] G. Parker, *The Thirty Years' War*, London: Routledge, 1984; R. G. Asch, *The Thirty Years War: The Holy Roman Empire and Europe, 1618-1648*, London: Macmillan, 1997; K. Bussman and H. Schilling (eds.), *1648: War and Peace in Europe*, Vol. 1, Munich: Bruckmann, 1998; and C. W. Ingrao, *The Habsburg Monarchy, 1618-1815*, Cambridge: Cambridge University Press, 1994.

常备军的中央集权国家,不过在 16、17 世纪,它们遵循的发展轨道与西欧存在显著差异。这一不同突出了欧洲财政-军事国家概念的一个独有特征。在东方,军队常常扮演根深蒂固的利益集团(属于军队自己)的角色,仅仅在满足一定条件的情况下才受控于沙皇和苏丹。只有在合乎自身利益时,士兵才作战,支持统治者,守卫疆土。他们同样会掀起叛乱,镇压臣民,不遵令出战。在奥斯曼帝国,他们还废黜甚至杀害君王。① 在西欧,成熟的财政-军事国家以双重契约关系为特征。统治者或统治精英对训练日趋精良的常备军有无可争议的控制权,他们做到这一点凭借一项独一无二的能力,即用从社会汲取的种种资源为其支付薪饷。反过来,社会要诚心回报统治者,如果后者使用军队为前者提供保护和政治稳定的话。

在很长一段时间里,波兰-立陶宛是一个例外。作为一个传统的中世纪国家,该国的土地贵族对权力有着清醒意识,君王则是被选出来的。只要他们能和衷共济,维护国内和平,捍卫联盟作为一个奉行扩张政策的强国的地位,这一体系便能发挥作用。不过,这一政治体系几乎无法推动宪制、军事变革,在财政-军事国家日益强大的一个世界中,波兰-立陶宛被迫在 17 世纪上半期转入守势。从 1648 年开始爆发的乌克兰起义引发了一次严重危机,1655 年瑞典进攻波兰-立陶宛使得这个国家猝然崩溃。它再未从这次危机中完全恢复过来,直到 18 世纪数次遭瓜分,波兰-立陶宛都无力组织自己的丰厚资源,有效保卫自己的庞大领土。这个国家被置于这样一个处境中:一方面,它太脆弱,瘫痪得太厉害,以至于不能作为一个财政-军事国家发展起来;另一方面,它又太强大,以至于贵族权要没有可能发展为拥有至高权力的诸侯,拥有属于自己的国家,一如德意志的情形。②

---

① S. J. Shaw, *History of the Ottoman Empire and Modern Turkey*: Vol. 1: *Empire of the Gazis*: *The Rise and Decline of the Ottoman Empire, 1280-1808*, Cambridge: Cambridge University Press, 1976, pp. 169-216; H. Inalcik, *The Ottoman Empire*: *The Classical Age, 1300-1600*, London: Weidenfeld & Nicolson, 1973; H. Inalcik, "Military and Fiscal Tranformation in the Ottoman Empire, 1600-1700", *Archivum Ottomanicum*, Vol. 6, 1980, pp. 293-337; C. Finkel, *The Administration of Warfare*: *The Ottoman Military Campaigns in Hungary, 1593-1606*, Vienna: VWGÖ, 1988; R. Murphy, *Ottoman Warfare, 1500-1700*, London: UCL Press, 1999; R. Hellie, *Enserfment and Military Change in Muscovy*, Chicago: University of Chicago Press, 1971; and R. I. Frost, *The Northern Wars*: *War, State and Society in Northeastern Europe, 1558-1721*, Harlow: Pearson, 2000.

② R. I. Frost, *After the Deluge*: *Poland-Lithuania and the Second Northern Wars, 1655-1660*, Cambridge: Cambridge University Press, 1993; R. I. Frost, *The Northern Wars*.

不过,这个发生英国内战、国内政治冲突不断的世纪也是一个发生重大变化的时代。一个变化是经济上的。欧洲动态发展的中心从地中海转移到大西洋,尤其是北海和英吉利海峡区域。另一个变化便是一些强大的财政-军事国家的兴起。西班牙,或者更准确地说,哈布斯堡王朝控制下的联合国家(位于伊比利亚、意大利和尼德兰),在16世纪便稳步地朝这个方向发展。由于法国或多或少处在接连不断的危机中,这个西班牙哈布斯堡国家趁势崛起,几乎在西欧占据了霸权地位。人们通常把它看作一个卡斯提尔财政-军事国家,因为西班牙其他地区对战争行动贡献甚微。不过,事实上,哈布斯堡属下的意大利、葡萄牙以及在其控制下的尼德兰部分地区分担了许多与战争有关的经济负担。哈布斯堡中央集权政策遭遇的重大失败是16世纪60年代以降的荷兰起义。进入16世纪晚期,这次起义在政治上的产物即新的荷兰共和国迅速成为一个军事和海军大国。尽管人口规模小得多,它还是有能力与西班牙作战并获得胜利。瑞典是一个中等规模的强国,它在17世纪早期以类似的方式发展起来。丹麦-挪威遵循着同样的道路,尽管为时太晚,以至于不能避免因与瑞典激烈竞争而导致的领土锐减。①

显然,在军事和管理方面,创建高效率财政-军事国家的实际经验早在1600年上下便已存在。那些身体力行的人获得了权力。问题在于协调社会中围绕财政-军事国家形成的各种政治利益集团。政治中心倾向于将各种资源用在受控于该中心的大型军事组织身上,在这种情况下,该如何引导大范围的各类人群将权力与资源转让给政治中心?这个问题在17世纪前半段是摆在大多数君主、大臣们面前的重大事项。围绕为常备陆海军提供资金支持的新方式,他们做了很多努力,意图打造政治共识。西班牙的奥利瓦雷斯(Olivares)、法国的黎塞留和马扎然、英格兰的斯图亚特诸王及其大臣、波兰的瓦萨(Vasa)王朝、奥地利的哈布斯堡王朝通过不同方式,力图打造这样的军队或扩大其规模,并且为其奠定

---

① E. L. Petersen, *The Crisis of the Danish Nobility, 1580-1660*, Odense: Odense University Press, 1967; E. L. Petersen, "From Domain State to Tax State", *Scandinavian Economic History Review*, Vol. 23, 1975, pp. 116-148; E. L. Petersen, "Defence, War and Finance: Christian IV and the Council of Realm, 1596-1629", *Scandinavian Journal of History*, Vol. 7, 1982, pp. 277-313; K. J. V. Jaspersen, "Social Change and Military Revolution in Early Modern Europe: Some Danish Evidence", *Historical Journal*, Vol. 26, 1983, pp. 1-13; and P. D. Lockhart, *Denmark in the Thirty Years War: King Christian IV and the Decline of the Oldenburg State*, Selinsgrove: Susquehanna University Press, 1996.

坚实的财政基础。在他们当中,没有一个获得了完全的成功,在此过程中,有些还陷入了政治灾难。

约1560到约1660年是一个危机、变化并存的漫长时期。从以上角度来看,我们或可将其看作欧洲国家形成中具有决定性意义的一个阶段。这不是唯一可能的解释,不过,通过对军事组织、政治利益聚合的研究,我们可以很自然地强调以下一点:国家形成是一个不断推进但步调不一的过程。在该世纪开始的几十年里,西欧的势力均衡被打破,处在雏形阶段的法国财政-军事国家走向崩溃,常备陆海军日益增强的哈布斯堡西班牙获得了近似于霸权的地位。后来,其他一些国家,主要是荷兰共和国与瑞典,开发了财政-军事国家的全部潜力,让自己变得更强大,相比之下,大多数其他的欧洲国家则陷入内部冲突当中,纠结于是否应该以及如何运用财政-军事观念的问题。传统上,该时期常被贴上"宗教战争时代"的标签,而17世纪后面的时段常戴上一个富有政治色彩的冠冕:"绝对主义的兴起"。在许多国内冲突中,宗教当然居于核心地位,尽管也有一些例外,如俄国内战、奥斯曼帝国危机、波兰-立陶宛的政治崩溃、17世纪40年代西班牙帝国境内的数次叛乱,以及1648—1653年法国的投石党动乱时期。

宗教是重要的,不过,在信仰同一宗教的社会,暴力冲突亦大量涌现。

从主要方面来说,宗教是法国(直至1628年)、尼德兰、德意志帝国战争与动乱的一个起因。除此之外,在不列颠群岛内战期间,宗教也是一个重要问题。这些宗教冲突常常围绕统治者与臣民的权利展开,前者指的是统治者强加自己的信仰给臣民,后者指的是臣民用武力保护自己的信仰。对教会及其等级体系的控制还是国家形成中可能具有决定性意义的一个重要因素。因为无论是天主教还是新教国家,都以教会作为实现政治、社会凝聚的工具。对雄心勃勃的国家创建者来说,封建权贵和城市寡头控制的社会-经济权力与权威不是通达地方社会的唯一渠道。早在中世纪欧洲,教会便是最强大的等级制、官僚制组织,在地方社会拥有高度发达的联系网络。教会还拥有大量财产。它从未与社会-经济权力结构完全分离,亦从未对普罗大众的信仰和价值体系实现完全掌控。然而,社会权威赋予教会的自治权力是可怕的,此种权力与国家形成之间的协调对后者的成功来说具有关键意义。这让宗教冲突难以与其他权力斗争(围绕国家形成与对暴力的垄断展开)分割开来。将这些危机看作如下两个过程的组成部分看似是符合逻辑的:其一,旧制度的衰落；其二，为中央集权程度更高的民族国家提供支持的新制度的成长。尽管如此，宗教在民众生活中的核心作用让这类冲突具有属于自己的强大逻辑和动力。宗教狂热分子可以超脱统治者的控制，打造自己的权力基础，这让宗教冲突成为一个棘手问题，甚至对经验丰富的政治能手来说亦是如此。

从另一个角度（它强调地缘政治竞争）看，1560—1660年这一时期可以看作欧洲国家体系发展史上的一个关键阶段。在此期间，西班牙的无上地位遭到不同强权的挑战，最后灰飞烟灭，其中，法国与荷兰共和国发挥了主要作用。或者，我们也可将这一时期看作哈布斯堡（西班牙-奥地利）追逐欧洲霸权的时期。从这个角度来看，作为一个击败奥地利哈布斯堡王朝的强权，瑞典同样值得我们给予关注。① 我们可以将欧洲政治领域的许多现象与国际斗争联系起来，不过，如上所述，战争在1560年以前的世界可谓司空见惯，1660年以后亦是如此。让这一时期变得特别的是国际政治局势常常因财政-军事组织的不平衡发展、经济地理的快速变化而招致倾覆，后者在削弱一些国家的同时让其他国家的金融实力得以增强。更早的时候，欧洲常见的一个场面是：许多国家在组织力量与军事体系方面大致实力相等。到此时，某些国家遥遥领先，获得远远超过其人口、经济资源的权力。

从1560到1660年，在人们眼中，这100年历史主要是作为欧洲国家形成过程中的危机时期存在的，它也是具有决定性意义的一个转折点。人们可以将其解读为一个故事，它讲的是欧洲君主、精英与大范围的人群如何应对复杂组织带来的挑战和各种可能性，包括财政-军事国家、它的潜力（强力推动真正、高效的暴力垄断）以及用途（作为中央集权国家控制的政策工具）。国家日益成为复杂组织的中心，可以汲取并使用大规模的资源，以图征服、控制广大领土与贸易，掌控国家成为一个迫在眉睫的政治问题。从1560到1660年，这个问题是大多数欧洲国家的重大政治议题，其中若干国家，更是重大冲突、叛乱或内战中的核心难题。

从军事角度看，该时期的战争和政治冲突深受围攻战回归的影响。在围攻战中能够扛住重炮轰击的近代防御工事的发展让城市、领土的征服变得更加困

---

① 后一种解释在传统政治史中很常见，如下著作重述了此种看法：P. M. Kennedy, *The Rise and Fall of Great Powers: Economic Change and Military Conflict from 1500 to 2000*, New York: Random House, 1987, pp.39-93。

难,如果后者由这类防御工事主导的话。相关的最早案例(在很大程度上被忽略了或者遭到误解)出现在地中海,在这里,主导战争的是桨帆船和作为基础设施的要塞基地(这是提供后勤支持所必需的)。从16世纪中期起,这一体系作为有效的进攻战形式迅速陷入停滞状态。堡垒规模越来越难以缩减,在不同技术、社会要素的作用下,数量日增的桨帆船舰队(这是16世纪欧洲规模最大的常备作战力量)的进攻作用越来越弱。替代性的风帆舰队在地中海缓慢兴起,在很大程度上成为西欧向地中海经济渗透的工具。①

在陆上,改进的堡垒让地方恢复了对中央权力的有效抵抗。在荷兰起义与漫长的西荷战争中,两军会战的情况几乎不存在,人们看到的是欧洲城市化程度最高的地区所发生的大量围攻战。② 在法国宗教战争期间,近代堡垒的威力往往有利于胡格诺教徒的抵抗(尤其是在拉罗谢尔[La Rochelle]),后者在人数上一直处于劣势。③ 尽管如此,在如下问题上,尼德兰的战争也为欧洲提供了一个新的模式:尽管有近代堡垒,国家可以采取什么手段控制自己的领土? 得到有效后勤支持的大型野战部队可以有步骤地展开围攻,有条不紊地进行领土征服。进攻成为缓慢的过程,里面包含多次围攻,短兵相接的机会极少。不过,由此产生的政治后果或许是持久性的。堡垒可以暂时挡住敌军,为守方赢得时间,不过,如果没有野战部队的支持,成为孤军,他们便可能被近代围攻战术所攻克。④ 在西荷战争中,双方都发展出强大的常备陆军、海军,这代表它们往创建欧洲财政-军事国家的方向迈出了重要步伐。

三十年战争起初的情形如下:具有机动性的陆军在没有多少近代堡垒的土地上交战。布雷顿菲尔德(Breitenfeld, 1631年)和诺德林根(Nördlingen, 1634年)之类的战役可以很快决定德意志大片土地的归属。在战争后来的阶段,抽

---

① J. F. Guilmartin, *Gunpowder and Galleys*, esp. pp. 253-273.
② G. Parker, *The Army of Flanders and the Spanish Road*, 1567-1659, Cambridge: Cambridge University Press, 1972; G. Parker, *The Dutch Revolt*, London: Penguin, 1985; and J. I. Israel, *The Dutch Republic and Hispanic World*, 1606-1661, Oxford: Clarendon Press, 1982.
③ J. B. Wood, *The King's Army: Warfare, Soldiers and Society during the Wars of Religion in France*, 1562-1576, Cambridge: Cambridge University Press, 1996.
④ 这在如下著作中得到了强调:D. Parrott, "The Utility of Fortifications in Early Modern Europe: Italian Princes and their Citadels, 1540-1640", *War in History*, Vol. 7, 2000, pp. 127-153.

取战争物资并对大片领土(通常不是自家领土)施加控制的守备部队成为陆军的主要组成部分,尤其是瑞典陆军,进入17世纪40年代,他们通过这种方式逐渐(这是第二次)获得了德意志大片土地的控制权。在这片土地上,一种临时的、由外国控制的财政-军事国家建立起来。① 拥有强大守备部队的近代堡垒,厮杀于战场的大型陆军,以及由强大财政组织提供的充分后勤保障——这几样东西结合起来,成为统治者推行中央集权的工具。而在军事、政治上,只有近代财政-军事国家才能从事满足以上要求的高效战争,此一事实在17世纪对欧洲各国的政治体系提出了实施组织、军事变革的迫切要求。

1560—1660年这一时期可被看作"变革危机"的时代,这里的"变革"指的是国家从政治利益聚合平台转变为复杂的大型财政-军事组织的中心。更早的国家类型并未遭受普遍压制。在变革过程中,政治平台常常处在核心位置,在最成功的财政-军事国家中,它是被加强而非被削弱了。经济、宗教、国际政治、战争技术和其他现象同样具有重要意义。尽管如此,我们还是可以认为:国家向复杂组织的转变是分布范围最广的一个现象,如果我们要全面理解其他领域的变化,那么,理解这一转变是必需的。这一视角并不必然让这一转变成为唯一的或最终的"变革动因"。我们完全可以这样解释:它是对其他领域外源性发展所做的回应。令欧洲国家变革具有必然性或成为可能的因素可谓五花八门,如经济变化、宗教冲突、国际政治、军事技术或文化、意识形态的发展。不过,在若干国家的发展中,存在着许多相似性,这是必须得到解释的。就此而言,有人提出,新组织在资源动员与暴力控制(财政-军事国家)方面的潜力重塑了各种冲突的面貌,整个欧洲都在其作用范围内。不唯如此,它还对这片大陆(通过欧洲扩张,也对世界广大地区)产生了持续性影响。

(三)遍布财政-军事国家的欧洲

欧洲财政-军事国家发展以及暴力垄断的第三阶段从17世纪中期延续至18世纪的头几十年。财政-军事国家的早期成长和政治危机各自经历了一段漫长的时期,相比之下,进入成熟期,它以引人注目的速度快速发展着。在数十年里,国内稳定、中央集权程度更高的政府、实行官僚制的军队从北欧、西欧扩散至中欧、东欧。与此同时,更稳定的欧洲

---

① 参见本书第206~210页。

国家体系(由大国、中等国家组成)亦有所发展。新的政治-军事体系的扩散速度暗藏着以下玄机:若干成功的财政-军事国家的存在既提供了榜样,也构成了威胁。与西班牙的长期战争迫使荷兰人成为陆海军强权。瑞典军事国家是丹麦-挪威和勃兰登堡-普鲁士发展为类似国家的直接原因。① 荷兰、英国海军成长的主要原因是海上贸易斗争中的相互竞夺。反对常备军的政治声浪遭到削弱,因为有一点变得越来越明显:这样的军队对国家的国际地位非常重要;"常备"还意味着更好的训练、美好的职业前景(对精英来说)以及更可预期的资源汲取。

最具决定性意义的变化发生在17世纪60年代的法国,其时,路易十四有能力在急剧扩大自己的军队规模的同时,让16世纪60年代以来令所有雄心勃勃的法国君主折戟的那种国内政治危机无从产生。他之所以能做到这一点,主要是由于赋税(来自庞大的法国人口)处理的效率更高了。从许多方面来说,法国财政-军事国家的建筑师是科尔贝(Colbert)。② 作为欧洲人口最多的国家,当法国可以成功地应用财政-军事国家模式时,欧洲定然也会产生相应的变化。在接下来的几十年里,主要是作为对法国威胁的回应,奥地利、若干德意志邦国、萨伏伊-皮埃蒙特和英格兰也发展为强大的财政-军事国家。在17世纪后半段,尤其是在18世纪早期漫长的俄瑞(典)战争中,俄国也对自己的军事、管理体系进行了近代化改造。

就德意志而言,在1648年的威斯特伐利亚和约之后,若干中等规模的邦国发展为自主的中央集权国家。由于德意志诸侯曾无力保护自己的领土,三十年战争的噩梦遂推动了常备陆军以及为其提供支持的财政体系的形成。瑞典和荷兰共和国为初生的德意志军队提供了样板,也为那些等待上岗的德意志官员提供了近代观念。其中,勃兰登堡-普鲁士成为18世纪的军事强权,普鲁士国家有时被看作一支创造了一个国家的军队。无疑,财政-军事国家是一个对德意志有深远影响的观念。三十年战争并未让作

---

① 1648年以后勃兰登堡/普鲁士作为财政-军事国家的发展:E. Opgenoorth, *Friedrich Wilhelm*: *Der grosse Kurfürst von Brandenburg*, 2 vols., Göttingen: Musterschmidt, 1971-1978。

② 科尔贝改革的覆盖范围及局限:T. Ertman, *Birth of the Leviathan*: *Building States and Regimes in Medieval and Early Modern Europe*, Cambridge: Cambridge University Press, 1997, pp. 125-153。按埃特曼的看法,至1789年,法国都是一个家长制而非官僚制的国家。有关这一问题的重要研究,参见 D. Dessert, *Argent*, *pouvoir et société au Grand Siècle*, Paris: Fayard, 1984。

为一个国家的德意志帝国分崩离析,不过,帝国作为一个军事-财政国家(拥有从中央控制全国的官僚组织)的发展前景确实破灭了。取而代之的是,中等规模的邦国遵循了财政-军事国家的发展轨道,这在实际上让它们变成了独立的国家,拥有与其他欧洲财政-军事国家相同的活动能力。德意志帝国没有条理清晰的对外政策,无法进行对外扩张。事实上,帝国领土的防卫责任落到了早就发展起近代军事组织的诸侯身上。尽管如此,直到18世纪晚期,对诸侯与皇帝出于自愿的防卫同盟和军事合作来说,帝国仍是一个便利的框架。直到18世纪早期,它在对法国、奥斯曼人的防卫中一直发挥着特别重要的作用。在北部意大利,萨伏伊-皮埃蒙特遵循了相同的发展路径,成为一个重要的区域军事强权。①

到1660年发展起强大财政-军事组织的国家走上了不同的发展道路。荷兰共和国、瑞典和丹麦-挪威继续保有强大的军队。荷兰和瑞典主要是为了捍卫自己先前(那时,它们是创建这种新型国家的先驱者)获得的有利地位;丹麦国王则主要是心怀收复失地(1645、1658年失于瑞典)的意图。复辟时期的英格兰维持了大型海军,不过缩减了陆军规模。威尼斯仍是一个重要的陆海军强权,其与奥斯曼帝国的长期战争从1645年一直持续至1718年。② 在两个伊比利亚国家中,从1660年开始,西班牙的陆海军实力急剧下降。这令保持了可观陆海军的葡萄牙作为一个独立国家存活下来,甚至在17世纪60年代击败了西班牙。在曾作为财政-军事国家发展起来的欧洲国家中,西班牙的衰落堪称独一无二的案例。这告诉我们,相比1660年以前的100年里朝此方向发展的北方强国,西班牙的兴起有着不同的社会-经济根基。西班牙的军事衰落和法国的兴起一样颠覆了欧洲的势力均衡,它逐渐迫使荷兰人、奥地利人(连同若干德意志诸侯)和英格兰利用西班牙的地位,制衡波旁王朝这个巨人。

走向成熟的财政-军事国家能够将人数远胜以往的军队投入战场,能够调动规模大得多的作战舰队,与此同时,相比1560—1660年这一时期的战争,市民

---

① P. H. Wilson, *German Armies: War and German Politics, 1648-1806*, London: UCL Press, 1998; and G. Symcox, *Victor Amadeus II: Absolutism in the Savoyard State, 1675-1730*, London: Thames & Hudson, 1983.

② 意大利的军事发展:G. Hanlon, *The Twilight of a Military Tradition: Italian Aristocrats and European Conflicts, 1560-1800*, London: UCL Press, 1998。

社会和经济所受的毁灭性影响更小。[1] 税收体系和士兵、海员的招募在组织上变得更严密,也更为理性,从而招致的抵抗更少,叛乱亦寥若晨星。组织大型军队实施占领,几乎可以做到只对普罗大众产生有限的负面影响,因为大多数国家拥有可以派上用场的财政体系,这套体系甚至可以被占领军使用。[2] 航运利益集团可以投资更廉价的船只,上面装载的火炮更少,人员也更少,因为不受控制的欧洲海上暴力消失了,战舰护送船队也变得更有效率。技术、战术和战略也发生了改变,这主要出于如下因素的作用:军队规模扩大,后勤保障更有力,军队常备性和职业化程度增加。这些变化让欧洲军队的作战能力有所改善。更大规模的陆军可以集中投入到会战和围攻战中,强大的作战舰队可以远程调动并投射一个国家的力量,延伸得很长的护航体系也可以组建起来,保护贸易。私人企业家在战争中的作用急剧下降,不过,作为主要的作战力量,新的大型军队也在军火、补给、松脂和纺织品上对拥有资本的企业家有所需求。更稳定的国家可以按更低的利率借贷,由此而推动了战争的金融化。对陆海军数量增长的简要考察可以表明在欧洲战争和国家形成的范围、结构中,到底有哪些具有决定性意义的变化。

---

[1] 概况:J. Glete, *Navies and Nations: Navies, Warships and State Building in Europe and America*, pp. 173-252; J. Black, *European Warfare, 1660-1815*, pp. 87-118; and R. Harding, *Seapower*, pp. 59-182。1660—1720 年这一时期走向成熟的军队与英国财政-军事国家的发展:D. W. Jones, *War and Economy in the Age of William III and Marlborough*, Oxford: Basil Blackwell, 1988; J. Brewer, *The Sinews of Power: War, Money and the English State, 1688-1783*, London: Unwin Hyman, 1989; J. Childs, *The Nine Years' War and the British Army, 1688-1697: The Operations in the Low Countries*, Manchester: Manchester University Press, 1991; J. D. Davies, *Gentlemen and Tarpaulins: The Officers and Men of the Restoration Navy*, Oxford: Clarendon Press, 1991; S. Hornstein, *The Restoration Navy and English Foreign Trade, 1674-1688: A Study in the Peacetime Use of Seapower*, Aldershot: Scolar Press, 1991; J. S. Wheeler, *The Making of a World Power: War and the Military Revolution in Seventeenth Century England*, and M. J. Braddick, *State Formation*。其他以政策和管理为叙述重点的近期著作:J. R. Bruijn, *The Dutch Navy of the Seventeenth and Eighteenth Centuries*, Columbia: University of South Carolina Press, 1993; P. H. Wilson, *War, State and Society in Württemberg, 1677-1793*, Cambridge: Cambridge University Press, 1995, pp. 1-162; O. Van Nimwegen, *De subsistentie van het leger: Logistiek en strategie van het geallieerde en met name het Staatse leger tijdens de Spaanse Successieoorlog in de Nederlanden en het Heilige Roomse Rijk, 1701-1712*, Amsterdam: de Bataafsche Leeuw, 1995; D. Dessert, *La Royale: Vaisseaux et marins du Roi-Soleil*, Paris: Fayard, 1996; J. A. Lynn, *Giant of the Grand Siècle: The French Army, 1610-1715*, Cambridge: Cambridge University Press, 1997; and J. A. Lynn, *The Wars of Louis XIV, 1667-1714*, London: Longman, 1999。

[2] M. P. Gutmann, *War and Rural Life in the Early Modern Low Countries*, Princeton: Princeton University Press, 1980.

三、常备陆海军的兴起

国家所控制的组织的发展在常备陆海军的相关数据上得到了最好证明。士兵、船只数量常被人们在文献中引用,以对此种发展提供说明。不过,近代早期的数量信息一定要小心使用,并非所有数据都真正具有可比性,在没有对材料做批判性审查的情况下便匆忙进行比较,其结果或许会产生严重的误导作用。进一步说,为了理解财政-军事国家真正的重要性,人们应将军队规模与支持军队的那些政治组织所管辖的人口联系起来。就这一时期而言,这类数据通常并不容易获得。当时的人口数据实际上是付诸阙如的,许多关于人口的历史研究正是为了计算 20 世纪欧洲国家边界内的人口数量,而这些边界常与 17、18 世纪的边界相差甚大。[1] 有关一国可动员经济资源的数据(国民生产总值)亦无从获得,不过,这个问题没那么严重,因为对一个高效的军事国家来说,财富并不必然构成一个有利的前提条件。相比不得不以高工资和肥沃土地在劳动力市场拉人的国家,穷国可以用更低成本征召士兵和海员。就前工业社会的粗略比较而言,人口足以作为衡量国家资源底数的尺度。

(一)陆军

陆军是常备的并不意味着和平时期与战时的士兵数量相同。在战时,士兵人数实际上总是多很多,故此,比较一支军队的战时力量与另一支军队在和平时期的力量便具有严重的误导性。在战争期间,多余的军团会被组建起来,就一些军队而言,连队的规模在战时亦胜过平时。所谓常备指的是如下要素:管理,军团-连队结构,关于战术、训练体系的集中决策,各色人等(大小将官、老兵)的存在,存放在军械库中的武器。在陆军被动员起来的时候,入伍新兵会充实普通士兵的队伍。对士兵来说,连队是具有凝聚力的最小单位。如果加入一支常备连队,里面主要是老兵,而指挥的军官又与长期服役的老兵有着深厚情谊,那么新兵很快会习得当兵的基本技能。军官常常对军团与团长怀有忠诚之心,担任团长者通常对军官的职业生涯具有决定性的重要意义。常备军团、连队拥有社会凝聚力、共同传统,里面的职务任免由国家掌控,它们成为常备陆军的核心组成部分。在战斗和艰难行动中,如

---

[1] 欧洲人口史:J. de Vries, "Population", T. A. Brady et al. (eds.), *Handbook of European History*, Vol. 1, pp. 1–50。

果要产生凝聚力和效率,常备陆军单位的重要性很可能不亚于密集的训练(文献中常强调这一点)。

需要量度的另一个问题是按照名义上的人数,经常划拨给连队、军团的资源有多少。要显明军队的力量,人们常常要附上这些数据。名义力量就规划制定而言是重要的,另外,它也是让管理者能够管理一个复杂世界的重要手段。它可以很好地反映和平时期的军队规模,因为死掉或擅离部队的士兵极少,新兵招募亦可进行规划,人群亦能每隔一段时间聚集起来。在战时,战斗单位的实际力量常显不足。其部分原因在于军官的欺诈行为,部分原因在于作战期间军事单位的人员减损是不可避免的——如果立刻将其从战场替换下来的任何可能性并不存在的话。理想状态下,名义力量可以粗略地反映一个单位在作战开始时的规模。这类行动常常在早春展开,冬季则通常是招募兵员、重组军队的时节。作战部队的真实力量随月份的不同而不同,甚至每天都不一样。追寻这些差异的踪迹常常是不可能的。就某些军队而言,在相对意义上,各陆军单位的实际力量可以通过官兵集结和正式的报告系统(reporting system)加以衡量。这些控制系统在近代早期日趋精致,它们就自身而言可谓走向成熟的一种组织文化的标志。不过,在这个变化过程的影响下,如果对材料的性质变化没有很好的了解,比较不同时期的数据同样会变得困难重重。

有时,我们可以从官兵名册上知晓陆军单位中服役兵员的真实数量。不过,即便如此,在没有进行批判性探讨的情况下,它们是不能用于比较的。通常而言,民兵不应成为职业士兵的比较对象。传统上,这些人是从地方招募的,没受过什么训练,其为地方守备出力是没有或只有很少的报酬的。大多数民兵单位在遭受职业军队攻击时毫无战斗力,不过,它们也有花费低廉的优点。虽然如此,一些国家在战时利用部分民兵来扩充自己的常备军。这样的民兵单位拥有更精良的武器,受到更多的训练,拿更多的薪饷,因此必须纳入我们的考虑范围。骑兵花费常常是步兵的两倍左右:骑兵军饷更高,马匹花费不菲,一个骑兵单位还需要大量马料。炮兵单位就人数而言规模并不大,不过火炮代价昂贵,且需要大量马匹拉动。未经训练的新兵在受训、融入连队之前没有什么大的价值。还有一个复杂的情况是,从17世纪晚期起,一些国家尤其是英格兰、荷兰共和国和奥地利,在战时租用其他国家(主要是德意志邦国、丹麦)很大一部分常备军。在进行国际比较时,如果没有注意到这类军队的特殊地位,他们便有在倏忽之间被重复计算的可能。

在研究文献中,已有人做了一些努力,比较我们所讨论的时期欧洲各支军队的力量,有些以表格形式展现出来。① 不幸的是,这些比较所用的许多数据并不具有真正的可比性,或者说,人们对它们真正的意涵(到底是名义力量、真实力量、和平时期的力量还是战时力量)所知甚少。目前,并没有人展开研究,深入比较近代早期欧洲各支军队的规模,也很少有作者对讨论如下问题感兴趣:怎样使用材料研究不同的军队?② 尽管如此,就欧洲主要强国而言,甚至是不可靠的军队规模数据都是饶有兴味的,因为它们展现了趋势、体量。它们可以粗略地反映财政-军事国家的发展。俄国和奥斯曼帝国遵循的是另一条发展路径,不在此处所作的比较中,尽管我们一定不能忘记,在1500—1700年这一时期,它们维持了大型常备陆军。

法国是欧洲人口最多的国家,在15世纪下半期便拥有常备骑兵部队(compagnies d'ordonnance)和守备部队。其名义上的规模在1.4万到1.7万人之间。在该世纪展开的短暂军事行动会让军队规模升至4万至4.5万人。在意大利战争(1494—1559年)期间,法国招募的战时军队人数在2.5万到5万人之间,并在短时间内多达6万到7万人。尽管如此,大多数士兵都是外国雇佣军,租赁他们的目的就是让其提供战时服务。瑞士尤其是一个重要的雇佣军产区,法国历代国王与瑞士各州签有长期协议,事关战时步兵的供应问题。1559

---

① Geoffrey Parker, "The 'Military Revolution,' 1560-1660-a Myth?", *Journal of Modern History*, Vol. 48, 1976, p. 206; J. Childs, *Armies and Warfare, 1648-1789*, Manchester: Manchester University Press, 1982, p. 42; D. W. Jones, *War and Economy in the Age of William III and Marlborough*, p. 29; C. Tilly, *Coercion, Capital, and European States, AD 990-1990*, Oxford: Basil Blackwell, 1990. p. 79; B. M. Downing, *The Military Revolution and Political Change: Origins of Democracy and Autocracy in Early Modern Europe*, Princeton: Princeton University Press, 1992, p. 69; and G. Lind, *Haeren og magten i Danmark, 1614-1662*, Odense: Odense Universitetsforlag, 1994, pp. 481-482. 哥本哈根大学的林(Gunner Lind)博士友善地惠赐其未出版的笔记,牵涉17、18世纪欧洲军队的规模。

② 有一些对军队规模的重要研究是以对材料的批判性审视为基础的。参见 G. Parker, *The Army of Flanders and the Spanish Road, 1567-1659*, esp. pp. 271-279; J. I. Israel, *The Dutch Republic and the Hispanic World, 1606-1661*, esp. pp. 162-166; B. Kroener, "Die Entwicklung der truppenstärken in den französischen Armeen zwischen 1635 und 1661", in K. Repgen (ed.), *Forschungen und Quellen zur Geschichte des Dreissigjährigen Krieges*, Münster: Aschenforff, 1981, pp. 163-221; J. Lindegren, *Maktstatens resurser: Dammark och Sverige under 1600-talet*, Uppsala: Uppsala University Library, 2001, pp. 120-189; G. Lind, *Haeren og magten i Danmark, 1614-1662*; and J. A. Lynn, *Giant of the Grand Siècle: The French Army, 1610-1715*, pp. 32-64. 本部分有关法兰德斯军、法国、瑞典、丹麦-挪威军队的叙述使用了这些著作的数据。

年的和约①签订之后,常备军仅维持了1.3万人的规模。从16世纪晚期起,遭到削弱的法国君主国仅能维持一支7000到10000人的军队,承担和平时期的常备军职责,此种状况一直持续至17世纪20年代。人们在法国内战(1562—1598年)中看见交战双方一度都有规模庞大的军队。不过,历经长期战争,甚至是这些军队都逐渐萎缩下去,而不是成长壮大。这些内部冲突耗尽了国家的元气,然而,并没有任何新的、可能有利于财政-军事国家发展的政治结构或制度产生。

17世纪20年代期间,法国再次动员军队从事内外战争,不过,以实质而言,其规模小于16世纪的巅峰数据。直到法国在1635/1636年火力全开,与西班牙、奥地利大打出手,其军队规模才有了急剧增长。其军队在名义上的人数介于13.5万到21.1万人之间(直至1642年),不过,值得怀疑的是,其实际作战力量有没有超过12.5万人。进入17世纪50年代,这支军队走向衰落。1660年,路易十四保有的和平时期军队人数只有7.2万人(一些年份还缩减至5万人)。到1659年战争②结束时,他或许仅仅保留了实际服役的军队。到当时为止,这支军队是和平时期法国曾经维持的规模最大的军队。在路易十四漫长的统治期间,和平时期军队人数增至14万到16.5万人之间。在其治下发生的大战期间,军队人数在25万到34万人之间不等(包括一些受过严格训练的民兵单位),尽管名义上的规模有时超过了40万人。外国雇佣军仍然发挥了重要作用,不过到此时,多数士兵是法国人。这支军队的规模雄冠欧洲,不过与17世纪约2000万的总人口比起来,这个规模并不足以证实如下说法:法国是战争资源动员程度极高的国家。

西班牙是在意大利战争(1494—1559年)期间开始发展常备军的。不过,其基础是其从事格拉纳达战争(1482—1492年)的经历。与法国不同,西班牙最早的常备军主要不是骑兵,在其陆军中占据主导地位的是以著名的团(tercios)为单位组建起来的步兵。步兵兵源来自统治者的臣民,起初主要限于卡斯提尔。西班牙常备军主要驻扎在意大利(那不勒斯、西西里、米兰和托斯卡纳要塞[presidios]),还有北非的卫戍部队,西班牙和意大利的桨帆舰队。这样

---

① 指英国、西班牙为结束意大利战争而与法国签订的《卡托-康布雷齐和约》。——译者注
② 指1648—1659年的法国—西班牙战争。——译者注

的安排让人们清楚地看到:创建这些军队的目的是掌控西班牙的地中海帝国。16世纪60年代,尼德兰战争爆发,随后,军队规模扩大,部分军队被转移到北方战场。除了西班牙、意大利步兵团,德国和瓦隆(Walloon)雇佣军团也在招募之列,在尼德兰长期服役。这支跨国军队也就是法兰德斯军,在很长一段时间里,它都是欧洲规模最大的作战部队,也是西班牙军事力量的核心所在(直至17世纪50年代)。其在战时的实际规模通常在6万人左右,在严重的金融危机期间,人数更少,而在开战的特殊时期,人数略有增加。其巅峰人数有8.8万人,是在1640年达到的。甚至在1609—1621年的休战期间,保留服役的人数仍有1.5万到3万人。

西班牙陆军总规模的波动很少得到研究。不过,在对不同区域的研究中,我们可以找到一些零散的证据。除了法兰德斯军,常备军队单位还服役于意大利、德意志和北非,大西洋舰队和地中海桨帆舰队。相比之下,伊比利亚半岛受过严格训练的军队人数少得让人吃惊。1560年以来,意大利的西班牙常备军约有1.2万到1.5万人。这些军队在战时会扩大规模,尤其是在北部意大利,从1615到1659年,服役于此的军队有1.5万到3.5万人。[1] 伊比利亚半岛、大西洋群岛、巴利阿里群岛和北非的陆军单位的总建制在1560年是8000人;1579年,6000人;1596年,26000人;1607—1609年,16000人;1621、1631年,1.6万到1.8万人。[2] 在国内,西班牙在很大程度上依赖民兵和机动海军承担防卫任务。军队总数(除了舰队中的服役人员)在17世纪二三十年代达到了13万到15万人。[3] 1659年,在对法大战结束后,西班牙陆军规模急剧缩减(特别是在尼德兰),西班牙亦不再是一个重要的军事强权。直到17世纪90年代,西班牙在对法战争中的陆军规模都是很难估计的。

---

[1] G. Hanlon, *The Twilight of a Military Tradition*: *Italian Aristocrats and European Conflicts*, *1560-1800*, esp. p. 48; L. A. Ribot García, "Las Provincias Italianas y la defensa de la monarquía", in A. Musi (ed.), *Nel sistema imperiale l' Italia spagnola*, Naples: Edizioni Scientifiche Italiane, 1994, pp. 67-92, esp. p. 70.

[2] I. A. A. Thompson, *War and Government in Habsburg Spain*, *1560-1620*, London: Athlone Press, 1976, pp. 297-299. 在以半岛为基地的桨帆船、战舰上服役的海员和士兵从这些数据中扣除了。从1560到1631年,这些人员的数量在0.4万—2.75万人之间摇摆。

[3] 西班牙军队在1630年前后有30万人,这一常被引用于文献的数据很显然是错误的。参见 G. Parker, *The Military Revolution*: *Military Innovation and the Rise of the West*, *1500-1800*, p. 45 and note 3, and pp. 171-172; J. H. Elliott, *The Count-Duke of Olivares*: *The Statesman in an Age of Decline*, New Haven, Conn. : Yale University Press, pp. 508-509。

不过,零散信息向我们表明的是:其规模一般在3万到4万人之间。①

传统上,瑞典军事体系是以装备精良、有时勇武好斗的农民民兵以及小规模的封建骑兵为基础的。② 在16世纪40年代早期,新的瓦萨君主国开始将地方控制的民兵转变为由兼职的农民步兵组成的队伍,由王室官员训练、统领并支饷。新的骑兵单位由国王亲自组建,并通过志愿参军招募士兵。到1560年,服役中的士兵有1.7万人;16世纪60年代,战时保持的军队规模达到了2.6万到2.8万人,其中包括小股外国雇佣军。在接下来的40年里,军队规模在一定程度上有所缩减,尽管该国常卷入与俄国或波兰的战争中。进入17世纪一二十年代,这支国民军有所扩张,经重组后成为一支完全职业化的军队,人数约有4万人,编入各省常备军团。步兵仍以强征(conscription,这是原始民兵[militia]观念留下的重要遗俗)方式入伍(直到17世纪80年代)。该国民军的规模在17、18世纪几乎没有变化,军团在地方征召的影响下,常常维持了自己在名义上的规模。

17世纪20年代,以约125万人的人口规模为基准,4万人的军队当得起"庞大"二字了。为了从事大陆战争,需要另外租用大队雇佣军。在16世纪晚期,雇佣军只有几千人;不过,进入17世纪20年代,他们的人数增加了。1630年,瑞典加入德意志战争,那时其军队已达到约3万人的规模。在德意志市场成为军事企业家眼中的大客户之后,从属于瑞典的雇佣军规模便急剧增长,在1632年达到了约10万人的顶峰。进入17世纪30年代晚期,雇佣军的规模虽一度小了许多,不过在40年代再度扩张,在1648年达到约4.5万人的峰值,该年瑞典军队的总规模(国民军与雇佣军)约在9万人,其中7万人是在德意志服役。三十年战争的结束意味着大队雇佣军离开了军队。在1655—1660年的战争期间,雇佣军将瑞典军队总人数推升至5.5万到7万人之间。在17世纪最后几十年,和平时期的军队人数约有6.5万人,包括4万国民军(驻扎在瑞典-芬兰)和约2.5万人驻扎波罗的海地区和德意志诸省的雇佣军。在大北方战争(1700—1721年)头十年,军队人数攀升至10万到11万人之间。

荷兰共和国在16世纪80年代开始

---

① G. Hanlon, *The Twilight of a Military Tradition: Italian Aristocrats and European Conflicts, 1560-1800*, pp.179-202.
② 参见本书第201~210页。

组建职业化的志愿军。其人数从 1588 年的约 2 万人迅速增长至 1607 年的 6.2 万人。这些数据代表的是名义力量,就荷兰的情况而言,它们常常与真实数据相差不大,至少在作战季的早期阶段是这样。在 1609—1621 年休战期间,在役士兵约有 3 万人,在 17 世纪早期,这算得上是一支和平时期的大型军队了。1621—1648 年,荷兰与西班牙之间的战事再起,荷兰军队人数在 1621 年增至 5.5 万人,到 1629 年,又逐渐升至 7.5 万人。进入 17 世纪 40 年代,缩减为 6 万人,到 1650 年,和平时期的军队人数已变为这个数字的一半。在 1672—1678 年对法战争期间,军队规模达致一个新的巅峰,约有 9 万人。17 世纪 80 年代,和平时期的军队人数削减至 4 万人。在 1688—1697、1702—1713 年的战争期间,又增至 10 万到 12 万人的高峰。这些战时军队包括从德意志诸侯那里租来的辅助部队。①

在组建作战部队时,丹麦-挪威在传统上依赖德意志市场(就雇佣军而言)和封建义务。这个国家在 17 世纪早期开始组建小型常备军,以下二者的结合构成了它的根基:其一,丹麦和挪威的强制征兵;其二,志愿入伍(主要在德意志)。每次战争结束之后,军队人数都有增长。在 1611—1613 年的对瑞(典)战争之后,在役军队保持了数千人的规模。进入 17 世纪 30 年代,在丹麦参与三十年战争之后,和平时期保持的军队规模在 1 万人上下。在 1643—1645 年的对瑞(典)战争之后,军队人数增至约 2 万人,在下一个战争时期(1657—1660)之后,和平时期的军队人数在 2.5 万到 3 万之数,尽管有一些领土丢给了瑞典。在 17 世纪晚期,和平时期的军队达到了 3.5 万到 4.5 万人的规模。在 17 世纪 20 到 70 年代的战争期间,这支军队的战时力量有 4 万到 5 万人。②

在三十年战争之前,德意志并不存在常备军。就军事企业家而言,德意志可谓一个繁荣的市场,它可以为诸侯、城市和外国客户提供战争期间所需的军事

---

① 有关荷兰军队规模的具体信息,参见八卷本、分成十个部分的著作 *Het staatsche leger*(Breda & The Hague: Koninklijke Militaire Academie & Martinus Nijhoff, 1911-1964)的附录。亦见 J. I. Israel, *The Dutch Republic and the Hispanic World, 1606-1661*, pp. 263-264, 479, 498-499, 507, 541, 602-603, 607, 818, 836 and 970-971. 不过,伊斯雷尔在其关于 1621—1628 年的数据中错误地忽略了骑兵(6625 人)。

② G. Lind, *Haeren og magten i Danmark, 1614-1662*; F. Askgaard and A. Stade (eds.), *Kampen om Skåne*, Copenhagen: Zac, 1983, pp. 78, 285 and 422-423.

力量。① 在1618—1648年的长期战争期间，哈布斯堡王朝建立了一支属于自己的军队，到1650年，保留的和平时期的在役军队有2.5万人。进入17世纪50年代，其他德国诸侯开始组建小型常备军。其中一些到17世纪末发展为具有中等规模的重要军队。在不同战争和政治危机的影响下，这些军队的规模逐渐扩大，其实现部分有赖于税收增加，部分有赖于外国的援助或直接引入雇佣军。一些德国诸侯以双重身份出现，既是向自己领土上的臣民出售保护服务的商家，又是在军事业务上从事大规模经营的企业家。这些军队还可以用于完成与保卫德意志帝国有关的不同职责，主要是防备法国和奥斯曼帝国。勃兰登堡-普鲁士、巴伐利亚、黑森、萨克森和汉诺威都跻身最重要的德意志军事国家之列。尽管如此，只有奥地利在1700年前后的几十年里拥有10万人规模的战时军队，它是那时欧洲主要的军事强权之一。②

英格兰在很长一段时间所保持的陆军类型是以民兵为基础的。相比属于此种类型的其他军队，英格兰陆军是极具效率的，16世纪期间的大陆远征军便一次又一次以其为征兵基础。特别是在17世纪上半期，不列颠群岛也是大陆战争中重要的雇佣军招募区，从而为荷兰共和国、瑞典和西班牙所用。在17世纪40年代英格兰内战期间，获胜的议会军（新模范军）成为常备军，主要职责是捍卫胜利者的执政地位。在17世纪50年代期间，常备军规模维持在5万人左右，1660年斯图亚特王朝复辟之后，缩减至1万人。议会勉强为国王控制下处于和平时期的大型军队拨了款，尽管詹姆斯二世有能力在17世纪80年代大大地扩充其规模。1688—1689年的革命期间，威廉三世率领的荷兰军队迅速占领了英格兰，这令议会准备为一支大型军队提供资金支持，以捍卫清教徒的王位继承权以及1688—1689年发生的历史事件所产生的政治成果。1695年，英国拥有6.3万人的军队，到1710年，领饷军队有17万人，包括来自德意志的辅助部队。大多数士兵在大陆服役，和平时期的军

---

① F. Redlich, *The German Military Enterpriser and his Work Force: A Study in European Economic and Social History*, 2 vols., Wiesbaden: Steiner, 1964-1965; and P. Burschel, *Söldner im Nordwestdeutschland des 16. und 17. Jahrhunderts: Sozialgeschichtliche Studien*, Göttingen: Vandenhoeek & Ruprecht, 1994.

② P. H. Wilson, *German Armies: War and German Politics, 1648-1806*, esp. pp. 29 and 90-92; J. Nouzille, "Les impériaux aux XVIIe et XVIIIe siècles", in J. Berenger (ed.), *La révolution militaire en Europe (XVe-XVIIIe siècles)*, Paris: Economica, 1998, pp. 71-73.

队规模仍然不大。1700 年,军队有 1.9 万人,其中 1.2 万人需要担负控制爱尔兰的职责。[①]

(二)海军

该时期的海战作战力量是专门的战舰和武装商船,后者要么是短期租赁,要么是被政府征用。武装民船和私家组织的武装护航同样所有多有。17 世纪,荷兰和英格兰在欧洲以外的海上力量主要由武装商船组成,它们属于在贸易、战争和保护方面享有特许权的公司。尽管如此,国家逐渐在海战中占据主导地位。

欧洲主要的常备海军见表 1-1 和 1-2。由于地中海桨帆舰队在技术、操作系统与作战能力上与风帆舰队有着显著差异,故此,我们将这两类组织分别列出。海军规模最好的衡量标准是国家所拥有(或按照长期契约租赁)的船只。除了部分桨帆舰队,大多数战舰在平时处于无人操作的状态,大多数海军只有小股常备海员队伍,因为海员在战时可以从航海人口中招募。由此,以常备军(主要是私人组织)为切口来做人手多寡的比较是行不通的。

表 1-1　地中海主要的桨帆舰队,1500—1700 年

	1500	1520	1545	1570	1600	1630	1650	1675	1700
奥斯曼帝国	15/20	15/25	20/30	50/60	?	20/30	20/30	(15)	(10)
威尼斯	(20)	(25)	(30)	(40)	30/40	25/30	(20)	(20)	(20)
西班牙君主国	-	2/3	7/9	18	15/20	12/15	10/14	(10)	(10)
法国	(2)	(2)	7	(4/7)	(1)	2	12	11	14

注:国家海军所拥有的桨帆船、三桅桨帆船的总排水量以 1000 吨为单位。排水量小于 100 吨的大船排除在外。所有排水量的计算均出自笔者。标准桨帆船的规格从 1500—1570 年的约 170 吨发展到 1630 年的约 300 吨。括号中的数据为高度近似值,相比之下,用斜线分隔符隔开的两个数据表明我们只能对海军规模做粗略估计。该表以如下材料为依据:J. Glete, *Navies and Nations*: *Navies*, *Warships and State Building in Europe and America*, pp. 501-521 与 J. Glete, *Warfare at Sea*, *1500-1650*: *Maritime Conflicts and the Transformation of Europe*, pp. 188-189。

[①] C. G. Cruickshank, *Army Royal*: *Henry VIII's Invasion of France*. C. G. Cruickshank, *Elizabeth's Army*, 2nd edn., Oxford: Clarendon Press, 1966; I. Gentles, *The New Model Army in England*, *Ireland and Scotland*, *1645-1653*, Oxford: Basil Blackwell, 1992; and J. S. Wheeler, *The Making of a World Power*: *War and the Military Revolution in Seventeenth Century England*, pp. 80-93. 关于不同年份的军队规模,亦见 P. H. Wilson, *German Armies*: *War and German Politics*, *1648-1806*, pp. 90-105; and D. W. Jones, *War and Economy in the Age of William III and Marlborough*, p. 29。

表 1-2　主要的风帆海军，1500—1700 年

	1500	1520	1545	1570	1600	1630	1650	1675	1700
英格兰	5	14	15	14	27	31	49	95	196
法国	8/12	10/15	4/6	2/3	–	27	21	138	195
葡萄牙	?	?	?	?	–	–	20/25	15/20	25/30
丹麦-挪威	?	6/10	7/9	16	12	19	22	29	47
瑞典	–	(1)	9	21	25	17	28	35	53
西班牙君主国	–	–	–	3	40/60	40/60	25/35	15/20	(20)
荷兰共和国	–	–	–	–	15/25	40	29	88	113
威尼斯	2/3	?	1/3	3	–	–	–	(8)	(40)
奥斯曼帝国	?	?	–	–	–	–	–	(5)	(40)
俄国(亚速海)	–	–	–	–	–	–	–	–	24

注：国家海军拥有的风帆战舰的总排水量以 1000 吨为单位。西班牙的数据还包括依照长期许可(所谓的 *asiento* 契约)从私人船主那里租来的大船，而排除了另外租用的属于特许公司的船只和战舰。排水量在 100 吨以下(1700 年的标准是 300 吨)的船只亦不包括在内。就某些年份而言，英格兰、丹麦-挪威和瑞典的数据包括少量桨帆船。葡萄牙在 1600—1630 年间属于西班牙君主国。排水量计算出自笔者。括号中的数据为高度近似值，相比之下，用斜线分隔符隔开的两个数据表明我们只能对海军规模做粗略估计。该表以如下材料为依据：J. Glete, *Navies and Nations: Navies, Warships and State Building in Europe and America*, pp. 522-704 与 J. Glete, *Warfare at Sea, 1500-1650: Maritime Conflicts and the Transformation of Europe*, pp. 188-189。

由于战舰大小存在很大差异，故此，船只数量并不是一个衡量海军力量的合适指标。当时的吨位数据(名义上的装载量)难以比较，一些海军并未以吨位作为自身船只的衡量标准。一支海军的总排水量(与船只重量相等)是一个更好的衡量标准。不过，这类数据在 18 世纪以前是很难从当时的材料中获得的。尽管如此，借助有关尺寸、吨位、装备和名义船员数量的数据，我们可以计算出战舰排水量的近似值。表 1-1、1-2 使用的便是这类数据(它们是笔者在更早的一项研究中计算出来的)。

16 世纪国家的海军在地中海和大西洋-波罗的海区域遵循了不同的发展路线。桨帆船是地中海的主宰者，直到

约1570年,这些海军在规模上比风帆海军发展得更快。就人力而言,16世纪地中海的桨帆舰队是该世纪规模最大的常备军,尽管多数船员是戴上锁链的划手。1571年的勒班陀海战有奥斯曼帝国、西班牙和威尼斯的三支大舰队(此外,还有一些规模更小的舰队)参战,参战人数总计约15万人。在1688—1713年的战争时期之前,没有一次陆上战役见到过这样的人员集中度。

早期的风帆海军指的是英格兰、法国、葡萄牙、丹麦-挪威和瑞典的海军。西班牙、荷兰风帆海军在16世纪晚期发展为海上劲旅,就排水量而言,风帆海军直至16世纪最后几十年才在规模上超过桨帆海军。到1570年,各国海军的总体力量处于一个相对较快的发展阶段,1570年的排水量达到了约20万吨的程度。在接下来的80年里,各国海军的发展相对平缓,欧洲海军的总规模在1650年时略低于30万吨。进入17世纪后半段,大型作战舰队的快速发展扩大了欧洲海军的规模,到1675年,增至约50万吨,至1700年,增至约80万吨。在17世纪后来的几十年里,英格兰、法国和荷兰共和国已成为欧洲大幅度领先的顶级海上强国。

结论:财政-军事国家的成长模式

常备陆海军的力量可以用作一个粗略指标,反映近代早期财政-军事国家的扩散和发展。[①] 这当然是一种简化,因为哪怕没有常备军,战争也需要大量资源。与雇佣军市场相距不远的国家或许还与企业家结成了一种相当有效的结构性关系,他们签订的长期契约让这些国家能快速动员军队。意大利和德意志邦国是典型的案例,法国、丹麦则同样依赖这个体系,直至17世纪上半期。不过,羽翼丰满的财政-军事国家最显眼的标志是:在国家处于和平时期时,军队主体及其组织结构是否保留,为它们提供必要支持的税收是否还在发挥作用。

以此为准,很显然,欧洲最早几支主要的常备军诞生于地中海,其使命是捍卫帝国(在本土之外)。威尼斯和新的西班牙帝国为此目的既创建了常备陆军,又打造了常备桨帆海军,正如它们最强大的对手奥斯曼帝国所做的。法国常

[①] 该结论在部分程度上以如下著作为基础:J. Glete, *Navies and Nations: Navies, Warships and State Building in Europe and America* 与 J. Glete, *Warfare at Sea, 1500-1650: Maritime Conflicts and the Transformation of Europe*。有关军队的评论集中在常备军发展的起点以及时点的问题上。

被视为常备军建设的先驱,如果它在意大利的帝国权力斗争中获胜,应该也会发展起类似的军队。但事与愿违,法国常备军诞生虽早,规模却非常有限,进入漫长的内战时期(1562—1598年),这支军队实际上灰飞烟灭了。帝国梦、对帝国大业的孜孜追求与常备军最早的发展之间存在着密切关联。此种有趣关联的价值却很少在文献中得到认可与理解。就16世纪而言,本土防卫的职责在很大程度上落在了民兵和临时租来的雇佣军身上。

最早的风帆海军大多诞生于欧洲边缘地带——在葡萄牙、英格兰、丹麦-挪威和瑞典。这些小规模军队是有着海战头脑的国王为出售保护服务打造出来的,是实现王朝雄心的工具。他们抓住了火炮操作、造船技术创新给地缘条件特殊的地区的统治者提供的机遇。在16世纪早期的国际航运业中,这些海洋国家都未占据重要地位。那些控制大型商船队的不同区域(西班牙、威尼斯、热那亚、尼德兰和北部德意志)在发展风帆海军上行动迟缓。对风帆海军的早期发展来说,私人贸易和航运利益集团的重要性微乎其微。通过掌控海洋,三支北方海军(英格兰、丹麦-挪威和瑞典)让统治者实施领土控制有了新的武力倚仗,除此之外,它们还让后者具备了干涉波罗的海/北海/英吉利海峡地区的能力。葡萄牙海军很早就发展起远距离活动能力,其第一次应用是为了控制西非的葡萄牙贸易帝国,从1500年起,还用于加强葡萄牙对印度洋海上交通线路的控制。为这支海军提供驱动力的在很大程度上是经济因素,尽管对抗伊斯兰的十字军梦想同样是一个重要因素。

从16世纪60年代起,尼德兰和波罗的海地区的权力斗争为新陆军-海军组织的成长创造了有利条件。法兰德斯军是隶属西班牙的大型军队,他们连同荷兰共和国的新陆军、新海军都是荷兰-西班牙长期斗争的直接产物。瑞典陆军和两个斯堪的纳维亚国家的海军在规模上都有所增长,一如英格兰的海军。就瑞典的案例而言,陆军扩张与帝国雄心有直接关联。进入17世纪二三十年代,法国再度以陆海军大国的形象出现,常备陆海军的诞生是该国内部权力斗争和长期对西(班牙)战争的结果。三十年战争就其本身而言并未让德意志军队发生很大的结构性变化,不过,对战争的恐惧以及被外国(主要是瑞典)占领的经历推动了若干德意志财政-军事国家在17世纪后半期的发展。在很大程度上,德意志邦国诸侯取代了私人企业家,成为强大军队的组建者,国家代替了市场的地位。

直到 16 世纪 70 年代，常备军主要还是一个局限于地中海地区的现象。从 15 世纪 90 年代至 16 世纪 70 年代的许多欧洲战争集中表现为该区域的帝国大战：奥斯曼帝国对战威尼斯、马穆鲁克王朝，西班牙对战法国，最后还有西班牙对战奥斯曼帝国。从传统上说，地中海无论在经济还是文化上都是欧洲的中心；威尼斯很久以来便是东西贸易中心，而在一段时间里奥斯曼帝国和西班牙帝国看似都注定要成为以地中海为中心的世界强权。到 1600 年，它们的扩张道路抵达终点，地中海成为一个停滞之海。反而是北海、英吉利海峡和波罗的海地区成为经济增长和变化的中心。有趣的是，欧洲经济变革的中心从地中海转向西北欧与常备军的发展有着密切关联。到 17 世纪 50 年代，相对人口数量而言规模最大的常备陆海军便是瑞典、丹麦－挪威、荷兰共和国与英格兰共和国。进入 17 世纪 50 年代早期，1652—1654 年的英荷战争导致两国常备海军的规模有了很大扩展，由此而确凿无疑地确定了北海和英吉利海峡作为欧洲海权中心的地位。

1660 年以后的发展是由法国的兴起与西班牙的衰落（作为一个陆海军强权），以及英格兰、荷兰、法国之间的海军竞赛为主导的。英格兰在复辟之后不再拥有一支庞大的军队，不过，却保留了一支相比内战之前规模远甚的海军。这在财政－军事国家中是一个非比寻常的案例。德意志诸侯和皇帝逐渐建立起更大规模的军队，作为对来自奥斯曼帝国和法国的威胁的回应。在 1688—1713 年的漫长战争时期，一个显而易见的现象是，西北欧崛起成为经济、陆海军方面的主导力量。在低地国家、西地中海、伊比利亚半岛和美洲大打出手争夺主导权的是荷兰人、英格兰人和法国人，在很大程度上为新的德意志军队提供资金支持的是荷兰和英格兰的资金。尽管如此，欧洲不那么繁荣的地区同样成为主要财政－军事国家的基地。早先时瑞典曾征伐俄国、丹麦－挪威、萨克森－波兰、汉诺威和普鲁士，基于对征战果实的捍卫，瑞典军事力量在 18 世纪早期达致一个新的巅峰。奥地利军队在与奥斯曼帝国和法国的斗争中发展壮大；俄国陆海军在与瑞典和奥斯曼帝国的斗争中发展壮大。18 世纪波旁王朝在西班牙的改革依循与其他欧洲国家相同的组织模式，再度武装了这个国家。

就事实而言，拥有大型常备军的财政－军事国家在 1500 年还不为人们所知，直到 200 年后，它才成为正规的欧洲国家类型。这些欧洲国家一道创建了一个欧洲权力体系，在这个体系中，常备陆海军的力量成为外交和国际声望的决定因素。

译自 Jan Glete, *War and the State in Early Modern Europe: Spain, the Dutch Republic and Sweden as Fiscal‐Military States, 1500‐1660*, London and New York: Routledge, 2002, pp. 10-41。

作者:扬·格莱特(1947—2009年),瑞典海军史家,生前为斯德哥尔摩大学历史学教授

译者:屈伯文,湖北理工学院讲师

军事革命与近代早期国家

从『军事革命』到『财政-海军国家』

[英] N.A.M. 罗杰（N.A.M. Rodger）

摘要："军事革命"概念有其兴起、发展与演变的历程，在此过程中，诸多历史学家都曾做出过自己的理论贡献。然而，长期以来，主流军事革命论并未对海军建设、海上战争等与海洋有关的事物给予充分重视，对于在塑造现代世界上有重要作用的英国兴起的解释亦缺乏说服力。基于此，本文借助军事革命与财政-军事国家学说当中的有益成分，用"财政-海军国家"来解释英国的兴起，认为对海军的重视与对海军的大量投入是英国取得成功的一个特异之处。

关键词：军事革命；英国；财政-军事国家；财政-海军国家

"军事革命"概念拥有漫长而硕果累累的历史生涯。[①] 人们常将其雏形归结到迈克尔·罗伯茨教授发表于1956年的那篇就职演说。尽管早在1918年，奥地利经济学家约瑟夫·熊彼特便预见到了这个概念的一个关键要素。[②] 罗伯茨以及追随他的许多学者（尤其是杰弗里·帕克，无论是对"军事革命"原始概念的年代框架还是内容架构，他

[①] 在这篇短文中，我引用了本人早些时候的一些著作，有些尚未发表：《海上军事革命》("The Military Revolutionat Sea", in Βῆμα των Κοινωνικών Επιστημών, Vol. 10, 2003, pp.59-76)；《〈海军与国家形成〉导言》("Introduction", in Jürgen Backhaus and N. A. M. Rodger [eds.], *Navies and State Formation*, Stuttgart: Springer, forthcoming)；《"漫长"18世纪中作为经济活动的战争》("War as an Economic Activity in the 'Long' Eighteenth-century", in *International Journal of Maritime History*, Vol. 22, 2010, pp.1-18)。

[②] Michael Roberts, *The Military Revolution, 1560-1660*, Belfast: Marjory Boyd, 1956; Joseph Schumpeter, "Die Krise des Steuerstaates", in Rudolf Hickel (ed.), *Die Finanzkrise des Steuerstaats: Beiträge zur politischen Ökonomie der Staatsfinanze*, Frankfurt am Main: Suhrkamp, 1976.

都做了引人注目的修正①)的论点是：文艺复兴时代规模更大、训练更精的军队的招募，连同其昂贵的火炮辎重、经演化而来用以抵御炮火的城堡，都向当时的王公提出了严峻挑战，它们无论在规模还是性质上都与他们的中世纪前辈所遇到的挑战不同。有一些近代早期国家成功变身，转换为专制的、中央集权的君主国，能够征募自己的军队并通过种种聚敛供养军队。它们通过了考验，成为近代欧洲的强权，如瑞典（罗伯茨特别关注的对象）、法国、普鲁士、俄国、奥匈，可能还有西班牙。如果未能摆脱中世纪的古老代议制度，未能加强王国政府的权力，如荷兰共和国、萨伏伊、波兰-立陶宛、教皇国、威尼斯、两西西里或葡萄牙，摆在其面前的命运便是灭亡，哪怕上天庇佑，也会落到边缘化、无足轻重的地步。强大的军队是大国俱乐部的入场券，只有强大的君主国才有望撑起这样的军队。②

从罗伯茨提出最初的创见以来，几代历史学家从他那里获得灵感，其重审对象不仅包括文艺复兴时代的欧洲，还涵盖范围更广、与16世纪的瑞典相去甚远的一系列国家、时代和情形。单就英格兰而言，人们所发现的"军事革命"便有早至11世纪的，迟至19世纪的。③军事革命的踪影不仅在欧洲各地都有发现（从10世纪的萨克森④几乎到今日），也出现在日本、中国、摩洛哥和非

---

① Geoffrey Parker, "The 'Military Revolution,' 1560–1660–A Myth?", in *Journal of Modern History*, Vol. 48, 1976, pp. 195–214.

② 我无意总结关于这个主题的浩瀚文献。从总体上对此做了讨论的著作有：Jeremy Black, *A Military Revolution?: Military Change and European Society, 1550–1800*, London: Macmillan, 1991; Clifford Rogers (ed.), *The Military Revolution Debate: Readings on the Military Transformation of Early Modern Europe*, Oxford: Westview Press, 1995; H. V. Bowen, *War and British Society, 1688–1815*, Cambridge: Cambridge University Press, 1998; and Conway, *War, State, and Society in Mid-eighteenth-century Britain and Ireland*, Oxford: Oxford University Press, 2006。

③ D. R. Cook, "The Norman Military Revolution in England", in *Proceedings of the Battle Conference on AngloNorman Studies*, Vol. 1, 1978, pp. 94–102; T. Cornell, "The Military Revolution, Effectiveness, Innovation, and the Duke of Wellington", in *Consortium on Revolutionary Europe, 1750–1850*, 1996, pp. 250–259。

④ B. S. Bachrach and D. Bachrach, "Saxon Military Revolution, 912–973? Myth and Reality", in *Early Medieval Europe*, Vol. 15, 2007, pp. 186–222。

洲这样远的其他地方。① 杰弗里·帕克曾用欧洲"军事革命"来解释西方对世界剩余地区的优势,不过,并非所有人都相信欧洲战争方式真的具有优越性。② 时至今日,"军事革命"概念已传遍四海,它想要解释的东西太多了,以至于其自身开始走向变味,而这并不是我们对其加以质疑的唯一因由。从一开始它便内含某些缺陷,而一直以来,人们对其采取的态度是回避而非直面。通过聚焦强权的兴起,"军事革命"概念隐含的假设是:只有力量和成功才是历史所感兴趣的。尤其是政治科学家,他们试图确认两个(或者,在最复杂的版本当中,有三个)变量,用以解释强权的兴起。这就极大地忽略了并未取得成功或在其他方面取得成功的国家和民族的经验。③ 再者,"军事革命"概念援引政府形式与功能来解释各国的命运。它假设国家塑造社会,而非社会塑造国家。此一假设在某些国家或许算得上是天然成立的,但要说它很好地展现了任何一个地方的事实,这就不是不证自明的了。另外,除了极少数例外,历史学家考虑的只有陆军,而不

---

① Jeremy Black (ed.), *War in the Early Modern World, 1450-1815*, London: Routledge, 1999; Peter A. Lorge, *The Asian Military Revolution: From Gunpowder to the Bomb*, Cambridge: Cambridge University Press, 2008; Weston F. Cook, *The Hundred Years War for Morocco: Gunpowder and the Military Revolution in the Early Modern Muslim World*, Oxford: Westview Press, 1994.

② Geoffrey Parker, *The Military Revolution: Military Innovation and the Rise of the West, 1500-1800*, Cambridge: Cambridge University Press, 1988. 在 Jeremy Black, *War and the World: Military Power and the Fate of Continents, 1450-2000*, London: Yale University Press, 1998 一书中,杰里米·布莱克表达了更多的疑虑。亦参见 Jeremy Black, "European Overseas Expansion and the Military Revolution", in George Raudzens (ed.), *Technology, Disease and Colonial Conquests, Sixteenth to Eighteenth Centuries: Essays Reappraising the Guns and Germs Theories*, Leiden: Brill, 2001。

③ 例如,参见 Richard Bean, "War and the Birth of the Nation-state", in *Journal of Economic History*, Vol. 33, 1973, pp. 203-221; Samuel E. Finer, "State and Nation-building in Europe: The Role of the Military", in Charles Tilly (ed.), *The Formation of National States in Western Europe*, Princeton: Princeton University Press, 1975; Ronald W. Batchelder and Herman Freudenberger, "On the Rational Origins of the Modern Centralised State", in *Explorations in Economic History*, Vol. 20, 1983, pp. 1-13; Charles Tilly, "War Making and State Making as Organised Crime", in Peter B. Evans, Dietrich Rueschmeyer, and Theda Skocpol (eds.), *Bringing the State Back In*, Cambridge: Cambridge University Press, 1985。更晚近的文献,参见 Wolfgang Reinhard (ed.), *Power Elites and State Building*, Oxford: Clarendon Press, 1996; Thomas Ertman, *Birth of the Leviathan: Building States and Regimes in Medieval and Early Modern Europe*, Cambridge: Cambridge University Press, 1997; and Thomas Ertman, "*The Sinews of Power* and European State-building Theory", in Lawrence Stone (ed.), *An Imperial State at War: Britain from 1689 to 1815*, London: Routledge, 1994。

包括海军。①此种情况开始发生变化,不过,阅读杰出历史学家的著作,我们仍然可以发现他们似乎认为英荷战争的战场是在陆地,或者将英国与普鲁士作为军事强权进行比较,仿佛英国海军从来没有存在过。②

最重要的是,"军事革命"假定15—17世纪期间在某些地方发生了陆战的革命性变化,但是并未提供令人信服的证据表明这样的变化真的发生过。历史学家将"军事革命"放置在如此众多的不同时代之中和不同情况之下,这一事实激起人们显而易见的疑虑:它不过是指称存在于历史长河中的普通发展过程的一个有名术语。毫无疑问,近代早期欧洲的武器、战术和组织领域发生过大量变化,③但是,并非很清楚的是,在何种意义上,我们能合理地把它们称作一次"革命"。可以论证的全部事实是,军队在没有改变其基本性质的情况下扩大了规模。近代早期军队的第一条要求便是大量失业农民成为士兵,少数失业贵族成为将官。实际的招募、训练,通常还有军队的装备,则留给军团官员(regimental offificers)去做。国家不时要为这些人支饷(如果不是因粮于敌的话),但这并不必然导致沉重的管理负担。火炮时代的巨型堡垒需要大量人力和圬工护岸、木制护岸,不过从组织、工程层面来说,它们很难说比铁器时代的山堡(hill-

---

① 关于这个主题的海量著作当中的大多数都合于这个判断。值得敬佩的例外是 Jeremy Black, *A Military Revolution*?: *Military Change and European Society, 1550–1800* 以及 Geoffrey Parker, *The Military Revolution*: *Military Innovation and the Rise of the West, 1500–1800*。海梅·比森斯·比韦斯或许最早提到了海军对国家形成之贡献。参见 Vicens Vives, "The Administrative Structure of the State in the Sixteenth and Seventeenth Centuries", translated by Frances M. Lopez-Morillas, in Henry J. Cohn (ed.), *Government in Reformation Europe, 1520–1560*, London: Macmillan, 1971。Jan Glete, *Navies and Nations*: *Warships, Navies and State Building in Europe and America, 1500–1860*, 2 vols. Stockholm: Almqvist & Wiksell, 1993. 作为一部杰作,有意避开了这样的"军事革命"(重陆轻海。——译者注);格莱特教授的后继之作是 *War and the State in Early Modern Europe*: *Spain, the Dutch Republic and Sweden as Fiscal-military States, 1500–1660*, London: Routledge, 2002。作为一位少有的政治科学家,布莱恩·M. 唐宁很不安地意识到海军的存在在某种程度上削弱了其观点的说服力。参见 Brian M. Downing, *The Military Revolution and Political Change*, Princeton: Princeton University Press, 1992, pp. 72–73, 165, 224。亦见 Jaap R. Bruijn, "States and Their Navies from the Late Sixteenth to the End of the Eighteenth Centuries", in Philippe Contamine (ed.), *War and Competition between States*, Oxford: Clarendon, 2000, pp. 69–98。

② J. R. Jones, "Fiscal Policies, Liberties, and Representative Government during the Reigns of the Last Stuarts", in Philip T. Hoffman and Kathryn Norberg (eds.), *Fiscal Crises, Liberty, and Representative Government, 1450–1789*, Stanford: Stanford University Press, 1994, p. 69. 亦可参见 John Brewer and Eckhart Hellmuth, *Rethinking Leviathan*: *The Eighteenth-century State in Britain and Germany*, Oxford: Oxford University Press, 1999。

③ Geoffrey Parker, "The 'Military Revolution,' 1560–1660-A Myth?" 做了令人钦佩的总结。

forts)规模更大或构造更精巧。① 近代早期大型军队的征募的确让政府背上了沉重的财政负担,对其形成了严峻考验,不过,它们是否向社会提出了新的挑战则并不那么明朗。他们呼唤贵族所做的、农民所背负的,就是他们历来所做、所背负的。从社会学意义上说,一支17世纪的大军与一支13或14世纪的小型军队并无太大区别。这些军队自然而然地从属于这样的社会:变化无从谈起,而且社会中人并无意改变保守的社会秩序;里面的三个等级不敢逾越神所赐予的境况;社会围绕宝座和祭坛②构建起来。③"军队的等级复制了基本的社会等级,连同后者所有的特权、不平等情形。"④如果这也算是军事革命,其对社会的影响却走到了革命的反面。凭借近代官僚制的发展,政府或许改变了(至少在某些国家),但社会却在原地踏步而没有发生革命性变化。"军事革命"或许让绝对主义君主国武装起来,以面对16、17世纪相对简单的动员大量人力的挑战。但人们并不清楚的是,就应付18世纪国际贸易世界的种种复杂性(更不用说19世纪的工业时代了)而言,"军事革命"做出了什么贡献。事实上,以长远眼光来看,同样不清楚的是"军事革命"究竟有无在战争方面让这些国家做好准备,因为此处所讨论的专制君主国当中的大多数(法国、普鲁士、俄国、奥匈),最后都是因为未能处理好现代战争所带来的压力(尤其是财政压力)从而走向崩溃。简而言之,"军事革命"很危险地接近大卫·埃杰顿所谓的"反历史"了:人们创造出天马行空的种种说法,用来解释从未发生过的事情。⑤

"军事革命"很显然并未解释确实发生过的事情,也就是塑造现代世界的工业强权(发端于英国)的兴起。这里要说到的国家完全没有通过军事革命的测验;未能根除古老的中世纪代议制度;未能加强王国政府的权力;未能招聚庞

---

① 我并不知晓所需土垒、圬工建筑量任何的直接比较数据,不过,如下著作做了启人深思的计算,参见 P. A. Jewell, *The Experimental Earthwork on Overton Down*, *Wiltshire*, *1960*, London: British Association for the Advancement of Science, 1963, pp. 51-58; John Coles, *Archaeology by Experiment*, London: Hutchinson, 1973, pp. 73-74。

② 宝座指王权,祭坛指教权。——译者注

③ 无论你相信军事革命是绝对主义的导因,抑或前者是后者所产生的结果(如 Jeremy Black, *A Military Revolution?: Military Change and European Society*, *1550-1800* 一书中的看法),情况都是如此。

④ Christopher Storrs and H. M. Scott, "The Military Revolution and the European Nobility, c. 1600-1800", in *War in History*, Vol. 3, 1996, p. 34.

⑤ David Edgerton, *Warfare State: Britain, 1920-1970*, Cambridge: Cambridge University Press, 2006, pp. 5-6.

大的军队。这个近代早期国家在经济、军事方面取得了最引人瞩目的成功,却拒绝了"军事革命"的挑战,这对军事革命理论家来说多少是件尴尬的事。① 对此,他们倾向于向运气求助。由此,近来关于该问题的一份研究得出一个没有说服力的结论:英国靠着"不可思议的幸运"坐拥"强劲的商业经济",这让其避免了在其他情况下必不可免要做出的在自由与权力之间的选择。②

不过,在 20 多年以前,约翰·布鲁尔的开创性著作《权力的肌腱》对这个难题做了有力回应。③ 该书创造了一个有名的短语"财政-军事国家",用来描述 18 世纪的英国。这是一个献身于发动战争,并通过行政效率尤其是财赋聚敛体系为此提供支持的国家。基于此,布鲁尔笔下的近代早期英国远不是一个弱者,其对达尔文式生存斗争(此种斗争是以战争作舞台,金钱为兵器)的成功适应是引人注目的。对一代历史学家来说,在布鲁尔著作的指引下,有一件事情变得明朗起来:强权(至少是欧洲列强)兴起的解释④,如果不以战争与财政力量之间的紧密关联为出发点,便不会让人信服。正如布鲁尔所解释的,尽管王室是软弱的,英国的财政力量却是由此派生出来的。它是议会权威的产物,此种权威确立了诚实有效的征税制度,如此便可以征税国家的信誉作保,举借从事现代战争所需的巨额款项。⑤

有一种解释以议会政府和有限君主制的美德为核心,毫无疑问,它与英国历史上的自我形象有着美好的协调关系。这是一种对历史的辉格解释,为 1688 年"光荣革命"的神殿再塑了金身。基于类似的原因,许多美国学者尤其是"新制

---

① Jean Meyer, *Le poids de l'état*, Paris: Presses universitaires de France, 1983, pp. 128-129.

② Phillip T. Hoffman and Kathryn Norberg (eds.), *Fiscal Crises, Liberty, and Representative Government, 1450-1789*, p. 302.

③ John Brewer, *The Sinews of Power: War, Money and the English State, 1688-1783*, London: Unwin Hyman, 1989.

④ 学者们仅仅开始思考"财政-军事国家"对欧洲-东方"大分流"的意蕴,参见 Rafael Torres Sánchez, "The Triumph of the Fiscal-military State in the Eighteenth Century: War and Mercantilism", in Rafael Torres Sánchez (ed.), *War, State and Development: Fiscal Military States in the Eighteenth Century*, Pamplona: Eunsa, 2007, 24-28.

⑤ Lawrence Stone (ed.), *An Imperial State at War: Britain from 1689 to 1815* 是一部富有影响力、处理布鲁尔的主题的早期论文集。最近的研究是 Christopher Storrs (ed.), *The Fiscal-military State in Eighteenth-century Europe: Essays in Honour of P. G. M. Dickson*, Farnham: Ashgate, 2009。

度经济学"的拥护者为此种解释所吸引。① 对他们来说,英国新的宪制安排的成功是一个世纪之后在大西洋彼岸诞生的更完美宪制的预兆。对以上两个群体来说,一个显而易见的问题是:为什么只有英国享受到了这一祝福? 一位杰出异常的经济学家简单地回答道:"她们(英国及其对手)所采取的不同道路似乎反映了不同社会具有深层次基础意义的制度特点。"②这看起来非常像用现代着装打扮起来的最传统的解释,也就是有着难以形容的优越性的英国特质。在这里,人们难免再度心生疑窦,想着美国学者是不是在翘首期盼一个更好的社会制度特征。

尽管如此,布鲁尔对英国兴起的解释不独牵扯到议会政府、财政力量,也与地理决定论有关。布鲁尔提出如下观点:由于英国是一个岛国,这就让英国政府无须担负重要的防卫支出。"为法兰西国家的军事行动提供财政支持的那部分资金是王国政府既无须筹集亦无须花费的。英国最大的优势在于,它从未被投入那种残酷的财政-军事试练中。此种试练年复一年,汲干了国家的资源和财富的宝库。"③英国这类岛国天然"免受入侵",人们不用费什么力气和钱财便可看好家门的观点至今仍在某些地方流行。④ 不过一与已知历史事实相联系,这样的看法便迅速遁于无形。大海本身是一条宽广的通道,在中世纪和近代早期欧洲,胜过陆上可通行的那些道路不知凡几。对组织严密的远征来说,其本身并不构成难以逾越的天堑。从诺曼征服以来,英格兰至少遭遇过九次成功的海上入侵(分别发生在 1139、1153、1326、1399、1460、1470、1471、1485、1688 年)。除了这些,人们还可添加 1332 年对苏格

---

① Douglas C. North, *Institutions, Institutional Change and Economic Performance*, Cambridge: Cambridge University Press, 1990, pp. 49-51, 113-116, 139-140; Douglas C. North and Barry R. Weingast, "Constitutions and Commitment: The Evolution of Institutions Governing Public Choice in Seventeenth-century England", in *Journal of Economic History*, Vol. 49, 1989, pp. 803-832; Barry R. Weingast, "The Political Foundations of Limited Government: Parliament and Sovereign Debt in 17th- and 18th-century England", in John N. Drobak and John V. C. Nye (eds.), *The Frontiers of the New Institutional Economics*, San Diego: Academic Press, 1997.

② Douglas C. North, *Institutions, Institutional Change and Economic Performance*, p. 116.

③ John Brewer, *The Sinews of Power: War, Money and the English State, 1688-1783*, p. 21.

④ Perry Anderson, *Lineages of the Absolutist State*, London: New Left Books, 1974, p. 123; Joel Mokyr, "The Industrial Revolution and the New Economic History", in Joel Mokyr (ed.), *The Economics of the Industrial Revolution*, pp. 8-9; Andrew Ayton and J. L. Price, *The Medieval Military Revolution: State, Society and Military Change in Medieval and Early Modern Europe*, London: I. B. Tauris, 1995, p. 6.

兰的入侵,以及至少七次其他的大军成功登陆英格兰的案例(分别发生在1069、1101、1215、1405、1462、1469、1487年)。这七支大军上岸后继续征战,并未能颠覆政权。这些数据并未考虑规模更小的袭击和登陆,也忽略了并未让军队成功上岸的所有军事行动,甚至是1588、1799年那样功败垂成的重量级远征。针对苏格兰,我们可以添加18世纪两个引人注目的登陆案例:1719年西班牙军队登陆;1746年法国军队被送上岸(1797年法国人登陆威尔士让英国的金本位制消失了一代人之久)。这是敌军最后一次登陆不列颠,但爱尔兰不是。如果有人认为岛屿天然或自动地构成免受外部攻击的安乐之地,他或许要仔细地考虑一下爱尔兰的历史。

如此,布鲁尔的解释便不能发挥作用了。再者,人们并不需要它,因为我们现在知道,他试图解释的东西从未发生过。帕特里克·奥布莱恩是最早被吸引到布鲁尔所开创的新研究领域中的人之一。有赖他的研究①(奠基于彼得·迪克森先驱性的工作②),人们已十分清楚英国在18世纪战争中的成功是以远超(而不是远少于)其对手的花费为基础的。在"漫长的18世纪",就国家收入的占比而言,英国的支出比例一直两倍于法国,就人均而言,更是三倍于后者。进入17世纪40年代,英国王国政府的真实收入已保持大致不变的态势长达300年之久。到1815年,这个数目攀升了36倍。就战时的国家收入占比而言,相关数字增长了5倍,从3%～4%激增至19%。③ 英国的最终胜利可不是空手套白狼,而是通过在每个层面都砸出比对手更多的钱获得的:无论是绝对数值,还是相应的经济规模、人口比例,都是如此。另外,和金钱一样,英国对战争的投入在人力上也是不成比例的。在拿破仑战争期间,英国征募的军队相当于成年

---

① 我尤其要提到以下著作:Patrick K. O'Brien, "The Political Economy of British Taxation, 1660-1815", in *Economic History Review*, Vol. 41, 1988, pp. 1-32; P. K. O'Brien and P. A. Hunt, "The Rise of A Fiscal State in Britain, 1485-1815", in *Historical Research*, Vol. 66, 1993, pp. 129-176; and Patrick K. O'Brien, "Fiscal Exceptionalism: Great Britain and its European Rivals. From Civil War to Triumph at Trafalgar and Waterloo", in Donald Winch and P. K. O'Brien (eds.), *The Political Economy of British Historical Experience, 1688-1914*, Oxford: Oxford University Press/British Academy, 2002。

② P. G. M. Dickson, *The Financial Revolution in England: A Study in the Development of Public Credit, 1688-1756*, London: Macmillan, 1967.

③ Thomas Ertman, *Birth of the Leviathan: Building States and Regimes in Medieval and Early Modern Europe*, Cambridge: Cambridge University Press, 1997, p. 220; P. K. O'Brien and P. A. Hunt, "The Rise of A Fiscal State in Britain, 1485-1815", pp. 151-159.

男性人口的11%~15%,约3倍于法国的"参军率"。① 经济学家不得不面对(或者更确切地说,应该要面对)如下矛盾且令人不安的事实:英国经济不仅支持了此种非比寻常而且增长迅速的经济负担(无法提前防范),它看起来还受到了此种挑战的推动。② 无论原因是什么,这件事情确实在工业革命之前、在无机性的"矿产经济"兴起之前发生了。③ 人们并不能简单地用英国进入资本主义体系来解释这件事情,因为首先进入该体系的是荷兰人,但他们的经济增长在18世纪已然陷入停滞,而此时他们正好从战争中抽身而出。④ 一些经济学家已经做出推测:"从长期来看,18世纪的战争和税收是令英国变得伟大的原因",⑤还有

---

① 数据来源:J. E. Cookson, *The British Armed Nation, 1793-1815*, Oxford: Oxford University Press, 1997, pp. 5-7。其他数据(其中的差异对我的论点影响不大)由不同的作者提供,比如Patrick K. O'Brien, "The Impact of the Revolutionary and Napoleonic Wars, 1793-1815, on the Long-run Growth of the British Economy", in *Review of the Fernand Braudel Center*, Vol. 12, 1989, p. 342; Emsley, "The Social Impact of the French Wars", in H. T. Dickinson (ed.), *Britain and the French Revolution, 1789-1815*, Basingstoke: Macmillan, 1989, p. 214; Christopher D. Hall, *British Strategy in the Napoleonic War, 1803-1815*, Manchester: Manchester University Press, 1992, pp. 1-6; David French, *The British Way in Warfare, 1688-2000*, London: Routledge, 1990, p. 116; Linda Colley, "The Reach of the State, the Appeal of the Nation", in Lawrence Stone (ed.), *An Imperial State at War: Britain from 1689 to 1815*, pp. 165-184。

② 拙文《"漫长"18世纪中作为经济活动的战争》探索了这一主题。

③ Robert C. Allen, *The British Industrial Revolution in Global Perspective* (Cambridge: Cambridge University Press, 2009)解释了作为英国高工资与低燃料成本之结果的工业革命。

④ E. A. Wrigley, "The Divergence of England: The Growth of the English Economy in the Seventeenth and Eighteenth Centuries", in *Transactions of the Royal Historical Society*, Vol. 10, 2000, pp. 117-141; Marjolein 't Hart, "Mobilising Resources for War: The Dutch and British Financial Revolutions Compared", in Rafael Torres Sánchez (ed.), *War, State and Development: Fiscal Military States in the Eighteenth Century*; Hamish Scott, "The Fiscal-military State and International Rivalry during the Long Eighteenth Century", in Christopher Storrs (ed.), *The Fiscal-military State in Eighteenth-century Europe: Essays in Honour of P. G. M. Dickson*, pp. 33-36. 关于荷兰经济,权威著作是Jan de Vries and Ad van der Woude, *The First Modern Economy: Success, Failure, and Perseverance of the Dutch Economy, 1500-1815*, Cambridge: Cambridge University Press, 1997。关于英荷竞争,参见如下研究:David Ormrod, *The Rise of Commercial Empires: England and the Netherlands in the Age of Mercantilism, 1650-1770*, Cambridge: Cambridge University Press, 2003。

⑤ J. V. Beckett and Michael Turner, "Taxation and Economic Growth in Eighteenth-century England", in *Economic History Review*, Vol. 43, 1990, p. 401. 亦见Peter Mathias and Patrick O'Brien, "Taxation on Britain and France, 1715-1810: A Comparison of the Social and Economic Incidence of Taxes Collected for the Central Governments", in *Journal of European Economic History*, Vol. 5, 1976, pp. 601-650; Paul Kennedy, *The Rise and Fall of the Great Powers: Economic Change and Military Conflict from 1500 to 2000*, London: Harper Collins, 1988, p. 100; Patrick K. O'Brien, "Inseparable Connections: Trade, Economy, Fiscal State, and the Expansion of Empire, 1688-1815", in P. J. Marshall (ed.), *The Oxford History of the British Empire*, Vol. II: *The Eighteenth Century*, Oxford: Oxford University Press, 1998。

一个人走得还要远,竟至于主张工业革命"不早不晚就发生在拿破仑战争期间,后者就是原因"。①

事实证明,"财政-军事国家"的观念是历史学家的有力思想工具,在很大程度上,它看似已经取代了穷途末路的"绝对主义"概念。开始时,它是以"英国例外论"的贡献者面目出现的;但是它越多地被应用于其他国家身上,有一点便越发显现出来,即英国仅仅在成功的规模上是例外的,因为大多数(如果不是全部的话)近代早期欧洲国家基本上都是筹钱打仗的组织。这是国家的功能和意义,至少在欧洲是这样。对大规模债务财政来说,议会政府看起来不再是不可或缺的,因为其他宪制形式的国家也成功地举债打战,其利率并非总是高于英国。② 另外,有人还证明,英国公债关键性的早期阶段可以追溯到英国革命之后的 1648—1653 年,而非 1688—1689 年的"光荣革命"期间;它们是军事独裁而非代议制政府的产物。③ 如此,用"财政-军事国家"来解释英国军事或经济成就的独特性便没有多少说服力了。

非要说英国与其欧洲邻国有什么真正的不同,那就是前者成为奥布莱恩所谓的"财政-海军国家",其特点是对资本密集、技术含量高、要求长期国家投入的战争模式的热衷。④ 这一思路指引我们注意漫长的 18 世纪英国军事胜利与经济成功之间的紧密、可信的关联,并且暗示我们:作为关键的公共机构,正是皇家海军汇聚了不同的潮流。英国案例真正与众不同的地方取决于以下事实:几乎半数的防卫是花在海军而不是陆军身上。在军队开支中具有压倒性地位的主要包括以下几个部分:军饷、粮秣、燃料、

---

① Larry Neal, *The Rise of Financial Capitalism: International Capital Markets in the Age of Reason*, Cambridge: Cambridge University Press, 1990, p. 218.

② H. V. Bowen and A. González Encisco, "Introduction", in H. V. Bowen and A. González Encisco (eds.), *Mobilising Resources for War: Britain and Spain at Work during the Early Modern Period*, Barañaín: Ediciones Universidad de Navarre, 2006, pp. 19-21; Rafael Torres Sánchez, "The Triumph of the Fiscal-military State in the Eighteenth Century: War and Mercantilism".

③ James Scott Wheeler, *The Making of A World Power: War and the Military Revolution in Seventeenth-century England*, Stroud: Sutton, 1999, pp. 50-52, 140-141, 148-162.

④ Rafael Torres Sánchez, "The Triumph of the Fiscal-military State in the Eighteenth Century: War and Mercantilism", p. 16.

马料以及运输。武器与弹药只占小头。① 所有这些都属于日常消费项，相应支出只能发生在战时，是无法提前预计的。对法国之类维持和平时期大型常备军的国家来说，这些花费是一直存在的，尽管和平时期的军队规模总是远远小于战时的。值得注意的是资本支出项只有营房和堡垒，同样，它们在总支出中占一个很小的比例，而这些是不需要技术的。通常，出征的军队盼望就地获得大多数粮食、马料并解决运输问题，这意味着出国征战对收支平衡有直接影响。18 世纪的通货紧缩效应产生了更严重的后果，体现在军队不得不用现金购物，而这些现金可能是直接从硬通货储藏中直接取出来的。

海军支出在好些方面是极为不同的。尽管英国海军（和其他主要的欧洲海军一样）有赖于进口的船舶松脂，在一定程度上还有木材，但海军费用的大头是花在国内的（即便这些舰船远在天边），因为粮食、补给的提供者是英国或英国殖民地。不过在战时，海军支出同样会攀升至和平时期平均数目的三倍以上，在漫长的 18 世纪，英国海军总支出只有约五分之一是和平时期所花费的。② 另外，无论在战时还是平时，相当一部分支出属于资本消耗而非日常消费。一个大规模的"军事-工业"复合体正是由此得以建立，从而直面大规模工业组织带来的挑战（100 多年后，这些工业组织开始对私有企业产生影响）。关于海军船舶、码头和工厂的资本价值，我们似乎并未掌握可靠的数据。③ 不过，如果拿破仑战争期间总军事支出的 15%单单花在了船舶建造与维修上，很难说

---

① Patrick K. O'Brien, "The Impact of the Revolutionary and Napoleonic Wars, 1793-1815, on the Long-run Growth of the British Economy"就 1804、1809、1810 年的英国军事行动支出（陆海军一起）给出了自己的估计：军饷 50%，食物 16%，船舶建造与维修 15%，海运船租 5%，衣物 4%，武器与弹药 4%，建筑修造费 3%，马匹、军营仓库、战俘花费各占 1%。关于更早时期的同一问题，如下著作有所涉及：N. A. M. Rodger, "The Continental Commitment in the Eighteenth Century", in Lawrence Freedman, Paul Hayes, and Robert O'Neill (eds.), *War, Strategy and International Politics: Essays in Honour of Sir Michael Howard*, Oxford: Clarendon Press, 1992, p. 43。

② 在 1689—1815 年共计 52 年的和平时期内，海军支出为 112329347 英镑，该时期的海军总支出是 606609397 英镑。计算依据：House of Commons Sessional Papers 1868-1889 (366), XXV, 1177-1179。

③ 据 Thomas Lediard, *The Naval History of England... 1066 to...1734*, 2 vols., London: Olive Payne, 1735, I, p. xii 计算，1735 年海军船舶的资本价值（不包括武器）是 2591337 英镑。John Brewer, *The Sinews of Power: War, Money and the English State, 1688-1783*, p. 34 利用小得多的数据，算出船舶的价值约当国家收入的 4%。加上火炮、码头、补给工厂和其他设备、基础设施，则相应数据会被推高许多。

这是一个无足轻重的数字。① 更何况，许多海军资本支出用在了先进技术上，许多运营支出用在了维持大量复杂的码头工业企业上。这其中无论哪一家工业企业，规模都比任何私有企业大上好多倍，并且包含了覆盖范围甚广的特殊设备和技能。相比陆军，海军一直是复杂得多且资本密集得多的组织。无论是数量（金钱）还是质量，建造、运营战舰所需的工业、技术和管理资源均远远超过任何近代早期的陆军。对英国经济、政治和社会来说，国家军事开支这样大的一部分投入了工业和技术意味着什么？遗憾的是，很少有专门研究评估英国这一特殊情形所产生的后果。②

对于真实发生的事情，相比现在摆在我们面前的各种说法，新的"财政-海军国家"概念看似提供了一种说服力很强的解释。不过，如同所有好的解释一样，这一概念激起的疑问和它回答的问题一样多。很显然，它要求对其他海军强权进行比较研究，从而确定后者在多大程度上复制了英国的案例。克里斯蒂安·比谢对英国和法国补给状况的研究，③晚年的扬·格莱特有关瑞典海军的最后著作，④奎多·坎迪亚尼对威尼斯海军如何采用帆舰的研究，⑤"潘普洛纳小组"（"Pamplona Group"）比较英国、西班牙海军管理的论文集，⑥已开始为我们提供一些比较研究。或许，"财政-海军国家"同样可以为欧洲与东方世界大分流的问题提供启示，尽管据我所知，没有人动过这个心思。可以确定的是，英国在18世纪崛起为世界头号商业国家得到了以下因素的助力：庞大的商业舰队和航海人口，让地方小城镇开展国际贸易成为可能的复杂经济，开放且富有弹性的政府机构（得到私家供应商、承包人庞大网络的支持），让银行业、保险

---

① Patrick K. O'Brien, "The Impact of the Revolutionary and Napoleonic Wars, 1793-1815, on the Long-run Growth of the British Economy", pp. 366-368.

② R. V. Saville, "Some Aspects of the Role of Government in the Industrial Development of England, 1686 to 1720", Ph. D. dissertation, University of Sheffield, 1978 是一个引人注目但并不多见的例子。

③ 特别是 Christian Buchet, *Marine, Économie et Société: Un exemple d'interaction: l'avitaillement de la Royal Navy durant la guerre de sept ans*, Paris: Honoré Champion, 1999。

④ Jan Glete, *Navies and Nations: Warships, Navies and State Building in Europe and America, 1500-1860*.

⑤ Guido Candiani, *I Vascelli della Serenissima: Guerra, politica e costruzioni navali a Venezia in età moderna, 1650-1720*, Venice: Istituto Veneto di Scienze, Lettere de Arte, 2009.

⑥ Rafael Torres Sánchez (ed.), *War, State and Development: Fiscal Military States in the Eighteenth Century*; H. V. Bowen and A. González Enciso (eds.), *Mobilising Resources for War: Britain and Spain at Work during the Early Modern Period*.

和投资在国土四境成为商业、农业寻常内容的先进财政体系。准确地说,这些特点同样对皇家海军的兴起有关键意义。皇家海军的成长、成功与英国海外贸易的繁荣是完全绑定在一起的。所有这些都发生在工业革命之前,是为后者所做的预备。就当前的认知状态而言,我们不能准确地说"财政-海军国家"让英国变成了世界第一强国,更遑论它在其他地方产生了类似效应,但二者之间的种种关联是可信的。由此,这个观念至少有解释而非回避已知历史事实的优点。

From the "Military Revolution" to the "Fiscal-naval State"

Abstract: The concept of "military revolution" has its own history of emergence, development and evolution, and many historians have made their own contribution to the theory. But for a long time, the mainstream theory of military revolution has not given enough attention to naval development, naval warfare and other ocean-related affairs, nor it has given persuasive explanations to the rise of Britain which played an important role in shaping the modern world. So, based on some useful elements in military revolution and "fiscal-military state" theory, the thesis explains the rise of Britain from the aspect of "financial-naval state", holding that the emphasis on navy and a large sum of investment in navy are a special part for Britain's success.

Keywords: military revolution, Britain, fiscal-military state, financial-naval state

本文译自 N. A. M. Rodger, "From the 'Military Revolution' to the 'Fiscal-naval State'", in *Journal for Maritime Research*, Vol. 13, No. 2, 2011, 119-128。中英文摘要、关键词为译者所加。承蒙作者惠允翻译此文,谨此致谢。

作者:N. A. M. 罗杰,牛津大学万灵学院荣休研究员

译者:屈伯文,湖北理工学院讲师

史学史与史学理论

领悟的模式与知识的统一性

[美]路易斯·明克（Louis O. Mink）①

试图构建一种普遍知识论的尝试——事实上是启自德谟克里特（Democritus）的所有哲学综合的尝试——总是将实证科学的某个领域当作知识的一种模式，并且不断扩展它的规则、前提假设和目的，直到使其自身成为知识的一种定义。在19世纪之前，对于哲学流派中的理性主义而言，知识的模式通常是数学。对于黑格尔或者克罗齐而言，知识的模式是历史知识。现代经验主义倾向于以理论物理学作为自己的模式，近年来，一些用英语写作的哲学家正朝着将法律论证作为思维典范的方向走去（发展）。当然也有这样一些促使和解的尝试：它们想通过将知识的各个门类划分为几种独立的科学来解决不同模式的冲突，例如，通过在自然科学和精神科学之间的区分，或通过文德尔班所谓"具体的"（即特殊的）科学与"法则的"（即理论的）科学之间的区分。不论是通过认识到众多方法的不可调和性，还是通过将世界划分为相互独立的题材，这样的区分实际上都放弃了知识统一性这一伟大的历史观念。但是，任何这样的提议也都并非获得了永久的胜利，甚至说它们不可能获得永久的胜利。任何一般方法的不可抗拒倾向都是帝国主义的；它不可避免地设定自己的题材，并将一切不能被纳入其霸权（的东西）拒斥为不相关的或者不真实的。②

---

① 路易斯·明克（Louis O. Mink），著名的叙事主义历史哲学家，曾任《历史与理论》编委会成员。其研究关注历史认知、叙事以及美学等问题，作品多为期刊论文。明克去世后，理查德·范（Richard T. Vann）等人将他的重要作品收录在《历史的理解》（Historical Understanding）一书中。

② 例如，物理学会为自己的学科设定特定的题材，这些题材不会包括像人类社会的政治组织这样的主题，因而物理学研究者会认为，人类的政治组织与他们的研究是不相关的。——译者注

但是,这些有关方法的各种提议之间的巨大争论,揭示出对知识(knowledge)的充分条件的分析存在着各种差异。同时,在对充分条件的激烈的反对中,往往很容易会忽视这样一种显著的共识:存在着一些关于知识的必要条件。本文的目的就是唤起对这样一种被忽视的条件的重视,以及展示出一种对它所暗示的一个关于知识统一性的新问题的考量。显而易见,知识地图上的独立领域,一定不是通过方法或题材划分出来的,而是通过独一无二且不可消减的将世界作为一个整体进行领悟①的模式来划分的。

任何知识论都必须回到一个简单的事实:经验依照时序逐一地向我们走来,但还需能够被整合在事件复写的一幅图像中。一次证明的诸步骤、一次叙事的诸行为、一段旋律的诸音符,甚至一句话的诸词汇都是一个接一个地被经验到,但在它们构成一个重要论断的预料(data)②之前,必须被视作一个单一的思想行为。这样一种行动——或许能够被称作"领悟"——不同于判断(judgment)和推理(inference),并且事实上被它们所预设。承认或否认概念之间的关系是判断的特征,它以将概念放在一起进行考虑的行动作为预设;领悟的范围在任何一个案例中都比概念的领地更加宽广。在将十四行诗当作一个整体来思考的行动中,领悟得以展现,它不同于首次阅读十四行诗时逐行阅读行为,领悟或是发生在将一个历史事件放在其他事件构成的语境里进行思考的行为中。进一步讲,推理指从前提中得出一个结论,而领悟指的是同时思考结论与前提的能力,正如在数学论证中,证明常常作为一个整体被理解,而非依据规则的一连串证明步骤。

作为一种现象,领悟确实无处不在,以至于就像经验的其他恒定的特点一样,在对更加多变和逼真的资料的偏好中被忽视了。但是,即便在没有被命名和描述的情况下,它也经常被认识到。笛卡儿似乎在《谈谈方法》中陈述他的

---

① comprehension 常译作"理解(力)",在现代英语中内涵为"power of understanding"。参见《牛津高阶英汉双解词典》(增补本),北京:商务印书馆,1997年第4版,第539页。本文将其译作"领悟",同 understanding 的中译做区分。从词义上看,词干"prehension"有将某物紧握于手或抽象的领会之意;前缀 com-源于拉丁文,有"一起,联合"之意,明克即使用"comprehension"将某物作为一个整体来理解的内涵,故译作"领悟"。"com-"的内涵,参见 https://www.etymonline.com/search? q=com-。——译者注

② 源于拉丁文 datum 的复数形式,义取"所予",指任何研究或推断由之开始的信息。参见[英]布宁、余纪元编著:《西方哲学英汉对照辞典》,北京:人民出版社,2001年第1版,第227~228页。——译者注

第四条方法时,脑海中持有了这样的理念:"要尽量全面地考察,尽量普遍地复查,做到确信毫无遗漏。"①如果这条准则仅仅是提醒一个人检验自己的工作,就像校对手稿或核查一组数据中多余部分那样,它毫无疑问是个有益的建议,但并不值得被笛卡儿列在意图取代"大量规条构成一部逻辑"②的四项准则之中。但如果这条准则被诠释成这样,那么就配得上它所在的位置了,即指由分析导向的综合,其中一条为了达成领悟状态的实用法则。在领悟的状态中,笛卡儿式分析将一个问题划分出的大量元素,在一个单一的思想行动中被领会。笛卡儿在解释他发现解析几何的过程时也或多或少说道:"为了把它们(几何的关系和比例)记住或者放在一起研究,就该用一些尽可能短的数字来说明它们。"③

柏拉图本人将领悟视作探究(inquiry)所致的终极智慧的特征。在对理想国的护卫者④的教育中,随着他们对个别的数学科学的掌握,"研究这些学科深入到能够弄清它们之间的相互联系和亲缘关系,并且得出总的认识",就显得非常关键了。⑤ 显而易见,柏拉图为了获得"领悟的视角"而提出的方法不同于笛卡儿的方法,理解所包含的元素及其关系在两种思想中也是不同的,但值得注意的是,至少他们都同意将领悟视作一种全部同时(totum simul⑥)——即在一个单一的行动中,将只能一个接着一个(seriatim)回顾的离散的思想作为一个整体来领会。理性主义者也或隐或显地认识到了领悟。经验主义者在强调从特殊案例中归纳时,也需要把领悟当作将众多案例放在一起考虑的条件,任何推断通过它才能得出结果。在近来的哲学思想中,伯格森几乎是独一无二的,他使领悟成了哲学理论的根本原则而非它的前提假设或理想目标,但他的错误恰恰在此,他认作独一无二的方法——他称之为"直觉"(intuition)——事实上是每一种方法的目标。因此,他视直觉和分析为对立且不相容的方法,那个现

---

① 此处沿用了商务本译本中的译法,参见《谈谈方法》,北京:商务印书馆,2000 年 11 月第 1 版,第 16 页、15 页、17 页。——译者注

② 同上,第 15 页。——译者注

③ 同上,第 17 页。——译者注

④ φύλαξ,护卫之意,在柏拉图的《理想国》中特指武士阶层,此处沿用商务本的译法,参见柏拉图:《理想国》,郭斌和等译,北京:商务印书馆,1986 年第 1 版,第 434 页。——译者注

⑤ 同上,第 297 页。——译者注

⑥ 拉丁文,"totum"有"all"之意,"simul"有"at the same time"之意。——译者注

象学看起来像是直觉的领悟,不是一种方法,而是对整体的领会,没有了它,任何方法都会消失在未经反思的意识之流。

作为这样一种特殊且独立的方法,领悟在反思和探究的各个层面运作着。在最低层面上,领悟是对经验的预料的领会,也是在感知和认识对象时,对意向性(issues)①的一次领会。在中等层面上,领悟是在概念的形成中将一系列对象和意向置于一起的分类行为。在最高层面上,领悟是将我们对世界的知识归入一个单一理解(understanding)对象的尝试。当然这是一个无法实现的目标。尽管如此,它仍旧意义重大,正如在勾勒理念时带有偏好的领悟发挥着作用。自然,一个人可以在被描述为神学的或者准神学的术语中发现这种目标。例如,拉普拉斯②那知晓自然规律以及宇宙中每刻每个质点的位置及运动速率的全知科学,能够预测和回溯世界在任意时刻的细节特征。在另一幅不同的关于整体的图景中,波伊提乌(Boethius)将上帝的知识描述为一种全部同时、此间、时间的任何一瞬,都将被视为同时存在于一个单一的神圣知觉下的现在——历史在一幅单一的全景图中展开来,对于我们来说就像一幅风景画。柏拉图将占卜称为一种知识,这种知识存在于将一系列本质(essences)理解为一个单一的智性系统的冥思活动中。尽管这三种有关知识的理论是不同的,但是它们赞同将知识的状态(state)描绘为一个复杂但是单一的理想行为。

同时,这三个例子表明,存在着从根本上不同的领悟模式。对于拉普拉斯或笛卡儿来说,许多对象可能会作为同一普遍法则或公式或规律的特例被领悟。这是一种非常有力却狭隘的领悟:它是有力的,因为普遍法则将它的对象指涉为一个类中的各个成员,同时这种方法也包含了他们全部:被经验到的和未被经验到的、真实的和可能的。但它又是狭隘的,因为它指涉它的对象,仅凭借它们所具有的特定的共同特点,而忽略了每一个个体的其他所有方面。总之,一个人可能通过这样的假设-演绎或者说理论的(theoretical)领悟来理解作为假设之结果的全部特例。一个物理规律决

---

① "issue"词义较多,此处有现象学的意味,译作"意向性"。——译者注
② 18、19世纪法国数学家、天文学家和物理学家,因推广和扩展牛顿的万有引力定律,被认作"天体力学之父"。——译者注

定了它所例示的全部现象,如波义耳定律①既能解释火山爆发又能解释蒸汽机;类似的,一个正式的逻辑或数学系统只有在知晓了公设(postulate set)②、定义和推理法则时才能被完全理解。毫无疑问,作为应用于正式系统中的奥卡姆剃刀,对实惠(economy)的需求反映了这样的事实:作为一种整体,相对简洁的公设比相对笨重的公设更易理解,尽管从技术应用的角度上讲,它们可能有着同等的效用。

但是,还有另外一种领悟一众事物的途径:将它们作为一个具有固定关系的单一复杂体中的诸元素。正是通过这种方式,我们把多元图景、诗中诸典故,或者还有,我们把那些使一个具体的历史行为得以解释的诸多影响、动机、信条与目的的组合视作一个整体。我们不是将其作为一种理论的特例,而是作为理解自我和他者的特定关系的中心,而这时就可以声称,还有一种形塑的(configurational)领悟。如果说,理论的领悟模式对应帕斯卡尔(Pascal)所说的几何学精神(l'esprit de geometrie),那么形塑的模式就对应他所说的敏感性精神(l'esprit de finesse)③,即使大量元素和谐地结为一体的能力。

这就是波伊提乌所隐约表达过的领悟模式。但还有一种由柏拉图设想的第三条路径:将一众事实作为同一范畴的例证统合在一起,而且被统合入一个范畴系统中的诸事例彼此不能更加抽象。如果这种领悟模式等同于理论的领悟,哲学就会变成一门严格的科学,而且事实上仅仅是诸门科学中的一种。但是,有许多理由说明范畴中的包含与从假设中演绎无法等同。一个区别是,假设被赋予意义时能够独立于其他假设(尽管一个假设的真实性可能在逻辑上与其他假设的真实性相关联),但范畴的意义却在本质上取决于它们系统上的相互关联。因此,范畴的(categoreal)领悟既不像理论的领悟那样有力,也不像它那样狭隘。进一步讲,范畴的关系不同于理论的假设,它无法被特定的经验所检验,

---

① 由17世纪英国物理学家、化学家波义耳提出,核心内容是:在密闭容器中,定量、恒温的气体的压强和体积成反比关系。——译者注

② "postulate"译为"公准",康德在四组范畴的每一组中都有一组原理表明范畴应用的客观有效性,其中样式范畴(caregories of modality)的原理称为"经验知识之公准",这一原理规定经验主体与他的经验相联系的方式。参见《西方哲学英汉对照辞典》,第783页。——译者注

③ 此处沿用冯俊在《法国哲学》(第一辑)中的译法。参见冯俊:《法国哲学》(第一辑),北京:商务印书馆,2016年10月第1版。——译者注

因为它给经验自身以形式(在这一点上康德显然是正确的)。粗略地讲,一个人可能会说理论的领悟强调普遍与特殊之间的关系,形塑的领悟强调特殊与特殊之间的关系,而范畴的领悟强调普遍与普遍之间的关系。按照这种系统方式来修正和阐述题材,有助于揭示这三种模式穷尽了所有的可能性。

到目前为至,这应该是显而易见的了:理论的领悟、形塑的领悟和范畴的领悟各自适用于自然科学、历史学和哲学。但并不全然如是。尽管亲缘关系很不牢固,但若说这三种模式与那些因历史的偶然而被设置的学科分类在范围上完全相同也将是徒劳的。进一步讲,学科重组的尝试和提议已经并仍将会继续下去,例如,历史探究与将理论的领悟作为它的目的,或者哲学将形塑的领悟作为它的目标。① 但是,除非通过援引某种评判标准,否则并不能声称任何一种领悟的模式居于首要地位,这种评判标准是某种领悟的模式依据它自身的目标而衍生出来的。因此,每一种模式都是自我辩白的;批判性分析与智识的发展可能存在于每一种模式的内部,但也仅仅是在每种模式的内部。在不同的情况下,谁是最高级别的领悟这一问题将视情况而定。理论、形塑或范畴系统将会通过从其目标中派生的标准来证明自己是合适的。因此,当任一模式从它自己的立场出发预想出一种知识的统一性,并把其他模式视为错误或它自己发展的子阶段时,必须断言这三种领悟的模式构成了不可削减的视角。

事实上,每一种模式都将人类的全部经验作为它的题材。一座山脉,对于地理学家是一种事实,对于历史学家是另一种事实,而对于美学家又是一种事实,尽管他们在认知目的上的这种差异可能会被掩盖,因为,他们对这条山脉的实践志趣是相同的,比如作为旅人。当然,在除了理论的模式之外的其他模式中理解亚原子粒子将会是错误的,这是因为这种粒子不是经验的预料,甚至极有可能不是这个世界的事实,而是假设的构造物,它的意义是理论的领悟模式所给予的。基于相似的原因,一个人不应当对实质(substance)与质量(quality)之间的关系期待一种形塑的理解,因为它们是范畴,它们可能能够也可能无法(取决于所采用的范畴的机制)印证有形特例的经验,但它们本身不是经验之物。

领悟的每一种模式都倾向产生它自

---

① 前者指实证史学的尝试;后者指哲学的历史化倾向。——译者注

己的论说形式,这些论说形式包括一些概念,它们从自己发挥作用的模式内获取其恰当的含义。由于这些概念在特定的模式中所使用的名字是相同的,由此便发生了从模式到模式之间的含义转换,也因此在这些概念中产生了系统性含混,它不可避免地造成了误解,却又隐藏了自己的存在和理由。这种情况既发生在一级概念中,例如"男人"或"武力",也发生在二级概念中,例如"事实"或"理论"。正是关于后者,最为严重的误解发生了——自然科学家将历史学家的"理论"视为不科学的,或者哲学家将科学的"理论"视为不完整的。通过认识领悟模式的基础性和不可削减性,便有可能解释这种误解为什么会发生,而不是一味地去消除它的起因。

科学的统一可能吗? 不可能,因为几种领悟的模式使各种方法得以形成和论证。知识的统一有可能吗? 有可能,对于一个心灵来说,对世界的知识是有可能的,心灵的领悟模式给世界以结构。世界的界限就是我们采用以探究它的学科(disciplines)的界限。探究的诸学科被领悟的模式所区分,它们也正是这些领悟模式的目的所在。

译自理查德·范等人合编:《历史的理解》(Richard T. Vann et al eds., *Historical Understanding*, Ithaca and London: Cornell University Press, 1987),第 35~41 页。

作者:路易斯·明克(Louis O. Mink),美国著名叙事主义历史哲学家

译者:郑祥瑞、常远,上海师范大学人文学院世界史研究生

论张荫麟对『传统历史哲学』的批判与建构

□ 张 翔

摘要:民国史家张荫麟所谓的"传统历史哲学"乃是西方"思辨的历史哲学"之别称。他分别从目的论史观、循环史观、辩证法史观、演化史观、文化变迁之因果律等五个维度对传统历史哲学进行了批判与构建。本文旨在循着张荫麟批判的内在逻辑,从其文本的分析入手,通过文本的直观呈现,并结合学界业已取得的研究成果,来重新审视张荫麟对传统历史哲学的批判与界定,进而探究他缘何会持有这样的历史观念。在总体态度上,张荫麟反对"放之四海而皆准"的真理,然而,他又十分笃信自己的内在历史体(经)验,并在某种程度上将其归为检验一切历史法则的绝对标准;在具体的方法上,张荫麟擅长使用逻辑证伪的方法,在历史论证方面,他则偏爱举反例法,从而意欲指出某单一历史决定论的局限,这种论证方式与张氏自己的归纳逻辑是内在一致的。

关键词:张荫麟;传统历史哲学的批判与建构;批判的综合;逻辑证伪法

民国史家张荫麟对历史哲学的批判与构建集中体现在他的《传统历史哲学之总结算》和《历史哲学的根本问题》之中。应该说,从张荫麟批判的对象(目的论史观、循环史观、辩证法史观、演化史观、文化变迁之因果律)来看,这里所谓的"传统历史哲学"其实就是上述"思辨的历史哲学"之别称;然而,从他批判的方法及态度来看,则其又无疑已经具备了"分析的历史哲学"的规模。学界之前的相关研究往往粗枝大叶,失之过简,且介绍多于分析,这样的做法有以偏概全之嫌,不利于全面地了解张荫麟对传统历史哲学批判的内在理路。① 本文旨在循着张荫麟批判的内在逻辑,通过文本的直观呈现,并结合学界业已取得的研究成果,重新审视张荫麟对传统历史哲学的批判与界定,进而探究他缘何会持有这样的历史观念,这是学界在以往的研究中有所忽视的。

一、对"目的论史观"的批判

目的论史观。在张荫麟看来,所谓"目的论史观",即"认定全部人类历史乃一计划、一目的之实现而担任阐明此计划及目的之性质"。② 目的论史观的代表者,张氏认为应当首推黑格尔。张荫麟首先从历史发生学的角度,引出了目的史观的源头——神学史观。然而,他对神学史观却是悬而不论,认为"现在无讨论之价值",转而将矛头指向黑格尔的历史哲学。张荫麟对黑格尔的历史哲学进行了简单的概括:

> 彼之主要论点之一,即谓"世界之历史不外是对于自由之觉识之进步",其进展之阶段:则第一,在东方专制国家(中国、印度、波斯)中只

知有一人(君主)之自由;第二,在希腊、罗马建筑于奴隶阶级之共和政治中只知有一部人之自由;其三,在黑氏当世欧洲之立宪政治中,人人自觉且被承认为自由。故曰:"欧洲(黑氏当世之欧洲)代表世界历史之究竟。"③

针对黑格尔的主要观点,张荫麟从时间、空间以及"历史内核"(世界精神)等三个维度对其历史哲学展开了不遗余力的批判。张荫麟认为黑格尔在时间与空间上犯了"任意割舍"的毛病。在时间上,他说:"黑氏号称已证明全世界全人类之历史为一有理性之历程,为一目的之实现。而实际上彼所涉及者,仅人类历史中任意选择之一极小部分,在时间上彼遗弃一切民族在未有国家以前之一切事迹";"谓曾经发生于过去之事迹为缺乏客观的历史",是"假历史",而黑格尔又无法否认其存在,因此,张荫麟斥其观点"若非毫无意义之谵呓,即自相矛盾"。在空间上,张荫麟指出:"彼所认为,人类史之舞台只限于温带,然即温带

---

① 学界关于张荫麟对传统历史哲学之批判的相关研究,详见张翔:《七十五年来史家张荫麟研究评述(1942—2017)》,武汉大学历史学院主编:《珞珈史苑》(2017年卷),武汉:武汉大学出版社,2018年,第三部分。

② 张荫麟:《传统历史哲学之总结算》,[美]陈润成、李欣荣编《张荫麟全集》(中卷),北京:清华大学出版社,2013年,第1256页。

③ 张荫麟:《传统历史哲学之总结算》,[美]陈润成、李欣荣编《张荫麟全集》(中卷),北京:清华大学出版社,2013年,第1257页。

国家之历史彼亦未能尽赅,关于北美洲,彼且以'属于未来之境土'一语了之。于东方,彼虽涉及中国、印度、波斯,然无法以之与欧洲历史联成一体,其叙东方不过为陪衬正文之楔子而已。即北欧之历史,彼亦须割舍其大半。""黑氏所谓历史哲学仅是地中海沿岸诸民族有国家之后之历史哲学而已。"由此,张荫麟已然洞见了黑格尔历史哲学当中所隐含的"欧洲中心论"立场。因此,对于黑格尔所宣称的"世界史为一理性之历程",张荫麟则斥之为"以名乱实""无理取闹"。① 在"历史内核"方面,张荫麟更是一针见血地指出了黑格尔自相矛盾之处。一方面,黑格尔认为世界史就是人类自由意志之进步史,而这种自由意志之进步即"世界精神";另一方面,黑格尔的"世界精神"的最高峰则是自己所处时代的"德意志精神",甚至他自己便是"世界精神"的化身。换言之,历史过程的最终目的(唯一路径)便是实现这自定义的"世界精神",否则历史便是毫无意义的。其实,打着自由意志的名义来实现"世界精神"的独裁,这恰恰是违背"自由意志"的表现。因此,对于"世界精神"的悖论②,张荫麟辛辣地讽刺道:

> 倘吾人能假定黑氏言语为有意义者,则其持说当如下述:有一非常乖僻,却具有非常权能之妖魔或神圣,名为世界精神者,其为物也,无影,无形,无声,无臭;在黑格尔以前无人知觉之,而除黑格尔及其同志以外,亦无人能知觉之。此怪物自始即有一特殊之愿望:即造成十八世纪末及十九世纪初之德意志式或普鲁士式的社会。然彼却好与自己开玩笑,使用一种魔术将其原来之愿望忘却,而终以迂回不自觉之方法实现之。彼最初隐身于中国、印度及波斯民族之灵魂中,造成"一人

---

① 张荫麟:《传统历史哲学之总结算》,[美]陈润成、李欣荣编:《张荫麟全集》(中卷),北京:清华大学出版社,2013年,第1257~1258页。

② 另外,"理性的狡黠"也是黑格尔《历史哲学》(以及《小逻辑》)中的一个重要悖论。所谓"理性的狡黠"(The Cunning of Reason),是一个关于"目的-手段"范畴的概念,亦即个人的欲望与普遍的理性之间的矛盾。一方面,黑格尔认为个人的欲望是历史发展的动力;另一方面,由于无意识的普遍理性在其幕后充当了实际本质,使得个人的欲望往事与愿违。在某种程度上,"天意"(绝对精神)对于世界历史过程是绝对的理性狡黠。所谓"假私济公"是也。最后使得历史过程呈现出一种辩证的"圆圈式"发展形态。参见[德]黑格尔:《黑格尔历史哲学》,潘高峰译,北京:九州出版社,2011年,第122~128页;庄振华:《黑格尔的历史观》,上海:上海人民出版社,2013年,第191页。由此可知,"理性的狡黠"毋宁是黑格尔历史辩证发展形态的一个理论前提,这种以上帝意志解释历史矛盾的观念从某种程度上来看,并没有彻底摆脱以往神学史观的影子,遭到了后世学者的批判与扬弃。从张荫麟的论述中,似乎也发现了这一点,然而却并没有明确指出。

之自由之认识",继而分身于希腊、罗马民族之灵魂中,造成"少数人自由之认识",终乃转入德意志民族之灵魂中,"以造成人人自由之认识"。如此神话式之空中楼阁,吾人但以"拿证据来"一问便足将其摧毁无余。①

应该承认的是,张荫麟对黑格尔历史哲学的把脉大致是精准的,他的确看到了黑格尔历史目的论的病症所在。然而,观张氏行文论述,又不免有责之过严之病。可以说,张荫麟对黑格尔的历史哲学及其产生的时代背景缺乏一种"了解之同情"。笔者以为,至少应该从两方面来看待张荫麟的上述批判。我们首先应该看到的是,张荫麟与黑格尔所处的立场是不同的。黑格尔是将其历史哲学作为他整个思辨哲学体系的一个必要环节,"是他全部哲学的导论"②。其实,黑格尔毕生所精心构建的思辨哲学体系就是整个时代精神(特别是德意志精神)的演绎,而其历史哲学则是把握这个时代精神的一种具体表现形式。在黑格尔看来,"凡是合乎理性的,都是现实的;凡是现实的,也都是合乎理性的"③。正是

在这样的信念前提之下,黑格尔才将世界历史看作一个"精神"本体不断扬弃的发展过程,最终达到理性的"绝对精神"。可以说,黑格尔只是将具体的历史现象看作是其"精神"辩证发展的一种外化罢了。因此,黑格尔是站在思辨哲学的立场,将整个世界历史的发展历程视为——自"处于历史儿童期的东方社会",经由"处于历史青壮年期的希腊罗马社会",最终到达"历史成熟期的欧洲现实世界"——这样的历史谱系,也就不足为奇了,而这与当时风靡于欧洲的启蒙运动以及普鲁士国家日益兴起的背景(《历史哲学》作为讲演录,其课程始开设于1822年)也是相表里的。相比之下,张荫麟则是站在历史家经验主义的立场来审视黑格尔的历史哲学,他认为:"历史之探索,乃根据过去人类活动在现今之遗迹,以重构过去人类活动之真相。无证据之历史观只是谵呓而已。"在张荫麟的心目中,真正的"目的论史观"是强调个人意志的实现,而非"全部人类历史计划"的"绝对精神":

要之,吾人依从证据所能发现者,除个人意志及其集合的影响外,

---

① 张荫麟:《传统历史哲学之总结算》,[美]陈润成、李欣荣编《张荫麟全集》(中卷),北京:清华大学出版社,2013年,第1259页。
② [德]黑格尔著:《黑格尔历史哲学》,潘高峰译,北京:九州出版社,2011年,出版前言,第3页。
③ [德]黑格尔著:《黑格尔历史哲学》,潘高峰译,北京:九州出版社,2011年,第23页。

别无支配历史之意志;除个人之私独的及共同的目的与计划外,别无实现于历史中之目的与计划。一切超于个人心知以外之前定的历史目的与计划皆是虚妄。又事实所昭示,人类历史在一极长之时期内乃若干区域之独立的、分离的发展,其间即互有影响亦甚微小。此乃极彰著之事实,彼以全部世界史为一整个之历程者,只是闭眼胡说而已。①

张荫麟从历史证据出发,用事实说话,试图否定先验的历史预设,从而回归到历史现象本身。正是在这样的前提下,张荫麟才将经验的"个人意志及其集合"("个人之私独的及共同的目的与计划")视为历史发展的唯一动力。然而,不可否认的是,张荫麟对目的论史观的批判也有以偏概全之嫌:一方面,他名义上是批判目的论史观,然而其实仅仅只批判了黑格尔式的目的论史观,不仅对流行于中世纪的"神学史观"(比如:奥古斯丁的历史哲学、托马斯·阿奎那的历史哲学等)不屑一顾,而且即便是对哲学领域里的典型目的论者如莱布尼茨、沃尔夫、孟德斯鸠等人的历史哲学,张荫麟也视而不见,而这些人的目的论史观显然是与黑格尔大相径庭的。其实这并不难理解,张荫麟自己承认:"过去目的论之历史哲学家无出黑氏右者,故不能不举以为例。且黑氏学说在我国近日渐被重视,吾今第一次介绍其历史哲学,不能不预施以'防疫'之处理也。"②因此,毋宁说张荫麟是借着介绍目的论史观之名,行批判黑格尔历史哲学之实。另一方面,张荫麟的批判与黑格尔历史哲学的全貌也并非无抵牾之处;他虽然看到了黑格尔以"精神"的扬弃历程来把握世界历史实在的荒谬性,但他也不自觉地抛弃了黑格尔历史哲学中的一些合理性因素(比如:关于过程、运动、变化、发展等思想的论述,这些作为形式的"合理性因素",最终在马克思那里得到了发扬),这样选择性的批判、作狭义性的理解,对于黑格尔的历史哲学的评价显然是有失公允的。究其原因,或许正如李洪岩所指出的:"张荫麟对黑格尔的攻击同他接受现代西方思潮的影响相关,背叛黑格尔、非黑格尔化是20世纪西方思潮的特点,对张荫麟曾发生深刻影响的

---

① 张荫麟:《传统历史哲学之总结算》,[美]陈润成、李欣荣编《张荫麟全集》(中卷),北京:清华大学出版社,2013年,第1259~1260页。
② 张荫麟:《传统历史哲学之总结算》,[美]陈润成、李欣荣编《张荫麟全集》(中卷),北京:清华大学出版社,2013年,第1259页。

英国哲学家摩尔在这方面就有开启之'功'。"①诚然,对于崇尚分析哲学的张荫麟而言,思辨的历史哲学自然经不起分析实证以及历史事实的推敲。学理之外,张荫麟对黑格尔学说的极力否定,似乎也与当时好友贺麟对黑格尔哲学的不以为然有所关联。②

那么,应该如何从正面来看待黑格尔历史哲学的价值呢?笔者以为,在涉及具体史实的论述上,黑格尔的历史哲学无疑充斥着"硬伤",成了明日黄花;然而黑格尔对历史的分类思想(原始的历史、反思的历史、哲学的历史),以及辩证的逻辑思维范式等,依然给后世的历史哲学家以无限的启发,比如:马克思的历史辩证法、斯宾格勒的《西方的没落》、汤因比的《历史研究》,乃至弗朗西斯·福山的《历史的终结与最后的人》等,在某种程度上都受到了黑格尔历史哲学的影响。③可以说,黑格尔的历史哲学教给了我们一种看待世界与理解历史的方式,这或许便是黑格尔历史哲学永恒的魅力所在吧!

进步史观。在张荫麟的心目中,"进步史观"脱胎于"目的论史观",是"目的论史观"的副产品。他认为:"凡主张目的史观者,必以为贯彻于全部历史中者有一种状况、一种德性、一种活动,或一种组织之继续扩张,继续完成";"盖进步之必要条件为传统之持续。惟承受前人之成绩而改革之,始有进步可言。"④诚然,所谓"进步史观"其实就是"目的史观"在方向上正相关的发展,至于其形式则有"直线式进步"与"螺旋式进步"两种(其中,"螺旋式进步论"与后述之"辩证法史观"或有关联)。⑤张荫麟针对学界以往关于"进步"概念的模糊性,他首先厘清了"进步"的价值内涵,即:"每有一种状况、一种活动或一种组织之量的扩充,或质的完成,便有进步。"进而认为:"假设进步为事实,则历史中只能

---

① 李洪岩:《论张荫麟及其"新史学"》,《近代史研究》1991年第3期。
② 关于这个说法,参见朱潇潇:《专科化时代的通才——1920—1940年代的张荫麟》,上海:复旦大学出版社,2011年,第192页,脚注1。
③ [德]黑格尔著:《黑格尔历史哲学》,潘高峰译,北京:九州出版社,2011年,出版前言,第5~6页。
④ 张荫麟:《传统历史哲学之总结算》,[美]陈润成、李欣荣编《张荫麟全集》(中卷),北京:清华大学出版社,2013年,第1260页。
⑤ 张荫麟:《传统历史哲学之总结算》,[美]陈润成、李欣荣编《张荫麟全集》(中卷),北京:清华大学出版社,2013年,第1262页。

有若干平行之进步。"①与对黑格尔的历史哲学全盘否定的态度不同,张荫麟对进步史观的批判是有所保留的,他对过去历史哲学家在广义的"文化史"中的诸进步观念进行了分梳,并将其分列为五个项目②,对之进行逐一分析、扬弃。

针对进步史观的这五个项目,张荫麟质疑道:"以上五者在各民族、各国家或各文化之历史中,是否有继续不断之进步?换言之,是否在任何时代只有增益而无减损?"答案无疑是否定的,或者说不能一概而论。对于"繁赜化"的进步论,张荫麟从文化的"整体—部分"范畴对之进行了批判。他认为,就文化的全体而言(比如:政治与宗教的关系、经济分工、艺术与科学门类的专业化等),繁赜化是不可否认的事实;然而就文化的个体而言(比如:"宗教之仪节""神话之信仰""苛细之法禁"等),则是由繁趋简的。③ 由上可知,张荫麟对于"繁赜化"的进步论基本上持一种辩证的态度,当然,这种辩证的态度仅限于客观文化种类的判断,一旦超出此界限,涉及明显的伦理价值之进步时,他又会持完全否定的态度。比如在论证"大多数人之幸福"以及"自由、平等或互助"的进步时,张荫麟便直接以史实为例来指出这两种观念的荒谬性:

> 谓在任何时代之历史中大多数人之幸福继续增进,此说之难立,无待深辨。五胡十六国时代大多数中国人之幸福,视汉文、景、明、章之时代如何?十九世纪中叶,及二十世纪初叶以来大多数中国人之幸福,视十八世纪时代如何?类此者例可增至于无穷。

> 自由、平等或互助之继续进步说,更难当事实上之勘验。试以中国史为例,吾人但以五胡十六国时代与两汉全胜时代,以晚唐五代与盛唐时代,以元代与宋代,以崇祯末至康熙初与明代全盛时一比较,便

---

① 张荫麟:《传统历史哲学之总结算》,[美]陈润成、李欣荣编《张荫麟全集》(中卷),北京:清华大学出版社,2013年,第1260页。

② 这五个项目分别为:(一)智识:(甲)广义的,智识之内容及思想方法;(乙)狭义的,控制及利用自然之技术、生产之工具。(二)政治上之自由及法律上之平等。(三)互助之替代斗争。(四)大多数人之幸福。(五)一切文化内容之繁赜化。值得一提的是,所谓"繁赜化"(heterogeneous),即由一单纯之全体生出相差异而相倚相成之部分。就历史而言,也即历史的发展形态是由简单到复杂的不断增益的过程。张荫麟:《传统历史哲学之总结算》,[美]陈润成、李欣荣编《张荫麟全集》(中卷),北京:清华大学出版社,2013年,第1260~1261页。

③ 张荫麟:《传统历史哲学之总结算》,[美]陈润成、李欣荣编《张荫麟全集》(中卷),北京:清华大学出版社,2013年,第1261页。

知此等史观之谬。[1]

在张荫麟看来，但凡涉及伦理价值的历史比较，除非是设立一个共同的标准，否则便是不可通约的。一方面，历史的伦理价值既没有数据上量化之可能；另一方面，在历史定性上，历史的价值标准则是"古今聚讼的焦点"，难以达成普遍一致。因此，对于伦理价值的历史比较而言，进步观念则无疑是无稽之谈。可以说，张荫麟这里的批判与其前述的"进步"价值内涵是一贯的。另外，在"智识"项的进步论中，他似乎只承认"狭义的智识"（生产方法与生产工具）有进步的可能，而对于"广义智识"（"智识之内容及思想方法"）的进步说则持批判态度，他特举反例以证其伪：

> 试以我国数学史为例。明代在西学输入以前，实为我国数学大退步之时代。宋元时期盛行之立天元之术至是无人能解。其重要算籍如《海岛》《孙子》《吾曹》等收入《永乐大典》，束之高阁外，世间竟无传本，

后至清戴震始从大典中重复输出焉。吾人若更以中世纪初期之与罗马盛时之学术史比较，则智识继续进步说之谬益显。[2]

此外，张荫麟对进步史观的另一种表现形式——"螺旋式进步论"也进行了批判：

> 所谓螺旋式的进步论者，承认盛衰起伏之更代，惟以为每一次复兴辄较前次之全胜为进步。此在智识之内容方面似或有然。然若视为普遍之通则，则螺旋式之进步说亦难成立，譬就政治上之自由、法律上之平等及生活上之互助及大多数人之幸福而论，吾不知宋代全盛时有以愈于唐代全盛时几何？唐代全盛有以愈于后汉全盛时几何？[3]

在张荫麟看来，除了生产工具、思想方法以及文化内容的"繁赜化"以外，"似不能在任何民族之历史中，发现直线式（即不为退步所间断）的进步"。[4] 换言之，判断线性进步观的唯一标准在于：

---

[1] 张荫麟：《传统历史哲学之总结算》，[美]陈润成、李欣荣编《张荫麟全集》（中卷），北京：清华大学出版社，2013年，第1261页。

[2] 张荫麟：《传统历史哲学之总结算》，[美]陈润成、李欣荣编《张荫麟全集》（中卷），北京：清华大学出版社，2013年，第1261页。

[3] 张荫麟：《传统历史哲学之总结算》，[美]陈润成、李欣荣编《张荫麟全集》（中卷），北京：清华大学出版社，2013年，第1261页。

[4] 张荫麟：《传统历史哲学之总结算》，[美]陈润成、李欣荣编《张荫麟全集》（中卷），北京：清华大学出版社，2013年，第1262页。

看其是否能够在数量上进行扩充,在质能上取得技术性突破。这种硬性的标准显然并不适用于上述"广义智识"的进步史观。在历史上,但凡涉及"智识的内容"都会有出现断层的可能,作为智识的载体——历史文献的数量无疑是呈级数性扩张的,然而,文献所载之知识则可能会由于文献在历史流传中的遗佚散失而发生停滞。另外,那些历史精英也并非按照历史发展本身的轨迹依次出现,他们的思想往往具有跳跃性、超前性的特点。因此,从这个意义上说,螺旋式的进步史观或许可视为理解历史的一种维度,然而一旦超出"智识之内容"的范围,则又另当别论。

在思想方法之进步说方面,张荫麟无疑比较推崇法国实证主义大师奥古斯特·孔德(1798—1857)的学说,他在"进步史观"一节的末尾着重介绍了孔德的实证主义思想,特别是"人类思想认识三阶段说"。① 然而,张荫麟并没有盲目地崇拜孔德,而是在介绍其说的同时依然保持着审慎的态度。他认为孔德的学说仅对治学术史有莫大帮助,而对致力于通史的学者来说,则又显得力有不逮。② 因为孔德的实证主义学说与其说是一种史观,不如说是一种"治学精神"或"科学方法",而构建通史体系则无疑需要一种超放的"史观"(历史哲学)作指导。其实,孔德的历史哲学旨在"展露而不是发现历史规律","展露"便是一种实证的表现,从某种程度上,实证主义的发展受到了启蒙时代科学进步观的影响,反之,历史哲学又通过实证主义的洗礼来促使历史学本身的科学化,从而到兰克

---

① 孔德最初在其著作《实证哲学教程》中将人类思想的发展历程划分为三个阶段,即:神学阶段、形而上学阶段、实证阶段,之后他又在《论实证精神》中进行了详细说明。在孔德看来,在神学阶段,世界与人类的命运主要依靠上帝与神灵的意志来解释,它作为临时的和预备的阶段是必不可少的;在形而上学阶段,人类的知识虽然有所进步,然而它仅仅是用抽象的观念解释人类的命运,并不符合外在世界的科学说明,因而也只能是过渡阶段;只有进入实证阶段,才是唯一完全正常的阶段,人类的理性在此阶段得以完全定型。参见[法]奥古斯特·孔德:《论实证精神》,黄建华译,北京:商务印书馆,2009年。
对比张荫麟的译介可知,其对孔德实证主义思想的把握大致是准确的、客观的,他吸收了孔德思想中以"实证的伦理学及社会学"为标准的观念,他说:"于是吾人放弃一切关于自然现象之'理由'与'目的'之讨索,惟致力于现象之不易关系、之恒常的法则之发现。于是吾人屏除一切无征之空想而以观察、实验,为求知之唯一之方法。虽然在同一时代各科学不必达于同一阶段……然则吾人以何标准,而划分某时代之属于某阶段?孔德以为此标准乃在道德及社会思想之方法。"张荫麟:《传统历史哲学之总结算》,[美]陈润成、李欣荣编《张荫麟全集》(中卷),北京:清华大学出版社,2013年,第1262页。由上可见孔德学说对张荫麟的影响,毋宁说张荫麟在孔德那里找到了观念上的同感。

② 张荫麟:《传统历史哲学之总结算》,[美]陈润成、李欣荣编《张荫麟全集》(中卷),北京:清华大学出版社,2013年,第1262页。

的"历史主义史学"以臻实证史学的顶峰。① 应该指出的是,张荫麟以实证主义哲学来批判进步史观虽然是一种进步,然而,这种史学批评依然缺乏一种对进步史观所产生的历史背景的关照。进步史观在17世纪以降的启蒙时代普遍流行,一方面是对中世纪"神学史观"的一种反动,它基于理性的立场,旨在破除教会对历史解释的垄断权;另一方面多少反映了当时的人们对现实世界所抱有的乐观态度,可以说进步史观与当时西欧的宗教改革运动、近代思辨哲学以及近代自然科学的兴起是相表里的。②

二、对"循环史观"的批判

所谓"循环史观",是循环论哲学在历史领域的具体表现形式,它是思辨的历史哲学中较为古老的一种观念。在张荫麟看来,循环史观是与直线式的进步史观相对立的,但是与螺旋式的进步史观却并不冲突,是"惟各侧重事实之一方面"。③ 其实,"循环"作为历史发展的一种表现形式,充分体现在螺旋式进步史观的每个环节之中。从这个意义上,循环史观说毋宁说是螺旋式进步史观的补充与深化。然而,它们如何侧重于事实的不同方面呢?张氏则语焉不详。随后,张荫麟追溯了循环史观的历史起源,认为"相比进步史观而言,循环史观要显得更为古老",它起源于人类先民在面对一些自然循环现象("昼夜、朔望、季候、星行")时的一种自然而然的经验总结,因此,"早期的冥想家大抵为循环论者"。另一方面,他又将这种古老的"循环论"划分为两类:一类是所谓"大宇宙的循环论",即认为"宇宙全部乃一种历程之继续复演,或若干历程之更迭复演";另一类是所谓"小宇宙的循环论",即认为"世间一切变化皆取循环之形式:任何事物进展至一定阶段则回复于与原处形式相类似之情形"。④ 相比而言,"大宇宙的循环论"实隶属于哲学宇宙论的范畴,比如张荫麟所列举的《庄子·杂篇·寓言》、朱熹的《朱子语类》以及尼采的"永恒轮回说"等大抵皆属此类,这种循环论并非以具体的人类历史为考

---

① 王晴佳:《西方的历史观念:从古希腊到现在》(修订版),北京:北京师范大学出版社,2013年,第192~199页。

② 王晴佳:《西方的历史观念:从古希腊到现在》(修订版),北京:北京师范大学出版社,2013年,第122~132页。

③ 张荫麟:《传统历史哲学之总结算》,[美]陈润成、李欣荣编《张荫麟全集》(中卷),北京:清华大学出版社,2013年,第1262页。

④ 张荫麟:《传统历史哲学之总结算》,[美]陈润成、李欣荣编《张荫麟全集》(中卷),北京:清华大学出版社,2013年,第1262页。

察对象,而是以本体论的立场来探究宇宙的起源与本质,其显然并不属于历史哲学的范畴。因此,张荫麟重点考察了"小宇宙的循环论",严格意义上,此类循环论虽然也不属于真正的循环史观,然而在形式上已然初具规模。《老子》的"万物并作,吾以观复",《易传》的"无往不复",龚自珍的"万物胎观"思想等都是这种循环论的具体阐释。① 只要将这种循环的形式作用于"历史法则之探求",则可视为"循环史观"。

相比于以往的循环史观论者将历史循环的观念绝对化与普遍化的做法而言,张荫麟对"循环史观"则依然持有其一贯的扬弃态度。一方面,他坚决反对循环史观的绝对化;另一方面又不否认人类历史中确实存在着大量的循环现象,并"若以循环之观念为引导以考察人类史,则每可得惊人之发现"。② 由此,张荫麟分别举例说:

> 譬如"孔子在齐闻韶,三月不知肉味",此为孰一循环变化之一部分?秦始皇焚书,此为孰一循环变化之一部分?张衡发明候风地动仪,此又为孰一循环变化之一部分?(反面史例)
>
> 周作人氏在其《中国新文学的源流》中指出我国文学史上有两种思潮之交互循环。其一为"诗言志"之观念,其一为"文以载道"之观念,吾人若将中国文学史分为下列诸时期:(一)晚周,(二)两汉,(三)魏晋六朝,(四)唐,(五)五代,(六)两宋,(七)元,(八)明,(九)明末,(十)清末,(十一)民国,则单

---

① 张荫麟:《传统历史哲学之总结算》,[美]陈润成、李欣荣编《张荫麟全集》(中卷),北京:清华大学出版社,2013年,第 1262 页。

② 李洪岩认为,"张荫麟表现出对循环史观的深厚偏爱",这里的解读或许与事实不符。(李洪岩:《论张荫麟及其"新史学"》,《近代史研究》1991 年第 3 期。)应该说,张荫麟的扬弃态度在"循环史观"上亦没有丝毫妥协,即使从张荫麟关于"循环史观"所举的例子中也并不能说明他的偏好,而是应该从这些例子中提炼出张荫麟所坚持的学理(见下文分析),这才是张荫麟一贯的治学理念,以逻辑自洽的学理来反观变动不居的史例,才是"以不变应万变"的态度。

另外,有的学者也对李洪岩的观点提出了质疑,比如:杨俊光认为张荫麟是在整体否定循环史观的前提下,认为循环的历史现象大量存在于历史事实中,用循环论去分析,在特定情况下也能得出相对合理的结论,但是,这并不等于张荫麟把循环史观奉为圭臬。(杨俊光:《批判与革新:南粤史家张荫麟历史哲学管窥》,《贵州文史丛刊》2013 年第 1 期。)朱潇潇指出,从张荫麟的具体表述来看,首先获得肯定的,则是循环史观在传统史学观念中的根深蒂固。(朱潇潇:《专科化时代的通才——1920—1940 年代的张荫麟》,上海:复旦大学出版社,2011 年,第 193 页。)显然,朱潇潇这里的解读要更胜一筹。杨文的观点依然有可商之处。从张荫麟对"循环史观"的表述中可知,他并没有在整体否定循环史观的前提下,再对循环史观进行部分肯定,而是以一贯的扬弃态度,对"循环史观"的内涵按照自己的理解进行了分梳,因而这种批判既不是全盘否定,也不是抓大放小、做选择性的判断。

数诸期悉为言志派当盛之世,双数诸期悉为载道派当盛之世。按诸史实,信不诬也。(正面史例)①

这些例子可谓是随意联想、信手拈来,因而难免容易给人失之单调或郢书燕说之感,这可谓张荫麟论证的通病。其实,张荫麟的目的并不在于举例,他是将这些信手拈来的例子作为他批判循环史观的手段,旨在阐发对循环史观在学理层面的扬弃,只是他并没有在叙述中明确表达出来。由上引可知,在张荫麟看来,大凡在历史上偶然出现的单个历史事件,绝无再复现、循环的可能;而一旦将这些独立的历史事件按照一定的历史秩序进行谱系化的排列,形成一定的脉络,则无疑会出现循环的可能。应该承认的是,并非所有历史现象的排列组合都会最终形成"循环链",它的界限即在于:看其是否符合"循环的形式"(其进展到一定阶段又回复到最初的生成模式)。从这个意义上,则历史理念比历史事件更易出现"循环"的现象。在诸多历史循环中,张荫麟似乎特别笃信文学史与政治史的某些观念,并将文学史上的所谓"两大思潮"作为"循环现象的最佳之例"。其实,这种"发现"并非典型,亦非"最佳":一方面,以政治史的序列来对应文学史的思潮,其本身便是值得商榷的;另一方面,即便政治朝代与文学思潮可以衔接无碍,然而,以整个朝代来定义某一思潮,亦有失之笼统之嫌,应该说,"言志"与"载道"是中国自古以来便共时存在的两大思潮,只是在同一时代各有侧重罢了,并非不同时代此起彼伏的"循环"。② 相比之下,张荫麟关于政治史观念方面的举例显然更具说服力:

过去关于人类史中循环现象之观察以属于政治方面者为多。孟子曰:"天下之生久矣,一治一乱……"《礼运》言大同、小康、据乱三世之迭更。罗马普利比亚(Polybius)则谓一君政治流而为暴君专虐,暴君专虐流而为贵族政治,贵族政治流而为寡头政治,寡头政治流而为民

---

① 张荫麟:《传统历史哲学之总结算》,[美]陈润成、李欣荣编《张荫麟全集》(中卷),北京:清华大学出版社,2013年,第1263~1264页。

② 其实,周作人的《中国新文学的源流》在当时即遭到了一些学人的批评。比如:钱锺书在《七缀集》中指出周作人的"新文学源流"是一种"事后追认先驱的做法",这种做法其实就是一种"历史书写的价值预设",它会影响文学创作本身。另外,对于所谓的"载道"与"言志"两派,钱锺书认为,"文以载道"与"诗以言志"主要是规定各种文体的职能,并非概括"文学"的界说,两者是可以共存的。(钱锺书:《七缀集》(修订版),上海:上海古籍出版社,1996年,第3~4页。《评"中国新文学的源流"》,《新月》第4卷第4期,1932年11月;并参见李洪岩:《论张荫麟及其"新史学"》,《近代史研究》1991年第3期,等等)张荫麟将其误认为文学史上交替相生的两派,显系误读,故有举例不当之嫌。

主政治,民主政治流而为暴民专虐,由暴民专虐而反于一君政治,如是复依前序转变无已。马支亚浮列(Machiavali)则谓:"法律生道德,道德生和平,和平生怠惰,怠惰生叛乱,叛乱生破灭,而破灭之余烬复生法律。"圣西门则谓组织建设之时代与批评革命之时代恒相迭更。其实后四家之言皆可为《孟子》注脚。惟《礼运》失之于理想化,普利比亚失于牵强,马支亚浮列失之于笼统,惟圣西门之说则切于事实。①

在论证政治史领域的循环现象时,张荫麟比较了中西政治哲学的差异。他认为,《孟子》的"历史治乱循环说"更接近于历史的真实,若以此为标准,则《礼记》的"三世说"似是乌托邦的空想,是一种类似历史目的论的终极设计;普罗比亚的论断有失牵强;马基雅维利的学说失于笼统,而圣西门的观点则切于事实。它们都是《孟子》"治乱循环说"的"注脚"。张荫麟这里的判断正确与否,姑且不论,其中隐含的深意或许在于:张荫麟对《孟子》所高度概括的历史原则无疑是深信不疑的,因为这种判断并非历史预设,而是符合历史事实的理论提炼。无论是《礼记》,还是普罗比亚与马基雅维利的学说,从本质上来讲,都只是一种脱离了历史语境的政治哲学的想象,因而必然会被张氏所舍弃,充其量也是沦为合乎事实的历史观念的注脚。由此,张荫麟对《三国演义》的开篇语"天下大势,分久必合,合久必分",想必是深表认同的。然而,张荫麟似乎并没有去进一步探究这种"治乱循环说"的内在合理性,而是仅仅流于历史经验的直观判断,不可谓不遗憾。

三、对"辩证法史观"的批判

"辩证法史观",特别是"辩证法的唯物论史观",是张荫麟所处之时代风靡一时的历史观念,且有成为"口头禅"的趋势。当时的学者多以译介"辩证法史观"或在自己的著作中套用这种史观为风尚。然而,对于"辩证法史观"的概念及内涵,却"尚未见有令人满意的阐释与批判"。② 正是基于此,张荫麟才试图以审慎的态度对"辩证法史观"进行较为系统的考察。他将黑格尔与马克思视作各自辩证法史观的代表,并对"辩证法"

---

① 张荫麟:《传统历史哲学之总结算》,[美]陈润成、李欣荣编《张荫麟全集》(中卷),北京:清华大学出版社,2013年,第1264页。
② 张荫麟:《传统历史哲学之总结算》,[美]陈润成、李欣荣编《张荫麟全集》(中卷),北京:清华大学出版社,2013年,第1264页。

的四重内涵进行了分梳。① 张氏认为前三种辩证法本质上是一种纯然形式逻辑上的演绎,与历史本身无涉,只有第四种辩证法才是真正意义上的"历史辩证法",也被称为"辩证法的唯物史观"。这种辩证法是将前述辩证逻辑的结构作用于人类历史发展的进程之中,因而也就有了考察与批判的价值。随后,张荫麟区分了"黑格尔的历史辩证法"与"马克思的历史辩证法"的具体内涵:

> 任何人群组织之现实状况,恒不得完满,其中却涵有日渐增加而日渐激烈之先觉先进者,憧憬追求一更完满之境界。现状之保持者可视为"正",而理想之追求者可视为"反"。此两种势力不相容也。守旧与维新,复古与解放,革命与反动之斗争,此亘古重演之剧也。然斗争之结果,无一全胜,亦无一全败,亦可谓俱胜,亦可谓俱败,于是产生一新组织社会。在其中,理想实现其一部分,旧状保持一部分,是为"合"之阶段。(黑格尔的历史辩证法)

> 一人群之经济组织范围其他一切活动。过去自原始之共产社会崩溃后,在每一形成之经济组织中,包涵对峙之两阶级,其一为特权阶级,其一为无特权阶级;其一为压迫者,其一为被压迫者。经济组织之发展愈臻于全盛,或益以新生产方法之发明,则阶级之冲突愈剧烈。压迫阶级要求现状之维持,是为一"正";被压迫之阶级要求新秩序之建立,是为一"反"。此两阶级对抗之结果为社会革命,而最后乃产生一新经济组织,将对抗之两势销纳,于是阶级之斗争暂时止息,是为一"合"。经济组织改变,则政治、法律,甚至哲学、艺术亦随之改变。(马克思的历史辩证法)②

在张荫麟看来,黑格尔与马克思的历史辩证法在方法上并无二致("同一方法之异用"),并且,马克思的历史辩证法是传承黑格尔哲学的衣钵,以黑格尔"正反合"的辩证逻辑结构来解释历史。然而,在具体解释上,马克思与黑格尔则各有侧重。由上引可知:黑格尔认为"理想(人的欲望)为一种支配历史的

---

① 张荫麟:《传统历史哲学之总结算》,[美]陈润成、李欣荣编《张荫麟全集》(中卷),北京:清华大学出版社,2013年,第1264~1265页。

② 张荫麟:《传统历史哲学之总结算》,[美]陈润成、李欣荣编《张荫麟全集》(中卷),北京:清华大学出版社,2013年,第1266页。

原动力"①,而马克思则认为"理想不过经济制度的产物",经济组织才是决定历史发展的根本因素,所谓"经济基础决定上层建筑"("经济组织改变,则政治、法律,甚至哲学、艺术亦随之改变")。可以说,张荫麟确实触及到了黑格尔与马克思各自的理论核心,但是深入考察后发现,张氏对他们二人各自的理论都多少作了狭隘化的理解,甚至是主观上的误读。一方面,从理论上看,他并没有从学理层面深入分析二人观点的根本差异,只是以译介的方式点到即止;另一方面,在举例论证上,张荫麟也是挂一漏万、以偏概全,他仅以"中国先秦时期贵族阶级的变迁"为例便否定了黑格尔与马克思的历史辩证法,实在有失草率。他说:

> 试以我国史为例。周代封建制度之崩溃,世官世禄(即以统治者而兼地主)之贵族阶级之消灭,此乃社会组织上一大变迁。然此非由于先知先觉之理想的改革,非由于两阶级之斗争,亦非由于新生产工具之发明。事实所示,不过如是:在纪元前六、七世纪间,沿黄河流域及长江以北,有许多贵族统治下之国家,其土地之大小饶瘠不一,人口之众寡不一,武力之强弱不一。大国之统治者务欲役属他国,扩张境土,小国之统治者及其人民欲求独立与生存,于是有不断之"国"际战争。其结果较弱小之国日渐消灭,而终成一统之局。因小国被灭,夷为郡县,其所包涵之贵族亦随其丧失原有地位,是为贵族阶级消灭之一因。君主与贵族争政权,而务裁抑窜逐之,是又贵族阶级消灭之一因。贵族阶级自相兼并残杀,是又其消灭之一因。凡此皆与阶级斗争、生产工具之新发明,或理想之追求无与。即此一例,已摧破黑格尔与马克思之一切幻想。②

由上可知,张荫麟将春秋以降贵族阶级消灭的原因归结为多个方面:其一是大国与小国之间的战争,其二是君主与贵族的权力博弈,其三是贵族阶级的自相残杀等。他认为这些原因是"事实所示",皆与"阶级斗争、生产力的进步以及理想的追求"无关,如此便认为黑格尔与马克思的历史辩证法"皆与史实剌谬"。显然,这种简单化的否定是肤浅

---

① [德]黑格尔著:《黑格尔历史哲学》,潘高峰译,北京:九州出版社,2011年,第84~98页。
② 张荫麟:《传统历史哲学之总结算》,[美]陈润成、李欣荣编《张荫麟全集》(中卷),北京:清华大学出版社,2013年,第1267页。

的。张荫麟是以历史发生的具体原因来批判马克思形而上的根本原因,因而颇有一种郢书燕说之感。而且,这些具体原因不如说是"直观现象的联想",它们虽然是事实,但却并不具有绝对的实证关联性;而马克思的阶级斗争说(或生产力与生产关系学说)则是从另外的维度对历史现象的阐释提供了一种可能,虽然这种历史解释与张荫麟的现象归纳法一样,都无疑是"观念的冒险"。不可否认的是,无论是黑格尔还是马克思,他们确实都是站在一元论(要么唯心,要么唯物)的历史决定论立场来解释历史发展动力的,与其说是一种历史解释的范式,不如说是一种历史预设的信仰,①这种形而上的历史信仰与张荫麟自谓的基于"历史事实"的现象归因法其实是南辕北辙的,并不构成实质上的冲突。并且,张荫麟这里的归因其实也隐含着一个双重预设:从外在原因看,他将其归结为土地、人口、武力的不平衡;从内在原因看,则是大国奴役小国的"欲望",和小国反抗大国以求独立与生存的"欲望",这两重动因是作为前述具体原因的前提而存在的。其实,张荫麟这里的"双重预设"与其"目的论史观"批判中所透露的历史发展动力("个人意志及其集合")是暗合的,②而这种近乎"集体意志决定论"的历史观是与马克思的唯物史观相背,而与黑格尔的唯心史观相近的,从此而论,又可谓是张荫麟历史批评的"狡黠"了。

此外,马克思的学说并非完全是与黑格尔一脉相承的,而是各有所宗。应该说,马克思的"实践的唯物史观"或"历史唯物主义",是从德国古典哲学的全部成果中发展而来的,它不仅扬弃了黑格尔辩证法的"合理内核",同时也批

---

① 对历史决定论的批判,可以参见波普尔的《历史决定论的贫困》。波普尔认为,人类历史的进程受人类知识增长的强烈影响,我们不可能用合理的或科学的方法来预测我们的科学知识的增长,所以,我们不能预测人类历史的未来进程。也就是说,我们必须摒弃与理论物理学相当的历史社会科学的可能性。没有一种科学的历史发展理论能作为预测历史的根据。所以,历史决定论方法的基本目的是错误的,历史决定论不能成立。([英]波普尔:《历史决定论的贫困》,杜汝楫、邱仁宗译,上海:上海人民出版社,2009年,序言部分,第1~2页)可以说,这里的批判不独是针对马克思主义,而是针对整个思辨的历史哲学体系的历史预设特质而言的。作为新实证主义者,波普尔这里的论证可谓十分有力,然而,他也遭到了一些学者的批评。韩震认为,波普尔不懂认识深化过程的辩证法,将抽象思维与整体性把握完全对立起来,他将自然科学的"反驳与猜想"嫁接到历史学当中,掩盖了其相对主义历史观与科学分析之间的裂隙。[韩震:《西方历史哲学导论》(修订版),北京:北京师范大学出版社,2008年,第453~478页]在笔者看来,波普尔的批判一方面是基于他的自然科学的实证主义学术立场,另一方面则是与他的崇尚开放社会的自由主义政治立场有关,或当作如是观。

② 张荫麟:《传统历史哲学之总结算》,[美]陈润成、李欣荣编《张荫麟全集》(中卷),北京:清华大学出版社,2013年,第1259~1260页。

判地继承了费尔巴哈唯物主义的"基本内核"。① 从张荫麟的表述来看,他显然是将马克思的历史唯物论与历史辩证法混为一谈了。张荫麟对黑格尔及马克思的片面化解读遭到了后世学者的普遍批评,许冠三认为,张氏"无论对黑格尔的心宗还是马克思的物宗,皆显得草率而迹近武断"②;李洪岩则认为,张荫麟首先将辩证法庸俗化为黑格尔的正反合三段论,继而又混淆了马克思主义历史辩证法与黑格尔的唯心主义辩证法的本质区别,可以看出张氏的历史局限。③

诚然,张荫麟这里的偏见并不难理解。一方面,张氏对传统历史哲学的批评多是基于"二手资料"来阐发的,比如在批判黑格尔与马克思的历史辩证法时,张荫麟所参见的是 B. Copseoer 的 *The Logical Influence of Hegel and Marx*（University of Washington Publications in Social Sciences, Vol. II, No. 2）,④而非直接参见他们各自的原典。这种取"捷径"的做法显然难以真正理解黑格尔与马克思历史辩证法的真谛,以及马克思唯物史观内在的实践特质;另一方面,这或许也与他自身所持的历史相对主义倾向有关。张荫麟潜意识里是反对历史绝对主义的,他似乎反对一切以"历史决定论"为名的史观,无论是前述之目的史观、循环史观,还是后论之演化史观、文化变迁之因果律等,都可以看到张荫麟的反绝对主义倾向。然而,他虽然摆脱了那种将历史解释绝对化的桎梏,却又不自觉地落入了新的"绝对主义"的窠臼,且看从五种史观批判中抽象出来的固定句式:"**吾人以为**,此种史观在××方面似或有然(成立),**然而**,若视为普遍之通则,谓一切人类历史于此史观皆成立,以事实所示,**显难成立**。"由此可见他的历史相对主义的本色。如前所述,张荫麟是以美学直觉主义而著称的克罗齐的信徒;

---

① 杨祖陶:《德国古典哲学的逻辑进程》,武汉:武汉大学出版社,1993 年,第 360 页。
② 许冠三:《新史学九十年》,长沙:岳麓书社,2003 年,第 69 页。
③ 李洪岩:《论张荫麟及其"新史学"》,《近代史研究》1991 年第 3 期。
④ 另外,张荫麟在其他四种史观的批判中也是以参考"二手资料"为主,比如批判"进步史观"时所参考的是 I. B. Bury 的 *The Idea of Progress*(1924);批判"循环史观"所参考的是 P. Sororkin 的 *A Survey of the Cyclical Conceptions of Socioland Hiotorical Process*, Social Forces, Sekt (1927);批判"演化史观"时所参考的是 Goalden Weiser 的 *Cultural Anthropology*(见 Barnes 氏所编 *History and Prospect of Social Sciences*);批判"气候史观"时所参考的是 P. Sorokin 的《现代社会学原理》,等等。应该承认,这些在当时尚未经翻译的西方历史哲学经典通过张荫麟之手加以批判介绍,确实有"预流"之功,然而以此为底料便来评判传统历史哲学的优劣,无疑是单薄的,而这种试图以自己的"史识"驾驭"二手资料"来把握原典的做法,无疑也是一种冒险。事实证明,这种机巧的做法确实使张荫麟的历史批评漏洞百出。[张荫麟:《传统历史哲学之总结算》,[美]陈润成、李欣荣编《张荫麟全集》(中卷),北京:清华大学出版社,2013 年,第 1256~1272 页]

然而,克罗齐同时作为一个绝对的历史相对主义者,其实在某种程度上也多少影响了张荫麟的价值取向。①

四、对"演化史观"的批判

"演化"(即进化)与前述之"辩证法"一样,一经流行,便有滥用、俗化的危险。在张荫麟所处的时代,"演化"一词俨然已经成了"平日谈话作文"的常用语,而且也"几与'进步'或'变化'无异"。这种原生概念的泛化以及相互混淆的情况引起了一向学术严谨的张荫麟的警惕与反思。他指出:"演化不仅是变化,却又不必是进步。"②然而,他并不打算从形而上的层面考察"演化"观念的意义,因为他的目的乃在于探寻"实证层面"的意义,因此,他对一切有关"演化"的本体追问都无一例外地持否定态度,他"所欲究问者"乃是:"事物之变化,至少必须具何种条件,吾人始得认之为一演化的历程?"③换言之,张荫麟真正感兴趣的其实是"变化"与"演化"之间的区别与联系何在,而不是"演化是否可能"之类的问题。基于以上质疑,张荫麟随后便对"演化"的概念内涵进行了界说,并提出了自己的两点思考。④ 在厘清了"演化"的概念后,他进而指出:所谓"演化论史观",即是"专从演化之观点考察历史之结果"。⑤

张荫麟对于"演化史观"的态度仍然是相对主义式的。他虽然并不否认将演化史观运用于人类历史考察的可能

---

① 关于克罗齐历史判断的论述,尤其是关于其历史相对主义的论述,可参见[美]莫里斯·曼德尔海姆:《历史知识问题:对相对主义的答复》,涂纪亮译,北京:北京大学出版社,2012年,第30~43页。张荫麟历史批评的价值取向与克罗齐有极其相似之处。可以说,这种历史相对主义在面对思辨的历史哲学时,无疑会产生普遍的怀疑、批判情绪。然而,却在无形中开出了现代分析的历史哲学之花,这正是历史哲学发展的吊诡之处。值得说明的是,同样是直觉主义大师的柏格森,对张荫麟历史观念的影响其实亦至深,但是,从时间上看,克罗齐是其早年思想的引路人,而柏格森则是其晚年思想的"知己",或毋宁说是继克罗齐之后的又一学术际遇。

② 张荫麟:《传统历史哲学之总结算》,[美]陈润成、李欣荣编《张荫麟全集》(中卷),北京:清华大学出版社,2013年,第1267页。

③ 张荫麟:《传统历史哲学之总结算》,[美]陈润成、李欣荣编《张荫麟全集》(中卷),北京:清华大学出版社,2013年,第1267页。

④ 第一,演化的结果,不一定是使事物复杂化,也可以是使事物简单化,这是在说演化的数量趋向问题;第二,演化的历程,不仅容许渐变,同时也容许"突变",它们是一组相对的观念,所区别者仅在于程度之不同,并没有十分清晰的界限,这是在说演化的性质结构问题。参见张荫麟:《传统历史哲学之总结算》,[美]陈润成、李欣荣编《张荫麟全集》(中卷),北京:清华大学出版社,2013年,第1268页。

⑤ 张荫麟:《传统历史哲学之总结算》,[美]陈润成、李欣荣编《张荫麟全集》(中卷),北京:清华大学出版社,2013年,第1268页。

性,但是却明确反对那种将演化史观当成普遍历史通则的做法。他认为历史的演化需要依附一个"主体",这个主体便是"合作的组织",而演化的状态则是"绵延"。若以此为标准来考察历史之演化,则其并不具有普遍性。他说:

> 演化历程所附丽其主体,必为一合作的组织,而在过去任何时代,人类之全体固未尝为一合作的组织也。又非谓过去任何社会、任何国族之历史,皆一绵绵不绝之演化也。一民族或国家可被摧毁、被解散、被吸收,而消失其个性,即其文化亦可被摧毁或被更高之文化替代。然当一民族或国家,其尚存在为一民族或国家,为一组织的全体时,当其活动尚可被辨认为一民族或国家之活动时,吾人若追溯其过去之历史,则必为一演化之历程。其中各时代新事物之出现,虽或有疾迟多寡之殊,惟无一时焉,其面目顿改,连续中斩,譬如妖怪幻身,由霓裳羽衣忽变而为苍髯皓首者。①

在张荫麟的心目中,真正的历史演化是对历史尚未中断之国家或民族活动的"事后追认",而一旦国家或民族的历史发生"解体"或中断,则演化便不复存在。其实,张荫麟这里的历史演化理论与前述之演化概念是自相矛盾的。如果将一民族或国家历史的"被摧毁""被解散""被吸收"视为历史的"突变",那么,便与前述所谓容许演化的"突变"相抵牾,因为从更高的层次去看待这种历史过程的中断,恰恰是一种历史"突变"形式的演化。譬如:从平行的范畴来看诸王朝之间的更迭(比如"明亡清兴"),"渐变"意义上的历史演化确实是难以成立的;但是从"整体—部分"的范畴来看,则诸王朝之间的更迭其实正是历史演化的"突变"(比如:天下兴亡的观念与"明亡清兴"的关系)。因此,从这个意义上讲,则国家或民族的历史演化的确是一个"相对的观念",当然,成立的前提条件必须是拥有类似古代中国那样的"天下中心观"(朝贡体系为其显例),如果以各异的"人类文明形态"以及近代"民族国家"观念而论,则是很难成立的。

然而,张荫麟对演化史观的阐释尚不止于此,他进而以整体与部分作为划分的标准,将演化史观与前述的进步史观、循环史观、辩证法史观串联起来,各

---

① 张荫麟:《传统历史哲学之总结算》,[美]陈润成、李欣荣编《张荫麟全集》(中卷),北京:清华大学出版社,2013年,第1268页。

取其合理的部分加以统合。在整个民族或国家的历史演化系列中,可分为若干的部分加以分别考察:如果发现有继续发展之"趋势"的部分,则可以"进步史观"视之;如果发现有"一种状态或数种状态更迭复演",则可以"循环史观"视之;如果发现有"两种势力其相反相剋而俱被'扬弃'",则可以"辩证法史观"视之。他认为:"进步、循环性、辩证法,皆可为人类史之部分考察之引导观念、试探工具,而皆不可为范纳一切史象之模型。"①至此,张荫麟终于较为明确地点出了他心目中的"历史哲学",有的学者将其"历史哲学"称为"折中、综合式的历史哲学"。② 这种"综合的历史哲学"在张荫麟后来所写的《历史哲学的根本问题》(1936年)与《中国史纲·自序一》(1940年)中得到了进一步的展现。在《历史哲学的根本问题》一文中,他指出历史哲学的根本问题,就是要把人类的历史组成严格的系统③,进而以严格的系统驾驭"相对偶然"的历史事实,并摒弃那些无甚意义的"绝对偶然"的历史事实。④ 在《中国史纲·自序一》中,他再次重申了自己的"历史哲学"要义,试图用所谓"动的历史的繁杂"(Changing Historical Mainifold)——因果的范畴、发展的范畴(定向的发展、演化的发展、矛盾的发展)——等这四个范畴来统摄人类的历史现象。他又认为即便是这四个范畴共用也不能统贯全部的史实,因此,他进一步区分了"本体论上的偶然"与"认识论上的偶然",并指出"历史家的任务是要把认识上的偶然尽量减少"。⑤ 由上综观可知,张荫麟的"历史哲学"立

---

① 张荫麟:《传统历史哲学之总结算》,[美]陈润成、李欣荣编《张荫麟全集》(中卷),北京:清华大学出版社,2013年,第1269页。

② 王晴佳:《中国史学的科学化——专科化与跨学科》,罗志田主编《20世纪的中国:学术与社会·史学卷》(下),济南:山东人民出版社,2001年,第658页。

③ 张荫麟认为,所谓严格的系统有八种:(一)演绎的系统;(二)准演绎的系统(例如近代物理学);(三)类分的系统(例如物理学上的周期表),以上是观念的系统;(四)有机的系统;(五)空间的系统;(六)因应的系统(teleological system);(七)演化的系统;(八)辩证法系统。另外,还有三种不严格的系统,即:(一)二分的系统(dichotomic system);(二)坐标的系统(reference system);(三)时次的系统。他认为除了"时次的系统",后五种严格的系统皆可综合性地套用在历史事实身上。张荫麟:《历史哲学的根本问题》,[美]陈润成、李欣荣编《张荫麟全集》(下卷),北京:清华大学出版社,2013年,第1566页。

④ 张荫麟:《历史哲学的根本问题》,[美]陈润成、李欣荣编《张荫麟全集》(下卷),北京:清华大学出版社,2013年,第1566页。

⑤ 张荫麟:《中国史纲·自序一》,[美]陈润成、李欣荣编《张荫麟全集》(上卷),北京:清华大学出版社,2013年,第14页。

场是前后一贯的,即凡事要从历史事实出发,从而选择不同的历史哲学系统来统贯观察,其目的在于悬置那些根本偶然的历史,并克服那些主观认识上的偶然。因此,归根到底,这种所谓"综合的历史哲学"其实是以历史实证主义为底色的,然而颇为吊诡的是,这种一切以"历史事实"为参照系,并以"上帝视角"来统摄人类历史现象的做法其实并不具可行性,或者说恰恰是反实证的。对于张荫麟这种乌托邦式的建构,许冠三暗讽道:"由此看来,他意图修为的,如果不是太上老君,便该是千手如来了。他既想借因果秩序无限吸纳新社会科学的成果,又要假发展范畴选优利用旧历史哲学的精髓。这就难怪,深知其学养的人,皆期之以理想新通史家的重任了。"[1]就连一向温和的王晴佳教授也斥其为"野心太大"。[2] 其实,仅从对"演化史观"的批判来看,张荫麟历史哲学的根本谬误在于:他将历史认识论与历史本体论两种根本异质的东西等同起来,并试图以具体史实为对象的实证来消解以历史本体为对象的思辨历史哲学。因此,当他自以为可以用传统历史哲学的"综合"来达到历史解释的"全息"时,最终只能是徒劳无功,也就不难理解了。

另外,这种以经验实证取代先验信仰的"历史哲学"也反映了在他对斯宾塞的"社会演化论"以及对郭沫若的《中国古代社会研究》的批判之中。他认为自斯宾塞以至摩尔根的"社会演化论"是一脉相承的,这种普遍的历史演化其实是一种"井然有序的计划",是"一条鞭式的社会演化论",而这种社会演化模式不仅在历史归纳、实证方面根本不可能,而且也与现代人类学的考古发现无不是相冲突的,因而"此说已成历史陈迹"。[3] 与批判摩尔根的旧迹陈说("打死老虎")相比,张荫麟其实更想借此来批判郭沫若的新著《中国古代社会研究》。在张荫麟看来,郭沫若的《中国古代社会研究》无疑是以摩尔根的"社会演化计划"为研究范式的,其优点在于:不仅为学界提供了若干重要的发现和有力量的假说,而且也为古史研究提供了一个方法上的示范,即:拿人类学上的结论作工具去爬梳古史的材料。然而其缺

---

[1] 许冠三:《新史学九十年》,长沙:岳麓书社,2003年,第76页。
[2] 王晴佳:《中国史学的科学化——专科化与跨学科》,罗志田主编《20世纪的中国:学术与社会·史学卷》(下),济南:山东人民出版社,2001年,第658页。
[3] 张荫麟:《传统历史哲学之总结算》,[美]陈润成、李欣荣编《张荫麟全集》(中卷),北京:清华大学出版社,2013年,第1269~1270页。

陷也是显而易见的:一方面,他指出郭氏的立论"全在默证(Argument from silence)",这种"默证法"如果没有一定条件的限制,则无疑是一种冒险;另一方面,在一些具体古史的论证上,郭氏并没有从历史事实出发,而是先入为主地套用了摩尔根的"社会演化理论",从而使得一些结论不能"自圆其说"。① 应该承认的是,张荫麟这里的批判是"同情式的",并没有全盘否定郭著的贡献;然而也应该看到,张氏的"同情"是以其自定义的历史哲学为标尺的,这种标尺在他对"文化变迁之因果律"的批判中得到了再一次体现。

五、对"文化变迁之因果律"的批判

在本节中,张荫麟将历史文化的变迁划分为"内驱动力"与"外驱动力"两种情况,并分别提出问题:(一)文化之决定因素何在?(二)文化之变迁是否为文化以外之情形所决定?② 基于以上两个问题,他进而批判了影响文化变迁的四种既定史观:理想史观、唯物史观(作为对第一个问题的回答);气候史观、人物史观(作为对第二个问题的回答)。

在张荫麟看来,所谓"理想史观",即以人生观的信仰为文化的决定因素。他介绍说:"任何文化上之根本变迁必从人生观起,新人生观之曙光初启露于少数先知先觉。由彼等之努力,而逐渐广播,迨至新人生观为社会之大多数分子所吸收之时,即新社会制度确定之时,亦即文化变迁告一段落之时。"并以近代以降的东西方社会文化变迁为例,谈道:"先有十五六世纪之文艺复兴,将生活中心从天上移归人间,然后有十七八世纪之科学发达,然后有十八九世纪之工业革命。先有十九世纪末西洋思想之输入,然后有中国之维新、革命、新文化等等运动。此外如近世俄罗斯、日本、土尔其之革命,皆由少数人先吸收外来之新理想而发动,故曰'理想者事实之母'。"③由此看来,张荫麟并不否定用"理想史观"来理解文化的变迁,然而,按照张氏对单一历史决定论的一贯的批判态度,他又认为"理想史观"应该有一

---

① 张荫麟:《评郭沫若〈中国古代社会研究〉》,[美]陈润成、李欣荣编《张荫麟全集》(中卷),北京:清华大学出版社,2013年,第1211~1218页。

② 张荫麟:《传统历史哲学之总结算》,[美]陈润成、李欣荣编《张荫麟全集》(中卷),北京:清华大学出版社,2013年,第1270页。

③ 张荫麟:《传统历史哲学之总结算》,[美]陈润成、李欣荣编《张荫麟全集》(中卷),北京:清华大学出版社,2013年,第1270页。

定的适用范围,即:"理想史观"只适用于那些"社会组织起重大变化之时代,或社会之生存受重大威胁之时代";并且,这种"理想史观"也"恒受他种文化变迁之影响"。① 他以"事实所示"列举道:

> 是故有十字军之役增进欧洲与近东之交通及商业,有十四五世纪南欧及都市生活之发达,然后有文艺复兴之运动。有春秋以降封建制度之崩坏、军国之竞争,然后有先秦思想之蓬勃。有鸦片之役以来"瓜分之祸",然后有"维新""革命"及"新文化"诸运动。他如近代帝俄、日本、土尔其之革新运动,莫不由于外患之压迫。故吾人亦可曰"需要者理想之母"也。从另一方面言,许多文化上之根本变迁,如欧洲五六世纪间民族之移徙,以造成封建制度。又如先秦封建制度之崩坏,初未尝有人生观之改变为其先导也。②

从以上正反两方面的史例来看,确实符合张荫麟所自设的标准。并且,这些例子从表面上看也颇为恰当。对比之前几种史观批判所举的史例可知,似乎只要符合各自史观的概念内涵以及适用范围,则同一个例子可以在不同的史观论证中反复出现,并无一定规律可循,比如"先秦封建制度之崩坏"一例,不仅出现在"理想史观"的论证中,而且也出现在先前对"辩证法史观"的证伪上,等等。可见,一方面张荫麟并不排斥各种史观的合理性(即便是其中批判最烈的黑格尔哲学,张荫麟也对其"辩证法"的结构采取了扬弃的态度),只要与历史事实相吻合,皆可用不同的史观综合观察之;另一方面,张荫麟似乎并不十分重视举例论证的方法,所有的例子在他那里都是信手拈来、取之不尽的,他更重视的其实是理论上是否逻辑自洽,而这种倾向在接下来对唯物史观、气候史观以及人物史观的批判中皆有比较明显的体现。

在张荫麟看来,"唯物史观"与"理想史观"是对立的。他以生产工具和经济制度为标准,将其划分为"狭义的唯物史观"与"广义的唯物史观"。他自认并不反对(否认)"生产工具或经济制度之变迁对于文化其他方面会发生重大影响"。然而,他反对将"唯物史观"普遍

---

① 张荫麟:《传统历史哲学之总结算》,[美]陈润成、李欣荣编《张荫麟全集》(中卷),北京:清华大学出版社,2013年,第1270页。

② 张荫麟:《传统历史哲学之总结算》,[美]陈润成、李欣荣编《张荫麟全集》(中卷),北京:清华大学出版社,2013年,第1270~1271页。

化的做法,他说:"惟史实所昭示:许多文化上重大变迁,并无生产工具上之新发明,或经济制度上之改革为其先导。关于前者,例如欧洲农奴制度之成立,唐代授田制度之实行是也。关于后者,例如佛教在中国之兴衰,晋代山水画之勃起,宋元词曲之全盛,宋代理学及清代考证学之发达皆是也。"①这种历史上所昭示的事实在张荫麟看来实在是"可列举至于无穷"的。作为对前述第一个问题的回答,他既没有宗法于"理想史观",也没有偏信"唯物史观",而是将其作为两种相辅相成的史观来看待的。② 当然,仅从张荫麟所举的史例来看,他对这两种文化变迁之史观的批判可以说是单薄无力的,且有将其作"庸俗化"理解之嫌。③ 可以说,大凡一个史观在历史上之得以成立,必有坚实的学理基础做支撑,它并不会因为几个特例便大厦将倾,从而失去其存在的价值,真正强有力的批判必然是理论的前提批判。比如应该追问:理想史观与唯物史观存在的理论或实现基础是什么?其基础是否合理?既然理想史观与唯物史观是对立互补的,那么,它们在何种意义上可以成立?另外,这两种史观是否包含了文化决定因素的全部情况?等等。然而反观张荫麟的论述,大多数情况下,他恰恰没有深入到史观的学理内部进行批判,而是随意地在他自己的历史资料库里进行"史实的选择与综合",以有限的经验论证取代严密的逻辑演绎,这对于一向重视哲学训练的张荫麟而言,无疑是有失轻率的。

同理,在回答"文化变迁的外驱动力"(气候史观与人物史观)时,张荫麟的论证结构也是一贯的,即:以历史上之经验反例简单地否定了单一历史决定论的说法。鉴于此,笔者在此仅录其观点,略去其例,以为大观。其一,气候史观,

---

① 张荫麟:《传统历史哲学之总结算》,[美]陈润成、李欣荣编《张荫麟全集》(中卷),北京:2013 年,第 1271 页。

② 正如谢幼伟对张荫麟在"唯心"与"唯物"取向上的评价:"张君之哲学倾向,固非心宗,亦非物宗……彼为反对心宗之说则可,谓彼倾向物宗之说则不可……推张之意,谓心与物,既为二名,必有二实,有二实而求一之,不可……果尔,则张君在哲学上之倾向,实为心物二元论。"(谢幼伟:《张荫麟先生之哲学》,[美]陈润成、李荣欣编《天才的史学家:追忆张荫麟》,北京:清华大学出版社,2009 年,第 148 页)按:张荫麟曾主张将"唯心论"(Idealism)与"唯物论"(Materillism)译为"心宗"与"物宗",因为在张荫麟看来,唯心论以心为根本,但并不排斥物,唯物论以物为根本,但并不排斥心,所以,之前的译法有引起误会之嫌。(谢幼伟:《张荫麟先生言行录》,[美]陈润成、李荣欣编《天才的史学家:追忆张荫麟》,北京:清华大学出版社,2009 年,第 78 页)另外,据谢幼伟所说,张荫麟尚有《说心物》一文尚未发表,从这篇文章中也极可窥见张荫麟对待"唯心"与"唯物"的态度。(谢幼伟:《张荫麟先生之哲学》,[美]陈润成、李荣欣编《天才的史学家:追忆张荫麟》,北京:清华大学出版社,2009 年,第 147 页)

③ 李洪岩:《论张荫麟及其"新史学"》,《近代史研究》1991 年第 3 期。

隶属于"地理环境决定论"之一种,与地形、土质等无显著变迁的地理因素相比,气候变迁与文化的变迁最为密切。持气候史观者,往往"以为一切文化之重大变迁皆为气候变迁之结果";但在张荫麟看来,气候变迁只是文化变迁的一部分原因,如果将其作为普遍法则,则与事实相违。① 其二,人物史观(一作"英雄史观"),即认为文化为个人活动的结果,所谓"文化之变迁,即以活动之新样式代替旧样式,故必有新样式之创造,然后有文化变迁之可能"。② 因此,张荫麟认为,一切文明的新元素,都是特殊人物创造的,这种论断毫无问题。然而,他继续追问:大人物缘何存在?难道是"天纵之将圣"(天纵说)?难道是生理上的特异功能(生理异禀说)?或者,在于没有原因的意志自由(意志自由说)?或者,在于后天的偶然机遇(偶然机遇说)?对于这一连串的追问,张荫麟的回答无疑又是单薄的。他以"无讨论之价值"为由,便轻易舍弃了"天纵说";并以"无实验之根据",便认为"生理异禀说只是一种空想"。相比之下,他虽然并没有否定"意志自由说"与"偶然机遇说",然而,他却认为对它们的回答是哲学意义上的,并非本文的范围,他的目的仅在于指出历史哲学与形而上学的关系。③ 但是,对思辨的历史哲学的根本性批判难道不正应该回到形而上学的讨论中去吗?这或许正是张荫麟对以上传统历史哲学批判之根本症结所在。

值得说明的是,张荫麟并没有反对上述传统历史哲学的社会实践价值,他所反对的其实是那种为了适应现实政治的需要而刻意歪曲的"历史解释"。他说:"自来伟大的社会改革理论家总喜欢提出一种历史解释来把他的政治方案'合理化'(rationgalized)……他们的政治方案虽然合适于一时一地的需要,而他们的历史解释却是错误的。'国家的契约起源说'之于民治主义,黑格尔的历史哲学之于国家主义,唯物史观之于共产主义,都是很好的例子,所以我们不必

---

① 张荫麟:《传统历史哲学之总结算》,[美]陈润成、李欣荣编《张荫麟全集》(中卷),北京:清华大学出版社,2013年,第1271~1272页。

② 张荫麟:《传统历史哲学之总结算》,[美]陈润成、李欣荣编《张荫麟全集》(中卷),北京:清华大学出版社,2013年,第1272页。

③ 张荫麟:《传统历史哲学之总结算》,[美]陈润成、李欣荣编《张荫麟全集》(中卷),北京:清华大学出版社,2013年,第1272页。

把一个改革方案的'历史理由'看得很重。"①诚然,在张荫麟看来,传统历史哲学在现实层面的可操作性往往并不意味着其在学理层面的自洽性。有可能在现实的政治实践中很成功的理论,在逻辑上却漏洞百出。反观张荫麟的批判立场,他无疑更加看重这些历史哲学本身的学理价值,并试图纠正它们背后歪曲的"历史解释"。可以说,他将传统历史哲学界定在纯粹学理层面的讨论是无可厚非的,而其学理反驳是否切中肯綮则又另当别论。

六、结论

总体来看,张荫麟是站在经验主义史家的立场对传统的思辨历史哲学进行了"批判的综合"。可以说,这种"转益多师"的态度是难能可贵的,张氏并没有完全师法一家之学说,而是凡事都要经过自己理性精神的拷问,进而摒弃各家之短,综合百家之长,以为己用。在总的态度上,张荫麟反对"放之四海而皆准"的真理,只要某种史观与具体史实不符,都要毫不留情地抛弃,只吸收其中合理的成分,这种经验实证的态度在对以上五种传统史观的批判中可谓体现得淋漓尽致;然而,他又十分笃信自己的内在历史体(经)验,并在某种程度上将其化归为检验一切历史法则的绝对标准,因此,在张荫麟的历史观念里或隐约存在着一种相对主义的倾向,而相对主义史学的哲学基础正是源于体验论。②毋宁说,在张荫麟身上,这种历史实证主义与历史相对主义得到了完美的结合。实际上,这种吊诡的结合是20世纪以降历史哲学发展的普遍趋势,它对形而上学的历史观念提出了质疑,认为任何历史知识都是对历史事实本身的简化,是经过认识主体主观选择和"歪曲"了的观念,必须对历史知识或者历史信息的载体(史料)进行重新认识。正是在这种信念之下,分析的历史哲学才应运而生。

---

① 张荫麟:《梁漱溟先生的乡治论》,[美]陈润成、李欣荣编《张荫麟全集》(下卷),北京:清华大学出版社,2013年,第1291页。另外,从对冀朝鼎《中国历史中的经济要区》一书的书评中也可以看出张荫麟的实证主义学理立场。他说:"冀先生为马克思主义之服膺者,从字里行间可见,挽近案据马克思主义者讲中国史者,大抵议论多而实证少。此等著作自有其时代之需要,而非桎梏于资产阶级意识之井底蛙所得妄诽。唯此书以马氏为立足境,而根柢于邃密之探究,达以严整之条理,虽曰马氏之真精神则然,今实罕觏而可贵。"张荫麟:《评冀朝鼎〈中国历史中的经济要区〉》,[美]陈润成、李欣荣编《张荫麟全集》(下卷),北京:清华大学出版社,2013年,第1578页。从以上评论可知,张荫麟对马克思唯物史观的态度得以进一步呈现,他所反对的是脱离历史或现实经验而将马克思教条化的倾向,他认为马克思的理论有其时代的价值,但在学理层面依然有其固有的局限。可见,张荫麟是以学术的态度对待马克思主义学说的。

② 何平:《西方历史编纂学史》,北京:商务印书馆,2010年,第291页。

可以说,历史实证主义与历史相对主义的结合是促成传统历史哲学转型的内在基础与动力。① 从前述张荫麟的历史批判来看,他显然已经有了这种分析的历史哲学的倾向,而这种倾向在其《论历史学之过去与未来》与《论史实之选择与综合》等篇章中得到了充分的彰显。

在具体的方法上,张荫麟擅长使用逻辑证伪的方法("以子之矛,攻子之盾"),即如有的学者指出的:"他对于其所主力反对的观点,经常采用的逻辑方法是归谬,即按照对方的条件,推向一个逻辑完全正确,可结果却与现实相去万里的荒谬结论。"② 因而,在历史论证方面,他则偏爱举反例法,从而意欲指出某单一历史决定论的局限。不过应该指出的是,张荫麟所举出的反例往往并非个中典型,且具有一定的任意性,毋宁说是"灵感的碎片",他是在自己的知识储备库中随意地调取历史的"质料"。或许在张荫麟看来,只要是学理上存在必然的谬误,那么,在史实论证上则不必"穷尽所有",因为与之相关的历史反例实在是"可增至于无穷"的。可以说,这种论证方式与张氏自己的归纳逻辑是内在一致的,正如许冠三所说:"他的归纳逻辑新论亦取类似的观点,强调'特殊的因果'可就实例本身独立证明,不必假借'与此特殊的因果事情相当之因果律'。"③ 或许正因为如此,张荫麟每每否定一个理论必会选择"实例"而非"逻辑本身"来证伪。由此也可以看出他经验主义史家的本色。然而即便如此,这种举例的任意性也难免给后世的研究者留下揶揄的口实,④ 对于人格完美主义的

---

① 韩震:《西方历史哲学导论》(修订版),北京:北京师范大学出版社,2008 年,第 342 页。
② 朱潇潇:《专科化时代的通才——1920—1940 年代的张荫麟》,上海:复旦大学出版社,2011 年,第 191 页。
③ 许冠三:《新史学九十年》,长沙:岳麓书社,2003 年,第 73 页。另可参见张荫麟:《归纳逻辑新论发端》,[美]陈润成、李欣荣编:《张荫麟全集》(下卷),北京:清华大学出版社,2013 年,第 1776~1781 页。
④ 比如:李洪岩指出张荫麟的举例论证失之过简,且有举例不当之嫌:"他单凭唐代全盛时并不'有以愈于'汉代这一点,就否定了'螺旋式之进步说';单凭明代我国传统数学衰落这一点,就否定了'知识内容之继续进步说'……我们以他的思维原则来看他在这里的论证,则他只有陷入'以子之矛攻子之盾'的自我冲突之中……宋元时盛行的立天元术到明放绝,只能说明此数学方法落后遭淘汰,不能说明知识无进步……"诸如此类。李洪岩:《论张荫麟及其"新史学"》,《近代史研究》1991 年第 3 期。举例论证失之过简,无疑是张荫麟此文的一个"硬伤",然而对读原文不禁发现,李洪岩上述对细节的批判显然是对张氏原文的误读。首先,张荫麟并没有完全否定"螺旋式的进步说",他只是否定"智识之内容"以外的范畴;其次,张荫麟所举"宋元时盛行的立天元术无人能解",旨在说明智识内容的历史呈现模式是"螺旋式"的,这与其后文的论述是一致的。由此可知,李洪岩其实并没有真正体会到张荫麟历史批判的精髓。相比于"可增至无穷"的史例,张荫麟无疑更看重于逻辑上的证伪。另外,张荫麟除了对黑格尔的目的史观持全盘否定的态度外,并没有对其他的几种史观一棒子打死,而是采用了扬弃的态度。因此,李洪岩这里的解读可谓避重就轻、不置可否,故不可不为张氏辩也。

张荫麟而言,这种千虑一失的做法不可谓不遗憾。因此,我们在看待张荫麟的论证时,不要一叶障目,被他所举的例子牵引迷惑,而应该看到他所格外重视的"理论逻辑自洽"的一面。另外,即便在学理上张荫麟的批判也确实合乎理性,但其批判在某种程度上缺乏一种对历史背景的"了解之同情",这无疑是张荫麟史学批评的历史局限。

Critical Synthesis: Zhang Yin-lin's Criticism and Construction of Traditional Historical Philosophy

Abstract: The "traditional philosophy of history" by Zhang Yinlin, a historian of the Republic of China, is another name of "speculative philosophy of history" in the West. ? He criticized and constructed traditional philosophy of history from such five dimensions as teleological view, circular view, dialectic view, evolutionary view, and causality of cultural change. Following the internal logic of Zhang Yin-lin's criticism, and starting from the analysis of his text, this paper re-examines Zhang Yin-lin's criticism and definition of traditional historical philosophy by the visual presentation of the text and combination with other academic research results, and then explores the reason why he held such historical concept. In terms of his attitude, Zhang Yin-lin was opposed to the truth that is "universally applicable". However, he firmly believed in his own internal historical body (experience) and, to some extent, made it an absolute standard to test all historical laws. In terms of specific methods, Zhang Yin-lin was good at using logical falsification, and in terms of historical argument, he preferred the counterexample method so as to show the limitations of a single historical determinism, which was intrinsically consistent with Zhang's own inductive logic.

Keywords: Zhang Yinlin, criticism and construction of traditional philosophy of history, critical synthesis, logical falsification

作者:张翔,上海师范大学人文学院博士研究生

《黄秉义日记》所见神圣时间的特征：米尔恰·伊利亚德批评

□ 侯亚伟

摘要：米尔恰·伊利亚德认为，神圣时间具有永恒性、周期性、可逆性的特征。可他却忽略了暂时性的神圣时间，忽略了周期性、可逆性的其他可能性以及存在大量发散的、不可逆的神圣时间。和世俗时间一样，神圣时间是一种发明、一种感觉、一种状态、一种规约和一种后天装置，不仅存在于宗教徒和宗教仪式中，在世俗生活中同样存在。伊利亚德虽然意识到了神圣和世俗的同一性，却没能始终如一地贯彻下去，导致了其神圣时间理论的偏差。《黄秉义日记》中，留下的大量有关神圣时间的记述，有助于纠正、弥补伊利亚德神圣时间理论的误区与不足。

关键词：日常生活；神圣时间；伊利亚德；《黄秉义日记》

早在古希腊时代，亚里士多德已经意识到时间能像运动过程那样具有自然周期性。[①] 古罗马时代，奥古斯丁注意到了时间的线性特征。[②] 近代以来，西方学术界中有许多思想家，如胡塞尔、海德格尔、福柯等，都对时间问题有所讨论。当代中国学者对时间问题亦有关注，如吴国盛梳理了古今中外不同的时间观念，[③]湛晓白分析了近代中国社会文化中的时间问题。[④] 有意思的是，虽然亦有部分中国学者注意到非世俗性的时间，如汪天文对佛教、基督教和伊斯兰教的时间观念进行了比较研究，[⑤]陈群志对

[①] 亚里士多德：《物理学》，张竹明译，北京：商务印书馆，2006年，第128页。
[②] 奥古斯丁：《上帝之城》(中)，吴飞译，上海：上海三联书店，2007年，第116~150页。
[③] 吴国盛：《时间的观念》，北京：北京大学出版社，2006年。
[④] 湛晓白：《时间的社会文化史》，北京：社会科学文献出版社，2013年。
[⑤] 汪天文：《三大宗教时间观念之比较》，《社会科学》2004年第9期。

循环性的时间观进行了分析研究，①但学术界的兴趣，多只关注世俗性的时间，对中国民众日常生活中的神圣时间鲜少讨论。

米尔恰·伊利亚德（1907—1986），美国著名宗教史家，著有《宗教思想史》《出生与再生》《瑜伽：不朽的自由》《萨满教：古代的愉悦术》等，并主编《宗教百科全书》。在《神圣与世俗》《神圣的存在——比较宗教的范型》《宇宙与历史——永恒复归的神话》等著作中，伊利亚德将时间区分为神圣时间和世俗时间，并研究了部分具有永恒性、周期性、可逆性的神圣时间。但是，在传统中国，民众日常生活中丰富多彩的神圣时间，对伊利亚德神圣时间理论构成了挑战，这些有助于我们深化对神圣时间的认知。

日记资料由于具有排日记事的特性，如《小鸥波馆日记》《李星沅日记》《翁同龢日记》《荆花馆日记》《李超琼日记》等，记载了他们日常生活中大量的信仰时间。其中，《黄秉义日记》②更是详细记载了日记主人及其生活圈子的信仰时间。黄秉义（1874—？），浙江台州人。原名崇沛，又名沅，字质诚，又字沅浦，出生于下层官员、士绅家庭。日记记事起于光绪二十八年（1902）农历九月初一，止于1918年农历二月二十九日，③计十五年零五个月，此时正处于辛亥革命前后，中国社会发生历史性转折的关键时期。在日记中，黄秉义十分关心信仰生活，据笔者统计，日记中直接涉及信仰生活的资料不下34万字，在中国现存日记资料中，罕有其匹。笔者拟以《黄秉义日记》为中心，参酌其他文献，从神圣时间的永恒性与暂时性，神圣时间的周期性、可逆性，"发散的、不可逆的神圣时间"，神圣时间与世俗时间的关系四个方面，讨论传统中国民众日常生活中的神圣时间，纠正、弥补伊利亚德理论的误区与不足，进一步揭示神圣时间的本质特征。

一、神圣时间的永恒性与暂时性

伊利亚德认为，作为一种原初时间，神圣时间"是以一种难以理喻的面目出现的，可以逆转、可以多次重新发现，是一种借助于仪式而能定期重新与之合一

---

① 陈群志：《重新衡定线性时间观与循环时间观之争——一种基于哲学、历史与宗教的交互性文化考察》，《社会科学》2018年第7期。

② 周兴禄：《论〈黄秉义日记〉的史学价值》，《贵州民族大学学报（哲学社会科学版）》2016年第6期。

③ 《黄秉义日记》中所用时间，均为农历，为行文方便，引用时不做更改。

的一种永恒的神话存在"。① 言下之意，神圣时间具有永恒性、周期性、可逆性的特征。

永恒性的神圣时间所定期再现实化的是一个神话的时间，"因为没有任何时间能够在神话所传诵的现实出现之前存在，所以它们没有前后相随的区别"②，不随历史的变迁而发生变化的非历史性存在。"神圣时间在历史上是有'开端'的，亦即在那个瞬间，神灵创造了世界，或者规定了世界的秩序，或者说在那个瞬间，祖先或者文化英雄启示了任何特定的行为。"③在每一个神圣时间，所有参与者都成了神话事件发生时的当代人，"他们从自己的历史中走出来——即他们从由世俗的个体和个体内部中的事件总体所构成的时间中超脱出来，重新回归到原初的时间"。④ 因为这种时间总是以相同的方式呈现的，所以在具体的文化环境中，它具有永恒性的特征。

伊利亚德相信，作为神圣时间的宗教节日，是对原始事件及其神圣历史的再现，在这一过程中，"节日的参与者就得以与诸神和半神性的生命同在"。⑤ 新年就是这种具有永恒性特征的神圣时间，⑥中国传统农历新年亦不例外。在中国历史上，虽曾有无数次朝代的更迭，每个时代的民众在日常生活中，也面临不尽相同的具体问题，但是，在传统中国，民众坚守着农历新年祭祀天地神明、叩岁等传统。通过这些祭祀活动，子孙后代象征性地表达了对神话祖先的崇敬、思念、孝道，宣告了与祖先虽已经渐行渐远，却仍有着不可忽视的血统联结，达到了慎终追远的目的。通过这种祭祀活动，神话祖先象征性地回到人间，参与到子孙后代的新年欢庆活动之中，实现了期望中的家族团圆和美满生活。通过这种祭祀活动，子孙后代可以自我谅解其日常生活中忽视祖先的罪过，化解对往生祖先的畏惧心理。⑦ 通过这种祭祀活动，子孙后代可以再次确认祖先必定会福荫、保佑他们在现世生活的平安。光绪三十四年（1908）十二月廿八日早

---

① 米尔恰·伊利亚德：《神圣与世俗》，王建光译，北京：华夏出版社，2002年，第33页。
② 米尔恰·伊利亚德：《神圣与世俗》，第34~35页。
③ 米尔恰·伊利亚德：《神圣的存在：比较宗教的范型》，晏可佳、姚蓓琴等译，桂林：广西师范大学出版社，2008年，第371页。
④ 米尔恰·伊利亚德：《神圣与世俗》，第45页。
⑤ 米尔恰·伊利亚德：《神圣与世俗》，第56页。
⑥ Mircea Eliade, *Cosmos and History: The Myth of the Eternal Return*, New York, 1954, p.51-61.
⑦ 王铭铭：《社会人类学与中国研究》，桂林：广西师范大学出版社，2005年，第147~148页。

晨,黄秉义在叩谢神灵后,感叹道:"转瞬间,又是一年,叩天福祐,幸获平安,是所至感。"①只要相关的信仰文化没有消亡,包括新年在内的神圣时间便会一直延续下去。这种持久性,往往超越个人的生命周期、时代的变迁、王朝的更迭,甚至线性时间的限制。

但是,未必所有的神圣时间都是永恒的。在《黄秉义日记》中,有大量有关生辰八字的记载。所谓生辰八字,指个人出生之年、月、日、时所标识的时间。年、月、日、时,合称四柱,每柱用一组干支表示,共有四天干四地支,故称八字。传统中国,民众在议婚之时,会请具有神圣能力的人合八字。那些八字相合者的婚姻,被认为是顺遂、和睦的;那些八字不合者的婚姻,被认为是多灾多难、不美满的。光绪三十三年(1907)正月廿七日,黄秉义为女儿选婿时,曾"将女儿之八字送与黄城王崇甫司马之长子说合"②。

通过八字,甚至可以预测一个人一生的命运,如1916年六月初九日:

> 早刻,周冠卿先生来……言楚卿之继配王氏于五月十九日午时所生之子八字:丙辰、甲午、丁亥、丙午,其命太梗。丁亥系是十恶大败,但大败遇有财官可以相制,无碍于事。彼之大败,四柱无财,只亥水官星,犹如杯水不能救一车薪之火。此子之命可谓大败,无制而已。查其行运:六岁交乙未,年幼平平;十六岁交丙申,正得发生大败;廿六岁交丁酉,亦非佳兆;三十六岁戊戌,但戊字五年尚与丁酉相访,至四十一岁交戌运,甚之又甚。命书有云:"有辰难见戌,有戌难见辰",命中戌、辰谓之天罗地网,走头【投】无路。③

又如1916年农历七月廿八日,黄秉义与友人谈及一位名普桂者"癸丑二月廿三日申时所生,八字颇为佳妙,即其庶出令弟之八字……其食神制杀亦占优胜……出世即有世家子弟之庚甲,可见一生福禄早为主定耳"。④

生辰八字所规约的神圣时间,虽然在一个人的生命当中会经常被提起,但它本质上只是个人生命史中一个具体的点,随着其有用性的消失,便会被逐步淡化,随着个人生命的结束,会永远失去

---

① 黄秉义:《黄秉义日记》(贰),周兴禄整理,南京:凤凰出版社,2017年,第968页。
② 黄秉义:《黄秉义日记》(贰),第644页。
③ 黄秉义:《黄秉义日记》(肆),第1948页。
④ 黄秉义:《黄秉义日记》(伍),第1973页。

意义。

有些宗教仪式,比如扶乩,亦可认为是暂时性的神圣时间。1917年八月十六日晚膳后,黄秉义晤见朋友时,听闻当地女学堂中有扶乩请仙之事,于是共约前往:

> 已将请仙香烛并仙果茶酒等物携来,即行沐手焚香,即设茶果,而菊香先生书写灵符约数十条,果即摩乩……空摩约一句余钟之久。初则星斋宗叔、六皆先生扶之,未见其上乩,继则菊香、石甫手扶,未久乩动,有异言已上乩书。诗之后云:"吾乃道童是也。"石甫代楚卿兄令堂问病,答亦空宕,忌燥烈而已。又问楗卿之夫人即丹庭兄令媛已经坐月多时未见分娩,大约在于何时,又未识生男或生女。乩书:"男女已有定数,何必询问?"其所答之语或上或落,不一而定。①

扶乩之前,参与者准备了香烛、茶果、灵符,并沐手焚香,为进入神圣状态做好了准备。扶乩之时,参与者全身心地投入其中,更是充满虔敬之心,沉浸在神圣的状态之中,如伊利亚德所言,神圣时间"既是一种状态,也是一段时间"。②

但是,扶乩仪式一般只是一段孤立的神圣时间,当扶乩过后,时间的神圣性不仅马上消失,以后也难有复归的可能。

除此之外,传统中国民众的日常生活中,还有其他暂时性的神圣时间,比如个人生命周期中的结婚、忌日,建房、埋葬先人时择日等所标识的神圣时间,也不具有永恒性。既然神圣时间未必一定具有永恒性的特征,则永恒性便不像伊利亚德所论述的那样,是神圣时间的本质规约性。

二、神圣时间的周期性、可逆性

伊利亚德研究了以年为单位的神圣时间,强调"神圣的时间序列每年一次地重复着相同的节日,也即是对同样神话事件的纪念……神圣的时间序列被证明是对为数不多的神圣行为的'永恒复归'"。③ 分析黄秉义日记,可以发现,在他的家乡浙江台州,新年、元宵节(上元节)、二月初二(花朝)、二月初九(龙母圣诞)、二月十九日(观音大士圣诞)、二月底三月初(三元大帝出巡)、清明节(祭祖)、三月底四月初(海门东岳宫庙会)、四月初八(佛诞日)、四月十四日

---

① 黄秉义:《黄秉义日记》(伍),第2271页。
② 米尔恰·伊利亚德:《神圣的存在:比较宗教的范型》,第370页。
③ 米尔恰·伊利亚德:《神圣与世俗》,第56页。

（吕祖大仙圣诞）、端午、五月十三日（关帝圣诞）、六月（大暑节）、中元节、八月十一日（集圣庙福德正神寿诞）、九月初一至初九（重阳拜斗）、十月初一至初五（祭送三官大帝）、十月十三（阮总帅寿诞、集圣庙主佛圣诞）、十月十五日（下元节）、十月三十日（祭赵元帅）、十二月二十六日（立春）、除夕等，都是以年为单位的神圣时间。这些神圣时间种类繁多，不仅包括传统节日，也包括神灵的诞辰或祭日、庙会等与神灵有关的庆祝活动。在中国其他地域，同样也存在着大量类似的以年为单位的神圣时间，[①]它们虽然和《黄秉义日记》的记述不尽相同，反映具体地域有一些细微差别，仍可昭示这种神圣时间在传统中国民众日常信仰生活中的普遍性。

但是，伊利亚德没有指出，神圣时间的周期性、可逆性，未必指每隔一段时间，神圣时间一定会重新回到某个具体的时间点，而是可能回到一个大致时刻，有可能在一年中的某些天、一天中的某些时刻之内，并不一定十分严格。如《黄秉义新年祭祀表（1902~1917）》，除1903年年底、1914年年初、1917年年初外，每年年尾和年初，黄秉义家里都会举行祭祀天地神明、叩岁等信仰活动。[②] 但分析举行仪式的时间，我们发现，每年年尾虽然基本都会祭祀天地神明，却未必一定选择在某一天。表中所列的年尾祭祀时间，分布在除夕前六日至除夕当天之内。其中，除夕前六日、四日、三日各一次，前两日四次，前一日五次，除夕当日两次。除夕和新年祭祀的具体时间，除一次标明寅、卯刻，三次丑刻，一次丑寅间，用词多甚模糊，如早晨、早刻、早膳后、上午等。也就是说，祭祀天地神明、叩岁的时间，在丑刻，即半夜2点及其以后，至天亮以前，并非完全固定，具有一定模糊性。

[①] 丁世良、赵放主编：《中国地方志民俗资料汇编》（6卷），北京：书目文献出版社，1989~1991年。另外，传统文献中，有《帝京岁时记》《燕京岁时记》《榕城岁时记》《金陵岁时记》《荆楚岁时记》《辇下岁时记》《秦中岁时记》《浏阳岁时记》等，对以年为单位的神圣时间多有记载。

[②] 虽然1903年年底、1914年年初、1917年年初没有举行祭祀天地神明、叩岁等活动的记载，未必表明这三个时间没有举行相关活动，而可能是失记了。

黄秉义新年祭祀表(1902~1917)

时间	事件	备注
1902年十二月廿九日	寅、卯刻,敬叩天地及神圣	除夕前一日
1903年正月初一日	早刻,叩岁	正月初二日庶曾祖慈郑太夫人开灵设奠
1904年元月初一日	早膳后,至后黄房族予贺岁	愿家门安吉,诸事和平,典中生意加增,广进财源
1904年十二月廿六日	早刻,致谢天地神明	除夕前三日。除夕饬阿香至海门各署辞年
1905正月初一日	早膳后,至海门各处叫贺新禧	内人章氏新正接纸初二日起
1905年十二月廿九日	早刻,致谢天地神明	除夕前一日
1906年正月初一日	早晨,恭叩神明及祖先前岁,续即叩祖母、母亲岁	初二日晨亦敬请天地神明
1906年十二月廿九日	上午,敬谨恭叩谢天地神明	除夕前一日
1907年正月初一日	早晨起,敬谨恭叩天地神明、祖先	卜卦后,随至海门各处叩年及本家叩年,午膳后,至本镇各家叩年
1907年十二月廿八日	时值丑刻,虔诚叩谢天地并及神明,即另就典中叩谢财神、诸位神圣	除夕前一日
1908年正月初一日	早起,虔叩神圣,以后即行叩岁礼	初二:早六点钟起,亦虔叩神圣,名曰开年,每岁元月初二日分皆然
1908年十二月廿八日	早晨,叩谢天地,并叩各处神圣	除夕前两日
1909年正月初一日	早刻,叩神	新皇登极
1909年十二月廿八日	丑刻,恭谢神明	除夕前两日
1910年正月初一日	早晨,开门叩神后叩岁,即出至本镇各亲友家叩贺新年	年膳后,至海门各处叩贺新年

(续表)

时间	事件	备注
1910年十二月廿七日	早刻,起即叩谢天地并各庙神圣	除夕前两日。今年曾经谢年,叨天福庇,又添一弟,深为万幸
1911年正月初一日	早起即行恭叩天地并神圣,后叩堂上新岁	即至分府署并街上相识有旧交各家叩年
1911年十二月廿九日	早晨,敬请天地神明	除夕前一日
1912年正月初一日	早刻,恭叩天地神明,后即由家中叩岁,自后至本街各家叩年	民国元年
1912年十二月廿四日	上午二句钟时起叩谢天地神明,并叩各庙神明	除夕前六日
1913年正月初一日	早刻,叩神之后,随即至家内堂上老人前叩岁	今日元旦,又是新年佳景矣均未出外叩年,只以名片往拜而已
1913年十二月廿八日	丑寅间,致谢天地神明	除夕前两日
1914年十二月廿六日	早刻即起沐浴,敬谨叩谢天地神圣	除夕前四日
1915年正月初一日	早刻,自家中叩神、叩岁之后,随至本街各家叩贺新年	向例如斯;初二日,早刻,起盥沐后叩天地神圣毕,即至海门各地叩贺新年
1915年十二月廿九日	晚刻,供献祖先	除夕。今岁家中大小均叨天佑,幸各平安,深为敬感。只愿岁岁均得平安,是为至幸、至感
1916年正月初一日	早刻,恭叩天地神明并祖先后叩年	
1916年十二月廿九日	早晨,恭谢天地并各庙神圣	日值除夕,祭供祖先,一年事全,均幸平安,叨天福佑于不浅也

资料来源:黄秉义:《黄秉义日记》(壹~伍),周兴禄整理,凤凰出版社,2017年。

除了以年为单位的神圣时间,在传统中国民众的日常生活中,还存在着其他周期性的神圣时间。中国历史上长期使用的干支纪年法,以天干与地支相配,以甲子为首,辛亥为末,每60年一个循环。当然,这并不是说干支纪年本身就是一种神圣时间的标识方式,它也有世俗的意义。① 只是,在传统中国民众的认知中,一些特殊的年份往往具有独特性。比如,《黄秉义日记》中经常提到的在中国历史上曾经产生过重大影响的《推背图》②中,就大量涉及干支纪年。该图共60像,每像均以上元甲子、中元甲子或下元甲子命名,如第一像为"上元甲子泽火革"。③ 可见其中所体现出的历史循环论,是以干支,尤其是其中的重要年份甲子年为基础的。

根据传统中国民众的经验,庚子年常常会发生重大事件,如鸦片战争(1840)、庚子事变(1900)等。辛亥年因系一个甲子的结束,常被认为可能发生动乱,如武昌起义(1911)。而次年即甲子年,便成了另一周期的开始,可能发生改元,甚至新朝代的建立。在1911年八月廿九日日记中,黄秉义有一段记述:

> 《玉匣记》纪上旬占子日云:"甲子丰年丙子旱,戊子蝗虫庚子乱,惟有壬子水滔天",颇为有应。如今年元旦庚子以后,四月间广东革命党滋事,幸张坚帅随时扑灭;七月间四川为路归国有,亦匪徒滋事一番;今八月以致湖北滋扰,以此可见也。届在元旦,所遇不致虚过所由来耳。幸明年元旦恰遇甲子,定然丰年必矣。④

《玉匣记》,又名《万全玉匣记》《玉匣记通书》,相传为东晋道士许逊所著占卜之书,在中国历史上传播极广。黄秉义引此书为据,可见这种观念并非近时方有。黄秉义将这种观念,与其所生活的当下发生的事情相印证,从某种程度上,自证了古来观念的正确性,表明这种观念在黄秉义及其时代人的心目中是根深蒂固、不易改变的。

"五百年必有王者兴。"⑤一部中国

---

① 干支纪年并非仅是神圣时间的标识方式,也是世俗性时间的标识方式,表明世俗性时间也可能被赋予周期性、循环性的特征。
② 黄秉义于1911年九月廿八日曾向友人借阅《推背图》,次月十月初六日归还;当年十一月十四日,又在另一友人处见到此书,便"嘱小吕照式画后而书成册",二十四日始还,表明黄秉义对该书十分重视。
③ 袁天罡、李淳风:《推背图》,永乐四年姚广孝序本。
④ 黄秉义:《黄秉义日记》(叁),第1274页。
⑤ 《孟子·公孙丑下》。

古代史，曾经被认为具有周期循环的色彩。到了一个时代的末期，便不可避免地出现各种预言性言辞。1912年十一月廿一日，《黄秉义日记》中记载有一段乩语：

> 西洋铁舰，鼓浪纷来，分我后土，压我神京……人心不死，东西角逐，南北纷争，复开五代六朝之战局，屈指计时，当在建寅之岁七月间也。差幸分未久而真人即出耳。赤日一出，白云四散，汉代官仪，于兹复见，礼制法度，损益清明，开科独重骈联，文物休风，唐虞实无其盛，三十年干戈，端交玉帛。追忆北赵而燕，东齐南楚，前汉后明，舞争竞长，恍同梦寐。惟楚阅世，克兆龙飞，统一区宇，吾得于三十年前断之曰大楚永昌。①

观此条乩文之意，西力东侵虽会导致天下大乱、国家分裂，然必有"真人"出世，拯救万民，弭平世变，使中国再度统一、复兴。

在中国民间社会中，这种历史的周期循环论，如草蛇灰线、伏脉千里，史不绝书。中国民间宗教中有三阳劫变思想，据宋道发、刘光本总结，其基本内容为：

> 无生老母分别于青阳劫、红阳劫、白阳劫派燃灯佛、释迦佛、弥勒佛三佛出世度化众生。燃灯佛代表道家掌教时代，度化二亿"皇胎儿女"；释迦佛代表佛教掌教时代，度化二亿"皇胎儿女"；弥勒佛代表儒家掌教时代，度化九十二亿"皇胎儿女"。②

这类思想虽在承平年代隐而不显，但每到衰世，便会不可避免地在社会上广为流传，为普罗大众所信然，从而深刻地影响着历史的进程。

三、发散的、不可逆的神圣时间

因为存在着大量发散的、不可逆的神圣时间，即便考虑到暂时性的神圣时间、周期性神圣时间的模糊性和复杂性，仍然不能完全揭示神圣时间的内涵。这便意味着，和永恒性一样，周期性、可逆性也不是神圣时间的本质规约性。

在《神圣的存在——比较宗教的范型》中，伊利亚德意识到其早期神圣时间理论的缺陷，对神圣时间的所指范围进行了扩展：

> （神圣时间）可以指举行仪式

---

① 黄秉义：《黄秉义日记》（肆），第1494~1495页。
② 宋道发、刘光本：《"三阳劫变"思想浅析》，《宗教学研究》2003年第1期。

的那段时间……这种时间与之前世俗的时间绵延有着本质的不同。它也可以指神秘的时间,而通过一种仪式或者只是重复某种神秘实在的行为,就可以重新得到这种神秘的时间。它也可以指宇宙的节律,因为这些节律被认为是宇宙一种基本神圣权能的启示,即神显。①

根据这一说法,无论是仪式,还是重复某种神秘实在的行为,还是宇宙的节律,都具有神圣或神秘的特征,都可以是神圣时间。但伊利亚德没有意识到,神圣时间的范围扩大以后,一些神圣时间可能未必是周期性、可逆性的。在传统中国民众的日常生活中,存在着大量发散性和(或)不可逆性的神圣时间,它们包括但不限于部分祖先祭祀活动、某些宗教仪式、择日、婚礼、葬礼等。

黄秉义庶曾祖母郑太宜人死后祭祀表(1902~1906)

时间	事项	备注
1902年十一月十六日	卯刻逝世	
1902年十一月十七日	巳刻小殓,亥刻打衾	
1902年十一月十八日	巳刻大殓	棺停应太夫人之侧
1902年十一月二十日	家君与余至先曾祖慈、先庶曾祖慈暂停之所叩谒	
1902年十一月廿二日	头七之期	请释教五人追荐
1902年十一月廿七日	叶家二姑婆以释教七人追荐生母、庶曾祖慈郑宜人三天,以今日为始	廿九日:前来菜一席,六大六小荤菜、六大六小四席、八碗四席
1902年十二月十三日	陈洛卿丈公以释教七人追荐其岳母、庶曾祖慈郑太宜人四七灵前	菜食并粗细菜计十余席,均其来
1902年十二月二十日	五七之期	以释教五人追荐之
1903年正月初二日	开灵设奠	分府宪萧伯康司马来吊
1903年正月初四日	满七之期	
1903年正月初五日	晚刻闭灵祭之	
1903年三月廿六日	(二姑婆)定天台山做水陆一堂	

---

① 米尔恰·伊利亚德:《神圣的存在:比较宗教的范型》,第365~366页。

(续表)

时间	事项	备注
1903年四月初二日	并书郑太宜人及乡里号交于崇敬和尚矣	至国清寺叩先曾祖妣应太夫人神位
1903年四月初三日	早刻,至拈花室叩先高祖暨先曾祖、先曾祖妣应太夫人、先祖神位	
1903年四月初四日	追荐:水陆于早辰(晨)起佛,余亲叩本寺各厅、殿菩萨毕,吃早膳	至初十日圆满
1903年七月廿九日	追荐先庶曾祖慈郑太宜人梁皇一期于今日净坛,明日廿四日起佛,廿八日为满	请人择坟地于黄岩属之屿奥……择于今岁八月初二日卯刻开山,已时分金,申刻封圹
1904年二月廿三日	追荐梁皇一期于今日净坛	廿四日起佛,廿八日为满。僧人于廿八日晚刻均散,五天功事均璧
1904年十一月初一日	早刻,家君与余恭请先曾祖慈应太夫人暨先庶曾祖慈郑太宜人神位至中堂	先曾祖慈于今日午开灵设奠
1905年四月十八日	忆癸卯之四月初上,同叔文兄至天台山,与庶曾祖母郑太宜人做水陆,不觉已逾两载	
1906年四月初四日	先曾祖妣应太夫人暨庶先曾祖妣郑太宜人之坟系甲辰之冬所进,现在坟头三尺土之上已坐有数寸,须择日修补	早刻,至马屿头扫墓,恭叩先曾祖及先曾祖妣两墓

资料来源:黄秉义:《黄秉义日记》(一、贰、肆),周兴禄整理,凤凰出版社,2017年。

以丧葬和祖先祭祀为例,虽然它具有周期性、可逆性的一面,也同样具有发散性、不可逆转的一面。如《黄秉义庶曾祖母郑太宜人死后祭祀表(1902~1906)》,

黄秉义的庶曾祖母郑太宜人去世之后，在两年有余①的时间里，黄家及其亲属不仅完成了丧葬仪式，还进行了多次祭祀活动。通过分析这些活动可以发现，郑太宜人去世之后，与丧葬、祭祀有关的神圣时间，从死亡当天开始往后，次日小殓，第三日大殓，然后是头七、四七、五七、满七、周年、三周年，便算是完成祖先去世之后的基本仪节。在这段时间之内，子孙后代对祖先的哀思，不仅呈现距离死者越远，次数越少的特点，也呈现随着时间的消逝，而一去不复返的特点。而一旦所有的仪节结束，子孙后代象征性地接受了死者往生的事实，便不再像以往那样频繁地祭祀，而达到对祖先的正常祭祀。和前述以年节和生辰、祭日为标识的周期性、可逆性的祭祀时间不同，这种祭祀时间显然具有发散性、不可逆的特征。

需要注意的是，前述生辰八字和扶乩等宗教仪式所表征的暂时性的神圣时间，不像祖先祭祀那样，具有发散性的特征，因为这些神圣时间所指的不过是一个具体且不可重复的时间段（点）。但是，这类神圣时间具有不可逆的特征，因为，这种神圣时间经常是偶然因素所造成的，随着时间的逝去，这段神圣时间便不会再被回首，从而一去不返地消失在时间的长河之中。

无独有偶，择日也具有不可逆性的特征。所谓择日，指为了结婚、出行、建房、安葬死者等，而请具有神圣能力的人，推定合适的时间，以求所行之事吉利。《黄秉义日记》中有大量与择日有关的记载。如光绪二十九年（1903）八月廿八日，黄秉义朋友"陶寿翁来托（乌）丽生先生代其批择日子与其祖上做坟用"。② 光绪三十年（1904）五月廿四日，"章道芝相之完姻吉期，前岳母托余代择，亦托敬时堂择来在乙巳年十一月初十日为完姻吉席之期"。③ 光绪三十一年（1905）二月十八日，张宝田为黄楚卿择造坟日子：

> 宝田先生代楚卿兄府上造后透日子已代择好……本年二月十九壬戌日未时告土卸旧，合斗罡指坎大利。择二月廿二乙丑日丑时向南员

---

① 传统中国有服丧的传统，但不同时代、民族的服丧时间有所不同。在清代，汉族品官之家服丧二十七个月，"二十七月既周，设几筵于厅，事奉新祔神主，陈之丧主以下，就内外位，哭奠行礼如常荐仪。礼毕，复主于寝，阖门退。诸子素服终月，始服常。"（王际华、于敏中：《钦定大清通礼》卷五十，乾隆年钞本）《黄秉义日记》中有关记载，似与《钦定大清通礼》不尽契合，这或与日记主人失记有关，也可能意味着制度规定与民间风俗之间存在一定张力。

② 黄秉义：《黄秉义日记》（壹），第80页。

③ 黄秉义：《黄秉义日记》（壹），第154页。

木,未时平基大利。择三月二十癸巳日卯时,抢樽竖柱大利……又五月十二甲申日卯时,作福上梁大利……择五月十八庚寅日卯时,入宅大利。①

择日所表征的神圣时间,至少有两个方面的意涵。一方面,择日之人,往往被认为是有神圣能力的人,他们对时间的选择,往往有一套秘而不宣的推算方法,其本身充满神圣性,所以,择日之时刻,可以认为是一种神圣时间。另一方面,择定的日子,意味着大吉大利,对于实行者来说,结婚、出行、建房、安葬死者之时刻,也被打上了神圣的印记。只是,当这两个日子已经实行之后,即使以后偶有回首,也失去了神圣的意义。

四、神圣时间与世俗时间的关系

法国著名社会学家涂尔干区分了神圣与世俗的概念,认为二者是对立、异质、相互分离的,前者是宗教的本质属性,后者意味着世俗性的生活。② 伊利亚德对这一理论有所发展,他认为"神圣和世俗是这个世界上的两种存在模式"③,在历史进程中被人类所接受。前者"总是自称表证为一种与'自然'存在完全不同的另一种存在"。④ 这里所说的"自然",指神圣的对立面,即世俗。和那些认为神圣、世俗是二元对立的西方学者不同,伊利亚德认为它们也具有同一性,"我们绝不能找到一个纯粹状态的世俗存在,不管一个人对这个世界的去圣化达到多大的程度,他根据世俗的生活所做出的选择都绝不可能使他真正彻底地摆脱宗教的行为"。⑤ 他还认为,"一个纯粹理性的人是一个抽象化的人,在现实的生活中绝不会存在"。⑥ 因为,"世俗的人是由宗教的人蜕变而成的,所以他不能消灭自己的历史"。⑦ 言下之意,人类的神圣性、宗教性的一面,是难以消除的,即使一个标榜不信仰任何宗教的人,仍然可能具有宗教性。正如《神圣与世俗》一书的中文译者王建光所总结的那样:

> 伊利亚德并不把世俗看作是神

---

① 黄秉义:《黄秉义日记》(壹),第230页。
② 爱弥儿·涂尔干:《宗教生活的基本形式》,渠东、汲喆译,上海:上海人民出版社,1999年,第41~49页。
③ 米尔恰·伊利亚德:《神圣与世俗》,序言。
④ 米尔恰·伊利亚德:《神圣与世俗》,序言。
⑤ 米尔恰·伊利亚德:《神圣的存在:比较宗教的范型》,第3页。
⑥ 米尔恰·伊利亚德:《神圣的存在:比较宗教的范型》,第123页。
⑦ 米尔恰·伊利亚德:《神圣的存在:比较宗教的范型》,第122页。

圣不共戴天的仇敌,他甚至发现了神圣与世俗之间的辩证性,它们能够互相提升自己。所以 Bryan Rennie 说,伊利亚德思想的核心即是强调"神圣和现实的同一性"或一致性。①

既然如此,神圣时间和世俗时间也应该是铰接在一起的:

> 除了周期性的仪式之外,效法并重复一种原初活动也能够消除世俗时间,将世俗的时间转变成为神圣时间……它证明了将时间"神显化"的倾向,乃是某种本质性的东西,与任何社会生活结构的体系,与任何消除世俗时间并确立神圣时间的常规手段无关。②

伊利亚德试图纠正以往学者对神圣时间和世俗时间的简单、机械的划分。他指出,时间"'神圣'和'世俗'的划分,并不只是意味着周期性的'切入',即世俗时间的绵延中允许神圣时间的插入"③,任何时间都可以成为一种神圣的时间。神圣时间的感受主体,同样也可以是世俗的人类,只要他们受到具体宗教文化的影响,便可能体会到神圣时间。对神圣时间的认知,是属于所有人类共同的体验。

我们看到,对神圣与世俗的区隔,是伊利亚德神圣时间理论的基点,正是通过这一区隔,使神圣时间得以彰显。所以,他在讨论神圣时间之时,关注的是来自宗教生活中的神圣时间,而没有讨论世俗生活中同样存在着各种各样的神圣时间。也就是说,虽然他认识到了神圣和世俗的同一性,但他并没有将这种同一性始终如一地贯彻下去。他所表现出的游移不定的态度,导致他无法看到神圣时间的丰富多样性,因为某些神圣时间在人类社会生活中的表征,正是建立在神圣和世俗的同一性基础之上的。

在黄秉义的家乡浙江台州,每年五月十三日关帝圣诞,十月十三日集圣庙主佛圣诞,黄秉义和当地乡亲们都会于当日早晨"沐浴衣冠,躬亲叩祝"。④ 为表示庆祝,当日晚间还会唱戏,民众往往举家前往观赏游玩。作为传统社会民众日常生活中的重要休闲娱乐方式,唱戏不仅具有酬神的意涵,唱戏之时,也是他们聚会、交往、欢娱的重要时刻。在这一时刻,神圣和世俗完美且不可分隔地融

---

① 王建光:《神圣离世俗有多远——伊利亚德〈神圣与世俗〉译后感言》,《读书时空》2003 年第 2 期。
② 米尔恰·伊利亚德:《神圣的存在:比较宗教的范型》,第 372 页。
③ 米尔恰·伊利亚德:《神圣的存在:比较宗教的范型》,第 367 页。
④ 黄秉义:《黄秉义日记》(壹),第 93 页。

合在了一起。

无独有偶,许多中国传统庙会亦具有类似特征。以常在农历三月举办的天津皇会为例,据《北洋画报》披露:

> 皇会之举,溯自满清,殆至末叶,已见衰微。民国以还,除曹锟执政时,于民国十三年间一度举行,其俗已废置久矣。今者萧市长鉴于商业不振,市面萧条,乃谋皇会之恢复,以荣市面,旨在利民,自与专为迷信者不同。①

由于1924年举办皇会时发生火灾,该会停办了13年,1936年方重新举行。1936年天津重新举办皇会时,天津市政府的理由为:

> 皇会为俗例天皇宫大仙圣女出巡之期,届时□厢□村以及邻近各□民众前来参加者,为数甚伙,市内各处大小工商业亦得于会期之前制备各种应用物品,乘时销售,借获微利。其四乡外□之辇物来津赶会售卖者,既享有免予征税待遇,莫不喜形于色……自来举行皇会,原以繁荣市面,振兴工商业为主旨,当局特予减捐免税,用示提倡。②

对于政府和广大民众来说,举办皇会的一个重要目的,是繁荣商业,这是世俗的一面。但也应看到,举办皇会同样也是为了祭祀妈祖。其中尤其是农历三月十六日送驾、三月十八日接驾、三月廿日、廿二日出巡散福、廿三日回宫庆寿等几个日子,是皇会的高潮,③这些日子均可以认为是神圣时间。同时,这些日子也是参与人数最多的时刻,当然也是"繁荣商业"的高潮,体现了神圣和世俗的完美交融。

所以,在神圣时间发生的时刻,世俗时间不会暂时退场。神圣时间和世俗时间是相互交融、不可分离的。它们的关系,并非是互补的,而是互渗的,神圣时间中包含着世俗时间,世俗时间中包含着神圣时间。

通过研究,我们发现,除了永恒性、周期性、可逆性的神圣时间外,还存在着大量暂时性、发散性、不可逆转的神圣时间。周期性、可逆性的神圣时间,可能具有永恒性的特征,也可能具有暂时性的

---

① 笤天:《皇会轶闻》,《北洋画报》1936年3月12日。
② 《为联衔呈请准予如例举办皇会,以资繁荣市面,复兴工商业,仰祈鉴核批示祗遵由》,1936年2~3月,天津市档案馆:J0128-2-000272-002。
③ 望云居士、津沽闲人:《天津皇会考纪》,《天津皇会考、天津皇会考纪、津门纪略》,天津:天津古籍出版社,1988年,第38页。

特征。存在着暂时性、发散性、不可逆转的神圣时间,但发散性和不可逆性未必然同时存在,存在着不具有发散性,却不可逆转的神圣时间。只要具有不可逆转性,无论是否具有发散性,这样的神圣时间都只具有暂时性的特征。伊利亚德之所以忽略了大量神圣时间,是因为他虽然意识到了神圣和世俗的同一性,却没能始终如一地贯彻下去。神圣时间和世俗时间的关系,经常是互相铰接、融合在一起,难以区隔的。和世俗时间一样,神圣时间是一种状态,一种感觉,一种规约,一种后天的装置,只要具有神圣或神秘的特征,便可以认为是神圣时间。

Characteristics of Sacred Time in *Diary of Bingyi Huang*: A Criticism to Eliade

Abstract: Mircea Eliade believed that sacred time has the characteristics of permanence, periodicity and reversibility. But he ignored the transitory divine time, the other possibilities of periodicity and reversibility and the fact that there are a lot of divergent and irreversible divine time. Just like secular time, sacred time is an invention, a feeling, a state, a covenant and an acquired device, not only in religious and religious rituals, but also in secular life. Sacred time and secular time are blended and cannot be separated because of the identity of sacred and secular world. A large number of cases of sacred time in everyday life of Chinese people contribute to correct and make up for the deficiency of *Mircea's* theory of sacred time.

Keywords: everyday Life, Sacred Time, Mircea Eliade, Diary of Bingyi Huang

作者:侯亚伟,陕西师范大学历史文化学院副教授

光启评论

古罗马的"自传":以奥维德《哀怨集》第四卷第十首为例

□ 刘津瑜

在公元1世纪的古罗马,自传是不是一个专门的文类?在这个问题上,学者的基本共识是"不是,自传并不作为一个单独的文类而存在"。① 罗伊·帕斯卡(Roy Pascal)在《自传:内容与形式》(1965)一书中将自传传统追溯到4世纪奥古斯丁的《忏悔录》。勒热讷在《法国的自传》(1971)中将(西方)现代意义上自传的诞生定于1760年左右,也就是产生卢梭《忏悔录》的那个时代。勒热讷在《法国的自传》和《自传契约》(1975)中如此定义自传:"一个真实的人用散文所书写的关于自身存在的回顾性叙述,重点放在他的个人生活,特别是他的人格故事(l'histoire de sa personnalite)之上。"② 在类似的现代定义中,"自传"和个人意识以及个体的自我觉醒紧密相连,古代世界很容易就不被考虑在内,而且这类定义更加强调哲学性的自传。③但这并不是说在古代不存在用第一人称书写自身的叙事,比如,篇幅各异的第一人称墓志铭。再比如色诺芬讲述自己经历的《远征记》(Anabasis),普鲁塔克为之定性道:"色诺芬成了他自己的历史。"④西塞罗也曾经考虑过"书写自己"(scribam ipse de me),毕竟"也有诸多名人的先例"(multorum tamen exemplo et clarorum virorum)。但他认为这种书写有不利之处(vitia),因为需赞扬之处得低调,而且要规避任何会遭谴责之处(et verecundius ipsi de sese scribant necesse est si quid est laudandum et praetereant si quid reprehendendum est)。他顾虑到"自传"的诚信度和权威度都更低(minor sit fides, minor auctoritas),所以请求卢凯伊乌斯(Lucceius)来撰写他作为执政官的成就以及其

---

① Pelling 2009, p. 41; McGowan 2018.
② Lejeune 1975, p. 14.
③ Marasco 2011, p. vi.
④ Plutarch, Moralia 345C de Gloria Atheniensium; Gray 2011, p. 1.

后的经历,包括流放和重返罗马。①

罗马史上共和时代许多政治人物、演说家包括鲁提里乌斯·鲁弗斯(Rutilius Rufus)、埃米利乌斯·斯考鲁斯(Aemilius Scaurus)、苏拉(Sulla)、瓦罗(Varro)等都曾有过自述,标题常常是 *De Vita Sua*、*Commentarii* 等。② 这些以及奥古斯都的回忆录(*De Vita Sua*)③大多都已佚失,仅有极少残篇存世,令人难以全面重构它们原有的面貌。但"成就"似乎是这些自述的核心,而军功则是理想的主题。④ 唯一保留比较完整的自述是奥古斯都的 *Res Gestae*(这和奥古斯都 *De Vita Sua* 是两部不同的文献),以铭文的形式存留于世。⑤ 虽然 *Res Gestae* 也常被称为自传,但侧重点是"成就",涵盖了军事、宗教、财政领域,将自己塑造成拓宽帝国疆界、复兴宗教、慷慨施与、以威望而非强权立身的领导者,但几乎不触及童年、妻女、心理、情绪等,⑥称为奥古斯都的《业绩录》或《功业录》比《自传》更为贴切。奥维德《哀怨集》4.10 与以上这些军政人物或统治者的自我呈现有很大的不同。也正是因为如此,20 世纪初,米施(Misch)在《自传史》中称之为"古代文学中第一部诗人的自传",⑦"是我们所知的第一个而且是直到 4 世纪唯一的自传"。⑧

奥维德于公元 8 年被逐出意大利,流放到黑海之滨的托弥。《哀怨集》4.10 作于流放期间,是五卷本流放诗《哀怨集》中的一首,共 132 行,内容可概括如下(因为本诗以第一人称写成,梗概中保留了第一人称角度),开篇两行作为序言点明这首诗是致后世的:请你们聆听我的身世生平以便了解我这调侃温柔爱情的人是何许人(第 1~2 行)。两位执政官战死的那一年(公元前 43 年),我出生于苏尔莫古老的骑士家族,有一兄长,比我大 1 岁,生日是同一日(第 3~14 行)。

---

① Cicero, Ad Fam. 5.12.8.(公元前 55 年)

② Pelling 2009; Tatum 2011, pp.161-186.

③ Smith 2009, pp.1-14.

④ Tatum 2011, p.186.

⑤ 关于奥古斯都 Res Gestae 的书目十分冗长,近期的讨论可见 Ridley 2011。铭文本身并无正式标题,*Res Gestae Divi Augusti* 是蒙森取的名称,源自铭文正文上所刻的拉丁文的一部分 Rerum gestarum divi Augusti...et inpensarum...exemplar...。希腊文铭文称这个文本记录的是 πράξεις τε καὶ δωρεαὶ Σεβαστοῦ θεοῦ "神圣奥古斯都的事迹与捐赠"。

⑥ Pelling 2009, p.43-44.

⑦ Misch 1950, p.295. 原著为德文 *Geschichte der Autobiographie*,涵盖从亚述到 19 世纪自传的历史,1907 年初版,英译本出版于 1950 年,基于德文版的第三版。

⑧ Misch 1950, p.307.

父亲关心我和兄长的教育,很早就送我们去罗马跟随名师学习;兄长和我各有所长,他擅长修辞,而我有写诗的天赋;父亲劝告我不要从事诗歌这样回报很小的事业,我也尝试放弃诗歌去写散文,但我下笔即成诗(第15~26行)。我和兄长成年,开始担任公职,但一直以来各自的爱好不曾改变;兄长逝世,让我觉得心中空缺,我也不适合公职,我要逃离,缪斯劝我追求我的所爱(第27~40行)。我和有名的诗人有过交集,我仰慕前辈诗人,也被后辈仰慕;我写过很多作品,我不满意的都焚毁了(第41~68行)。我有过三次婚姻,前两次都以失败告终,我的女儿曾有过不止一次婚姻,她让我成为两个孩子的外祖父;我的父母在我流放之前逝世,我的父亲高寿90岁(第69~90行)。我遭受流放时已经50岁,我流放的原因众所周知,何必再说我遭受的背叛和伤害(第91~102行)。在去流放的途中我历经艰难困苦;而在流放之中,险恶之地,缪斯是我的慰藉,即便无人聆听我的诗歌(第103~124行)。我生前已有声名,若诗人的语言不爽,我也会永生,谢谢读者(第125~132行)。

奥维德的流放诗除了《哀怨集》,还有四卷本的《黑海书简》即长诗《伊比斯》,都是哀歌体诗歌,都以第一人称写成。麦高恩(McGowan, 2018)认为它们整体构成了奥维德的流放自传。然而在这里有一个让古典学者十分纠结的问题,即诗中的"我"究竟是作为历史人物的奥维德,还是他的哀歌人格(persona)。另一个相关问题是古代读者是否做这样的区分。答案是多样的,但大部分学者并不排斥将奥维德和诗中的"我"视为同一人。[1]或许我们落入了一个奥维德为我们设定的陷阱,但在历史与文学剪不断理还乱的关系上,勒热讷的"自传契约"(Le Pacte Autobiographique)概念可能有些帮助:"自传中存在一方面是作者、另一方面是叙述者和主人公的同一。这就是说'我'代表作者。文本中没有任何东西可证明这一点。自传是一种建立在信任基础上的题材,如果可以这样说的话,是一种'信用'体裁。因此,自传作者在文本伊始便努力用辩白、解释、先决条件、意图声明来建立一种'自传契约',这一套惯例目的就是为了建立一种直接的交流。"[2]根据这个概念,一部作品是否可以界定为自传的核心并非是历史真实性,而是它是否有意识地引导读

---

[1] Egelhaaf-Gaiser 2018, pp. 60-63.
[2] Lejeune 1975;已有中译本,译文来自中译本2001,第14页。

者的信任,让他们把它接受为自传。而自传的功能也并不在于呈现所谓"真实"(这一点在下面还会更详细地讨论)的人物,而更多的是预设关于这个人物的讨论点,管理这个人物如何"被记忆"。对于奥维德来说,在预设记忆点这方面的影响,或者说是力量,尤其强大,因为除了奥维德的作品之外,古代并没有其他的奥维德"传记"流传下来。这就和奥古斯都等历史人物的流传境遇形成了鲜明对比:就奥古斯都而言,除了他自己的第一人称叙述,还有大量的传记、历史叙述等流传下来,与奥古斯都的自述形成既互补又竞争的关系。而关于奥维德,这种叙事竞争并不存在,这也就使得对《哀怨集》4.10 进行细致分析具有独特的重要性,尤其是因为在这首诗中,奥维德作为作者明确地引导读者相信这是"他"在进行自述。

古典学家对这首诗的讨论角度日益丰富。早期的角度侧重将这首诗作为"印章诗"(sphragis, σφραγίς,又译"签名诗")和"申辩"(aplogia)来考量。①所谓"印章诗"是希腊罗马诗卷中作者的完结陈词,通常会包含诸如自己的姓名、身世、出生地等关于自己生平的信息,仿佛给作品加上了作者的印章,并祈望作品与作者的不朽名声。②可能出现在一首诗或者诗集的开篇,但更常见的位置是在结尾处,用以标记作品为真以及其完整性。《哀怨集》4.10 是第四卷的最末一篇,虽然不算长篇,但和以往印章诗相比,这首诗相对篇幅较长。比如普罗佩提乌斯《哀歌集》1.22 是第一卷的最末篇,通常被称为这部诗集的印章诗。其开篇为"图卢斯啊,我是谁,来自何氏族何家系?"(王焕生译),全篇共 10 行。从长度上可以和《哀怨集》4.10 相类比的诗卷末篇是普罗佩提乌斯《哀歌集》4.11,其长度为 102 行。不过,《哀歌集》4.11 虽然也是 *ipsa loquor pro me*(第 27 行:"我将为自己辩护",王焕生译),但并非用普罗佩提乌斯的第一人称写成,而是用科尔涅利娅(Cornelia)的口吻来倾诉,主题是死亡、葬礼、贞洁、自己作为女性的荣耀(即拥有子嗣)。然而,普罗佩提乌斯诗集四卷完结,很有可能影响了奥维德将其印章诗置于第四卷末尾的选择。③近半个世纪以来,分析重点已经不在印章诗之上,以下追溯各年代一些代表性的分析。

---

① 如 Paratone 1959, p.196。
② 近期关于 sphragis 的讨论,见 Peirano 2014, p.224。关于 sphragis 的中文论文,可见张巍 2008。
③ Evans 1983, p.87。

在很多学者看来,《哀怨集》4.10 对奥维德人生的叙述过于简单,甚至极少谈及他的作品,①比如他最重要的长诗《变形记》名字与内容完全未曾提及,只有第 63~64 行暗示了这部史诗:"怒于我的爱好和我的诗歌,我流放之际,/也焚烧了一些能招人喜爱的作品(placitura)。"奥维德在别处提过焚毁《变形记》(如《哀怨集》1.7.13-22)。至于他在"自传"中选取了哪些片段、强调什么、忽略什么,则是弗雷德里克斯(B. R. Fredericks)《〈哀怨集〉4.10:诗人的自传与诗化自传》(1976)一文的主题。

弗雷德里克斯认为,奥维德在这首诗中所表达的主旨是诗歌是他"生命的驱动力"(driving force)以及"超越一切的目的"(overriding purpose)。她强调《哀怨集》4.10 首先是一首诗,它"恰好是部自传的诗,而不是恰好是首诗的自传"。②在她看来,奥维德对于自传性细节的运用是"充满想象力的"(imaginative)。她的理论基础来源于罗伊·帕斯卡《自传中的设计与真实》(1960)一书中的关于自传的学说。帕斯卡认为,撰写自传意味着"在人生的无尽复杂性面前的甄别与遴选",对事实、重点、表达都要进行选择,"一切都以所选择的立场为转移",③"自传是对过去的一种塑型。它将一种范式加在人生之上,从中构建一个自圆其说的故事。它为个体的人生构筑特定的阶段,在这些(阶段)之间建立连接,并且在自身与外部世界之间确定……某种自洽性的关系……"④弗雷德里克斯将帕斯卡的自传理论运用到分析《哀怨集》4.10 上,把这首诗看作奥维德人生中"过去与现在的互动和解析"。

弗雷德里克斯指出:"传记通常将人生作为一个整体来处理;而自传则书写于人生中的某个节点,在某种程度上来说,作者对他的过去的呈现会被他目前的境遇与认知所影响和渲染。"⑤而奥维德的自传无疑是从流放的视角来回顾他的人生的,即便谈及家庭的部分也和流放挂钩。比如,在提及他过世的父母时(第 77~90 行),他的形象是个体贴的儿子,并且向他们的魂灵强调他遭受流放是因为"过错"(error)而非"罪行"(scelus)。他为他的品性辩护,这也是为他

---

① 如 Herescu 1958, p.420 引用 Zielinski;Fredericks1976,p.144。
② Fredericks 1976, p.146.
③ Pascal 1960, p.10; Fredericks 1976, p.139.
④ Pascal 1960, p.6; Fredericks 1976, p.141.
⑤ Fredericks 1976, p.141.

的诗歌正名的手法。弗雷德里克斯认为奥维德在这首诗中对他兄长的角色部署是最具有想象力的：兄长和他只差一岁，同日出生，同时穿上成年托袈，但兴趣与天赋却完全不同，前者擅长修辞演说，后者擅长诗歌。他和兄长之间的对比是两种人生历程的对比，即公职生涯和诗歌生涯的对比。兄长是他的"另一个自我"（alter ego），他们两人之间的区别是奥维德用来"象征和外化"（symbolize and externalize）自己内心冲突的手法。① 随着兄长的早逝，这种冲突也就解体了。整首诗的重心都在于强调他作为诗人的生涯，而非一个人的生平：奥维德人生的不同阶段始于让他成为诗人的那些经历，终结于他的流放，也就是他作为诗人的"死亡"。②

费尔韦瑟（Janet Fairweather）在《奥维德的自传诗，〈哀怨集〉4.10》（1987）一文中，认为这首诗包含着长期以来都没有被揭示的微妙用意（"long-hidden subtleties"），③即奥维德的动机在于激起奥古斯都的同理心，而为了达到这个目的，他将自己描述成和奥古斯都类似的人（费尔韦瑟引用了亚里士多德《诗学》1453a5 中的悲剧理论来支持自己的分析）：他们都是来自骑士等级的旧族（苏维托尼乌斯《奥古斯都传》2.3）；都经历了三次婚姻，前两次都是失败的婚姻；都曾失去亲人，奥古斯都 19 岁时丧母，奥维德 19 岁时失去兄长；等等。④费尔韦瑟认为奥维德刻意挑选了这些细节，目的是希望向奥古斯都传达如下隐秘的信息："我和你是相似之人。可能你从来都没想过我和你有多么相似。我也是出身于骑士家族（equestri familia ortus）；两位执政官战死的那一年对我来说也很重要：那是我出生的一年。19 岁时，和你一样，我失去了亲人；和你一样，我开始了公务生涯；我其实也是个"三人组成员"（triumvir，译者注：指屋大维时，通译为"三头"）。你能想象吗？多么滑稽！再看看我的私人生活。我也结过三次婚，是我的第三任妻子带给我幸福。我也有个女儿，她结过不止一次婚。我也有孙儿。"⑤在费尔韦瑟看来，正如柏拉图的《申辩篇》有四个功能[为苏格拉底辩护、指责雅典人、为苏格拉底唱颂

---

① Fredericks 1976, p. 147.

② Fredericks 1976, p. 143.

③ Fairweather 1987, p. 196；李永毅 2018 在《哀怨集》4.10 的注中以这篇文章的解读为主。

④ Fairweather 1987, p. 193–196.

⑤ Fairweather 1987, p. 195.

(悼)词以及以榜样激励哲学家]那样,奥维德的《哀怨集》4.10 于公于私都有其功能:除了自传信息,这首诗还是奥维德的纪念碑,是对缪斯的致敬,并为自己清白进行的公开辩护,于私也是向奥古斯都的申诉。

对于费尔韦瑟的分析角度,魏朴和曾这样评价:"以自己的迫害者对其生平所做的辩护为范式来构建自己的辩护是一种安全的策略,除非迫害者是皇帝。在那种情况下,这狂妄(pretentiousness)本身可能足以构成冒犯。"① 从这个思路来回顾费尔韦瑟的文章,我们不禁会问奥维德究竟是在努力激起同理心还是刻意挑衅?此外,奥维德是否确实在按奥古斯都的生平来书写平行人生也值得商榷。奥维德在谈到自己家庭,包括父母、兄长、(第三任)妻子、女儿、外孙时,语气动人,对自己的家世、才能、与诗人的交游,以及自己成为外祖父等都颇为自豪,末尾处还强调了自己作为诗人的永生。而奥古斯都在所谓的 *Res Gestae* 中,完全未曾提及被自己流放的女儿,也不曾提到自己的身世,他的叙述从 19 岁开始,也就是恺撒被刺、他成为恺撒继承人的那一年。假如奥古斯都在他人生的最后几年(奥古斯都逝于公元 14 年)读到奥维德这首"自传",或许他的感受是受到讥讽而非同情。

哈比耐克(Habinek)在《拉丁文学的政治:古罗马的书写、身证以及帝国》(1998)一书中将《哀怨集》4.10 类比为葬礼颂词(*eulogium*),整首诗类似墓志铭。② 第一行中的 *tenerorum lusor amorum*,正是奥维德想在他墓碑上刻上的字,*hic ego qui iacuit tenerorum lusor amorum*(见《哀怨集》3.3.73)。全篇以墓碑铭文的修辞结构组织材料,列举自己的文学成就;在时态上采用了完成时,比如"我笔耕甚丰,然而,我认为不完美的,/业已亲手付诸火焰去修正"(第 61~62 行:multa quidem scripsi, sed, quae vitiosa putavi, / emendaturis ignibus ipse dedi),这里的 scripsi、putavi、dedi 都是第一人称完成时动词。最后一行直接致读者,这也是墓碑的常见手法。

朱迪丝·哈利特(Judith Hallett)在《从奥古斯都的罗马世界边缘探寻中心:奥维德在〈哀怨集〉4.10 中的自传以及科尔奈利乌斯·奈波斯的〈阿提库斯传〉》(2003)一文中对这首诗进行了新的解读。在这篇文章中,哈利特完全没

---

① Denecke(中文名为魏朴和)2014, 224, note 47.
② Habinek 1998, p.154.

有提及费尔韦瑟1987年的文章,或许是未被说服。哈利特认为这篇自传反映的是"奥维德在罗马都市文化与精神生活中过去、现在以及将来的角色",反映的是"他在帝国中心的影响,不仅作为一个被造之物(a created object),也是个主动创造者(a creative agent)"。[①]她认为这首诗的文学先例为科尔奈利乌斯·奈波斯(Cornelius Nepos)所撰的提图斯·彭波尼乌斯·阿提库斯(Titus Pomponius Atticus)传记。公元前86年至前65年,阿提库斯自愿选择政治流放,离开罗马居于雅典,在那期间,他flourished,而在他重返罗马时,又广受欢迎。而与他交好的人包括后来成为奥古斯都的屋大维。

哈利特在《哀怨集》4.10和《阿提库斯传》中看到了一些共同之处:其一,阿提库斯骑士身份来自先祖,从未放弃骑士身份,《哀怨集》4.10.7-8似乎正与之呼应;其二,《哀怨集》4.10.9-32铺叙了奥维德和他兄长之间的手足情,西塞罗与阿提库斯之间的情谊甚至超过西塞罗与其弟昆图斯;其三,奥维德放弃公职(《哀怨集》35-40),奈波斯在《阿提库斯传》第6章提到阿提库斯拒绝公职。奥维德所追求的"闲暇"(otia)可类比阿提库斯所寻求的"宁静"(tranquilitas)。

至于为什么奥维德会以《阿提库斯传》为模板,哈利特分析了几个原因:第一,在阿提库斯的故事中,他自我流放于雅典时,苏拉希望能将他带回罗马。奥维德可能希望奥古斯都效仿苏拉,尤其是因为奥古斯都曾将维吉尔从雅典带回到罗马;第二,奥古斯都十分尊敬阿提库斯,即使阿提库斯和马可·安东尼也有着良好关系,尽管后者厌憎西塞罗(阿提库斯的挚友)并宣布他为公敌。奥古斯都和阿提库斯是姻亲:奥古斯都的继子、利维娅的儿子提笔略的妻子是阿提库斯的外孙女。或许,奥维德也希望奥古斯都对他也如此宽宏。此外,普罗佩提乌斯尊崇阿提库斯,而普罗佩提乌斯又是奥维德仰慕的诗人。最后可能还有一层原因与提笔略相关("Tiberius connection")。提笔略和奥维德仅相差一岁,有共同的师友演说家Marcus Valerius Messalla Corvinus,提笔略也有可能和奥维德有共同的文学兴趣。而阿提库斯是提笔略的岳祖父,因为阿提库斯的女儿Caecilia曾是阿格里帕的妻子,他们的女儿Vipsania Aggripina是提笔略的妻子。哈利特认为奥维德有可能试图和奥古斯都的继子扯上关系。

麦高恩在2018年的新文《奥维德的

[①] Hallett 2003, p. 347.

自传(《哀怨集》4.10):流放诗中的诗化身证与永生",其切入点是《哀怨集》4.10 与《变形记》开篇与结尾的呼应。《变形记》第一卷第 3~4 行呼吁诸神助他唱出诗篇,绵绵不绝,从世界之初直到当下(adspirate meis primaque ab origine mundi/ ad mea perpetuum deducite tempora carmen!)。①《变形记》的最后几行宣称"只要罗马的势力所及之处,被征服的土地上,/我会被人们传诵,在悠悠千载的声名里/(诗人们的预言倘若不虚)我将永生!"(《变形记》15. 877－879,张巍译)②相应的,《哀怨集》4.10 这首诗在开头就明确表示是写给后世(posteritas)的,这首诗贯穿了奥维德的时代直到我们目前的时代,在诗的末尾则回到了"读者"(candide lector)。诗歌、诗人和读者间的关系:诗歌具有令人不朽的力量,诗人是推动者,而"不朽"的实现则依赖于读者,即过去、现在、将来的"我们"。

诗歌对于奥维德来说,不是一种职业,而是他的 studium("热衷之事")、sacra("神圣之事"),是他的骄傲,也是他的慰藉,是他永恒名声的基础。在《哀怨集》4.10 中,Egelhaaf-Gaiser 也提醒我们他在进行"自我经典化"(Selbstkanonisierung),在不长的篇幅里,他列出了一个在他自己之外还包括八位史诗诗人、抒情诗人、哀歌诗人等的清单,他很明确地将自己加入哀歌诗人伽卢斯、提布卢斯、普罗佩提乌斯的谱系,把自己(按时间顺序)排在第四位(亦见《哀怨集》2.467),这是他为后世拟定的罗马文学经典清单。③

拉丁文及中译文

关于奥维德《哀怨集》的底本,可参见笔者已发表的译注。④ 本译注仍然以海德堡卢克本为基础文本,卢克本 u 和 v 全部写作 v,但为了方便读者阅读,本篇区分了作为辅音和元音的 v,元音一律写作 u。比如,卢克本中的 vrbem 在本篇中写作 urbem。底本另参考对照了托依布纳本、牛津本及洛布本,有异读之处会在注释中注明。

在翻译上,译文尽量贴近原文,以方便有一定拉丁文基础的学习者对照原

---

① 《变形记》第一卷第 1~4 行:"我要叙说各种形体如何变化一新,/众神啊——变形正是你们一手造成——/ 开端伊始,请吹送灵感,从万物之初 / 引导我的诗歌,绵绵不绝,直至今日。"(张巍译)
② 这一点亦见 Fredericks 1976, p. 144 注 15。
③ Egelhaaf-Gaiser 2018, p. 69.
④ 如刘津瑜 2019。已发表的译注包括《哀怨集》1.1,1.8,1.3,3.1,4.2,4.6。这些译注的更新版发表在"迪金森古典学在线"(Dickinson Classics Online)、https://dco.dickinson.edu/ovid/tristia-i-1。

文。比如第 10 行 qui tribus ante quater mensibus ortus erat,译文按字面表达译为"他比我早出生三个月的四倍"。"三个月的四倍"其实就是"一年"。第 95 行的 Pisaea vinctus oliva 译成了"头戴皮萨橄榄叶冠",虽然意思是指奥林匹亚比赛胜利者会戴上用橄榄叶做成的头冠,奥维德的表述可见品达《奥林匹亚颂》4.12: ἐλαίᾳ στεφανωθεὶς Πισάτιδι。再比如第 108 行 occultum stellae conspicuumque polum,按字面译为"不可见与可见的极地之间的星辰",但在注释中注明了这里指的是南北极地之间的星辰。另外,为了方便读者一目了然地看清一些复杂句子的语法结构,译注中列出了这些句子的散文语序。但这并不代表译诗只要按照整理好的散文语序即可。诗歌的妙处在于它巧妙的词语布局以及因此而带来的音乐性,当然这也是在译文中最不容易呈现之处。

Ille ego qui fuerim, tenerorum lusor amorum,
    quem legis, ut noris, accipe posteritas.
Sulmo mihi patria est, gelidis uberrimus undis,
    milia quinovies distat ab Urbe decem.
editus hic ego sum nec non ut tempora noris,
    cum cecidit fato consul uterque pari.
si quid id est, usque a proavis vetus ordinis heres,
    nonmodo fortunae munere factus eques.
nec stirps prima fui; genito sum fratre creatus,
    qui tribus ante quater mensibus ortus erat.
Lucifer amborum natalibus affuit idem:
    una celebrata est per duo liba dies;
haec est armiferae festis de quinque Minervae,
    quae fieri pugna prima cruenta solet.
protinus excolimur teneri, curaque parentis
    imus ad insignes Urbis ab arte viros.
frater adeloquium viridi tendebat ab aevo,
    fortia verbosi natus ad arma fori;
at mihi iam puero caelestia sacra placebant,
    inque suum furtim Musa trahebat opus.

1   我,你所读的这位,调侃温柔爱情的人,
    是何许人,后人啊,若要了解,请聆听。
苏尔莫是我的家乡,富于冷冽的水流,
    它与罗马城相距九十千步。
5   我生于此处,若您想知道年月,那年
    两位执政官遭遇相同的命运而亡。
若值得一提,我的头衔继承自古老门第,
    并非只因命运的馈赠而成为骑士。
我并非长子;生于兄长之后,
10   他比我早出生三个月的四倍。
同样的启明星伴随我俩的出生:
    同一天由两块贡糕庆贺;
那天在戎装的弥涅耳瓦五日节中,
    是常因战斗而血染的首日。
15   我们自幼得到培养;经父亲费心,
    我们投师罗马城才能卓著之人。
兄长自青春岁月便属意雄辩之术,生来
    适合为聒噪的法庭而备的犀利武器;
而我自孩童时代便为天界圣事所吸引,
20   缪斯也悄悄地将我引向她的技艺。

saepe pater dixit 'studium quid inutile temptas?	父亲常说:"你为何要尝试无用之业?
Maeonides nullas ipse reliquit opes.	即使荷马也不曾留下财富。"
motus eram dictis, totoque Helicone relicto	我为他的言辞所动,全然放弃赫利孔,
scribere temptabam verba soluta modis.	试着书写不受格律约束的言辞。
sponte sua carmen numeros veniebat ad aptos,	25 合乎韵律的诗歌却不请自来,
et quod temptabam scribere versus erat.	无论我试着写什么都是诗。
interea tacito passu labentibus annis	其间,岁月步履无声地流逝,
liberior fratri sumpta mihique toga est,	兄长与我穿上了成年托袈,
induitur que umeris cum lato purpura clavo,	双肩套上带有紫色宽边的长袍,
et studium nobis, quod fuit ante, manet.	30 而我们的爱好一如既往。
iamque decem vitae frater geminaverat annos,	我兄长过世时刚刚双十年纪,
cum perit, et coepi parte carere mei.	我开始缺失生命的一部分。
cepimus et tenerae primos aetatis honores,	我曾获年轻人所能担任的最高公职,
eque viris quondam pars tribus una fui.	曾任三人委员会中的一员。
curia restabat: clavi mensura coacta est;	35 元老院在等待:可宽带的尺寸变窄;
maius erat nostris viribus illud onus.	那负担超出我的精力。
nec patiens corpus, nec mens fuit apta labori,	我的身心无法承受也不适合那辛劳,
sollicitaeque fugax ambitionis eram,	我逃离令人焦虑的野心,
et petere Aoniae suadebant tuta sorores	阿奥尼亚姐妹劝我追寻安宁的
otia, iudicio semper amata meo.	40 闲暇,我心之恒所爱。
temporis illius colui fovique poetas,	我仰慕与珍爱那个时代的诗人,
quotque aderant vates, rebar adesse deos.	觉得那许多诗人是神明在世。
saepe suas volucres legit mihi grandior aevo,	时常,年事已高的马凯尔,给我读他的
quaeque necet serpens, quae iuvet herba, Macer.	飞禽,还有伤人的蛇,有益的草。
saepe suos solitus recitare Propertius ignes	45 时常,普罗佩提乌斯向我诵读他的炽烈浓情,
iure sodalicii, quo mihi iunctus erat.	凭借友谊的名义,是友谊将他与我相连。
Ponticus heroo, Bassus quoque clarus iambis	蓬提库斯长于史诗,巴苏斯以抑扬格著称,
dulcia convictus membra fuere mei.	他们是我同伴中的甜蜜成员。
et tenuit nostras numerosus Horatius aures,	精通众多格律的贺拉斯迷住了我的双耳,
dum ferit Ausonia carmina culta lyra.	50 当他在奥索尼亚弦琴上演奏他优雅的诗歌。
Vergilium vidi tantum, nec avara Tibullo	维吉尔,我见过而已;吝啬的命运也未
tempus amicitiae fata dedere meae.	给予提布卢斯时间来与我相交。
successor fuit hic tibi, Galle, Propertius illi;	伽卢斯啊,他是你的后继者,普罗佩提乌斯是他的
quartus ab his serie temporis ipse fui.	后继者;他们之后,我自身按次序排在第四。

utque ego maiores, sic me coluere minores,	55 如同我仰慕前辈,后辈亦仰慕我。
notaque non tarde facta Thalia mea est.	我的塔利亚成名也不晚。
carmina cum primum populo iuvenilia legi,	当我初次向公众朗读我的年少诗作,
barba resecta mihi bisve semelve fuit.	我的胡须才刮过一两次。
moverat ingenium totam cantata per Urbem	全罗马城传唱的科琳娜(我的称呼,
nomine non vero dicta Corinna mihi.	60 并非真名),激起了我的诗情。
multa quidem scripsi, sed, quae vitiosa putavi,	我笔耕甚丰,然而,我认为不完美的,
emendaturis ignibus ipse dedi.	业已亲手付诸火焰去修正。
tunc quoque, cum fugerem, quaedam placitura cremavi	怒于我的热爱和我的诗歌,我流放之际,
iratus studio carminibusque meis.	也焚烧了一些能招人喜爱的作品。
molle Cupidineis nec inexpugnabile telis	65 对丘比特之箭,我的心曾柔软不设防,
cor mihi, quodque levis causa moveret, erat.	微小的缘由便能让我动心。
cum tamen hic essem minimoque accenderer igni,	尽管我本性如此,极小的火花便能让我燃烧,
nomine sub nostro fabula nulla fuit.	可我的名下并无流言蜚语。
paene mihi puero nec digna nec utilis uxor	我几乎还是孩童时,一个不贤又无益的妻子,
est data, quae tempus perbreve nupta fuit.	70 便配给了我,她与我成婚为期甚短。
illi successit, quamvis sine crimine coniunx,	她的继任,尽管作为妻子无可厚非,
non tamen in nostro firma futura toro.	却注定不会久留于我的婚床。
ultima, quae mecum seros permansit in annos,	最后一位,与我相守到近年,
sustinuit coniunx exulis esse viri.	担起了流放者之妻的名头。
filia me mea bis prima fecunda iuventa,	75 我女儿青春尚少时两度生育(虽非
sed non ex uno coniuge, fecit avum.	与同一个夫婿),使我成为外祖父。
et iam complerat genitor sua fata novemque	我的父亲也完成了他自己的命运,
addiderat lustris altera lustra novem.	九个五年之上另加九个五年。
non aliter flevi, quam me fleturus adempto	我哭得犹如他会流泪那样,若我
ille fuit; matri proxima iusta tuli.	80 逝去;紧接着,我为母亲送葬。
felices ambo tempestiveque sepulti,	两人皆幸运,下葬的时机恰好,
ante diem poenae quod periere meae!	因为他们在我遭罚之前离世!
me quoque felicem, quod non viventibus illis	我也好幸运,因为他们不在世时
sum miser, et de me quod doluere nihil!	我才遭难,他们也不用为我悲伤!
si tamen extinctis aliquid nisi nomina restat,	85 若名字之外死者还有任何东西存留,
et gracilis structos effugit umbra rogos,	若缥缈的魂影逃离了堆好的火葬堆,
fama, parentales, si vos mea contigit, umbrae,	父母之灵啊,若我的消息传到您那里,
et sunt in Stygio crimina nostra foro,	若我的罪名出现在冥府的法庭,

scite, precor, causam (nec vos mihi fallere fas est)	我求您知晓,我被命流放的原因(欺骗你们
errorem iussae, non scelus, esse fugae.	为不敬)是一个过错而非罪行。
Manibus hoc satis est: ad vos, studiosa, revertor,	关于亡灵至此足矣:我转向你,热诚的
pectora, qui vitae quaeritis acta meae.	心啊,你问我生命中的事情。
iammihi canities pulsis melioribus annis	更美好的岁月已成往事,如今白发
venerat, antiquas miscueratque comas,	已生,混杂在老去的头发之中,
postque meos ortus Pisaea vinctus oliva	自我出生后,得胜的骑手已十次
abstulerat deciens praemia victor equus,	获奖,头戴皮萨橄榄叶冠,
cum maris Euxini positos ad laeva Tomitas	当受了冒犯的元首出于愤怒命我
quaerere me laesi principis ira iubet.	前去位于好客海左岸的托弥。
causa meae cunctis nimium quoque nota ruinae	我倾圮的缘由众所周知,
indicio non est testificanda meo.	不必由我的证词来揭示。
quidreferam comitumque nefas famulosque nocentes?	何必回顾朋友之背叛和伤害我的奴隶?
ipsa multa tuli non leviora fuga.	我所承受的许多事比流放本身更沉重。
indignata malis mens est succumbere seque	我的心不甘向厄运屈服,用自身的
praestitit invictam viribus usa suis;	力量证明它不可征服;
oblitusque mei ductaeque per otia vitae	忘却我自己和闲暇中度过的生活,
insolita cepi temporis arma manu;	我用不熟练的手拿起了时间的武器;
totque tuli terra casus pelagoque quot inter	我在陆地与海上所承受的苦难,多如
occultum stellae conspicuumque polum.	不可见与可见的极地之间的星辰。
tacta mihi tandem longis erroribus acto	历经漫长的飘零,我终于抵达萨尔马提亚
iuncta pharetratis Sarmatis ora Getis.	海岸,毗邻佩剑的盖塔人。
hic ego,finitimis quamvis circumsoner armis,	此处,即使被近旁武器的声音包围,我也
tristia, quo possum, carmine fata levo.	尽可能用诗歌来舒缓我悲凉的命运。
quod quamvis nemo est, cuius referatur ad aures,	尽管无人侧耳倾听,我依然
sictamen absumo decipioque diem.	以此打发光阴,消磨时光。
ergo quod vivodurisque laboribus obsto,	因此,我生命尚存,抵御艰难困苦,
nec mesollicitae taedia lucis habent,	多舛人生的疲倦也没有击垮我,
gratia, Musa,tibi: nam tu solacia praebes,	感谢你,缪斯:因你给我带来慰藉,
tucurae requies, tu medicina venis.	你缓解我的忧虑,医治我的担忧。
tu dux et comes es, tu nosabducis ab Histro,	你是向导也是同伴,你把我带离伊斯特,
inmedioque mihi das Helicone locum;	在赫利孔山腰辟给我一处地方;
tumihi, quod rarum est, vivo sublime dedisti	我在世时,你便少见地给予我卓著的
nomen, abexequiis quod dare fama solet.	名声,这通常只在死后由法玛女神给予。

数字标记:90, 95, 100, 105, 110, 115, 120

nec, quidetrectat praesentia, Livor iniquo
　　ullum de nostris dente momordit opus.
namtulerint magnos cum saecula nostra poetas,
　　nonfuit ingenio fama maligna meo,
cumque ego praeponam multos mihi, non minor illis
　　dicor et in toto plurimus orbe legor.
si quidhabent igitur vatum praesagia veri,
　　protinus ut moriar, non ero, terra, tuus.
sive favore tuli, sive hanc ego carmine famam,
　　iure tibi grates, candide lector, ago.

贬损现世之事的嫉妒之神，也不曾用
充满敌意的牙齿咬噬我的诗作。
125 尽管我们的时代产生了伟大的诗人，
　　名声也不曾轻贱我的诗才，
尽管我将许多诗人置于我之前，我并未被判
　　逊于他们，在整个世界传诵最多的是我。
若诗人的预言不爽，大地啊，即便
130 我行将逝去，我也不会属于你。
若或因诗歌或因善意，我收获了名声，
　　诚挚的读者啊，我理应向你致谢。

注释

4.10.1-2 Ille ego qui fuerim, tenerorum lusor amorum,／quem legis, ut noris, accipe posteritas, 开篇这两行语序错综，散文顺序可调整为：posteritas, accipe, ut noris qui ego fuerim, ille lusor tenerorum amorum, quem legis。

4.10.1 ille 在拉丁语中常是"那位有名的"之意，在这两行中，ille、ego、lusor 是同位语，都是指"我"，qui 和 quem 也都是指"我"。ille ego qui 置于整首诗的开始，据古代的维吉尔传记，ille ego qui 也是维吉尔史诗《埃涅阿斯纪》（Aeneid, Fairweather 1987, p.191）的另一个开头的头几个词。

tenerorum lusor amorum：这正是奥维德想在他墓碑上刻上的自我定位，见《哀怨集》3.3.73：hic ego qui iacuit tenerorum lusor amorum。关于"温柔爱情"这个表达法，亦见《恋歌》3.15.1：tenerorum mater Amorum，mater 指维纳斯。

4.10.2 noris = noveris；accipe：请听；posteritas：呼格。

4.10.3 奥维德不止一次这样描述他的家乡，亦见《岁时记》4.81 Sulmonis gelidi patriae... nostrae。用 gelidus "冰冷的""冷冽的"来修饰 Sulmo 也见于其他诗人，如 Silius Italicus, *Punica* 8.520：gelidoque rapit Sulmone。

4.10.4 milia quinovies distat ab Urbe decem：milia = mila passuum，字面的意思是"千步"，即一个罗马里，约等于 1479 米，小于一英里；ab urbe：指离罗马城；urbs 这个词在本诗中出现了三次，皆指罗马。

4.10.5 nec non："还有"的意思。

4.10.6 cum cecidit fato consul uterque pari：即公元前 43 年。恺撒遇刺之后，政治形势复杂，元老院希望利用屋大维来遏制马可·安东尼,曾一度出现屋大维和执政官一起对抗安东尼,解救曾参与恺撒行刺者的局面。公元43年的执政官为Gaius Vibius Pansa和Aulus Hirtius。Pansa在与安东尼Forum Gallorum的战斗中受伤,当时困守穆提纳(Mutina,今Modena)的是Decimus Brutus,遭到安东尼的围攻。在穆提纳之役中,Hirtius、Pansa与屋大维一起,与安东尼作战,Hirtius战死,Pansa不久也死去。

这一行和哀歌诗人Lygdamus(经提布卢斯第3卷得以流传)5.18行一样。究竟是Lygdamus模仿奥维德,还是奥维德模仿Lygdamus,学者说法不一。Lee 1958-1959,p.17的分析比较有说服力,他认为这一行的内容更符合《哀怨集》4.10的语境,在这首诗中是更加"有机"的内容。

4.10.7-8 强调他的骑士身份来自先祖,并非出身暴发户。同样的表述亦见《恋歌》3.15.5-6:siquid id est, usque a proavis vetus ordinis heres, /non modo militiae turbine factus eques "若值得一提,我的头衔继承自古老门第/并非新近因战乱而成为骑士";《哀怨集》2.89-90提到他参加了奥古斯都所恢复的7月15日的"阅马式"(transvectio)。

4.10.7 usque a proavis:意思是可以回溯好几代;ordinis:原形ordo,指"等级""阶层",一般包括元老等级、骑士等级和地方元老等级(decuriones)。

4.10.8 fortunae munere:这里的fortunae是"命运"(fortuna)的第二格,munere是"礼物、惠赐"(munus)的第五格,直译是"由于命运的礼物/馈赠",类似用法见Nepos 3.3。因为fortuna也常有"财富"的意思,所以也有译者将这里的fortuna译为"财富",比如Vivona 1899认为这里 fortuna = censu(财产资格);Green 2005译为"wealth"。

4.10.9 genito...fratre:绝对夺格结构,"在哥哥出生之后"。

4.10.10 散文语序可调整为qui ortus erat quater tribus mensibus ante;兄长出生早四个三个月,即十二个月。

4.10.11 affuit:亦作adfuit。

4.10.12 liba:生日时供奉给神的糕点,亦见《哀怨集》3.13.2。至于他的哥哥和他是否真的同一天出生,存疑,我们无法确定,但古代的日期常常是模糊的,无论他们是否同一天出生,家里一起庆祝他们的生日是有可能的。奥维德也可能通过"同日生"这一点,让自己和哥哥联系得更紧密,强化这一天对他的特殊意义(McGowan 2018)。

过生日时的一些仪式,可见提布卢斯2.2.6-8:cui decorent sanctas mollia serta comas. /illius puro destillent tempora nardo,/ ille satur libo sit madeatque mero "就让柔软的花环装饰神圣的头发,/他的太阳穴滴上纯正的甘松香油,/让他饱食贡糕,畅饮醇酒"。

4.10.13 haec 指 haec dies,那一天; armiferae...Minervae:披挂的弥涅耳瓦的,即作为女战神的弥涅耳瓦; festis de quinque:弥涅耳瓦的节日,称为 Quinquatrus 或 Quinquatria,为期五天,3 月 19 日至 23 日。(见《岁时记》3.809-814)

4.10.14 pugnā,第五格;这个节日的第一天是不举行角斗士表演的,见《岁时记》3.812: causa。第二日才开始,所因角斗而流血的第一天是 3 月 20 日。也就是说奥维德的生日是公元前 43 年 3 月 20 日。

4.10.16 ab arte:这里的 ab 是指缘由,arte 在这里可以做宽泛的理解,指所谓自由人的艺术,arte liberali,可以翻译成"学问""才能"。

4.10.17 viridi...ab aevo:指自从年少时。

4.10.18 fortia verbosi natus ad arma fori; fortia 修饰 arma; verbosi 修饰 fori, fori 的主格为 forum,本意是"广场",许多公共事务和活动都在广场举行,尤其是在共和时代,包括政治辩论、法庭审判、娱乐活动等。forum 常被"聒噪的""唇枪舌剑的""喧闹的"等形容词修饰:如奥维德《哀怨集》3.12.17-18: otia nunc istic, iunctisque ex ordine ludis/ cedunt verbosi garrula bella fori "彼处正当闲暇,聒噪广场上的口舌之战,/让位于接连不断的节日庆典";《爱的艺术》1.79-80: Et fora conveniunt (quis credere possit?) amori/ Flammaque in arguto saepe reperta foro "连法庭也是(谁能相信呢?)为爱升堂:/爱焰常出现在唇枪舌剑的庭上"(肖馨瑶译); Seneca, *Hercules* 172-174: hic clamosi rabiosa fori /iurgia vendens / improbus iras et verba locat "这位在喧闹的广场贩卖激烈的争吵,/无耻地出租愤怒与言辞"。

4.10.19 caelestia sacra:指诗歌。奥维德常将诗歌称为"神圣的",见《黑海书简》2.9.64; 2.10.17: sunt tamen inter se communia sacra poetis; 3.6.67; 4.8.81; 4.13.43: *per studii communia foedera sacri*。McGowan(2009, p.155)对他的用意的解释如下:"奥维德一直使用 sacer 一词来指诗歌,显示遭受流放的诗人努力赋予他的追求一定程度的神圣性,也许甚至是为了将他的艺术升华成'值得被视为具有神性的(divine)'(OLD sacer 词条§9)某种东西。"与诗史(uates)的身份相结合,将诗歌视为神圣事业,为身处流放中的诗人提供了一个在这些诗歌中与奥古斯都和王室的神级地位相抗衡的可行的(如果不是最终)答案。"

4.10.22 Maeonides,希腊文作 Μαιονίδης,指荷马,传说中吕底亚的 Maeonia 人。

4.10.24 verba soluta modis:没有格律的言辞,不受格律约束的话,指散文。

4.10.25-26:合韵的诗歌不请自来,我下笔即成诗。可比较 Alexander Pope(亚历山大·波普)的 *Epistle to Dr. Arbuthnot*(《致阿巴斯诺特医生书》,1735):I lisp'd in numbers, for the numbers came,大意是,我期期艾艾也是韵文,格律不请自来。

4.10.27 interea tacito passu labentibus annis:岁月流过,步履悄然,表达"流年无声"的意境;tacito passu,第五格,表方式,亦作 tacito pede,提布卢斯 1.34:imminet et tacito clam venit illa pede"(死亡)近在咫尺,悄无声息地到来";《哀怨集》4.6.17:tacito pede lapsa vetustas "流逝的时间脚步无声"。

4.10.28 liberior... toga:字面的意思是"更自由的托袈",即 toga virilis "成年托袈",穿上了"更自由的托袈"意味着他们成年了,一般是在 16 或 17 岁。关于"自由托袈"(toga libera),见普罗佩提乌斯《哀怨集》4.1.132:matris et ante deos libera sumpta toga "在神明面前换上母亲的成年长袍"(王焕生译)。亦见

《岁时记》3.771-772:... quare toga libera detur / ... pueris,但奥维德将 libera 与 Liber 神相连,Liber 是酒神狄奥尼索斯罗马名之一。奥维德给出了三种解释:酒神似乎永远都既是男孩又是青年,年纪介于两者之间;或者因为酒神为父,父亲们将他们心爱之人,他们的儿子,托付给酒神;或者 vestis... libera 之得名是因为酒神名为 Liber,穿上之后生命之路会更加自由(vitae liberioris iter)。

toga 是第 28 行和第 29 行的共同主语,谓语有两个:sumpta est(第 28 行)以及 induitur(第 29 行),都是被动式。

4.10.29 cum lato purpura clavo:指元老所着的 toga praetexta,带有宽紫边的托袈。骑士着窄紫边的托袈。

4.10.33 cepimus et tenerae primos aetatis honores:也就是说他获得了年轻人所能获得的最显要的公职(primos... honores)。这里的 honores 指"公职",字面的意思是"荣誉",译为"荣誉"亦可。拉丁文中,cursus honorum 这个短语的大意为"仕途",指按次序渐次担任更高的官职。

4.10.34 tresviri:"三人委员团"。奥维德年轻时,罗马的三人委员团有多个,这里并没有明说是哪一个,有可能是 tresviri monetales(制币监督三人团),但也有可能是 tresviri capitales(职责主要

是负责监狱、执行死刑等,见《学说汇纂》Digesta 1.2.2.30),奥维德对法律用语相当熟悉,后者的可能性更大。他在《岁时记》4.383-384提到他也曾任"十人争讼委员团"(stlitibus iudicandis)。Fantham指出一般这两个职位年轻人只担任其中的一个。奥维德两个都曾担任过,可能是因为当时候选人人数不足(Fantham 1998,关于这两行的注)。比这些职位更低的有vigintiviri("二十人委员会")等。

4.10.35 curia指元老院;宽带的尺寸(mensura)变窄(coacta est),意思是他选择不进入元老阶层,而留在骑士等级,亦见第29行注。

4.10.36 illud onus:"那个负担",指的是元老职位。

4.10.38 亦见3.2.9-10:quique fugax rerum securaque in otia natus,/ mollis et inpatiens ante laboris eram "此前,我逃避事务,为无忧无虑/闲暇而生,我柔弱且不胜辛劳"。

4.10.39 Aoniae...sorores:阿奥尼亚 Aoniae = Ἀονία,即赫利孔山,阿奥尼亚姐妹指缪斯。

4.10.40 otia, iudicio semper amata meo:otia,"闲暇",在罗马文化语境中不是指无所事事,而是指不为谋生、职务所羁绊,而有物质基础和时间从事书写、修

辞等"自由人的艺术"。

4.10.43-44 Aemilius Macer撰写的一首诗,是模仿Nicander的Theriaca的,内容关于鸟、蛇和草。这里的Macer不是奥维德在《恋歌》2.18以及《黑海书简》2.10、4.16.6提到的Iliacus Macer。Aemilius Macer逝于公元前16年。

4.10.43 grandior aevo:字面的意思是就年龄而言更高。这是个常见的表达法,见《变形记》6.321。这里aevo是表示在某一个方面的第五格(夺格)。

4.10.45-46 应该指的是普罗佩提乌斯《哀歌集》1-3;ignes(火、火焰)在爱情哀歌中的意思通常是爱情、爱欲、情欲。普罗佩提乌斯3.2.19-26是对贺拉斯 Odes 3.30的回应。

4.10.47 Ponticus:史诗诗人,曾撰 Thebaid《忒拜纪》。普罗佩提乌斯《哀歌集》1.7是致这位诗人的,对他评价甚高:Dum tibi Cadmeae dicuntur, Pontice, Thebae /armaque fraternae tristia militiae, /atque, ita sim felix, primo contendis Homero/ (sint modo fata tuis mollia carminibus), /nos, ut consuêmus, nostros agitamus amores "蓬提库斯,当你吟诵卡德摩斯的忒拜/和进行兄弟杀戮的残忍的武器,/愿神明降临,力图与著名的荷马竞争时,/(唯愿命运对你的诗歌发善心!)/我们仍一如往常,赞颂我们的爱

情"(第 1~5 行,王焕生译)。

Bassus:我们对这位诗人所知甚少,他的作品未曾幸存。抄本中的名字也不统一,有 Bacchus、Battus、Batus。

4.10.48 convictus:第二格(属格),指亲密同伴,洛布版译为 circle"圈子";dulcia... membra "甜蜜的成员";membra,单数主格为 membrum,这个词既有"四肢",又有"成员"之一。奥维德在使用这个词的时候,常一语双关,如在《哀怨集》1.3 中,第 64 行提到他失去了"家"(domus)和"亲爱的可靠的家人(fidae dulcia membra domus)",在这里 membra 是家中成员的意思,但在第 73~74 行,membra 则是"四肢"之意:dividor haud aliter, quam si mea membra relinquam,/et pars abrumpi corpore visa suo est "我被撕扯就犹如在失去四肢,/身体的一部分似乎被扯去";第 94 行:crinibus et gelida membra levavit humo "将四肢从冰冷的地上抬起"。

4.10.49-50 贺拉斯擅长用各种格律作诗。可参阅李永毅译《贺拉斯诗全集》;外文研究众多,综述可见 Knox 2012, pp.527-546。

4.10.50 Ausonia:原指意大利南部地区,在诗歌中通常用来泛指意大利;Ausonia... lyra(弦琴),末尾的-a 都是长音,第五格;carmina culta 是中性宾格复数。

4.10.53 successor fuit hic tibi, Galle, Propertius illi:Galle 为 Gallus 呼格;hic 指提布卢斯;tibi 指伽卢斯(Gallus);illi 还是指提布卢斯。

4.10.54 quartus ab his serie temporis ipse fui:奥维德为哀歌诗人按时间顺序排了序:伽卢斯、提布卢斯、普罗佩提乌斯,之后是他自己。亦见《哀怨集》2.467:His ego successi "我是他们的后继"。普罗佩提乌斯在奥维德的密友之列,奥维德倾慕贺拉斯在格律方面的成就以及他对诗歌之考究,但并无亲密来往。但这些诗人对他的诗歌创作都有影响。

4.10.55 maiores, minores:字面的意思分别是"比我年长之人"和"比我年轻之人",但也有文学辈分之意,这里分别译为"前辈""后辈";maiores 的另一个常用意义是"祖先""先辈";coluere = coluerunt。

4.10.56 Thalia:塔利亚,缪斯之一,主司喜剧与抒情诗;这里指诗歌。

4.10.59-60 moverat ingenium totam cantata per Urbem/ nomine non vero dicta Corinna mihi:这两行的散文顺序可调整为 Corinna(dicta mihi non vero nomine)cantata per totam Urbem moverat ingenium。主语为 Corinna,被动分词 cantata 和

dicta 都修饰 Corinna。全城传唱的科琳娜是奥维德的灵感源泉，而这个名字是奥维德起的化名，并非这位女性的本名。奥维德《恋歌》3.12.16 有着类似的表述：ingenium movit sola Corinna meum "只有科琳娜激起我的诗才"。诗人把所爱的女郎作为灵感来源，亦见普罗佩提乌斯 Propertius 2.1.4：ingenium nobis ipsa puella facit "是我所钟情的女子给了我灵感"（王焕生译）。正如卡图卢斯笔下的莱斯比娅（Lesbia）、提布卢斯笔下的 Delia、普罗佩提乌斯诗中的卿提娅（Cynthia），科琳娜是奥维德情诗中的女主角。莱斯比娅和萨福有关，Delia 和 Cynthia 都与阿波罗相关，以此类推，学者认为科琳娜这个化名也一定有其来源。一个推测是 Corinna 与希腊语中的 κόρη（"女孩""青年女子"）一词相关（Randall 1979, p.34; McKeown 1987, p.21），这个词相当于拉丁语中的 puella，而 puella 在哀歌中是诗人渴望的对象，即哀歌女郎。另外的解释是 Corinna 之名来自古希腊波俄提亚的女诗人 Κορίννα，品达同时代的诗人，在古希腊的女诗人中，名声仅次于萨福，也有古代作家提到她的美貌。Heath 认为奥维德之所以选择这个名字，不是因为女诗人科琳娜的容貌或是她诗歌的复杂性，而是因为她以幽默的手法来书写神话，而这一点和奥维德正相契合（Heath 2013, pp.155-170）。

因为奥维德这里提到科琳娜在罗马城中十分有名，关于科琳娜究竟是谁的猜测持续至今。五世纪的诗人 Sidonius Apollinaris 猜测这位全城有名的"科琳娜"（*Carmen* 23.159-161: notum, Naso tener, Tomosque missum,/ quondam Caesareae nimis puellae/ ficto nomine subditum Corinnae?）是奥古斯都的女儿尤利娅（常称为大尤利娅，以别于她的女儿，也就是奥古斯都的孙女小尤利娅），并据此猜测奥维德之所以遭流放是因为与尤利娅的情事。这个说法对后世影响极大。但近世的学者们指出，科琳娜和大尤利娅为同一人的可能性非常之小，因为假如科琳娜指的就是大尤利娅，奥维德又为何时常提醒奥古斯都和尤利娅的纠缠（Thibault 1964, p.50）？此外，奥维德常暗示《爱的艺术》是他因之获罪的作品，但科琳娜在这部作品中出镜率，远不及在《恋歌》中的提及率（见《恋歌》1.5, 1.11, 2.6, 2.8, 2.11, 2.12, 2.13, 2.14, 2.15, 2.17, 2.19, 3.7, 3.12）。大尤利娅于公元前 2 年即遭流放，比奥维德的流放时间早了 6 年。而小尤利娅则与奥维德同一年流放。

4.10.61-62 关于焚烧《变形记》，亦见《哀怨集》1.7.13-22，其中第 21~22 行提到了焚毁的原因：vel quod eram Musas, ut crimina nostra, perosus,/ vel quod adhuc crescens et rude carmen erat "也许是因为我厌憎缪斯,我因她们而获罪;/抑或因为那首诗仍粗糙未成形"。亦见《哀怨集》2.555-556。

4.10.65 molle Cupidineis nec inexpugnabile telis：亦见《拟情书》15.79：molle meum levibusque cor est violabile telis."我心柔软,易为轻矛所伤。"但有学者包括 Richard Tarrant 认为《拟情书》15 是伪作。

4.10.68 fabula：指"传言""流言蜚语";这一行的意思是他的名声是清白的。

4.10.69-74 讲述奥维德的三次婚姻。他对第一任妻子颇为不满;第二次婚姻亦不长久,但原因并不清楚,Helzle 1989, p.183 第把 70~72 行译为"She was succeeded by a spouse who, although flawless, was still not going to remain faithful to me",他的理解似乎是妻子不忠,但这样和第 71 行所说的她 sine crimine ("无过")不符;第三任妻子是他最后一任妻子,流放诗中有九首是致第三任妻子的,然而他从未提过她的名字。Helzle 1989 也指出,奥维德从未提过他女儿的名字。所以不提家中女眷名字,可能出于不希望她们成为谈资。至于他的妻子究竟是什么身份,流放诗中也留下了一些线索,比如他对 Cn. Pompeius Macer 说(《黑海书简》2.10.10)：vel mea quod coniunx non aliena tibi est "我的妻子对你来说并不陌生",但从这里很难判断他的妻子和 Pompeius Macer 之间的关系到底是什么;她可能和法比乌斯氏族(Fabii)的关系更加直接,并且社会关系较强,证据是《黑海书简》1.2 这封致 Fabius Maximus 的信。奥维德在第 136~140 行称他的妻子来自 Fabius Maximus 的家族,Maximus 的妻子 Marcia 赞许她,在她年纪尚轻时,就把她看作身边人;之前奥古斯都的姨母也把她当作自己人 (ille ego de vestra cui data nupta domo est./hanc probat et primo dilectam semper ab aevo /est inter comites Marcia censa suas, /inque suis habuit matertera Caesaris ante)。

有学者认为奥维德用书写哀歌女主角的方式书写妻子,但 Helzle 不同意这个分析。他认为在奥维德的流放诗中,他提及对妻子的话语类似他提及庇护人、朋友时的话语,常用的词汇包括：fides, officium, munus, debere, tutela, meritum, gratia, memoria (Helzle 1989, p.188)。

4.10.75-76 这里的 filia 是他与前妻之一的女儿,第三任妻子以前也有过婚姻,带来了一个女儿。第 76 行意思是女儿不止结过一次婚,她的两个孩子来自不同的婚姻。罗马女性的婚龄较早,12~15 岁结婚,尤其是在上层,不在少数(Hallett 1984, p. 142)。

4.10.78 addiderat lustris altera lustra novem:lustrum 复数 lustra,这是 census 之后的拔除祭,以五年为一周期。奥维德的父亲寿终 90 岁(九个五年再加九个五年),这个高龄在古代十分不寻常。父亲在奥维德流放之前就去世了,而奥维德流放的时候,已经 50 岁(见下文第 93~96 行)。据此推算,奥维德出生时,父亲可能已经 40 多岁了。这在古罗马也不算少见,男性婚龄相对较晚,晚于 25 岁结婚在帝国西部可能是常态 (Saller 1987, pp. 21-34)。

4.10.80 iusta:可以指逝者的丧礼、葬仪,或供奉给逝者的祭品。牛津本作 busta"火葬处""坟墓"。

4.10.81 felices ambo tempestiveque sepulti:sepulti,托伊布纳本作 sepultos。

4.10.83 mequoque felicem:表达感叹的宾格;non viventibus illis:第五格独立结构,"当他们不在世时"。

4.10.85 extinctis:第三格(与格),extinctis…restat:留给死者。

4.10.86 关于 Manes 和 umbra,见普罗佩提乌斯 4.7.1-2:Sunt aliquid Manes: letum non omnia finit,/ luridaque evictos effugit umbra rogos "存在某种阴魂,死亡并非结束一切,/灰白的魂影战胜焚尸堆后遁逸"(王焕生译);gracilis: TLL I.A.1,可以理解为"无实体的",也可以理解为"细长的"(幽灵)。

4.10.87 fama, parentales, si vos mea contigit, umbrae:fama … mea "我的传闻",是 si 引导的条件从句中动词 contigit 的主语,vos 是 contigit 的宾语,指 parentales umbrae "父母之灵";parentales…umbrae,呼格。

4.10.88 etsunt in Stygio crimina nostra foro:in Stygio…foro,在斯提克斯(冥府)的法庭,法官是弥诺斯(Minos)、埃阿克斯(Aeacus)和拉达曼图斯(Rhadamanthus)。如普罗佩提乌斯《哀歌集》4.11.19-22。

4.10.90 errorem iussae, non scelus, esse fugae:奥维德常称自己流放的原因是"过失""过错"(error),有时也作 culpa,达不到 scelus 的程度,如《哀怨集》1.3.37-38:… quis me deceperit error,/… pro culpa ne scelus esse putet "是什么错误误导了我,让他不致认为那是犯罪而非过失"。

4.10.91 Manibus:主格为 Mānes,指"死者之灵""亡灵",亦见第 86 行注。

4.10.93-94 奥维德遭受流放时,已经 50 岁,见第 95~96 行注。关于白发

(canities),亦见《哀怨集》4.8-1-2：Iam mea cycneas imitantur tempora plumas, / inficit et nigras alba senecta comas "我的鬓角如今好似天鹅的羽毛,/白色的老年沾染了黑发"。

4.10.93 pulsis melioribus annis：第五格(夺格)独立结构。

4.10.95-96 奥林匹克赛会的地址是 Elis 的奥林匹亚(Olympia),在皮萨(Pisa)附近,胜者头戴橄榄枝叶所编的花环(oliva)。奥林匹克赛会每四年为一周期,所以也称为"每个第五年"举行一次的赛会,见《变形记》14.324-325：quinquennem… pugnam；塔西佗《编年史》14.20：quinquennale certamen。所以奥维德所说的出生以后(postque meos ortus)得胜的骑手(victor equus)已十次获奖(abstulerat deciens praemia),即五十年。书写《哀怨集》时,他流放的时间还未超过五年；书写《黑海书简》4.6 时,他已经流放了五年多,见第 5~6 行：in Scythia nobis quinquennis Olympias acta est：/ iam tempus lustri transit in alterius "我已在斯基泰度过为期五年的奥林匹亚纪：/时间已转入另一个五年"。

4.10.95 Pisaea vinctus oliva：这里的表述可见品达《奥林匹亚颂》4.12：ἐλαίᾳ στεφανωθεὶς Πισάτιδι "戴上皮萨橄榄叶冠"。

4.10.97 cum maris Euxini positos ad laeva Tomitas；laeva,左岸,"左"在罗马语言文化中寓意邪恶、不吉,和那时黑海的名称"好客海"(Euxinus)形成讽刺的对比。

4.10.98 laesi principis ira：ira 是第 97~98 行 cum 所引导的从句的主语；principis、princeps,指奥古斯都；laesi,至于奥古斯都是如何受了冒犯、受了何种冒犯,并不完全清楚。在本篇中,奥维德称自己是因一个"过错"(第 90 行：error)而遭流放,在《哀怨集》2.207 中,他称流放的原因是"一部诗歌和一个过错"(carmen et error),但从来没有清晰地说过这个"过错"究竟是什么,carmen 和 error 是同义反复,还是两个不同的原因。而奥古斯都所受的冒犯,是指他被奥维德早年的爱情诗,特别是《爱的艺术》所冒犯,还是为奥维德所提到的 error"过错"所冒犯。关于奥维德流放之谜的种种猜想,见 Thibault 1964。

4.10.99-100 causa meae cunctis nimium quoque nota ruinae/indicio non est testificanda meo：散文语序可调整为 causa meae ruinae quoque nimium nota cunctis non est testificanda meo indicio；主语为 causa,谓语为 est testificanda；nota 修饰 causa；cunctis nimium quoque nota "众所周知",在《黑海书简》1.7.39-40 中奥维

德也提到"无人不知"(nemo nescit)他不曾犯罪。

ruinae 这个词在这里译作"倾圮",是借鉴杨周翰在《中西悼亡诗》中对 ruina 的译法(1989, p. 111)。

4.10.102 散文语序可调整为 tuli multa non leviora fuga ipsa; non leviora, "反语法"(litotes),字面上的"不轻于"之意,而是"更重"; ipsa... fuga 是比较结构中的比较第五格。

4.10.103-104 seque/ praestitit invictam viribus usa suis: 散文语序 et usa viribus suis praestitit se(esse) invictam, 主语是 mens; se 指 mens, usa(后接第五格 viribus suis)修饰 mens。

4.10.105 oblitus 后接两个第二格(属格), mei 和 vitae; ductae 修饰 vitae。

4.10.106 insolita 不是修饰 arma 的,因为按五音步格,这里的 insolita 的最后一个元音只能是长音,即第五格: insolitā... manū(工具第五格)字面的意思是"用不习惯的……手"; temporis arma: 可以理解为"时间的武器",或者"适合时境的武器",有学者理解这是指"耐心与勇气(pazienza e corragio)"(Vivona 1899, p. 200)、"坚韧的精神与耐心(obfirmatus animus et patientia)"(Loers 1839, p. 428)。

4.10.107 奥维德常将自己和奥德修斯的经历相比,并认为自己所经历的艰难困苦超过奥德修斯,如《哀怨集》1.5.57-83。

4.10.108 occultum stellae conspicuumque polum: "看不见和看得见的极地",分别指南方与北方;对于居住在北方的人来说,可以见到北极的星星,但看不到南方。见许吉努斯 1.6: quod stellae inter polum septentrionalem, qui conspicuus nobis est, et meridionalem, qui semper sub horizontem est "在我们看得见的北极和永远在地平线下的南极之间的星辰"。

4.10.109-110 tacta mihi tandem longis erroribus acto/ iuncta pharetratis Sarmatis ora Getis: 散文语序可调整为 Sarmatis ora, iuncta pharetratis Getis, tacta (est) mihi tandem longis erroribus acto, 主语是 ora("海岸"); Sarmatis: 形容词,阴性主格,修饰 ora; 谓语是 tacta(est), 字面上的意思是萨尔马提亚海岸; iuncta 修饰 ora; mihi... acto: 第三格(与格), acto 修饰 mihi。

奥维德在流放诗中多次提及萨尔马提亚海岸,比如《哀怨集》5.3.8: iuncta tenet crudis Sarmatis ora Getis;《黑海书简》2.7.72: frigore perpetuo Sarmatis ora riget。

4.10.111 hic ego, finitimis quamvis circumsoner armis: 被武器的声音包围,亦

见《哀怨集》3.14.38:... pro libris arcus et arma sonant "弓箭与兵器之声取而代之";circumsoner 这个词也出现在《哀怨集》3.14.47:Threïcio Scythicoque fere circumsonor ore "我周遭皆是色雷斯和斯基泰之音";5.3.11:nunc procul a patria Geticis circumsonor armis "如今远离家乡,为盖塔人的兵器之声所包围"。

4.10.113 quod quamvis nemo est, cuius referatur ad aures:quod 在这里是连接词,无实在意思;cuius 的先行词是 nemo;referatur 的主语是第 112 行中的 carmen。这一行指流放地没有诗歌朗读之类的文化活动,语言也不通,无人懂得欣赏他的诗歌。亦见《哀怨集》3.14.39-40:nullus in hac terra, recitem si carmina, cuius/intellecturis auribus utar, adest "若我吟诵我的诗篇,这片土地上无人/拥有懂得欣赏的双耳,供我之用"。

4.10.117-118 诗歌的慰藉功能,亦见《哀怨集》4.1。

4.10.118 Vēna,本意是"血管",也可以是"天性""性情"的意思。

4.10.119 tu dux et comes es, tu nos abducis ab Histro:dux 在这里是"领路人""向导"之意;Histro:伊斯特河(Hister),今多瑙河,奥维德的流放地在多瑙河入黑海处。《哀怨集》3.2.189:Solus ad egressus missus septemplicis Histri "我孤身被遣至七条支流的多瑙河河口";3.10.27-29:ipse, papyrifero qui non angustior amne/ miscetur vasto multa per ora freto,/ caeruleos ventis latices durantibus, Hister "多瑙河自身,不窄于纸草生长之河,/经由众多河口与广袤的大海交汇,/寒风凛冽,冻结了蓝色的河水"。

4.10.122 abexequiis:指死后,葬礼之后;如普罗佩提乌斯《哀歌集》3.1.24:maius ab exsequiis nomen in ora venit "殡殓后口碑会更响亮的传播英名"(王焕生译);fama,这个词既可以指名声、传闻,又可以指人格化的 Fama 女神。

4.10.125 namtulerint magnos cum saecula nostra poetas:cum 引导让步状语从句。

4.10.127-128 dicor 是法律用语,被判决、被裁定的意思;in toto plurimus orbe legor:字面的意思是"在整个世界我被传诵最多"。

4.10.130 protinus ut moriar, non ero, terra, tuus:protinus ut 在这里是 as soon as,"一旦"的意思(参见 Hallett 2003, p.347 的译文)。

4.10.132 candide lector:呼格,直接与读者对话。

中文参考书目

奥维德:《哀歌集·黑海书简·伊比斯》,李永毅译,北京:中国青年出版社,

2018年。

菲利普·勒热讷:《自传契约》,杨国政译,北京:生活·读书·新知三联书店,2001。

贺拉斯:《贺拉斯诗全集·拉中对照详注本》,李永毅译,北京:中国青年出版社,2017。

奥维德:《奥维德对小书的寄语:〈哀怨集〉第一卷第一首译注》,刘津瑜译,《世界历史评论》2019年第12辑,第155~174页。

普罗佩提乌斯:《哀歌集·拉丁语汉语对照全译本》,王焕生译,上海:华东师范大学出版社,2006。

杨周翰、王宁:《中西悼亡诗》,《外国文学评论》1989年第1期,第109~113页。

张巍:《特奥格尼斯的印章——古风希腊诗歌与智慧的传达》,《外国文学评论》2008年第1期,第115~124页。

张巍:《诗人的变形》,《文汇报·文汇学人》2017年5月26日。

西文书目

辞典

OLD = *Oxford Latin Dictionary*, second edition

TLL = *Thesaurus Linguae Latinae*

底本

托伊布纳本(Teubner) = Hall, John B. P. *Ovidii Nasonis Tristia*. Stuttgart: Teubner, 1995.

海德堡卢克本(Luck) = Luck, Georg. *P. Naso Ovidius. Tristia*: 1. Heidelberg: Winter, 1967. (= PHI Latin Texts: https://latin.packhum.org/loc/959/8/0#36).

牛津本(OCT) = Owen, S. G. *P. Ovidi Nasonis Tristium Libri Quinque*, *Ibis*, *Ex Ponto Libri Quattuor, Halieutica Fragmenta*' *Recognivit Brevique Adnotatione Critica Instruxit S. g. Owen*. Oxford: Oxford University Press, first published 1915.

洛布本(Loeb) = Ovid. *Tristia. Ex Ponto*. Translated by A. L. Wheeler. Revised by G. P. Goold. Loeb Classical Library 151. Cambridge, MA: Harvard University Press, 1924; 2nd ed., 1988.

注释

Green, Peter, *Ovid, the Poems of Exile: Tristia and the Black Sea Letters*. Berkeley and Los Angeles: University of California Press, 2005.

Loers, Vitus, *P. Ovidii Nasonis tristium libri quinque: ad veterum librorum videm*. Trier, Friedrich Lintz, 1839.

Vivona, Francesco P., *Ovidio Nasone. I Tristi*. Milano: R. Sandron, 1899.

研究论文、专著

Denecke, Wiebke, *Classical World Literatures: Sino-japanese and Greco-Roman Comparisons*. Oxford University Press, 2014.

Egelhaaf-Gaiser, Ulrike. "Im Schutz der Musen und des Bacchus. Die biographische Gottesnähe des Exildichters Ovid (trist. 4, 10; 5, 3)", in Eve-Marie Becker and Jörg Ruüpke (eds), *Autoren in religiösen literarischen Texten der späthellenistischen und der frühkaiserzeitlichen Welt: Zwölf Fallstudien*. Tübingen Mohr Siebeck, 2018, 57–82.

Evans, H. B, *Publica Carmina: Ovid's Books from Exile*. Nebraska, 1983.

Fairweather, Janet. "Ovid's Autobiographical Poem, Tristia 4. 10", *The Classical Quarterly* 37. 1 (1987), 181–196.

Fantham, E. *Ovid: Fasti Book IV*. Cambridge: Cambridge University Press, 1998.

Francesco Vivona. *P. Ovidio Nasone. I Tristi*. Milano: R. Sandron, 1899.

Fredericks, B. R. "Tristia 4. 10: Poet's Autobiography and Poetic Autobiography", *Transactions of the American Philological Association* 106 (1976), 139–154.

Gray, Vivien J. "Classical Greece", in Gabriele Marasco (ed.), *Political Autobiographies and Memoirs in Antiquity: A Brill Companion*. Leiden: Brill, 2011, 1–36.

Habinek, Thomas N. *The Politics of Latin Literature: Writing, Identity, and Empire in Ancient Rome*. Princeton, N. J: Princeton University Press, 1998.

Hägg, Tomas. *The Art of Biography in Antiquity*. Cambridge University Press, 2012.

Judith P. Hallett, *Fathers and Daughters in Roman Society: Women and the Elite Family*. Princeton University Press, 1984.

——"Centering from the periphery in the Augustan Roman world: Ovid's autobiography in *Tristia* 4. 10 and Cornelius Nepos's biography of Atticus", *Arethusa* 36. 3 (2003), 345–359.

Hardie, Philip R. *Classical Literary Careers and Their Reception*. Cambridge: Cambridge University Press, 2015.

Heath, John. "Why Corinna?" *Hermes* 141. 2 (2013): 155–170.

Helzle, Martin. "Mr and Mrs Ovid", *Greece & Rome* 36. 2 (1989): 183–193.

Herescu, N. "Le sens de l'epitaphe Ovidienne", in N. Herescu (ed.), *Ovidiana: Recherches sur Ovide*. Paris, 1958, 420–442.

Klodt, C. "Ad uxorem in eigener Sache. Das Abschlußgedicht der ersten drei

Silvenbücher des Statius vor dem Hintergrund von Ovids 'Autobiographie' (*Trist.* 4.10) und seinen Briefen an die Gattin", in M. Reichel (ed.), *Antike Autobiographien. Werke – Epochen – Gattungen*. Cologne, Weimar, and Vienna, 2005. 185–222.

Knox, Peter. "Language, Style, and Meter in Horace", in Hans–Christian Günther (ed.), *Brill's Companion to Horace*. Brill, 2012, 527–546.

Lee, A. G. "The Date of Lygdamus, and His Relationship to Ovid", *Proceedings of the Cambridge Philological Society*, New Series 5.185 (1958–1959): 15–22.

Lejeune, Ph. *L'Autobiographie en France*. Paris, 1971.

Lejeune, Philippe. *Le Pacte Autobiographique*. Paris: Seuil, 1975.

Marasco, Gabriele (ed.). *Political Autobiographies and Memoirs in Antiquity: A Brill Companion*. Leiden: Brill, 2011.

McGowan, Matthew M. *Ovid in Exile: Power and Poetic Redress in the "Tristia" and "Epistulae Ex Ponto"*. Leiden: Brill, 2009.

McGowan, Matthew M. "Ovid's Autobiography (*Tr.* 4.10): Poetic Identity and Immortality in the Poetry of Exile", in Mary C. English, and Lee Fratantuono (eds.), *Pushing the Boundaries of Historia*. Routledge, 2018, 185–201.

McKeown, J. C. *Ovid: Amores, vol. I: Text and Prolegomena*. Liverpool, 1987.

Misch, G. *A History of Autobiography in Antiquity*. Routledge, 1950.

Paratore, E. "L'evoluzione della 'sphragis' dalle prime alle ultime opere di Ovidio", in Atti *del* convengno internazionale ovidiano, vol. 1 (1959), 173–203.

Pascal, Roy. *Design and Truth in Autobiography*. Harvard University Press, 1960.

Pascal, Roy. *Die Autobiographie: Gehalt Und Gestalt*. Stuttgart: W. Kohlhammer, 1965.

Pelling, Christopher. "Was There an Ancient Genre of 'Autobiography'?: Or, Did Augustus Know What He Was Doing?," in Christopher J. Smith, Anton Powell, and Tim Cornell (eds), *The Lost Memoirs of Augustus*. Swansea: Classical Press of Wales, 2009, 41–64.

Peirano, I. "Sealing' the Book: The Sphragis as Paratext," in L. Jansen (ed.), *The Roman Paratext: Frame, Texts, Readers*. Cambridge, 2014, 224–242.

Randall, J. G. "Mistresses' pseudonyms in Latin elegy", *Liverpool Classical Monthly* 4 (1979), 27-35.

Ridley, Ronald Thomas. "Augustus: The Emperor Writes His Own Account", in Gabriele Marasco (ed.), *Political Autobiographies and Memoirs in Antiquity: A Brill Companion*. Leiden: Brill, 2011, 267-314.

Saller, Richard P. "Men's Age at Marriage and Its Consequences in the Roman Family", *Classical Philology* 82. 1 (1987), 21-34.

Smith, Christopher J. "The Memoirs of Augustus:Testimonia and Fragments", in Christopher J. Smith, Anton Powell, and Tim Cornell (eds), *The Lost Memoirs of Augustus*. Swansea: Classical Press of Wales, 2009, 1-14.

Tatum, Jeffrey. "The Late Republic: Autobiogrphies and Memoirs in the Age of the CivilI Wars", in Gabriele Marasco (ed.), *Political Autobiographies and Memoirs in Antiquity: A Brill Companion*. Leiden: Brill, 2011, 161-186.

Thibault, John C. *The Mystery of Ovid's Exile*. Berkeley and Los Angeles: University of California Press, 1964.

作者:刘津瑜,上海师范大学特聘教授、德堡大学古典系教授

光启评论

罗马帝国早期的皇家被释奴

□ 何立波

摘要：在罗马帝国早期，在元首的支持下，形成了皇家被释奴这一特殊的社会阶层。他们坐拥巨额财富，还在某种程度上控制了朱里亚-克劳狄王朝的朝政。皇室被释奴阶层的崛起，从根本上说是元首加强皇权和巩固统治的需要。皇家被释奴权倾一时，富甲天下，打破了罗马社会阶层间的平衡，引发了旧的元老贵族和其他等级的不满。弗拉维王朝开始在一些重要岗位上以骑士等级取代被释奴。到安敦尼王朝早期，元首哈德良进一步重用骑士等级，委以重任。到安敦尼王朝末期，皇家被释奴已不复昔日的盛景，只能在宗教领域发挥作用，对元首政治和罗马社会的影响已微不足道了。

关键词：皇家被释奴；骑士等级；元老贵族；罗马；元首

在罗马帝国早期的元首政治中，皇家被释奴阶层发挥着特殊的作用，成为罗马社会一个特殊集团。对这个特殊阶层的研究，对于我们了解罗马帝国早期元首政治的运行具有积极的作用。对此国内外学术界已有一定的研究，[①]

[①] 杜弗的《罗马帝国早期的被释奴》(A. M. Duff, *Freedmen in the early Roman Empire*, Clarendon Press, 1928)是最早研究被释奴的著作。韦沃的《元首的奴隶与被释奴》(P. R. C. Weaver, *Familia Caesaris*, Cambridge University Press, 1971)，成为一部对元首家族的被释奴和奴隶进行研究的力作。弗里德兰德的《罗马帝国早期的生活与习俗》(Ludwig Friedlander, *Roman Life and Manners under the Early Empire*. London and New York, 1979)和米拉的《罗马世界的元首》(Millar Fergus, *The Emperors in the Roman World* 31BC-AD337. Cornell University Press,1992)，对皇家被释奴在宫廷中的权力和地位有较多探讨。在国内，费罗的《罗马共和末期和帝制初期的被释奴、家奴与政治》(《湘潭师范学院学报》1989 年第 2 期)，分析了被释奴和家奴兴起的背景以及在政治上的作用。刘佐的《罗马皇帝的释奴和奴隶在元首政治中的地位和作用》(《世界历史》1989 年第 1 期)，认为他们对帝国初期元首权力的确立、官僚机构的形成和打击元老势力起了重要作用。张树卿的《论罗马释奴阶层》(《松辽学刊》1995 年第 1 期)对那种认为出现释奴就是奴隶制衰落的看法提出质疑。陈可风的《罗马共和末期和帝制初期家奴、被释奴在政治上的作用》(《湘潭大学学报(哲学社会科学版)》2005 年第 3 期)认为，皇家被释奴要比皇室家奴的影响更大。

本文在前人研究的基础上做深入探讨,以求方家指正。

一、罗马帝国早期皇家被释奴阶层的崛起

古罗马有释放奴隶的传统,被释奴(libertini)又称被释自由人,指的是从合法奴隶地位中释放和获得自由之人。[1] 独裁者苏拉曾一次释放了 1 万名奴隶。[2] 庞培士兵中就有被释奴 3 万余人。恺撒麾下也有很多被释奴,最后被恺撒妥善安置到了殖民地。在帝国时期的被释奴阶层中,地位最高的是元首家里和宫廷的被释奴即皇家被释奴。公元 70 年,罗马元老院通过决议,规定年满 30 岁、拥有拉丁权的被释奴可获得罗马公民权。[3] 但在法律地位上,被释奴远远低于自由出生的罗马公民,与自由公民存在着较大差别。在公元前 3 世纪,被释奴死后其财产的一半要交给其保护人,另一半才能由其家属子女支配,出身自由民的罗马人不把被释奴视为自己的同类人。

在罗马,被释奴阶层是一个庞大的社会群体。元老贵族和骑士等级都重视蓄奴,一方面为了防身,另一方面也是出于对政敌斗争的需要。在奥古斯都去世的公元 14 年,罗马被释奴人口已经达到了 187 万人。[4] 在行省,被释奴人数也很多。以西班牙行省为例,公元 1 世纪中叶,该省奴隶和被释奴人口占到总人口的 30%~40%。[5] 在帝国初期,被释奴广泛地活跃在罗马的政治、经济、工商、教育、服务业等领域。罗马的贸易基本上掌握在被释奴的手里。由于罗马法律规定元老不得经商,很多元老就用被释奴作为代理人来替自己做生意。在罗马城中,70% 的被释奴来自希腊地区和希腊化的地中海东部地区。[6] 皇家被释奴主要从这些文化水平较高的被释奴中选拔。他们懂得管理,很受元首的器重,被委以重任。被释奴为皇家服务,是从具

---

[1] 查士丁尼:《法学总论》I.5,张企泰译,北京:商务印书馆,1996 年。

[2] Appian, *The Civil Wars*, 1.100-104. 本文所引用的阿庇安(Appian)、塔西佗(Tacitus)、小普林尼(Pliny the Younger)、狄奥·卡西乌斯(Dio Cassius)、苏维托尼乌斯(Suetonius)、普鲁塔克(Plutarch)、朱维纳(Juvenal)、拉姆普里狄乌斯(Aelius Lampridius)、斯塔提乌斯(Statius)、李维(Livius)的作品,均来自罗布古典丛书(The Loeb Classical Library)。

[3] 盖乌斯:《法学阶梯》I.31. 黄风译,北京:中国政法大学出版社,1996 年。

[4] P. A. Brunt, *Italian manpower 225 BC-AD 14*, Oxford University Press, 1971, p.154.

[5] Evan W. Haley, *Baetica Felix, People and Prosperity in Southern Spain from Caesar to Septimius Severus*, University of Texas Press, 2003, p.130.

[6] P. R. C, Weaver, Freedom Procuration in the Imperial Administration, *Historia*, 1965(04), p.462.

有"爱希腊"情结的罗马帝国首任元首奥古斯都统治时期开始的。在朱里亚-克劳狄王朝时期(公元前27年—公元68年),皇家被释奴权力急剧膨胀。提比略重用的被释奴有诺米乌斯,但总体而言他重用的皇家被释奴并不多,远少于奥古斯都。皇家被释奴在元首克劳狄统治时期取得了巨大的权力。克劳狄创立了新的中央管理机构"元首宫廷处",设有国务秘书、财务秘书、司法秘书、元首地产秘书、文化秘书等,均由皇家被释奴担任。宫廷办事处的成立,使罗马中央政府出现了两套办事机构,即皇室机构和国家机构,而且皇室机构的地位越来越重要。在朱里亚-克劳狄王朝时期,国家财政总账由皇家被释奴掌握,成为元首处理财经事务的得力助手。皇家被释奴承担了元首侍从的角色,帮助元首阅读信件,给元首提供合理建议,为元首起草决定和答复,具有了现代文官制度的影子。① 在元首宫廷办事机构中,国务秘书职责是接收和处理元首的所有行政信件——通过信件授予特权,与外国国王、人民和行省官员的官方通信。这些信件分为两类:一类是希腊信件,另一类是拉丁文件。在克劳狄统治时期,国务秘书的职务由被释奴纳尔奇苏斯担任。尽管纳尔奇苏斯无权做出重大决定,但他通过代元首处理信函仍拥有很大的权力。司法秘书由卡利斯图斯担任,替元首起草上诉至元首法庭的答复文书。这些被释奴尽管是元首的秘书,处理很多事情也属元首私人事情,但由于元首掌握了国家大权,其私人事务与国家事务经常交叉重合。克劳狄还让皇家被释奴担任对罗马国计民生具有举足轻重地位的罗马供水委员会的负责人。② 三位皇家被释奴——财务秘书帕拉斯、国务秘书纳尔奇苏斯(曾掌管过近卫军)③和司法秘书卡利斯图斯,实际上控制了克劳狄时期的朝政。克劳狄的宫廷几乎被被释奴垄断。在克劳狄之后,尼禄对被释奴赫里乌斯非常信任,授权他能够先斩后奏处死元老。在尼禄到希腊地区(罗马的阿凯亚行省)视察期间,他把朝政交给了赫里乌斯,以至于罗马人把赫里乌斯和尼禄并称为罗马的元首。④ 在尼禄统治时期,意大利的两支舰队——拉文那舰队和米塞努姆舰队的司令,是用来保护元首安全的,由被释奴掌控。但对于意

---

① 玛丽·比尔德:《罗马元老院与人民》,王晨译,北京:民主与建设出版社,2018年,第415页。
② Barbara Levick, *Claudius*, Routledge, 2015, p. 111.
③ Tacitus, *The Annals*, 11.33, Harvard University Press, 1988.
④ Dio Cassius, *Roman History*, 63.12.3.

大利以外的行省的驻军,尼禄没有任用被释奴来负责。

朱里亚-克劳狄王朝在公元68年因为尼禄的自杀而终结后,非皇族出身的西班牙总督迦尔巴在军队的拥护下当了元首,随后引发了持续一年多的内战。在新的元首宫廷,被释奴仍是元首倚重的对象。在迦尔巴、奥托和维特里乌斯统治时期,皇家被释奴在罗马政坛的声誉非常差。据塔西佗记载,迦尔巴的皇家被释奴拥有很大的权势。最受迦尔巴器重的三个人——执政官维尼乌斯、近卫军长官拉科和被释奴伊凯路斯,实际上掌握了迦尔巴的朝政。① 此外,被释奴亚细亚库斯也很得迦尔巴的青睐。古希腊传记作家普鲁塔克指出:"伊凯路斯、亚细亚库斯以及执政官维尼乌斯,成为迦尔巴时期罗马法庭上最有影响的人物。"在迦尔巴之后夺得元首大位的奥托在夺取政权的过程中,也重用了家里的被释奴,把发动政变的筹备工作交给被释奴欧诺玛斯图斯来办。② 政变夺权成功后,为奥托举办庆祝仪式的是被释奴克列斯肯斯。③ 奥托还将意大利的两支海军舰队交给被释奴莫斯库斯来指挥。④ 在奥托之后自立为元首的下日耳曼行省总督维特里乌斯的身边,也充满了被释奴。⑤ 他还将声誉极差的被释奴亚细亚库斯提升为骑士,受到骑士等级和元老贵族的非议。⑥

与此同时,皇家被释奴在皇室经济和皇家财产乃至于国家公共事务管理中也发挥了重要作用。公元前21年,奥古斯都创立了新的机构——皇库,交由皇家被释奴来管理。罗马帝国大法学家乌尔比安明确指出:"皇库财产是元首的私有财产。"⑦在小普林尼的笔下,国家的土地和元首的土地是完全不同的两种土地形式,后者可以作为遗产由元首家族成员来继承。⑧ 奥古斯都财产总价值就超过了40亿塞斯退斯。⑨ 从奥古斯都时期起,罗马城的粮食、供水、筑路、消防等

---

① Tacitus, *The Histories*, 1.7.
② Tacitus, *The Histories*, 1.25.
③ Tacitus, *The Histories*, 1.77.
④ Tacitus, *The Histories*, 1.87.
⑤ Z. Yavetz, Vitellius and the "Fickleness of the Mob", *Historia*, 1969(02), p.565.
⑥ Tacitus, *The Histories*, 2.57.
⑦ Justinian, *The Digest of Roman Law*: *Theft, Rapine, Damage and Insult*, 43.8.1, Penguin Books, 1979.
⑧ Pliny the Younger, *The Panegyricus*, 50, 2.
⑨ 鲁小兵:《奥古斯都财政改革与罗马帝国早期的经济繁荣》,《世界历史》1988年第6期。

公共事务部门的工作,不再像共和时期那样归行政官员管理,而是转为由元首亲信多是皇家被释奴来负责。① 形式上,财务秘书只是管理元首家族的私人帐目,但由于皇库与国库有很多重合之处,随着皇库职能的日益公共化,财务秘书也要处理部分国家经济事务。皇家被释奴帕拉斯先是管理元首克劳狄的皇库,之后担任了元首的财务秘书,他对行省财产和军费都有权处理。② 塔西佗曾指出:"尼禄撤销了帕拉斯的职务,这个职务先前由克劳狄任命,其权力实际上统治了整个王国。……在交卸职务前,帕拉斯提出的条件是:对他过去的行为均不予追究,他和国家之间的账目至此算是结清了。"③ 皇家被释奴也是协助元首管理行省的助手,担任督察使,代元首巡视行省。行省总督管民政,督察使负责财政。督察使在克劳狄统治时期获得了司法权。据塔西佗记载,公元35年,"被克劳狄任命来管理自己财产的那些被释奴,目前已有了同他本人及同法律同等的权力了"。④

总体而言,皇家被释奴占被释奴阶层的比例并不高,大量被释奴主要从事工匠、店主、商人等职业。在罗马的珠宝商和金匠中,被释奴占比达58%,另外35%是奴隶,只有7%是公民。⑤ 部分被释奴通过经商发家致富,成为罗马有名的富翁,以至于在罗马流行着"像被释奴一样富裕"的谚语。⑥ 据考古发掘显示,罗马很多墓地非常豪华,其主人多为被释奴。庞培的被释奴德摩特里乌斯(Demotrius)据说有4000塔兰特的家财。⑦ 在朱里亚-克劳狄王朝,皇家被释奴帕拉斯拥有3亿塞斯退斯的财富,另一位著名皇家被释奴纳尔奇苏斯家财多达4亿塞斯退斯,成为罗马有名的富翁。⑧ 罗马帝国早期著名剧作家佩特罗尼乌斯的作品中,皇家被释奴特里马尔奇奥通过经商发家致富,成为有名的暴发户,家里拥有数不清的奴隶,而奴隶只有十分之一的人有幸见过他。被释奴的暴富和专横,引起罗马平民的不满,认为被释奴是

---

① 李雅书、杨共乐:《古代罗马史》,北京:北京师范大学出版社,1995年,第271页。
② P. A. Brunt, The Fiscus and its development, *The Journal of Roman Studies*, 1966, p. 91.
③ Tacitus, *The Annals*, 7. 14.
④ Tacitus, *The Annals*, 7. 60.
⑤ P. A. Brunt, The Roman Mob, *Past and Present*, 1966(12), p. 15.
⑥ Ludwig Friedlander, *Roman Life and Manners under the Early Empire*, Vol. I, Routledge, 1979, pp. 43.
⑦ Plutarch, *Plutarch's Lives*, The Life of Pompeius, 2. 4. 注:1塔兰特相当于24000塞斯退斯。
⑧ Tacitus, *The Annals*, 12. 53.

一群贪婪的剥削者。一些罗马贵族对被释奴也很有意见，认为自己受到出身卑微的被释奴的羞辱。罗马帝国君主制的开创者戴克里先大帝出身巴尔干地区伊利里亚省一个被释奴家庭，他在位时期大力推行波斯王宫的"跪拜"礼仪，追根溯源，也与为掩饰其卑微的出身、大讲外在的排场不无关系。①

二、皇家被释奴阶层崛起的社会原因

罗马从共和国进入帝国时期后，政治、经济、文化和意识形态方面都出现了一系列新的变化。奴隶和奴隶主之间的阶级矛盾日益尖锐，爆发了一系列奴隶起义，平民和贵族之间、骑士等级和元老贵族之间，乃至于政治巨头们和元老贵族之间，也是矛盾不断。保守的元老贵族和以恺撒为代表的军事独裁集团之间的尖锐斗争，迫使罗马统治者采用新的统治形式。在借鉴希腊化世界的王政体制后，奥古斯都同时考虑到了罗马的实际政治情况，采取了披着"共和外衣"的元首制。元首是"第一公民"和"首席元老"，在理论上和其他公民以及别的元老没有两样，但是在实际政治生活中掌握了最高权力。元首虽然是元老院的一员，但他却与其他元老不一样，他拥有最高权力，可以剥夺元老的称号或者处死元老。②奥古斯都死后，其心腹克利斯普斯在提示继任者提比略时揭示了元首制的秘密："不要把任何事情都交给元老院讨论，从而削弱元首的权力。因为专制统治必须具备一个重要条件，即大家只有服从于统治者个人，才能妥善解决和处理问题。"③提比略深以为然，在对元老们尊重有加、给其一些似有而实无的古老权力如讨论行省提出的要求的同时，却牢牢掌握了最高权力。④塔西佗认为，这种制度（元首制）名义上的最高权威是法律，但实质是由一个人建立的统治。⑤桀骜不驯的元老贵族怀念昔日的权力，不肯撒手，元首和元老贵族的冲突在所难免。

元首重用皇家被释奴，并不是想再培养一个新权贵阶层，而是维护皇权至高无上的需要。元首要提拔新人，实现社会阶层的有序流动，以凸显他才是这

---

① Aurelius Victor, *Epitome De Caesaribus*, 39.2-4, Liverpool University Press, 1994.
② Tacitus, *The Annals*, 4.42.
③ Tacitus, *The Annals*, 1.6.
④ Tacitus, *The Annals*, 3.60.
⑤ Tacitus, *The Annals*, 4.33.

个国家的真正主人。① 在朱里亚-克劳狄王朝时期,卡里古拉、尼禄等元首,不再如罗马帝国开国元首奥古斯都对元老贵族采取谨慎的态度,而是极力显示自己的绝对权威。尼禄的被释奴赫里乌斯可以自行处死元老,尼禄多次表示要铲除元老等级。② 面对元首的迫害和打击,旧元老贵族表示了强烈的不满。"他们并不畏惧给邪恶无道的元首定罪,而且还发表演讲进行抨击,即便对方当时正握有生杀大权。"③公元65年的旧贵族皮索所涉及的"谋反案",实际上就是旧的元老集团对尼禄暴政的抗争。为加强自己的力量,元首开始物色能够暂时利用的对象。骑士等级虽是元首依靠的中间阶层,但又因他们在共和时期很少参与国家管理,在帝国初年罗马国家事务中的作用有限。

奥古斯都结束了旷日持久的罗马内战,创立了元首制,建立罗马帝国,罗马帝国的疆域空前扩大。大量的海外奴隶被输入罗马,其中不少奴隶来自文化较为发达的希腊地区。这些奴隶具有较高的文化、工艺技术、管理才能,有的奴隶还被主人释放成为被释奴,活跃在罗马社会各个领域,在贵族、官员甚至在元首宫廷中担任家庭教师、管理和服务人员。1726年在阿皮亚大道发现的一处大型公共墓穴,安葬着奥古斯都妻子李维娅的被释奴和家奴一千余人。④ 很多文化素质较高的被释奴进入皇家,协助元首管理国家,处理宫廷事务乃至国家事务。⑤ 近卫军在帝国时期权力很大,某些时候拥有废立元首的权力,克劳狄是被近卫军长官盖塔拥戴为元首的。在克劳狄统治时期的钱币上,竟出现了克劳狄与近卫军握手的肖像,⑥这是前所未有的现象。为了确保皇权的稳固,克劳狄曾让被释奴纳尔奇苏斯代理近卫军长官。⑦ 元首通过在国家行政机构、经济部门等领域大量安插自己的被释奴,削弱了旧的元老贵族的势力,遏制了近卫军的跋扈,逐步掌握了国家大权。

---

① Ludwig Friedlander, *Roman Life and Manners under the Early Empire*, Vol. I, p. 33.

② Suetonius, *The Twelve Caesars*, the Life of Nero, 37, 2.

③ Aelius Lampridius, ed, *Historia Augusta*, the Life of Clodius Albinus, 13. 8.

④ 玛丽·比尔德:《罗马元老院与人民》,王晨译,第414页。

⑤ Keith Hopkins, *Conquerors and Slavers*, Cambridge University Press, 1978, p. 124.

⑥ Brian Campbell, *War and Society in Imperial Rome*, 31 BC-AD 284, Routledge, 2002, p. 114.

⑦ Tacitus, *The Annals*, 11. 33.

三、皇家被释奴的崛起对罗马社会的影响

对帝国初期的元首来说,被释奴是一个可以用来为自己所用的社会阶层,但同时也带来不少问题。在朱里亚-克劳狄王朝时期,皇家被释奴掌握了很大的权力,拥有巨额的财富。个别皇家被释奴的地位甚至超过了罗马最高层级的官员执政官。公元69年曾短暂做元首的维特里乌斯,其父曾三次担任执政官,也曾和克劳狄一起担任监察官。[1] 然而他竟然在家里供奉帕拉斯和纳尔奇苏斯的塑像。[2] 尼禄的被释奴赫里乌斯被罗马人视为和尼禄并列的元首,也是极为不正常的现象。

朱里亚-克劳狄王朝皇家被释奴的兴起,削弱了元老等级的传统地位,打破了罗马社会阶层间的平衡。个别皇家被释奴甚至能不经审判处死象征着崇高身份和地位的元老,这破坏了司法权的完整性。被释奴甚至能够决定官员的人选,在罗马传统精英群体中引发争议。[3] 克劳狄本来准备赦免一个优伶,但在他身边的被释奴的干预下,他最终还是处死了这个优伶。[4] 塔西佗指出:"元首被释奴已成为元首权力的象征和代名词";"它注定要产生最可怕的后果"。公元32年的执政官弗尔提尼乌斯·特里奥对被释奴很不满,对于元首提比略的被释奴进行了严厉的批评。[5] 罗马诗人佩特罗尼乌斯对被释奴进行了无情的嘲弄。另一位罗马诗人朱维纳对帕拉斯进行了无情抨击,讽刺他是"高级官员的批发商"。[6] 在罗马作家苏维托尼乌斯的眼中,克劳狄在皇家被释奴的控制之下,已经不像一个元首,而像一个奴仆。[7] 小普林尼也愤愤不平地说:"多数元首虽然是罗马公民的主人,却是其被释奴的奴隶。"[8]

随着罗马从城邦进入帝国,社会结构发生了很大的变化。公元1世纪是罗马社会的嬗变时期,不同阶层都在寻求自己的新位置,而高级职务的授予权要

---

[1] Suetonius, *The Lives of the Caesars*, the Life of Vitellius, 2.3.
[2] Ludwig Friedlander, *Roman Life and Manners under the Early Empire*, Vol.1, p.45.
[3] 玛丽·比尔德:《罗马元老院与人民》,第414页。
[4] Tacitus, *The Annals*, 11.26.
[5] Tacitus, *The Annals*, 6.38.
[6] Juvenal, *The Satires*, 7.88.
[7] Suetonius, *The Lives of the Caesars*, the Life of Dirvus Claudius, 29.2.
[8] Pliny the younger, *Panegyricus*, 83.1.

取决于元首。尼禄重用有文化的希腊被释奴,让他们担任了许多高级官职,其中包括埃及长官这一传统的骑士级官职。① 尼禄曾表示要铲除元老贵族,处死了很多元老。元老贵族和骑士等级都对尼禄极为不满。一些皇家被释奴日益凌驾于元老和骑士之上的状况,在罗马社会引发了很多非议,成为罗马社会不稳定的诱因。② 正如塔西佗所说的:"被释奴并不比奴隶地位高多少,他们在家庭中的影响也很小,更不用提在国家中的地位了。但是这一切在元首制政府之下例外。被释奴的地位不仅高于自由人,而且在贵族之上。"③ 如何解决罗马帝国早期皇家被释奴权力过大的状况,以及消除其对元首统治所构成的潜在威胁,是朱里亚－克劳狄王朝之后建立的弗拉维王朝(公元69—96年)统治者所必须面对的政治问题。对弗拉维王朝统治者而言,必须寻求新的社会阶层的支持以保证元首的最高权威,并培养更多的管理人才,使罗马官僚队伍的结构更加合理,以加强元首统治的社会基础。

四、从弗拉维王朝到安敦尼王朝,皇家被释奴阶层逐渐被骑士等级所取代

在罗马人的传统观念中,门第和出身具有重要的地位。被释奴虽不再是奴隶,但仍要对原来的主人履行各种义务。像帕拉斯这样的皇家被释奴虽然权倾一时,掌握了巨额的财富,但仍然很难为罗马社会所接受。出身骑士等级并成为新元老的小普林尼深刻指出:"一个统治者虚弱的主要标志,就是他的被释奴的掌权。"④ 在罗马帝国初期,新设官职主要由骑士和被释奴担任。他们具有较为丰富的经济和民事经验,文化素质较高,成为元首牵制旧元老贵族的两张牌。但在奥古斯都到尼禄之间将近一个世纪的时间里,骑士等级所担任的公职并不多。骑士等级既没有像元老等级那样拥有崇高的社会地位并能够担任执政官、行省总督等高级职务,也没有像皇家被释奴

---

① H. H. Scullard, *From the Gracchi to Nero*, 1982, p. 310.
② P. R. C. Weaver, Social Moblity in the Early Roman Empire, *Past and Present*, 1967, p. 5.
③ Tacitus, *De Germania*, 25, 1.
④ Pliny the younger, *Panegyricus*, 83. 3.

那样权倾一时。

为制约权力日益膨胀的被释奴阶层,元首必须要依靠新的社会力量,以求保持各个社会阶层之间的平衡。为此,弗拉维王朝统治者一方面选拔行省新人,另一方面起用骑士等级,以削弱旧的元老贵族的势力并遏制被释奴阶层,确立元首的最高权威。皇家被释奴地位的下降和骑士等级的崛起,成为弗拉维王朝元首政治的一个显著特点。但弗拉维王朝三位元首对被释奴的态度,却并非完全相同。韦斯帕芗和提图斯在多地起用骑士的同时,并没有对被释奴采取抑制措施,被释奴仍控制了元首宫廷机构。韦斯帕芗还设置了由被释奴担任的皇家祭司(Flamen Augustalis),通过奉献牺牲和举办竞技比赛来推广罗马宗教。① 虽然元首宫廷机构仍归皇家被释奴掌握,但他们已处于元首的绝对控制之下,没有像朱里亚-克劳狄王朝的被释奴那样权倾一时。与韦斯帕芗和提图斯对被释奴持较为温和的态度不同,图密善对被释奴不再信任,②采取了抑制政策。

图密善解除了被释奴提比略·朱里乌斯·奥格所担任的财务秘书的职务,并将他流放。③ 曾任财务秘书的被释奴克劳狄乌斯,也被图密善免职。④ 国务秘书帕弗罗狄图斯忠于图密善,但图密善以他可能参与谋害尼禄的阴谋为名将他处死。⑤ 图密善以此来警告所有的被释奴,不能对元首甚至包括前元首有丝毫的不轨行为。

在解除皇家被释奴垄断的元首秘书职务后,图密善将其交由骑士担任。在图密善统治时期,骑士把持了以前由皇家被释奴垄断的宫廷秘书等要职,结束了朱里亚-克劳狄王朝时期被释奴阶层权力过大、在某种意义上控制了朝政的不正常局面。在骑士等级之中,有相当一部分人长期从事经济、民事和司法工作,经验丰富,能够适应越来越专业化的帝国经济和民事事务的需要。老普林尼既在行省担任过管理经济工作的督察使,也是意大利米塞努姆海军舰队的司令,具有丰富的经济、民事与司法经验,韦斯帕芗很器重他。由于共和

---

① Grant Michael, *Roman History*, Clarendon Press 2005, p. 249.
② Dio Cassius, *Roman History*, 67. 14.
③ Statius, *Silvae*, 3. 3. 1.
④ B. W. Jones, *The Emperor Domitan*, Routledge, 1992, p. 674.
⑤ Suetonius, *The Lives of the Caesars*, the Life of Domitian, 23. 4.

时期罗马法律禁止元老经商,①税收、金融、工程承包、运输、高利贷、商业、贸易等工商活动,就主要由骑士来经营。据塔西佗记载,在帝国时期,贡赋、间接税和国家其他税种的征收均由骑士掌握。② 此外,在奥古斯都时期,骑士等级还担任了陪审委员会委员,③积累了丰富的司法经验。据统计,在哈德良之前的骑士级军官之中,有三分之一的人有过自治市官员的任职经历。④ 在意大利和行省的自治市、殖民地这一层面,是没有军事职务的,更多的是民事事务与经济事务。在自治市和殖民地负责民事与经济工作的经历,为骑士等级培养了实践经验,推动了他们向专业化官员的发展。

到弗拉维王朝时期,罗马海军司令也由骑士来担任,而在以前海军是由元老或者被释奴来担任的。在意大利,有拉文那和米塞努姆两支海军舰队,舰队官兵人数达五六万,⑤承担着保卫意大利的海上安全和运粮船队在亚德里亚海的护航任务。从苇斯帕芗时期起,这两支舰队的司令均由骑士来担任。⑥ 骑士老普林尼被苇斯帕芗任命为米塞努姆舰队司令,不列颠、潘诺尼亚、达西亚、叙利亚、本都-卑泰尼亚、埃及等行省的舰队司令,也多由骑士来指挥。

在元首图密善统治时期,曾在朱里亚-克劳狄王朝作为元首顾问的被释奴,基本上被排挤在外。在图密善于公元83年发动对日耳曼人的战争之前,元首顾问委员会中已经没有被释奴了。⑦ 此外,图密善还用骑士等级来监督被释奴,进一步削弱了被释奴的影响。在图密善统治时期,被释奴萨图尔尼努斯为朱里亚-克劳狄王朝第一位骑士。老普林尼是苇斯帕芗的密友,两人经常彻夜交谈。⑧ 在弗拉维王朝之后,皇家被释奴萨图尔尼努斯担任阿凯亚省遗产税督察使,但他又处于该省骑士督察使的监督之下。⑨ 到弗拉维王朝末年,皇家被释

---

① T. Livius, *Ab Urbe Condita*, 25. 1.
② Tacitus, *The Annals*, 15. 6.
③ Pliny the Elder, *Natural History*, 33. 30–33.
④ P. A. Brunt, Princeps and Equites, *The Journal of Roman Studies*, 1983, p. 50.
⑤ Theodor Mommsen, *A History of Rome under the Emperors*, Routledge, 1996, p. 235.
⑥ Tacitus, *The Annals*, 14. 3.
⑦ Edwards, I. E. S, *The Cambridge Ancient History*, Vol. 11, Cambridge University Press, 2000, p. 209.
⑧ Pliny the Younger, *The letters*, 3. 5.
⑨ Edwards, I. E. S, *The Cambridge Ancient History*, Vol. 11, p. 242.

奴受到很大的压制,其对元首政治中的影响已无法与朱里亚-克劳狄王朝的皇家被释奴阶层权力膨胀的状况相比,弗拉维王朝的骑士等级忠于职守,成为元首的得力助手。从弗拉维王朝时期起,被释奴地位趋于衰落,他们开始寻求骑士作为他们的保护人。① 在弗拉维王朝时期,没有哪位骑士拥有像帕拉斯、纳尔奇苏斯、卡利斯图斯、赫里乌斯等皇家被释奴那样大的权力,国家最高权力由元首掌握,社会各阶层之间实现了平衡。

但需要指出的是,在弗拉维王朝时期,骑士只是在宫廷机构、社会经济及部分军政领域成为主要管理者。虽然骑士等级已开始陆续担任以前由元老等级充任的执政官、行省总督、军团司令和军事统帅等高级官职,但元老等级依旧在罗马传统官僚体系中占有优势地位。在弗拉维王朝时期,骑士等级在很多岗位上取代了被释奴,但仍有一部分重要职务由被释奴担任,并未完全被骑士取代。

皇家被释奴和遭受元首严厉打击的旧的元老贵族,都对图密善的统治表示了不满。公元96年9月18日,图密善死于一场由被释奴、侍卫发起的宫廷阴谋。② 元老们立即在元老院议事厅集会,大肆攻击图密善,捣毁他的塑像。③ 身为元老的小普林尼在现场目睹了当时的情形:"这些不计其数的黄金塑像,在公众的欢呼声中,作为牺牲品被打碎和捣毁。人们脚下踩着的,是他那傲慢的头像。在用刀剑和斧头将他的头像捣毁时,人们脸上充满了嘲弄之情,好像每次砸砍都饱含着痛苦和鲜血。喜悦之情迅速传播开来,令人无法抑制。在将他的尸体毁损、撕成一片片碎块之时,人们仿佛得到了一种报仇雪耻后的快感。最后,当人们把塑像的残体投进火堆和化为灰烬之际,令人恐怖的幽灵终于化为人类的欢乐和幸福。"④这些文字形象地描绘了由权力嬗变所造成的人们情绪爆发的场景。

弗拉维王朝起用骑士等级的政策,为安敦尼王朝(公元96—192年)所继承。在图拉真统治时期,皇家被释奴被剥夺了造币厂业务的管理,骑士开始负责高卢地区的税收工作,引水专员的人选也由元老改为骑士。在骑士等级发展史上,哈德良有着特殊的地位,他比此前

---

① P. A. Brunt, Princeps and Equites, *The Journal of Roman Studies*, 1983, p. 45.
② Sextus Aurelius Victor, *Liber de Caesaribus*, 11.11, Liverpool University Press, 1994.
③ Suetonius, *The Lives of the Caesars*, the Life of Domitian, 17.1.
④ Pliny the Younger, *The Panegyricus*, 52.4.

的任何元首都重视骑士等级。① 哈德良制定了新的征税制度,由骑士等级负责征收。哈德良还对罗马行政和经济政策进行了调整与改革,增加了很多管理岗位,有利于作为传统的金融商业阶层的骑士等级在更大程度上参与国家管理。② 他对骑士等级进行培训培养,以适应日益专业化的管理工作的需要。哈德良在国务秘书和司法秘书两个职务上完全使用骑士,③被释奴从此很少再担任元首宫廷秘书。从哈德良时期起,元首司法秘书主要由法学家担任。著名法学家乌尔比安和帕比尼安,都曾经担任过元首的司法秘书。哈德良还用骑士来取代被释奴担任粮务官、诏书官和公证官。④ 在哈德良之后,元首继承人也和元首一样拥有宫廷秘书,掌握了一个专业化的人才班子。在正式执掌国家政权的,借助于这些秘书,新的元首能够在短期内熟悉各种管理工作,保证了国家政权的顺利过渡。骑士多米提乌斯·罗盖图斯是哈德良选择的元首继承人之一奥里乌斯·恺撒的国务秘书。哈德良选择的另外一位元首继承人安敦尼也拥有自己的宫廷秘书。在安敦尼成为元首之前,法学家马伊西亚努斯担任了他的司法秘书。⑤ 从图拉真和哈德良时期起,在元首宫廷、罗马经济、民事与司法等事务上,骑士等级取得了对被释奴的绝对优势。到公元2世纪末,之前归国库的元老院行省的收入已经转归皇库,而皇库则由元首委派骑士出身的财务秘书代管,元首由此进一步加强了对国家经济和行省的领导。

但并不是说皇家被释奴在公元2世纪后完全被元首抛弃,他们还在一些次要的岗位上发挥着作用。在哈德良时期,皇家被释奴多担任一些公共性的闲职或辅助性的副职。在政治经济领域的职能被剥夺之后,被释奴在宗教领域发挥了积极作用。⑥ 著名罗马史专家霍普金斯认为,被释奴在推动罗马宗教和元首崇拜中发挥着第一位的作用。⑦ 但这并不是说,被释奴完全被排挤出帝国经

---

① A. M. Duff, *Freedmen in the Early Roman Empire*, Clarendon Press,1928,p. 158.
② T. Frank, *An Econmic Survry of Ancient Rome*,Vol. 5, The Johns Hopkins Press,1933,p. 70.
③ Aelius Lampridius, *Historia Augusta*, the Life of Hadrian, 22. 1-3.
④ Edwards,I. E. S, *The Cambridge Ancient History*,Vol. 11,p. 255.
⑤ Millar Fergus, *The Emperors in the Roman World* 31*BC-AD*337,p. 103.
⑥ Ludwig Friedlander, *Roman Life and Manners unde the Early Empire*,Vol. 1,p. 35.
⑦ Keith Hopkins, *A World Full of Gods*:*Pagans, Jews and Christians in the Roman Empire*, Weidenfeld & Nicolson, 1999, p. 211.

济管理工作。作为骑士的助手,被释奴也能够负责一些次要的经济工作。如亚细亚行省的遗产税是由骑士总负责的,而在这个大税区之下的二级税区的事务,却是由被释奴来具体负责的。元首图拉真在北非的皇室土地,就是由皇家被释奴李锡尼乌斯·马克西姆斯和菲里西奥来负责管理的。在塞维鲁王朝时期,元首被释奴还曾负责过阿凯亚、伊壁鲁斯和帖撒里等行省渔业税的征收。但是在政治领域,被释奴却在弗拉维王朝之后一蹶不振,逐渐为骑士等级所取代。

结　语

作为一个等级,被释奴缺乏团结和协同,依附于其保护人,在共和末期的政治斗争中为庞培、恺撒等巨头们冲锋陷阵。在被释奴阶层中,皇家被释奴处于顶端,他们从奥古斯都时期开始被元首重用,在克劳狄和尼禄统治时期达到顶峰,形成一个特殊的社会集团,拥有巨额的财富,权倾一时,对帝国的政治、经济和社会生活等方面都产生了很大的影响。尽管被释奴阶层的人数不足罗马总人口的5%,但其中一小部分作为皇家被释奴在元首政治和皇室事务中扮演着特殊的作用。皇家被释奴阶层中还有相当一部分人从事工商业活动,替元首管理皇家庄园和巨额的家财,成为罗马社会的富豪。从政治权力和经济实力来看,皇家被释奴的作用不可小觑,不仅高于平民,甚至居于某些元老和骑士之上,成为罗马帝国早期的一个特殊社会阶层。

在朱里亚-克劳狄王朝时期和公元68—69年内战时期,皇家被释奴在元首的重用下异军突起,炙手可热,但在弗拉维王朝之后每况愈下。究其原因,他们只是元首用来加强统治和打压旧的元老贵族的一种工具。在朱里亚-克劳狄时期,由于元首制尚未巩固,以元老贵族为首的共和势力还比较强大,加上近卫军的跋扈和对皇权的威胁,元首不得不以皇家被释奴来加强皇权。旧元老贵族在朱里亚-克劳狄王朝的打击下势力被大大削弱,逐渐退出政治舞台。从弗拉维王朝时期起,随着公元70年"苇斯帕芗大权法"的通过,元首的权力有了法律保障,统治逐渐稳固,元首制也得到了罗马社会的广泛认可。从弗拉维王朝开始尤其是在安敦尼王朝时期,以骑士等级和行省新贵为主体的新官僚体系开始形成,成为元首的依靠力量。皇家被释奴加强皇权的历史使命宣告完成,逐渐退出政治经济舞台。到安敦尼王朝后期,被释奴只能在宗教等领域发挥一定的作用。

Freedmen Caesaris in the Early Period of the Roman Empire

Abstact: In the early period of the Roman Empire, with the support of the emperor, the freedmen Caesaris possessed enormous wealth, and their power became so strong that they, to some degree, controlled the government of the Julian-Claudian Dynasty. This thesis analyses the reasons of the rise and decline of freedmen Caesaris from political and economic perspectives. The more wealth and stronger power freedmen Caesaris owned broke the balance of the stratum in the Roman society, causing the dissatisfaction of senatus noblemen and other classes. The Flavian Dynasty started to attach importance to the Equester Ordo and substituted the Equester Ordo for freedmen Caesaris. In the Antonines Dynasty, the Equester Ordo replaced freedmen Caesaris gradually so that they could only play an role in religion and had little influence on the Roman politics and society.

Keywords: freedmen Caesaris, the Equester Ordo, the senatus noblemen, Rome, Princeps

本文为国家社科基金"罗马帝国元首制研究"(16BSS011)阶段性成果。

作者:何立波,北京师范大学史学研究中心副教授

光启评论

□ 陈小虎

不列颠或英格兰？詹姆斯一世继位时的国名之争

摘要：1604年，詹姆斯一世发布王室公告，单方面将国名从英格兰改为不列颠。这在当时是一个关键事件。宪政史及政治思想史学者认为，此番改名牵涉重大，意味着对英格兰的潜在征服，威胁着国本，由此引来英格兰人的强力反对。但这场讨论其实还可视为一场民族身份之争，代表着英格兰议会对一位苏格兰国王以不列颠身份整合两国的抵制与反对。同时，改名问题也引发了英格兰人内部的身份撕裂。围绕民族起源与法律起源这两个当时最重要的身份指标，英格兰人展开了一场内部争论。通过争论，我们也将看到不列颠身份一直存在于英格兰的文化基因之中。从英吉利身份到以后的不列颠身份，英格兰人并非没有心态基础。

关键词：不列颠；英格兰；詹姆斯一世；民族神话；普通法起源

众所周知，大不列颠联合王国之名，始于1603年苏格兰国王詹姆斯六世南下继承英格兰王位，从此两个王国的命运就被绑定。从王朝层面的联合到1707年的最终合并，英格兰增强了国力，开启了大英帝国的辉煌荣耀之路。尽管帝国已经斜阳日落，但英格兰人显然不愿意再看到不列颠王国分崩离析，这从当今英国官方舆论极力反对苏格兰独立的态度就可得知。

然而时光倒回至1604年，英格兰人还对此增强实力之举有所抵制，还因为使用不列颠这个国名的问题而吵得不可开交。只要检阅此期的档案与文献就不难发现，很多关心国务之人对詹姆斯一世准备变国名"英格兰"为"不列颠"是何等的关切与忧虑。培根写道："国名问题虽看似浅显,然而意涵甚深。"①有议员回忆声称,变更国名之事为当时最重要的三大问题之一。②果然下院议员艾德温·桑迪思就认为这是当时"最有分量的议题";而且他担心这种国号上的改变将会使英格兰王国在"英格兰"这个国号之下的法律、誓言、制度通通无效。③可见国号的问题确实牵涉重大。

目前学界对此有不少研究涉及。宪政史家认为,改名问题是一场宪政之争;更改国号被英格兰议会视作一场潜在的征服,显得王权凌驾于法律与议会之上,触及了国本。④思想史的研究者则认为改名是一场思想观念之争,17世纪早期英格兰人诉诸普通法惯例与法律传统主义的政治思维便与改名问题及联合讨论息息相关。⑤而本文则认为对更改国名的讨论还可视为一场身份之争,反映着英国民族问题的历史困境。虽然有学者已经把联合讨论当作民族身份的集中表达来看待,但他要回应的中心问题是民族主义在法国革命以前是否存在争议,对更改名号背后所引发的身份起源争论则并无涉及。⑥本文欲在此点上做出进一步的尝试,说明从英吉利身份到以后的不列颠身份,英格兰人并非没有心态基础。

构建不列颠身份:一位苏格兰国王的努力

詹姆斯一世的更名计划源于整合两个王国领地的想法,希望英格兰、苏格兰在议会、政府机构、法律、教会、人民等五

---

① Francis Bacon, *A Brief Discourse Touching the Happie Union of the Kingdomes of England, and Scotland*, London, 1603, A7r.

② S. R. Gardiner ed., *Parliamentary Debates in 1610*, London, 1862, p. 103.

③ House of Common, *Journal of the House of Commons: Volume 1, 1547-1629*, London, 1802, pp. 950, 183.

④ Richard Cust and Andrew Thrush eds., *King James VI and I and His parliaments: The Trevelyan Lectures Delivered at the University of Cambridge 1995 by Conrad Russell*, Oxford University Press, 2011, pp. 30-36, 62-73, 123-140. Conrad Russell, "Topsy and the King: the English common law, King James VI and I and the Union of the Crowns", in Buchanan Sharpe and Mark C. Fissel eds., *Law and Authority in Early modern England*, University of Delaware Press, 1996, pp. 64-76. Conrad Russell, "1603: The End of English National Sovereignty," in Glenn Burgess, Rowland Wymer and Jason Lawrence eds., *The Accession of James I: Historical and Cultural Consequences*, Palgrave Macmillan, 2006, pp. 1-14.

⑤ Glenn Burgess, "Pocock's History of Political History: The Ancient Constitution and Early Stuart England", in D. N. Luna et al. eds., *The Political Imagination in History: Essays Concerning J. G. A. Pocock*, Archangel, 2006, pp. 175-208.

⑥ Sybil M. Jack, "National Identities within Britain and the Proposed Union in 1603-1607," *Parergon*, Vol. 18 No. 2 (Jan. 2001), pp. 95-97.

个方面完美融合,组成一个强大的新教帝国。而整合的第一步就是给予这个联合体一个共同的名字团结民心:"所有的臣民应该尊重支持两个王国目前的联合,并将之当作同一个王国;同时两国臣民合作一体,是同一个身体之下的手足和成员。"①

应该说这是詹姆斯一世作为两个王国的国王的自然举动。其实施步骤也相对简略,分为两步:第一,为寻求法律效力,得到政治体的共同认可,詹姆斯将更名计划提交到了1604年召集的第一届议会。但议会经过讨论之后径直对此加以了拒绝。詹姆斯随即采取第二个步骤,在培根的建议下直接绕开议会,他单方面发布王室公告,宣布改名,并且规定新的名称应该在所有的公告、对外条约、联盟、致辞以及其他类似的文书之中使用。这则不具备法律效力的诰令部分原文如下:

> 我们常应牢记在心的是……神佑的联合,或曰两个古老强大声名卓著的王国英格兰、苏格兰重新联合在一个帝国王冠之下(Under one Imperil Crown)……鉴于两个强大的民族此前在血缘上互相分离且对立……不宜再在王室称号中继续使用互相分离的名字英格兰和苏格兰,而应致力并使用……大不列颠国王的名字与称号。②

以上为詹姆斯一世更改国号的简短始末。可以看到的是,詹姆斯一世刚迈出整合的第一步时,便遭遇重创。这位苏格兰国王显然是低估了英格兰人对英格兰这个名号的执着。但一个不得不深究的问题是,他何以认为英格兰人能够接受他将国号变为不列颠?以常识观之,采纳共同的国名以消弭差异无可厚非,使用中性的地理名词作为国名也似为妥当。但除此之外是否还有更深层次的原因?答案要从中世纪的不列颠神话说起。

对1603年之前的英格兰人来说,不列颠是个古老的称谓,也是常常用到的一个词语。与奥尔比恩、布列塔尼亚一道,它是先于"英格兰"的一个称号。既是一个地理概念,又是一个文化概念。作为前者,自中世纪以来,有两层含义。

---

① J. F. Larkin and P. L. Hughes eds., *Stuart Royal Proclamations*, Vol. 1, Clarendon Press, 1983, pp. 18-19.

② J. F. Larkin and P. L. Hughes eds., *Stuart Royal Proclamations*, Vol. 1, pp. 94-97. 与议会中讨论的不列颠之名相比,此则公告多出了一个形容词"伟大"(Great)。宾多夫通过考证发现,二者用于国名几乎没有区别,都是詹姆斯一世用以描述两国联合状态的词语。参见 S. T. Bindoff, "The Stuarts and Their Style," *English Historical Review*, Vol. 60 No. 237 (1945), pp. 192-216.

其一,指整个岛屿;其二,专指南部岛屿,以往的罗马行省布列塔尼亚,也就是后来英格兰王国的领域。① 其意思视不同的描述情况而定。这就是牵涉该词的政治含义。丹尼斯·黑认为,从政治含义来说,不列颠、大不列颠在中世纪时就是指代英格兰。② 这层含义在 16 世纪时得以延续。根据阿兰·麦蔻的解释,此句亦有两层含义。第一,英格兰就占据整个不列颠岛屿,苏格兰、威尔士都是附属,没有位置。这是一种帝国霸权心态与整合理想,混杂了不列颠的古史传说,反映了英格兰人的空间概念。第二,对英格兰人来说,不列颠就是指英格兰所在的地域范围,区分于苏格兰。换言之,这是一种偏狭的强调英格兰独特性的看法。③ 时人用到该词时,这几个意义互相杂糅,含混不清。但毫无疑问,它是英格兰文化传统中的一部分。

作为后者,则涉及古史传说与布鲁图斯民族起源神话:不列颠岛最早的居民是不列吞人(Britons),他们在特洛伊人的后代首领布鲁图斯的带领下建立了一个新的帝国,对抗罗马人。布鲁图斯死后,王国被一分为三(分别形成现在英格兰、苏格兰、威尔士的疆域),分别受到了罗马人的入侵,但不列颠并没有亡国灭种,在亚瑟王的重整旗鼓之下,又建立起一个囊括北欧、法兰西的大帝国。然而亚瑟王死于非命,帝国重新陷入分裂,受到撒克逊人的征服,这时候有一个叫梅林的预言家声称,亚瑟王还会转世,必将重新恢复不列吞人的荣耀。此类不列颠主题(Matter of Britain)带有明显的帝国主义色彩,常被英格兰王室用以宣示对苏格兰王国的宗主权。④

这种自中世纪以来占据主导地位的不列颠起源神话,直到 16 世纪中后期仍然盛行,不仅在民间口耳相传,⑤诸多正

---

① Alan MacColl, "England and Britain", *History Today*, Mar. 2008, pp. 42-44.

② Denys Hay, "The Use of the Term 'Great Britain'", in Denys Hay ed., *Europe: The Emergence of an Idea*, Edinburgh, 1968, p. 134.

③ Alan MacColl, "The Meaning of 'Britain' in Medieval and Early Modern England", *Journal of British Studies*, Vol. 45, No. 2 (April 2006), pp. 248-269.

④ 由于威尔士人在中世纪之后往往被视作不列吞人的残存后代,故而推崇此传说最力。这就牵涉威尔士人与英格兰人的身份争论。本文对此不予讨论。该传说的中文版,参见余友辉、罗斯年编译:《崔斯坦和伊索尔德:中世纪传奇文学亚瑟王系列精选》,杭州:浙江大学出版社,2016 年。冯象:《玻璃岛:亚瑟与我三千年》,北京:生活·读书·新知三联书店,2013 年。

⑤ Keith Thomas, *Religion and The Decline of Magic: Studies in Popular Beliefs in Sixteenth and Seventeenth-Century England*, Penguin Books, 1971, pp. 461-514.

式的学理著作也依然继承此说。① 在政治上,亨利七世还曾利用梅林预言、亚瑟王转世等不列颠神话来追踪世系宣称合法性;亨利八世、爱德华六世也利用此中的帝国元素宣称对苏格兰的主权,意欲吞并整合不列颠岛。② 也正是在所谓的"爱德华时刻(the Moment of Edward)",苏格兰国内亦大量出现整合不列颠的倡导者。③

国王詹姆斯自幼便在此种王朝期许之下长大。尚在襁褓时,玛丽女王就期待他能够首先将两个王国——苏格兰、英格兰联合起来,而詹姆斯也早就将此种理想注入长子亨利的思想之中:"上帝已经为你准备了另外一个王国……这对两个民族来说,轻易就能实现:两者居住在同一个不列颠岛上,在宗教与语言上已经一致;即便我们的先祖之间曾长期开战,战争孕育了诸多的互相嫌隙仇恨,但通过各种友好手段……就能实现并维持住自然的、不可分割的友爱一致。"④

因此当詹姆斯一世继位之后,宫廷文人、教士、祈求加官晋爵者立即写下为数众多的阿谀之辞称赞他为不列颠之王。诗人萨缪尔·丹尼尔写道:"紧握联合,啊,强大的国家! 此刻,无所不包的无双大不列颠,出自您的技艺;从此再无苏格兰人、英格兰人之别……"⑤诗人麦克·德雷顿则把詹姆斯当作结束战争带来统一的国王:"啊,现在复活那个高贵的名称不列颠吧,古老的荣誉,重新到来,两个民族欣然同意:不再有别,世代

---

① 不列颠传说及亚瑟王传奇的流行度,参见 Walter Ullmann, "On the Influence of Geoffrey of Monmouth in English History", in Walter Ullmann ed., *The Church and the Law in the Earlier Middle Ages: Selected Essays*, Variorum Reprints, 1975, pp. 257-276; Hugh MacDougall, *Racial Myth in English History*, Harvest House Ltd, 1982, pp. 7-31; T. D. Kendrick, *British Antiquity*, Methuen and Co. Ltd, 1950, pp. 78-99; Arthur B. Ferguson, *Utter Antiquity: Perceptions of Prehistory in Renaissance England*, Duke University Press, 1992, pp. 75-105; Roberta Brinkly, *Arthurian Legend in the Seventeenth Century*, Routledge, 2015, pp. 1-26。

② Roger Mason, "Scotching the Brut: Politics, History and national myth in sixteenth-century Britain," in Roger Mason ed., *Scotland and England, 1286-1815*, John Donald Publishing, 1987, pp. 60-84。

③ "爱德华时刻"的说法,参见 A. H. Williamson, "Scotland, antichrist and the Invention of Great Britain", in J. Dwyer, R. Mason, A. Murdoch eds., *New perspectives on the politics and culture in early modern Scotland*, John Donald Publishing, 1982, pp. 34-58;不列颠传说在苏格兰的影响力,参见 Marcus Merriman, "James Henrison and 'Great Britain': British Union and the Scottish Commmonweal", in Roger Mason ed., *Scotland and England, 1286-1815*, pp. 85-112。

④ King James VI and I, "Basilicon Doron", in Johann P. Sommerville ed., *James VI and I: Political Writings*, Cambridge University Press, 1995, p. 59。

⑤ John Nicholas ed., *The progresses, processions and magnificent festivities of King James the First, his royal consort, family and court*, Vol. 1, London, 1828, p. 121。

恩怨从此消弭,点燃蜡烛,把欢愉的赞歌唱起!"①约翰·哈灵顿则更为直接地把詹姆斯继承王位看成是古代不列颠预言的实现,"将会使布鲁图斯的岛屿完整而不再分开"。②威尼斯大使对即将使用新国号也写有侧记:"据说他(指詹姆斯)即将弃用英格兰苏格兰国王之名,而将改用不列颠国王的称号,就像古时声名卓著的亚瑟王一样,将其声名撒播于整个岛上……"③而在议会的开幕演讲中,詹姆斯就声称自己"是不列颠的国王,恰如布鲁图斯与亚瑟王",④而他也着力恢复"上帝与时间赋予这个岛屿真实而古老的名字",这个"不是借自其他民族而是出自我们祖先的法令"的名字。⑤

可见詹姆斯一世是充分明白不列颠这个名称在中世纪的历史内涵的。他刻意利用了英格兰人身份基因中的不列颠起源去整合他的两个王国,期待形成共同的民族意识。但是他未曾想到的是,此举非但没有拉拢人心,反而造成了对英格兰人最大的冒犯。他低估了新时期(近代早期)英格兰这个称谓对于英格兰人的特殊含义与执着。

塑造英吉利身份:英格兰议会及思想界的反对

前文已提及,议会对更名之事忧心忡忡,坚决反对。在涉及国本的问题上,民族意识只能由当时操纵全国性事务的政治文化精英——议员——来表达。而翻阅当时的《下院日志》也不难发现议员们对英格兰这个国名所注入的感情。其言论充分反映着民族意识的感知。

一位已不知名姓的议员如此说道:"尘世诸事中,没有什么比我们的名号更为亲切的了……就国家来说,名号体现声名与荣耀。""英格兰是个更光荣、更荣耀的名字。"改名会减损英格兰人的名誉,"是对祖先的大不敬……"下院议员理查德·波西瓦更是认为,保存"我们的母亲英格兰之名是自然而然也是脸上有光的,因为英格兰哺育、抚养我们成人,对内保持正义,对外取得胜利"。莫里斯·巴克利也立即把改名问题牵涉到与

---

① Michael Drayton, "To the Majesty of King James", in Andrew McRae and John West eds., *Literature of the Stuart successions*, Manchester University Press, 2017, pp. 44-45.

② C. R. Marham ed., *A Tract on the Succession to the Crown by Sir John Harington*, London, 1880, p. 9.

③ Allen B. Hinds eds., *Calendar of State Papers and Manuscripts, Relating to English Affairs, Existing in the Archives and Collections of Venice*, 1603-1607, London, 1923, p. 5.

④ James Spedding ed., *Letters and Life of Lord Bacon*, Vol. 3, London, 1868, p. 194.

⑤ J. F. Larkin and P. L. Hughes eds., *Stuart Royal Proclamations*, p. 97.

苏格兰人的恩怨上。鉴于新任国王是苏格兰人,他如是说道:"苏格兰乃一介无名小国,应该让他们先改名。"他的观点其实典型地反映了英格兰人对苏格兰人的民族优越感,也迅速得到了艾德温·桑迪思的回应。桑迪思坚信英格兰的优先地位,认为苏格兰应该臣服并接受英格兰的英名。

桑迪思还把改名与国家的根本法联系起来。他说,议会根本不会考虑大不列颠的,这种国号上的改变将会使得在英格兰这个名称之下的法律、誓言、法律工具、制度通通无效。在奠定以后多数议员态度的一次演讲中,他说道,只有通过征服式的联合,才会使法律、国号、官职得以联合,"大不列颠不仅将吞噬现存法律而且会使现存的两国议会无法发挥作用,因为两者都无法为一个完整的不列颠立法"。在他看来,"只有通过征服才能改变国名,改名就意味着根绝一个王国而消除另一个王国","如果我们拿掉国名,也就拿掉了法律的准则"。尼古拉斯·富勒更是警告:"大不列颠已然威胁到了普通法……我们不希望改变英格兰的法律与名称……此涉及大宪章。"①

在其他的档案材料里,一位不知名的议员写道:"[詹姆斯的改名计划]是对这个国家的祖先大不敬,采用它就是抹除祖先的记忆……英格兰是我们血液里不可分割的一部分……我们的祖先使我们拥有这片土地,并让我们使用此名字……[改变它]就相当于对我们的国名进行征服,消灭我们身份赖以存在的基础。"②"现在改变我们的国号就像是对我们国号的征服,比丹麦人或诺曼人更甚……联合是危险的,因为邻居们可能会把它当作征服的标志,以为我们已经被奴役。"③

可以看到,这种反对主要是基于民族身份上的,仿佛一旦采用新的名号,就意味着民族荣耀受损以及王国的解体,英格兰也就不再是英格兰人。因此英格兰的名号,在这批政治人士看来,就是英格兰王国与人民的情感根基与历史根本,容不得半点更改。这是当时的主流意见。诚如当时人所言:"如果我们的国王号称不列颠之王,那么王国也就变成了不列颠,而且我们也成了不列颠

---

① House of Common, *Journal of the House of Commons*, pp. 177, 178, 184, 185, 186, 188, 949, 950 and 950.

② Brett F. Parker, "Recasting England: The Varieties of Antiquarian Responses to the Proposed Union of Crowns, 1603–1607", *Journal of Medieval and Early Modern Studies*, Vol. 43, No. 2 (Spring, 2013), p. 401.

③ Conrad Russell, "Topsy and the King", p. 69.

人。"①"作为英格兰人,我们无法成为不列颠人。"②

若议员还只是从情感态度以及敏锐的暴政嗅觉来反对詹姆斯一世的不列颠国名,那么在议会之外的讨论,则在学理上解构了詹姆斯一世所提出的不列颠名号的历史文化基因。他们从新的角度,或者说利用当时的学术研究潮流,着力在起源问题上塑造新的英吉利身份。换言之,议会里从民族身份立场提出的反对意见,并非没有心态基础。而议会之外的反对,则要从古物协会(Society of Antiquary)中的饱学之士的讨论说起。

1604年4月,议会对更名事宜的讨论结束后不久,古物协会成员在此时也发起了对名号问题的讨论。这一点很可能与詹姆斯一世的授意有关,他应该是想利用古物协会的这群饱学鸿儒之士为他寻找改名的依据。但是他们的大体研究结论却触犯了圣颜,非但没有拥护詹姆斯一世,反而在学理上与之唱起了反调。古物协会也终于在1610年被敕令解散。纵观他们的观点,也确实可以发现他们对改名存有深深的疑虑。他们的讨论牵涉身份认同的两个核心要素:民族起源与作为法律制度的普通法的起源。

姑且先论第一点。1604年6月协会元老威廉·卡姆登在古物协会里提交了一篇文章,声称"自从英格兰人来了之后,不列颠之名,慢慢消失,只被博学之人保留在书册之中"。③ 贬低不列颠之名的意思,可谓非常明显。

随后古物派成员阿诺德·奥尔德沃斯(Oldworth)也加入了质疑声音,他直接怀疑不列颠名称这个起源,认为岛上最早的建立者是《圣经》中诺亚的后代萨摩西斯(Samothes),随后改用奥尔比恩之名。他继续写道:"很多人认为布鲁图斯将名称又改掉了,然而很多优秀的作者对此进行怀疑……"④约瑟夫·霍兰德的文章虽然认为自爱格伯特将不列颠之名改掉之后,仍然有残存,但岛上的初建者是萨摩西斯,并非布鲁图斯,虽然此时已经称为不列颠,随后也使用奥尔比恩这个称号,但他说他留给有判断力

---

① Brett F. Parker, "Recasting England", p. 397.
② Conrad Russell, "Topsy and the King", p. 69.
③ William Camden, "Of the Diversity of Names of This Island", in Thomas Hearne, ed., *A Collection of Curious Discourses Written by Eminent Antiquaries upon Several Heads in Our English Antiquities*, Vol. 1, London, 1771, p. 92.
④ Arnold Oldworth, "Of the Diversity of Names of This Island", in Thomas Hearne, ed., *Curious Discourses*, Vol. 1, p. 99.

的人自己去判断。在他看来，真正确定的历史事实是，西萨克森国王爱格伯特将不列颠人赶入威尔士与康沃尔。也正是在此时，英格兰的名称才得以被采用，通过先例而形成了法律。①

很显然，霍兰德与卡姆登在此采取的是严谨的历史主义态度，重事实而轻神话，借以提升英格兰的地位，而贬低不列颠和奥尔比恩两个名称的可靠性。亚瑟·阿嘉德（Agard）也认为不列颠这个名称在历史上空洞无物，撒克逊人首先把国土称为英格兰是因为他们已经消灭了这个名称……保存英格兰这个美妙的称号的动力来自它的纯洁性超出于所有民族之上。"现在把英格兰的国号从王室称号中移除将会剪除英格兰人的特殊性以及所获得的国际威望，这是征服者威廉都没有的举动。"②

亨利·斯佩尔曼爵士也是古物协会成员，他虽然未发表对更改名号所持观点的文章，但是在一篇关于反对联合的文章中写道，鉴于英格兰、苏格兰都是有历史的两个王国，不应该把这两个并入一个大不列颠之中，"如果荣耀的英格兰之名被埋葬在奥尔比恩或者布列塔尼亚的复活之中，那我们就像变晴天朗日为乌云阵阵，将会把一个在世界上已建立光辉荣耀的民族，重新打回到对一个不起眼的野蛮的民族记忆当中"。③

从以上各学者的言论中可以得知，他们已经纷纷把英格兰这个名号的起源指向撒克逊人，并刻意割裂与古代不列颠人的联系，与国王在学理上唱反调，寻求新的民族起源的解释。当天主教徒维斯特根于1605年2月在安特卫普出版《重建失去的古物学知识》直接把英格兰的世系追溯至撒克逊人、日耳曼丛林之时，其观点迅速走红：英格兰人古老的布鲁图斯传说是很可笑的，英格兰人不需要从不尽不实的特洛伊人处寻找祖上的荣光，英格兰民族与历史上的不列颠人截然不同，无论是从语言方面、族裔方面，还是种族方面都来自古老的英勇的日耳曼世界，英格兰人有着更高贵的起源。"我们撒克逊人的先祖来自德意志，是日耳曼人的一支……多么著名和荣耀的日耳曼人啊，我们英格兰人起源于他

---

① Joseph Holland, "Of the Diversity of Names of This Island", in Thomas Hearne, ed., *Curious Discourses*, Vol. 1, pp. 93-94.

② Arthur Agard, "Of the Diversity of Names of This Island", in Thomas Hearne, ed., *Curious Discourses*, Vol. 1, p. 97-99.

③ Sir Henry Spelman, "Of the Union", in B. Galloway and B. Levack eds., *The Jacobean Union: Six Tracts*, Edinburg, 1985, p. 170.

们也倍感自豪。"①一种新的盎格鲁-撒克逊民族起源正在慢慢获得巨大影响力。② 很显然,这些思想界的人物也在着力构建属于他们时代的英吉利身份,寻求新的民族起源,刻意割裂与中世纪传统的联系。

无独有偶。在法律制度——这一近代早期民族认同最为核心的元素——的起源上,此时的普通法律师以及古物派学者也在塑造着新的法律起源神话。他们也把源头推到了盎格鲁-撒克逊人身上,而掐断与古代不列颠的联系。比如,威廉·黑克维尔在古物协会的研讨上就发表过两篇关于法律起源的文章。他在其中一篇文章中认为,撒克逊人对不列颠人进行了一场完整全面的征服,法律、语言被全部取代,因此根本就没有柯克所谓的不列颠人的法律的存在。③ 在另一篇文章中,他又写道:"不列颠人的法律被罗马人完全消灭了,而罗马人的法律又被撒克逊人消灭了;最后,丹麦人和诺曼人又对他们的法律做了大幅度修改。"④按照黑克维尔的解释,撒克逊法才是英格兰法律的开端,并且撒克逊法和诺曼法,共同组成了普通法。因此在威廉·黑克维尔看来,法律确实是古老的、混杂的,但却没有古代不列颠人的因素,只是撒克逊人、丹麦人和诺曼人法律的杂糅。

在黑克维尔的基础上,斯佩尔曼认为,"撒克逊人和日耳曼人的习俗仪式和习惯,构成了我们普通法和忏悔者爱德华之法的第一部分和根基"。⑤ 法律的根基是由我们日耳曼祖先奠定的,但是也建立在教会法和市民法的某些原则之上。"至于不列颠人是其作者的说法是不可信的;他们的法律,在经历了如此多的政府和人民的转变,尤其是在其民族被驱赶、语言被废除以后,也变得不可信。"即便不列颠人的法律留下,被罗马人使用和部分继承,"毫无疑问,撒克逊

---

① Richard Verstergen, *A Restitution of decayed intelligence*: in *Antiquities*, *Concerning the most noble and Renowned English Nation*, Antwerp, 1605, p. 42.
② 孙超:《民族起源神话与英格兰文艺复兴时期的盎格鲁-撒克逊研究》,《世界历史》2018年第2期,第134~143页。
③ William Hakewill, "Of The Antiquity of the Laws of England", in Thomas Hearne, ed., *Curious Discourses*, Vol. 1, pp. 8-9.
④ William Hakewill, "The Antiquity of the Laws of This Island", in Thomas Hearne, ed., *Curious Discourses*, Vol. 1, p. 2.
⑤ Sir Henry Spelman, "The Original of the Four Terms of the Year", in Edmund Gibson ed., *The English Works of Sir Henry Spelman Kt...*, Vol. 2, London, 1727, p. 98.

人已经将之和不列颠民族一起完全扫除了"。① 因此,撒克逊人的法律几乎没有不列颠人的残留。

和黑克维尔、斯佩尔曼一样,对普通法心智形成的关键人物中还有后一辈的大学者约翰·塞尔登。伯吉斯认为,爱德华·柯克所代表的普通法传统是含混和非典型的,普通法心智的典型代表人物其实是约翰·塞尔登与亨利·斯佩尔曼。而在塞尔登的法律思想里,有三点特征是主要的:哥特主义、不可追忆性与持续性(未被征服中断)。哥特主义就意味着英格兰人的法律与制度起源于日耳曼丛林之中,也就是把法律的古老性追溯至历史记录更加可靠的盎格鲁-撒克逊时代,而不是不列颠时代,欲彻底消除不列颠起源的神话,代之以撒克逊起源说。②

不过,无论是黑克维尔还是斯佩尔曼,他们其实都不是撒克逊神话的缔造者,真正的先驱是16世纪的古物派前辈学者威廉·兰巴德,透过他的说法可以知道这种割裂工作其实早就在进行,改名问题的讨论只是加速了这一进程。在1568年出版的《高等法庭的发现与资料汇编》一书中,兰巴德阐释了法律的历史如何塑造盎格鲁-撒克逊民族与其他民族的区别。他认为,古代不列颠人并非英格兰人的祖先,只是先于撒克逊人居住于不列颠岛屿而已,使用的是高卢人的法律。"[而]我们的祖先撒克逊人,保留了古代日耳曼人的习俗……诺曼人与其说改变了撒克逊人法律的实质,倒不如说只是改变了撒克逊人关于法律的名称"。③

通过梳理议员及当时学问大家的反对改名的意见,我们可以发现历史和现实之间形成的一种强烈的反差和颠倒。在所谓的不列颠王国的草创时期,英格兰政府高层以及民间(以文人为代表)的主流呼声是反对不列颠的名号的;而四百多年之后的现在,政府及民间的主流呼声,却强烈主张不列颠国家不容分裂,维持联合王国之呼声非常强烈;反倒是在之前想要合并的苏格兰人在几百年之后要求脱离不列颠,想要独立的呼声越来越高。这是历史的诡谲之处。其实当英格兰人在16、17世纪之交如火如荼

---

① Sir Henry Spelman, "The Original of the Four Terms of the Year", p. 101.

② Glenn Burgess, *The Politics of the Ancient Constitution: An Introduction to English Political Thought, 1603-1642*, Palgrave Macmillan, 1992, pp. 58-59.

③ Charles H. McIlwain and Paul L. Ward eds., *Archeion, or Discovrse upon the High Courts of Justice in England by William Lambarde*, Harvard University Press, 1957, p. 12.

地用新的起源神话（历史）构建新的民族身份时，旧有的不列颠历史文化基因并未完全消亡与靠边站，只要看清楚这一点，这种历史与现实的诡谲就容易理解了。

争论的呈现：对不列颠身份的支持

当詹姆斯一世继位时，一帮向国王表忠心献殷勤的文人对詹姆斯的吹嘘已如第一节所述。而当詹姆斯准备推进联合主张时，另一批巴结者自然又跳出来进行支持，为詹姆斯的不列颠身份寻找历史根源，他们自然沿用了中世纪那一套有关不列颠的民族起源学说。比如约翰·海沃德就是詹姆斯联合计划的支持者。他认为若达成联合就必须改名，而不列颠作为两国共同的名号是最合适的。理由有三条：第一，这是个古老的共同名字。第二，即便使用英格兰的名号之后，不列颠的名字并没有被遗弃。第三，国家改变了，改名是自然而然之事，算不上改变身份。① 而布里斯托主教约翰·索恩巴罗也认为，国名"改为不列颠是合理的，因为这是最古老最荣耀的名称"。尽管，此名长期以来被边缘化了（Eclipsed），但是英格兰人对于撒克逊人这个名字也没什么可骄傲的，因为"整个撒克逊种族都大部分被丹麦人和诺曼人清除了"，已没有日耳曼人留下。最为关键的是，"既然两国共同组成了大不列颠，所有的人民也组成了一个强大的民族：不列颠民族……所有的臣民都是不列颠人"。② 弗朗西斯·培根甚至更进一步直接建议写就一部不列颠民族史："对不列颠这个岛屿来说，既然在接下来的很多年之内还会是在同一个君主国之下，而且在历史上也曾经结合在一起，编纂一部共同完整的民族史也是很有必要。"③

但是应该引起注意的是，在严谨的学者中亦有利用不列颠起源神话论证詹姆斯改名及联合设想的合理性者。古物派大学者罗伯特·科顿即是一例，其人乃詹姆斯一世的鼎力支持者。早在詹姆斯登基之时，他便立即支持不列颠联合的想法，并寻找理论及史实的依据。他认为两个王国都应该热切希望平静地联合在一起，"平息此前的恩怨"；随后他又列举了共同的语言、宗教、世系、法律、地缘位置等因素对联合进行支持，并为

---

① John Hayward, A Treatise of Union of the two realms of England and Scotland, London, 1604, pp. 35-37.
② John Thornborough, The Joyfull and Blessed Reuniting of the Two Mighty and famous Kingdom, London, 1605, pp. 44, 38, 45, 3.
③ James Spedding etc. eds., The Works of Francis Bacon, Vol. 3, London, 1859, pp. 250-251.

国王解释道:"潜在的敌对国家,整合成一个完整国家,两个国家都不会处于彼此敌对状态,而是有同胞之宜。"有着两千多年历史的不列颠名称就是一个必然而然的选择。①

即便在强调盎格鲁-撒克逊起源的学者当中,也并没有完全摒弃不列颠起源说。威廉·卡姆登就是一例,他并非严格彻底的撒克逊起源论者。他在1586年出版的《不列颠志》中虽然完全否定了与不列颠有关的传说,但是在该书扩充之后的第一个英文版的致读者中,他仍然相当保留地写道:"……我没有否定蒙茅斯的杰弗里,其历史被很多人怀疑为最浅薄的知识。"并特意以括弧说明:"我对之欣然接受。"②在1695年版的《不列颠志》中,编辑者又刊出了卡姆登特意增加的一段内容。若特洛伊神话确为信史,"那么好古者将不再从事烦琐与枯燥的研究。依我之见,我不会致力于贬低这段历史,我也向你保证,我将竭尽所能去支持它。对之完全加以否认是与时代开战,是对广泛接受的观念提出质疑,以我之微末道行能对如此牵涉重大的论题有发言权?我把这个争论完全留给整个博学的古物研究者"。③

同样的情况还出现在有关普通法起源的问题上。比如约翰·塞尔登就认为,在不列颠人的法律与撒克逊人之间的法律有某种持续性,17世纪的某些法律可以追溯至比撒克逊更早的时代,甚至明确用了"我们英格兰人的不列颠法律"的字眼。④可见,普通法起源于撒克逊人之说也并非是绝对的,至少在持撒克逊起源说的学者当中也不得不承认不列颠起源说的影响。

更为关键的是,在普通法的起源问题上,还应提到另外一个重要人物,他的观点构成了不列颠文化基因继续存在的又一个基石。此人就是大名鼎鼎的爱德华·柯克。有关他对英格兰普通法神话的塑造,相关的研究已经汗牛充栋。柯克的确是反对暴政的先驱,但是在他利用普通法心智对抗改名可能出现的政治上的专制时,其论述逻辑却带有明显的不列颠起源色彩。

担心更改国号对法律的改变,无论

---

① Kevin Sharpe, *Sir Robert Cotton, 1586-1613: History and Politics in Early Modern England*, Oxford University Press, 1979, pp.114-115.

② William Camden, *Britainnia*, London, 1607, "To the Reader", A3.

③ William Camden, *Britainnia*, London, 1695, vol. vi.

④ John Selden, The Reverse or Back-face of the English Janus' in *Tracts written by John Selden of the Inner-Temple, Esquire*, trans. Redman Westcot, London, 1683, Preface.

是前文所引述之议员的观点,还是现代学者的研究都指向了此点。此处无须赘述。詹姆斯一世本无心触碰英格兰普通法,他在1616年如是回忆道:"至于普通法,汝等皆在场,朕从未试图在议会中去改变。我们有些法官愚不可及,认为英格兰议会容不得用大不列颠之名联合英格兰、苏格兰,认为这会牵涉到法律……上帝为证,朕从未想改变、损害、取消或者压制这片国土上的法律。朕向汝等再确认一遍。"①但是詹姆斯的更名举动其实加深了此意。这就使得普通法律师们忧心忡忡。

在柯克看来,法律是每个臣民最好的遗产,人民可以在法律之中享受安静祥和,最亲爱的祖国(Country)也可变得安全。②詹姆斯单纯通过国王权威的改名之举不啻是"致力于创建一个大不列颠的王国……我从未听闻有各自分立的王国能联合在一起的,因此我将之当作为开先河"。③ 在柯克的逻辑里,一旦承认詹姆斯创建了一个国家,这就相当于已经给予了詹姆斯主权者的所有权力,甚至是征服者的权力。如果说国君拥有征服者的权力,那就能够随意增添或者修改法律,他也就可以任意产生一套新的法律,一旦能够产生一套法律,那就能够改变普通法的整套体系,如此一来,普通法的特殊地位将会受到威胁,古老的宪法将会不保。

柯克在更名问题上进一步阐释道,他说他是"第一个想到,改名可能会对国王及王国不利,……这片土地,首先由不列颠人占有,其次罗马人,其后不列颠人又杀了回来,再之后,撒克逊人、丹麦人、诺曼人轮番进驻,但他们从未改变或灭绝,英格兰的根本法……没有任何自然法或本土法被改变或灭绝,英格兰从未被征服,国王不能改变一个民族的自然法,这个根基甚为牢固"。④

由此可见,以先例为根基的普通法,不来自任何法律赋予者的意愿;普通法也没有初创者,它是权威的首要根基,改变它就意味着改变英格兰的基本法。对于柯克强调的这种古老性与不可追忆

---

① King James VI and I, "A speech in the Star Chamber, 20 June, 1616", in Johann P. Sommerville ed., *James VI and I: Political Writings*, pp. 208-209.

② Sir Edward Coke, "Part Five of the Reports", in Steve Sheppard ed., *The Selected Writings of Sir Edward Coke*, vol. 1, Liberty Found 2003, p. 127.

③ Sir Edward Coke, *Fourth Part of the Institute of the Laws of England*, London: 1671, p. 347.

④ State Papers 14/26/64 (fo. 133), State Papers Online, http://go.gale.com/mss/browse.do? inPS = true&userGroupName = fudanu&prodId = SPOL [accessed 30 April 2020].

性,约翰·戴维斯伯爵阐释得甚为清晰:"没有任何人敢夸耀说,他跟米诺斯、梭伦、来库古一样,是我们族群的第一位立法者;因为国王们不能产生专属权,法官们也不能制定法律中的规则或准则,臣民们更不能规定或者阻碍他们所喜爱的法律……是长久的经验,为着共同之善的许多最佳判例造就了普通法。"①

对于普通法之不可追忆性的上述脉络,约翰·波考克有充足可信且影响广泛的研究。他认为正是在柯克身上,古代宪法神话开始成型:普通法和英国宪政起源于不可追溯的时期,超出了任何历史记录之外,普通法是没有立法者的法律,完全起源于其古老性,没有任何国王可以宣称对它进行改变,因此国王始终是权力有限的国王,没有绝对的主权。

若这种对普通法的执着是16、17世纪之交英格兰人民族身份的最主要因素之一,那么在以上叙述中就会出现一个非常有意思的现象。恰恰在反对詹姆斯最卖力的爱德华·柯克的观点及其所塑造的普通法心智里,是可以发现不列颠元素的。在上述引文中,柯克已经明确说明了,不列颠岛上最早的人群就是不列吞人,而法律起源于最古老的时期,因此不列颠人是普通法不可追忆的源头。尽管在波考克看来,柯克对布鲁图斯、亚瑟王等神话中的国王并不买账,对这些不列颠元素传说中的历史的利用仅仅是为了论证普通法的古老性、证明法律的不可追忆:"自那位国王之后,本疆域内的法律和常习就一直存在着。"②但根据最新的研究,柯克对这些不列颠传说,其实并非那么轻视,他把普通法的诸多创制追溯到了"布鲁图斯,这片土地上的第一位国王……他用希腊语写了一本书名为《不列吞人的法律》……书中说明了契约、记录及法官们的审判程序,简明直白,例证充分"。③ 在1608年《加尔文案判词》中,柯克也直接认为"这种在法庭中进行的宣誓,最早由亚瑟王创立……该法为最著名的不列颠国王亚瑟所引入"。④

这也就意味着,柯克其实是在用含

---

① J. G. A. 波考克:《古代宪法与封建法:英格兰17世纪历史思想研究》,翟小波译,南京:译林出版社,2014年,第39页。

② J. G. A. 波考克:《古代宪法与封建法:英格兰17世纪历史思想研究》,第38~39页。

③ Erin R. Kidwell, *Law, Political Thought and the Ancient Constitution: A Case Study of George Saltern's Of the Ancient Lawes of Great Britaine*, Clark, 2017, p.37.

④ 爱德华·柯克爵士:《加尔文案判词》,李栋译,载毕竞悦、泮伟江:《英国革命时期法政文献选编》,北京:清华大学出版社,2016年,第341页。

有不列颠起源的普通法心智,反对利用不列颠神话的国王。与柯克在普通法起源问题上持相同看法的还有总检察官以及古物派学者多特里奇。他的立场与柯克稍异,不承认改名带来宪政上的改变:"……没有人愿意改变法律,法律给以每个民族姿态和个性……如果整个国家没有翻天覆地的危险,法律也不会被全盘改变。"但是,他强调说:"……不列颠的法律,我们古代宪法的荣耀,直到今天仍有用处。"①另外一位学者乔治·塞尔腾也写道:"无论我们是否认为我们发挥效力的法令来自诺曼人,我们将发现它们是有根基的,来自于撒克逊人的残留;我们也将发现它们……是沿着不列颠古老宪法的秘密步伐行走的,其出现在我们普通法的主体当中……"②

可见,同民族起源的争论一样,在法律起源的问题上,盎格鲁-撒克逊起源说也并非完全一脉独大,不列颠起源说并没有完全式微。虽然,本文所讨论的这些观点,或许仅仅是这些博学之士整个知识体系中的很少一部分,但这些段落本身依然能够说明这些思想的留存。若本文刻画的线索无误,那我们就可以得出最后的结论了。

詹姆斯一世更改国号的问题,对许多英格兰精英人物来说,是一场灾难,威胁到了民族情感根基与制度根基;国王所获的支持虽小,但是他使用的不列颠称号及其引起的思想界争论却明白地显示着,尽管撒克逊起源神话占据着主流,但不列颠起源神话并没有从英吉利的文化基因中抹去。政治上的反对也无法超越文化上的基因。

相反,不列颠起源说的存在恰恰反映了英格兰人当时多元的民族身份感知,这也是日后英格兰、苏格兰两个民族能够得以融合的关键因素之一。国名的更改虽未得到政体的承认,但在事实上已然发挥效力,为英格兰人塑造以后的不列颠帝国和不列颠民族认同奠定了基础。诚如研究者所言,一个事实上的、未被承认的不列颠国度正在开启,③不列颠民族身份已初见雏形。

---

① John Dodderidge, "A Breif Consideration of the Unyon of Twoe Kingedomes", in B. Galloway and B. Levack, *Jacobean Union*, John Donald Publisher Ltd, 1985, pp. 146-148.

② Erin R. Kidwell, *Law, Political Thought and the Ancient Constitution*, Appendix III: Of the Anciet laws of Greate Britaine, p. 191.

③ Sarah Waurechen, "Imagined Polities, Failed Dreams, and the Beginnings of an Unacknowledged Britain: English Responses to James VI and I's Vision of Perfect Union", *Journal of British Studies*, Vol. 52, No. 2, (July 2013), pp. 575-596.

Britain or England?

The Controversy of Name of the kingdom at the Accession of James I

Abstract: James I issued a royal proclamation changing the kingdom's name from England to Britain in 1604 shortly after his accession. Both scholars of constitutional history and political thought argue that it was a key event and the change of the name meant it would be a potential conquest of England and a threat to the fundamental principles, which led to the opposition of the English. This thesis proposes that it can also be regarded as an disputer concerning the national identity, showing that English Parliament rejected the King out of the national consciousness. Meanwhile, the event also caused the internal debate among the English over their own indentity based on the national myth and origin of Common Law, from which some people concluded that they were descendants of the ancient Britons. It can be seen from the dispute that British identity always exits in the cultural genes of England. From English identity to British identity, the English have the mindset of British dimension in their identity.

Keywords: Britain, England, James I, national myth, origin of Common Law

作者:陈小虎,复旦大学世界史博士研究生

光启评论

再造『黄种』：美国华裔学人与中国人种智力论的构建（1920—1924）

□ 王佳欣

摘要：20世纪初，刘易斯·特尔曼等美国心理学家以优生学测试为基础开发的种族智力测验，不仅为"白人至上主义"理念提供了科学依据，也为排外主义者的"先天智力论"主张提供了支撑，在1920年至1924年间成为美国主流舆论呼吁限制移民的理据。为了增强测验的公信力，心理学家开始招徕华裔研究员对"黄种人"的智力数据进行分析，第一代华裔学人由此跻身美国种族科学界。他们借助测验数据"调整"了华人在种族序列中的位置，在肯定种族"自然"等级观念的同时，重塑了"黄种人"的身份认同。据此形成的中国人种智力论不仅支持了美国华人谋求种族提升的主张，也呼应了近代中国民族主义者"强国保种"的吁求，得到了同一时期中美知识界的肯定，但未能切实地改变美国在二战前的华人观。

关键词：美国华裔学人；中国人种智力论；排外主义；移民政策

自1920年美国国会就移民事务的讨论陷入危机，到1924年美国颁行第一部全面限制移民的法案，"非白人"移民智力的话题持续引发全国热议。[1] 美国"黄种人"[2]智力数据的缺乏，促使第一代华裔学人被招募至美国的科

---

[1] John Higham, *Strangers in the Land: Patterns of American Nativism, 1860-1925*, New Jersey: Rutgers University Press, 1992, p.308; Mae Ngai, *Impossible Subjects: Illegal Aliens and the Making of Modern America*, Princeton, N.J.: Princeton University Press, 2004, p.23.

[2] 二战前的美国科学界明确地将中国人归类于"黄种"或"黄种人"（Yellow Race）、"蒙古人"（Mongolian），而日本人等其他东亚移民的种族归则一直处于争议之中。参见 Mae Ngai, *Impossible Subjects: Illegal Aliens and the Making of Modern America*, p.37。奇迈可：《成为黄种人：亚洲种族思维简史》，方笑天译，杭州：浙江人民出版社，2016年，第205页。

研机构,由此成为种族知识的生产者。① 在"黄祸"②引发美国民众恐惧的时代,学人的研究及其所建构的"黄种"认知对于华人认同的影响值得深入探究。尽管国内外学界对于美国"黄种人"的认同问题已有论述,但是较少涉及智力观念对其认同形成的影响,具体到华裔学人的贡献,成果更是有限。③ 因此,本文在借鉴前人成果的基础上,将华裔学人的研究置于美国移民政策改革的历史语境中,通过探析中国人种智力论的形成过程,对美国排外主义思潮与"黄种人"认同之间的关系做出讨论,以期深化对于美国种族主义意识形态的认知。

一、优生学与种族智力测验的问世

种族科学起源于 18 世纪晚期欧洲科学家对于颅骨大小的测量。1775 年,享有盛名的颅骨收藏家布鲁门巴哈发表了一系列医学论文,将人类的身体特征,特别是头骨的大小形状作为种族分类的依据。④ 与此同时,他第一次将人类划分为五大种族:分布于欧美大陆的高加索人种、起源于非洲的埃塞俄比亚人种、来自太平洋诸岛的马来人种、起源于美洲的印第安人种与居住于东亚的蒙古人

---

① 民权运动以前,美国的种族科学未有专门的学科建制,因而,在统计进入种族科学界的华人时,笔者分别以"种族""移民""华人"为关键词,对全球硕博士论文索引摘要库(ProQuest Dissertations & Theses: Abstract & Index)进行检索,并结合华裔图书馆学家袁同礼的相关统计,确定美国高校从 20 世纪 20 年代开始陆续招收华裔学生参与种族课题。参见:Tung-li Yuan, *A Guide to Doctoral Dissertations by Chinese Students in America, 1905-1960*, Washington, D. C.: Sino-American Cultural Society, 1961. 本文所关注的华裔学人研究,参见:Sarah Docfon Lee, *A Comparative Study of the Intelligence of Normal Chinese and American School Children*, California University, 1920; Kwok Tsuen Yeung, *The Intelligence of Chinese Children in San Francisco and Vicinity*, Stanford University, 1921; Mary Bo-Tze Lee, *Problems of the Segregated School for Asiatic in San Francisco*, California University, 1921; Ching Chao Wu, *Chinatowns: A Study of Symbiosis and Assimilation*, Chicago University, 1928。

② "黄祸"(Yellow Peril)最早泛指欧洲国家的外敌,后于 19 世纪末被美国社会用以称呼具有威胁性的亚洲人。参见罗福惠:《非常的东西文化碰撞:近代中国人对"黄祸论"及人种学的回应》,北京:北京大学出版社,2018 年,第 1,91 页。

③ 关于美国"黄种人"认同的代表性史学研究,参见 Robert G. Lee, *Orientals: Asian Americans in Popular Culture*, Philadelphia: Temple University Press, 1999; Ian Haney-López, *White by Law: The Legal Construction of Race*, New York: New York University Press, 2006, pp. 27-47; Peggy Pascoe, *What Comes Naturally: Miscegenation Law and the Making of Race in America*, New York: Oxford University Press, 2009, pp. 80-159. 关于"黄种人"智力的史学论述,参见 Stuart Creighton Miller, *The Unwelcome Immigrant: the American Image of the Chinese, 1785-1882*, Berkeley: University of California Press, 1969, pp. 160-170; Alan MKraut, *Silent travelers: germs, genes, and the "immigrant menace"*, New York, NY: Basic Books, 1994, pp. 160-166. 目前仅有一位学者关注过这一时期华裔学人的智力研究,参见 David Palter, *Testing for Race: Stanford University, Asian Americans, and Psychometric Testing in California, 1920-1935*, University of California, Santa Cruz, 2014, pp. 14,137。

④ "Johann Friedrich Blumenbach", Encyclopedia of World Biography Online, vol. 35, Gale, 2015. Biography in Context, http://link.galegroup.com/apps/doc/K1631010242/BIC? u=columbiau&sid=BIC&xid=f1b7e507. Accessed 26 May 2019.

种。① 由此形成的人种分类学将"种族"视为一个独特的生物学概念,而不仅仅是视觉维度上的人群类别。② 这一认知在此后的一个多世纪逐渐成为欧美世界的公民常识。③ 随着生物学与遗传学的进一步发展,学者在研究中逐渐较少谈及环境对于种族发展的影响,转而强调种族永久不变的遗传特性。1849 年,费城的解剖学教授塞缪尔·莫顿将不同种族颅骨内部的尺寸与其智力水平相互关联。他声称,高加索人种的颅容量最大,智力最为发达;而以中国人为代表的蒙古人种则因颅容量小而智商低。④ 这一研究虽然仍以体征测量为基本方法,但是相关的数据却成为鉴定种族内在优劣性的关键指标。学者据此在种族的身体与心理之间搭建了基本的等式,将优劣等级的观念嵌入种族科学的话语。⑤ 尽管彼时《物种起源》尚未发表,但是强调人类"自然"等级的进化论思想已经显现于研究。⑥

19 世纪末,伴随着达尔文"自然进化"理论的成熟与发展,意图"修动"种族进化轨迹的优生学兴起。1883 年,英国科学家弗朗西斯·高尔顿借用拉丁词汇"出身高贵的人"(eugenes)创造了"优生学"(eugenics)概念,寓意其为"改善"人类的科学。⑦ 这一科学以倡导"选择性繁殖"著称,并号召科学家介入"自然进化"的过程,去帮助"合适的种族……迅速战胜不太合适的种族"。⑧ 1884 年,高尔顿发明了一系列心理测试,用以判

---

① Johann Friedrich Blumenbach, *The Anthropological Treatises of Johann Friedrich Blumenbach*, London: The Anthropological Society 1865, pp. 264-266, http://dx.doi.org.ez-proxy.cul.columbia.edu/10.1037/13883-00. Accessed 26 May 2019.

② Mae Ngai, *Impossible Subjects: Illegal Aliens and the Making of Modern America*, p. 23.

③ 20 世纪初,美国的生物学教科书完全采纳了这一种族分类体系,参见 George William Hunter, *A Civic Biology: Presented in Problems*, New York: American Book Co., 1914, p. 196。20 世纪上半叶,美国最高法院对涉及公民资格的诉讼皆依照这一基本分类体系进行裁决。参见 Ian Haney-Leōpez, *White by Law: The Legal Construction of Race*, pp. 67-73。

④ Samuel George Morton, Observations on the Size of the Brain in Various Races and Families of Man, 1849, p. 2, 3. https://archive.org/details/101676722.nlm.nih.gov/page/n1. Accessed 26 May 2019.

⑤ 莫顿的结论在美国社会引发的反响,参见 Lucy E. Salyer, *Laws Harsh as Tigers: Chinese Immigrants and the Shaping of Modern Immigration Law*, Chapel Hill: The University of North Carolina Press, 1995, p. 11。

⑥ 1859 年《物种起源》的出版将自然进化的思想推至顶峰,而围绕自然等级观念建构的达尔文主义与社会达尔文主义,直到 19 世纪末才频现于学人话语。参见 Carl Degler, *In Search of Human Nature: The Decline and Revival of Darwinism in American Social Thought*, New York: Oxford University Press, 1991, pp. 6, 14。

⑦ Daniel Kevles, *In the Name of Eugenics: Genetics and the Uses of Human Heredity*, Berkeley: University of California Press, 1985, p. ix.

⑧ Francis Galton, *Inquiries into Human Faculty and its Development*, London: MacMillan and Co., 1883, pp. 25, 308.

断个体与群体的环境"适宜性"(fitness)。① 对于高尔顿及其支持者来说,"个体、种族之间的心理差异可以用遗传的理由来解释,更重要的是,这种差异可以被视为人类未来进化的基础"。② 在这一理念的影响下,种族科学的焦点开始从人体测量(anthropometry)转移至心理测量(psychometry),并引发了19世纪末种族科学史上的理论转向。③ 在此背景下兴起的优生学运动,在此后不到20年的时间里风行世界。④ 其强大的吸引力既得益于进化论思想中"适者生存"的观念,也借助了社会达尔文主义"优胜劣汰"的哲学;更为关键的是,它巧妙地在种族的身体与心理之间搭建起"科学"的等式,使得人类在"遇见"种族之日便建立的模糊认知被编写为科学的语言,进而使人深信:种族在生物特征上的差异决定了社会特性上的差异,由此形成的种族"自然"等级不可逾越。这一严格的生物决定论观念在20世纪初成为西方种族科学的主导话语,并在美国社会达至"常识"的地位。⑤

当20世纪初优生学思想扎根美国之时,以高尔顿心理测量学为基础开发的智力测验问世。1910年,美国心理学家亨利·戈达德(Henry Goddard)受高尔顿实验程序的启发,翻译并改编了法国心理学家阿尔弗雷德·比奈(Alfred Binet)研发的心理测试。⑥ 1916年,斯坦福大学教授刘易斯·特尔曼(Lewis Terman)在此基础上创造了美国第一套优生学测试。此后十余年间,特尔曼开发的斯坦福-比奈智力测验(Stanford Revision and Extension of Binet)、特尔曼群体测验(Terman Group Test)、斯坦福成就测验(Stanford Achievement Test)……以百万计售出。⑦ 其中,特尔曼智力测验所

---

① Francis Galton, *Hereditary Genius: An Inquiry into its Laws and Consequences*, New York: D. Appleton and Co., 1891, p. 336.

② Raymond E. Fancher, *The Intelligence Men: Makers of the I. Q. Controversy*, New York: Norton, 1987, p. 28.

③ Daniel Kevles, *In the Name of Eugenics: Genetics and the Uses of Human Heredity*, p. 30.

④ Emma Jinhua Teng, *Eurasian: Mixed Identities in the United States, China, and Hong Kong, 1842-1943*, Los Angeles: University of California Press, 2013, pp. 130-131.

⑤ Michael Omi and Howard Winant, *Racial Formation in the United States: From the 1960s to the 1980s*, New York: Routledge, 2015, p. 24.

⑥ M. A. Winzer, *The History of Special Education: From Isolation to Integration*, Washington, D. C.: Gallaudet University Press, 1993, pp. 268-269.

⑦ Paul Chapman, "Schools as Sorters: Testing and Tracking in California, 1910-1925," *Journal of Social History*, v. 14, n. 4 (Summer 1981), p. 701.

囊括的智商测试、学业成就测试、音乐能力与审美测试……复杂精细,以致特尔曼需要为使用者配备一本专业指南。在指南中,特尔曼将智力测验的研发理念概括为如下三个方面:首先,人类的智力是一种固定的、可遗传的、可测量的基因特征;其次,白人比其他种族拥有更高的智商;再次,正如高尔顿在1870年所预言的:"人类未来几代人天赋的提高……很大程度上是在我们——科学家——的掌控之下。"① 可以说,智力测验的指南不仅申明了特尔曼的"先天智力论"主张,而且强化了美国知识界根深蒂固的"白人至上主义"思想。它在测试者与被测试者,美国精英与民众之间展现了一幅"自然"种族等级的图景:位居最高序列的盎格鲁-撒克逊种族不仅是达尔文进化法则下的"最适者",也是优生学测试中的"最优者"。②

尽管以沃尔特·利普曼(Walter Lippman)为代表的少数心理学家对于智力测验中的"白人至上主义"理念提出过质疑,但是在优生学思潮的推动下,智力测验技术很快从心理学专业领域的边缘走向中心。③ 1905年至1941年,智力测验逐渐成为专业心理学的代名词,测验开发人员陆续成为美国心理学会的骨干、心理学期刊的主要编辑和大部分美国大学心理学专业的主任。④ 与此同时,伴随着优生学运动的发展,智力测验开始走出大学实验室,被广泛地用于筛选入境移民、衡测教学质量、识别精神病人……在更为广阔的社会领域获得认可。⑤ 截至20世纪上半叶,特尔曼智力测验不仅成为美国社会广泛使用的心理评估工具,更成为全球范围内智力测验的标准模板。⑥

---

① Ellwood Cubberley, "Editor's Introduction" in Lewis Terman, *The Measurement of Intelligence*: *An Explanation of and Complete Guide for the Use of the Stanford Revision and Extension of the Binet-Simon Intelligence Scale*, Boston: Houghton Mifflin Company, 1916, p. vii.

② 关于"白人至上主义"(White Supremacy)与美国种族等级建构的关系,参见伍斌:《"种族"界定与美国对东南欧移民的排斥》,《历史研究》2018年第2期,第110~117页。

③ M. R. Neifield, "The Race Hypothesis", *American Journal of Sociology*, v. 32, n. 3 (Nov., 1926), pp. 423-432.

④ David Palter, *Testing for Race*: *Stanford University, Asian Americans, and Psychometric Testing in California, 1920-1935*, p. 7.

⑤ JoAnne Brown, *The Definition of a Profession*: *The Authority of Metaphor in the History of Intelligence Testing*, Princeton: Princeton University Press, 1992, pp. 92-108.

⑥ Stephen Murdoch, *IQ: A Smart History of a Failed Idea*, Hoboken, NJ: John Wiley and Sons, 2007, p. 24.

二、美国华裔学人与"黄种"智力测验的开展

1918年,特尔曼智力测验被引入中国。随后,心理学家派尔(William Henry Pyle)使用这一测验对广州地区的500名儿童进行了智力考察,并将结果发表于《新教育》杂志。对于近代中国的读者来说,这是他们第一次看到关于自己的智力数据。这些并不复杂的图表告诉他们:在"脑力比较"上,华人儿童比黑人儿童更接近白人儿童。① 同年,杨国荃(Kwok TsuenYeung)②负笈斯坦福大学,成为特尔曼招收的首位亚裔硕士研究生。③ 与同时代的很多学子一样,杨国荃毕业于美国在华开设的教会大学,在"庚款留学"等计划的资助下,赴美深造。④ 也与"五四"一代的知识分子一样,他相信现代教育的科学力量,志在培养"能够服务于国家的公民"。⑤ 当优生学作为"强种"之道流行于近代中国之时,杨国荃或许也将优生学测试视为改善民智的良方。为了达成为祖国育英才的理想,他决意师从特尔曼,学习测验技术。⑥

对于特尔曼来说,杨国荃抵美的意义更为丰富。首先,它意味着斯坦福-比奈修正量表(Stanford Revision and Extension of the Binet-Simon Intelligence Scale)将会被推广至旧金山的公立学校——东方小学。这所小学是加州当局专为"蒙古人"开设的公立学校,在美国进步主义教育运动中成为教育管理者推动改革的试点。⑦ 尽管早在1920年,加州大学心理学系的华裔硕士研究生萨拉·李便曾使用过戈达德修订的比奈-西蒙量表(the Goddard Revision of the Binet-Simon Scale)对东方小学的15名华人儿童进行

---

① 派尔:《中国儿童体格与智力之研究》,《新教育》1919年第2期,第146、147页。

② 笔者在查阅中英相关文献后推定"杨国荃"为其中文名。参见:Kwok TsuenYeung, "The Development Of A Model School At Canton Christian College", *The Canton Times*, Feb 9, 1920;《岭南通讯》第81期,第4页。

③ David Palter, *Testing for Race:Stanford University, Asian Americans, and Psychometric Testing in California, 1920-1935*, p.14.

④ "China Sends Girls Here", *New York Tribune*, Aug 31, 1912.

⑤ Kwok TsuenYeung, "The Development Of A Model School At Canton Christian College", *The Canton Times*, Feb 9, 1920.

⑥ Kwok TsuenYeung, *The Intelligence of Chinese Children in San Francisco and Vicinity*, pp.1-4;优生学在近代中国的传播,参见蒋功成:《淑种之求:优生学在中国近代的传播及其影响》,上海:上海交通大学出版社,2013年,第52~72页。

⑦ David Palter, *Testing for Race:Stanford University, Asian Americans, and Psychometric Testing in California, 1920-1935*, p.225.

智力测验,但是由于样本数量小而缺乏代表性。① 因而,鉴于与当局的合作关系,特尔曼决定招募华裔研究生,对该校华人儿童进行智力测验。② 1921年春,在特尔曼的指导下,已经抵美一年的杨国荃对东方小学内109名5岁至14岁的华人儿童进行了算术推理、感官辨别、感知解释等多项智力测验。其结果显示,东方小学的华人儿童具备美国正常儿童的心理发育水平。与此同时,斯坦福-比奈修正量表也被认证为"可以很好地衡量华人儿童的智力水平"。③

杨国荃的研究不仅证明了特尔曼智力测验在美国华人群体中的适用性,而且支持了特尔曼等优生学家力倡的"先天智力论"。在以往对于华人智力的科学研究中,派尔对于广州儿童的智力测验虽然克服了萨拉·李(Sarah Docfon Lee)测验的小样本缺憾,但同样缺乏不同生长环境下华人儿童智力的对比数据,所以无法反驳社会科学家所持有的"后天智力论"。④ 而杨国荃的测验则有效地弥补了这一欠缺,为"先天智力论"搭建起了完整的华人"证据"链,证明了"环境可能会改变一个人的面部表情、生活方式、举止习惯,但是它无法塑造一个人的心智"。⑤ 这一论断及其所依据的华人智力数据切实地反驳了美国人类学创始人法兰兹·鲍亚士(Franz Boas)与芝加哥社会学派奠基者威廉·托马斯(William Thomas)在种族智力问题上所提倡的"后天/环境决定论"。⑥

事实上,这场围绕"先天智力论"的辩争并非仅是种族科学界的学理之争,而更关联着美国社会围绕移民限制政策的讨论。依据奥斯卡·汉德林的统计,美国社会在1890年至1920年间迎来了超越以往的移民潮。⑦ 然而,与此前来自西北欧国家的移民不同,这一时期来到美国的"新"移民大多是来自东南欧国家的非熟练劳工。他们不仅无法快速

---

① Sarah Docfon Lee, *A Comparative Study of the Intelligence of Normal Chinese and American School Children*, p. 5.
② David Yoo, "Testing Assumptions: IQ, Japanese Americans, and the Model Minority Myth in the 1920s and 1930s" in Sucheng Chan, ed. *Remapping Asian American History*, Walnut Creek: AltaMira Press, 2003, pp. 69–80.
③ Kwok TsuenYeung, *The Intelligence of Chinese Children in San Francisco and Vicinity*, pp. 22, 58, 59.
④ William H. Pyle, "A Study of the Mental and Physical Characteristics of Chinese Children", *School and Society*, Aug. 31, 1918, pp. 264–269.
⑤ Kwok TsuenYeung, *The Intelligence of Chinese Children in San Francisco and Vicinity*, 1921, pp. 11–18.
⑥ Franz Boas, *The Primitive Mind*, Smithsonian Renort, 1901, pp. 451–460; W. I. Thomas, "Race Psychology", *American Journal of Sociology*, 1921, Vol. 17, pp. 725–775.
⑦ Oscar Handlin, *Children of the Uprooted*, New York: George Braziler, Inc., 1966, p. 223.

地融入盎格鲁-撒克逊白人新教文化,而且经常被视为引发经济萧条、城市贫困等问题的"祸源"。① 尽管美国国会于1917年颁行了历史上最为严格的移民法案,但是依然没能遏止"新"移民涌向低水平劳动力市场的浪潮,要求重新改革移民政策的呼声在第一次世界大战结束后越来越高。② 正是在这一语境之下,种族"先天智力论"开始吸引排外主义者的关注。心理学家罗伯特·耶基斯(Robert Yerkes)在一战期间对美国士兵进行了智力测验,其结果显示,非裔士兵的平均智商为10.4,波兰裔、意大利裔和俄罗斯裔士兵的平均智商在10.7至11.3之间;他们相较于平均智商为13的盎格鲁-撒克逊裔士兵而言,大体上属于智商在12以下的"白痴"(moron)。③ 测验结果甫一问世,便震惊时人。在排外主义者的鼓噪之下,"劣等"的东南欧移民与其他"非白人"种族一样,不仅会污染美国"白人"血统,也会威胁共和国的安全。

1922年,特尔曼撰文声称,"非优生"的东南欧移民是威胁美国社会发展的"种质"(germ plasm),应被严格地限制在美国国门之外。④ 同年,生物学家威廉·阿特伍德在其科普著作中直接引用了畅销书作者麦迪逊·格兰特的优生学话语,呼吁提高"优秀"种族的生育率以避免"国家血液"遭受污染。他宣称,"如果一个种族不能生育足够多的孩子来成功地维持自己的生活,那就是种族自杀"。⑤ 值得注意的是,尽管麦迪逊·格兰特的《一个伟大种族的逝去》⑥一书在20世纪20年代被频繁引用,并且在1921年和1923年达到了16000册的总销量,但是根据约翰·海厄姆的统计,这本极力推崇美国血统纯洁性的读物在1916年首次出版时并未引发多少反响。⑦ 这一数字上的变化无疑展现了优生学话语对于美国主流舆论日益加深的影响力。而这一影响力,正如大卫·帕尔特所言,是智力测验深入民众生活的

---

① 梁茂信:《外来移民与美国"镀金时代"的政治腐败》,《史学理论研究》2018年第2期,第10页。
② Robert Divine, *American Immigration Policy, 1924-1952*, New Haven: Yale University Press, 1957, pp. 3-5.
③ Stephen Jay Gould, *The Mismeasure of Man*, New York: Norton, 1996, p. 227.
④ Lewis Terman, "Were We Born that Way?" *The World's Work*, v. 44, New York: Doubleday, Page & Co., 1922, p. 660.
⑤ William Atwood, *Civic and Economic Biology*, Philadelphia: Blakiston's Son and Co., 1922, pp. 334-335.
⑥ Madison Grant, *The Passing of the Great Race, Or, the Racial Basis of European History*, New York: Scribners, 1916.
⑦ John Higham, *Strangers in the Land: Patterns of American Nativism*, p. 271.

结果。① 对此,时任美国心理协会主席的特尔曼在1924年的总结也颇具代表性。他自豪地声称,得益于智力测验的广泛影响,心理学已经成为"优生学运动的航标灯",并且塑造了"国会议员在移民问题上的政策"。②

三、再造"黄种"的尝试:中国人种智力论的构建

如前文所述,20世纪20年代,智力测验使美国民众对于移民智力的关注达到前所未有的高度。于是,采集、分析"黄种人"智力数据的工作在这一时期被提上日程。然而,当白人专家试图对美国华人智力的数据进行采集时,却遭遇了前所未有的阻力。正如萨拉·李在研究中所言,被测试的华人儿童即使在极简单的对答环节也会第一时间使用中文。这不仅对测验人员的语言技能提出了一定的要求,也对其文化背景产生了一定期待。与此同时,心理学家也认为,如欲使智力测验能够较为公平地衡量华人儿童与其他种族儿童在智力方面的差异,测验人员需要在了解华人儿童家庭文化背景的前提下对试题进行必要的修订与标准化。③ 这不仅使得受过专业训练的华裔学人成为测验推行成功的关键,也使得华裔学人的种族背景本身成为此项研究具有科学权威性的标识。正是基于这一契机,杨国荃等华裔学人开始进入美国高校进行深造,并凭借着对华人智力测验的分析向种族科学界发出了声音。④ 与此同时,这一时期美国社会盛行的专业主义使得大学机构成了生产种族知识的专门领域,接受专业训练的科研人员成为垄断种族知识的专家。⑤ 这意味着此时进入主流学界的华裔学人成了"黄种人"知识的第一代生产者。

在此之前,关于华人智力问题的讨论一直是在美国排华人士的主导之下进行的。1877年,美国国会为解决华人移

---

① David Palter, *Testing for Race: Stanford University, Asian Americans, and Psychometric Testing in California, 1920-1935*, p. 43.

② Nancy Ordover, *American Eugenics: Race, Queer Anatomy, and the Science of Nationalism*, Minneapolis: University of Minnesota Press, 2003, p. 29.

③ Sarah Docfon Lee, *A Comparative Study of the Intelligence of Normal Chinese and American School Children*, pp. 1, 57.

④ 美国的华人研究也是在同一时期起步,参见:Henry Yu, *Thinking Orientals: Migration, Contact, and Exoticism in Modern America*, New York: Oxford University Press, 2002, p. 9。

⑤ Lon Kurashige, "Theory and History" in *The Oxford Handbook of Asian American History*, David K. Yoo and Eiichiro Azuma eds. , New York: Oxford University Press, 2016, p. 239.

民问题而成立的特别调查委员会使得种族智力开始与移民政策相互关联。华人被描述为"脑容量不足一个65或75英寸高的孩子……处于人类发展的低级阶段";①他们与黑人一样"无法达到白种人的文明程度"。②这一智力水平的低下也被映射进公民资质的判定中。华人被认为因"脑容量不足"而无法像盎格鲁-撒克逊人一样"建立一个自由政府",③因智力不足而无法理解、尊重、行使美国公民的权利,④因不具备民主自治的能力而对美国的共和体制造成威胁。⑤基于上述理由颁行的《排华法》是美国政府以合法手段限制、排斥和驱逐"威胁性"种族的开端。由此形成的排华意识形态将种族智力塑造为移民其有威胁性的标识,继而使之成为移民限制政策的合理依据。这一行为逻辑在美国借助智力测验排斥东南欧移民的实践中得到了突出体现。正如学者李漪莲所观察到的,美国的排华意识形态为排外主义意识形态提供了主导性的实践模式。⑥

然而,尽管两次移民排斥运动均是以智力问题为切入点,遵循着相同的逻辑引导舆论,但是在20世纪20年代的排外主义运动中,围绕种族智力的讨论却是在科学理论与量化研究的基础上展开的。由此派生的中国人种智力论成为这一时期科学话语的一部分。在1920年问世的第一份美国华人智力测验报告中,萨拉·李通过对比加州地区46名华人儿童与46名美国"本土"儿童的智力数据,得出结论:"中国普通儿童的智力水平与美国普通儿童的智力水平相当。"⑦这一结论以优生学的"先天智力论"为基本理念,将种族"自然"等级观念嵌入人类智力的图谱之中,通过一定程度的忽视个体智力的差异与环境对于智力形成的影响,将种族智力视为可测量、可识别、可排列的恒量;与此同时,强

---

① United States Senate, *Report of the Joint Special Committee to Investigate Chinese Immigration*, Report No. 680, Washington D. C.: Government Printing Office.

② K. Scott Wong, "Cultural Defenders and Brokers" in *Claiming America: Constructing Chinese American identities during the exclusion era*, Sucheng Chan ed., Philadelphia: Temple University Press, 2011, p. 6.

③ United States Senate, *Report of the Joint Special Committe to Investigate Chinese Immigration*, p. 1059.

④ Ibid., p. 292.

⑤ Lucy E. Salyer, *Laws Harsh As Tigers: Chinese Immigrants and the Shaping of Modern Immigration Law*, p. 11.

⑥ Erika Lee, *At America's Gate: Chinese Immigration during the Exclusion Era, 1882—1943*, Chapel Hill: The University of North Carolina Press, 2003, pp. 24, 32.

⑦ Sarah Docfon Lee, *A Comparative Study of the Intelligence of Normal Chinese and American School Children*, p. 26.

调以华人为代表的"黄种"智力水平与以盎格鲁-撒克逊人为代表的"白种"智力水平之间的相近性。这一结论是同一时期华裔学人在华人智力问题上的主要论点,构成了中国人种智力论的基本主张。1921年,杨国荃在《应用心理学》上发表文章称:"华人儿童与美国儿童的智力没有显著差异"。① 同年,加州大学的美籍华裔硕士研究生玛丽·李②在其毕业论文中支持了杨的观点,提出"黄种人的血统、头脑、文明并不低劣于白种人"。③ 1928年,芝加哥大学的博士研究生吴景超在其毕业论文中也引用了前述学者的观点,指出:"(黄种人)从心理素养来看……同一般美国人很少有差别。"④

基于共同信奉的种族等级观念,华裔学人提倡的中国人种智力论得到了同时代美国主流学术界的积极回应。弗兰克·汉金斯等学者在探讨种族心理差异的文章中对华裔学人的中美人种智力相近论进行了引述。⑤ 而斯坦利·波蒂厄斯等学者则对杨国荃提出的种族智力等级表现出浓厚的兴趣。⑥ 他们普遍肯定杨的观点,认为美国华人儿童的智力不仅高于美国黑人儿童,而且"比西班牙、葡萄牙和意大利的儿童更接近北欧和美国(盎格鲁-撒克逊裔)儿童"。⑦ 这一智力等级的图谱在美国排外主义的思潮下构成了中国人种智力论的内在话语框架。它在坚持"白人至上主义"种族智力观的前提下,将美国社会力主排斥的东南欧移民置于"黄种人"的智力等级之下,并使美国黑人处于智力等级的最

---

① Kwok TsuenYeung, "The Intelligence of Chinese Children in San Francisco and Vicinity", *Journal of Applied Psychology*, Vol. 5, n. 3, 1921, p. 274.

② 玛丽·李(Mary Bo-Tze Lee)的具体身份信息,见"Student World: Chinese Students' Club of University of South California", *The Chinese Students' Monthly*, Apr 1, 1926, pp. 21-26。

③ Mary Bo-Tze Lee, *Problems of the Segregated School for Asiatic in San Francisco*, p. 18.

④ Ching Chao Wu, *Chinatowns: A Study of Symbiosis and Assimilation*, p. 270.

⑤ Frank H. Hankins, *The Racial Basis of Civilization: A Critique of the Nordic Doctrine*, New York: A. A. Knopf, 1926, p. 326; AI. Smith, *A Critique on Some Negro Intelligence Tests' Results*, Ann Arbor: University of Southern California, 1928, p. 6; R. S. Ellis, "Race Differences in Mental Traits" in R. S. Ellis(ed.) *The Psychology of Individual Differences*, p. 408, D Appleton & Company, 292; https://doi-org.ezproxy.cul.columbia.edu/10.1037/10973-011 Accssed 26 May 2019; P. A. Witty & H. C. Lehman, "Racial Differences: The Dogma of Superiority", *Journal of Social Psychology*, 1930, Vol. 1, no. 3, p. 408.

⑥ Stanley David Porteus and Marjorie E. Babcock, *Temperament And Race*, Boston: R. G. Badger, 1926, pp. 213, 214; V. T. Graham, "The Intelligence of Chinese Children in San Francisco", *Journal of Comparative Psychology*, 1926, Vol. 6, n. 1, pp. 43-44.

⑦ Kwok TsuenYeung, *The Intelligence of Chinese Children in San Francisco and Vicinity*, p. 30.

底层。由此建构的中国人种智力论,实际上是以"智力"作为自然的标尺,对人类社会进行优劣等级的划分,并强调"黄种人"在人类进化阶梯上是最接近白种人的"非白人"种族,甚至将"黄种人"与白种人置于种族差序格局中的同一等级。这一观点对于华人知识分子来说并不陌生,类似的主张就曾出现在康有为关于中西人种并立的"大同"构想中。① 它不仅体现了近代中国知识精英以西方种族观念建构中华民族认同的努力,也呼应了近代中国民族主义者"强国保种"的吁求,受到了华人知识界的普遍欢迎。②

与此同时,中国人种智力论的建构也是对美国"黄祸"论的回应,其中内含了美国华人谋求种族提升的诉求。19世纪末20世纪初,亚洲移民逐渐被美国主流社会视为引发经济衰退、社会堕落与种族灭亡的"黄祸"。③ 1920年,畅销书作家西奥多·斯托达德在其满篇引用"科学"研究的小册子中,将亚洲移民视为污染白人文明的"有色人种"。他认为,亚洲移民的存在威胁了"我们(白人)的霸权和繁荣、我们(白人)种族存续的源泉以及我们(白人)孩子的神圣遗产"。④ 与之对应的,美国华人社会的人口结构自20世纪20年代起发生变化,第一批相当规模的美籍华人出现在公众视野。⑤ 与华人社区领袖一样,华人父辈满心希望子女的公民身份与美国化的生活方式能够减轻主流社会对于"黄祸"的恐惧。⑥ 正如莎拉·格里菲思所言,美国第一代华人在两次世界大战期间的公共活动重点,从争取移民权利逐渐转向鼓励子女成为好公民。⑦ 在这一背景下,华裔学人依据美国华人儿童智力数据建构的中国人种智力论不仅成为对抗"黄祸"论的有力武器,也成为美国华人争取平权的话语工具。1921年,

---

① James Reeve Pusey, *China and Charles Darwin*, Cambridge, Mass: Council on East Asian Studies, 1983, pp. 147-148.

② Emma Jinhua Teng, *Eurasian: Mixed Identities in the United States, China, and Hong Kong, 1842-1943*, p. 114.

③ Robert G. Lee, *Orientals: Asian Americans in Popular Culture*, p. 10.

④ Theodore Lothrop Stoddard, *The Rising Tide of Color Against White World-Supremacy*, New York: Scribners, 1920, p. 251.

⑤ Ellen D. Wu, *The Color of Success: Asian Americans and the Origins of the Model Minority*, Princeton: Princeton University Press, 2014, p. 188.

⑥ Lon Kurashige, "Theory and History", p. 240.

⑦ Sarah M. Griffit, *The Fight for Asian American Civil Rights: Liberal Protestant Activism, 1900-1950*, Urbana: University of Illinois Press, 2018, p. 57.

玛丽·李即在论文中倡议废除旧金山针对华人儿童的教育隔离政策。她引用了杨国荃研究中有关华人儿童与东南欧儿童的智力对比数据,声称:"如果华人的智力低于其他种族,那么种族隔离是合理的,但是事实并非如此。因而,应该给予他们和其他国籍的孩子一样的学习机会。"①可以说,不管是玛丽·李的倡议,还是杨国荃提供给加州当局的数据,其推论模式都是通过强调"黄种人"相较于东南欧移民的高智商来声援美国华人的平权运动。这无疑体现了华裔学者在不利的话语空间内把美国转化为重溯中国人种智力论过程中的重要作用。

然而,尽管针对东南欧移民的排外主义思潮为华裔学人"调整"种族等级结构提供了契机,但是美国在第二次世界大战前的排华意识形态却使中国人种智力论的影响未能越出学术界。自1882年美国颁布《排华法》以来,"黄种人"便被贴上了不可同化的标签,因生理特性上的"劣等"而被排斥在美国国民资格与公民权利之外。②即使是在美国出生的华人也同样因种族背景而不能享有完整的公民身份。诚如学者艾明如所言,美国主流文化长期以来将"华人"与"美国公民"构建为相互排斥的概念。③1926年,美国社会科学家埃默里·鲍格达斯在对西海岸的110位欧裔美国人进行调查时,要求他们根据自己的感受对中国人、日本人、印度人、墨西哥人、亚美尼亚人以及其他35个种族打分。具体地说,如果他想把某一种族赶出这个国家,就填写5分;如果他允许某一种族成员以友人身份登堂入室,就填写2分;如果他愿意与某一种族成员结婚并生活在一起,就填写1分或是0分。最后的结果显示,华人几乎获得了最高的分数。④这意味着被调查者对于华人进入其生活的抵触感是最强的。这一情形一直持续到美国加入第二次世界大战。1941年,华裔学人陈怡萱依据在美国的见闻写道:"唐人街仍然被视为一个神秘、落后、邪恶的地方……美国公众在小说、电影和教科书的影响下,对中国社会的现代

---

① Mary Bo-Tze Lee, *Problems of the Segregated School for Asiatic in San Francisco*, p. 19.

② Andrew Gyory, *Closing the Gate: Race, Politics, and the Chinese Exclusion Act*, Chapel Hill: University of North Carolina Press, 1998, pp. 258–259.

③ Mae Ngai, *Impossible Subjects: Illegal Aliens and the Making of Modern America*, p. 170.

④ Emory Bogardus, "Social Distance: A Measuring Stick Gaging Racial Antipathies on the Coast—and Elsewhere", *Survey Graphic*, Vol. 56 (May 1926), p. 170.

变化也知之甚少。"①由此可知,尽管华裔学人在二战前建构的中国人种智力论得到了学术界的认同,但最终未能切实地改变美国主流社会的华人观。

四、结语

学者迈克尔·欧文与霍华德·怀南特在对美国种族主义意识形态的研究中,将种族科学家的实践视为科学"造人"(making up people)的过程。他们认为,尽管"种族并非根植于自然",可一旦它被认定为"自然"的,就会自然地"影响资源的分配与权利的定义"。② 也就是说,在美国历史上,种族科学家对于种族的认知在一定程度上创造了他们所认知的现实。由此而言,美国华裔学人对于中国人种智力论的建构,实际上是一场再造"黄种"等级的努力。他们试图借助科学理论与测验数据,重新定位"黄种人"在世界种族差序格局中的位置,进而为华人与"他族"之间的利益角力提供有益的方位。尽管这一努力未能取得切实的成效,但是其提供"方位"的方式仍具有借鉴意义。

Reshaping of "Yellow Race": Chinese-American Students and the Construction of the Discourse on Chinese Intelligence (1920-1924)

Abstract: At the beginning of the 20th century, American psychologists, such as Lewis Terman established racial intelligence testing projects, which provided scientific basis and support for American exclusionists' convictions regarding mental heredity and white supremacy and became the reason for? mainstream opinion calling for restrictions on immigration between 1920 and 1924. In order to improve the credibility of racial testing, the psychologists began to recruit Chinese-American students to administer the tests to Chinese in the United States and analyze the date. In their testing reports, these Chinese-American students elevated the position of Chinese along what they perceived to be the contemporary racial hierarchy, reshaped the identity of the "yellow race" and proposed the scientific and professional discourse on Chinese intelligence. Although it

---

① Julia Hsuan Cihen, *The Chinese Community in New York: A Study in Their Cultural Adjustment 1920-1940*, American University, 1941, p. iii.

② Michael Omi and Howard Winant, *Racial Formation in the United States: From the 1960s to the 1980s*, pp. 105, 107.

was affirmed by Chinese and American psychologists and echoed the appeal of Chinese nationalists in modern China, the discourse on Chinese intelligence still failed to actually change American public view of Chinese before World War II.

Keywords: Chinese-American students, discourse on Chinese intelligence, nativism, immigration policy

本文为国家社科基金西部项目"大西洋贸易与英属新英格兰经济商业化进程研究"(项目编号:18XSS001)阶段性成果。

作者:王佳欣,东北师范大学博士研究生

光启评论

美国城市早期公共卫生管理探析
——以纽约市为中心的考察

□ 李 晶

摘要：殖民地时代至建国初期，美国城市在早期发展过程中频繁遭遇传染病侵袭，居民健康环境受到威胁，以纽约市为代表的美国城市开始构建公共卫生管理体系。纽约早期的公共卫生管理系统经历了人员构成兼职化、管理内容分散化向从业人员专职化、有组织、有系统管理城市公共卫生事务的转变。城市早期公共卫生管理也存在公众卫生意识淡薄，宣传教育滞后，政府重视程度周期性变化，受政治因素影响显著等缺陷。早期公共卫生制度建设为日后相关管理的完善奠定了基础，其不足之处也深刻影响着日后美国城市公共卫生的改革。

关键词：美国城市；公共卫生管理；纽约市

从殖民地时代大西洋西岸重要的商业中心，到今天位居世界城市等级体系顶端的全球性大都市，纽约市（以下简称纽约）凭借其悠久的城市历史和持续的重要性，成为美国城市发展进程的引领者和重要亲历者。自建立伊始，纽约等美国城市就在疫病流行中面临严峻的考验。为保证社会秩序正常运行，以纽约为典型的美国城市较早展开公共卫生制度建设，以降低疫病流行带来的社会危害。这些公共卫生管理措施和经验为日后纽约成为美国公共卫生事业的领跑者奠定了基础。同时，早期公共卫生管理中的缺陷既与社会发展的历史局限性有关，也受制于美国特殊的社会制度，并为19世纪末全国性城市公共卫生改革埋下伏笔。

一、城市早期疫病流行状况

"新大陆"发现后很长一段时间，欧洲殖民者眼中的大西洋西海岸都是一片气候宜人、健康宜居的沃土。1625年，荷兰在曼哈顿岛南端建立了名为新阿姆斯特丹的军事要塞,纽约的历史由此掀开。1670年,荷兰人丹尼尔·丹顿造访这座年轻小镇后,对当时的城市环境做出如下感叹:"石砖红瓦的民居建筑给人清爽愉悦的感觉","上帝将适度的雨水、飘香的空气赐予这片土地,无论对人还是牲畜的健康都大有裨益","更令居民感到欣喜的是,作为健康的乐土,很多居民在二十多年的时间里,从未遭受病痛之苦。每年死上两三个人,就已经算作小镇的高死亡率之年"。[1]

然而,这样一幅健康宜居的景象并未持续太久。纽约随后的历史中,无论作为荷兰小镇、英殖民城镇,还是独立后的美国城,随着城市人口和空间规模不断扩大,商业与贸易持续繁荣,城市居民的健康环境持续恶化,并屡屡遭受传染性疾病侵袭。天花、黄热病以及霍乱等疫病的间歇性爆发对纽约早期的城市安全构成严重威胁并造成难以估量的损失。

天花是欧洲殖民者带到美洲大陆的传染病,曾给印第安人带来巨大的人口灾难。到17世纪,天花依然带有神秘色彩,人们尚不了解天花的致病原因和传播途径,接种等预防技术还未得到普遍推广。天花来袭不仅造成城市死亡人数在短时间内极剧攀升,还造成巨大社会恐慌,扰乱城市正常运行,成为制约各殖民城市发展的羁绊。1689年,一艘来自西印度群岛的贩奴船被发现携带天花患者,尽管纽约政府果断命令船只在距离城市一公里的地方停靠,并禁止除医生外的一切人员靠近船只,但1690年纽约还是爆发了大规模的天花疫情。严重的疫情迫使当时掌握纽约实权的大商人雅各布·莱斯勒(Jacob Leisler)与新英格兰委员会的会晤地点改在纽约城外。当时的一位作家在描述天花时,将天花发病的原因归于上帝的惩戒。[2] 时人对突如其来的疫情表现出的恐惧与无助可见一斑。

18世纪天花对纽约的侵袭更加频繁。1689年至1752年半个多世纪的时间里,仅天花一种疫病在纽约爆发的次数就达七次之多,平均不到10年便会集中爆发一次。1738年至1739年的天花疫情一度达到1550例。[3] 1731年的天花疫情中,不到三个月的时间城市中7%

---

[1] Daniel Denton, *A Brief Description of New York, Formerly Called New Netherlands with the Places thereunto Adjoining, 1670*, Press of the Historical Society of Pennsylvania, 1845, pp. 12, 14, 15.

[2] John Duffy, *A History of Public Health in New York City 1625-1866*, New York: Russell Sage Foundation, 1968, p. 35.

[3] Thomas L. Purvis, *Colonial America to 1763*, Facts on File, 1999, pp. 173-174.

的患者染疫丧生。① 严峻的疫情直接影响城市政府的正常运作。纽约市议会主席范·达姆写给商贸局的信中,表达他对当时天花疫情可能严重影响参会人数的担忧。② 天花疫情肆虐与北美各殖民地城市人口的快速增长密切相关。18世纪成为英国殖民城市的纽约,人口从1700年的4500人,增长到1770年的21000人,到1790年二十年间人口数量更是翻番达到47652人。③ 同时,这一时期纽约与欧洲、非洲及西印度群岛等地区商贸往来日渐密切,跨区域人员流动迅速加剧。这些都为天花等传染病的大规模传播提供了有利条件。

黄热病作为一种具有较强传播和破坏力的病毒性传染病也对美国早期城市居民的健康造成重大威胁。1702年纽约同时遭受天花和黄热病侵袭。④ 此后,黄热病频繁造访纽约。1795年7月,纽约卫生官员玛拉基·特里特对一艘载有黄热病患者的船只进行检疫,两天后玛拉基出现发热症状,并很快去世。⑤ 随着城市中的发热患者持续增加,各种有关瘟疫流行的小道消息散布于城市。急剧恶化的疫情并未引起市政当局的重视,相反为了稳定城市秩序,8月8日纽约卫生委员会主席约翰·布鲁姆认为没有必要向全市发出健康警报,声称其领导的卫生委员会可以有效预防疾病扩散。⑥ 事后证明,这场黄热病灾难远远超出纽约政府的可控范围。据统计,这场黄热病共造成750人死亡,大量人口因恐慌逃离城市。⑦ 疫情还造成巨大经济损失,纽约的财政状况急剧恶化。同年10月,当城市卫生委员会向城市议会提请5000美元财政拨款时,议会只能提

---

① Thomas L. Purvis, *Colonial America to 1763*, p. 172.

② John Romeyn Brodhead, *Documents Relative to The Colonial History of the State of New York*; *Procured in Holland, England and France*, Albany: Weed, Parsons and Company, Printers, 1855, p. 924.

③ U. S. Bureau of the Census, "Historical Statistics of the United States, Colonial Times to 1970", Migration, Series Series A210-263, http://www.census.gov/history/pdf/histstats-colonial-1970.pdf; John Duffy, *The Sanitarians: A History of American Public Health*, Urbana and Chicago: University of Illinois Press, p. 22.

④ Thomas L. Purvis, *Colonial America to 1763*, p. 173.

⑤ Valentine Seaman, *An Account of the Epidemic Yellow Fever as it appeared in the city of New-York in the Year 1795*, New York: Hopkins, WEBB&Co. No. 40, Pine-street, 1796, p. 4.

⑥ M. L. Davis, *A Brief Account of the Epidemical Fever which lately Prevailed in the City of New York*, New York: Matthew L. Davis, No. 151 water street, 1795, pp. 20-21.

⑦ M. L. Davis, *A Brief Account of the Epidemical Fever which lately Prevailed in the City of New York*, pp. 50-52.

供 2000 美元的财政支持。① 1822 年后，黄热病的发生频率在纽约开始呈下降趋势，并逐渐淡出城市卫生官员的视野，但这并不意味着纽约市民开始远离恶疫困扰，另一场全球性瘟疫正在逼近纽约。

霍乱是一种恶性传染病，它由寄生在水源中的霍乱弧菌诱发，如果人不慎饮用了含有霍乱弧菌的不洁水源，这种细菌就可能在肠道中迅速繁殖，感染者将很快出现脱水、发热、呕吐、肌肉痉挛等症状，医治不及时将出现生命衰竭。1832 年 7 月，霍乱疫情在纽约州北部出现。当时不仅应对疫情的医学知识与技术匮乏，公共利益与私人权利间的冲突同样助长了疫情蔓延。随着霍乱疫情临近，纽约卫生局并没有采取积极态度开展预防。即便霍乱疑似病例已在纽约确诊，市长和卫生局官员仍在否认疫情出现。② 本该在霍乱防疫中站在最前沿、发挥主导作用的城市政府，反而在霍乱疫情公布问题上踌躇不前。他们担心疫情一旦公之于众，会造成市民恐慌，人员逃离，最终导致城市经济崩溃。此后的历史证明，纽约政府的这一短视做法非但没有捍卫城市经济，反而造成了更大的经济损失。"霍乱流行期间，仅七月纽约卫生局就在卫生、医疗以及公共教育方面花费 11.8 万美元。"③

最后，城市社会中公共卫生意识的淡薄也加剧了瘟疫的破坏性。当时纽约市民大多对医院持怀疑态度，反对将临时性的霍乱医院建在自己的社区。一旦染病，大多数市民会选择在家休养。很少有人理解个人卫生的必要性，对于公众健康的认识更无从谈起。当公共健康利益与个人利益发生冲突时，即便是受过良好教育的社会上层也会打着自由的大旗捍卫一己之私。霍乱期间，各种抵制公共卫生法规、袭击卫生部官员的例子不胜枚举。最终，这场在纽约持续短短六周的霍乱灾难，造成共 3000 人死亡的沉重代价。④ 城市早期健康环境的恶化与传染病流行为城市公共卫生管理的出现提出了需求。

二、城市公共卫生职能出现

荷兰人统治时期，城市定居点规模有限，公共卫生问题尚不尖锐。17 世纪

---

① John Duffy, *A History of Public Health in New York City 1625-1866*, p. 104.
② Charles Rosenberg, *The Cholera Years: The United States in 1832, 1849 and 1866*, Chicago: The University of Chicago Press, 1987, pp. 26-27.
③ John Duffy, *The Sanitarians: A History of American Public Health*, p. 82.
④ John Duffy, *The Sanitarians: A History of American Public Health*, p. 82.

40、50年代随着要塞人口增加,公共卫生问题初露端倪,一些卫生管理规则开始在新阿姆斯特丹出现。1644年,要塞议会规定士兵和当地居民不得随意倾倒垃圾粪秽,任何违法者将被处以一定数额的罚款。新阿姆斯特丹成为北美殖民地最早通过法令治理街道卫生的城镇。① 1647年,要塞通过法令禁止在街头放养猪羊等牲畜,凡在街道发现没有牧羊人看管的羊群,山羊可当即被没收。② 这一法规拉开了此后近200多年美国城市针对家畜污染街道斗争的序幕。1658年,时任总督斯特伊弗桑特下令用鹅卵石为要塞主要街道布鲁尔(今纽约石头街)铺设道路,这是美国城镇首次为改善路面尘土飞扬、雨季泥泞不堪的街道景观而做出的努力。同年他还在各殖民定居点首次对厕所设施进行管理,下令将厕所和猪圈搬离街道两侧。③ 除环境卫生外,政府在医疗领域也有所作为。1658年要塞内出现一家小型医院。

截至荷兰的统治行将结束之时,这座城镇在公共卫生领域的管理工作已陆续展开,一系列以环境卫生为管制内容的法令得以颁布。不过,仍不能过高评估这些法令的实施效果。1661年当英国马萨诸塞殖民地总督约翰·温斯罗普造访新阿姆斯特丹后,他在写给英王的信中仍将新阿姆斯特丹称作他们的"脏臭邻居"④。不管怎样,此时的城市政府正逐渐承担起公共卫生管理的职责。

1664年,英国殖民者占领新阿姆斯特丹,城市更名纽约。这座昔日的军事要塞在英国人的统治下成长为北美太平洋沿岸重要的港口城市。英国殖民者对纽约的公共卫生管理整体上沿袭了荷兰统治者对城市环境卫生的重视,且此时的城市公共卫生职能在医疗服务和疫病检疫方面获得了新的发展。

首先,市政府开始承担为居民提供用水的职能。截至1677年,纽约仅有一口公共水井,挖井取水被看作个人私事。同年,尽管市议会要求每条街道都开凿一口水井,但政府并未提供资金支持,这意味着凿井所需费用将全部由居民个人承担。⑤ 随着城市人口增长,城市用水

---

① John Duffy, *A History of Public Health in New York City 1625-1866*, p. 10.
② George J. Lankevich, *New York City: A Short History*, New York: New York University Press, 2002, p. 13.
③ Tim McNeese, *New Amsterdam*, New York: Infobase, 2007, p. 85.
④ Mariana Griswold Van Rensselaer, *History of the City of New York in the Seventeenth Century*, Volume I: *New Amsterdam*, New York: Cosimo, Inc. 2013, p. 402.
⑤ John Duffy, *A History of Public Health in New York City 1625-1866*, p. 30.

量增加,市民生活对水井数量和维护提出更高要求。市政议会开始为开凿水井做出预算拨款。到17世纪末,纽约政府对城市供水的关注日愈增强,政府不但出资修建水井,同时还要求各选区议员对公共水井的卫生状况进行监管。①

其次,市政府担负起医疗服务保障和监督职能。随着纽约人口增长及经济繁荣,越来越多的从医者来到纽约谋生。这些从业医生中既有学徒制下培养的医生,也有正规医学院毕业的学生。医生培养模式的多样性,以及城市发展对医疗从业者需求的增加,让许多并不具备医学技能的人混杂其中。英国占领纽约后不久,城市议会便通过法令试图规范开业医生的资质。法令规定:"无论外科医生、内科医生还是助产士,如果不具备治疗相关疾病的技能,就不能从事相关医疗活动。"法令明确解释道:"这样的规定并非要打击那些真正具有医学技能之人救死扶伤的热情,相反要限制那些过分自信的狂妄之徒,防止他们对患者施暴。"②尽管这项粗糙的法令并未对医生的职业资格做出具体认定,但却标志着城市政府开始将权力触角向医疗领域延伸。不久,纽约政府开始向生活在社会底层的贫困者提供医疗服务。1687年,当地政府以每年5英镑的薪酬雇佣一名医生专门向穷人提供医疗服务;1713年又以每年8英镑的酬劳雇用医生普罗沃思特向贫困者提供医疗救助。③

最后,疫病检疫措施增强。尽管17世纪纽约就已在港口开展检疫活动,但严格的防疫措施直到1731年天花疫情在纽约爆发后才真正出现。1738年天花和黄热病同时侵袭南卡罗来纳州和西印度群岛,纽约市议会在贝德罗岛设立检疫站,规定所有来自疫区的船只需先在贝德罗岛停靠接受检疫,直到获得专业医师的许可方可驶入港口。④ 其中,驻扎在港口专门负责检疫工作的医师,一般由总督亲自任命,同时这也是纽约最早专门负责公共卫生的职位。市政府所采取的检疫措施,得到了殖民地政府的支持。1744年,总督乔治·克林顿发

---

① *The Charter of The City of New York, Together With The Acts of The Legislature, in Relation Thereto, or Which Have Vested Additional Powers In The Mayor, Aldermen, And Commonalty of The Said City*, Published Pursuant to and Order of Common Council, Printed by James Cheetham, 1805, p. 159.

② New York Historical Society, *Collection of the New York Historical Society*, Volume I. New York: I. Riley, 1811, p. 335.

③ John Duffy, *A History of Public Health in New York City 1625-1866*, p. 34.

④ Mary Louise Booth, *History of the City of New York: From Its Earliest Settlement to the Present Time*, New York: W. R. C. Clark&Meeker, 1859, p. 23.

布法令:"禁止没有经过医师检疫、取得健康证明的所有船只进入纽约港。"①此后,无论是纽约市政府还是殖民地政府一直将港口检疫视作捍卫城市居民健康的主要措施。

需要指出的是,从殖民地时代到18世纪末,无论是作为荷兰人统治下的新阿姆斯特丹,还是英国人治理下的纽约,城市一直没有成立常设性的公共卫生管理机构。只是在某种环境问题凸显或重大疫情来袭时,才颁布一些临时性的卫生措施,如具有季节性的检疫工作。这些公共卫生措施具有明显应急性。尽管存在不足,城市的公共卫生管理职能已经呈现,并为建国后纽约公共卫生职能的完善奠定了基础。

三、建国初期城市公共卫生管理的发展

独立战争结束后,纽约州重新确认了殖民地时期的各项防疫法令,纽约也采取多种措施增强对市民健康的保护。市议会颁布更加严格的医疗从业许可法。1790年还成立了纽约市药房,专门为穷人提供免费医疗服务。19世纪初,纽约政府已经开始拨付专款为穷人接种。纽约对大众卫生的关切程度与日俱增。整体来看,这一阶段纽约公共卫生管理的最大成就还是专门性的公共卫生组织和市政部门的出现。

1793年,黄热病侵袭首都费城,造成约5000人死亡的惨剧。② 面对疫情一触即发的局面,纽约市议会出于城市商业利益的考虑,迟迟没有采取强有力的应对措施。当年9月一个以医生为主要成员的志愿性委员会出现。该委员会协助全市仅有的一名卫生官员对来自疑似疫区的所有船只展开检疫。委员会还雇用疫情监督员驻扎在码头或渡口附近,防止任何来自费城的人员登陆纽约。随后,该委员会派遣代表与市长和议会就黄热病的防治交换意见。这也标志着志愿性卫生团体开展的活动开始得到城市政府的认可。不久,市议会专门成立了自己领导下的七人委员会与该志愿团体展开合作,共同组成"城市卫生委员会"。卫生委员会成立后,纽约的防疫体系得到加强。该委员会雇用一条小船协

---

① New York(Colony). Council, New York(State). Council,Edmund Bailey O'Callaghan, *Journal of the Legislative Council of the Colony of New York;Began the 8th Day of December,1743;and Ended the 3d of April,1775*, Albany:Weed,Parsons & Company, Printers,1861, p. 1192.

② Simon Finger, *Yellow Fever*:*The Encyclopedia of Greater Philadelphia*, http://philadelphiaencyclopedia.org/archive/yellow-fever/.

助卫生官员对入港船只进行检疫,呼吁市民自发沿码头进行巡逻。当获知法国商船将载客从泽西港前往纽约时,卫生委员会立刻派出代表照会法国驻纽约代办埃德蒙,禁止法国商船入港。此后,卫生委员会还发布告示,要求所有外来货物都要卸载后进行消毒并通风晾晒。① 这个起初带有志愿性的非政府组织逐渐演化成纽约政府的重要卫生机构。另外,纽约在应对这场黄热病疫情过程中,市民协助政府共同抵御疫病的社会责任开始形成。

此外,纽约公共卫生管理的制度建设也在这一阶段获得较大发展,并主要体现在州与市政府两级层面。一方面,州政府对城市公共卫生管理强化。1796年州立法机关颁布了全国第一部综合性的公共卫生法案。法案继续强化纽约政府管控公共卫生事业的职能。纽约设立卫生官一职,该职位的人事任免继承了殖民地时代由总督任免城市卫生官员的模式。此时,由州政府选派一名临床医生担任,该职位也由早先的临时性职位变为常设官职。同时还对卫生官员的薪俸做出规范,规定卫生官的薪俸由过往船只所缴纳的检疫费中抽取。该法律还授权市长和市议会拥有权力颁布填充土地,清洁街巷、庭院以及地下室,管控污染行业以及清除垃圾废物的卫生条例。不过,法律同时规定,除非得到州长特别批准,否则这些法令有效期不能超过一年。② 这体现了建国初期州政府对城市卫生事务的干预。

另一方面,市政府在公共卫生制度构建层面也有建树。1795年、1799年以及1803年黄热病三次侵袭纽约,数以千计的纽约市民出现染疫症状,由此造成的心理恐慌为整个城市带来动荡。纽约市议会意识到增强城市卫生管控对抑制黄热病疫情蔓延的重要性。1805年,纽约市议会通过法令创建了由市长和一名市议员亲自领衔的卫生局。此后半个世纪,随着城市自治权力扩大,卫生局逐渐成为主导纽约公共卫生事务的政府机构。纽约卫生局成立不久就在应对疫病传播方面发挥了明显作用。1805年,纽约再次出现黄热病疫情,卫生局迅速采取措施将出现发病症状的患者转移到斯瑞恩岛的海军医院进行隔离,并组织撤离疫区居民。同时,还任命值夜巡逻员对撤离居民的财产进行看管。针对贫穷

---

① John Duffy, *A History of Public Health in New York City 1625-1866*, p. 125.
② Susan Wade Peabody, "History Study of Legislation Regarding Public Health in the States of New York and Massachusetts", *The Journal of Infectious Diseases*, Vol. 6 (Feb., 1909), p. 7.

家庭撤离后难以找到居所的问题,卫生局成立了临时济贫院为穷人提供基本的起居所需。到1822年黄热病疫情再次爆发时,卫生局已经获得小到隔离疑似患者、大到隔离整个社区的权力。19世纪三四十年代,霍乱侵袭纽约后,城市卫生局继续在检疫隔离以及环境清洁方面发挥作用。某种程度上,这一机构是19世纪上半期纽约组织居民应对疫病的主要机构。

19世纪上半期,纽约在公共卫生领域还出现了一个非常重要的职位,即城市监督员(the office of city Inspector)。这一职位负责调查城市中的各种社会问题,并为市议会起草解决这些问题的相关法令;同时,收集城市卫生与商业等方面的重要数据;具体执行卫生局的各项措施;管理住房与财产;实施防火法规。① 尽管城市监督员的实际权力不大,但作为监督机构常常成为推动市议会采取行动的重要力量。同时,城市监督员的工作也使从事这一职位的官员更加清楚城市政府的具体运行状况,其发布的年度报告成为了解纽约市民卫生状况的重要文献。

19世纪上半期每逢疫情结束后,城市监督员都会统计详细的死亡数据。约翰·宾塔早在1802年就以私人形式为纽约收集死亡数据。1804年宾塔被任命为纽约第一任城市监督员。在宾塔看来,通过数据可以让医生和大众了解健康的本质。1805年他在纽约城市报告中明确写道:"收集完备准确的数据,其最终目的是为了让黄热病这种可怕的疾病得到更好的控制。"② 因此,纽约城市监督员对死亡率的统计是展示19世纪四五十年代城市卫生问题严重性的有力证据。城市监督员的调查内容不只是死亡率,从肮脏不堪的街道、粪便四溢的公厕,再到污染严重的工厂都是他们调查的对象。他们常常深入恶臭扑鼻的贫民窟,检查违反住房法的情况。对城市社会阴暗面的长期调查,使得很多城市监督员成为后来城市公共卫生改革的积极推动者。

四、早期公共卫生管理的评价

纽约建制以来,城市公共卫生管理不断完善,但是这些公共卫生措施也存在明显缺陷。这些缺陷一方面与当时社会发展的历史局限性有关,另一方面也受制于美国特殊的社会制度。历史证

---

① John Duffy, *A History of Public Health in New York City 1625-1866*, p.297.
② James Hardie, *An Account of the Malignant Fever Which Prevailed in the City of New York, During The Autumn.*

明,许多早期管理上的不足深刻影响着日后纽约城市公共卫生改革的开展。

第一,早期社会的公共卫生意识有限,政府宣传教育滞后。城市公共卫生管理具有强烈的社会公益性,与城市居民的生活品质甚至生命安全息息相关。城市公共卫生管理的实施效果不仅取决于相关法律的出台、公共卫生部门的完善以及行政执法的力度,更与城市居民的卫生意识极具关联。这一方面是因为社会监督对于遏制各种环境卫生的破坏行为具有举足轻重的作用,另一方面还在于城市居民的自我行为规范将最终决定城市公共卫生管理的效果。

清教徒作为北美大陆早期的主要文化群体,其主张的清教神学理论对美国社会具有深刻影响,其中对美国早期医学领域的影响尤为明显。清教主义神学体系强调上帝对世间万物的作用,"疾病被看成是上帝对人间罪恶的惩罚。天花等疫病周而复始的爆发,也被看作上帝对人类的惩罚"。[1] 于是,殖民地议会不定期地宣布斋戒日,城市居民遵循各种宗教禁忌,并举行祈祷等宗教仪式,都可看作当时应对疾病的方式。不过,清教主义影响下的公共卫生理念,其本身并不主张公民无所作为。清教主义神学理论认为上帝不仅通过自然因素体现其存在,还通过"第二因素"即人类自身体现其权威性。殖民地时代的居民认为无论是进行祈祷、利用医学知识,还是遵守维护健康的法律,最终效果是一致的。总之,依靠神学理论解释疾病发生的原因,还是降低了社会大众捍卫健康的主观能动性。

清教主义影响下的纽约社会,宗教因素在大众卫生观念中扮演着重要角色。城市政府和市民个人的作用被认为是非常有限的,而神学对个人罪恶的强调,又导致了疫病所具有的公共性质被忽视。正因为存在这样的卫生理念,此后的公共卫生历史进程中,许多公共卫生事务长期被看作居民的私人事务,市政府久久没有采取有力措施进行干预。如,街道清洁和垃圾处理等。就个人层面而言,市民共同参与城市公共卫生事业的热情迟迟没有发挥作用。公共卫生理念的最终转变,将有待日后医学知识的进步以及公共卫生改革的宣传。同时,清教主义在公共卫生领域的深刻影响,还为19世纪初第二次宗教大觉醒期间卫生、信仰以及道德三者的结合埋下

---

[1] Cristobal Silva, *Miraculous Plagues: An Epidemiology of Early New England Narrative*, New York: Oxford University Press, 2011, p.137.

伏笔,进而推动19世纪后半期纽约公共卫生改革的到来。

第二,城市卫生重视程度呈现周期性变化。淡薄的公共卫生意识使得社会对于疫病的关注热情不可能持久,通常表现为疫情袭来,社会关注度普遍上升,疫情消退,各项公共卫生事业几近偏废。

一方面,纽约并未建立常设性的卫生防疫机制。即使在19世纪初卫生局成立后,该机构采取的应对疫病的措施也都是被动状态下的应急措施。1805年,当黄热病在纽约盛行之时,卫生局用于黄热病防治的资金投入高达2.5万美元,①1809年疫情稍有缓解,卫生局的资金投入骤降到1000美元。1819年黄热病疫情再次高涨时,当年卫生局的最初预算仅900美元。② 另外,伴随疫病的退却,卫生局的各项职能也变得更加分散。检疫职能回归到卫生官的手中,环境卫生开始由城市监督员、卫生委员会以及市议会共同负责。

另一方面,纽约对公共卫生重视程度的周期性变化还体现为短期经济利益与长久社会效益的激烈冲突。1831年霍乱流行于欧洲大陆,纽约作为美国最主要的港口城市,当地卫生局迟迟没有采取有效防范措施。1832年当部分霍乱病例已在纽约确诊时,为了维护社会稳定,尤其是保护城市商业利益,市卫生局拒不承认疫病已蔓延至纽约。当纽约医学协会出于社会道义承认疫病已在城市出现时,居然受到社会各界谴责。商业群体指责该协会扰乱城市正常的经济秩序。这场霍乱疫情中,市政府为获取短期经济利益付出了庞大的防疫与治疗支出,以及城市居民生命的代价。霍乱在纽约横行的短短六周里,卫生局用于环境卫生、医疗以及公众教育方面的资金高达11.8万美元,死亡人数累计超过3000人,其中大部分是生活在社会底层的穷人。③

第三,城市管理权力有限,政治因素影响明显。自18世纪末起,纽约政府对城市公共卫生事务的干预力度不断增强,城市公共卫生事务的制度化管理雏形初现。先是1793年为应对黄热病成立的志愿性卫生委员会被改组为纽约政府的下属机构,随后1805年纽约又成立了美国首个临时性卫生局并任命了一批专职性的卫生官员开展环境卫生和检疫工作。虽然纽约对城市事务的管理权限

① New York History Society, *New York History Society Quarterly*, Volume. 49-50, New York History Society, 1965, p. 354.
② John Duffy, *A History of Public Health in New York City 1625-1866*, p. 162.
③ Clifton D. Bryant, *Handbook of Death and Dying*, Volume One, Tousand Oaks: Sage Publications, Inc., 2003, p. 231.

不断增大，但是州政府对纽约公共卫生事务的直接干涉仍然明显。1796年纽约设立专门负责城市检疫工作的卫生官员就直接由州立法机构任命。另外，州立法机构授权纽约市议会拥有颁布卫生条例的权力，可在附文中又明确规定，除非得到州长特别许可，否则市议会颁布的卫生条例只有一年有效期。州政府对纽约公共卫生事务的干涉产生了负面影响。由于州政府远离市民，往往忽视不同城市、不同市民群体对公共卫生需求的差异，其颁布的各种法律措施也只能流于形式，无法真正解决城市居民在公共卫生方面的真正需要。最终，造成了这一阶段纽约政府应对疫病等公共卫生危机回应速度慢、效果差，公民卫生诉求表达不畅等现象。这也是此后纽约公共卫生改革中争取卫生管理权重心下移、获取更多卫生管理权力的重要背景和原因。

最后，反理性、反独裁的"杰克逊民主"也影响着纽约公共卫生事业的发展。19世纪40年代以来，杰克逊总统倡导的减少行政干预的"小政府"理念在社会上风靡，管得越少的政府越被视作好政府。自由放任主义影响下的政府在很长一段时间对各种城市问题持漠视态度。政府在公共卫生领域的职能仅维持在极其有限的范围内，许多事关公益的卫生健康事业，如生活垃圾处理、疾病预防和治疗等都被看作个人的私事，甚至是个人自由与权利的表现。这样的政治氛围下，纽约难以在公共卫生领域真正展开拳脚。

余 论

从殖民地时期到美国建国之初，包括纽约在内的美国城市规模有限，远不及欧洲国家那样拥挤、肮脏，城市内的公共卫生问题虽已存在，但是城市居民尚能享有相对健康的生活空间。随着城市规模的扩张，特别是进入19世纪，工业革命触发了美国城市化的闸门，纽约也在这一时期从地区性中心城市成长为全国性首位城市。本就存在明显缺陷的城市公共卫生制度更加捉襟见肘，加之基础设施匮乏，城市政治腐败、社会骚乱频发，都暗示着面对快速的城市发展，纽约政府和城市居民尚未做好迎接工业化与城市化的充分准备。

同时，19世纪中期大量涌入的外国移民让纽约原本凸显的公共卫生问题雪上加霜。城市人口数量的骤然增长，无疑给纽约的环境卫生和疫病防治带来了前所未有的压力。外来移民不仅给纽约带来直接的疫病威胁，还对城市基础设施的承载能力提出严峻挑战。当时，爱尔兰和德国移民构成了纽约的移民主体。与贫困的爱尔兰移民相比,因1848年革命而迁移海外的德国中产阶级经济基础较好,多数到达纽约后只做短暂停留便可迁往美国内地。留在纽约的移民大部分是经济贫困的爱尔兰农民,由于城市住房资源有限加之自身经济拮据,多数爱尔兰移民只能选择聚居在拥挤不堪、卫生设施严重不足的贫民窟。恶劣的生活环境,又导致霍乱、伤寒、白喉等流行病肆意蔓延,对全市公共卫生造成威胁。19世纪上半期纽约居民的健康处境一直处于持续恶化的态势。面对严峻的健康形势,自殖民地时代以来形成的公共卫生管理制度问题重重,难以适应新时代的需求,社会变革的呼声日益强烈,预示着19世纪后期全国性城市公共卫生改革大潮即将袭来。

An Analysis of Public Health Management in Early American Cities—A Case Study of New York City

Abstract: From the colonial era to the early years of the founding of United States, American cities frequently suffered from infections diseases. The health environment of residents were seriously threatened. American cities, represented by New York City, began to construct public health management functions. It experienced the transformation from part-time staff composition and decentralized management content to full-time staff and organized and systematic management of urban public health affairs. There were some defects, of course, such as limited public health awareness, lagging publicity and education, periodic changes in the attention of government, and political influence. The early construction of public health system laid the foundation for the reform of related management in the future.

Keywords: American cities, public health management, New York City

本文为国家社会科学基金青年项目"纽约市公共卫生制度的构建与完善研究(1866—1920)"(16CSS020)阶段性成果;西南大学创新团队项目"东西方主要国家社会转型比较研究(SWU1709113)"中期成果

作者:李晶,西南大学历史文化学院副教授

征 稿

人文科学在20世纪发生了巨大变化,尤其是最近几十年来,这种变化更为显著,波及发达国家与发展中国家。这就要求我们必须加强与国际学术界的对话和交流,与一流学者、学术机构和学术杂志直接联系、对话和合作。

我们在这方面做了初步尝试,取得了《历史与理论》(History and Theory,美国)、《观念史杂志》(Journal of the History of Ideas,美国)、《世界史杂志》(Journal of World History,美国)、《评论》(Review,美国)的中文翻译许可。我们希望通过《新史学》把这些著名的杂志陆续介绍到国内。当然,随着交流的进一步深入,我们的合作也会进一步深化、扩展,也希望让我们的本土学术走向国际。

来稿注意事项:标点符号用法要求符合国家质量监督检验检疫总局和国家标准化管理委员会2011年发布的《标点符号用法》;数字用法要严格遵循国家质量监督检验检疫总局和国家标准化管理委员会2011年发布的《出版物上数字用法》;文章要有中英文内容摘要、关键词;翻译文章要有原文,以备核对,要有文章翻译的授权许可。

具体要求:

1. 论文必须是首发,理论上有创新,注重资料的搜集,不应在网上发表过。作者在可能的情况下,可为每篇文章配10幅左右的高清晰插图。

2. 文章中出现的外文专门名词(人名、地名、专有名词等),除常见的以外,一律译出并附外文原文,用"( )"标明;人名、地名、专有名词等术语的翻译一定要符合传统习惯,标准主要依据《辞海》《中国大百科全书》等常见工具书。

3. 题目翻译成英文;300字左右的中文摘要;3~4个关键词。

4.翻译文章原来的注释一律采用尾注,译者注则采用脚注的形式。尾注按顺序依次为1、2、3、4……,要连续编号;脚注则以①②……的形式,每页重新编号。

5.原创文章采用脚注,置于每页下端;文中注释使用圈码,上标;所有由词组、语句构成的中文、外文引文内容,都需要标明出处,即作者(或编者):《书名》,(译文还要在这个位置注明译者),出版城市:出版者,出版年,页码。

5.1 中文著作引述范例:

①何兆武:《中国思想发展史》,北京:外文出版社,2003年,第55页。

同一页中文引文相同时,如下:

②同上,第66页。

③康德:《历史理性批判文集》,何兆武译,北京:商务印书馆,1996年,第43页。

5.2 中文论文引用时注明:作者:《论文名》,《刊物名》发表年、期,页码。如:

④陈节:《论存在与时间》,《哲学研究》1987年第43期,第40页。

5.3 外文著作全部不译成中文,书名使用斜体;外文字之间、字与标点符号之间不能连排,空一格,一定要符合外文排版规范。如:

⑤ Jane Dempsey Douglass, *Women Freedom and Calvin*, Philadelphia: Westminster Press, 1985, p. 445.

5.4 外文期刊论文引用,刊物名使用斜体,文章名加引号,不用斜体。如:

⑥ Sheryl O'Donnell, "Mr. Locke and the Ladies: The Indelible Words on the Tabula Rasa", *Studies in Eighteenth Century Culture*, 8(1979):151-164.

或者处理如下:

⑦ Moi, T., *Appropriating Bourdieu: Feminist Theory and Pierre Bourdieu's Sociology of Culture*, in D. Robbins, ed., *Pierre Bourdieu*, Vol. Ⅳ, London: Sage Publications, 2000, p. 315.

外文引文同一页内如果与上面相同,注释如下:

⑧ Ibid., p. 155.

6.有一些著作采取正文夹注方式,则依照原样保留原注解方式。例如:

他从法律秩序中消除了约翰·奥斯丁(John Austin)的命令理论的含义;这种理论到那时为止一直很有影响(Michelman,1988),但今天它的影响很小。

7.如遇注释中原作者加上其解说或讨论,此部分需全部译出。如:

Cf. my "A Sociological View of the Secularization of Theology", *Journal for the Scientific Study of Religion*, Spring 1967, for a more detailed analysis of this constellation.

顺序译出为：

参见我的"A Sociological View of the Secularization of Theology", *Journal for the Scientific Study of Religion*, Spring 1967,其中对这类问题做了较详细的分析。

竭诚欢迎各界人士赐稿,文章的内容和风格不做统一要求,不以行文长短论优劣,而以学术内涵为准绳。所有来稿一律匿名评审,不论是否刊用,均尽快予以答复。文稿发表后即付稿酬与样刊。

通信地址：上海市徐汇区桂林路100号上海师范大学西部办公楼1015室,《新史学》编辑部收,邮编：200234。

E-mail:ch68@shnu.edu.cn。

经过若干年积累,本刊在学术界产生了一定的影响,被中国社会科学研究评价中心正式列入《中文社会科学引文索引(CSSCI)来源集刊目录》。这是对我们过去工作的充分肯定,也是对我们未来工作的更高要求。恳请学术同人一如既往地支持本刊工作,进一步帮助提升办刊质量。